Ulrich Kreutzer
Von den Anfängen zum Milliardengeschäft

BEITRÄGE ZUR UNTERNEHMENSGESCHICHTE

Herausgegeben von Hans Pohl und Günther Schulz

Band 33

Ulrich Kreutzer

Von den Anfängen zum Milliardengeschäft

Die Unternehmensentwicklung von Siemens
in den USA zwischen 1845 und 2001

 Franz Steiner Verlag

Bibliografische Information der Deutschen Nationalbibliothek:
Die Deutsche Nationalbibliothek verzeichnet diese Publikation in der Deutschen
Nationalbibliografie; detaillierte bibliografische Daten sind im Internet über
<http://dnb.d-nb.de> abrufbar.

© Franz Steiner Verlag, Stuttgart 2013
Druck: AZ Druck und Datentechnik, Kempten
Gedruckt auf säurefreiem, alterungsbeständigem Papier.
Printed in Germany.
ISBN 978-3-515-10473-9

VORWORT ZUR DISSERTATION VON ULRICH KREUTZER

Von Hans Decker

Wer schriebe nicht gerne ein Vorwort für ein Buch, dem man einen großen Erfolg wünscht? Ich jedenfalls bin mir sicher, dass die Dissertation von Ulrich Kreutzer einen prominenten Platz in der „Unternehmensgeschichte" finden wird.

Der Autor beschreibt nicht nur mit viel Sorgfalt und auf der Basis gründlicher Recherche den Gang von Siemens durch das amerikanische „Abenteuer". Er gibt auch den konzeptionellen Rahmen vor für das, was Siemens auf diesem Wege zu bewältigen hatte.

Die Siemens-Geschichte in den USA begann in großem Stil erst Anfang der 70er Jahre des vergangenen Jahrhunderts. Ich bin froh, dass ich als langjähriger President der Siemens Corporation daran teilgenommen habe. Ich weiß daher, dass es ein steiniger Weg war. Das war nicht verwunderlich. Schließlich waren die USA ein hochentwickelter, sehr kompetitiver Markt, in dem sich Siemens erst zurechtfinden musste – ein wesentlicher Unterschied zu anderen ausländischen Zielmärkten von Siemens.

Steinig war der Weg auf dem amerikanischen Absatzmarkt, und steinig war der Weg zu einem gegenseitigen Verständnis zwischen dem deutschen Siemens-Stammhaus und den US-Tochtergesellschaften. Dieses Verhältnis zwischen „principal" und „agents" war komplex, problemgeladen – und für den Geschäftserfolg entscheidend.

Ulrich Kreutzer liefert mit dieser Untersuchung eine gute Beschreibung und fundierte Analyse des USA-Geschäfts von Siemens. Damit leistet er einen wichtigen Beitrag zur Erfassung des Phänomens, das wir „Globalisierung" nennen, zum Verständnis der Möglichkeiten des Welthandels und des Foreign Direct Investment. Allen, die mit diesen Zusammenhängen besser vertraut sein wollen – über die unmittelbare Siemens-Geschichte hinaus – sei diese Arbeit ans Herz gelegt. Sie wird ihnen tiefe Einblicke in ein spannendes wie komplexes Stück Siemens-Geschichte verschaffen, zumal die Lektüre ein Vergnügen ist.

DANKSAGUNG

Zwischen den 1840er Jahren und 2001 haben sich die USA für die Siemens AG von einer „terra incognita" zum weltweit wichtigsten Absatzmarkt gewandelt. Diese Entwicklung „von den Anfängen zum Milliardengeschäft" zu untersuchen, war ein packendes Projekt, bei dem mich viele Personen unterstützt haben. Ihnen möchte ich meinen herzlichen Dank aussprechen.

Zuerst möchte ich mich bei Prof. Wilfried Feldenkirchen bedanken. Er ermutigte mich 2009, das Thema anzugehen und gab als Kenner der Siemens-Historie wichtige inhaltliche Impulse. Für die Zeit nach seinem tragischen Tod bin ich Prof. Kai-Ingo Voigt und Prof. Susanne Hilger zu großem Dank verpflichtet. Sie beide haben meine Betreuung bedingungslos übernommen, mich mit fachlichem Rat und neuen Sichtweisen unterstützt und damit entscheidend zum Gelingen der Arbeit beigetragen.

Mein herzlicher Dank gilt darüber hinaus dem Siemens Historical Institute. Dr. Christoph Wegener, Leiter des Instituts, und Dr. Frank Wittendorfer, Leiter des Siemens-Archivs, begleiteten und unterstützten meine Forschung drei Jahre lang bis zur Drucklegung. Sie ermöglichten mir, die Akten zur Siemens-Geschichte in den USA ohne Einschränkungen einzusehen und in meine Untersuchung einzuarbeiten. Ihre Hilfsbereitschaft und ihr großes Vertrauen weiß ich sehr zu schätzen.

In großem Stil konnte ich von den persönlichen Erfahrungen und Einschätzungen mehrerer Zeitzeugen profitieren. An erster Stelle möchte ich Prof. Hans W. Decker nennen. Als ehemaliger Leiter der Siemens Corp. in den USA gab er mir vielfältige Einblicke in die Aktivitäten des amerikanischen Unternehmens, diskutierte mit mir unermüdlich das Verhältnis zwischen dem deutschen Stammhaus und den US-Firmen und gab wertvolle Hinweise zu Fragen der Geschäftsstrategie. Als langjähriges Vorstandsmitglied und Vorsitzender des Aufsichtsrats ließ mich Dr. Hermann Franz an seinen fundierten Erfahrungen aus Sicht der Siemens AG teilhaben. Auch Helmut Schwab, lange Zeit Leiter des US-Geschäfts mit elektrischen Bauteilen, unterstützte die Studie mit seinem Wissen und seinen Einschätzungen.

Dem German Historical Institute, Washington D.C., bin ich zu Dank verpflichtet. Es ermöglichte mir einen Forschungsaufenthalt in den USA, in dessen Rahmen ich zahlreiche, unentbehrliche Informationen und Anregungen für die Arbeit sammeln konnte.

Für die inhaltlichen Diskussion der Arbeit und die unverzichtbaren Anregungen und Korrekturen danke ich herzlich Katharina Bacher, Ferdinand Beyer, Michaela Buchner, Annemone Christians, Johannes Dafinger, Sabine Dittler, Christoph Frank, Mathias Irlinger, Dr. Dennis Kirchberg, Dr. Florian Kiuntke, Matthias Kuhnert, Dr. Martin Lutz, Alexandra Monscheuer, Claudia Ott, Ute Schiedermeier, Alexander Schmied, Marcus Thrän und Elisabeth Wesser.

Zu guter Letzt möchte ich einen ganz besonderen Dank an meine Familie richten. Ohne die Unterstützung, das Vertrauen und die große Lebensfreude meiner Eltern und meiner beiden Geschwister hätte ich diese Arbeit nicht schreiben können.

INHALTSVERZEICHNIS

A.	**Einleitung**	19
1	Themenhinführung und Problemstellung	19
2	Forschungsdiskussion	21
3	Forschungslücken, Fragestellungen und Untersuchungszeitraum	27
4	Quellenlage	29
4.1	Siemens Historical Institute, München	29
4.2	MedArchiv der Siemens AG, Erlangen	33
4.3	Hagley Museum and Library, Wilmington, Delaware/USA	33
4.4	National Archives, College Park, Washington, D.C./USA	34
4.5	Sonstige Quellen aus den USA	35
4.6	Zeitzeugeninterviews	35
5	Vorgehensweise	36
6	Theoretische Grundlagen: die Prinzipal-Agenten-Theorie	39
6.1	Zentrale Annahmen	39
6.2	Konfliktentschärfung in Prinzipal-Agenten-Verhältnissen	42
6.3	Kritik an der Prinzipal-Agenten-Theorie	46
6.4	Siemens in den USA – ein klassischer Fall der Prinzipal-Agenten-Problematik	47
B.	**Siemens als multinationales Unternehmen**	49
1	Siemens & Halske – eine „Born Global Firm"	49
2	Der Aufstieg zum Global Player	52
C.	**Das US-Geschäft von Siemens – die Frühphase 1845–1945**	65
1	Erste Geschäftskontakte und Rückschläge: 1845–1907	65
1.1	Zaghafte Versuche des Markteintritts	65
1.2	Einseitige Konzentration auf das Geschäft mit Transatlantikkabeln	70
1.3	Im Spannungsfeld zwischen Berlin und London	73
1.4	Die Zusammenarbeit mit Henry Villard und Thomas A. Edison	76
1.5	Gründung einer US-Gesellschaft und erneute Konflikte	80
1.6	„Die amerikanische Tragödie" und das Ende der Gesellschaft	85
2	Ständige Präsenz und Wissenstransfer: 1907 bis 1945	89
2.1	Das Informationsbüro Frank	89
2.2	Erster Weltkrieg und die Frage des Wiederaufbaus	97
2.3	Die Vertretung durch die Adlanco und das Abkommen mit Westinghouse	102
2.4	Die Zusammenarbeit mit General Electric	108
2.5	Die Anfänge des Medizintechnikgeschäfts	112
2.6	Kooperation mit US-Firmen und Ende des Informationsbüros	115
3	Zusammenfassung: Die Frühphase 1845–1945	120

D. **Das US-Geschäft von Siemens – die Hauptphase 1945–2001** 125
1 Wiederaufbau und Neustrukturierung: 1945 bis 1970 125
1.1 Der Neubeginn des SRW-Geschäfts mit Medizintechnik 125
1.2 Die ersten USA-Aktivitäten von S&H und SSW 129
1.3 Neugründung einer US-Gesellschaft von S&H, SSW und SRW 132
1.4 Die Intensivierung der Geschäftsbeziehungen zu Westinghouse 136
1.5 Die Konsolidierung der Medizintechnik in den 1950er Jahren 138
1.6 Antitrust-Schwierigkeiten und Gründung der Siemens America, Inc. ... 141
1.7 Die Medizintechnik bis 1970 145
1.8 Die Energietechnik bis 1970 149
1.9 Die weiteren Unternehmensbereiche in den 1960er Jahren 154
1.9.1 Messtechnik 154
1.9.2 Elektrische Bauelemente 155
1.9.3 Fernsprech-, Telegraphen- und Signaltechnik 157
1.9.4 Datenverarbeitung 160
1.10 Weitere Tochtergesellschaften 162
1.10.1 Deutsche Grammophon 162
1.10.2 Osram GmbH KG 164
1.10.3 Rudolf Hell GmbH 166
1.11 „Definitely an American Company" –
Zusammenschluss zur Siemens Corp. 166
2 Intensivierte Markterschließung und Etablierung: 1970 bis 1982 170
2.1 Die Siemens Corp. in den 1970er Jahren 170
2.2 Die mehrfache Reorganisation einer „Quantité négliable" 178
2.3 Die Entwicklung der Unternehmensbereiche in den 1970er Jahren 188
2.3.1 UB Medizintechnik 188
2.3.2 UB Bauelemente 195
2.3.3 UB Energietechnik 202
2.3.4 UB Fernschreib-, Signal,- und Nachrichten- bzw.
Kommunikationstechnik 208
2.3.5 UB Datentechnik bzw. Daten- und Informationssysteme 212
2.3.6 UB Installationstechnik 216
2.4 Sonstige Tochtergesellschaften 216
2.4.1 Gramophon-Philips-Group/Polygram 216
2.4.2 Osram 219
2.4.3 Rudolf Hell GmbH 221
2.5 Forschung & Entwicklung bis 1982 221
2.6 Werbeaktivitäten bis 1982 222
3 Der Aufstieg zum wichtigsten Markt der Siemens AG: 1982 bis 2001. 228
3.1 Entwicklung der Siemens Capital Corp. / Siemens Corp. 228
3.1.1 Die Siemens Capital Corp. 1982–1988 228
3.1.2 Die Siemens Corp. 1988–2001 236
3.2 Die einzelnen Geschäftsfelder 244
3.2.1 Health Care 244
3.2.1.1 Siemens Medical Systems, Inc. / Siemens Medical Corp. 244

3.2.1.2 Strahlentherapie 248
3.2.1.3 Bildgebende Verfahren zur Diagnostik 249
3.2.1.4 Elektromedizin 251
3.2.1.5 Dental- und Hörgerätetechnik 254
3.2.2   Energy and Power 255
3.2.3   Microelectronics and Components 263
3.2.4   Information and Communications 267
3.2.4.1 Öffentliche Kommunikationssysteme 268
3.2.4.2 Private Kommunikationssysteme 262
3.2.5   Industry and Automation 277
3.2.6   Transportation 280
3.2.7   Automotive 282
3.2.8   Lighting and Precision Materials 283
3.2.9   Sonstige Beteiligungen 285
3.2.10 Forschung & Entwicklung 288
3.2.11 Werbeaktivitäten bis 2001 289
4   Zusammenfassung: Die Hauptphase 1945–2001 291

E.   **Das US-Geschäft von Siemens – Analyse und Einordnung** 295
1   Vom Markteintritt bis zum Börsengang – ein Überblick 295
2   Die Prinzipal-Agenten-Analyse von Siemens in den USA 297
3   Erfolgs- und Misserfolgsfaktoren 308
3.1   Personelle Faktoren 309
3.2   Strategische Faktoren 312
3.3   Institutionelle Faktoren 318
3.4   Kunden- und produktbezogene Faktoren 321
3.5   Finanzielle Faktoren 324
3.6   Psychologische Faktoren 325
3.7   Allgemeinwirtschaftliche Faktoren 328
3.8   Geographische und logistische Faktoren 329

F.   **Fazit** 331

G.   **Anhang** 333
1   Aktenverzeichnis 333
1.1   Siemens Historical Institute, München 333
1.2   Siemens MedArchiv, Erlangen 346
1.3   Hagley Museum and Library, Wilmington, Delaware/USA ... 347
1.4   National Archives, College Park, Washington D.C/USA. 348
2   Literaturverzeichnis 348
2.1   Monographien und Aufsätze 348
2.2   Internetquellen 356
3   Interviews 358

Register 371
Personen 371
Firmen 372

ABBILDUNGSVERZEICHNIS

Abbildung 1: Aufbau der Arbeit 38
Abbildung 2: Die Prinzipal-Agenten-Theorie 42
Abbildung 3: Die Informationsasymetrie in Prinzipal-Agenten-Beziehungen 45
Abbildung 4: Vertretungs- und Niederlassungsgründungen von S&H bis 1900 53
Abbildung 5: Weltweite Länder mit S&H-Vertretern, 1886 54
Abbildung 6: Gemeinsame Auslandsorganisation von S&H und SSW, 1955 58
Abbildung 7: Organisationsstruktur der Siemens AG, 1989 62
Abbildung 8: Das Verhältnis von Mitarbeitern im In- und Ausland, 1847–2010 63
Abbildung 9: Anteil des Auslands- am Gesamtumsatz von Siemens, 1953–2011 64
Abbildung 10: Verlegte Transatlantikkabel der Faraday, 1874–1901 72
Abbildung 11: Organisationsstruktur der Siemens New York, Inc., 1960 143
Abbildung 12: Anteilige Produktgruppen der Siemens-Exporte in die USA, 1960 144
Abbildung 13: Warenwert der Siemens-Exporte in die USA, 1960 145
Abbildung 14: Die Entwicklung des Devisenkurses US-Dollar/DM, 1955–1998 173
Abbildung 15: Entwicklungsphasen in den USA aus der Sicht des Vorstandes, 1977 179
Abbildung 16: Umsatzentwicklung von Siemens in den USA, 1972–1978 181
Abbildung 17: Mitarbeiterentwicklung von Siemens in den USA, 1972–1978 183
Abbildung 18: Anteile der Unternehmensbereiche am Gesamtumsatz in den USA, 1979 185
Abbildung 19: Organisationsstruktur von Siemens in den USA, Oktober 1982 187
Abbildung 20: Umsatz der Medizintechnik von Siemens in den USA, 1969–1982 195
Abbildung 21: Ergebnis der Dickson Electric Corp., 1975–1980 197
Abbildung 22: Beteiligungen und Joint Ventures der Siemens Corp., 1980 226
Abbildung 23: Produktschwerpunkte der Beteiligungen und Joint Ventures, 1980 227
Abbildung 24: Umsätze wichtiger US-Gesellschaften in Mio. DM, 1981/82 229
Abbildung 25: Wirtschaftsergebnis von Siemens in den USA, 1984/85 230
Abbildung 26: Eigenkapitalentwicklung von Siemens in den USA in Mio. $, 1969–1986 232
Abbildung 27: Auftragseingang von Siemens in den USA in Mrd. $, 1983–1993 233
Abbildung 28: Entwicklung des Umsatzes in den USA in Mrd. $, 1989–1993 233
Abbildung 29: Anteile der OCs am Gesamtumsatz von Siemens in den USA, 1989 235
Abbildung 30: Fertigungsstandorte der Siemens AG in den USA, 1992 238
Abbildung 31: Jahresergebnis von Siemens in den USA nach Steuern, 1987–2001 240
Abbildung 32: Mitarbeiterentwicklung von Siemens in den USA, 1980–2001 244
Abbildung 33: Umsatz der Medizintechnik von Siemens in Mio. $, 1982–1992 245
Abbildung 34: Fabrikationsstandorte von Siemens-Allis, 1985 256
Abbildung 35: Die Phasen der Siemens-Geschäftsstrategie in den USA, 1845–2001 295
Abbildung 36: Die Einflussfaktoren in der Übersicht 309
Abbildung 37: Personelle Erfolgs- und Misserfolgsfaktoren 309
Abbildung 38: Strategische Erfolgs- und Misserfolgsfaktoren 312
Abbildung 39: Institutionelle Erfolgs- und Misserfolgsfaktoren 318
Abbildung 40: Die Vertretungsgesellschaften von Siemens in den USA, 1892–2012 319
Abbildung 41: Kunden- und produktbezogene Erfolgs- und Misserfolgsfaktoren 321
Abbildung 42: Finanzielle Erfolgs- und Misserfolgsfaktoren 324
Abbildung 43: Psychologische Erfolgs- und Misserfolgsfaktoren 325
Abbildung 44: Allgemeinwirtschaftliche Erfolgs- und Misserfolgsfaktoren...................... 328
Abbildung 45: Geographische und logistische Erfolgs- und Misserfolgsfaktoren 329

ABKÜRZUNGSVERZEICHNIS:

A	Agent
AC	Allis-Chalmers Manufacturing Company
ACPSI	Allis-Chalmers Power Systems Inc.
AEG	Allgemeine Elektricitäts-Gesellschaft
AG	Aktiengesellschaft
AMC	Advanced Micro Computer
AMD	Advanced Micro Devices
APW	American Precision Works
Arco	Applied Radiation Corp.
AT&T	American Telephone & Telegraph Corp.
Autelco	Automatic Electric Company of Chicago
BGF	Born Global Firm
BMW	Bayerische Motorenwerke AG
BOC	Bell Operating Companies
bzw.	beziehungsweise
CEO	Chief Executive Officer
CG	Corning Glass Works
CII	Compagnie Internationale pour l'Informatique
Co.	Company
Corp.	Corporation
CT	Computer-Tomograph
CTI	Crystal Technology, Inc.
CVU	Central Verwaltung Übersee
ders.	derselbe
DG	Deutsche Grammophon
d.h.	das heißt
dies.	dieselbe(n)
DM	Deutsche Mark
Dr.	Doktor
DRAM	Dynamic Random Access Memory
DRI	Decca Records Inc.
DLBH	Deutsch-Luxemburgische Bergwerks- und Hütten AG
DRC	Dillon, Read & Co.
DV	Datenverarbeitung
ESK	Edelmetall-Schnellschaltekontakt-Relais
et. al.	und andere
etc.	et cetera
EWSD	Elektronisches Wählsystem Digital
f.	folgende
F&E	Forschung & Entwicklung
ff.	fortfolgende
GE	General Electric
GM	General Motors Company
GPG	Gramophon-Philips-Group
HCM	Hell-Color-Metal Corp.
Hg.	Herausgeber

HML   Hagley Museum and Library
IBM   International Business Machines Corp.
ICN   Information and Communication Networks, Inc.
i.d.R.   in der Regel
Inc.   Incorporated
Itel   Itel Data Products Corp.
ITT   International Telephone & Telegraph Corp. of Chicago
Iweco   International Western Electric Company of New York
k.A.   keine Angabe
KWU   Kraftwerk Union AG
LED   Light-emitting-diode
MC-System   Mikrocomputer
Med   Medizintechnik
MNE   Multinational Enterprise
MSC   Microwave Semiconductor Corp.
MW   Megawatt
NARA   National Archives and Records Administration, College Park, Washington, D.C./
              USA
NAPT   North American Philips Trust
NPR   Northern Pacific Railway
Nr.   Nummer
OC   Operating Companies
OEM   Original-Equipment-Manufacturer
o.J.   Ohne Jahr
ON   Ohio Nuclear Corp.
o.S.   Ohne Seitenzahl
o.V.   Ohne Verfasser
P   Prinzipal
PABX   Private Automatic Branche Exchange
PET   Positronen-Emissions-Tomograph
PIWC   Pennsylvania Iron Works Company
PPI   N.V. Philips' Phonographische Industrie
RCA   Radio Corporation of America
R&D   Research & Development
RGS   Reiniger, Gebbert & Schall AG
RM   Reichsmark
S.   Seite
SA   Siemens-Allis, Inc.
SAA   Siemens Aktenarchiv, München
SAI   Siemens America Inc.
SC   Siemens Corp.
SCC   Siemens Capital Corp.
SCR   Siemens Corporate Research, Inc.
SCRS   Siemens Corporate Research and Support, Inc.
SCS   Siemens Communication Systems, Inc.
SE   Siemens Electrogeräte AG/Gmbh
SEA   Siemens Energy & Automation, Inc.
Searle   G.D. Searle & Co.
SEI   Sylwest Electronics, Inc.
SGL   Siecor Gesellschaft für Lichtwellenleiter mbH
S&H   Siemens & Halske
S&H America   Siemens & Halske Electric Co. of America
SI   Siemens, Inc.

SIA	Siemens Industrial Automation, Inc.
SIS	Siemens Information Systems, Inc.
SMA	Siemens MedArchiv Erlangen
SMC	Siemens Medical Corporation
SML	Siemens Medical Laboratories, Inc.
SMoA	Siemens Medical of America, Inc.
SMS	Siemens Medical Systems, Inc.
SNYI	Siemens New York, Inc.
SRTL	Siemens Research & Technology Laboratories
SRV	Siemens-Reiniger-Veifa-Gesellschaft für medizinische Technik mbH
SRW	Siemens-Reiniger-Werke AG
SSI	Siemens Solar Industries
SSW	Siemens-Schuckertwerke
StCC	Stromberg-Carlson Corporation
STS	Siemens Transportation Systems
TB	Technisches Büro
TCI	Terminal Communication, Inc.
TSC	Techno Service Corporation
TU	Transformatoren Union AG
u.a.	und andere
UPC	Utility Power Corporation
USA	United States of America
USI	United States Instrument Corporation
usw.	und so weiter
VA	Varian Associates
VW	Volkswagen AG
WE	Western Electric Company, Inc.
WU	Western Union
ZA	Zentralabteilung Ausland
z.B.	zum Beispiel
ZVA	Zentralverwaltung Ausland
ZVO	Zentralvertrieb Ost

VORBEMERKUNGEN

Der Untersuchung vorangestellt seien einige formale Hinweise. Bis 1897, als die Telegraphen-Bauanstalt von Siemens & Halske zu einer Aktiengesellschaft umgewandelt wurde, leiteten ausschließlich Mitglieder der Gründerfamilie Siemens ihre Geschicke. Um die Lesbarkeit zu erhöhen, wenn die Aktivitäten der Brüder Werner, Wilhelm und Carl sowie der Söhne von Werner analysiert werden, wird auf die Nennung des Nachnamens Siemens und des Adelstitels verzichtet. Nur in den Passagen, wo die Zusammenarbeit der Siemens-Brüder mit familienexternen Unternehmern beschrieben wird, wird der Familienname genannt, um Verwechslungen zu vermeiden. Bei der Zitation der Brüder-Briefe wird gänzlich auf den Nachnamen verzichtet. Um den Bruder von Werner, Carl Wilhelm, leichter von Werners Sohn Georg Wilhelm unterscheiden zu können, wird Carl Wilhelm im Folgenden William genannt. Diesen Namen trug er, seit er sich 1859 in England hatte einbürgern lassen. Georg Wilhelm wird in der vorliegenden Studie, wie in bisherigen Forschungsarbeiten üblich, Wilhelm genannt. Bei Briefen, die Carl aus Russland an seine Brüder schrieb, sind zwei Daten angegeben. Dies liegt begründet im Julianischen Kalender, der im Russischen Reich bis 1918 Gültigkeit besaß, während sich die westeuropäische Zeitrechnung bereits am Gregorianischen Kalender orientierte.

In der gesamten Studie werden akademische Titel im Fließtext nicht genannt, um die Lesbarkeit zu erhöhen. Aus demselben Grund verzichtet vorliegende Untersuchung auch auf eine besondere Kennzeichnung des Geschlechts. Ist also beispielsweise von Mitarbeitern oder Bürgern die Rede, so sind Mitarbeiterinnen und Bürgerinnen eingeschlossen.

Bei originalen Quellenzitaten wird deren ursprüngliche Schreibweise beibehalten. Einzig Stellen, bei denen es sich auch nach der alten Rechtschreibung um Fehler handelt, sind mit der redaktionellen Ergänzung [sic.] markiert. Ausgenommen sind die Umlaute, die in den Originalzitaten oftmals als ae, ue und oe ausgeschrieben wurden.

Abschließend sei darauf hingewiesen, dass sogenannte „lange Reihen" von Umsatz-, Auftrags- und Ergebniszahlen, die in der vorliegenden Arbeit integriert wurden, stets das Problem der Vergleichbarkeit beinhalten. Bilanzzahlen, die über den Zeitraum mehrerer Jahre in eine Reihe gestellt werden, berücksichtigen beispielsweise nicht den sich ändernden Inflationskurs oder die schwankende Kaufkraft.

A. EINLEITUNG

1 THEMENHINFÜHRUNG UND PROBLEMSTELLUNG

Hätten wir jetzt einen geschickten Menschen disponibel,
so könnten wir, glaube ich, in Nordamerika
jetzt ein brillantes Geschäft anknüpfen.[1]

Werner von Siemens, 1854

Sieben Jahre nach Gründung der „Telegraphen-Bauanstalt von Siemens & Halske" (Siemens & Halske) betonte der Inhaber Werner von Siemens[2] 1854 das gewaltige Geschäftspotenzial der Vereinigten Staaten von Amerika für die elektrotechnische Firma. Sein Unternehmen aber sollte sich über ein Jahrhundert außerordentlich schwer tun, den nordamerikanischen Elektromarkt mit seinen Produkten zu erschließen. Erst mit Beginn der 1970er Jahre gelang es der Siemens AG,[3] ihr Geschäftsvolumen in den USA dauerhaft auszubauen und sich von einem unbedeutenden Nischenanbieter zu einem mächtigen Wettbewerber zu entwickeln. Zur Jahrtausendwende hatte sich die Einschätzung Werner von Siemens' endgültig bestätigt. 1999/2000 erreichten die Geschäftsaktivitäten des Unternehmens in den USA erstmals einen größeren Umfang als diejenigen auf dem deutschen Heimatmarkt.[4] Die Bilanzzahlen von 2001 belegen eindrücklich das vom Gründer erhoffte „brillante Geschäft"[5]. Die Siemens AG verzeichnete in den Vereinigten Staaten einen Auftragseingang von 22,2 Mrd. $ und einen Umsatz in Höhe von 18,9 Mrd. $. Damit war das Unternehmen zum größten ausländischen Investor im Bereich der Elektrotechnik und Elektronik in den USA aufgestiegen.[6]

---

1   Vgl.: Werner von Siemens an seinen Bruder William vom 2. November 1854, S. 3, in: Siemens-Aktenarchiv, München (= SAA) Briefe der Brüder Siemens 1854.

2   1888 wurde der deutsche Unternehmer geadelt und hieß fortan Werner von Siemens. Aus Gründen der Einheitlichkeit wird er in dieser Studie auch in Jahren vor 1888 mit seinem Adelstitel genannt. Näheres zu seiner Person in: Wilfried Feldenkirchen, Werner von Siemens. Erfinder und internationaler Unternehmer, erweiterte und veränderte Auflage, München 1996.

3   Aus S&H und zwei weiteren Siemens-Firmen wurde 1969 die Siemens AG gegründet.

4   Vgl.: Geschäftsbericht der Siemens AG von 2000, S. 13 und 18.

5   Siehe Fußnote 1.

6   Vgl.: Halbjahrespressekonferenz der Siemens AG vom 26. April 2001, Frage 1.1.5, in: SAA Pressekonferenzen. Umsatzmäßig konnte sich die Siemens AG in den USA auch in den Folgejahren unter den deutschen Big Five halten. 2011 wies sie einen Umsatz von 14,4 Mrd. Euro auf. Nur die Daimler AG, die Volkswagen AG, die Deutsche Telekom AG und BASF SE konnten in diesem Jahr mehr Produkte und Dienstleistungen in die USA verkaufen. Vgl.: Deutsch-Amerikanische Handelskammern (Hg.), Top 50 Ranking of German Firms in the U.S, zu finden unter: http://www.gaccny.com/fileadmin/ahk_usa/publikationen/Top50_2012/Top50Ranking2011. pdf, zuletzt eingesehen am 6. August 2012.

Dieser unternehmerische Erfolg von Siemens wird von der Wertschätzung durch die amerikanische Politik unterstrichen. 2010 besichtigte US-Präsident Barack Obama die Siemens-Niederlassung in Fort Madison, Iowa und drückte dem deutschen Unternehmen seine Hochachtung für seine „unbelievably impressive technologies"[7] aus. Damit besuchte erstmals in der bis dato 163jährigen Firmengeschichte ein US-amerikanisches Staatsoberhaupt einen Siemens-Standort in den Vereinigten Staaten.[8] Knapp zwei Jahre später lobte Obama die Siemens AG sogar ausdrücklich in seiner Jahresansprache „State of the Union Adress", als er dem Konzern seine Wertschätzung für die geschaffenen Arbeitsplätze in den USA versicherte und seine Vorbildfunktion für US-Unternehmen würdigte.[9]

Diese Anhaltspunkte für die erfolgreiche Geschäftsexpansion in den USA und die amerikanische Wertschätzung dürfen aber nicht über die Schwierigkeiten hinwegtäuschen, die das Unternehmen Siemens in diesem Land zu bewältigen hatte. Die Firma musste seit ihrer Gründung 1847 große finanzielle und personelle Ressourcen bereitstellen und mehr als ein Jahrhundert lang Geduld beweisen, ehe es gelang, sich als feste Größe auf dem wichtigsten und größten Elektrotechnikmarkt der Welt[10] zu etablieren. Die ersten Geschäftskontakte der Siemens-Brüder in die USA gehen zwar auf die 1840er Jahre zurück, als sie Schnelldruckpressen an amerikanische Unternehmer verkaufen konnten.[11] In den folgenden Jahrzehnten sah sich die Firma aber mit vielen strukturellen Schwierigkeiten konfrontiert, sodass der Umfang des US-Geschäfts bis in die Nachkriegsjahre des Zweiten Weltkriegs gering blieb. Siemens konzentrierte sich darauf, Patente anzumelden, vereinzelt Lizenzverträge abzuschließen und Nischenprodukte zu exportieren. Über einen Generalvertreter ließ die Firma zudem die amerikanischen Marktstrukturen, die US-Wettbewerber und deren Produktpolitik beobachten. Ein Breitengeschäft mit entsprechenden Umsatzzahlen und Marktanteilen konnte erst langsam in den 1970er Jahren aufgebaut werden. Zuvor fehlten dazu Wertschöpfungsketten vor Ort, eigene Servicekapazitäten und Marketingaktivitäten, um die Bekanntheit des Unternehmens Siemens in den USA zu erhöhen. Der amerikanische Markt stellte vielmehr „a white spot",[12] eine „Terra incognita"[13] für den deutschen Elektrokonzern dar. So

---

7   Siehe: Remarks of President Barack Obama at Siemens Wind Turbine Blade Manufacturing
     Plant in Fort Madison, Iowa, zu finden unter: http://www.whitehouse.gov/the-press-office/re-
     marks-president-barack-obama-siemens-wind-turbine-blade-manufacturing-plant-fort-,   zu-
     letzt eingesehen am 23. März 2012.
8   Vgl.: Presseinformation zum Besuch von US-Präsident Obama der Siemens-Rotorblattferti-
     gung im US-Bundesstaat Iowa, zu finden unter: http://www.siemens.com/press/de/events/
     corporate/2010-04-obama.php, zuletzt eingesehen am 23. März 2012.
9   Siehe hierzu: Jahresansprache „State of the Union Adress" von Barack Obama, zu finden unter:
     http://www.washingtonpost.com/politics/state-of-the-union-2012-obama-speech-excerpts/
     2012/01/24/gIQA9D3 QOQ_story_3.html, zuletzt eingesehen am 23. März 2012.
10   Vgl.: Wilfried Feldenkirchen, Siemens. Von der Werkstatt zum Weltunternehmen, 2. aktuali-
     sierte und erweiterte Auflage, München 2003, S. 392.
11   Vgl.: William an Werner vom 1. August 1845, S. 1 f., in: SAA Briefe der Brüder Siemens, 1845
     sowie: William an Werner vom 29. August 1845, S. 7, in: ebenda.
12   Vgl.: Siemens secures its foothold in the U.S., in: Business Week vom 27. Februar 1978, in:
     SAA 68/Li 262.
13   Siehe hierzu: Persönliches Interview mit Hans Decker am 24. Februar 2012 in New York City,

bemerkte Vorstandsmitglied Paul Dax 1976, Siemens habe „die Erfahrung gemacht, dass wir uns in unserem Bemühen um eine tiefere Verankerung im US-Markt schwerer tun als anderswo und dadurch auch schwerer, als wir anfänglich glaubten."[14] Erst im Laufe der 1970er Jahre setzte langsam eine Wende ein. Die USA wuchsen bis 2000 zum umsatzstärksten Absatzmarkt von Siemens an. Spätestens in den 1980er Jahren galten die Vereinigten Staaten in der Konzernstrategie als wichtigster Auslandsmarkt. „Nur wer sich hier bewährt und durchsetzt, wird auch am Weltmarkt langfristig wettbewerbsfähig bleiben können",[15] konstatierte 1986 Karlheinz Kaske, Vorstandsvorsitzender der Siemens AG zwischen 1981 und 1992. Ähnlich argumentierte knapp zwanzig Jahre später George Nolen, CEO der Siemens Corp., als er die Verflechtung des nordamerikanischen Markts mit dem Weltgeschäft verdeutlichte: „In short, we had to invest locally to grow globally."[16]

2 FORSCHUNGSDISKUSSION

Die US-Entwicklung des Siemens-Konzerns von einem unbedeutenden Spezialartikelexporteur zu einem Marktführer stellt einen facettenreichen Untersuchungsgegenstand dar, der großes unternehmenshistorisches Erkenntnispotenzial bietet. Dennoch fehlt bis heute eine wissenschaftliche Gesamtdarstellung, die diese Entwicklung beschreibt, zusammenfasst und anhand eines theoretischen Analysemodells verortet und erklärt. Bisher waren nur Einzelaspekte Gegenstand wirtschaftshistorischer Untersuchungen. Diese meist deskriptiv angelegten Arbeiten blieben jedoch überwiegend an der Oberfläche. Die Forschung ist geprägt von Wilfried Feldenkirchen, der einzelne Aspekte des US-Engagements von Siemens analysierte, wie die ersten Jahrzehnte bis 1908 und die Zusammenarbeit des Unternehmens mit der Westinghouse Electric Co.[17] Zusätzlich schrieb er einen knappen

---

USA.

14   Vgl.: Vortrag von Paul Dax anlässlich der Vorstandssitzung der Siemens AG vom 28./29. Juni 1976, Anlage 1, S. 25, in: SAA S 1.

15   Vgl.: Vortrag von Karlheinz Kaske anlässlich der Pressekonferenz der Siemens AG vom 3. Februar 1986, S. 9, in: SAA 64/Lb 439. Ähnlich äußert sich zwanzig Jahre später der Vorstandsvorsitzende Heinrich von Pierer: „Succeeding in the U. S. was critical to becoming more competitive as a company. [...] I also knew if we were not successful in the U. S., we would never achieve the necessary growth for Siemens", so der Manager 2005. Vgl. dazu: Thomas A. Stewart / Louise O'Brien, Transforming an Industrial Giant. An Interview with Heinrich von Pierer, in: Harvard Business Review, Februar 2005, S. 114–122, hier S. 116.

16   Siehe: George Nolen, Investing Locally to Grow Globally: Siemens M&A Strategy in the U. S. Market, in: Kai Lucks (Hg.), Transatlantic Mergers & Acquisitions. Opportunities and Pitfalls in German-American Partnerships, Erlangen 2005, S. 135–143, hier S. 135.

17   Vgl.: Wilfried Feldenkirchen, Die Anfänge des Siemensgeschäfts in Amerika, in: ders. / Schönert-Röhlik, Frauke / Schulz, Günther (Hg.), Wirtschaft, Gesellschaft, Unternehmen. Festschrift für Hans Pohl zum 60. Geburtstag (= Vierteljahrsschrift für Sozial- und Wirtschaftsgeschichte, Beihefte Nummer 120b), Stuttgart 1995, S. 876–900 sowie: ders., Die Beziehungen zwischen Siemens und Westinghouse von den Anfängen bis in die Gegenwart, in: Michael Wala (Hg.), Gesellschaft und Diplomatie im transatlantischen Kontext. Festschrift für Reinhard R. Doerries zum 65. Geburtstag (= USA-Studien, Band 11), Stuttgart 1999, S. 329–343.

Überblick für den Zeitraum zwischen 1854 und 2000.[18] In seiner firmengeschicht-
lichen Monographie zu Siemens[19] finden sich kurze Kapitel zur Entwicklung der
Geschäftsaktivitäten in den USA. Eine weitere Annäherung an das US-Geschäft
von Siemens gelang Daniela Fuchs in ihrer Diplomarbeit. Unter Verwendung des
eklektischen Paradigmas der internationalen Produktion von John H. Dunning[20]
konzentriert sie sich auf die Aktivitäten nach 1945 bis in die 1970er Jahre.[21] Sie
arbeitet die Bedeutung von Eigentums-, Internalisierungs- und Standortvorteilen
heraus, beschränkt sich aber auf Teilbereiche der US-Aktivitäten. Wie Feldenkirchen thematisiert auch sie das Verhältnis zwischen der deutschen Muttergesellschaft und den US-Vertretern bzw. der amerikanischen Tochterfirma nur am Rande.
Für den gleichen Zeitraum untersucht Susanne Hilger umfassend die „Amerikanisierung" deutscher Unternehmen, also die Einflüsse von US-Unternehmen auf
deutsche Wettbewerber.[22] Dabei behandelt sie auch das Fallbeispiel Siemens, an
welchem sie den interkulturellen Transfer von amerikanischen Managementmethoden, Know-how sowie Produkt- und Produktionsstrategien zeigt. Sie bezieht alle
Produktsparten des Unternehmens in die Analyse ein. Die Frage nach amerikanischen Einflüssen auf die Geschäftsentwicklung in Deutschland soll daher in der
vorliegenden Studie nicht behandelt werden. Mit diesen unterschiedlichen Studien
sind einige Aspekte des Siemens-Engagements in den USA bereits abgedeckt, allerdings mit Schwerpunkt auf der Zeit bis in die 1970er Jahre. Die beiden Jahrzehnte
bis 2001 – die entscheidende Expansionsphase des Elektrokonzerns in den USA –
blieben bisher weitgehend unberücksichtigt.[23]

Zu den Schwierigkeiten beim Aufbau des US-Geschäfts von Siemens siehe auch: Sigfrid von
Weiher, Die Entwicklung der englischen Siemens-Werke und des Siemens-Überseegeschäfts
in der zweiten Hälfte des 19. Jahrhunderts (= Schriften zur Wirtschafts- und Sozialgeschichte,
Band 98), Berlin 1990 (Dissertation, Freiburg im Breisgau 1959).

18   Vgl.: Wilfried Feldenkirchen, Siemens in the US, in: Geoffrey Jones / Lina Gálvez-Muñoz
     (Hg.), Foreign multinationals in the United States, Management and performance (= Routh-
     ledge international studies in business history, Band 8), London 2002, S. 89–105.
19   Vgl.: Feldenkirchen, Siemens 2003.
20   Vgl.: John H. Dunning, International production and the multinational enterprise, London
     1981.
21   Vgl.: Daniela Berta Fuchs, Der Aufbau des USA-Geschäfts von Siemens nach dem Zweiten
     Weltkrieg, Nürnberg 2005 (unveröffentlichte Diplomarbeit).
22   Siehe: Susanne Hilger, „Amerikanisierung" deutscher Unternehmen. Wettbewerbsstrategien
     und Unternehmenspolitik bei Henkel, Siemens und Daimler-Benz (1945/49–1975) (= Viertel-
     jahrsschrift für Sozial- und Wirtschaftsgeschichte, Beihefte Nummer 173), Stuttgart 2004.
23   Zwei Ausnahmen sind die Studien von Wilderer und Schröder. Wilderer behandelt Siemens als
     transnationales Unternehmen zwischen 1997 und 2008 und berücksichtigt mehrfach das US-
     Geschäft. Allerdings legt sie ihr Augenmerk auf interne Netzwerkstrukturen. Siehe: Mirka C.
     Wilderer, Transnationale Unternehmen zwischen heterogenen Umwelten und interner Flexibi-
     lisierung. Zur Rolle polykontextueller Netzwerke in der Siemens AG, Frankfurt am Main 2010
     (Dissertation). Schröder untersucht deutsche Unternehmen mit Blick auf deren US- und Chi-
     naaktivitäten zum Jahrtausendwechsel. Der Abschnitt zu Siemens in den USA nimmt dabei
     nur einen kleinen Teil ein. Vgl.: Wiebke Schröder, Zwischen den USA und der Volksrepublik
     China. Interessen und Präferenzen deutscher Unternehmen, Wiesbaden 2010, insbesondere
     S. 138–154.

Doch nicht nur eine Gesamtstudie über das Geschäft in den Vereinigten Staaten fehlt. Auch die weltweiten Auslandsaktivitäten von Siemens und deren Gesamtorganisation sind bisher nur am Rande untersucht worden. Für den Zeitraum bis 1945 existieren einige Fallstudien zu einzelnen Auslandsmärkten, die stellenweise die Organisationsstrukturen des Auslandsengagements in den Blick nehmen.[24] Für die zweite Hälfte des 20. Jahrhunderts mangelt es dagegen an solchen Analysen. Feldenkirchen geht in seiner Gesamtdarstellung der Siemens AG nur in knapper Form auf Entwicklungen einzelner Auslandsmärkte und die wichtigsten Veränderungen der Auslandsorganisation ein.[25] Für die Zeit nach 1945 bis 1966 untersucht Isabelle Dietze in ihrer Magisterarbeit das Engagement in Lateinamerika.[26] Julia Kleindinst konzentriert sich auf die Aktivitäten in Österreich.[27] Darüber hinaus liegen lediglich deskriptive Festschriften vor, die anlässlich von Jubiläen einzelner Landesgesellschaften bearbeitet wurden. Sie lassen wissenschaftliche Methodik und Originalquellenbezüge vermissen.[28] Vor diesem Hintergrund ist es auch Aufgabe der vorliegenden Untersuchung, die Organisationsentwicklung des Gesamtauslandsgeschäfts von Siemens darzustellen, um das Fallbeispiel USA in diesen Rahmen einzuordnen.

Besser gestaltet sich die Forschungslage allgemein zu den Aktivitäten deutscher Unternehmen und ihren Direktinvestitionen in den USA. Die intensive Auseinandersetzung mit europäischen sowie explizit deutschen multinationalen Unternehmen in den Vereinigten Staaten hat ihre Wurzeln Ende der 1970er Jahre. Noch

24 Exemplarisch seien hier genannt: Martin Lutz, Siemens im Sowjetgeschäft. Eine Institutionengeschichte der deutsch-sowjetischen Beziehungen 1917–1933 (= Perspektiven der Wirtschaftsgeschichte, Band 1), Stuttgart 2011; Dennis Kirchberg, Analyse der internationalen Unternehmenstätigkeit des Hauses Siemens in Ostasien vor dem Zweiten Weltkrieg, Erlangen/Nürnberg 2010, in: SAA E 863 (Dissertation); Mathias Mutz, „Der Sohn, der durch das West-Tor kam" – Siemens und die wirtschaftliche Internationalisierung Chinas, 1904–1949, in: Periplus. Jahrbuch für außereuropäische Geschichte 15/2005, S. 4–40; Stefan Rennicke, Siemens in Argentinien – Die Unternehmensentwicklung vom Markteintritt bis zur Enteignung 1945, Berlin 2004; Ulrike Reisach, Deutsch-chinesische Wirtschaftszusammenarbeit – das Beispiel Siemens, in: Margot Schüller (Hg.), Strukturwandel in den deutsch-chinesischen Beziehungen. Analysen und Praxisberichte (= Mitteilungen des Instituts für Asienkunde Hamburg, Nr. 370), Hamburg 2003, S. 130–146 sowie: Toru Takenaka, Siemens in Japan. Von der Landesöffnung bis zum Ersten Weltkrieg (= Zeitschrift für Unternehmensgeschichte, Beihefte, Band 91), Stuttgart 1996.
25 Siehe: Feldenkirchen, Siemens 2003.
26 Vgl.: Isabelle Dietze, Wiederaufbau des Lateinamerikageschäfts von Siemens nach 1945, München 2008 (unveröffentlichte Magisterarbeit), in: SAA 23048.
27 Vgl.: Julia Kleindinst, Siemens in Österreich. Der Zukunft auf der Spur. Eine Unternehmensbiographie, München 2004.
28 Hier seien erwähnt: Alexandre Dórea, Siemens in Brazil. 100 years shaping the future, São Paulo 2005, in: SAA L 564; Geoff Fagan, Getting on top downunder – Siemens first 130 years in Australia and New Zealand, o. O. 2002, in: SAA 12213 sowie: O. V., Where it all began. 75 Years Innovating in Ireland. Siemens 75th Anniversary Celebration, o. O. 2000, in: SAA 16131. Aus früheren Jahren gibt es auch Zusammenstellungen zu verschiedenen Auslandsaktivitäten von Siemens, die allerdings mittlerweile nicht mehr aktuell sind. Hier sei die umfangreiche Dokumentation von Joachim Wegner zu mehreren Ländern hervorgehoben, die teilweise bis in die 1970er Jahre reicht: SAA 68/Li 194.

1974 konnte die Wissenschaft keine grundlegenden Erkenntnisse zu ausländischen Direktinvestitionen in den USA vorweisen. Entsprechend konstatierten Arpan/ Ricks, dass „almost nothing is known about foreign manufacturing investments in the United States, either publicly or privately."[29] Seitdem entstanden vielfältige General- und Detailstudien zu europäischen Multinational Enterprises (MNE)[30] in den USA. So ragen für die Aktivitäten nicht-amerikanischer Firmen in den Vereinigten Staaten vor 1945 bis heute die Werke von Mira Wilkins hervor, die sowohl Direkt- als auch Portfolioinvestitionen untersuchen.[31] Die Untersuchung von Direktinvestitionen im Ausland allein aber reicht nicht aus, um die Besonderheiten von MNEs zu erklären. Susan Becker belegt dies in ihrer Studie zur Internationalisierung der Nichteisen-Metallindustrie. Vielmehr müssen ihrer Ansicht nach auch die Geschäftsbeziehungen zu ausländischen Unternehmen und die Verbindungen zu internationalen Kartellen als elementare Bestandteile multinationaler Unternehmen verstanden werden.[32]

29   Siehe: Jeffrey S. Arpan / David A. Ricks, Foreign direct investments in the U.S. and some attendant research problems, in: Journal of International Business Studies, 5/1974, Nummer 1, S. 1–7, hier S. 1.

30   Siemens gilt als eine der ersten Multinational Enterprise weltweit. Eine MNE ist eine Firma, die über die Grenzen ihres Heimatlandes hinaus in fremde Zielmärkte expandiert. Meistens haben MNEs einen Heimatmarkt, selten auch mehrere. Daneben werden je nach Definition verschiedene Kriterien aufgeführt. Darunter befinden sich u.a der Anteil von Auslandsgeschäften an den Gesamtaktivitäten des Unternehmens, die Anzahl der fremden Zielmärkte, die bearbeitet werden oder die absolute Größe von Besitz, Gewinn, Auftragseingang oder Beschäftigten im Ausland. Siehe dazu: Mira Wilkins, Multinational Enterprise to 1930. Discontinuities and Continuities, in: Alfred D. Chandler, Jr. / Bruce Mazlish (Hg.), Leviathans. Multinational Corporations and the New Global History, Cambridge 2005, S. 45–79, hier S. 45–51 und 74 sowie: Harm G. Schröter, Continuity and change: German multinationals since 1850, in: Geoffrey Jones / Harm G. Schröter (Hg.), The Rise of Multinationals in Continental Europe, Aldershot 1993, S. 28–48, hier S. 28.

31   Einen umfangreichen und sehr informativen Überblick über die Forschung zu multinationalen Unternehmen bietet: Mira Wilkins, The History of the Multinational Enterprise, in: Alan M. Rugman (Hg.), The Oxford Handbook of International Business, 2. Auflage, Oxford 2009, S. 3–38, hier insbesondere S. 5–11. Deutsche multinationale Unternehmen und deren Geschäftstätigkeit in den USA vor 1945 betreffend seien folgende Werke empfohlen: Mira Wilkins, European multinationals in the United States: 1875–1914, in: Alice Teichova / Maurice Lévy-Leboyer / Helga Nussbaum (Hg.), Multinational enterprise in historical perspective, Cambridge u.a. 1986, S. 55–64; dies., The History of Foreign Investment in the United States to 1914 (= Harvard Studies in Business History 41), Cambridge u.a. 1989; dies., The History of Foreign Investment in the United States, 1914–1945 (= Harvard Studies in Business History 43), Cambridge u.a. 2004. Einen guten Überblick über europäische beziehungsweise explizit deutsche MNEs seit ihren Anfängen Mitte des 19. Jahrhunderts geben die beiden Aufsätze: Geoffrey Jones / Harm G. Schröter, Continental European multinationals, 1850–1992, in: dies., The rise of multinationals in continental Europe, Aldershot 1993, S. 3–27 sowie: Schröter, Continuity.

32   Vgl.: Susan Becker, „Multinationalität hat verschiedene Gesichter". Formen internationaler Unternehmenstätigkeit der Société Anonyme des Mines et Fonderies de Zinc de la Vieille Montagne und der Metallgesellschaft vor 1914 (= Beiträge zur Unternehmensgeschichte, Band 14), Stuttgart 2002, S. 12.

Beides steht für deutsche elektrotechnische Firmen in den USA noch weitgehend aus. Zu den allgemeinen deutschen Geschäftsaktivitäten in den Vereinigten Staaten liegen für den Zeitraum vor 1945 lediglich einige knappe Aufsätze vor.[33] Die Studie von Lilian Gohm analysiert den Technologietransfer deutscher Konzerne in die USA.[34] Einige Hinweise zur Expansion deutscher elektrotechnischer Unternehmen und deren Entwicklung im Vergleich zu internationalen Firmen finden sich auch in der Monographie von William J. Hausman et. al. Die Autoren untersuchen die frühe, aber langsame und hochkomplexe Internationalisierung der weltweiten Elektroindustrie.[35] Für den Zeitraum nach dem Zweiten Weltkrieg sind ebenfalls nur einige Untersuchungen vorhanden. Einen guten Überblick über die Internationalisierung der US-Wirtschaft infolge der Expansion europäischer Unternehmen gibt Wilkins.[36] Exemplarisch für den Wiederaufbau der Auslandsaktivitäten deutscher Firmen nach dem Zweiten Weltkrieg sei die Arbeit von Borsdorf genannt.[37] Weitere relevante Studien stammen von Graham/Krugman, Jones, Leistl sowie von Lipsey.[38]

---

33   Vgl.: Peter Hertner, Financial strategies and adaptation to foreign markets: the German electro-technical industry and its multinational activities: 1890s to 1939, in: Alice Teichova / Maurice Lévy-Leboyer / Helga Nussbaum (Hg.), Multinational enterprise in historical perspective, Cambridge u. a. 1986, S. 145–159; Harm G. Schröter, A typical factor of German international market strategy: agreements between the US and German electrotechnical industries up to 1939, in: ebenda, S. 160–170 sowie: Wilfried Feldenkirchen, Competition and cooperation in the German electrical industry in the home and world markets, in: Hans Pohl (Hg.), Competition and cooperation of enterprises on national and international markets (19th–20th century) (= Vierteljahrsschrift für Sozial- und Wirtschaftsgeschichte, Beihefte Nummer 136), Stuttgart 1997, S. 13–34.

34   Siehe: Lilian Gohm, Technologietransfer deutscher Unternehmen in die USA 1870–1939 (= Studien zur Wirtschafts- und Sozialgeschichte, Band 20), St. Katharinen 2000.

35   Vgl.: William J. Hausman / Peter Hertner / Mira Wilkins, Global Electrification. Multinational Enterprise and International Finance in the History of Light and Power, 1878–2007 (= Cambridge Studies in the Emergence of Global Enterprise), Cambridge 2008.

36   Für die Zeit nach 1945 bietet der Artikel von Wilkins einen guten Einstieg: Mira Wilkins, An overview of foreign companies in the United States 1945–2000, in: Geoffrey Jones / Lina Gálvez-Muñoz (Hg.), Foreign multinationals in the United States, Management and performance (= Routhledge international studies in business history, Band 8), London 2002, S. 18–49.

37   Siehe: Götz Hanjo Borsdorf, Die Internationalisierung deutscher Unternehmen nach dem Zweiten Weltkrieg, Aachen 2007.

38   Vgl.: Edward M. Graham / Paul R. Krugman, Foreign Direct Investment in the United States, Washington D. C. 1989; Geoffrey Jones, Multinationals from the 1930s to the 1980s, in: Alfred D. Chandler, Jr. / Bruce Mazlish (Hg.), Leviathans. Multinational Corporations and the New Global History, Cambridge 2005, S. 81–103; Mathias Leistl, Der amerikanische Markt der deutschen Elektroindustrie. Eine Untersuchung unter besonderer Berücksichtigung von Strategie und Organisation (= Europäische Hochschulschriften, Reihe V: Volks- und Betriebswirtschaft, Band 1927), Berlin u. a. 1996 sowie: Robert E. Lipsey, Foreign Direct Investment in the United States: Changes over Three Decades, in: Kenneth A. Froot (Hg.), Foreign Direct Investment, Chicago u. a. 1993, S. 113–172. Daneben gibt es auch diverse populärwissenschaftliche Arbeiten, wie die von Werner Meyer-Larsen, Griff über den großen Teich. Deutsche Unternehmen als Herausforderer amerikanischer Konzerne, Frankfurt am Main u. a. 1999.

Zu den US-Aktivitäten deutscher Unternehmen sind in den vergangenen Jahren mehrere Fallstudien entstanden. Diese Arbeiten behandeln Firmen verschiedener Branchen. Stellvertretend für die Elektroindustrie sei die Arbeit von Russ Banham über die Robert Bosch GmbH genannt;[39] im Bereich der Konsumgüterindustrie untersuchte Hilger die Aktivitäten der Henkel AG.[40] Christopher Kobrak beschäftigte sich mit der Deutschen Bank,[41] Thorsten C. Kölmel mit deutschen Versicherungen in den USA.[42] Auf dem Gebiet der Automobilindustrie entstand die Studie von Andreas Fricke zur Volkswagen AG (VW),[43] mit dem Aldi-Konzern erfuhr sogar der Lebensmitteleinzelhandel wissenschaftliches Interesse.[44] Zu anderen deutschen Großkonzernen gibt es Studien, die deren allgemeine Unternehmensgeschichte rekapitulieren und i.d.R. ihre Internationalisierungsbestrebungen sowie die wichtigsten Entwicklungsetappen des US-Geschäfts behandeln. Hier sei verwiesen auf die Dissertationen zur Daimler-Benz AG, zur Bayer AG, die derzeit entstehende Untersuchung zur Bayerischen Motorenwerke AG (BMW) sowie auf die Arbeiten zur Henkel AG, BASF SE, Linde AG und zur Continental AG.[45]

Zu den wirtschaftlichen und politischen Beziehungen zwischen Deutschland und den USA, die ebenfalls Eingang in die vorliegende Untersuchung finden, seien

39   Vgl.: Russ Banham, Bosch in the United States. The First 100 Years, Farmington Hills 2006.
40   Vgl.: Susanne Hilger, „Der Zwang zur Größe" – Internationalisierungsstrategien Deutscher Unternehmen nach 1945 am Beispiel des USA-Geschäfts, in: Jürgen Schneider (Hg.), Natürliche und politische Grenzen als soziale und wirtschaftliche Herausforderung. Referate der 19. Arbeitstagung der Gesellschaft für Sozial- und Wirtschaftsgeschichte vom 18. bis 20. April 2001 in Aachen (= VSWG-Beiheft 166), Stuttgart 2003, S. 215–238.
41   Siehe: Christopher Kobrak, Die Deutsche Bank und die USA. Geschäft und Politik von 1870 bis heute, München 2008.
42   Vgl.: Thorsten C. Kölmel, Das Auslandsgeschäft deutscher Versicherungsunternehmen in den USA (= Europäische Hochschulschriften, Reihe V: Volks- und Betriebswirtschaft, Band 2552), Frankfurt am Main 2000.
43   Vgl.: Andreas Fricke, Markteintritt und -bearbeitung in der Automobilindustrie: Volkswagen in den USA. Eine empirische Untersuchung auf Basis von Dunnings eklektischem Paradigma, Frankfurt am Main u.a. 2007.
44   Siehe: Kristin Acker, Die US-Expansion des deutschen Discounters Aldi. Eine Fallstudie zur Internationalisierung im Einzelhandel (= Schriftenreihe des Arbeitskreises Geographische Handelsforschung in der Deutschen Gesellschaft für Geographie in Zusammenarbeit mit dem Institut für Humangeographie an der Johann Wolfgang Goethe-Universität Frankfurt am Main), Passau 2010.
45   Vgl.: Elfriede Grunow-Osswald, Die Internationalisierung eines Konzerns. Daimler-Benz 1890–1997 (= Wissenschaftliche Schriftenreihe des DaimlerChrysler-Konzernarchivs, Band 10), Vaihingen 2006; Patrick Kleedehn, Die Rückkehr auf den Weltmarkt. Die Internationalisierung der Bayer AG Leverkusen nach dem Zweiten Weltkrieg bis zum Jahre 1961 (= Beiträge zur Unternehmensgeschichte, Band 26), Stuttgart 2007. Das Dissertationsprojekt von Annika Biss, BMW Group Archiv, zur Internationalisierung der BMW AG soll voraussichtlich Anfang 2013 abgeschlossen werden. Einzelstudien mit stellenweisem Bezug auf die US-Aktivitäten der Firmen sind: Wilfried Feldenkirchen / Susanne Hilger, Menschen und Marken. 125 Jahre Henkel 1876–2001, Düsseldorf 2001; Werner Abelshauser (Hg.), Die BASF. Eine Unternehmensgeschichte, München 2002 oder: Hans-Liudger Dienel, Die Linde AG. Geschichte eines Technologiekonzerns 1879–2004, München 2004. Etwas ausführlicher: Paul Erker, Wachsen im Wettbewerb. Eine Zeitgeschichte der Continental Aktiengesellschaft (1871–1996) anläßlich des 125jährigen Firmenjubiläums, Düsseldorf 1996.

exemplarisch die Arbeiten von Volker Berghahn, Detlef Junker et.al., Klaus Larres / Thorsten Oppelland, Jan A. Eggert / John L. Gornall sowie Frank Trommler
angeführt.[46]

3 FORSCHUNGSLÜCKEN, FRAGESTELLUNGEN UND UNTERSUCHUNGSZEITRAUM

Wie dieser Forschungsüberblick verdeutlicht, fehlt bis heute eine umfassende Un-
tersuchung der US-Aktivitäten von Siemens. Im Besonderen sind in den bisherigen
Studien sechs grundlegende Aspekte unberücksichtigt geblieben:
- Gesamtüberblick des US-Engagements von 1847 bis zum Erreichen der Ge-
  winnzone zur Jahrtausendwende
- Quellengestützte Untersuchung der entscheidenden Expansionsphase in den
  1970er bis 1990er Jahren für alle Geschäftsbereiche
- Einbettung der US-Aktivitäten in die Organisationsstrukturen des weltweiten
  Auslandsgeschäfts von Siemens
- Einordnung und Interpretation der Geschäftsaktivitäten mittels eines wissen-
  schaftlichen Theoriemodells
- Analyse des Verhältnisses zwischen der deutschen Mutterfirma und ihren ame-
  rikanischen Vertretern beziehungsweise der US-Tochtergesellschaft
- Herausarbeiten und Kategorisieren der endogenen und exogenen Erfolgs- und
  Misserfolgsfaktoren

Als ersten Schritt erfordern diese Forschungslücken eine deskriptive Zusammenfassung der Siemens-Aktivitäten in den USA. Daran anschließend legen sie folgende analytische Leitfragen nahe, die diese wirtschaftshistorische Studie beantwortet:
- Wie kann der USA-Strategiewechsel vom Nischenmarktanbieter im 19. Jahrhundert zum größten ausländischen Investor im Bereich der Elektroindustrie
  2001 erklärt werden?
- Welchen Einfluss hatte – aus Sicht der institutionenökonomischen Principal-
  Agency-Theory[47] – das Verhältnis zwischen der deutschen Muttergesellschaft
  Siemens AG und ihren amerikanischen Vertretern beziehungsweise ihrer Tochterfirma auf die Entwicklung der US-Aktivitäten?

---

46   Vgl.: Volker Berghahn, Industriegesellschaft und Kulturtransfer. Die deutsch-amerikanischen
      Beziehungen im 20. Jahrhundert (= Kritische Studien zur Geschichtswissenschaft, Band 182),
      Göttingen 2010; Detlef Junker / Philipp Gassert / Wilfried Mausbach / David B. Morris (Hg.),
      Die USA und Deutschland im Zeitalter des Kalten Krieges 1945–1990. Ein Handbuch, zwei
      Bände, München u.a.; Klaus Larres / Torsten Oppelland (Hg.), Deutschland und die USA im
      20. Jahrhundert. Geschichte der politischen Beziehungen, Darmstadt 1997; Jan A. Eg-
      gert / John L. Gornall, Handbuch USA-Geschäft, Wiesbaden 1989 sowie: Frank Trommler
      (Hg.), Amerika und die Deutschen. Die Beziehungen im 20. Jahrhundert, Sonderausgabe aus-
      gewählter Beiträge, Opladen 1986.
47   Die Annahmen dieses Untersuchungsmodells sowie dessen Eignung für das Fallbeispiel Sie-
      mens in den USA werden erklärt in: Kapitel A.6.

– Welche Erfolgs- und Misserfolgsfaktoren lassen sich aus dem über 150jährigen Engagement von Siemens in den USA bis 2001 identifizieren?

Diese Fragen können nicht von politischen und ökonomischen Rahmenentwicklungen isoliert betrachtet werden. Daher wird das US-Geschäft von Siemens immer wieder in die deutsche und amerikanische Politik- und Wirtschaftsentwicklung eingeordnet. Damit will die vorliegende Dissertation einen wichtigen Beitrag zur internationalen, transatlantischen Wirtschafts- und Unternehmensgeschichte, zur Internationalisierung deutscher Großunternehmen sowie speziell zur Siemens-Historie leisten.

Die vorliegende Studie analysiert das Gesamtgeschäft von Siemens in den USA. Um die Geschäftsexpansion seit den 1970er Jahren beurteilen und begründen zu können, muss bereits die Frühphase der Aktivitäten in den Blick genommen werden. Dabei zeigt sich, dass viele Aspekte der Entwicklung nach 1945 bereits im Jahrhundert zuvor angelegt waren. Der Beginn des Untersuchungszeitraums liegt daher in der Mitte des 19. Jahrhunderts, um Kontinuitäten und Brüche des Siemens-Geschäfts in den USA benennen zu können. Konkret ist er auf das Jahr 1845 festgelegt. Die Phase bis 1945 wird einleitend als Vor- und Bedingungsgeschichte betrachtet. Das Hauptaugenmerk liegt auf der Geschäftstätigkeit in der zweiten Hälfte des 20. Jahrhunderts. Bis zu Beginn der 1970er Jahre galt es für Siemens, sich auf dem US-amerikanischen Markt eine Ausgangsbasis für die Markterschließung zu schaffen. Seit 1973, als die Siemens AG das erste US-Unternehmen erwarb, trieb der deutsche Konzern die Expansion in den Vereinigten Staaten stetig voran. Mitte der 1990er Jahre erwirtschaftete die Siemens AG in den USA erstmals positive Jahresergebnisse. Im Geschäftsjahr 1999/2000 überschritt das Geschäftsvolumen von Siemens in den USA erstmals dasjenige in Deutschland.[48] Endpunkt der vorliegenden Studie ist dann das Folgejahr, hatte doch die Bedeutung der USA für Siemens im März 2001 eine neue Qualität erreicht. Der deutsche Weltkonzern hatte sich dazu entschieden, sich an der US-Börse New York Stock Exchange notieren zu lassen. Mit diesem strategischen Schritt hatte die Expansion von Siemens in den USA einen vorläufigen Abschluss gefunden, auch wenn die Folgejahre keinesfalls einen Niedergang bedeuteten. Der Untersuchungszeitraum endet daher im März 2001. Die Überlieferung und Zugänglichkeit von Primärquellen unterstützt diese Entscheidung. Für die Zeit ab dem Jahrtausendwechsel besitzen die konsultierten Archive nur noch sehr lückenhafte Bestände. Deshalb wird auf eine Ausweitung des Untersuchungszeitraums über 2001 hinaus verzichtet.

---

48   Siehe: Fußnote 4.

4 QUELLENLAGE

4.1 Siemens Historical Institute, München

Die Quellengrundlage zur Siemens-Geschichte in den USA bilden verschiedene Aktenbestände aus deutschen und amerikanischen Archiven sowie Zeitzeugeninterviews. Im Zentrum dieser Materialfülle stehen die umfangreichen Aktenkonvolute des zum Siemens Historical Institute gehörenden Unternehmensarchivs der Siemens AG in München (Siemens-Aktenarchiv).[49] Sie decken den Zeitraum von den 1840er Jahren bis 2001 ab, auch wenn Überlieferungsqualität und -quantität für einzelne Phasen variieren.

Für den Zeitraum zwischen 1845 und 1892 liegt mit der brieflichen Korrespondenz der Siemens-Brüder eine äußerst umfangreiche und wertvolle Quellenbasis vor. Werner, William, Carl und Friedrich sowie die beiden Söhne Werners, Arnold und Wilhelm, schrieben sich in diesem Zeitraum zeitweise täglich über sämtliche Belange der Firma Siemens & Halske (S&H). So sammelten sich mehr als 7.000 handschriftliche Briefe, in denen die Unternehmer über Geschäftsaktivitäten im In- und Ausland, über technische Erfindungen sowie Strategien der Firma berichteten und diskutierten.[50] Gerade das Vorgehen auf dem US-Elektromarkt mit seinen Risiken und Potenzialen war immer wieder ein kontrovers besprochenes Thema. Die Schriftwechsel geben Aufschluss über vereinzelte Projekte in den USA, über unternehmerische Erfolge und Rückschläge. Natürlich lässt sich dieser Fundus – bei allen beinhalteten Informationen – nicht ohne methodische Schwierigkeiten bearbeiten. Der Quellengattung „Brief" sind insbesondere zwei Hypotheken inhärent. Zum einen sind die einzelnen Dokumente aus der subjektiven Sicht des Briefautors geschrieben worden und nicht nur deshalb, sondern auch wegen ihrer jeweils gezielten Adressierung in keiner Weise objektive Beschreibungen. Zum anderen werden dem heutigen Leser unter Umständen Hintergrundwissen oder Zusammenhänge vorenthalten, die in den Briefen unerwähnt blieben, den Zeitgenossen aber bewusst waren. Hierunter kann das inhaltliche Verständnis leiden. Speziell die genannten Brüderbriefe bieten zudem Besonderheiten. Sie sind nicht vollständig im Siemens Historical Institute verzeichnet. In den meisten Fällen sind sie als Abschriften erhalten und befinden sich nicht geordnet in einem Aktenbestand, sondern sind über mehrere Konvolute und Nachlässe verteilt. Solche Sammlungen doppeln, überschneiden oder ergänzen sich, ohne dass dies bereits vor der detaillierten Durchsicht erkennbar ist. Ein inhaltliches Übersichtsverzeichnis der Dokumente liegt nicht vor.

---

49   Das Archiv liegt am Wittelsbacherplatz 2, 80333 München. Zu finden ist es unter: http://www. siemens.com/history/de/siemens_corporate_archives/index.htm, zuletzt eingesehen am 21. März 2012.

50   Vgl.: SAA, Briefe der Brüder. Der Bestand liegt im Siemens Historical Institute mittlerweile transkribiert vor. Daneben gibt es auch im Nachlass von Carl Friedrich von Siemens ein Konvolut zu Briefen von Arnold und Wilhelm von Siemens um die Jahrhundertwende. Sie finden sich unter SAA 4/Lr 560–563, 567.

Nach dem Tod Werner von Siemens' im Dezember 1892 nimmt der Umfang der Familienkorrespondenz ab. Die Aktivitäten von S&H sowie später der Siemens-Schuckertwerke (SSW) lassen sich fortan gleichwohl mittels anderer Bestände nachverfolgen. Für die Jahre 1890 bis 1902 existieren ausführliche Korrespondenzunterlagen zwischen Siemens & Halske, Berlin und der amerikanischen Tochtergesellschaft Siemens & Halske Electric Company of America, die 1892 gegründet wurde.[51] Der anschließende Zeitraum bis 1945 wird insbesondere von dem Schriftverkehr zwischen dem Berliner Stammhaus beider Siemens-Gesellschaften und dem US-Vertreter Karl Georg Frank abgedeckt, den die Firma 1908 in die Vereinigten Staaten entsandte.[52] Glücklicherweise sind in der Regel die Briefe beider Seiten erhalten. Auch liegt eine knappe Übersicht zu den US-Aktivitäten bis 1919 vor, die der Siemens-Mitarbeiter Joachim Wegner Ende der 1960er Jahre verfasste.[53] Insgesamt sind für das US-Geschäft in der ersten Hälfte des 20. Jahrhunderts viele Unterlagen überliefert mit Ausnahme der Jahre 1934 bis 1945. Hier lassen sich nur die wesentlichen Entwicklungen von Siemens in den USA nachvollziehen.

Zusätzlich zu denjenigen Akten, die sich auf den Zeitraum vor dem Zweiten Weltkrieg beschränken, gibt es auch solche, die sowohl Informationen zu den Jahren vor als auch nach 1945 bieten. Besonderen Wert für den gesamten Untersuchungszeitraum besitzt eine chronologische Zusammenstellung wichtiger Ereignisse der Siemens-Entwicklung in den USA.[54] Die mehrbändige Sammlung bietet Unterlagen zu einzelnen Aufträgen, Kooperationen und Firmenübernahmen bis Ende der 1990er Jahre. Auch die organisatorische Entwicklung des US-Engagements ab den 1970er Jahren ist dokumentiert. Außerdem sei verwiesen auf eine wahllose Dokumentensammlung zu den US-Aktivitäten, die wichtige Unterlagen gerade für die Jahre 1930–1945 bietet.[55]

Für den Zeitraum nach dem Zweiten Weltkrieg und insbesondere seit Anfang der 1970er Jahre – das Herzstück der Arbeit – gestaltet sich die Quellenlage sehr gut. Unter den Akten des Siemens Historical Institute in München erwiesen sich die Protokolle und Berichte der Führungsgremien der Siemens AG seit 1966 als besonders relevant. Zu nennen sind hier Sitzungen von Aufsichtsrat, Vorstand, Wirtschafts- und Zentralausschuss, die Gesellschafterversammlungen sowie sonstige Konferenzen der oberen Managementebene. Die Protokolle der Vorstandsessen der Siemens AG flossen ebenso in die Analyse ein. Die genannten Dokumente enthalten unter anderem Informationen zu Geschäftsstrategien des Gesamtkonzerns wie auch der einzelnen Geschäftsbereiche in den USA und ihrem Wandel. Auch lassen sich die Entwicklungen der Organisationsstruktur von Siemens in den Vereinigten Staaten sowie einzelne Projekte wie Lieferaufträge, Kooperationen, Joint Ventures, Beteiligungen oder Firmenübernahmen detailliert nachvollziehen. Im Rahmen der

---

51   Diese Akten aus dem ehemaligen Dornburg-Bestand sind zu finden unter: SAA 4482–4485.
52   Exemplarisch seien hier folgende Akten genannt: SAA 2237–2239; SAA 3487–3488; SAA 15/Lc 70; SAA 4/Lk 178, Nachlass Wilhelm von Siemens; SAA 7230 sowie: SAA 27/La 827.
53   Vgl.: Joachim Wegner, Siemens in den Vereinigten Staaten von Amerika, Materialsammlung bis 1919, 1. Teil-Entwurf vom 1. Oktober 1969, in: SAA 8075.
54   Die Dokumentation findet sich unter: SAA 68/Li 262.
55   Vgl. hierzu: SAA 8103.

vorliegenden Studie wurden die genannten Unterlagen erstmals für den Zeitraum 1945 bis 2001 systematisch auf die Siemens-Aktivitäten in den USA ausgewertet. Dies gilt auch für die Geschäftsberichte von Siemens in den USA, soweit diese in den Archivbeständen verfügbar waren.[56] Sie enthalten zusätzlich zu den Geschäftszahlen der einzelnen Jahre auch grobe Jahresüberblicke zu den Aktivitäten aller Unternehmensbereiche in den USA. Das Zahlenmaterial ist allerdings nicht auf einer einheitlichen Berechnungsgrundlage entstanden und daher nicht problemlos miteinander vergleichbar. Daneben brachte die Analyse der Hauptversammlungen, Pressekonferenzen sowie entsprechender Presseinformationen der Siemens AG aus dem Zeitraum 1973 bis 2001 noch weitere detaillierte Informationen.[57] Dies gilt insbesondere für den Bereich Mergers & Acquisitions. Ebenfalls berücksichtigt wurden die zahlreichen Reden und Vorträge der Führungskräfte zwischen 1970 und 2001.[58] Für das Verständnis der institutionellen Verbindungen zwischen der deutschen Mutterfirma und ihren amerikanischen Tochtergesellschaften sowie deren Organisationsstrukturen war die Durchsicht einer Dokumentensammlung zur Organisationsgeschichte von Siemens sehr hilfreich. Der Auslands- und Vertriebsexperte der Firma, Andreas Zimmermann, hatte diese in den 1990er Jahren angelegt und dem Siemens-Archiv in München überlassen.[59] Von besonderem Wert war der bisher unbearbeitete Aktenbestand der Abteilung Siemens Beteiligungen Inland GmbH.[60] Dieser beinhaltete auch Unterlagen zum Auslandsgeschäft, darunter ein großes Aktenkonvolut über die Entwicklung der Minderheits- und Mehrheitsbeteiligungen der Siemens AG in den USA seit den 1950er Jahren.

Darüber hinaus thematisieren die seit 1896 erscheinenden Geschäftsberichte von Beginn an die Entwicklung des allgemeinen Auslandsgeschäfts und seit 1973 regelmäßig die US-Aktivitäten.[61] Sie geben für den Zeitraum 1987–2001 Zahlen zum Ergebnis des US-Geschäfts aus. Wertvoll als Informationsgrundlage, wenn auch stellenweise tendenziös, sind die Mitarbeiterzeitschrift Siemens-Mitteilungen (ab 1992 unter dem Namen SiemensWelt) und das Firmenjournal Siemens-Zeitschrift. Beide bieten Einblicke in das – nach außen kommunizierte – Selbstverständnis des Konzerns, in dessen Rahmen auch das Auftreten in den USA eine Rolle spielt.[62] Eine quellenkritische Prüfung ist ebenfalls bei den beiden informativen,

---

56 Die Berichte werden seit Mitte der 1970er Jahre herausgegeben. Sie sind uneinheitlich mit „Siemens in the US", „Siemens USA" oder „A review of Siemens Businesses in the USA" überschrieben. Leider sind sie nicht vollständig überliefert. Es konnten die Jahrgänge 1975, 1978, 1979, 1981 sowie 1984 bis 2001 eingesehen werden. Fundorte sind: SAA 15825, SAA 15884, SAA 15891, SAA 27468 sowie: SAA 68/Li 262.

57 Siehe: SAA Pressekonferenzen sowie: SAA 35/Ls 403.

58 Die Reden und Vorträge sind in unterschiedlichen Beständen verzeichnet, eine Sammelsignatur gibt es nicht.

59 Die mehrbändige Sammlung ist zu finden unter: Die Organisationsreform des Hauses Siemens von 1988/89. Eine Dokumentation. Zusammengestellt und kommentiert von Andreas Zimmermann, in: SAA 33/Lf 963.

60 Vgl.: Siemens Beteiligungen Inland GmbH (CF R 6 SBI), in: SAA unverzeichneter Bestand.

61 Vgl.: SAA Geschäftsberichte S&H, SSW und Siemens AG.

62 Siehe: SAA Siemens-Mitteilungen (seit 1992: SAA SiemensWelt) sowie: SAA Siemens-Zeitschrift.

rein deskriptiven Studien der ehemaligen Siemens-Mitarbeiter Gerd Tacke[63] und
Helmut Schwab[64] vonnöten. In beiden lassen sich umfangreiche Informationen
zum US-Geschäft finden, allerdings entbehren sie wissenschaftlicher Methodik und
stellenweise klarer Quellenbezüge. Auch Bernhard Plettner, Vorstandsvorsitzender
von 1981 bis 1988, veröffentlichte eine Monographie, in der mehrfach der Blick auf
die Vereinigten Staaten gerichtet wird.[65] Da die Rolle einzelner Führungsverant-
wortlicher für die Entwicklung des US-Geschäfts nicht unterschätzt werden darf,
wurden Nachlässe von Siemens-Managern, die die Expansion in die USA forcierten, durchgesehen. Hierbei handelt es sich unter anderem um die Hinterlassenschaf-
ten von Carl Friedrich von Siemens, Bernhard Plettner und Gerd Tacke. Die beiden
zuletzt genannten sind in weiten Teilen noch nicht erschlossen und verzeichnet. Sie
wurden nun systematisch gesichtet, sodass dort enthaltene Informationen zum US-
Geschäft erstmals Eingang in eine wissenschaftliche Arbeit finden.[66] Eine nicht zu
vernachlässigende Quelle bieten die Reiseberichte ehemaliger Siemens-Angestell-
ter, die in großem Umfang überliefert sind. Sie sind in der Regel von deutschen
Ingenieuren verfasst, die sich während ihrer USA-Aufenthalte mit technologischen
Entwicklungen auf dem amerikanischen Elektromarkt beschäftigten. Daher haben
sie meist einen sehr technikorientierten Charakter. Stellenweise aber vermitteln sie
gute Eindrücke und strategische Einschätzungen zum US-amerikanischen Elektromarkt, seinen Wettbewerbern und den Marktchancen von Siemens.[67] Der Großteil
der relevanten Reiseberichte stammt aus den 1950er bis 1980er Jahren.

Zu anderen Aspekten der Unternehmensgeschichte in den Vereinigten Staaten
sind weitaus weniger Quellen überliefert. So lässt sich zur Entwicklung der frühen
Vertriebspolitik in den USA nur wenig Material finden, ebenso wie zu einzelnen
Entscheidungsträgern oder der Mitarbeiterschaft allgemein. Entsprechende Perso-
nalakten fehlen in den Beständen. Insgesamt sind auch finanz- und sozialpolitische
Aspekte wie die Vergütung, die Personalzusammenstellung oder die Personalent-
wicklung amerikanischer Angestellter nicht zu rekonstruieren. Es lassen sich daher
keine langen Entwicklungsreihen zum Verhältnis von deutschen zu amerikanischen
Mitarbeitern erstellen.

63   Vgl.: Gerd Tacke, Ein Beitrag zur Geschichte der Siemens AG (= gedrucktes, unveröffentlich-
      tes Manuskript im Siemens Historical Institute), München 1977.
64   Siehe: Helmut Schwab, Siemens in den USA, 2. verbesserte Auflage (= ungedrucktes, unver-
      öffentlichtes Manuskript in Siemens Historical Institute), o. O., 1993.
65   Vgl.: Bernhard Plettner, Abenteuer Elektrotechnik. Siemens und die Entwicklung der Elektro-
      technik seit 1945, München 1994.
66   Vgl.: SAA 4/Nachlass Carl Friedrich von Siemens, SAA 11/Nachlass Bernhard Plettner sowie:
      SAA 11/Nachlass Gerd Tacke.
67   Eine globale Signatur lässt sich mit Blick auf die Reiseberichte nicht nennen. Sie liegen in
      beiden Siemens-Archiven in München und Erlangen in verschiedenen Aktenbeständen.

4.2 MedArchiv der Siemens AG, Erlangen

Da sich die Medizintechnik seit Anfang der 1950er für Siemens in den USA zur industriellen Leitbranche entwickelt hatte, sind die Quellen aus dem Siemens Med-Archiv in Erlangen von großer Bedeutung für die vorliegende Studie.[68] Im Mittelpunkt der Aktenkonvolute steht ein mehrbändiger USA-Sammelbestand.[69] Er enthält wichtige und vielfältige Dokumente zur Entwicklung des medizintechnischen Geschäfts von Siemens. Sie beziehen sich in den Anfangsjahren auf die Erlanger Elektrofirma Reiniger, Gebbert & Schall AG (RGS), mit der S&H kooperierte. In den 1920er Jahren übernahm Siemens die Aktienmehrheit und gründete 1932/33 die Siemens-Reiniger Werke AG (SRW). Zur organisatorischen Entwicklung dieser Firma, ihrer Tätigkeit auf dem US-amerikanischen Markt und den dort verkauften Produkten bis 1945 lassen sich zahlreiche Unterlagen finden. Im Wesentlichen bestehen diese aus der Korrespondenz zwischen SRW und der amerikanischen Vertretungsfirma, aus Reiseberichten der Mitarbeiter sowie diversen Vertragsunterlagen. Den Geschäftsaktivitäten entsprechend weist der Aktenbestand für die Zeit nach dem Zweiten Weltkrieg eine noch größere Breite und Vielfalt aus. Er reicht bis 1992 und umfasst daher auch das US-Geschäft des Unternehmensbereichs Medizintechnik der Siemens AG, der 1966/69 aus den Siemens-Reiniger Werken hervorging. Für den Zeitraum 1970 bis 1992 lassen sich Informationen zu Kooperationen, Fusionen sowie Einzelaufträgen finden. Diese entstammen in der Regel dem Briefverkehr zwischen dem Unternehmensbereich Medizintechnik und amerikanischen Vertretern sowie Partnerfirmen oder USA-Reiseberichten von Siemens-Mitarbeitern. Auch einige Strategiepapiere zum US-Geschäft sind überliefert. Für die 1980er Jahre sind zusätzlich interne Rundschreiben und Pressemitteilungen vorhanden. Ergänzend zu diesem Sammelbestand konnten die Ausgaben der Mitarbeiterzeitung SRW-Hauspost in die Studie einbezogen werden.[70] Der Abschnitt bis 2001 kann dann durch die Protokolle aus den Führungsgremien der Siemens AG, die im Archiv des Siemens Historical Institute liegen, abgedeckt werden.

4.3 Hagley Museum and Library, Wilmington, Delaware/USA

In US-amerikanischen Archiven ist keine Parallelüberlieferung zu den umfangreichen Aktenbeständen aus Deutschland vorhanden. Siemens unterhält an den US-Standorten kein eigenes Unternehmensarchiv, in dem Unterlagen zur Geschichte und Entwicklung des Hauses zusammengeführt und aufbewahrt werden. Dennoch

---

68   Im Folgenden wird für Akten aus dem Erlanger Archiv die Abkürzung SMA verwandt. Nähere Informationen zum MedArchiv der Siemens AG, Gebbertstraße 1, 91052 Erlangen unter: https://w9.siemens.com/cms/regionalreferat-erlngb/de/suafm/us/Seiten/archivimreferat.aspx, zuletzt eingesehen am 7. Mai 2012.

69   Dieser Bestand umfasst den Zeitraum von 1923 bis 1992. Zu finden ist er unter: SMA 7610, Vertretungen des UB Med und seiner Vorgänger in USA.

70   Vgl.: SRW-Hauspost. Werkzeitschrift der Siemens-Reiniger-Werke AG Erlangen, 1960er Jahre.

fanden sich im Rahmen eines Forschungsaufenthalts in den USA im Frühjahr 2012
zu einzelnen Aspekten der Unternehmensgeschichte Unterlagen, die die bisherigen
Erkenntnisse unterstützen und erweitern konnten. Es wurden die Bestände aus zwei
Archiven konsultiert. An erster Stelle sind die Recherchen in der Hagley Museum
and Library, Wilmington, Delaware (HML), zu nennen.[71] Hierbei handelt es sich
um ein Unternehmensarchiv, das etwa zehn Kilometer Aktenbestände zu amerikanischen Firmen besitzt. Darunter lassen sich auch Dokumente zu unterschiedlichen
Aspekten des US-Geschäfts von Siemens finden. Es gibt mehrere Akten zu den
Exporten von Gaslampen, die William und Friedrich von Siemens eigenständig in
die USA lieferten. Daneben umfassen die Konvolute auch Unterlagen zu den ersten
S&H-Exporten von Messgeräten in den 1910er Jahren.[72] Für den Zeitraum nach
dem Zweiten Weltkrieg sind in den Beständen der US-Firma Radio Corporation of
America (RCA) Schriftwechsel zum Erfahrungsaustausch und Technologietransfer
zwischen Siemens-Ingenieuren und RCA-Kollegen aus den 1950er bis 1970er Jah-
ren überliefert.[73] Außerdem besitzt das kleine Unternehmensarchiv eine weitläufige
Sammlung zur Forschungsarbeit des österreichisch-amerikanischen Psychologen
Ernest Dichter. Er entwickelte unter anderem für die Siemens AG verschiedene
Markt- und Käuferstudien, die zum Teil die Tätigkeit auf dem amerikanischen Ab-
satzmarkt betreffen.[74]

4.4 National Archives, College Park, Washington, D.C./USA

Im US-amerikanischen Nationalarchiv, den National Archives and Records Administration am Standort College Park, Washington, D.C. (NARA)[75] konnten ebenfalls mehrere Dokumente eingesehen werden. Das Archiv besitzt einige spezielle
Korrespondenzen zur Tätigkeit des Siemens-Generalvertreters zwischen 1908 und
1930. Zusätzlich ließen sich Akten zu Kartellabsprachen zwischen Siemens und
amerikanischen Wettbewerbern aus der ersten Hälfte des 20. Jahrhunderts finden.[76]

71 Vgl.: Hagley Museum and Library, 298 Buck Road East, Wilmington, Delaware 19807-0630,
    USA. Im Internet ist das Archiv zu finden unter: http://www.hagley.lib.de.us/, zuletzt eingese-
    hen am 21. März 2012.
72 Die Akten aus der Hagley Museum and Library sind in zwei unterschiedlichen Gebäuden
    verwahrt und unterschiedlich verzeichnet. Während Dokumente aus HML Imprints keine ge-
    sonderte Signatur tragen und allein mit dem Autor, Titel und Datum aufzufinden sind, besitzen
    die Akten aus HML Soda House eigene Signaturen, sogenannte Accession-Codes.
73 Siehe: HML Soda House, Accession: 2069, Radio Corporation of America Records, Zurich
    Technical Reports; HML Soda House, David Sarnoff Library Collection, Accession: 2464, Jan
    A. Rajchman Papers sowie: HML Soda House, David Sarnoff Library Collection, Accession
    2464, Vladimir Zworykin Papers.
74 Die Siemens betreffenden Studien stammen aus: HML, Soda House, Accession: 2407, Ernest
    Dichter Papers, Research Reports.
75 Vgl.: National Archives II at College Park, 8601 Adelphi Road, College Park, Maryland
    20740-6001, USA. Der Internetauftritt ist zu finden unter: http://www.archives.gov/dc-metro/
    college-park/, zuletzt eingesehen am 21. März 2012.
76 Siehe: NARA, Record Group 59, Box 3446 sowie: NARA, Record Group 407, Box 1047–
    1048.

Die Unterlagen zu Dezentralisierungsbemühungen der amerikanischen Besatzer bei deutschen Unternehmen zeigen, wie abhängig das Siemens-Geschäft in den USA in den Nachkriegsjahren von der Zustimmung der US-Behörden war.

4.5 Sonstige Quellen aus den USA

Ebenfalls als hilfreich erwiesen sich die Bibliotheksbestände der Library of Congress, Washington, D.C.[77] Dort sind wertvolle, in Deutschland nicht zugängliche Unterlagen zu den amerikanischen Wettbewerbern und Partnerunternehmen der Siemens AG einsehbar. Zu nennen sind hier die einzelnen Geschäftsberichte von US-Konzernen, ebenso wie die Publikationsreihe International Directory of Company Histories. Die seit 1988 erscheinende Serie bietet Zusammenfassungen einzelner Unternehmen und ihrer Aktivitäten.[78] Darüber hinaus konnten Besuche der Siemens-Niederlassungen in Iselin, New Jersey[79] sowie in New York City[80] dazu genutzt werden, unverzeichnetes Pressematerial verschiedener US-Kampagnen für den Zeitraum 1985 bis 2001 einzusehen.

4.6 Zeitzeugeninterviews

Abgerundet werden die vielfältigen Quellen aus deutschen und amerikanischen Archiven durch Interviews mit Zeitzeugen, die im US-Geschäft in verschiedenen Positionen Führungsverantwortung trugen. Im Einzelnen fanden drei Gespräche statt, die sowohl die Sicht der Siemens Corp. (SC)/Siemens Capital Corp. (SCC) als auch den Blick der Siemens AG auf das US-Geschäft berücksichtigen. Mit Helmut Schwab, dem ehemaligen Leiter von Siemens Components (1977 bis 1989), konnte am 19. Februar 2012 in Princeton, New Jersey ein Gespräch geführt werden. Das Interview mit Hans Decker, President und CEO der SCC sowie der SC zwischen 1971 und 1990, fand am 24. Februar 2012 in New York City statt. Abgerundet wurden die Gespräche durch ein Interview mit dem ehemaligen Vorstandsmitglied der Siemens AG, Hermann Franz, vom 22. Juni 2012 in München. Sämtliche Gespräche wurden aufgenommen und anschließend transkribiert, um die wichtigsten Ausschnitte in den Anhang dieser Studie anzufügen.

---

77 Siehe: Library of Congress, 101 Independence Ave, SE, Washington, D.C. 20540, USA. Die Website der Bibliothek lautet: http://www.loc.gov/index.html, zuletzt eingesehen am 21. März 2012.

78 Die Geschäftsberichte liegen in Teilen digital, ansonsten in Papierform vor. Die mehrbändige Reihe zu den US-Firmen ist jeweils ohne Signatur in den Präsenzbeständen beider Bibliotheken zu finden.

79 Vgl.: Siemens Corp., 170 Wood Avenue South, Iselin, New Jersey 08830-2726, USA.

80 Vgl.: Siemens Corp., 527 Madison Avenue, 8th floor, New York City, New York 10022, USA.

5 VORGEHENSWEISE

Das geschilderte Vorhaben, das US-Geschäft der Firma Siemens zu untersuchen, gliedert sich in sechs Abschnitte (Abbildung 1). Auf das einleitende Kapitel A folgt mit Kapitel B ein Abschnitt, der die Rolle und Entwicklung von Siemens als multinationales Unternehmen nachzeichnet. Dieses Kapitel dient zur späteren Einordnung der US-Aktivitäten in das gesamte Auslandsengagement des Konzerns. Hierbei wird Siemens aufgrund seiner frühen internationalen Ausrichtung als eine „*Born Global Firm*"[81] interpretiert. Thematisiert werden anschließend die Internationalisierung des Gesamtunternehmens bis 2001 sowie die Organisationsstrukturen des weltweiten Auslandsgeschäfts.

Kapitel C und D behandeln dann explizit die Phasen der Geschäftsentwicklung von Siemens in den USA. Während Kapitel C bei den ersten Produktexporten in den 1840er Jahren einsetzt und die langwierigen Marktannäherungsversuche bis 1945 schildert, stellt Kapitel D die umfassende Geschäftsexpansion von den Nachkriegsjahren bis 2001 dar. Bis zum Ersten Weltkrieg kann die Studie dabei rein chronologisch vorgehen. Für den Zeitraum nach 1919 wird die chronologische Gliederung aufgegeben, da von nun an die Medizin- sowie die Messtechnik stark expandierten und zukünftig weitere, ganz unterschiedliche Geschäftsfelder parallel dazu anwuchsen. Diese Entwicklung verstärkte sich nach 1945, sodass Kapitel D für die Zeit nach dem Zweiten Weltkrieg die einzelnen Geschäftsbereiche nacheinander in separaten Unterkapiteln schildert. Sie gliedern sich in drei Zeiträume. Der erste beginnt 1945 und endet 1970 mit der Fusion des medizintechnischen mit dem restlichen US-Geschäft zur Siemens Corporation. Der zweite Abschnitt beginnt 1970 und beleuchtet die Periode bis 1982, als die Siemens AG eine umfassende Strukturreform zur Dezentralisierung der US-Tochtergesellschaft vornahm. Der dritte Teil nimmt anschließend die Jahre bis zur Börsennotierung der Siemens AG in den USA 2001 in den Blick. Für den Zeitraum 1970 bis 2001 wird jeweils zu Beginn der Kapitel die Entwicklung der amerikanischen Tochterfirma Siemens Corp. bzw. Siemens Capital Corp. geschildert, die als Holdinggesellschaft alle US-Aktivitäten in sich vereinigte. Anschließend werden die einzelnen Aktivitäten der Unternehmensbereiche behandelt. Auf diese Weise können die allgemeine Geschäftsentwicklung der Siemens-Unternehmungen in den Vereinigten Staaten wie auch die spezielle Tätigkeit in einzelnen Produktsparten nachvollzogen werden. Nicht zuletzt finden auch die Werbe- und Marketingaktivitäten von Siemens in den USA Berücksichtigung.[82]

---

81   Dirk Holtbrügge und Birgit Enßlinger beschreiben Firmen, die sich durch frühzeitige intensive Internationalisierungsbestrebungen auszeichnen, als sog. „Born Global Firms". Siehe hierzu: Dirk Holtbrügge / Birgit Enßlinger, Initialkräfte und Erfolgsfaktoren von Born Global Firms. Working Paper, Nummer 2, 2005, zu finden unter: http://www.im.wiso.uni-erlangen.de/download/Working_Papers/working-paper-02-05-born%20global%20firms.pdf, zuletzt abgerufen am 5. Januar 2011.

82   Die zentralen Unterlagen dazu sind in einzelnen Akten zur Corporate Identity von Siemens in der 20600er Gruppe im Siemens-Aktenarchiv, München zu finden.

Im Anschluss ist es in Kapitel E von analytischem Interesse, Motive sowie interne und externe Einflussfaktoren für den Verlauf des US-Geschäfts von Siemens herauszuarbeiten. Um diese Entwicklung erklären zu können, eignet sich die Principal-Agent-Theory[83] als zentrales wirtschaftswissenschaftliches Analysemodell. Sie dient als Untersuchungsrahmen für die problematischen und oft geschäftshemmenden Beziehungen zwischen dem Prinzipal Siemens und den Agenten, also den in die USA gesandten Vertretern beziehungsweise Tochterfirmen. Erst ihre Annahmen können das informative Missverhältnis zwischen diesen beiden Parteien als Grundlage für die negative oder positive US-Geschäftsentwicklung interpretieren. Daneben werden die weiteren Misserfolgs- und Erfolgsfaktoren in konzentrierter Form dargestellt, in Kategorien unterteilt und bewertet. Abschließend werden die zentralen Erkenntnisse der Studie in Kapitel F zusammengefasst und um Handlungsempfehlungen ergänzt.

---

83   Die Theorie entstammt den angloamerikanischen Wirtschaftswissenschaften, woher auch der englischsprachige Name rührt. In der vorliegenden Arbeit wird aus Gründen der besseren Lesbarkeit die deutsche Übersetzung Prinzipal-Agenten-Theorie verwendet. Sie wird in Kapitel A.6 erklärt.

Abbildung 1: Aufbau der Arbeit

A. Einleitung

1. Themenhinführung und Problembehandlung

2. Forschungsdiskussion

3. Forschungslücken, Fragestellungen und Untersuchungszeitraum

4. Quellenlage

5. Vorgehensweise

6. Theoretische Grundlagen: die Prinzipal-Agenten-Theorie

B. Siemens als multinationales Unternehmen

1. Siemens & Halske – eine „Born Global Firm"

2. Der Aufstieg zum Global Player

C. Das USA-Geschäft von Siemens – Die Frühphase 1845–1945

Unternehmensentwicklung vor dem Zweiten Weltkrieg

D. Das USA-Geschäft von Siemens – Die Hauptphase 1945–2001

Unternehmensentwicklung nach dem Zweiten Weltkrieg

E. Das USA-Geschäft von Siemens – Analyse und Einordnung

1. Vom Markteintritt zum Börsengang – Siemens in den USA im Überblick

2. Die Prinzipal-Agenten-Analyse von Siemens in den USA

3. Erfolgs- und Misserfolgsfaktoren

F. Fazit

Quelle: eigene Darstellung

6 THEORETISCHE GRUNDLAGEN: DIE PRINZIPAL-AGENTEN-THEORIE

6.1 Zentrale Annahmen

Wie das einleitende Zitat von Werner von Siemens zeigt, war den Siemens-Brüdern bereits Mitte des 19. Jahrhunderts die große Bedeutung eines qualifizierten Fachmanns bewusst, um den US-Markt erfolgreich erschließen zu können. Mehrfach betonten sie, dass ihnen in den USA „die Personalfrage [...] viel wichtiger als die Kapital-Frage zu sein"[84] scheine. Dennoch blieb bis zum Tod des Firmengründers Werner von Siemens 1892 die Schwierigkeit ungelöst, „woher [die Firma] den Dirigenten nehmen"[85] solle.

   Eben diese Problematik steht auch im Mittelpunkt des methodisch-theoretischen Fundaments der vorliegenden Arbeit. Es besteht aus der Prinzipal-Agenten-Theorie, die der Neuen Institutionenökonomik zuzurechnen ist.[86] Ihr zentraler Ausgangspunkt sind Delegationsbeziehungen zwischen einem Auftraggeber/Prinzipal (P) und einem Auftragnehmer/Agenten (A).[87] Dieses sogenannte Agenturverhältnis zwischen beiden Seiten basiert auf einer vertraglichen Regelung, in deren Rahmen P festgelegte Kompetenzen und Aufgaben an A überträgt. Während die Delegationsstruktur A eine finanzielle Vergütung sichert, profitiert P von der spezialisierten Arbeitskraft des Gegenübers (Fachwissen, Erfahrung, Zeit), die dieser in die Projekte von P investiert. Zusätzlich zu diesem formalen Rahmen basiert die Prinzipal-Agenten-Theorie auf verschiedenen strukturellen Annahmen. Der Kernpunkt ist die Hypothese begrenzter Rationalität, die beschreibt, dass die Protagonisten keine Möglichkeit haben, über ihre Umwelt ein allumfassendes Wissen zu besitzen. Daraus leitet sich das Vorhandensein sog. Informationsasymmetrien ab, also ein Missverhältnis von Informationen und Wissen zwischen beiden Parteien. Dabei besitzt A einen Wissensvorsprung gegenüber seinem Auftraggeber, der im Folgenden beschrieben wird. Ebenso geht die Prinzipal-Agenten-Theorie von einer reziprok erwarteten, maximalen Nutzenorientierung aus. Damit ist gemeint, dass sowohl P als auch insbesondere A zuvorderst ihre eigenen Interessen verfolgen (Interessensdi-

---

84 Vgl.: Carl an Werner vom 27. März/8. April 1892, S. 1, in: SAA Briefe der Brüder Siemens 1892/93.

85 Vgl.: Carl an Werner vom 21. Dezember/2. Januar 1884/85, S. 5, in: SAA Briefe der Brüder Siemens 1884.

86 Die beiden anderen wichtigsten Grundpfeiler der Neuen Institutionenökonomik sind neben der Prinzipal-Agenten-Theorie die Theorie der Verfügungsrechte (Property Rights Theory) und die Transaktionskostentheorie (Transaction Cost Economics). Vgl. hierzu die sehr informative, dichte Zusammenfassung: Mark Ebers / Wilfried Gotsch, Institutionenökonomische Theorien der Organisation, in: Alfred Kieser (Hg.), Organisationstheorien, 6., überarbeitete Auflage, Stuttgart 2006, S. 247–308 oder auch: Arnold Picot / Ralf Reichwald / Rolf T. Wigand, Die grenzenlose Unternehmung. Information, Organisation und Management. Lehrbuch zur Unternehmensführung im Informationszeitalter, 4. vollständig überarbeitete und erweiterte Auflage, Wiesbaden 2001.

87 Vgl.: Günther Schanz, Wissenschaftsprogramme der Betriebswirtschaftslehre, in: Franz Xaver Bea / Marcell Schweitzer (Hg.), Allgemeine Betriebswirtschaftslehre, Band 1: Grundfragen, 10. Auflage, Stuttgart 2009, S. 81–159, hier S. 139 f.

vergenz), sich dessen beidseitig bewusst sind und gerade der Auftragnehmer diese persönlichen Ziele opportunistisch durchzusetzen versucht. Ziele beider Seiten sind dabei sowohl monetärer (Kapital, Gehalt) als auch nicht-monetärer Art (Ansehen, Karriereaufstieg). Die asymmetrische Informationsverteilung, auch Agenturproblematik genannt, zeigt sich auf vier Ebenen.[88]

Hidden characteristic / hidden information: Bereits vor dem Vertragsabschluss ist zwischen Prinzipal und Agent profundes Konfliktpotenzial angelegt. In der Regel ist der Auftraggeber nur im Besitz weniger Informationen über seinen Auftragnehmer, dessen wesentliche Eigenschaften und Fähigkeiten bleiben ihm verborgen (Talente, Schwächen, Risikoneigung). Sie sind nicht ohne Kosten zu verändern.[89] Diese Konstellation kann, wie im Falle von Siemens in den USA, durch die geographische und kulturelle Entfernung zwischen beiden Parteien verstärkt werden. Eine solche punktuelle Unkenntnis impliziert die Gefahr, einen schlechten, unqualifizierten Vertragspartner einzustellen und damit bereits vor der Zusammenarbeit eine strategische Fehlentscheidung zu treffen (*adverse selection*).[90] Nutzt A diesen Informationsvorsprung, mehr über sich selbst zu wissen als P, opportunistisch aus, so verschärft sich die Konstellation. Als Auftragnehmer mit unterdurchschnittlichen Fähigkeiten steigt die Gefahr, dass er sich bei der Vertragserstellung derart selbstinszenierend beschönigt, dass ihm verbesserte Konditionen gewährt werden, die er nicht erreicht hätte, wenn P seine wahren Fähigkeiten gekannt hätte.[91] Doch auch das gegenteilige Phänomen kann eintreten. Ist A überdurchschnittlich talentiert, so birgt die Konstellation das Risiko, dass er diese Fähigkeiten nicht offensichtlich zeigt und im Bewerbermarkt verschwindet.[92]

Hidden action: Dieses Problemfeld offenbart sich erst mit Beginn der operativen Zusammenarbeit, also nach dem Vertragsabschluss. *Hidden action* beschreibt denjenigen Aspekt der Agenturproblematik, dass P die Handlungsergebnisse des A zwar sieht und messen kann, nicht aber dessen Handlungen selbst, das sogenannte Aktivitätsniveau, beurteilen kann. Leistungsvermögen und Handlungsoptionen des A lassen sich für P nicht bemessen.[93] Der Auftrag-

---

88   Die meisten Darstellungen unterscheiden zwischen drei verschiedenen Aspekten der asymmetrischen Informationsverteilung. Siehe z. B.: Picot/Reichwald/Wigand, Unternehmung, S. 57–61 oder: Schanz, Wissenschaftsprogramme, S. 139 f. Breid aber führt zur besseren Differenzierung mit „*hidden knowledge*" noch eine vierte Kategorie ein, die auch hier berücksichtigt und verwendet werden soll. Vgl. dazu: Volker Breid, Aussagefähigkeit agencytheoretischer Ansätze im Hinblick auf die Verhaltenssteuerung von Entscheidungsträgern, in: Zeitschrift für betriebswirtschaftliche Forschung 47/1995, S. 821–854.

89   Vgl.: Arnold Picot / Helmut Dietl / Egon Franck, Organisation. Eine ökonomische Perspektive. 5., aktualisierte und überarbeitete Auflage, Stuttgart 2008, S. 74.

90   Siehe: Kathleen M. Eisenhardt, Agency Theory: An Assessment and Review, in: Academy of Management Review 14/1989, Nummer 1, S. 57–74, hier S. 61.

91   Vgl.: Ebers/Gotsch, Theorien, S. 263 f. sowie: Peter-J. Jost, Die Prinzipal-Agenten-Theorie im Unternehmenskontext, in: ders. (Hg.), Die Prinzipal-Agenten-Theorie in der Betriebswirtschaftslehre, Stuttgart 2001, S. 11–43, hier S. 27–30.

92   Siehe: Picot/Dietl/Franck, Organisation, S. 78.

93   Vgl.: Breid, Aussagefähigkeit, S. 825.

geber findet sich daher in der Situation wieder, kaum differenzieren zu können, in welchem Maß A positiv oder negativ an Geschäftsergebnissen beteiligt war. Ohne die tägliche Arbeit des A zu beobachten, ist es P nicht möglich zu begutachten, ob es Leistung oder Versagen des A waren, die Gewinn oder Verlust verursachten, oder ob und inwieweit externe Faktoren das Ergebnis beeinflussten. Nutzt A dieses informative Missverhältnis und die dadurch entstehenden Handlungsspielräume opportunistisch aus, spricht man von *moral hazard*. A löst sich von den Vorgaben und Zielen seines Auftraggebers, verhält sich gegen dessen Interessen und verliert seine eigene Arbeitsmoral und -motivation.[94]

Hidden knowledge: Dieser dritte Aspekt des Agenturproblems bezieht sich auf den Wissensvorsprung, den A gegenüber P besitzt. Er verfügt über detaillierte, ergebnisrelevante Kenntnisse zu Zusammenhängen, Hintergründen, Risiken und Erfolgsperspektiven, die P in dieser Tiefe nicht vorweisen kann. Ist dieser Know-how-Vorteil ursprünglich der entscheidende Grund, warum der Auftraggeber den Auftragnehmer einstellt, so erweist er sich rasch als Gefahrenmoment: Wiederum kann A diese Situation zur eigenen Gewinnmaximierung ausnutzen und die Interessen des P übergehen.[95]

Hidden intention: Die vierte Dimension der Agenturproblematik bezieht sich auf die persönlichen Ziele und Erwartungen des A, die P verborgen bleiben. Dabei handelt es sich v. a. um solche Absichten, die P schaden und die A daher verschweigt, im Geheimen aber dennoch verfolgt. In diesem Fall wird die Bezeichnung *hold up* verwendet.

In der Praxis sind diese vier Ausprägungen von Informationsasymmetrien meist eng miteinander verflochten. Sie verdeutlichen in Verbindung mit der Annahme opportunistischen Verhaltens des A das inhärente Risiko von Interessens- und Zielkonflikten zwischen beiden Seiten. A wird demnach den ihm gebotenen Handlungsspielraum tendenziell opportunistisch zu nutzen versuchen. Die Erwartungen von P und A müssen daher sehr ähnlich sein, damit A seine maximale Leistungskapazität nutzt. In der alltäglichen Praxis ist eine solche Konstellation ebenfalls die Ausnahme, was die Konfliktwahrscheinlichkeit weiter erhöht. Ebers/Gotsch schlussfolgern aus diesem Beziehungs- und Abhängigkeitsgeflecht:

> „Je weniger Informationen der Prinzipal über die Eigenschaften, die Absichten, das Expertenwissen und die tatsächlichen Handlungen des Agenten verfügt, und je mehr die Interessen des Agenten von den vereinbarten Auftragszielen abweichen, desto mehr muss mit einem suboptimalen Ergebnis der Auftragsbearbeitung gerechnet werden.“[96]

---

94   Vgl.: Picot/Reichwald/Wigand, Unternehmung, S. 59.
95   Vgl.: Ebers/Gotsch, Theorien, S. 264.
96   Vgl.: Ebers/Gotsch, Theorien, S. 264.

Abbildung 2: Die Prinzipal-Agenten-Theorie

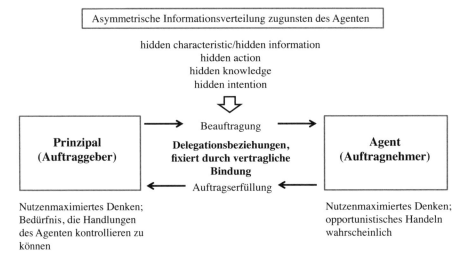

Quelle: eigene Darstellung

6.2 Konfliktentschärfung in Prinzipal-Agenten-Verhältnissen

Durch die vertragliche Fixierung der Delegationsbeziehung entsteht zwischen beiden Parteien ein gegenseitiges Abhängigkeitsverhältnis. Dieses kann insbesondere für P zum Problem werden, schließlich ist er auf die Arbeitsergebnisse von A angewiesen. Gleichzeitig ist er sich bewusst, dass A dazu neigt, seinen zugesprochenen Handlungsspielraum opportunistisch auszufüllen und sich nicht primär im Interesse von P zu verhalten. Um zu garantieren, dass die Leistung von A dennoch weitgehend den Erwartungen von P und damit dem ursprünglichen Vertragsinhalt entspricht, muss P institutionelle Regelungen oder Vorkehrungen treffen.[97] Diese zielen darauf ab, das Verhalten von A zu kontrollieren, ihn zu disziplinieren und seine Motivation zu erhöhen (*governance mechanisms*). Die Prinzipal-Agenten-Theorie beschreibt und analysiert in diesem Zusammenhang nicht nur das Delegationsverhältnis zwischen beiden Parteien, sondern bietet auch verschiedene Methoden zur Konfliktreduktion an. Diese umfassen insbesondere drei Bereiche: Überwachungsmethoden, Strategien zur Informationsbeschaffung sowie Anreizsysteme.[98] Solche

---

97   Ohne solche Maßnahmen lassen sich die Interessen beider Seiten unmöglich in Balance bringen. Siehe dazu: Michael C. Jensen / William H. Meckling, Theory of the Firm: Managerial Behavior, Agency Costs, and Ownership Structure, in: Michael C. Jensen, A Theory of the Firm. Governance, Residual Claims, and Organizational Forms, Cambridge 2000, S. 83–135, hier S. 86.

98   Vgl.: Ebers/Gotsch, Theorien, S. 259.

Entspannungsmaßnahmen sind insbesondere für P mit Transaktions- beziehungsweise Agenturkosten verbunden.[99]

Für die vier Agenturproblematiken gibt es jeweils unterschiedliche Maßnahmen zur Konfliktentschärfung (Abbildung 3). Um das Risiko von *hidden characteristics / hidden information* zu minimieren, empfiehlt das Konzept der Prinzipal-Agenten-Theorie entweder *Signalling* oder *Screening*. *Signalling* geht aktiv von A vor Abschluss des Vertrags aus. Er versucht, seine Qualifikationen und Eigenschaften P möglichst transparent und glaubwürdig zu vermitteln, indem er Zeugnisse, Leistungszertifikate und Gütesiegel vorlegt, die seine Arbeitsleistung dokumentieren und bewerten. Vom *Screening* spricht man dagegen, wenn P proaktiv versucht, Informationen über A und dessen relevante Qualitätsmerkmale zu bekommen. Dies kann beispielsweise durch Einstellungstests oder Zeiterfassung geschehen. Auch kann P bei Bildungsinstitutionen oder Banken des A nach Informationen anfragen, die dessen Leistungsbereitschaft, Charaktereigenschaften oder finanzielle Situation beleuchten. Zusätzlich gibt es für P die Option, A sog. *Self-selection*-Verträge anzubieten. Dabei erhält A Vertragsangebote mit verschiedenen Konzeptionen, zwischen denen er wählen kann. Aus seiner Auswahl kann P Rückschlüsse auf verborgene Interessen, Stärken und Absichten ziehen.[100]

Als Lösungsansatz der *hidden action* bietet das Konzept der Prinzipal-Agenten-Theorie Maßnahmen in Form von *Monitoring*. Entweder setzt P Kontrollinstanzen ein, um das Handeln des A zu überwachen und einer Informationsasymmetrie entgegenzuwirken. Oder er fordert von A die regelmäßige Abgabe von Tätigkeitsberichten oder sonstigen Nachweisen, die Aufschluss über dessen erbrachte Leistung geben können. Beide Ansätze geben P die Möglichkeit, die Verhaltensweisen des A nachzuverfolgen und gegebenenfalls zu sanktionieren.[101] Zwar garantieren die beiden Methoden P nur partiell Informationen über A, jedoch darf ihre psychologische Wirksamkeit nicht unterschätzt werden. Sobald A das Bemühen von P feststellt, Informationen über ihn zu sammeln, wird ihm deutlich, dass er sich P gegenüber nicht ohne Weiteres illoyal verhalten kann.[102] Eine andere Strategie zur Überwachung ist es, ein System der Erfolgsbeteiligung einzuführen und somit A Anreize für eine positive und engagierte Arbeitseinstellung beziehungsweise eine erhöhte Arbeitsmotivation zu geben.[103] Solche ergebnisgebundenen Verträge verknüpfen

---

99   Sobald zwei oder mehrere Personen miteinander kooperieren, entstehen Agenturkosten, selbst, wenn es sich nicht explizit um eine Prinzipal-Agenten-Beziehung handelt. Die Höhe der einzelnen Agenturkosten lässt sich i. d. R. allerdings nur schwer exakt beziffern. Näheres dazu siehe: Jensen/Meckling, Theory, S. 86.

100   Vgl.: Picot/Dietl/Franck, Organisation, S. 78.

101   Siehe hierzu: Dieter Schneider, Allgemeine Betriebswirtschaftslehre, 3., neu bearbeitete und erweiterte Auflage (= Oldenbourgs Lehr- und Handbücher der Wirtschafts- und Sozialwissenschaften), München u. a. 1987, hier S. 559.

102   Vgl.: Eisenhardt, Theory, S. 60.

103   Anreizsysteme können sowohl mit dem Verhalten des Agenten als auch mit seinen Handlungsergebnissen verknüpft werden. Zweiteres Kriterium ist i. d. R. leichter zu eruieren und daher mit geringeren Agenturkosten und niedrigerem Kontrollaufwand verbunden. Siehe hierzu: Rainer Elschen, Gegenstand und Anwendungsmöglichkeiten der Agency-Theorie, in: Zeitschrift für betriebswirtschaftliche Forschung 43/1991, Heft 11, S. 1002–012, hier S. 1005.

die Vertragsziele von A und P miteinander. Damit gleichen sich die Interessen beider Seiten an, profitieren doch beide von hohem Arbeitsengagement des A. Werden solche Motivationsnetze wirksam, verlieren auch die Kontroll- und Überwachungskosten an Notwendigkeit.[104] Ob ein solches Erfolgsbeteiligungsmodell wirksam ist, hängt entscheidend davon ab, ob die Leistung von A messbar ist und eindeutig ihm zugeschrieben werden kann oder nicht. Denn kann P das Arbeitsergebnis nicht eindeutig A, sondern beispielsweise positiven Umwelteinflüssen zurechnen, verschiebt sich die Risikoverteilung zwischen beiden Vertragspartnern zulasten von A. Dieser muss befürchten, trotz guter Leistung finanziell nicht am Arbeitserfolg beteiligt zu werden, wenn P den Erfolg nicht ihm, sondern externen Bedingungen zuschreibt. A kann solche Risiken (Veränderungen politischer Vorgaben, wirtschaftliche Konjunkturen, technologische Neuerungen, Wettbewerbsdruck, Veränderungen des Käuferverhaltens usw.) nicht beeinflussen und nur schwer kalkulieren.[105] Er findet sich daher in einer unsicheren, risikoreichen Situation wieder, die er nur akzeptiert, wenn er eine erhöhte Beteiligung erhalten würde. In diesem Fall hätte sich die Vertragssituation für P finanziell wesentlich verschlechtert. Zusätzlich zu der Aushandlung der Beteiligungshöhe ist eine ausgeglichene Risikoverteilung zwischen A und P entscheidend für das Erfolgsbeteiligungsmodell.[106]

Um das Agenturproblem des *hidden knowledge* zu relativieren, muss P, ähnlich wie im Falle von *hidden characteristics*, Methoden des *Screenings* anwenden. Je mehr Informationen er zur Rahmensituation von A sowie deren externen Bedingungen und Einflussfaktoren sammelt, desto klarer kann er selbst aus der Ferne die Handlungsoptionen von A bestimmen. Je besser P über die Konstellation um A herum informiert ist, desto schwieriger kann A mittels Beschönigen oder Täuschen Fehlinformationen an P geben und davon profitieren. Allerdings ist diese Informationsbeschaffung für P kostenintensiv und schlägt sich damit negativ auf die Agenturkosten nieder.[107]

Das Sammeln relevanter Informationen hilft dagegen wenig, um das Risiko von *hidden intention* zu minimieren. Vielmehr ist hierbei eine Angleichung der Interessen beider Seiten anzustreben (Interessensharmonisierung).[108] A soll ein Eigeninteresse entwickeln, sich nach den Vorstellungen des P zu verhalten. Dies kann beispielsweise durch eine vertikale Integration in Form der Einbindung von A in die Firma geschehen. Auch bietet es sich an, langfristige Geschäftsbeziehungen zwischen A und P zu fixieren, damit sich A nicht gegen die Interessen von P verhält. Schließlich erhofft sich A in diesem Fall Folgeaufträge, die er nur erhält, wenn die Leistung im vorherigen Projekt P zufrieden stimmte. Hilfreich kann es ebenfalls sein, gegenseitige Abhängigkeiten zu intensivieren, indem Pfandmechanismen wie Abnahmegarantien, Hypotheken oder Gegengeschäfte eingeführt werden.[109] Da-

104   Vgl.: Ebers/Gotsch, Theorien, S. 265.
105   Vgl.: Eisenhardt, Theory, S. 61.
106   In der Praxis aber erweist sich die Balance zwischen ausgewogener Risikoverteilung und sinn-
        voller Anreizkonstellation als schwierig. Mehr dazu siehe: Ebers/Gotsch, Theorien, S. 265.
107   Vgl.: Ebenda, S. 266.
108   Siehe: Breid, Aussagefähigkeit, S. 826.
109   Vgl.: Picot/Reichwald/Wigand, Unternehmung, S. 60.

durch findet eine Interessensangleichung zwischen beiden Parteien statt, da A nun mit Handlungen gegen den Willen von P sich selbst mehr schaden als nutzen würde. Den gleichen Effekt haben die Fixierung von Rückgaberechten und das vertragsinhärente Risiko von Reputationsverlust durch negative Nachrede des P.[110]

Um die Gefahr von *hidden intention*, aber auch von *hidden characteristics* und *hidden action* zu verringern, stellt in der Theorie die direktive Verhaltenssteuerung eine Gegenmaßnahme dar. Sie besteht darin, Verhaltensmuster des A in dem Vertrag zu fixieren und diese während der Zusammenarbeit zu kontrollieren und gegebenenfalls Fehlverhalten zu bestrafen. Wegen fehlenden Hintergrundwissens des P, der hohen Komplexität solcher Verhaltensvorgaben sowie den entstehenden Kontrollkosten ist die direktive Verhaltenssteuerung im Alltag allerdings selten praktikabel. Außerdem kann die Aussicht, sanktioniert zu werden, die Motivation des A einschränken, anstatt diese durch eine Erfolgsbeteiligung zu erhöhen.[111]

Grundlage dieser Prinzipal-Agenten-Beziehungen ist die Vertrauensproblematik. Schließlich kann Vertrauen des P in A zwar keine Informationsasymmetrien lösen, aber es kann die Agenturkosten erheblich senken. So bedeutet steigendes Vertrauen vonseiten des P einen weitgehenden Verzicht auf Kontrollmechanismen und Sicherungsmaßnahmen.[112]

Abbildung 3: Die Informationsasymetrie in Prinzipal-Agenten-Beziehungen

Informationsasymmetrie	Hidden characteristics/ hidden information	Hidden action	Hidden knowledge	Hidden intention
Informationsdefizit von P gegenüber A	Eigenschaften und Leistungsvermögen von A	Handlungsoptionen und tatsächliche Leistung von A	Ergebnisrelevante Rahmeninformationen	Absichten von A
Problemursachen, zentrale Einflussgrößen	Vorenthalten wichtiger Informationen sowie Täuschung durch A, kulturelle und geographische Entfernung zwischen A und P	Fehlende Kenntnis der Arbeitsumgebung von A, fehlende Kontrollmöglichkeiten	Fehlende Expertise von P, geographische Entfernung zwischen A und P	Ressourcenabhängigkeit und -kosten, Vorenthalten sowie Täuschen bzgl. der Absichten von A
Zeitraum	Vor Vertragsschluss	Nach Vertragsschluss	Nach Vertragsschluss	Nach Vertragsschluss
Problembegriff	Adverse selection	Moral hazard	--	Hold up
Lösung der Informationsasymmetrie	Signalling/Screening, Self-Selection, Interessensangleichung	Monitoring, Interessensangleichung	Monitoring, Interessensangleichung	Pfandvereinbarung, Sicherheiten, Interessensangleichung

Quelle: eigene Darstellung, in Anlehnung an: Picot/Reichwald/Wigand, Unternehmung, S.60.

110　Vgl.: Picot/Dietl/Franck, Organisation, S.78.
111　Vgl.: Ebers/Gotsch, Theorien, S.266.
112　Zur Vertrauensproblematik und den Auswirkungen steigenden Vertrauens auf das Prinzipal-Agenten-Verhältnis siehe: Tanja Ripperger, Ökonomik des Vertrauens. Analyse eines Organisationsprinzips, Tübingen 1998, besonders S.63–82.

6.3 Kritik an der Prinzipal-Agenten-Theorie

Die Prinzipal-Agenten-Theorie ist in den Wirtschaftswissenschaften ein weit verbreitetes Untersuchungsmodell,[113] das sich aber auch einigen Kritikpunkten erwehren muss.[114] Sie birgt, so Kritiker, die Gefahr, die zu untersuchende Vertragssituation zu vereinfachen, schließlich konzentriert sie sich auf Individualverträge, nicht aber auf multiple Vertragsbindungen. Abmachungen zwischen mehreren Partnern oder mit „regulativen Dritten" wie Patentgesetzen oder Tarifverträgen werden nicht berücksichtigt. Dabei richtet sie ihren Blick auch explizit auf A und dessen opportunistisches Verhalten, während P und dessen Denken und Handeln vernachlässigt werden.[115]

Ein weiterer zentraler Kritikpunkt zielt auf die Ex-ante-Perspektive des Agenturmodells ab. Geht die Prinzipal-Agenten-Theorie doch davon aus, dass sich P bereits im Moment des Vertragsabschlusses aller Risiken bewusst ist, die ihn bei der Zusammenarbeit mit A erwarten können. Im Alltag aber herrscht ein anderes Bild. Es ergeben sich Probleme und unkalkulierbare Risiken gerade erst während des Vertragsverhältnisses, die vor bzw. während des Abschlusses der Vereinbarung noch nicht im Bewusstsein sind. Die Theorie impliziert ebenfalls, dass P bei Vertragsabschluss noch auf all diese Schwierigkeiten mit Maßnahmen der Kontrolle, des Anreizes oder der Information reagieren kann. Dies ist in der Realität ebenfalls nicht selbstverständlich. Die Gefahr, später auftauchendes Konfliktpotenzial zu vernachlässigen, wird erhöht, je komplexer die Vertragsverhältnisse sind. Ähnlich unzweckmäßig erweist sich die Prinzipal-Agenten-Theorie im Falle von Projekten, die nicht nur durch eine, sondern mehrfache, aufeinanderfolgende Vertragsperioden gekennzeichnet sind.[116] Das Untersuchungsmodell fokussiert sich nur auf die erste Phase. Intentionen und Erwartungen, die sich über mehrere Vertragsperioden entwickeln, werden kaum berücksichtigt. So macht der Prinzipal-Agenten-Zugriff auch keine Aussage zu Zielen, die sich erst im Laufe des Vertrags entwickeln oder verändern. Bei der Darstellung der empirischen Theorieergebnisse gibt es inhaltliche Grenzen und Einschränkungen. Die exakten Agenturkosten zu fixieren gestaltet sich als schwierig, schließlich müssen sie durch eine Variable angegeben werden. Im Besonderen zeigt sich die Erfassung der Residualkosten, also derjenigen Kosten für das „mögliche Nutzenmaximum", als problematisch, weil nicht sie nicht festgelegt werden können. Dieses kann weder für die Rechnung, noch allgemein konkret quantifiziert werden.

Die Vorbehalte gegenüber bestimmten Aspekten der Prinzipal-Agenten-Theorie sind durchaus gerechtfertigt. In vorliegender Studie werden die genannten Kritikpunkte berücksichtigt. Ein Erkenntnisgewinn, der über die leistbaren Möglich-

---

113   Siehe z. B.: Peter-J. Jost, Vorwort, in: ders. (Hg.), Prinzipal-Agenten-Theorie, S. 1–6, hier S. 4.
114   Zu folgender Kritik an der Prinzipal-Agenten-Theorie und den Grenzen ihres Erkenntnisgewinns siehe stellvertretend: Ebers/Gotsch, Theorien, S. 272–277.
115   Siehe hierzu: Charles Perrow, Economic theories of organization, in: Theory and Society 15/1986, Nummer 1/2, Special Double Issue: Structures of Capital, S. 11–45, hier S. 15.
116   Siehe hierzu: Amir Barnea / Robert A. Haugen / Lemma W. Senbet, Agency Problems and Financial Contracting, Englewood Cliffs 1985, hier S. 27.

keiten dieses Analysemodells hinausgeht, wird nicht angestrebt. Beispielsweise wird Konfliktpotenzial, welches nach Vertragsschluss entsteht, ebenfalls berücksichtigt, auf eine empirische Berechnung der Agenturkosten aber verzichtet. Das Folgekapitel zeigt, dass sich die Prinzipal-Agenten-Theorie sehr dazu eignet, die Entwicklung von Siemens in den USA methodisch zu analysieren und zu erklären.

6.4 Siemens in den USA – ein klassischer Fall der Prinzipal-Agenten-Problematik

Seit seinen Anfängen basierte das US-Geschäft von Siemens auf einem spannungsgeladenen und informationsasymmetrischen Verhältnis zwischen dem deutschen Siemens-Stammhaus und den jeweiligen US-Vertretern. Bereits die Gründergeneration um Werner und William Siemens betonte die entscheidende Rolle einer qualifizierten Einzelperson in den USA, damit der Markteintritt gelingen könnte. Mit der erstmaligen Ernennung eines Vertreters in den USA 1886 begann eine Periode von knapp sechzig Jahren, in der dieser für Produktexporte, Patentverwertung, Marktinformationen und den Aufbau eines unternehmerischen Netzwerkes verantwortlich war. Siemens übertrug seinen einzelnen Vertretern in den USA umfangreiche Kompetenzen und Handlungsfreiheiten. Die Beziehungen erwiesen sich stets als problembeladen und konfliktreich, nicht zuletzt aufgrund der geographischen Entfernung. Daneben spielten die fehlenden Informationen von Siemens über die Fähigkeiten der jeweiligen Vertreter, den US-amerikanischen Elektromarkt oder die Käuferbedürfnisse ebenfalls eine wichtige Rolle. Zwischen den US-Repräsentanten und der deutschen Muttergesellschaft entwickelten sich vielfache Informationsasymmetrien, Abstimmungsschwierigkeiten und Interessenskonflikte, die als Kooperationsprobleme der Prinzipal-Agenten-Theorie erklärt werden können. Daher können Funktionsweisen und Zusammenhänge des US-Geschäfts von Siemens mit den wesentlichen Annahmen des wirtschaftswissenschaftlichen Analysemodells erklärt werden: vertragliche Auftragsfixierung, Informationsmissstände, opportunistisches Handeln des A, Zielkonflikte. Das Fallbeispiel Siemens weist diese Aspekte allesamt auf, was die Anwendbarkeit der Theorie für die vorliegende Untersuchung unterstreicht. Es lässt sich, wie zu zeigen ist, klar der Dualismus zwischen Prinzipal (Siemens) und Agent (US-Vertreter) herausarbeiten. Dieser ist im Falle anderer deutscher Unternehmen zwar auch sichtbar,[117] wird sich aber im Verlauf der vorliegenden Studie bei Siemens als besonders markant herausstellen.

Nach 1945 veränderte sich die Ausgangskonstellation. Die Delegationsbeziehung zwischen Generalvertreter und Muttergesellschaft löste sich auf, da sich Siemens entschied, 1953/54 eine eigene US-Gesellschaft aufzubauen. Fortan war nicht mehr ein Generalvertreter für die Aktivitäten verantwortlich. Mit steigendem Ge-

---

117 Vgl.: Geoffrey Jones / Lina Gálvez-Muñoz, American dreams, in: dies. (Hg.), Foreign multi-nationals in the United States, Management and performance (= Routledge international studies in business history, Band 8), London 2002, S. 1–17, hier S. 11. Auch das dadurch entstehende Misstrauen deutscher Muttergesellschaften gegenüber den US-Vertretern oder Tochterfirmen ist ein gewöhnliches Phänomen. Siehe hierzu Jan A. Eggert, Erfahrung und Strategie deutscher Unternehmen in den USA, in: ders./Gornall, Handbuch, S. 113–131, hier S. 130.

schäftsvolumen erhöhten sich Kontroll- und Integrationsmaßnahmen aus Deutschland; der Führungsanspruch der Muttergesellschaft wurde immer deutlicher. Der steigende Einfluss des deutschen Managements sowie die schwindende Unabhängigkeit und Handlungsfreiheit der US-Vertretung ließen ab den 1970er Jahren immer weniger Platz für eigenständiges, aber auch opportunistisches Verhalten in den USA.

Dieser Wandel lässt sich mit der Prinzipal-Agenten-Theorie darstellen und bewerten, ist die Informationsasymmetrie doch „die Kernfrage einer Lehre von den Innenbeziehungen einer Institution schlechthin."[118] Mittels ihrer Anwendung kann ein Verständnis für die komplexe Informationsproblematik und Interessensdivergenz zwischen dem Stammhaus von Siemens und den einzelnen Vertretern im US-Geschäft geschaffen werden. Es wird deutlich, welche Möglichkeiten der positiven und sanktionierenden Beeinflussung Siemens auf seine Agenten besaß, welche davon umgesetzt wurden und Wirkung zeigten oder nicht. Auf den methodischen Versuch, eine empirische Analyse durchzuführen und die Agenturkosten von Siemens in den USA zu berechnen, wird dagegen verzichtet. Grund hierfür ist das weitgehende Fehlen notwendigen Zahlenmaterials. So liegen konkrete Zahlen zu Grundgehältern und variablen Bonus-, also Anreizzahlungen der Siemens-Vertreter in den USA nur in wenigen Ausnahmefällen vor. Die generellen Schwierigkeiten und Vorbehalte gegenüber der Berechnung der Agenturkosten wurden bereits erläutert.

Die zentrale These der vorliegenden Studie lautet, dass diese Informationsasymmetrien für das Fallbeispiel Siemens in den USA entscheidende Faktoren für unternehmerischen Misserfolg und Erfolg waren. Unter Anwendung der Prinzipal-Agenten-Theorie bietet die Institutionenökonomie die Möglichkeit, „die Struktur, die Verhaltenswirkungen, die Effizienz und den Wandel von ökonomischen Institutionen zu erklären",[119] die die Geschäftsaktivitäten von Siemens in den USA bestimmten.

---

118   Vgl. hierzu: Schneider, Betriebswirtschaftslehre, S. 26.
119   Vgl.: Ebers/Gotsch, Theorien, S. 247.

B. SIEMENS ALS MULTINATIONALES UNTERNEHMEN

1 SIEMENS & HALSKE – EINE „BORN GLOBAL FIRM"

Die Gründung der „Telegraphen-Bauanstalt von Siemens & Halske" am 1. Oktober 1847 war ein Meilenstein für die Entwicklung der deutschen Elektroindustrie. Werner von Siemens und Johann Georg Halske riefen die feinmechanische Werkstatt in Berlin ins Leben. Grundlage der Firma war Werner von Siemens' optimierter Zeigertelegraf zur Übermittlung von Nachrichten.[1] Aufbauend darauf gelang es Siemens & Halske, sich in den folgenden Jahrzehnten beim Telegrafenbau eine monopolartige Stellung zu erarbeiten.[2] Schon in den 1850er Jahren entschied sich die junge Firma dazu, ihre Projekte nicht nur auf die Staaten des Deutschen Bundes zu beschränken, sondern auch andere europäische Länder einzubeziehen. Die internationale Geschäftstätigkeit wurde damit sehr früh zu einem Kernelement der Siemens-Firmenkultur.[3] Nur wenige deutsche Unternehmer engagierten sich in der zweiten Hälfte des 19. Jahrhunderts so nachdrücklich auf internationalen Märkten, wie es Werner von Siemens tat. Als er 1890 das Unternehmen verließ, verdienten von den rund 5.500 Mitarbeitern bereits mehr als 2.600 ihr Geld außerhalb des Deutschen Kaiserreichs.[4] Diese frühe Expansion der Telegraphen-Bauanstalt fußte auf zwei Gründen. Auf der einen Seite stand die betriebswirtschaftliche Notwendigkeit, Aufträge auch im Ausland zu generieren und sich damit von der schwankenden Auftragslage auf dem Heimatmarkt unabhängig zu machen. Auf der anderen Seite war die unternehmenspolitische Überzeugung von Werner von Siemens Grundlage, die Firma multinational auszurichten.[5]

Nach den Anfangserfolgen von S&H in Deutschland – unter anderem mit dem Bau der ersten elektrischen Ferntelegrafenlinie Europas zwischen Berlin und Frankfurt am Main 1848/49 – geriet die Firma 1851 in eine existenzbedrohende Krise. Mehrere Störfälle ihrer Telegrafennetze, hervorgerufen durch mangelhafte Kabelisolierung, veranlassten die preußische Staatsregierung dazu, sämtliche Auf-

---

1   Zur Gründungsgeschichte siehe: Wilfried Feldenkirchen / Eberhard Posner, Die Siemens-Unternehmer. Kontinuität und Wandel 1847–2005. Zehn Portraits, München 2005, S. 18–43.

2   Vgl.: Feldenkirchen, Werner von Siemens 1996, S. 68–70.

3   Über die strategische Bedeutung der frühen internationalen Ausrichtung von Siemens ist sich die Forschung einig. Siehe: Peter Hertner, German Multinational Enterprise before 1914: Some Case Studies, in: Ders. / Geoffrey Jones (Hg.), Multinationals: Theory and History, Aldershot 1986, S. 113–134, hier S. 126.

4   Siehe Abbildung 8, S. 63.

5   „So habe ich für die Gründung eines Weltgeschäfts à la Fugger von Jugend an geschwärmt, welches nicht nur mir, sondern auch meinen Nachkommen Macht und Ansehen in der Welt gäbe und die Mittel auch meine Geschwister und nähere Angehörige in höhere Lebensregionen zu erheben." Vgl.: Werner an Carl vom 25. Dezember 1887, S. 3, in: SAA Briefe der Brüder Siemens 1887.

träge an S&H einzustellen.[6] Nach dem Wegfall des wichtigsten deutschen Auftraggebers sah die Firma in Geschäften im Ausland eine Kompensationsmöglichkeit. Das Russische Reich erwies sich rasch als attraktives Zielland. In der zweiten Hälfte des 19. Jahrhunderts versuchte der ökonomisch und technologisch rückständige Zarenstaat, seinen Industrialisierungsgrad zu erhöhen. Gerade für westeuropäische elektrotechnische Unternehmen bot das Russische Reich daher einen Markt großer Nachfrage.[7] Zu nützen verstand dies insbesondere S&H. 1851 konnte die Firma den ersten Auftrag verzeichnen, die Lieferung von 75 Zeigertelegrafen für die Telegrafenlinie St. Petersburg nach Moskau. Es folgten weitere Telegrafenlinien, die S&H errichtete.[8] So gelang es, die schwache Auftragslage im Deutschen Kaiserreich auszugleichen und den Firmennamen über die Reichsgrenzen hinaus bekannt zu machen. Das Russlandgeschäft, seit 1855 als Zweigniederlassung unter der Leitung von Werners Bruder Carl, entwickelte sich bis in die 1860er Jahre zu einer der entscheidenden Säulen für Siemens. Dann allerdings verschlechterte sich die Auftragslage für die Elektrofirma. Die sich wandelnden politischen Umstände in Russland durch den verlorenen Krimkrieg schränkten das Geschäftspotenzial für Siemens ein. Nachdem die 1867 auslaufenden Wartungsverträge für die eigens gebauten Telegrafenlinien nicht verlängert wurden, sank die Beschäftigung in Russland erheblich. Wieder galt es für S&H, sich nach alternativen Absatzmärkten umzusehen.

Zur zweiten Stütze entwickelte sich das Geschäftsengagement in Großbritannien.[9] Die Ausgangssituation war dort gänzlich anders als im Russischen Reich. England war Mitte des 19. Jahrhunderts die hochindustrialisierte Führungsmacht im europäischen Staatensystem. Die Briten hatten die Telegrafentechnik weit vorangebracht, sodass ausländischen Unternehmen der Markteintritt nur mit sehr innovativen und hochwertigen Erfindungen gelang. 1850 hatte William Siemens in London eine Agentur des S&H-Stammhauses aufgebaut. Mitte der 1850er Jahre stieg er in das Geschäft mit telegrafischen Seekabeln ein und stellte damit eine wichtige Weiche für die Entwicklung von S&H in England. William beteiligte sich 1857 an der Verlegung eines Tiefseekabels zwischen Sardinien und Algerien.[10] Die erfolgreiche Unternehmung sowie die Folgeaufträge im Mittelmeerraum verdeutlichten den Siemens-Brüdern das Geschäftspotenzial der Kabelherstellung. Aus der kleinen Londoner Vertretung bildeten Werner, William, Johann Georg Halske sowie die Drahtseilfabrik R.S. Newall & Co. im Oktober 1858 daher eine selbständige Firma, die Siemens, Halske & Co. Im Juli 1859 berief die britische Regierung Werner und William zu persönlichen Beratern, um alle staatlichen Kabelverbindungen auf de-

6   Hierzu und zu Folgendem siehe: Feldenkirchen, Siemens 2003, S. 29–33.
7   Vgl.: Wilfried Feldenkirchen, Die Firma Siemens im Russischen Reich vor 1914, in: Dittmar Dahlmann / Carmen Scheide (Hg.), „...das einzige Land in Europa, das eine große Zukunft vor sich hat". Deutsche Unternehmen und Unternehmer im Russischen Reich im 19. und frühen 20. Jahrhundert, (= Veröffentlichungen des Instituts für Kultur und Geschichte der Deutschen im östlichen Europa, Band 8), Essen 1998, S. 167–188, hier S. 173.
8   Siehe: Feldenkirchen, Werner von Siemens 1996, S. 84 f.
9   Zu den ersten Kontakten von Siemens in England und dem Aufbau des dortigen Geschäfts vgl.: von Weiher, Siemens-Werke.
10   Vgl.: Feldenkirchen, Werner von Siemens 1996, S. 100 f.

ren Funktion zu überprüfen. Die Legung der Indo-Europäischen Telegrafenlinie, die 1870 London mit Kalkutta verband, war ein weiterer Meilenstein auf dem Weg der Internationalisierung des Unternehmens.[11] Das Kabelgeschäft wurde allerdings bald zum Streitpunkt. Während William von dessen Potenzial überzeugt war, äußerte sich Werner skeptisch bezüglich der Risiken solcher Projekte. 1864 führte eine gescheiterte Kabellegung dazu, dass Johann Georg Halske aus dem englischen Tochterunternehmen und 1867 aus dem Berliner Stammhaus ausstieg. Die Londoner Gesellschaft hatte dank der finanziellen Unterstützung von Werner unter dem Namen Siemens Brothers Bestand. Die Schwierigkeiten aber blieben. Werner strebte die alleinige Führungsverantwortung von S&H an, der sich William mit den Englandaktivitäten hätte unterordnen sollen.[12] Sein Unabhängigkeitsstreben sollte in der zweiten Hälfte des 19. Jahrhunderts zu einem Belastungsfaktor auch für das US-Geschäft werden.

Siemens & Halske hatte sich in den ersten Jahrzehnten des Bestehens zu einem multinationalen Unternehmen entwickelt. Die internationale Ausrichtung Mitte des 19. Jahrhunderts ist auffällig. S&H verlagerte bereits im ersten Jahrzehnt des Bestehens die Geschäftstätigkeit zu großen Teilen ins Ausland. Eine gefestigte Wettbewerbsposition auf dem Heimmarkt galt den Brüdern nicht als zwangsläufige Voraussetzung für die Expansion. Das frühe internationale Geschäftsengagement von S&H legt die These nahe, die Firma als eine Born Global Firm (BGF) einzuordnen.[13] Deren zwei wichtigste Merkmale sind die rasche Expansionsgeschwindigkeit (Born) und die geographische Reichweite (Global). S&H erfüllt beide Charaktereigenschaften, wie folgende Analyse zeigt. Sie stützt sich auf die Kriterien nach der Interpretation des Wirtschaftswissenschaftlers Dirk Holtbrügge.[14]

– *Zeitraum bis zum ersten Auslandsengagement*: Zwischen der Gründung von S&H (1847) und den ersten Aktivitäten im Ausland (1850: Vertretervertrag in London) sind nicht mehr als die definierten drei Jahre vergangen.

– *Zweites Auslandsengagement*: 1851 folgte in Russland der zweite Auftrag im Ausland. Der Abstand zwischen Erst- und Zweitengagement ist damit kürzer als derjenige zwischen Gründung und dem ersten Auslandskontakt.

---

11 Vgl.: Feldenkirchen, Siemens 2003, S. 46–50.

12 Siehe: ebenda, S. 39–43.

13 Der Begriff der Born Global Firm ist in der Forschung des Internationalen Managements kein neuartiger. 1993 führte Michael W. Rennie die Bezeichnung ein, vgl.: Michael W. Rennie, Global competitiveness: born global, in: McKinsey Quarterly, 4/1993, S. 45–52. Seitdem setzten sich viele Studien mit diesem Phänomen auseinander. Der Begriff BGF wird ursprünglich für Klein- und Mittelbetriebe gebraucht. Für die frühe Internationalisierung von S&H, in der die Firma noch kein Großunternehmen war, lässt er sich daher passend verwenden.

14 Die Übersicht zu wissenschaftlichen Auseinandersetzungen mit BGFs sowie die Zusammenstellung der Kriterien einer BGF sind zu finden in: Dirk Holtbrügge / Birgit Enßlinger, Initialkräfte und Erfolgsfaktoren von Born Global Firms. Working Paper 2/2005, zu finden unter: http://www.im.wiso.uni-erlangen.de/download/Working_Papers/working-paper-02-05-born%20global%20firms.pdf, zuletzt abgerufen am 5. Januar 2011. Ein ähnliches Design für frühzeitig expandierende multinationale Unternehmen entwickelte Wilkins, die es allerdings „American Model" benannte. Siehe hierzu: Wilkins, Enterprise, S. 52.

– *Anzahl der Zielländer*: Laut Definition muss eine BGF mindestens in fünf Ländern aktiv sein. S&H hatte bereits 1860 Vertretungen in England, Russland, der Ukraine, Österreich und Frankreich aufgebaut.[15] Wichtiger als die Anzahl der Länder aber, so Holtbrügge, ist es, dass eine BGF Länder aus mindestens zwei verschiedenen *kulturellen Clustern* bzw. *geographischen Regionen* bedient. Dies ist bei Siemens bereits in den Anfangsjahren mit England und Russland unstrittig der Fall gewesen.

– *Anteil des Auslandsumsatzes am Gesamtumsatz*: Holtbrügge legt sich bei diesem Kriterium auf kein fixes prozentuales Verhältnis fest. S&H erwirtschaftete 1852 53 Prozent und 1855 sogar 86,5 Prozent des Gesamtumsatzes im Ausland.[16]

– *Internationale Ausrichtung des Managements*: Der internationale Charakter wird nicht nur an der Bereitschaft deutlich, Großaufträge im Ausland anzunehmen. Auch die Tatsache, dass die Brüder William und Carl rasch ihre Heimat Richtung Ausland verließen und dort die jeweilige Staatsbürgerschaft ihrer Gastländer annahmen, kann als entscheidendes Indiz gewertet werden.

– *„Globale Vision" des Firmengründers*: Antreiber der Internationalisierung war Werner, der bereits früh ein weltumspannendes Unternehmen vor Augen hatte und immer wieder auf die Notwendigkeit hinwies, Aufträge im Ausland zu generieren.

– *Einbindung in internationale Netzwerke*: Werners entschied sich, frühzeitig Netzwerke im Ausland aufzubauen. So besaß er bereits 1847 Kontakte zur russischen Regierung als Grundlage der späteren Zusammenarbeit.[17]

– *Spezialisierte Nischenprodukte*: Ein häufiges Kennzeichen, aber keine Voraussetzung für eine BGF, sind einzigartige Spezialprodukte mit hohem Wertschöpfungs- und Innovationsgrad. Auch dieses Kriterium erfüllt Siemens mit seinen Produkten wie beispielsweise dem Zeigertelegrafen oder Wassermessern.

S&H kann nach Analyse dieser Kriterien als Born Global Firm bezeichnet werden.

2 DER AUFSTIEG ZUM GLOBAL PLAYER

Neben Telegrafen hatte sich Siemens & Halske auf weitere elektrotechnische Produkte spezialisiert. So fertigte die Firma unter anderem Pressen zur Guttapercha-Isolierung von elektrischen Leitungen, elektrische Eisenbahnläutwerke sowie elektromedizinische Heil- und Experimentiergeräte. 1866 entdeckte Werner von Siemens das dynamoelektrische Prinzip, sein wohl wichtigstes Verdienst für die Entwicklung der Elektroindustrie.[18] Es bildete fortan die Grundlage, elektrische Energie in großen Mengen zu produzieren und an die Endverbraucher verteilen zu können. Werner von Siemens schuf damit die Basis für die Starkstromtechnik, die

---

15   Siehe: Abbildung 4.
16   Vgl.: Wilfried Feldenkirchen, Siemens 1918–1945, München 1995, S. 658.
17   Vgl.: Feldenkirchen, Werner von Siemens 1996, S. 81.
18   Siehe dazu: ders., Siemens 2003, S. 55 f.

in den Folgejahren einen enormen Aufstieg erfuhr. Die technologischen Errungen-schaften ermöglichten ein stabiles Wachstum des Familienbetriebs, was Vorausset-zung seiner Internationalisierung war. Sie blieb auch im letzten Drittel des 19. Jahr-hunderts ein bestimmendes Element der Firmenpolitik von Siemens. Wie Abbil-dung 4 zu entnehmen ist, gründete S&H seit Beginn der 1850er Jahre Vertretungen in verschiedenen Ländern, denen meist im zeitlichen Abstand von drei bis zwanzig Jahren eigene Niederlassungen folgten. Neben den Aktivitäten im Deutschen Kai-serreich führte S&H bis 1900 in mindestens 38 Ländern Geschäfte über Vertreter und besaß teilweise sogar Büros oder Filialen.[19] In 13 dieser Länder hatte das Un-ternehmen bis 1900 bereits eigene Gesellschaften gegründet.

Abbildung 4: Vertretungs- und Niederlassungsgründungen von S&H bis 1900[20]

Vertretung	Land	Gesellschaft	Vertretung	Land	Gesellschaft
1847	Deutschland	1847	1890	Tschechien	1920
1850	England	1858	1890	Ungarn	1900
1853	Russland	1855	1892	Australien	1956
1855	Ukraine	1943	1893	Norwegen	1898
1859	Österreich	1904	1894	Dänemark	1902
1860	Frankreich	1878	1894	Mexiko	1905
1871	Belgien	1903	1894	Philippinen	1992
1873	Südafrika	1895	1895	Spanien	1902
1878	Niederlande	1891	1895	Portugal	1905
1879	Indonesien	1909	1896	Argentinien	1908
1879	Polen	1912	1897	Uruguay	k.A.
1879	Luxemburg	1920	1899	Finnland	1919
1880	Schweden	1893	1899	Singapur	1979
1880	Italien	1899	1899	Venezuela	1955
1882	Schweiz	1900	1899	Kuba	k.A.
1886	USA	1892	1899	Malaysia	k.A.
1887	Japan	1896	1899	Jamaika	k.A.
1887	Türkei	1907	1900	Griechenland	1939
1888	Brasilien	1895	1900	Siam/Thailand	1996
1889	Rumänien	1905			

Quelle: Eigene Darstellung nach: Länderprofile, zu finden unter: http://www.siemens.com/history / de/laender.htm, zuletzt abgerufen am 25. Januar 2011 sowie aus folgenden Akten: SAA 60/Lh 308, SAA 60/Lh 751 sowie: SAA 12655, SAA 13097 und SAA 14040.

Auffallend ist, dass sich das Auslandsgeschäft in diesem Zeitraum keineswegs auf den europäischen Raum beschränkte, sondern sich bis auf weit entfernte, exotische Märkte wie Südafrika, Australien oder die Philippinen erstreckte. Regionen, in de-

---

19   Bei diesen Zahlen wurden nur diejenigen Vertretungsgeschäfte im Ausland aufgenommen, die durch Hinweise aus den Akten des Siemens Historical Institute belegt werden können. Daher ist es möglich, dass S&H bis 1900 noch weitere regionale Märkte bearbeitete, zu denen keine Aktenüberlieferung erhalten ist. Allerdings dürfte sich die Anzahl von 38 Ländern nicht son-derlich erhöhen.

20   Dazu kommt noch eine Vertretung in Myanmar, die vor 1903 aufgebaut worden war, deren exaktes Entstehungsdatum aber nicht rekonstruiert werden konnte.

nen S&H bis 1900 nicht aktiv war, waren der Großteil Afrikas, Gebiete Südamerikas, Kanada sowie der Nahe, Mittlere und Ferne Osten. Was das Geschäft von Siemens in den USA angeht, so bleibt bereits an dieser Stelle festzuhalten, dass die Vereinigten Staaten einer derjenigen Märkte waren, in denen sich das deutsche Unternehmen frühzeitig dazu entschied, eine eigenen Vertreter (1886) und eine Gesellschaft aufzubauen (1892).

Abbildung 5: Weltweite Länder mit S&H-Vertretern, 1886

Quelle: eigene Darstellung nach Abbildung 4.

Bis Ende des 19. Jahrhunderts setzte S&H im Auslandsvertrieb auf das sogenannte Vertretergeschäft.[21] Dabei beauftragte die Firma Ingenieure im Ausland mit dem Verkauf von Siemens-Produkten. Zur Koordination der Vertreter in Übersee installierte die Firma 1891 das Exportbüro Übersee. Nach dem Tod Werner von Siemens' baute S&H einen eigenen Vertriebsapparat auf, der aus S&H-Filialen im Ausland, sogenannten Technischen Büros (TB) bestand. Ihre Aufgabe bestand darin, die Marktentwicklung im Ausland zu beobachten und Geschäfte mit Siemens-Produkten vorzubereiten, ehe sie vom Berliner Stammhaus durchgeführt wurden. Seit den 1890er Jahren übertrug S&H seinen Auslandsvertretungen zunehmend Ergebnisverantwortung,[22] sodass die Büros selbständiger wurden und Aufträge mit ausländischen Kunden in Eigenverantwortung übernahmen.[23] 1904 gründete S&H die Centralstelle für Technische Bureaux, um das Schwachstromgeschäft in Europa zu fördern.[24] Die Gesamtorganisation des Auslandsgeschäfts blieb weiterhin ohne klare Gliederung. 1908 entschieden sich S&H und die starkstromtechnische Stammgesellschaft Siemens-Schuckertwerke, das bisherige Exportbüro Übersee durch die Übersee-Organisation zu ersetzen. Fortan waren der Central-Verwaltung Übersee

---

21   Siehe dazu: Hertner, strategies, S. 147.
22   Vgl.: Takenaka, Siemens, S. 45.
23   Siehe: Feldenkirchen, Werner von Siemens 1996, S. 162–170.
24   Zu den wichtigsten Zentralabteilungsgründungen für das Auslandsgeschäft von Siemens siehe: Übersichtsplan bis 1952, in: SAA 8109.

(CVU) alle Technischen Büros und Vertretungen aus Übersee untergeordnet. Die vier Stammgesellschaften S&H, SSW, Siemens Brothers & Co. Ltd. sowie Siemens Brothers Dynamo Works sollten in Zukunft in den einzelnen nationalen Märkten jeweils einen gemeinsamen Vertreter haben.[25]

Die Neuordnung des Auslandsgeschäfts wurde durch den Ersten Weltkrieg 1914 unterbrochen. Siemens verlor während der Kriegsjahre den Zugang zu seinen bisherigen Auslandsmärkten. Nach Kriegsende wurden die meisten der ausländischen Tochtergesellschaften enteignet. S&H und SSW hatten einen Großteil der Auslandspatente verloren. Da sich zeigte, dass das Volumen des deutschen Elektromarkts in der Nachkriegszeit nicht ausreichte, um die Expansion von Siemens zu tragen, entschlossen sich die beiden Stammgesellschaften bereits 1919, Produkte wieder ins Ausland zu exportieren.[26] Dies gelang vorerst nur in Ansätzen, schließlich war Siemens mit verschiedenen Missgunstfaktoren konfrontiert. Während die deutsche Firma in den Kriegsjahren immer isolierter und eingeschränkter arbeiten musste, hatte sich gerade die amerikanische Konkurrenz um General Electric und Westinghouse durch die Kriegskonjunktur stabilisieren können.[27] Wie schon in den Vorkriegsjahren belasteten die ausländischen Zollschranken das Exportgeschäft auch nach dem Ersten Weltkrieg. Die Regelungen des Versailler Vertrags, wie z.B. Handelsbeschränkungen, waren in den ersten Nachkriegsjahren eine weitere Hypothek für deutsche Unternehmen. Daneben zeigten die Verbraucher im Ausland oftmals Widerwillen gegen deutsche Produkte.[28] Betrug der Anteil des Auslandsumsatzes am Gesamtumsatz 1914 bei S&H noch 35 Prozent und bei SSW 36,2 Prozent, so lag dieser 1925 bei 22 Prozent (S&H) bzw. 33,7 Prozent (SSW).[29] Dennoch bemühten sich S&H und SSW, ihre Auslandsaktivitäten zu intensivieren. Bis 1932 gelang es, den Anteil des Auslandsumsatzes wieder auf 45 Prozent (S&H) und 53,7 Prozent (SSW) anzuheben. Die Stabilisierung der Auslandsaktivitäten wurde erst durch den Beginn des nationalsozialistischen Regimes 1933 gebremst.[30] Der Zweite Weltkrieg beendete die Aktivitäten von Siemens und anderen deutschen Unternehmen in der Fremde nach 1914 erneut.[31] Neben den Kriegsschäden waren die Siemens-Gesellschaften mit Enteignungen und Demontagen der eigenen Infrastruktu-

25   Vgl.: Rundschreiben zur Überseeorganisation vom 22. Juli 1908, in: SAA 68/Lr 488.1.
26   Vgl.: Feldenkirchen, Siemens 2003, S. 204.
27   Siehe: Aufsichtsratssitzung von S&H und SSW vom 30. Januar 1964, S. 7, in: SAA 16/Lh 262 sowie: Wilfried Feldenkirchen, Industrieforschung in der deutschen Elektroindustrie. Das Beispiel Siemens (1919–1936), in: Bankhistorisches Archiv. Banking and Finance in Historical Perspective, 34. Jahrgang, 2008, Heft 2, S. 82–107, hier S. 86.
28   Vgl.: Feldenkirchen/Posner, Siemens-Unternehmer, S. 100 f.
29   Zu diesen und folgenden Zahlen siehe die Angaben in: Feldenkirchen, Siemens 1995, S. 662.
30   Zu den Auswirkungen der „Machtergreifung" der Nationalsozialisten auf die Auslandsaktivitäten deutscher Unternehmen siehe: Gerhard L. Weinberg, Von der Konfrontation zur Kooperation. Deutschland und die Vereinigten Staaten 1933–1949, in: Trommler, Amerika, S. 41–53, hier S. 41 f. sowie: Erhard Forndran, Kontinuitäten und Veränderungen in den transatlantischen Beziehungen seit 1918, in: Manfred Knapp (Hg.), Transatlantische Beziehungen. Die USA und Europa zwischen gemeinsamen Interessen und Konflikt (= Internationale Beziehungen, Band 3), Stuttgart 1990, S. 9–36, hier S. 14 f.
31   Siehe: Geschäftsberichte von S&H von 1944/45, 1945/46 und 1946/47, S. 9 sowie: Schröter, Continuity, S. 28.

ren durch die Alliierten konfrontiert. S&H und SSW erlitten einen Verlust von 2,58
Mrd. RM bzw. vier Fünftel des bisherigen Unternehmenswertes.[32] Vorerst blieben
Wirtschaftskontakte deutscher Unternehmen stark eingeschränkt. Die im Mai 1949
gegründete Bundesrepublik Deutschland wurde laut des Besatzungsstatuts der Alliierten Hohen Kommission außenpolitisch weiterhin von den USA, Frankreich und
England kontrolliert. Sie überwachten den westdeutschen Außenhandel restriktiv
und besaßen das Recht, in außerordentlichen Situationen wieder die vollen Befugnisse über den neuen Staat zu übernehmen.[33] Zudem bestimmten die Alliierten,
deutsche Unternehmen auf eine Maximalgröße von 10.000 Mitarbeitern zu reduzieren, um deren Wirtschaftskraft zu kontrollieren und Machtkonzentrationen in kar-
tell- und trustähnlichen Gefügen zu vermeiden. S&H sowie SSW standen dabei bis
in die 1950er Jahre im Fokus.[34]

Besonders drastisch erwies sich die Lage für die weltweiten Auslandsaktivitäten von S&H und SSW. Das Potsdamer Abkommen führte dazu, dass der materielle
und immaterielle Besitz von Siemens im gesamten Ausland beschlagnahmt wurde,
was neben dem Verlust der Namensrechte in mehr als vierzig Ländern auch die
Abgabe von rund 25.000 ausländischen Siemens-Patentrechten bedeutete.[35] Produkte des deutschen Herstellers konnten nun von fremden Firmen im Ausland pro-

32 Vgl. dazu: Wilfried Feldenkirchen, Die Finanzierung des Wiederaufbaus im Hause Siemens
    nach 1945, in: Wessel, Horst A. (Hg.), Demontage – Enteignung – Wiederaufbau. Teil 1: Die
    elektrotechnische Industrie nach 1945 (= Geschichte der Elektrotechnik 15), Berlin u. a. 1997,
    S. 105–134, hier S. 109. Generell zu den Folgen des Weltkriegs für Siemens siehe: Johannes
    Bähr, Substanzverluste, Wiederaufbau und Strukturveränderungen in der deutschen Elektroin-
    dustrie 1945–1955, in: Wessel, Horst A. (Hg.), Demontage – Enteignung – Wiederaufbau. Teil
    1: Die elektrotechnische Industrie nach 1945 (= Geschichte der Elektrotechnik 15), Berlin u. a.
    1997, S. 61–81.
33 Vgl. hierzu: Ulrich Lappenküper, Die Außenpolitik der Bundesrepublik Deutschland 1949 bis
    1990 (= Enzyklopädie deutscher Geschichte, Band 83), München 2008, S. 5 sowie: Wolfram
    F. Hanrieder, Die deutsch-amerikanischen Beziehungen in den Nachkriegsjahrzehnten, in:
    Frank Trommler (Hg.), Amerika und die Deutschen. Die Beziehungen im 20. Jahrhundert,
    Sonderausgabe ausgewählter Beiträge, Opladen 1986, S. 85–110, hier S. 86.
34 Siehe: Wilfried Feldenkirchen, Der Wiederaufbau des Hauses Siemens nach dem Zweiten
    Weltkrieg (1945 bis zum Beginn der 50er Jahre), in: Wessel, Horst A. (Hg.), Demontage –
    Enteignung – Wiederaufbau. Teil 1: Die elektrotechnische Industrie nach 1945 (= Geschichte
    der Elektrotechnik 15), Berlin u. a. 1997, S. 177–209, hier S. 198 f.
35 Vgl.: Feldenkirchen, Siemens 2003, S. 255 f. sowie: Jones, Multinationals, S. 87 f. Es dauerte
    bis Mitte der 1960er Jahre, ehe Siemens seine gesamten Namens- und Markenrechte im Aus-
    land wieder zurückerworben hatte. Einzige Ausnahme blieb die italienische Firma Società
    Italiana Telecomunicazioni Siemens S.p.A., die ihren Namen erst 1980 ablegte. Vgl. hierzu:
    Namensrecht wieder voll bei Siemens, korrigierte Version vom 17./18. September 1980,
    S. 1 f., in: SAA 23518. Insgesamt beschlagnahmten die Amerikaner durch das Kontrollratsge-
    setz Nummer 5 vom 30. Oktober 1945 bis 1953 469 deutsche Unternehmen in den USA und
    mehr als 45.000 deutsche Patente. Siehe dazu: Hans-Eckart Scharrer / Kerstin Müller-Neuhof,
    Von der staatlichen Wiederaufbauhilfe zur privaten Kapitalverflechtung: Direkt- und Portfo-
    lioinvestitionen, in: Detlef Junker / Philipp Gassert / Wilfried Mausbach / David B. Morris
    (Hg.), Die USA und Deutschland im Zeitalter des Kalten Krieges 1945–1990. Ein Handbuch,
    Band I 1945–1968, München 2001, S. 524–534, hier S. 525.

blemlos nachgebaut und verkauft werden.[36] Die ausländischen Siemens-Betriebe in alliierten Ländern waren meist bereits während der Kriegsjahre, spätestens aber ab Mai 1945, liquidiert und geschlossen worden.[37] Oftmals inhaftierten die Siegermächte die deutschen Siemens-Mitarbeiter. Zwar erhielten diese in den meisten Fällen wieder die Freiheit, wurden aber häufig daran gehindert, erneut in die Dienste von Siemens zu treten.[38] Trotz dieser großen Belastungen entschied sich die Firmenleitung von S&H und SSW nach langwierigen Diskussionen, dass neben dem Aufbau des Deutschlandgeschäfts auch die Wiederaufnahme der Auslandsaktivitäten das mittelfristige Ziel sein müsse.[39] Als Leitstrategien formulierten die Vorstände beider Stammgesellschaften folgende Prämissen:[40]

– In Auslandsmärkten, in denen ein Markteintritt realistisch war, wollte Siemens diesen auch forcieren.[41]
– Die strategisch wichtigen Märkte sollten mit eigenen Gesellschaften, die den Siemens-Firmennamen tragen, erschlossen werden.
– Pro Zielland sollte nur eine Gesellschaft die Vertretung für S&H, SSW und SRW übernehmen.
– Neben der Vertretung von Siemens-Interessen sollte jede Auslandsgesellschaft Fabrikationskapazitäten aufbauen, um die Produktion zunehmend ins Ausland zu verlagern.
– Siemens wollte auch über Lizenzabkommen, Beteiligungen oder Kooperationen aktiv werden.

Die Besatzungsmächte aber untersagten nach Kriegsende die Bildung von Zentralorganisationen für das Auslandsgeschäft. Daher richteten die Siemens-Gruppenleitungen 1947 vorläufige Exportabteilungen unter der Leitung von Gerd Tacke ein, um die Aktivitäten auf fremden Märkten zu koordinieren.[42] 1949 stellten S&H und SSW die Weichen für die weitere Entwicklung der Siemens-Firmen. Durch den Zweiten Weltkrieg voneinander getrennt, bestimmten beide Firmen im März 1949

36 Siehe: S&H-Geschäftsberichte von 1944/45, 1945/46 und 1946/47, S. 11.
37 So legte ein Dekret 1942 fest, die SSW-Vertretung in Brasilien zu schließen. Siehe: Reichsstelle für den Außenhandel an SSW vom 25. Oktober 1944, in: SAA 9383. In Südafrika wurden 1943 die deutschen Mitarbeiter von Siemens interniert, vgl.: Bericht über die Siemens S.A. Ltd. Südafrika nach Kriegsausbruch bis Ende Mai 1944, S. 1, in: SAA 9398. Gleiches galt für das Geschäft in Argentinien, siehe: Bericht von Georg H. Richter über das Siemens-Geschäft in Argentinien vom 3./16. Juli 1947, S. 2, in: SAA 7561.
38 Vgl.: Vortrag von Gerd Tacke anlässlich der Aufsichtsratsitzung der Siemens AG vom 27. Oktober 1971, S. 2, in: SAA S 113.
39 Zur Diskussion um die Wiederaufnahme der Auslandsaktivitäten siehe: Gerd Tacke, Vom Aschehaufen zum Weltunternehmen – Das Haus Siemens in und nach dem zweiten Weltkrieg, S. 16, in: SAA WP Tacke.
40 Vgl. hierzu: Tacke, Beitrag, S. 170.
41 Der S&H-Abteilungsdirektor Joachim Wegner betonte, dass jede ehemalige Siemens-Gesellschaft gekauft werden müsse, selbst wenn sie Verluste aufweise. Andernfalls könnte sie unter den Einfluss fremder Firmen gelangen und gegen die Interessen von S&H und SSW arbeiten. Vgl. dazu: Vortrag von Joachim Wegner: Die Vertriebsorganisation des Hauses Siemens im Ausland vom 8./12. März 1954, S. 10, in: SAA 8109.
42 Siehe: Übersichtsplan ohne Datum, in: SAA 8109.

im „Starnberger Frieden" eine gemeinsame Unternehmensführung.[43] Die Einheit des Hauses drückte sich fortan auch in der Auslandsorganisation aus. Im April 1952 gründeten die beiden Siemens-Stammgesellschaften mit der Zentralabteilung Ausland (ZA) eine gemeinsame Auslandsabteilung, die die „einheitliche Behandlung aller organisatorischen und verwaltenden Maßnahmen im Ausland"[44] übernahm. Anhand der Abbildung 6 wird deutlich, dass der Fokus der Auslandsaktivitäten noch im europäischen Raum lag, dem drei von sieben Unterabteilungen zugeordnet waren. Für die USA gab es keine gesonderte Unterabteilung. Sie waren der Gruppe „British Commonwealth und Ferner Osten" zugeordnet, während Süd- wie auch Mittelamerika eigene Organisationsstellen in der Zentralverwaltung Ausland hatten.

Abbildung 6: Gemeinsame Auslandsorganisation von S&H und SSW, 1955

Quelle: Eigene Darstellung nach: Organisationsplan der Zentralverwaltung Ausland vom August 1955, in: SAA 8109.

Bis 1950 gelang es S&H und SSW, die Kontakte zu den ehemaligen Auslandsgesellschaften im europäischen Raum wiederherzustellen. Die Gründe für den Fokus auf die europäischen Märkte waren neben der geographischen Nähe zu den Stammhäusern und dem logistisch und finanziell niedrigerem Aufwand auch der Umstand, dass diese Märkte Siemens vertrauter waren als außereuropäische.[45] Bis September

---

43 Selbstverständlich war dieser Schritt nicht, formulierte doch das Potsdamer Abkommen grundlegende Vorbehalte gegen deutsche Großfirmen. Ursprünglich hatten die Westalliierten an eine Trennung von S&H und SSW gedacht sowie an Dezentralisierungsmaßnahmen der Gruppenleitungen von S&H, die in Westdeutschland lagen. Siehe hierzu: SAA 52/Lo 750, S. 41 f. Die Siemens-Vorstände dagegen betonten die schwerwiegenden Folgen einer Spaltung, da die Zusammenarbeit durch eine wechselseitige Zulieferung für Produkte unersetzlich sei. Vgl.: SAA 49/Lp 262. Entscheidend für ein Einlenken der Siegermächte war der strategische Wandel ihrer Deutschlandpolitik. Dieser führte dazu, dass sie von den Dekartellierungsvorstellungen abkamen. Siehe: Feldenkirchen, Siemens 2003, S. 262–265.

44 Vgl.: Zentral-Rundschreiben Nr. 11/52 vom 3. April 1952, in: SAA 8109.

45 Vgl.: Auszug aus der Rede von Gerd Tacke vor dem Aufsichtsrat vom 27. Oktober 1971, S. 2, in: SAA S 113.

1952 hatte Siemens seine Auslandsinteressen ausgeweitet und die ersten drei ehemaligen Landesgesellschaften Schweden, Brasilien und Südafrika wieder zurück-
erworben. In den folgenden zwei Jahren konnten weitere 18 Landesfirmen zurück-
gekauft werden.[46] Dies verlief nicht ohne Schwierigkeiten, schließlich waren Direktinvestitionen deutscher Unternehmen im Ausland auf Verordnung des Alliierten
Kontrollrates offiziell bis 1961 verboten.[47] Allerdings ermöglichte der „Runderlass
Außenwirtschaft" im Februar 1952 Ausnahmegenehmigungen, welche Siemens
zum Rückerwerb der Auslandsgesellschaften nutzte. Zwischen 1949 und 1956 investierte Siemens rund 53 Mio. DM in seine Präsenzen in fremden Ländern, wobei
die Schwerpunkte in Europa und Südamerika lagen.[48] Diese Expansion war verbunden mit einem zahlenmäßigen Anstieg der ausländischen Stützpunkte, Beteiligungsgesellschaften und Vertretungen. Dies barg das Risiko, dass Siemens im Ausland als zersplitterter und heterogener Konzern wahrgenommen wurde. Daher
gründete das Stammhaus 1961 die Kommission für Auslandsfragen. Ihre Aufgabe
war es, die Auslandsbesitzungen zu vereinheitlichen und sie als homogene Firmen-
einheit darzustellen.[49]

Eine wichtige Station für die Auslandsorganisation von Siemens bildete das
Jahr 1966 mit der Gründung der Siemens AG, als die Frage eines organisatorischen
und aktienrechtlichen Zusammenschlusses der beiden Firmen aufkam. Verstärkt
wurde die Dringlichkeit einer solchen Entscheidung durch Neuerungen im deutschen Aktiengesetz. Dieses sah vor, Mutter- und Tochtergesellschaften stärker aneinander zu binden. Im Falle von S&H, SSW und der Siemens-Reiniger-Werke AG
hätte dies zu organisatorischen Schwierigkeiten geführt, sodass sich die drei Unternehmen entschieden, sich in der 1966 gegründeten Siemens AG zu verbinden.[50]
Der neue Gesamtkonzern besaß nun die Chance, gerade für sein Auslandsgeschäft
ein klares und einheitliches Gesamtbild aufzubauen. Dazu wurde im Rahmen der
1969 erfolgten Reorganisation das Unternehmen in sechs einzelne Unternehmensbereiche (UB) gegliedert: UB Medizintechnik (Med), UB Bauelemente (B), UB

---

46 Siehe: Feldenkirchen, Siemens 2003, S. 420 sowie: Vortrag von Wegner: Die SSW-Stamm-
    haus-Organisation für das Auslandsgeschäft und Gedanken zum Neuaufbau einer Vertretungs-
    organisation im Ausland vom 4. Februar 1952, S. 3, in: SAA 8109.

47 Vgl.: Harm G. Schröter, Außenwirtschaft im Boom: Direktinvestitionen bundesdeutscher Un-
    ternehmen im Ausland 1950–1975, in: Hartmut Kaelble (Hg.), Der Boom 1948–1973. Gesell-
    schaftliche und wirtschaftliche Folgen in der Bundesrepublik Deutschland und in Europa (=
    Schriften des Zentralinstituts für sozialwissenschaftliche Forschung an der Freien Universität
    Berlin, Band 64), Opladen 1992, S. 82–106, hier S. 88.

48 Vgl.: Feldenkirchen, Siemens 2003, S. 293. Als entscheidende exogene und endogene Fakto-
    ren, die solche Investitionen nach 1945 überhaupt erst erlaubten, benannte Feldenkirchen drei
    Aspekte. Erstens sah er die hohe Nachfrage nach elektrotechnischen Produkten durch die star-
    ken Kriegszerstörungen als wesentlich für die finanzielle Konsolidierung von Siemens. Au-
    ßerdem sei die Tatsache, dass Siemens keine umfangreiche Konzernentflechtung wie bei-
    spielsweise IG Farben durchführen musste, ein Erfolgsgarant gewesen. Gleiches gelte für den
    Wettbewerbsvorsprung, den das Unternehmen insbesondere gegenüber dem deutschen Kon-
    kurrenten AEG besaß. Vgl.: Feldenkirchen, Finanzierung, S. 115 f.

49 Siehe: Entwurf zur Kommission für Auslandsfragen vom 27. November 1961, S. 1 f., in: SAA
    9419.

50 Zu den Details siehe: Feldenkirchen, Siemens 2003, S. 297 f.

Datentechnik (D), UB Energietechnik (E), UB Installationstechnik (I) und UB Nachrichtentechnik (N). Die Unternehmensbereiche erhielten die Weltverantwortung für ihre jeweiligen Produkte, waren fortan also für Forschung & Entwicklung sowie die Herstellung zuständig.[51] Den Vertrieb in den ausländischen Märkten übernahmen dagegen die jeweiligen Landesgesellschaften. Allerdings sollten sie vor Ort die Tätigkeit der zugehörigen UB unterstützen, weshalb diese ihnen großzügige Freiheiten zugestehen mussten. Die Landesgesellschaften waren schließlich mitverantwortlich für die Landespolitik in den einzelnen Auslandsmärkten. Dieser Dualismus beinhaltete das Potenzial für Kompetenzüberschneidungen und Konflikte, das im Fallbeispiel des US-Geschäfts in den 1970er wirksam werden sollte. De facto bedeutete die Restrukturierung aber keine gänzlich neue Unternehmensorganisation. Vielmehr war S&H in den UB N übergegangen, SSW in den UB E und den UB I, SRW war fortan der UB Med. Neu dazu gekommen waren die Unternehmensbereiche Datentechnik und Bauelemente.[52] Eines der zentralen Ziele der Gründung der Siemens AG war die Stärkung des weltweiten Auslandsgeschäfts.[53] So forderte Gerd Tacke, der neue Vorstandsvorsitzende, 1966:

> „Für eine Gesellschaft, die – wie wir es tun – sich das Ziel gesetzt hat, ein Weltunternehmen zu sein, kann das Auslandsgeschäft niemals ein ‚Zusatzgeschäft‘ sein, sondern ist immer ein eigenständiger Teil der Gesamtbetätigung. Die internationale Konkurrenz ist dabei gleichzeitig Ansporn und Maßstab unseres Könnens."[54]

Bis Mitte der 1970er Jahre war die Siemens AG weltweit in 130 Ländern vertreten. Insgesamt wurde 1975 das Auslandsgeschäft von 38 Landesgesellschaften, 24 Landesbüros und 64 Vertretern geführt. Die Siemens AG produzierte in 72 eigenen Auslandsfabriken.[55] Diese Expansion erhöhte sich in den folgenden Jahrzehnten. Betrug der Auslandsumsatz der Siemens AG 1970 insgesamt 4,3 Mrd. DM, der Auftragseingang 5,5 Mrd. DM und die Mitarbeiterzahl 66.500,[56] so stiegen die Zahlen für das Jahr 1980 gewaltig an. Der Umsatz hatte sich vervierfacht (17,3 Mrd. DM), der Auftragseingang mehr als verdreifacht (18,2 Mrd. DM) und die

---

51 Hierzu und zu Folgendem siehe: Vorstands-Rundschreiben der Siemens AG Nr. 18/69 vom 30. September 1969, S. 1 f., in: SAA 33/Ld 603.

52 Vgl.: Feldenkirchen, Siemens 2003, S. 299.

53 Die Firmenleitung war sich einig, dass sich das Unternehmen verstärkt auf das Geschäft in ausländischen Märkten konzentrieren müsse. „Der westdeutsche Markt ist wesentlich zu klein, um bei der Breite unserer technischen Betätigungsgebiete mit einem hohen Anteil an ‚Fortschrittstechniken‘ [...] eine tragfähige Basis insbesondere für Finanzierung von Forschung und Entwicklung und für wirtschaftliche Fertigungsgrößen abgeben zu können. Wenn wir uns auf Dauer als führendes Unternehmen der Welt-Elektroindustrie gegenüber den großen, international tätigen Konkurrenzfirmen behaupten wollen, müssen wir uns in erheblichem Umfang über den Heimatmarkt hinaus betätigen und mit der internationalen Technik weltweit messen." Zu finden in: Paul Dax, Siemens – weltweite Geschäftsbeziehungen, in: Siemens-Zeitschrift 48/1974, Heft 12, S. 980–983, hier S. 980 f.

54 Vgl.: Gerd Tacke, Das Haus Siemens in der Welt, in: Siemens-Zeitschrift 40/1966, Heft 12, S. 946 f., hier S. 946.

55 Diese Zahlen stammen aus: Organisation im Ausland vom Juni 1975, in: SAA 60/Lh 303.

56 Vgl.: Geschäftsbericht der Siemens AG von 1969/70, S. 39.

Beschäftigtenzahl fast verdoppelt (109.000).[57] 1990 konnten der Umsatz (34,8 Mrd. DM) sowie der Auftragseingang (39,3 Mrd. DM) gegenüber 1980 verdoppelt werden, die Mitarbeiterzahl erhöhte sich auf 143.000.[58] Auch im Folgejahrzehnt stiegen die Zahlen erheblich an. Im Jahr 2000 wies die Siemens AG einen Auslandsumsatz von 59,5 Mrd. Euro aus und beschäftigte 267.000 Mitarbeiter in der Fremde. Bis 2010 erhöhte sich das Volumen des Auslandsgeschäfts nur noch gering. 277.000 Angestellte waren für 64,5 Mrd. Euro Umsatz verantwortlich. Die umfassende Expansion in verschiedene internationale Märkte galt als eine der Stärken der Siemens AG. So betonte Bernhard Plettner 1980: „Eine Ursache unserer Grösse und Stärke ist zweifelsohne auch die weite geografische Ausbreitung unseres Geschäftes; sie macht uns unabhängiger von dem wirtschaftlichen und politischen Geschehen in den einzelnen Ländern."[59]

Das Wachstum des Unternehmens im In- und Ausland bedurfte in den späten 1980er Jahren einer Anpassung der Konzernorganisation. „In Vorbereitung auf den immer rascheren Technologiewandel, die zunehmend globale Ausrichtung der Märkte, neue Kundenkreise und neue Marktsegmente"[60] entschied sich die Siemens AG dazu, ihre bisherige Geschäftsgliederung aufzugeben. Es erwies sich als notwendig, eine flexiblere und dezentrale Organisationsform zu entwickeln, da die bisherigen Unternehmensbereiche 1988/89 kritische Wachstumsgrenzen überschritten hatten.[61] Daher ersetzte die Siemens AG die sieben UB durch 15 verschiedene Geschäftsfelder, sog. Bereiche, wodurch die Entscheidungskompetenzen klarer und differenzierter verteilt werden konnten. Daneben entstanden neue Zentralabteilungen, die unternehmensübergreifende Aufgaben zugeteilt bekamen. Die Eigenständigkeit der einzelnen Auslandsgesellschaften wurde deutlich aufgewertet, sie erhielten fortan „ein Höchstmaß an unternehmerischer Verantwortung vor Ort."[62] Der Einfluss der einzelnen Geschäftsbereiche auf die Aktivitäten außerhalb Deutschlands schwand. Wie Abbildung 7 deutlich macht, erhielten die USA als Auslandsmarkt eine Sonderstellung. Während alle anderen Länder eigene Landesgesellschaften oder Vertretungen besaßen, führte die Siemens AG ihre Aktivitäten in den USA durch die Holdinggesellschaft Siemens Corporation mit mehreren Operating Companies durch. Die Gründe hierfür werden im Laufe der vorliegenden Studie dargestellt.

---

57 Siehe hierzu: Geschäftsbericht der Siemens AG von 1980, S. 5, 7 und 11.
58 Siehe: Geschäftsbericht der Siemens AG von 1990, S. 29.
59 Siehe: Bernhard Plettner anlässlich der Siemens-Tagung vom 26. bis 28. Februar 1980, S. 24, in: SAA S 12. Elf Jahre später urteilte Hermann Franz in identischer Weise über die Vorteile der Internationalisierung. Siehe dazu: Hermann Franz, Unternehmensstrategie – Zur Geschäfts- und Regionalstruktur vom 12./13. Juli 1991, S. 26, in: Organisationsstruktur, Referate, Band 26, V5, in: SAA 33/Lf 963.
60 Vgl.: Geschäftsbericht der Siemens AG von 1989, S. 8.
61 Vgl.: Feldenkirchen, Siemens 2003, S. 302.
62 Vgl.: Geschäftsbericht der Siemens AG von 1989, S. 8 f.

Abbildung 7: Organisationsstruktur der Siemens AG, 1989

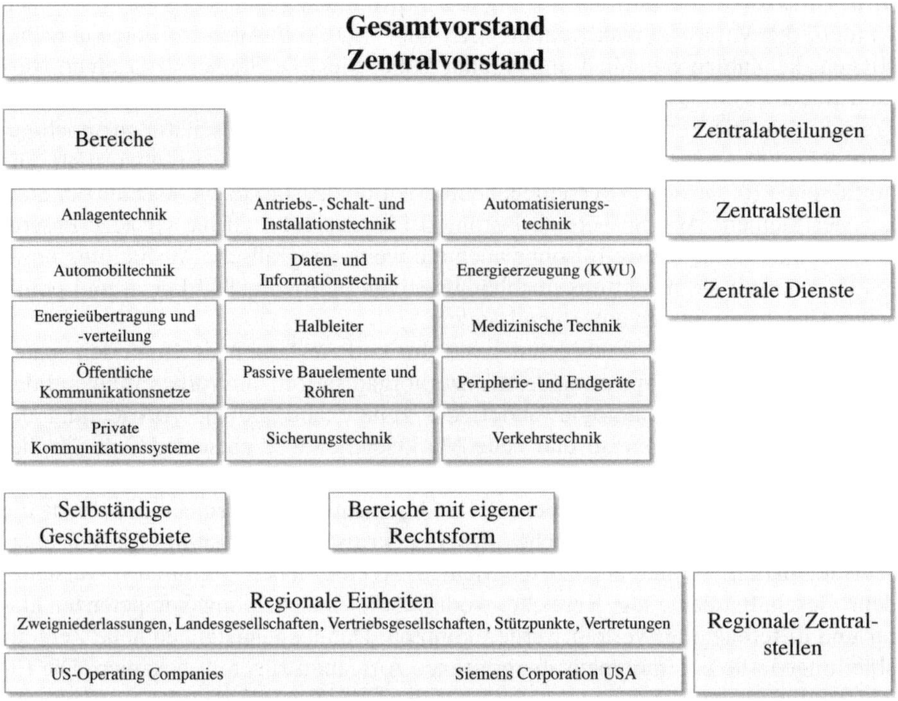

Gesamtvorstand Zentralvorstand			
Bereiche			**Zentralabteilungen**
Anlagentechnik	Antriebs-, Schalt- und Installationstechnik	Automatisierungs-technik	**Zentralstellen**
Automobiltechnik	Daten- und Informationstechnik	Energieerzeugung (KWU)	
Energieübertragung und -verteilung	Halbleiter	Medizinische Technik	**Zentrale Dienste**
Öffentliche Kommunikationsnetze	Passive Bauelemente und Röhren	Peripherie- und Endgeräte	
Private Kommunikationssysteme	Sicherungstechnik	Verkehrstechnik	
Selbständige Geschäftsgebiete		Bereiche mit eigener Rechtsform	
Regionale Einheiten Zweigniederlassungen, Landesgesellschaften, Vertriebsgesellschaften, Stützpunkte, Vertretungen			Regionale Zentral-stellen
US-Operating Companies		Siemens Corporation USA	

Quelle: Eigene Darstellung nach: Geschäftsbericht der Siemens AG von 1989, S. 8.

Das Verhältnis von Mitarbeitern und Umsatz im Ausland im Vergleich zu den Zahlen aus dem Deutschlandgeschäft macht die internationale Ausrichtung von Siemens besonders deutlich. So zeigt die Abbildung 8, dass sich die Relation zwischen Siemens-Mitarbeitern im In- und im Ausland seit der Unternehmensgründung deutlich verschoben hat. Hatte S&H in den ersten drei Geschäftsjahren keine Mitarbeiter im Ausland, so veränderte sich diese Konstellation in den ersten eineinhalb Jahrzehnten seit Bestehen grundlegend. Während sich die Mitarbeiterzahl in den deutschen Staaten verdreifachte, schnellte die Zahl der Siemens-Angestellten im Ausland, insbesondere in Russland, seit 1854 noch rasanter in die Höhe und hatte 1860 bereits fast die doppelte Größe der Inlandsbelegschaft erreicht. Mit der Umwandlung von Siemens Brothers in eine Aktiengesellschaft 1880 begann sich das Verhältnis aber zu verschieben. Bis zu Beginn des Ersten Weltkriegs wuchs die Anzahl von Mitarbeitern im Deutschen Reich auf einen etwa dreifach so hohen Wert wie die Zahl der im Ausland Beschäftigten an. In der Zwischenkriegszeit entwickelte sich das Verhältnis dann zu seinem Extrempunkt hin: 1940, nach Kriegsbeginn, beschäftigte Siemens mit 177.279 Mitarbeitern fast 90 Prozent seiner Belegschaft in Deutschland. Die Nachkriegsjahre wiesen – durch den weitgehenden Verlust von Firmenbesitz und Auslandsvermögen – insbesondere bei den Mitarbeitern im Ausland einen veritablen Schwund aus. Fünf Jahre nach Kriegsende war der Anteil mit

0,3 Prozent noch verschwindend gering. In den nächsten drei Jahrzehnten bis 1980 wuchs der Anteil von Mitarbeitern im Ausland um jeweils etwa 10 Prozent auf knapp die Hälfte der in Deutschland arbeitenden Angestellten (1980). Seit 1998 hat die Anzahl der Auslandsbeschäftigten diejenige des in Deutschland arbeitenden Personals überschritten; dieser Trend hält bis heute an. 2010 waren mehr als zwei Drittel aller Siemens-Mitarbeiter im Auslandsgeschäft tätig.

Abbildung 8: Das Verhältnis von Mitarbeitern im In- und Ausland, 1847–2010[63]

Jahr	Mitarbeiter gesamt	Mitarbeiter Inland	Mitarbeiter Ausland	Anteil der Mitarbeiter Ausland
1850	49	49	0	0
1860	401	150	251	62,6
1870	1.080	380	700	64,8
1880	1.491	876	621	41,6
1890	5.545	2.909	2.636	47,5
1900	16.350	9.372	6.978	42,5
1910	49.289	35.301	13.988	28,4
1920	k.A.	k.A.	k.A.	k.A.
1930	112.839	88.783	24.056	21,3
1940	197.482	177.279	20.203	10,2
1950	81.341	81.089	252	0,3
1960	209.258	187.274	21.984	10,5
1970	289.210	227.171	62.039	21,5
1980	343.988	235.256	108.732	31,6
1990	373.000	230.000	143.000	38,3
2000	447.000	180.000	267.000	59,7
2010	405.000	128.000	277.000	68,4

Quelle: Eigene Darstellung nach: interner Mitarbeitertabelle des Siemens Historical Institute. Die Zahl von Mitarbeitern im Ausland 1850 bezieht sich auf die Zeit, bevor William nach London ging.

Noch stärker gestiegen ist nach dem Zweiten Weltkrieg der Anteil des Auslandsumsatzes am Gesamtumsatz von Siemens, wie Abbildung 9 zeigt. Machten die Umsätze in fremden Ländern 1953 noch 21,5 Prozent des gesamten Geschäftsvolumens von S&H, SSW und SRW aus, so hatte sich ihr Anteil bis 1959 auf 37 Prozent fast verdoppelt. Dieses Niveau hielt der Auslandsumsatz bis Mitte der 1960er Jahre. 1967 erhöhte er sich auf 42 Prozent, ehe Auslands- und Deutschlandgeschäft erstmals im Jahr 1976 Umsätze in gleicher Höhe aufzuweisen hatten. Im letzten Viertel des 20. Jahrhunderts stagnierte der Auslandsumsatz auf diesem Niveau, ehe er ab Ende der 1990er Jahr wieder deutlich schneller anstieg als der Umsatz des Deutschlandgeschäfts. Machte er 1994 noch 58 Prozent aus, so stieg er 1997 auf 66 Prozent und bis 2000 auf 76 Prozent. Seit 2009 machen die Auslandsumsätze der Siemens AG rund 85 Prozent des Gesamtgeschäfts aus.

---

63   Diese Zahlen stammen aus der Mitarbeiteraufstellung des Archivs. In Einzelfällen können sie sich leicht von denjenigen Zahlen aus den Geschäftsberichten abweichen, je nachdem, welche Mitarbeiter von Beteiligungen mit eingerechnet wurden oder nicht.

Abbildung 9: Anteil des Auslands- am Gesamtumsatz von Siemens, 1953–2011

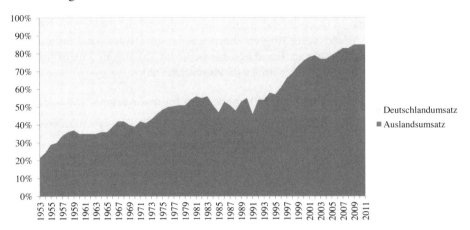

Quelle: Eigene Darstellung nach: Geschäftsberichte von S&H, SSW und der Siemens AG von 1953–2011.

C. DAS US-GESCHÄFT VON SIEMENS – DIE FRÜHPHASE 1845–1945

1 ERSTE GESCHÄFTSKONTAKTE UND RÜCKSCHLÄGE: 1845–1907

1.1 Zaghafte Versuche des Markteintritts

Gegenwärtig sind die Vereinigten Staaten von Amerika die größte Volkswirtschaft der Welt und gelten als stärkste Wirtschaftsmacht auf dem Globus.[1] Dies liegt auch an ihrer geographischen Größe. Sie bestehen aus 50 Bundesstaaten sowie dem Bundesdistrikt Washington D.C. und umfassen eine Fläche von 9,8 Mio. Quadratkilometern.[2] Damit sind sie der drittgrößte Staat weltweit. Mit rund 313 Mio. Einwohnern (2011) verfügen sie über eine sehr hohe Binnennachfrage. Im Weltgeschehen des 19. Jahrhunderts war die politische und wirtschaftliche Bedeutung der USA nicht annähernd so groß wie heute. Dennoch ließ sich das Potenzial bereits vor 1900 erkennen. Der bevölkerungsreiche Staat verfügte über vielfältige natürliche Ressourcen, baute im Rahmen der Industrialisierung seine Großstädte zu Wirtschaftszentren aus und konnte auf infrastruktureller und technologischer Ebene große Fortschritte erzielen. Aus Sicht des Amerikahistorikers Udo Sautter gab es im 19. Jahrhundert kein anderes Land, das derart vorteilhafte Bedingungen für den wirtschaftlichen Aufschwung zu bieten hatte, wie die USA.[3] Dieses Potenzial blieb auch in Europa nicht verborgen. Viele Unternehmen erkannten die ansteigende Nachfrage des amerikanischen Binnenmarkts, wenngleich sie meist noch nicht selbst in den USA aktiv wurden. Besonders international ausgerichtet waren die Firmen der Elektroindustrie,[4] die sich bereits Mitte des 19. Jahrhunderts intensiv mit den Geschäftsmöglichkeiten in den Vereinigten Staaten beschäftigten.[5]

Nach bisherigem Stand der Unternehmensgeschichtsforschung galt der angebliche Bau einer Eisenbahntelegrafenlinie für die Stadt Philadelphia 1854 als erster

1 Vgl.: Wirtschaft der USA, zu finden unter: http://de.statista.com/statistik/faktenbuch/331/a/ laender/usa---vereinigte-staaten-von-amerika/wirtschaft-der-usa/, zuletzt abgerufen am 21. August 2012 sowie: USA, zu finden unter: http://www.auswaertiges-amt.de/DE/Aussenpolitik/ Laender/Laenderinfos/01-Nodes_Uebersichtsseiten/UsaVereinigteStaaten_node.html, zuletzt abgerufen am 21. August 2012.

2 Folgende Zahlen siehe: Marktdaten zu den USA, zu finden unter: http://de.statista.com/ statistik/ kategorien/ kategorie/19/themen/179/branche/usa/, zuletzt abgerufen am 21. August 2012.

3 Vgl.: Udo Sautter, Geschichte der Vereinigten Staaten von Amerika, 7. Auflage, Stuttgart 2006, S. 251.

4 Vgl.: Schröter, Continuity, S. 44 sowie: Feldenkirchen, Werkstatt, 286.

5 Bereits vorab sei erwähnt, dass Werner von Siemens 1853 darüber nachdachte, Blitzableiter auch in die USA zu exportieren, wo er ein „gutes Geschäft" erwartete. Vgl. hierzu: Werner an William vom 15. Januar 1853, S. 1, in: SAA Briefe der Brüder Siemens 1853.

Geschäftskontakt von Siemens & Halske mit den USA.[6] Tatsächlich aber reichen die Verbindungen der Brüder Siemens in die Vereinigten Staaten bis 1845 zurück. Werner und William pflegten bereits erste Geschäftsbeziehungen mit US-Unternehmern, noch bevor Werner 1847 die Telegraphen-Bauanstalt von Siemens & Halske gegründet hatte. So widmeten sich die beiden Brüder nach dem Tod der Eltern 1839/40 naturwissenschaftlichen Erfindungen, um das eigene Leben und dasjenige der jüngeren Geschwister zu finanzieren. Sie arbeiteten unter anderem an einer Schnelldruckpresse, für die William 1845 einen amerikanischen Interessenten namens Smith gewann, der selbst erfolgreicher Verleger in den USA war. Beide Seiten schlossen einen Vertrag, der regelte, dass Smith die Lizenzen für die Druckpresse in den Vereinigten Staaten verkaufte und die Hälfte der Einnahmen an Werner und William abtreten musste. Zudem war es seine Aufgabe, das Patent in den USA zu schützen.[7] Da sich keine Hinweise auf weitere Lieferungen von Druckpressen oder erneuten diesbezüglichen Kontakt zu Smith in den Quellen finden lassen, ist zu vermuten, dass diese Zusammenarbeit nicht allzu lange hielt.[8]

Drei Jahre später, 1848, zeigten die Siemens-Brüder erneut Interesse an den USA. Dieses Mal standen allerdings nicht Verkäufe eigener Erfindungen im Mittelpunkt. Vielmehr gelangte die Nachricht des „Kalifornischen Goldrauschs" nach Europa und erfasste weite Teile der Bevölkerung mit einer Abenteuerlust, das unternehmerische Glück in den USA zu suchen.[9] Dazu zählten auch Carl und Friedrich Siemens, die 1848 den Plan fassten, in die Vereinigten Staaten auszuwandern. Werner unterstützte das Vorhaben seiner jüngeren Brüder, wies sie aber darauf hin, dass vielmehr die handwerkliche Wertarbeit als die Suche nach Goldquellen Erfolg in den USA verspreche.[10] Schließlich wurden die Auswanderungsambitionen der beiden in die fernen USA aber durch die aufkommenden Geschäftserfolge von S&H in Deutschland Ende 1848 gebremst. Dabei handelte es sich insbesondere um den Bau von Telegrafenlinien zwischen Berlin und Köln sowie Berlin und Frankfurt am Main. Sie bewogen auch Werner dazu, sich ganz den Aufgaben der Firma zu widmen und sich aus dem militärischen Dienst zurückzuziehen.[11] Nun war klar, dass das Unternehmen von Europa aus aufgebaut werden sollte. Das Bewusstsein für die Bedeutung des US-Marktes und die dortigen Absatzchancen ging aber nicht

---

6   Siehe: Feldenkirchen, Anfänge, S. 878 sowie: Fuchs, Aufbau, S. 23.
7   Vgl.: William an Werner vom 1. August 1845, S. 1 f., in: SAA Briefe der Brüder Siemens, 1845 sowie: William an Werner vom 29. August 1845, S. 7, in: ebenda. Der junge William bewertete diese Zusammenarbeit als sehr erfolgsversprechend: „Ich habe viel Grund zu hoffen dass dieser Contract [sic] Segensreiche [sic] Früchte tragen wird." Die erste Schnelldruckpresse sei bereits auf dem Weg in die USA, so William.
8   Eine kurzfristige Beendigung des Vertrags würde zudem nicht verwundern, schrieb William doch 1845 von einer halbjährlichen Kündigungsfrist, die ohne Ansprüche auf Schadensersatz für beide Seiten gültig sei. Vgl.: William an Werner vom 1. August 1845, S. 1 f., in: SAA Briefe der Brüder Siemens, 1845.
9   Näheres dazu siehe: James J. Rawls / Richard Orsi (Hg.), A Golden State. Mining and Economic Development in Gold Rush California, Berkeley 1999.
10   Siehe: Werner an William und Friedrich vom 22. Januar 1849, in: SAA Briefe der Brüder Siemens, 1848–1849.
11   Siehe hierzu: Feldenkirchen, Werner von Siemens 1996, S. 59 f.

verloren. So hegte Werner bereits 1851 auf der Londoner Industrieausstellung die Hoffnung, Siemens-Fabrikate auch an nordamerikanische Kunden zu verkaufen. Gerade die Telegrafen von Siemens & Halske erregten bei Vertretern aus den USA großes Aufsehen.[12] Die positive Wahrnehmung der Ausstellungsstücke fand ihren Höhepunkt in dem Angebot dreier amerikanischer Unternehmer, eine US-Vertretung zu eröffnen und Telegrafen von S&H zu verkaufen. Als Vergütung stand die Hälfte der Nettogewinne im Raum.[13] Nun lag es an Werner, über diese Frage zu entscheiden. Er reagierte skeptisch, bezweifelte er doch plötzlich die Konkurrenzfähigkeit seiner Produkte.[14] William ermutigte ihn, den Verkauf von Telegrafen in den USA wenigstens zu versuchen. Zum Jahresende 1851 hin schrieb er nach Berlin, dass die Patentierung der Telegrafen für den US-Markt bereits geplant sei.[15]

Bestärkt durch das breite Interesse an Telegrafen diskutierten die Brüder Siemens 1853, aus den eigenen Reihen einen Interessensvertreter für die USA zu bestimmen. Friedrich schlug sich selbst vor. Er wollte neben Telegrafen insbesondere die von ihm eigenständig entwickelten Regenerativ-Dampfmaschinen und Differenzregulatoren in den USA verkaufen. Friedrich und William erhofften sich zudem, sogenannte Luftmaschinen, die nicht nur mit Dampf, sondern auch mit erhitzter Luft betrieben wurden, absetzen zu können.[16] Friedrich schrieb an William: „Ich denke, Amerika würde dafür das beste Feld sein [...]. Unsere Interessen würden dann auch in Amerika vertreten werden, was ohnehin schon hätte geschehen müssen."[17] Der Plan Friedrichs, in die USA zu gehen, blieb aber theoretischer Natur. Offenbar war es die Skepsis von Werner, weshalb der Wunsch des Bruders scheiterte.[18] Wie entscheidend der Unternehmensgründer den Geschäftserfolg in den USA von einem kompetenten Fachmann abhängig machte, deutete er am 2. November 1854 an: „Hätten wir jetzt einen geschickten Menschen disponibel, so könnten wir, glaube ich, in Nordamerika jetzt ein brillantes Geschäft anknüpfen."[19]

Die positiven Eindrücke der Siemens'schen Telegrafentechnik auf der Londoner Industrieausstellung blieben nicht ohne Folgen. 1854 befand sich S&H in Gesprächen mit der Stadt Philadelphia über den Bau einer Eisenbahntelegrafenlinie. Da Werner im November an Carl schrieb, S&H hätte den Auftrag „ziemlich

12 Siehe: William an Werner vom 8. November 1851, S. 2, in: SAA Briefe der Brüder Siemens, 1851. Vgl. ebenso: William an Werner vom 28. August 1851, in: SAA Briefe der Brüder Siemens, 1851.

13 Siehe: William an Werner vom 8. September 1851, S. 2, in: SAA Briefe der Brüder Siemens, 1851.

14 Vgl.: Werner an William vom 18. September 1851, S. 2, in: SAA Briefe der Brüder Siemens, 1851.

15 Vgl.: William an Werner vom 11. Dezember 1851, S. 3, in: SAA Briefe der Brüder Siemens, 1851.

16 Vgl.: Wilfried Feldenkirchen (Hg.), Werner von Siemens. Lebenserinnerungen, 19. Auflage, München 2004, S. 58 f.

17 Vgl.: Friedrich an William vom 15. Juni 1853, S. 1, in: SAA Briefe der Brüder Siemens, 1853.

18 „Ob Fritz [Friedrich] geeignet ist, in Amerika selbständig als Geschäftsmann aufzutreten, ist am Ende noch die Frage!" Werner an William vom 10. Dezember 1854, S. 1, in: SAA Briefe der Brüder Siemens, 1854.

19 Vgl.: Werner an William vom 2. November 1854, S. 3, in: SAA Briefe der Brüder Siemens, 1854.

sicher",[20] ging die Unternehmensgeschichtsforschung bisher davon aus, dass dieses Projekt der erste Geschäftskontakt von S&H in die USA war.[21] Im Rahmen der vorliegenden Arbeit konnte trotz umfangreicher Recherchen neben dieser einzigen Erwähnung kein weiterer Hinweis zu dem Telegrafenprojekt gefunden werden. Daher muss angenommen werden, dass der Auftrag mit sehr hoher Wahrscheinlichkeit nicht an S&H vergeben wurde.[22] In den 1860er und 1870er Jahren tätigte S&H lediglich vereinzelte kleinere Lieferungen in die USA.[23] Vorerst waren es v.a. die Öfen von Friedrich und William, die in den USA Interesse erfuhren.[24] 1863 konnten die beiden sogar einen Vertretervertrag für Öfen in den USA abschließen.[25]

In den ersten zweieinhalb Jahrzehnten seit der Unternehmensgründung blieb die Geschäftstätigkeit in den USA bis auf wenige Ausnahmen zaghaft und unbedeutend. Die Gründe hierfür sind vielschichtig, eine zentrale Rolle spielte das Fehlen eines entsprechenden Fachmanns. Werner war sich um die Bedeutung des US-Marktes für seine Firma bewusst, doch konnte er sich für keine personelle Lösung entschließen, um die ersten bestehenden Geschäftskontakte in die Vereinigten Staaten auszubauen. Ein Kontaktmann, der sich nur auf diese Aufgabe konzentrieren konnte, wäre notwendig gewesen, um Mitte des 19. Jahrhunderts – in einer Phase der eigenen technologischen Stärke und der fehlenden Dominanz amerikanischer Elektrounternehmen – den Markteintritt in die USA zu forcieren. Werner legte allerdings Wert darauf, dass dieser Vertreter aus den Reihen der Siemens-Brüder stammte, was die Entscheidung erschwerte. Entweder waren diese, wie William, Carl, Otto oder Walter, bereits in anderen Auslandsmärkten gebunden,[26] oder Wer-

---

20   „Für Amerika haben wir ziemlich sicher eine Eisenbahntel. Linie [Eisenbahntelegrafenlinie] mit allen Chicanen [sic.], von Philadelphia ausgehend, zu bauen." Werner an Carl vom 22. November 1854, S. 5, in: SAA Briefe der Brüder Siemens, 1854.

21   Vgl.: Feldenkirchen, Anfänge, S. 878 sowie: Fuchs, Aufbau, S. 23.

22   Vergleichbar große Projekte im Ausland diskutierten die Siemens-Brüder in ihren teilweise täglichen Briefwechseln sehr ausführlich. Wäre der Eisenbahntelegrafenauftrag zustande gekommen, dann hätten sie ihn sicherlich auch ausführlich in ihrer Korrespondenz besprochen.

23   In den Akten ließ sich eine Übersicht der Exporte von Siemens nach Amerika seit 1858 finden, aus der hervorgeht, dass bis Ende der 1870er Jahre nur wenige, kleine Einzelaufträge in die USA abgewickelt wurden. Vermutlich handelte es sich dabei um Dynamomaschinen, Wassermesser, Kabel und Telegrafenzubehör, die in diesen Jahren auch im Europageschäft den Produktschwerpunkt ausmachten. So gingen im Jahr 1865 Lieferungen im beachtlichen Wert von umgerechnet 285.450 Mark und ein Jahr später von 2.887 Mark an die Firma Behrend & Schmitz in die USA. Dann nahmen Höhe und Regelmäßigkeit der Einnahmen stark ab: 1872 kaufte das War & Department Office of the Chief Signal Officer, Washington Siemens-Produkte für 265 Mark, Henry L. Abbot erwarb Lieferungen im Wert von 81 Mark (1872), 152 Mark (1873), 1.615 Mark (1874) sowie 8.200 Mark (1875). Die Zahlen stammen aus: SAA 29/ Lp 563.

24   Siehe: Friedrich an Werner vom 20. Oktober 1860, S. 2, in: SAA Briefe der Brüder Siemens, Mai–Dezember 1860 sowie: William an Friedrich vom 12. November 1862, S. 1, in: SAA Briefe der Brüder Siemens, Juli–Dezember 1862.

25   Unklar bleibt, wer der Agent war. Es handelte sich entweder um den amerikanischen Glasspezialisten oder um Smith, der bereits 1845 versucht hatte, die Schnelldruckpressen in den USA auf den Markt zu bringen. Vgl.: Friedrich an William vom 5. Mai 1863, S. 1, in: SAA Briefe der Brüder Siemens, Januar–Juni 1863.

26   Diese vier waren bereits alle in Russland und England für die Firma aktiv.

ner schätzte sie, wie Friedrich, als untauglich ein. Den Vorteil, wichtige Geschäftsgebiete nur Familienmitgliedern anzuvertrauen, die eine enge Bindung zum Unternehmen und zu Werner besaßen, musste sich der Firmengründer teuer erkaufen. Schließlich erwies sich der Verzicht auf Experten außerhalb der Familie als eine schwere Hypothek für das Auslandsgeschäft von S&H.

Eng verbunden mit einer fehlenden Fachkraft war der Kapitalmangel des noch jungen Unternehmens.[27] Der Aufbau des Exportgeschäfts in die USA hätte Eigenkapital benötigt, das die Firma nicht in ausreichendem Maß zur Verfügung stellen konnte. Doch selbst im Falle verfügbaren Kapitals wäre ein Aufbau des US-Geschäfts von S&H bis Mitte der 1870er Jahre im Rückblick unwahrscheinlich gewesen. Dagegen sprach die Dominanz der konservativen Unternehmenspolitik, in deren Rahmen Gelder außerhalb des europäischen Kontinents eher risikoavers und möglichst langfristig angelegt wurden.[28] Zudem benötigte die Firma ihre finanziellen Mittel insbesondere für den Aufbau des Deutschland- und Europageschäfts. Da die Aktivitäten in Russland und England sehr erfolgreich verliefen, konzentrierte sich die aufstrebende Firma auf diese geographisch nahen Märkte. Die unternehmerische Notwendigkeit, in das attraktive, aber ferne Nordamerika zu exportieren, war sehr niedrig. Schon damals war den Siemens-Brüdern bewusst, dass sie beim Verkauf ihrer Produkte in den USA zunächst keinen Gewinn erwarten durften. Die Gewohnheit amerikanischer Kunden, Massenprodukte zu billigen Preisen einzukaufen, hätte beim Vertrieb von teuren Siemens-Produkten gewiss zu Verlusten geführt.[29] Die hohe Spezifität der Siemens-Artikel bewirkte einen engen Kundenkreis und beschränkte das Nachfragepotenzial. Außerdem war der US-Markt im 19. Jahrhundert so autonom, dass er nicht auf teure Importe aus dem Ausland angewiesen war.[30] Die hohen Zollschranken entwickelten sich zu einer weiteren Hemmschwelle. Seit Ende des Bürgerkriegs 1865 hatte die amerikanische Regierung eine restriktive Schutzzollpolitik initiiert, um die einheimische Wirtschaft vor ausländischer Konkurrenz zu protektieren. In den 1890er Jahren erreichten die Zölle auf Einfuhren aus dem Ausland bis zu 60 Prozent des Verkaufspreises.[31] Ebenso hinderlich war ein Patentgesetz, das festhielt, dass in den USA patentierte Geräte und Maschinen

27　Carl erachtete die personelle Besetzung aber als bedeutender denn die finanziellen Probleme. So schrieb er 1892 an Werner: „Die Personalfrage scheint mir viel wichtiger als die Kapital-Frage zu sein." Siehe: Carl an Werner vom 27. März /8. April 1892, S. 1, in: SAA Briefe der Brüder Siemens, 1892/93.

28　Siehe: Feldenkirchen, Industrieforschung, S. 107. Eine Ausnahme bilden dabei insbesondere das Russlandgeschäft mit seinen weiten Telegrafenlinien sowie der Bau der Indo-Europäischen Telegrafenlinie zwischen London und Kalkutta, wo durchaus Geschäftsrisiken eingegangen wurden.

29　Vgl.: Werner an Carl vom 9. April 1873, S. 1, in: SAA Briefe der Brüder Siemens, Januar–Juni 1873.

30　Vgl.: Jürgen Heideking, Geschichte der USA. 3., überarbeitete und erweiterte Auflage, bearbeitet von Christof Mauch, Tübingen 2003, S. 201.

31　Zur Schutzzollpolitik siehe: Willi Paul Adams, Die USA vor 1900, 2. Auflage (= Oldenbourg Grundriss der Geschichte, Band 28), München 2009, S. 108 oder: Hans R. Guggisberg, Geschichte der USA. 4. erweiterte und aktualisierte Auflage, Stuttgart 2002, S. 133.

nicht eingeführt werden durften.[32] Der einzige Ausweg wäre für S&H gewesen, vor Ort in den USA zu produzieren. Noch aber stand eine solch Entscheidung nicht zur Debatte. So beschränkte sich das Geschäft von Siemens in den USA in den ersten drei Jahrzehnten auf einen reinen Portfolio-Ressourcentransfer, also auf vereinzelte Patentanmeldungen, den Abschluss von Lizenzverträgen sowie kleine Produktlieferungen.

1.2 Einseitige Konzentration auf das Geschäft mit Transatlantikkabeln

Parallel zu einem großen Umbruch in der deutschen Geschichte, der Gründung des Deutschen Kaiserreichs 1871, fand auch im US-Geschäft von Siemens & Halske ein Paradigmenwechsel statt. Die Deutsche Bank trat mit dem Projekt an Siemens heran, ein Transatlantikkabel zwischen Europa und Nordamerika zu legen.[33] Dieses Interesse eröffnete Siemens ein hochattraktives Geschäftsfeld. Eine telegrafische Verbindung zwischen den beiden Kontinenten war eine politisch, wirtschaftlich und gesellschaftlich sehr brisante, aber außerordentlich prestigeträchtige und finanziell lukrative Herausforderung. Dennoch war ein solcher Auftrag unter den Siemens-Brüdern umstritten. Gerade die Schwierigkeiten bei der Verlegung der Unterwasserkabel im Mittelmeerraum[34] von der Londoner Tochterfirma Siemens Brothers hatten bei William und insbesondere bei Werner Vorbehalte gegen große Kabelprojekte wachsen lassen. Carl dagegen sprach sich für eine Beteiligung an der Legung des Transatlantikkabels aus. Ihm war bewusst, welche Signalwirkung ein solcher Auftrag für weitere Kabelgeschäfte weltweit haben würde. So erklärte er seinen Brüdern: „Für uns ist das Zustandekommen dieses Projectes [sic.] fast eine Lebensfrage, denn erst nachdem wir ein Kabel nach Amerika zu Stande gebracht [haben], werden wir als Kabel Unternehmer [sic.] etwas gelten."[35] Dieses Projekt erwies sich als sehr ambitioniert, schließlich war das Geschäft mit den Transatlantikkabeln Mitte der 1870er Jahre praktisch ein britisches Monopol.[36]

---

32 Vgl.: Ragnhild Fiebig-von-Hase, Die deutsch-amerikanischen Wirtschaftsbeziehungen, 1890–1914, im Zeichen von Protektionismus und internationaler Integration, in: Amerikastudien 33/1989, Heft 3, S. 329–357, hier insbesondere S. 330.

33 Siehe: Werner an seine Brüder vom 7. März 1871, S. 2, in: SAA Briefe der Brüder Siemens, 1871.

34 Nachdem Siemens Brothers 1863 in Charlton bei Woolwich eine Kabelfabrik errichtet hatte, erhielt die Firma 1864 den Auftrag, mit eigenem Material ein Seekabel zu legen. Das Projekt, das das spanische Cartagena mit Oran in Algerien verband, scheiterte allerdings kläglich. Vgl.: Feldenkirchen, Werner von Siemens 1996, S. 106.

35 Vgl.: Carl an Werner vom 7. August 1872, S. 1 f., in: SAA Briefe der Brüder Siemens, Juli–Dezember 1872.

36 Zur Sekundärliteratur zu transatlantischen Unterseekabeln vor dem Ersten Weltkrieg vgl.: Pascal Griset / Daniel R. Headrick, Submarine Telegraph Cables: Business and Politics, 1838–1939, in: Business History Review 75/2001, Heft 3, S. 543–578, hier S. 544; Peter J. Hugill, Global communications since 1844: Geopolitics and Technology, Baltimore 1999; Pascal Griset, Entreprise, Technologie et Souveraineté: Les télécommunications transatlantiques de la France (XIXe–XXe siècles), Paris 1996 sowie: Daniel R. Headrick, The Invisible Weapon: Telecommunications and International Politics, 1851–1945, New York 1991.

Carl Siemens, der Antreiber des Kabelgeschäfts von Siemens, bot sich als Leiter der Expedition an. Er plante im Gegensatz zur bereits bestehenden Kabelverbindung zwischen Nordamerika und Europa, das Siemens-Kabel nicht über Neufundland, sondern direkt zwischen den beiden Kontinenten zu legen. Wie beim Bau der Indo-Europäischen Telegrafenlinie wurde eine Konstruktions- und Finanzierungsgesellschaft gegründet, The Direct United States Telegraph Company (DUS). Die Aktiengesellschaft englischen Rechts war mit einem Gesellschaftskapital von 1,3 Mio. £ ausgestattet, wovon ein beträchtlicher Teil von den Siemens-Brüdern selbst, der Rest durch die Deutsche Bank getragen wurde.[37] 1874 begannen die Siemens-Brüder mit der Kabellegung, die letztlich Ballinskelligs Bay in Irland mit Rye Beach in New Hampshire/USA verband. Dabei entstanden verschiedene Schwierigkeiten. So behinderten schlechtes Wetter und der zerklüftete Meeresboden die Auslegung, die zwischendurch wegen eines Kabelbruchs bereits als gescheitert galt.[38] Hinzu kamen Falschmeldungen über ein angebliches Schiffsunglück des Kabeldampfers Faraday, die für weitere Unruhe sorgten. Dennoch konnte die Telegrafenverbindung am 15. September 1875 eröffnet werden. Die geglückte Kabellegung bedeutete für Siemens einen großen finanziellen Erfolg sowie einen erheblichen Anstieg des gesellschaftlichen Ansehens.[39] Mit der Verlegung des ersten transatlantischen S&H-Kabels 1874/75 begann eine knapp dreißigjährige Phase, in der S&H dem Geschäft mit Kabeln eine besondere Bedeutung zuschrieb. Bis 1901 verlegte die Tochtergesellschaft Siemens Brothers neun von insgesamt 16 atlantischen Kabeln, die aber allesamt keine weiteren US-Geschäfte nach sich zogen.

37 Vgl.: Joachim Wegner, Siemens in den Vereinigten Staaten von Amerika, Materialsammlung bis 1919, 1. Teil-Entwurf vom 1. Oktober 1969, S. 25, in: SAA 8075.
38 Hierzu und zu Folgendem siehe: Feldenkirchen, Werner von Siemens 2004, S. 260–264.
39 Vgl.: ebenda, S. 264.

Abbildung 10: Verlegte Transatlantikkabel der Faraday, 1874–1901

Auftraggeber / Name des Kabels	Baujahr	Europäischer Startort	Amerikanischer Zielort
Direct United States Cable Co. / DUS-Kabel	1874/75	Ballinskelligs Bay, Irland	Rye Beach, New Hampshire
Compagnie Française du Télégraph du Paris à New York / Pouyer-Quertier-Kabel	1879	Déolen bei Brest, Frankreich	über St. Pierre nach Cap Cod, Massachusetts
Western Union Telegraph Co. (North Cable) / Jay Gould Kabel I	1881	Cornwall, England	Canso, Neuschottland
Western Union Telegraph Co. (South Cable) / Jay Gould Kabel II	1882	Cornwall, England	Canso, Neuschottland
Commercial Cable Co. (North Cable) / Mackay-Bennett-Kabel I	1884	Waterville, Irland	Neuschottland
Commercial Cable Co. (South Cable) / Mackay-Bennett-Kabel II	1884	Waterville, Irland	Neuschottland
Commercial Cable Co.	1894	Waterville, Irland	Neuschottland
Commercial Cable Co.	1900	Azoren	Neuschottland
Commercial Cable Co.	1901	Waterville, Irland	Neuschottland

Quelle: übernommen aus: von Weiher, Siemens-Werke, S. 105.

Wie bedeutend das Kabelgeschäft für die Siemens-Aktivitäten in den USA war, wird bei der Betrachtung der sonstigen Exporte von Mess- und Laborgeräten in den 1880er Jahren bis 1892 deutlich.[40] Vor dem Hintergrund der transatlantischen Kabellegungen kamen in den 1870er Jahren Ambitionen auf, in den USA eine Vertretung zu gründen. So äußerte Georg von Chauvin, Mitarbeiter von William, 1871 Interesse, in den Vereinigten Staaten für S&H zu arbeiten.[41] Nachdem die Firma aber in dieser Phase in den USA kaum eigene Patente verwerten konnte, zeigte sich Werner 1878 resigniert: „Das vernünftigste scheint mir eigentlich in Amerika gar

---

40   Die Cornell University in New York bestellte im Jahre 1881 Siemens-Geräte im Wert von 4.009,75 Mark. Bis 1888 blieben Aufträge von US-Firmen, die nicht Transatlantikkabel betrafen, aus. Das Geschäft war in diesem Zeitraum durch die Kabelprojekte geprägt sowie – im Gegensatz zu den 1860er und 1870er Jahren – durch Aufträge für Firmen aus dem mittel- und lateinamerikanischen Raum, v. a. aus Brasilien und den karibischen Inseln. Erst 1888 wurde die nächste Bestellung direkt aus den USA verzeichnet; Abnehmer war die Pennsylvania Telephone Company für 1.277 Mark. 1889 folgten dann Lieferungen an Fred S. Jones aus Minnesota für 863,50 Mark sowie an die Hamline University ebenso in Minnesota für 369,85 Mark (1889/90). 1890 bis 1892 weisen die Siemens-Akten Exporte an Grunnbacher & Gebhardt in New York im Wert von 2.831,60 Mark, an die Edison Machine Works für 244 Mark, an die University of Wisconsin Madison für 373,50 Mark sowie an die Edison General Electric Company im Wert von 2.565,70 Mark aus. Siehe: SAA 29/Lp 563.
41   Vgl.: Werner an Carl vom 1. März 1871, in: SAA Briefe der Brüder Siemens, 1871.

keine Patente zu nehmen. Es kommt doch schwerlich was dabei heraus![42]" Unklarheiten bei den wenigen Siemens-Patenten führten wiederholt zu Problemen. So stellte der amerikanische Elektropionier Thomas A. Edison 1880 in New Jersey eine elektrische Bahn vor, die derjenigen Lokomotive, die S&H 1879 als weltweit erste elektrische Zugmaschine konzipiert hatte, sehr ähnlich war. Werner zeigte sich empört, nachdem Edison angab, von dem Siemens-Modell nichts gewusst zu haben. Die Auseinandersetzung musste in einem Patentprozess in Washington geklärt werden, der S&H zum originären Erfinder der elektrischen Bahn erklärte.[43] Ähnliche Schwierigkeiten waren bereits Ende der 1860er Jahre entstanden. Werner hatte 1866 die dynamoelektrische Maschine entwickelt, ohne diese in den USA patentieren zu lassen. Edison baute in den Folgejahren eine vergleichbare Konstruktion, die er in den Vereinigten Staaten vertrieb. Zu spät meldete S&H seine Erfindung als amerikanisches Patent an, um baugleiche Maschinen von Edison vom amerikanischen Markt auszuschließen.[44] Dies blieb bis Ende des 19. Jahrhunderts eine große Schwierigkeit. Zu oft versäumten es Siemens Brothers und S&H, ihre Erfindungen rechtzeitig anzumelden, weshalb ihnen amerikanische Firmen häufig die Patentrechte abgriffen.[45]

1.3 Im Spannungsfeld zwischen Berlin und London

Das vorangegangene Kapitel hat gezeigt, dass Siemens Brothers seit Mitte der 1870er Jahre große Erfolge bei der Legung von Transatlantikkabeln vorweisen konnte. Die englische Firma konzentrierte sich auf das Kabelgeschäft und vernachlässigte Produktion und Export anderer Elektroartikel, insbesondere im Bereich der aufkommenden Starkstromtechnik.[46] Diese einseitig ausgerichtete Geschäftstätigkeit stieß bei Werner von Siemens auf großes Unverständnis[47] und war Auslöser dafür, dass sich die beiden Siemens-Häuser in London und Berlin seit den 1870er Jahren entfremdeten. Angelegt war diese Entwicklung bereits in der Reorganisation der englischen Filiale 1858 zur Siemens, Halske & Co., womit diese zu einem selbständigen Unternehmen wurde. Seitdem zeigten sich die Spannungen bei den unterschiedlichen Geschäftsauffassungen der Siemens-Brüder. Während Werner den

---

42　Siehe: Werner an Carl vom 20. Juni 1878, S. 1, in: SAA Briefe der Brüder Siemens, Mai–Dezember 1878.

43　Vgl.: Werner an William vom 24. Januar 1882, S. 2, in: SAA Briefe der Brüder Siemens, Januar–Juni 1882.

44　Vgl. hierzu: Bericht einer Berliner Zeitung vom 8. Oktober 1882, in: SAA WP Edison. Eine Reaktion von Edison ließ sich in den Aktenbeständen leider nicht auffinden.

45　Siehe: Werner an Carl vom 19. Oktober 1881, S. 2, in: SAA Briefe der Brüder Siemens, Mai–Dezember 1881.

46　Vgl.: Ludwig von Winterfeld, Entwicklung und Tätigkeit der Firma Siemens & Halske in den Jahren 1847–1897, Potsdam 1913 (Dissertation), S. 93 sowie: Joachim Wegner, Siemens in den Vereinigten Staaten von Amerika, Materialsammlung bis 1919, 1. Teil-Entwurf vom 1. Oktober 1969, S. 27 f., in: SAA 8075.

47　Vgl.: Werner an Carl vom 22. Dezember 1884, S. 3 f., in: SAA Briefe der Brüder Siemens, 1884.

Aufbau eines Gesamtgeschäfts mit Zentrum in Berlin anstrebte,[48] wollte sein Bruder William die Aktivitäten von Siemens Brothers nicht dem deutschen Stammhaus unterordnen.[49] Zum entscheidenden Streitpunkt zwischen beiden Standorten kristallisierte sich das Übersee- und im Speziellen das US-Geschäft heraus, besonders seit der Reorganisation der Londoner Firma 1880. Am 30. Dezember firmierte Siemens, Halske & Co. zur Aktiengesellschaft Siemens Brothers & Co. Ltd. um. William ernannte seinen engen Mitarbeiter Johann Carl Ludwig Löffler zum neuen Managing Director. Zeitgleich legten S&H und Siemens Brothers am 28. Dezember 1880 in einem Sondervertrag eine Handhabe für die Marktaufteilung fest. Sie verpflichteten sich zur gegenseitigen Rücksichtnahme, um Konkurrenzsituationen bei Geschäften in Deutschland, England und Russland zu vermeiden. Während Siemens Brothers der britische Raum zugeteilt wurde, erhielt das Berliner Stammhaus die Vorrechte für die anderen beiden Länder.[50] De facto beanspruchte Siemens Brothers durch seine internationalen Kabelgeschäfte aber auch die Aktivitäten in Übersee gänzlich für sich. Dabei war die englische Niederlassung in den USA nur sehr einseitig aktiv. Nachdem Werner ein US-Engagement von Friedrich 1854 abgelehnt hatte, verkauften dieser und Wilhelm seit den späten 1870er Jahren selbst die von ihnen entwickelten Öfen und Gaslampen in den USA. Dazu hatten sie eigens eine kleine Vertriebsgesellschaft, The Siemens' Regenerative Gas Lamp Company, Philadelphia und später die Siemens-Lungren Co., Philadelphia gegründet.[51] Andere Artikel berücksichtigte Siemens Brothers aber nicht. Daher fordert Werner die beiden Brüder 1879 auf, die Aktivitäten in den USA an S&H in Berlin abzugeben.[52]

William, Friedrich und Löffler waren dazu allerdings nicht gewillt. Obwohl Werner wiederholt auf die große Nachfrage für sämtliche Elektroprodukte in den USA hinwies,[53] änderte sich die Haltung von Siemens Brothers nicht. Werner war

---

48   Der Begriff „Gesamtgeschäft" wurde von Werner geprägt und erstmals am 15. Dezember 1854 erwähnt. 1863 schrieb er an Carl: „Für unser Gesammtgeschäft [sic.] ist das Londoner ein Arm der mit dem übrigen Körper harmonisch wirken muss." Siehe: Werner an Carl vom 20. Mai 1863, in: SAA Briefe der Brüder Siemens, Januar–Juni 1863.

49   Bereits 1863 kritisierte Werner die fehlende Kooperationsbereitschaft von London: „Es findet nun seit längerer Zeit ein recht unangenehmes Verhältniss [sic.] mit dem Londoner Geschäfte statt. […] Er [Löffler] scheint es sich besonders zur Aufgabe gemacht zu haben, das Verhältniss [sic.] zwischen Berlin und London zu lösen und Whm [William] zu beweisen, dass er uns nicht braucht." Siehe: Werner an Carl vom 17. April 1863, in: SAA Briefe der Brüder Siemens, Januar–Juni 1863.

50   Vgl.: Abschrift eines Sondervertrags vom 28. Dezember 1880, hier Paragraph 6, in: Werner von Siemens an Löffler vom 13. September 1886, in: SAA 68/Li 219.

51   Vgl.: „The Siemens' Patent – Regenerative Gas Lamp for Lighting and Ventilation", Januar 1884 Philadelphia, S. 1, in: Hagley Museum and Library, Imprints, Wilmington/Delaware sowie: Price List of Siemens Regenerative Gas Lamps with Fixtures Complete of The Siemens Regenerative Gas Lamp Company, Philadelphia, Pa. bzw. ihrer Nachfolgefirma Siemens-Lungren Co., Philadelphia, Pa., April 1885, in: Hagley Museum and Library, Imprints, Wilmington/Delaware.

52   Siehe: Werner an Carl vom 12. Juni 1879, S. 2 f., in: SAA Briefe der Brüder Siemens, Januar–Juni 1879.

53   „Von Amerika werde ich jetzt mit Briefen überströmt! Wir werden dort bald ernsthafte Anstal-

konsterniert: „Es scheint mir, als wenn Löffler Amerika ganz vernachlässigt, was wirklich eine Sünde wäre, da kein Land größere Vorteile verspricht."[54] Erstmals verwendete der Firmengründer den Superlativ, dass kein Elektromarkt der Welt Siemens größere Geschäftschancen biete als der amerikanische. Der Tod von William Siemens am 19. November 1883 bedeutete eine Verschärfung des Konflikts mit S&H. Löffler erhielt einen Großteil der Siemens-Brothers-Aktien überschrieben, wodurch er zum eigenständigen Entscheidungsträger der englischen Firma wurde. Die Versuchung, das Londoner Geschäft ganz vom Mutterhaus zu lösen, schien sich nun leichter realisieren zu lassen. Siemens Brothers war nur noch durch eine gemeinsame Kapitalverwaltung mit dem deutschen Siemens-Stammhaus verbunden.[55] Löfflers abweisende Haltung gegenüber Berlin ließ Werner zunehmend verzweifeln. Zum Jahresende 1884 zeigte er sich hoffnungslos bezüglich einer Konfliktlösung mit Siemens Brothers.[56] Löffler blieb weiterhin auf dem Standpunkt, einzig Siemens Brothers sei aufgrund des Sondervertrags vom 28. Dezember 1880 berechtigt, Geschäfte mit Übersee zu führen. Eine Einigung durch einen richterlichen Schiedsspruch lehnte er ab. Auf den Plan aus Berlin, Siemens Brothers zu verkaufen, um die Probleme zu beseitigen, reagierte Löffler 1886 mit einem Rücktrittsgesuch. Diesen verknüpfte er allerdings mit einer überhöhten Ablöseforderung, sodass Werner seinen Vorschlag ablehnte.[57] Ein Kaufinteressent ließ sich aber nicht finden. Es dauerte bis zum Sommer 1888, ehe es zwischen beiden Seiten zu einer außergerichtlichen Einigung kam. Im Juni vereinbarten die Siemens-Brüder und Löffler, die zentralen Organe des Unternehmens wieder in den Besitz der Gründerfamilie zu übergeben.[58] Durch das Abkommen vom 11. März 1889 musste Siemens

ten machen müssen, wenn wir nicht ganz ins Hintertreffen kommen wollen!" Vgl.: Werner an William vom 12. Mai 1880, S. 1, in: SAA Briefe der Brüder Siemens, Januar–September 1880.

54   Siehe: Werner an William vom 13. Mai 1881, S. 3, in: SAA Briefe der Brüder Siemens, Mai–Dezember 1881. Auch zwei Jahre später, 1883, hatte Werner von Siemens den amerikanischen Markt noch nicht aufgegeben. Entscheidend ist für eine Erschließung des Marktes, dass endlich ein dauerhafter Ansprechpartner von S&H in die USA geschickt werde. „Es scheint mir aber unbedingt nöthig [sic!] dass in America [sic!] etwas entschiedenes [sic!] geschieht. Wir müssen einen ständigen Agenten daselbst haben an den sich die Leute wenden können [...]!" Vgl.: Werner an William vom 8. Juni 1883, S. 2, in: SAA Briefe der Brüder Siemens, April–Dezember 1883.

55   Vgl.: Feldenkirchen, Siemens 2003, S. 68.

56   „Ich gebe jetzt die Hoffnung, eine Verständigung zu erzielen, so ziemlich auf. Man kommt ja keinen Schritt weiter [...]. Dieses stete rupfen und nehmen ohne jegliche Rücksicht ist auf die Dauer unerträglich." Vgl.: Werner an Carl vom 22. Dezember 1884, S. 3 f., in: SAA Briefe der Brüder Siemens, 1884. Der ausführliche Briefwechsel zwischen den Siemens-Brüdern untereinander sowie mit Löffler bezüglich der Unstimmigkeiten ist zu finden in: Wolfram Eitel, Die historische Entwicklung des Übersee-Geschäftes des Hauses Siemens und seine Organisation, in: SAA 12/Lm 910.

57   Vgl.: Löffler an Werner von Siemens vom 26. Juni 1886, S. 3, in: SAA 30/Lm 257.

58   Der Vertrag ist zu finden in: SAA 21/Lk 702. Seine Bestimmungen waren unter anderem, dass sich Werner verpflichtete, sofort 600 Siemens Brothers-Aktien von Löffler zu einem Stückpreis von 85 Pfund abzukaufen. Von den restlichen 653 Aktien, die sich in Löfflers Besitz befanden, sollte Werner jederzeit auf Löfflers Wunsch hin weitere 625 erwerben, spätestens aber am 1. Januar 1891. Näheres zur Lösung der „Löfflerkrise" siehe: Weiher, Siemens-Werke, 160–169.

Brothers die Patente für die USA an das Berliner Stammhaus aushändigen.[59] Die unklaren Zuständigkeiten aber konnten endgültig erst 1908 mit der Gründung der Centralverwaltung Übersee (CVU) gelöst werden.

1.4 Die Zusammenarbeit mit Henry Villard und Thomas A. Edison

Parallel zur Löfflerkrise nahm Werner von Siemens ab 1884 Kontakt zu dem deutsch-amerikanischen Industriellen Henry Villard[60] auf. Die Bekanntschaft war über Werners Vetter Georg Siemens entstanden, als sich dieser in seiner Funktion als Direktor der Deutschen Bank an der Finanzierung der Northern Pacific Railway (NPR) von Villard beteiligte.[61] Werner erkannte in Villard den lange vergeblich gesuchten Generalvertreter für die USA.

> „Er ist ein sehr gescheiter und liebenswürdiger Mensch […]. Wäre nur Nordamerika frei von London, so könnten wir mit Villards Hilfe in Amerika gute Geschäfte einleiten. […] Namentlich ist es ein Skandal, daß der nordamerikanische Markt uns ganz verloren ist, und da wäre viel zu machen! […]“,[62]

meldete er seinem Bruder Carl. Doch es dauerte zwei Jahre, ehe sich der Kontakt verdichtete. Im Oktober 1886 nahm Villard tatsächlich den Auftrag an, zukünftig die Siemensinteressen in den Vereinigten Staaten zu repräsentieren und die Patente von S&H zu verwerten.[63] Werner sah in Villard denjenigen Kontaktmann, der dem Geschäft in den USA neue und endlich nachhaltige Impulse verleihen konnte. Einen derart bekannten und einflussreichen Unternehmer als Vertreter für die eigenen Firmeninteressen zu finden, war für S&H ein großer strategischer Erfolg. So berichtete der Firmengründer im November 1886 von der Fertigstellung konzentrischer Doppelkabel, deren Perspektiven, in den USA patentiert zu werden und damit ertragreiche Geschäfte nach sich zu ziehen, sehr groß und vielversprechend seien.[64] Auch bei der Entwicklung elektrischer Bahnen besaß S&H gegenüber den amerikanischen Elektrounternehmen einen Technologievorsprung. 1879 hatte die Berliner Firma weltweit die erste elektrische Lokomotive und 1881 die erste elektrische Straßenbahn der Welt konstruiert. Werner war geneigt, dieses Know-how auch in den USA einzusetzen und gab sich optimistisch: „Ich denke, mit unserem so hoch entwickelten Eisenbahnsicherungssystem müssten sich in Nordamerika noch gute Geschäfte machen lassen. Ebenso mit elektrischen Eisenbahnen.“[65]

---

59   Vgl.: Vertrag vom 11. März 1888, S. 3, in: SAA 12932.

60   Nähere Informationen zu Villard sind zu finden in: Helmut Schwab, Henry Villard (1835–1900). Journalist, Industrialist, Abolitionist, Princeton 1994/2003, in: SAA 15596.

61   Vgl.: Karl Helfferich, Georg von Siemens, Band 2, Berlin 1921, S. 232 f.

62   Vgl.: Werner an Carl vom 29. Dezember 1884, S. 5, in: SAA Briefe der Brüder Siemens, 1884.

63   Siehe: Werner von Siemens an Villard vom 28. September 1886, in: SAA 2/Li 552. Der Vertrag dazu ist zu finden in: SAA 23/Lk 676.

64   Vgl.: Werner von Siemens an Villard vom 16. November 1886, S. 1 f., in: SAA 2/Li 553 b.

65   Vgl.: Werner von Siemens an Villard vom 30. Dezember 1886, in: Conrad Matschoß, Werner Siemens. Ein kurzgefaßtes Lebensbild nebst einer Auswahl seiner Briefe. Aus Anlaß der 100. Wiederkehr seines Geburtstages, Band 2, Berlin 1916, S. 893 f., hier S. 895.

Bald aber zeigte sich, dass Villard dazu der falsche Vertragspartner war. Nahm er seine Vertreteraufgabe in den Anfangsmonaten noch ernst, so ließ sein unternehmerischer Elan nach einem Jahr deutlich nach. Er widmete sich zunehmend den Aufgaben einer anderen amerikanischen Firma, da er im September 1887 zum zweiten Mal zum Präsidenten der Northern Pacific Railway gewählt wurde. Werner aber zeigte für die wachsende Abwendung Villards von S&H Verständnis, akzeptierte er doch die beruflichen Aufstiegschancen Villards bei der US-Gesellschaft.[66] Der Amerikaner blieb offiziell bis 1889 Interessensvertreter von S&H, arbeitete de facto aber seit Ende 1887 kaum mehr für das deutsche Elektrounternehmen. Während der Zusammenarbeit mit Villard blieb das Siemens-Geschäft in den USA bis zu Beginn der 1890er Jahre auf kleine, vereinzelte Aufträge beschränkt.[67] Ein umgehender Anstieg des Umsatzes in den USA lag aber auch nicht im primären Interesse von Werner von Siemens. Vielmehr entsprach es seinem unternehmerischen Kalkül, zuerst die Marktchancen zu sondieren und Kontakte zu knüpfen, um dann S&H langsam, aber nachhaltig in den USA zu etablieren und damit die Grundlagen für ein stabiles US-Geschäft in der Zukunft zu legen: „Für augenblicklichen Gewinn verkaufe ich die Zukunft nicht!",[68] betonte der Firmengründer 1884.

Eine entscheidende Ausnahme des fehlenden Engagements von Villard bildete der Kontakt zwischen S&H und dem amerikanischen Erfinder Thomas Alva Edison, den Villard erfolgreich zu fördern wusste. Bereits 1881 auf der Ersten Elektrotechnischen Weltausstellung in Paris war Werner von Siemens auf Edison aufmerksam geworden. Dieser zeigte seinen Phonographen ebenso wie seine Bambusfaser-Kohlefaden-Lampe, die erste haltbare elektrische Glühlampe. Werner war beeindruckt und äußerte diesen fachlichen Respekt in der Öffentlichkeit.[69] Die Entwicklung der Lampentechnik war für ihn von großem Interesse. Seine Firma hatte bereits zu Beginn der 1870er Jahre Bogenlampen gebaut, um sich dann verstärkt mit der Frage auseinanderzusetzen, aus welchem Material der Leuchtfaden einer Glühlampe wohl am besten herzustellen sei.[70] So entwickelten sich in den 1880er Jahren die ersten geschäftlichen Verbindungen beider Seiten, indem S&H für die Kohlefadenlampe von Edison eine Lizenz beantragte.[71] Ab 1888 erwies sich Villard als

66 Siehe: Werner von Siemens an Villard vom 18. November 1887, in: SAA 2/Li 552.
67 Größere Aufträge wie etwa eine Beleuchtungskonzession für die Stadt San Francisco im Juni 1887 wurden nicht umgesetzt. Eine durch Villard empfohlene Beteiligung von S&H an diesem Projekt lehnte Werner ab, da ihm die technischen Rahmendaten der Beleuchtungsanlage nicht ausreichend genug erforscht erschienen und er daher die Rentabilität des Projekts anzweifelte. Siehe hierzu den Briefwechsel zwischen S&H und Villard in: SAA 23/Lk 676 sowie: Werner von Siemens an Villard vom 17. Juni 1887, S. 1, in: SAA 2/Li 552.
68 Vgl.: Werner an Carl vom 29. Dezember 1884, S. 2, in: SAA Briefe der Brüder Siemens, 1884.
69 Vgl.: Sigfrid von Weiher, Werner von Siemens. Ein Leben für die Wissenschaft, Technik und Wirtschaft, 2. Auflage (= Persönlichkeit und Geschichte, Band 56), Göttingen u.a. 1974, hier S. 78 f.
70 Siehe: Werner an Carl vom 19. Oktober 1881, in: Briefe der Brüder Siemens, Mai–Dezember 1881.
71 Vgl.: Wilfried Feldenkirchen, Siemens 2002, S. 90. Bis 1889 hatte sich auch die persönliche Beziehung zwischen Werner von Siemens und Edison intensiviert. Siemens lud den amerikanischen Kollegen anlässlich seines Besuchs der Pariser Weltausstellung zu sich in seine Charlottenburger Villa ein. Siehe: Werner an Friedrich vom 10. September 1889, S. 1, in: SAA

entscheidende Persönlichkeit, um die Zusammenarbeit zwischen Edison und Siemens auszubauen.[72] Im April trat der amerikanische Eisenbahnunternehmer mit dem Projekt an Werner heran, die bisherigen Edisongesellschaften Edison Electric Light Company, Edison Machine Works und Bergmann Co. Limited zu einer neuen Aktiengesellschaft zu fusionieren. Dabei sollten, so Villard, die Siemens-Interessen in den USA durch die neue Gesellschaft vertreten werden.[73] S&H war nicht abgeneigt. Die Firma sicherte Villard zu, in das amerikanische Projekt einzusteigen. Allerdings forderte S&H, dafür den Bauauftrag für eine Bleikabelfabrik zu erhalten.[74] Werner setzte große Hoffnungen in die Kabelproduktion in den USA.[75] So kam es im März/April 1889 zur Gründung der Edison General Electric Company (EGEC) mit einem Gesamtkapital von 12 Mio. Dollar,[76] an der ein deutsch-amerikanisches Finanzkonsortium aus der Allgemeinen Elektricitäts-Gesellschaft (AEG), der Deutschen Bank und Siemens & Halske beteiligt war. Siemens kaufte für die Summe von 1.064.690 Reichsmark (RM) insgesamt 2.700 Aktien der neuen Gesellschaft und sicherte sich daneben den Bau der Bleikabelfabrik.[77] Villard wurde zum Präsidenten der Edison General Electric Company ernannt, das Vertreterabkommen mit S&H beendet. Die deutsche Firma hoffte nun darauf, in den US-Kabelmarkt einzusteigen.[78] Mit der Beteiligung an dieser Firmengründung nahm Siemens & Halske entscheidenden Einfluss auf die Entwicklung der General Electric (GE), dem in späteren Jahren größten Konkurrenten auf dem Elektromarkt. GE entstand zwei Jahre später, 1892, aus der Fusion der EGEC und der Thomas-Houston-Com-

Briefe der Brüder Siemens, 1889 sowie: Werner von Siemens an Emil Heinrich du Bois Reymond vom 11. September 1889, in: SAA 2/Li 553 b.

72   Siehe hierzu auch die Darstellung bei: Wilkins, History 1989, S. 433 f.

73   Vgl.: Werner an Carl vom 22. April 1888, S. 2, in: SAA Briefe der Brüder Siemens, Januar–Juni 1888. Zur federführenden Position Villards siehe auch: Paul Israel, Edison. A Life of Invention, New York 1998, S. 321 f.

74   Vgl.: S&H an Villard vom 28. April 1888, S. 1, in: SAA 23/Lk 676 sowie: S&H an Villard vom 23. Juni 1888, S. 1 f., in: SAA 23/Lk 676.

75   „Das wesentliche Interesse m. [meiner] Firma liegt in der gesicherten Einführung unserer Bleikabel in Amerika. Wir müssen daher volle Sicherheit erhalten, dass das Interesse der neuen Gesellschaft durch Festlegung einer ausreichenden Geldsumme in die Fabrikanlage dauernd an die Bleikabel gebunden wird." Siehe: Werner von Siemens an Villard vom 23. Dezember 1888, S. 4, in: SAA 2/Li 552.

76   Vgl.: Georg Siemens, Der Weg der Elektrotechnik. Geschichte des Hauses Siemens, Band 1: Die Zeit der freien Unternehmung 1847–1910, Freiburg u. a. 1961, S. 374.

77   Vgl.: S&H an Villard vom 15. Februar 1890, in: SAA 23/Lk 677. Aufgabe der Fabrik sei es, gestützt auf die Erfahrungen und Patente aus dem Deutschlandgeschäft, Leitungsmaterial für elektrische Beleuchtung und Kraftübertragung, also auch Bleikabel, herzustellen. Siehe: Vertragsentwurf zwischen den Brüdern Siemens (Werner, Arnold, Wilhelm, Carl) und Villard von 1889, in: SAA 23/Lk 677. Das Abkommen sah vor, dass die EGEC eine Bleikabelfabrik in den USA errichtete, an deren Gewinn S&H mit 20 Prozent beteiligt war. Im Gegenzug dazu musste Siemens der US-Firma die eigenen Patente und Praxiserfahrungen zur Bleikabelproduktion zur Verfügung stellen. Außerdem musste die Berliner Firma auf den Bau einer eigenen Fabrik ebenso wie auf selbständige Eisenbahnprojekte in den USA verzichten.

78   Vgl.: S&H an Villard vom 21. Januar 1890, S. 2, in: SAA 23/Lk 677. Carl Siemens hatte bereits 1884 die Notwendigkeit einer eigenen Fabrikationsstätte betont. Vgl. hierzu: Carl an Werner vom 18./30. Dezember 1884, in: SAA Briefe der Brüder Siemens, 1884.

pany. Neben der Zusammenarbeit mit Edison suchte S&H 1889 auch erstmals Kontakt zum amerikanischen Konkurrenzunternehmen Westinghouse Electric Company. Die geplante Zusammenarbeit im Bereich der Lizenzen für Bahnsicherungsanlagen und den Wechselstrommotor von Tesla konnte allerdings noch nicht verwirklicht werden.[79]

1890 konnte S&H den Plan, sich an der Bleikabelfabrik zu beteiligen, realisieren. Am 18. Februar unterzeichneten EGEC und S&H Berlin einen Vertrag, der auf dem Entwurf aus dem Vorjahr aufbaute.[80] Siemens sicherte der Edisongesellschaft eine Exklusivlizenz für armierte Kabel für das Verkaufsgebiet der USA zu. Die US-Firma verpflichtete sich, für die Kabelproduktion eine Fabrik in Schenectady, New York aufzubauen. S&H lieferte dazu die technische Ausrüstung: zwei Bleipressen, die Apparaturen zur Bleischmelze, Misch-, Trocken-, Filtrier- und Vakuumgefäße sowie Spezialkonstruktionen für die Spinnmaschinen.[81] Der S&H-Mitarbeiter Alexander von Babo wurde in die USA geschickt, um ab Juli 1890 die Vertreteraufgaben von Henry Villard zu übernehmen.[82] Das Ziel, in den Vereinigten Staaten zu produzieren, war nun erreicht. Damit war es vorerst gelungen, die hohen Zollforderungen immerhin für Bleikabel zu umgehen und die hohen Transportkosten einzusparen. Nachdem aber auch nach dem Fabrikbau die Aufträge für S&H nicht anstiegen, stieß die deutsche Firma die Aktien der EGEC bereits 1892 wieder ab,[83] zum Unmut des Firmengründers: „N. Amerika ist kein günstiges Land für uns“,[84] konstatierte er enttäuscht.[85]

Gleichzeitig begann sich der Kontakt zwischen S&H und einem deutsch-amerikanischen Unternehmer zu festigen, der für den Aufbau einer Siemens-Niederlassung in den USA von entscheidendem Einfluss werden sollte. Im August 1891 verhandelte Werners Sohn Wilhelm von Siemens erstmals mit Otto W. Meysenburg, dem Präsidenten der US-Kabelbahnfirma Wells and French Company, Car and Bridge Builders in Chicago, über eine Zusammenarbeit. Meysenburg war daran interessiert, elektrische Bahnen nach dem Budapester Modell von S&H, also mit unterirdischer Stromzuführung, auch in den USA zu bauen. Mit Wilhelm einigte er sich darauf, ein Pilotprojekt zu initiieren. Meysenburg ließ in Chicago eine drei Meilen lange Probelinie bauen, deren Konstruktion von einem S&H-Ingenieur begleitet wurde. S&H lieferte die elektrische Ausstattung der Bahn. Dieses Abkommen ermöglichte eine anschließende Vertretertätigkeit Meysenburgs für S&H in

79　Zu dem Kontakt und den Verhandlungen vgl.: SAA 2/Lk 398. 1889 benannte sich Westinghouse in Westinghouse Electric and Manufacturing Company um, 1945 dann in Westinghouse Electric Corporation.

80　Siehe: SAA 12625.

81　Siehe: SAA 13/Lt 113 sowie: SAA WP Berliner.

82　Vgl.: S&H an Villard vom 24. Mai 1890, in: SAA 23/Lk 677 sowie: S&H an von Babo vom 1. Juli 1890, in: SAA 4485.

83　Vgl.: Feldenkirchen, Siemens 2003, S. 73.

84　Vgl.: Werner an Arnold vom 11. August 1891, S. 2, in: SAA 2/Li 596.

85　Es zeigt sich, dass Werner und seine Brüder in dieser Phase zu wenig Geduld aufbrachten, um das Geschäft in den USA zu etablieren. Nachdem sie keine sofortigen Gewinne erreichten, lösten sie die Verbindung zur EGEC wieder auf. Diese Entscheidung erscheint aus unternehmerischer Perspektive überstürzt und kaum verständlich.

den USA, sollte sich die Zusammenarbeit als erfolgreich erweisen. Der junge Wilhelm war nach den ersten Gesprächen begeistert: „Dieser Mann macht einen vorzüglichen Eindruck. […] Wir haben es jedenfalls mit einer sehr leistungsfähigen und beziehungsreichen Person zu tun. Ich glaube, es empfiehlt sich sehr, in der geplanten Weise vorzugehen",[86] erklärte er 1891.

Werner von Siemens erlebte die Einführung elektrischer Bahnen in die USA aber nicht mehr. Villard hatte S&H 1892 bei einer offiziellen Bahnstreckenausschreibung der Northern Pacific Railway dazu ermutigt, sich um dieses Projekt zu bemühen.[87] Aus Kapitalmangel aber zog die NPR das Vorhaben wieder zurück. Am 6. Dezember 1892 verstarb der Firmengründer, der seit der Gründung von S&H auf die notwendige Expansion in die USA hingewiesen hatte. Noch wenige Monate vor seinem Tod bemerkte er, dass das US-Geschäft „entweder gut oder gar nicht gehen"[88] werde und sollte damit Recht behalten.

1.5 Gründung einer US-Gesellschaft und erneute Konflikte

Die Idee, eine S&H-eigene Gesellschaft in den Vereinigten Staaten zu gründen, nahm durch die Zusammenarbeit mit Meysenburg zu Beginn der 1890er Jahre konkrete Formen an. Ausschlaggebend war, wie gezeigt, die unternehmerische Überzeugung Werner von Siemens', einen Stützpunkt in den USA aufzubauen. Mit dem Ende der Beteiligung an der EGEC war für diese Pläne der Weg frei. Ursprünglich verhandelten Carl Vogel, seit 1889 Direktor des Charlottenburger Werks, und Arnold Siemens mit Meysenburg über die Beteiligung von S&H an der Chicagoer Weltausstellung 1893. Nicht zuletzt aufgrund der positiven Erfahrungen auf bisherigen Weltausstellungen hatte sich S&H entschieden, auch 1893 in Chicago mit eigenen Produkten präsent zu sein. Alfred Berliner hatte im Auftrag von S&H bereits im November 1891 in den USA ein Ausstellungsbüro zur Vorbereitung eröffnet.[89] Die Gespräche zwischen den Siemens-Repräsentanten und Meysenburg über die Belieferung von Chicago weiteten sich aus und führten zur Frage einer eigenen US-

---

86   Vgl.: Wilhelm an Werner vom 10. August 1891, S. 2, in: SAA 4/Lr 561, Nachlass Carl Friedrich von Siemens sowie: Wilhelm an Werner vom 17. August 1891, in: SAA 4/Lr 561, Nachlass Carl Friedrich von Siemens.

87   Siehe: SAA 23/Lk 712. Werner verwies stolz auf mehrere Interessenten aus den USA: „In America [sic!] ist man jetzt ganz wild auf uns. [unser] Pester el. [elektrisches] Bahnsystem und will dasselbe an mehreren Stellen (Chicago, Philadelphia etc.) einführen." Vgl.: Werner an Carl vom 7. November 1891, S. 5, in: SAA Briefe der Brüder Siemens, 1891.

88   Vgl.: Werner an Wilhelm vom 22. März 1892, in: SAA 2/Li 596.

89   Siehe: SAA WP Berliner. Auf der Ausstellung zeigte S&H zwischen Mai und Oktober 1893 neben einer Teststrecke für eine elektrische Bahn mit Dreiphasenstromsystem unter anderem eine Innenpoldynamomaschine zur Beleuchtung der Ausstellungsräume, Hochspannungstransformatoren, Drehstrommotoren und eine Stationsanlage für zentrale Weichenstellung. Siehe hierzu: SAA 37/Lp 863. Für die internationale Bekanntheit des Unternehmens war die Teilnahme an US-Ausstellungen von großer Bedeutung. Dennoch barg sie Konfliktpotenzial, „denn die Yankees machen alles nach, was nicht durch Patente geschützt ist." Siehe: Carl an Werner vom 10./22. Februar 1892, S. 2, in: SAA Briefe der Brüder Siemens, 1892/93.

Niederlassung.[90] Carl und Wilhelm waren einer Firmengründung gegenüber skeptisch eingestellt. Sie fürchteten, dass S&H sehr eng in den Aufbau verstrickt werden würde und finanzielle Verantwortung übernehmen müsse, obwohl das Geschäft in Europa volle Konzentration verlange.[91] Wilhelm äußerte die Angst, dass Meysenburg zu viel Einfluss auf das Siemens-Geschäft in den USA bekommen könnte.[92]

Trotz dieser Bedenken setzten sich Vogel und Arnold mit ihrem Versuch durch, sich offensiv auf dem US-Markt zu etablieren. S&H gründete am 4. März 1892 mit Otto W. Meysenburg und dessen Kompagnon Augustine W. Wright in Chicago die Siemens & Halske Electric Co. of America (S&H America).[93] Erstmals entschied sich S&H bei der Frage der Gesellschaftsform einer Auslandsvertretung für eine private Aktiengesellschaft. Das Gründungskapital von 500.000 US-Dollar brachte das Familienunternehmen erstmals nicht alleine auf. 100.000 $ zahlte die Firma selbst ein, die gleiche Summe übernahmen die amerikanischen Partner. Der restliche Betrag wurde nach fünf Jahren in Form von Gründungsaktien ausgegeben. Als Direktoren fungierten Arnold und Wilhelm von Siemens, von Babo, Meysenburg und Wright. Meysenburg erhielt das Amt des Präsidenten und damit de facto die alleinige Führung der US-Aktivitäten. Der Gesellschaftsvertrag des neuen Unternehmens legte fest, elektrotechnische Produkte von S&H herzustellen und zu verkaufen. Der Schwerpunkt lag zunächst auf der elektrischen Ausrüstung von Eisenbahnen sowie Dynamomaschinen für den Betrieb elektrischer Bahnen und Lichtanlagen. Produkte, die das Charlottenburger Werk dauerhaft in großer Stückzahl herstellte, sollte S&H America aus Berlin beziehen. Geräte und Maschinen mit großem Umfang und Gewicht dagegen sollten in der neuen Fabrik produziert werden, um Transport- und Zollkosten zu umgehen.[94] Die Gesellschaft erhielt die amerikanischen Patente von S&H übertragen, insbesondere für elektrische Lampen, dynamoelektrische Maschinen, elektrische Bahnen und elektrische Mess- und Kontrollgeräte. Ausgenommen waren Patente für Kabel, Elektrolyse und Telegrafie. Das Vertriebsgebiet umfasste die USA und Kanada. Kurz nach der Gründung, im April 1892, entsandte das Berliner Stammhaus erneut Alfred Berliner in die USA. Dort hatte er den Neubau der Fabrik zu verantworten.[95] Als Beauftragten für Patentfragen in den USA engagierte Siemens im März 1892 den amerikanischen Rechtsanwalt George Hillard Benjamin. Seine Aufgabe war es, S&H America bei allgemei-

90   Siehe: Wilhelm an Werner vom 5. Februar 1892, in: SAA 4/Lr 561, Nachlass Carl Friedrich von Siemens.

91   Vgl.: Wilhelm an Werner vom 27. Februar 1892, S. 3 f., in: SAA 4/Lr 567 Nachlass Carl Friedrich von Siemens.

92   Auch Carl hatte Bedenken gegenüber dem in Berlin unbekannten Amerikaner: „Hoffen wir nun, dass wir es mit einem anständigen Yankee zu tun haben, der uns schliesslich nicht betrügt." Zu finden in: Carl an Wilhelm vom 13./25. Februar 1892, in: SAA 4/Lr 567, Nachlass Carl Friedrich von Siemens.

93   Dieses und Folgendes in: Vertrag zwischen S&H und der S&H Electric Company of America vom 4. März 1892, in: SAA 27356 sowie: Abschrift von S&H Berlin vom 9. April 1892, in: SAA 68/Li 262.

94   Vgl.: Aktennotiz zur Preisberechnung für die Lieferungen des Charlottenburger Werkes an die Siemens & Halske Electric Company of America vom 8. April 1893, in: SAA 4485.

95   Siehe: Schreiben von S&H Berlin ohne Adressaten vom 2. April 1892, in: SAA 13/Lt 113.

nen Patentfragen und -verletzungen zu beraten und bei Patentprozessen juristisch zu vertreten.[96]

Die Risiken der Niederlassungsgründung beurteilten die Verantwortlichen nach März 1892 ganz unterschiedlich. Während Wilhelm die Investition mittlerweile als notwendig ansah, um Fuß auf dem amerikanischen Markt fassen zu können und auf eine baldige Amortisierung spekulierte,[97] äußerte sich Werner skeptisch. Zwar war er weiterhin von der Bedeutung des US-Markts für S&H überzeugt. Auch eine Niederlassung erschien ihm als zentraler Schritt zur Markterschließung sinnvoll. Allerdings sah er in dem zu niedrigen Gründungskapital die Gefahr von Verschuldungen in mittelfristiger Zukunft.[98] Ganz anders dagegen resümierte Arnold über die Firmengründung. Er erkannte in ihr die Chance, einen neuen großen Absatzmarkt zu erschließen und dort große Geschäfte mit den Siemens-Produkten abzuschließen. Wichtig dafür sei, trotz der Beteiligung von Meysenburg und Wright, der große Einfluss von S&H auf die Niederlassung.

> „Es ist uns durch den Vertrag mit Meysenburg und Wright ein mächtiges neues Exploitations-gebiet [sic.] erschlossen werden [sic.] und wenn unsere Sachen sich dem hiesigen Bedürfnis richtig anpassen lassen und wenn das Meysenburg'sche Management das hält was es allem Anschein nach verspricht, kann das neue Unternehmen einer glänzenden Zukunft entgegensehen. […] Wir S.H. kontrollieren die Gesellschaft",[99]

erklärte er. Diese optimistische Potenzialbewertung aber stimmte mit der Realität nicht überein. Hatte S&H bereits seit seiner Gründung 1847 wiederholt versucht, sich auf dem US-Markt zu etablieren, so musste das Unternehmen nun feststellen, dass es für den idealen Markteintritt möglicherweise schon zu spät war. Im Gegensatz zur Zeit um die Jahrhundertmitte hatten die amerikanischen elektrotechnischen Wettbewerber zu Beginn der 1890er Jahre den Technologievorsprung von Siemens & Halske eingeholt und sich auf dem eigenen Heimatmarkt positioniert. 1892, im

---

96 Vgl.: SAA 27360 sowie: Merkblatt zur Patentpolitik von 1892, in: SAA 4485. Wie wichtig ein juristischer Beistand in den USA war, um zu verhindern, dass Konkurrenten die Siemens'schen Erfindungen kopierten, hatte Werner bereits 1881 festgestellt. „Auch in Amerika sieht es schlimm aus. Die Leute machen uns sans gène nicht nur alles nach, sondern sind sogar so unverschämt, uns ganz zu ignorieren oder gar als Nachahmer hinzustellen." Vgl.: Werner an Wilhelm vom 29. Juni 1881, S. 4, in: SAA Briefe der Brüder Siemens, Mai–Dezember 1881.

97 Siehe: Wilhelm an Werner vom 12. März 1892, S. 2, in: SAA 4/Lr 567, Nachlass Carl Friedrich von Siemens. Aus seiner Sicht war die finanzintensive Niederlassungsgründung die einzige Chance, den Kontakt zum US-Markt nicht ganz zu verlieren. Vgl.: Wilhelm an Carl vom 20. Juni 1893, S. 6, in: SAA 4/Lr 562, Nachlass Carl Friedrich von Siemens.

98 „Ich halte es für unmöglich dass die mit Meysenburg eingeleitete Fabrication [sic.] von grossen Dynamo's [sic.] und Block's [sic.] mittelst eines Baar Kapitals [sic.] von 200 000 Dollars von denen jede Parthei [sic.] die Hälfte zahlt lebensfähig werden kann! […] Hätten wir einen unbegrenzten Geldbeutel so würde ich mit dem Arrangement ganz zufrieden sein, so aber kann ich meine Sorge nicht unterdrücken!" Vgl.: Werner an Carl vom 28. März 1892, S. 2, in: SAA Briefe der Brüder Siemens, 1892/93. Ähnliche Kritik schrieb er an seine Söhne. Siehe: Werner an seine Söhne vom 5. April 1892, S. 2, in: SAA 2/Li 596.

99 Siehe: Arnold an Wilhelm vom 7. März 1892, S. 1, in: SAA 4/Lr 563, Nachlass Carl Friedrich von Siemens.

Jahr der Niederlassungsgründung, hatte Siemens seinen Innovationsvorsprung in den USA eingebüßt.[100]

Bereits kurz nach der Gründung hatten sich die grundlegenden Probleme und strukturellen Herausforderungen herauskristallisiert, mit denen das US-Geschäft von Siemens in den Folgejahren konfrontiert war. So belasteten konjunkturelle Schwankungen der US- wie auch der Weltwirtschaft das Geschäft. Die Finanzkrise vom Sommer 1893 zeigte exemplarisch, wie sehr die noch kleine Firma S&H America von einer stabilen Konjunktur abhängig war. Wegen sinkender Nachfrage nach Siemens-Produkten und einem Preisverfall von bis zu 40 Prozent zur Jahresmitte musste das Unternehmen Mitarbeiter entlassen und den geplanten Geschäftsausbau verschieben.[101] Die neue Gesellschaft sah sich früh mit finanziellen Engpässen konfrontiert, sodass sie bis 1895 zwei Kapitalerhöhungen benötigte. Wegen ausbleibender Gewinne sowie der notwendigen Kapitalerhöhung[102] stand S&H America im April 1893 zur Diskussion. Der Jurist Benjamin wurde dazu veranlasst, ihr Verkaufspotenzial zu eruieren. Nach Berlin meldete er, dass es möglich sei, S&H America für drei Mio. $ zu veräußern.[103] Carl erklärte sich sofort damit einverstanden.[104] Erst Wilhelm, der bereits 1892 davon ausging, dass die Investition eines hohen Gründungskapitals alternativlos war, um sich in den USA zu etablieren, plädierte für eine Kapitalerhöhung.[105] Er leitete im Juni 1893 in die Wege, dass S&H America nicht verkauft wurde, sondern ihr Kapitalstock von 500.000 $ auf eine Mio. $ angehoben wurde. 200.000 $ übernahm S&H, jeweils 25.000 $ zahlten Meysenburg und Wright ein. Der restliche Betrag sollte durch Aktienverkäufe aufgebracht werden.[106]

Neben exogenen Hemmfaktoren wie marktwirtschaftlichen Konjunkturschwankungen war das US-Geschäft von S&H auch durch endogene Schwierigkei-

---

100 Vgl.: Feldenkirchen, Siemens 2002, S. 90.

101 Vgl.: Meysenburg an S&H Berlin vom 2. August 1893, S. 2, in: SAA 4482.1. An Gewinn war nicht zu denken. Siehe: Meysenburg an Wilhelm Siemens vom 9. November 1893, in: SAA 4485. So brachte eine LH-Maschine, die Siemens in Europa für einen Listenpreis von 6.700 Reichsmark verkaufen konnte, in den USA lediglich 4.256,33 Reichsmark. Zog man von diesem Verkaufspreis noch die Zollgebühren sowie die Transportkosten ab, so blieb man weit hinter dem Verkaufspreis im mitteleuropäischen Raum zurück. Siehe: Aktennotiz zur Preisberechung für die Lieferungen des Charlottenburger Werkes an die Siemens & Halske Electric Company of America vom 8. April 1893, in: SAA 4485.

102 Vgl.: Benjamin an S&H Berlin vom 2. Februar 1893, in: SAA 4485.

103 Siehe: Wilhelm an Carl vom 3. April 1893, S. 4, in: SAA 4/Lr 562, Nachlass Carl Friedrich von Siemens.

104 Vgl.: Carl an Wilhelm vom 25. März/6. April 1893, in: SAA 3/Li 600.

105 Wilhelm schrieb: „Nur in kurzen Worten möchte ich bemerken, daß es in Chikago [sic.] nicht anders ist wie überall: mühsam und nicht ohne Risiko muß die Unternehmung allmählich entwickelt werden. Die Chancen sind entschieden vorhanden. Das dortige Absatzgebiet ist vielleicht 10mal so groß wie das hiesige. Wohl 30–50.000 Dynamos und Motoren werden jährlich gebraucht. [...] Sicher ist, daß man den Geldbedarf unterschätzt hatte. Die Bilanz unsrer Kompagnie sah denn auch schlecht genug aus. Es fehlte intensiv an Geld." Vgl.: Wilhelm an Carl vom 20. Juni 1893, S. 4, in: SAA 4/Lr 562, Nachlass Carl Friedrich von Siemens.

106 Siehe: Agreement vom 24. Juni 1893, in: SAA 4485 sowie: S&H Berlin an S&H America vom 4. Juli 1893, in: SAA 4482.1.

ten beeinträchtigt. So bereitete die organisatorische Abstimmung zwischen dem Berliner Stammhaus und der Firma in Chicago große Schwierigkeiten. Lieferzeiten, die nicht eingehalten wurden und unterschiedliche Preisvorstellungen[107] führten ebenso zu Verstimmungen wie Missverständnisse bei verschlüsselten Telegrammen[108] oder Transportschäden der aus Deutschland gelieferten Produkte.[109] Die größte Belastung waren jedoch die personellen Schwierigkeiten in den USA, die sich insbesondere auf Meysenburg und seine extravagante Persönlichkeit bezogen. So schrieb Wilhelm in sein Tagebuch:

> „Eine Hauptschwierigkeit der Co. [Siemens & Halske Electric Co.] fand ich in dem unklaren und eigenartigen Charakter Meysenburgs, der […] zu Launen und Gewalttätigkeiten seinem Personal gegenüber neigt, und bei dem man, auch in Bezug auf seine Pläne, nicht erkennen kann, was er will. Das Schicksal der Co. finde ich gänzlich in Dunkel gehüllt. Bei tüchtiger und zuverlässiger Leitung kann es ein Erfolg werden. Es kann auch ein Misserfolg werden."[110]

Auch der Charlottenburger Siemens-Direktor Emil Arnold Budde stellte 1893 „lebhafte Gegensätze"[111] bei S&H America fest. Gerade das persönliche Verhältnis zwischen Berliner und Meysenburg belastete das US-Geschäft. Budde schlug dem Stammhaus vor, Berliner zu entlassen, da dieser leichter zu entbehren sei. Dieser Einschätzung folgten rasch Konsequenzen. Im September 1893 erreichte das Wernerwerk Berlin ein Telegramm von Berliner, in dem er seine Entlassung durch Präsident Meysenburg mitteilte.[112] Als Nachfolger installierte Meysenburg den Amerikaner G. H. White. Spätestens mit dieser Entscheidung hatte sich die Personalstruktur von S&H America entscheidend verändert, schließlich hatte Meysenburg bereits im Sommer 1893 die Mitarbeiterzahl um ein Viertel reduziert. Damals hatte er angemerkt, dass trotz verringerter Personalkapazitäten das Arbeitspensum gleich geblieben sei, womit er implizit auch die bisher uneffektive Arbeitsorganisation in der Firma bestätigte.[113]

---

107 Siehe: S&H Berlin an S&H America vom 6. Januar 1893, in: SAA 4484.1.
108 Vgl.: S&H Berlin an S&H America vom 23. Januar 1893, in: SAA 4484.1.
109 Vgl.: Berliner an S&H Berlin vom 19. Januar 1893, S. 1, in: SAA 4484.1. Siehe zu dieser Problematik auch: Andreas Zimmermann, Spezifische Risiken des Auslandsgeschäfts, in: Erwin Dichtl/Otmar Issing (Hg.), Exportnation Deutschland, 2. völlig neu bearbeitete Auflage, München 1992, S. 71–100, hier S. 82.
110 Vgl.: Tagebuch Wilhelm Siemens 1886–1904, S. 30, in: SAA 4/Lf 775.1, Nachlass Wilhelm von Siemens.
111 Hierzu und zu Folgendem: Emil Budde an Wilhelm Siemens vom 1. September 1893, in: SAA 4485.
112 Siehe: Berliner an Wernerwerk Berlin vom 16. September 1893, in: SAA 13/Lt 113.
113 Vgl.: Meysenburg an S&H Berlin vom 1. Juli 1893, in: SAA 4485. Joachim Wegner erwähnt 1969 in seinem Manuskript zu Siemens in den USA, dass die Belegschaft im Oktober 1893 188 Mitarbeiter umfasst habe und bis November 1894 auf 315 gestiegen sei. Vgl. hierzu: Joachim Wegner, Siemens in den Vereinigten Staaten von Amerika, Materialsammlung bis 1919, 1. Teil-Entwurf vom 1. Oktober 1969, S. 36, in: SAA 8075. Diese Zahlen ließen sich aus dem vorhandenen Aktenmaterial allerdings weder be- noch widerlegen. Mitarbeiterzahlen zu früheren Jahren konnten nicht gefunden werden.

1.6 „Die amerikanische Tragödie"[114] und das Ende der Gesellschaft

Neben finanziellen, personellen und strukturellen Problemen war die S&H Electric Co. of America auch mit Schicksalsschlägen konfrontiert. So erhielt das Berliner Siemens-Stammhaus am 2. August 1894 ein Telegramm von S&H America mit der niederschmetternden Nachricht: „neighbouring fire – entirely destroyed – our factory – nothing saved – except patterns and drawings […]."[115] Zwei Tage später folgte das nächste Telegramm, das den Brand der Fabrik bestätigte: „Is a total loss – we have insured – $ 110.000 […]."[116] Wie sich herausstellte, war am Abend des 1. August 1894 in der Nähe des Chicagoer Firmengeländes ein Feuer ausgebrochen, das auf die Fabrikationsanlagen von S&H America übergegriffen hatte. Dabei waren die Gebäude zerstört worden, einzig Konstruktionspläne und -schablonen konnten gerettet werden. Während die Schätzungen der Schadenshöhe zwischen 300.000 und 600.000 $ schwankten,[117] war die maximale Versicherungssumme auf 110.000 $ festgelegt.[118] Der Schaden war deutlich unterversichert. Ohne bereits darüber informiert worden zu sein, reagierte Carl kritisch. Er forderte, auf keinen Fall neue Gelder in den Wiederaufbau zu investieren.[119] Nach Bekanntgabe der Unterversicherung erwartete er, dass sich S&H endgültig aus dem Verlustgeschäft in den USA herauszuziehe. „Die amerikanische Tragödie wird wohl durch den Brand ihren Abschluss gefunden haben. Das Geld, was sie uns gekostet, habe ich schon lange als verloren gesehen",[120] konstatierte er.

Der Fabrikbrand in den USA erwies sich als herber Rückschlag für Siemens. Verschärft wurde er dadurch, dass er in einen Zeitraum fiel, in dem sich auch das Europageschäft in einer kurzzeitigen Krise befand.[121] Die Frage nach der zukünftigen Strategie von S&H in den Vereinigten Staaten wurde aber nicht lange diskutiert. Bereits eine Woche nach dem Unglück legte Meysenburg einen Entwurf vor, um S&H America zu konsolidieren und die Produktion wieder aufzunehmen. Hierzu sollte die US-Gesellschaft mit seiner Firma Wells & French Co. und den Grant Locomotive Works (GLW) fusionieren und auf einem neuen Firmengelände

---

114 Siehe: Carl an Arnold vom 3./15. August 1894, in: SAA 3/Li 600.

115 Vgl.: Telegramm von S&H America an Wernerwerk Berlin vom 2. August 1894, in: SAA 4482.2 (Mappe 1).

116 Vgl.: Telegramm von S&H America an Wernerwerk Berlin vom 4. August 1894, in: SAA 4482.2 (Mappe 1).

117 Die US-Zeitung Western Electrician taxierte den Schaden auf 300.000 $, siehe: Western Electrician vom 11. August 1894, S. 63, in: SAA 68/Li 262. Laut den Angaben von Gustav Willert, dem Erzieher von Arnold und Wilhelm von Siemens, belief er sich auf 600.000 $, siehe: Gustav Willert an Arnold und Wilhelm Siemens vom 4. September 1894, in: SAA 68/Li 262.

118 Die Gründe für die niedrige Versicherung waren vielschichtig. Die scheinbar stabile Sicherheitslage des Gebäudes sowie das hohe Gewicht der Maschinen und deren robuster Bau hatten Meysenburg davon überzeugt, dass im Falle eines Brandes kein großer Schaden entstehen könne. Daher hatte er entschieden, nur bis zu einer begrenzten Höhe zu versichern, auch, um die klammen Finanzen nicht zusätzlich zu belasten. Siehe: Meysenburg an S&H Berlin vom 10. August 1894, in: SAA 4482.2 (Mappe 1).

119 Vgl.: Carl an Wilhelm vom 25. Juli/6. August 1894, in: SAA 3/Li 600.

120 Siehe: Carl an Arnold vom 3./15. August 1894, in: SAA 3/Li 600.

121 Vgl.: Carl an Arnold vom 3./15. August 1894, in: SAA 3/Li 600.

wieder mit der Fertigung beginnen.[122] Der provisorische Vertrag zur Zusammenlegung der drei Gesellschaften wurde allerdings im September 1894 durch die Aktionärsversammlung von S&H America abgelehnt. Skepsis herrschte insbesondere gegenüber der hohen Verschuldung der GLW in Höhe von rund 325.000 $. Auch die Tatsache, dass der potenzielle Verhandlungspartner auf den Bau von Lokomotiven spezialisiert war – ein Gebiet, das für S&H America kaum Erträge versprach – hemmte die Verhandlungen.[123] Alternativpläne gestalteten sich aber ebenso schwierig. Verhandlungen mit General Electric Co. über eine Übernahme fanden keinen Abschluss, entsprach doch das Kaufangebot nicht den Vorstellungen von S&H Berlin.[124] Um während dieser Verhandlungsphase die Produktion von Siemens-Artikeln nicht gänzlich aussetzen zu müssen, hatte S&H America Mitte August 1894 die Produktionsanlagen der stillgelegten Grant Locomotive Works angemietet.[125]

Erneut entwickelten sich interne Probleme. Mitte 1895 erregte George H. Benjamin bei S&H Ärger, da er sich an Siemens-Patenten in den USA bereichert hatte. Er hatte sie vielfach für deutlich kürzere Zeiträume angemeldet, als vereinbart gewesen war. Siemens erklärte, die Geschäftsverbindung mit ihm beenden zu wollen.[126] Benjamin weigerte sich aber, die Dokumente der Siemens-Patente zurückzugeben und auf seine finanziellen Ansprüche zu verzichten. Die Angelegenheit konnte erst beigelegt werden, als der Jurist im Herbst 1895 in den Ruhestand trat und seinen Posten als Rechtsberater abgab. Zu einer Regelung der Firmenorganisation kam es daher erst im Juni 1895, als S&H America den Besitz der Grant Locomotive Works aufkaufte. Das Kapital wurde nach 1893 zum zweiten Mal erhöht, auf zwei Mio. $. Als common stock blieben 1,3 Mio. $ bestehen, die restlichen 700.000 $ wurden als Vorzugsaktien ausgegeben. Davon übernahm die Grant-Gruppe 200.000 $, der amerikanische Eisenbahnunternehmer Charles Tyson Yerkes beteiligte sich mit 300.000 $, Meysenburg und Wright mit 100.000 $, ebenso wie Siemens & Halske. Letztere erhielt die Aktien der amerikanischen Gesellschaft, um die Schulden von S&H America an S&H Berlin zu tilgen.[127] Wie skeptisch Carl gegenüber dieser Fusion war, machte er gegenüber Arnold im August 1894 deutlich.[128] Der unternehmerische Einfluss vom Berliner Stammhaus auf seine amerika-

122 Siehe: Protokoll einer Konferenz zwischen Arnold und Wilhelm Siemens, Lengner, Charubin, Mommsen vom 24. August 1894, in: SAA 4485. Ein Entwurf zu dieser Fusion lag ebenso vor: Agreement/Entwurf zur Zusammenlegung, Verschmelzung der drei Firmen vom 8. August 1894, in: SAA 4482.2 (Mappe 1).

123 Vgl.: Bericht von Rudolph Charubin vom 12. Oktober 1894, S. 1, in: SAA 4482.2 (Mappe 2).

124 Siehe: Telegramm von Charubin an Wilhelm Siemens und S&H Berlin vom 26. September 1894, in: SAA 4482.2 (Mappe 1).

125 Vgl.: Meysenburg an S&H Berlin vom 10. August 1894, in: SAA 4482.2 (Mappe 1).

126 Vgl.: S&H Berlin an Cary & Whitridge vom 4. Juli 1895, in: SAA 5528.3.

127 Siehe: Aktennotiz vom 28. Mai 1900, in: SAA 68/Li 262 sowie Cary & Whitridge an S&H Berlin vom 20. Mai 1895, in: SAA 4485. Durch die Fusion stieg auch die Größe der Gesamtbelegschaft. So konnte S&H America am 1. September 1895 auf insgesamt 543 Mitarbeiter verweisen, wovon 103 in der Lokomotivenfabrik und 58 in der Eisengießerei arbeiteten. Vgl.: Joachim Wegner, Siemens in den Vereinigten Staaten von Amerika, Materialsammlung bis 1919, 1. Teil-Entwurf vom 1. Oktober 1969, S. 39, in: SAA 8075.

128 „Sind die Chancen des elektrischen Geschäfts in neuerer Zeit wirklich so glänzend in Amerika geworden, dann würde ich es vorziehen, auf eigenen Füssen zu bleiben und unser Geschäft

nische Tochtergesellschaft war nun deutlich zurückgegangen. Die Fusion mit den GLW bedeutete de facto das Ende der eigenständigen Siemens-Tätigkeit in den USA.[129] Die Bilanz von S&H America zwischen dem 4. März 1892 und dem 31. Mai 1895 war dabei keineswegs glanzvoll. In diesem Zeitraum verzeichnete die Siemens-Tochter einen Gesamtverlust von 407.999 $.[130]

Mit der Reorganisation von S&H America verbesserte sich die Ertragssituation nicht. Neben der schwachen Konjunktur spielten unternehmensinterne Schwierigkeiten wie Buchungs- und Fabrikationsfehler sowie fahrlässige Patentverletzungen und falsche Personalentscheidungen eine entscheidende Rolle für die schlechte Geschäftslage.[131] Zudem deckte der Mutterkonzern in Berlin bis Januar 1896 schwerwiegende Verstöße von Meysenburg aus seiner aktiven Zeit bei S&H America auf. Der ehemalige Präsident hatte die Bilanzen der amerikanischen Firma, insbesondere in der Zeit nach dem Fabrikbrand, gefälscht und versucht, Verluste der Gesellschaft zu kaschieren.[132] Auch stellte sich heraus, dass er die besten Mitarbeiter von S&H America an seine Firma French & Well abgeworben hatte.[133]

Der reduzierte Einfluss auf die amerikanische Tochterfirma, ihre anhaltenden Verluste sowie die personellen Konflikte überzeugten das Berliner Stammhaus nun endgültig davon, sich von S&H America zu trennen. Allerdings schätzten die Siemens-Brüder das Verkaufspotenzial nicht mehr sonderlich hoch ein.[134] Es dauerte bis 1897, ehe ein Interessent gefunden werden konnte. Im Sommer einigten sich S&H America und die Pennsylvania Iron Works Company in Philadelphia, Pennsylvania (PIWC) über eine Fusion beider Unternehmen.[135] Der Vertrag beinhaltete einen Umtausch von S&H-America-Aktien gegen Aktien der PIWC. S&H Berlin erhielt insgesamt für Aktien von S&H America im Wert von 527.000 $ PIWC-Aktien in Höhe von 507.500 $. S&H hoffte, die Aktien der PIWC veräußern zu können, was bei S&H-America-Aktien wenig Erfolg versprechend gewesen wäre.[136] Die Geschäftslage der PIWC stabilisierte sich jedoch durch die Übernahme von

nicht mit einer verkrachten und einer auch nicht ganz koscher scheinenden Fabrik [Grant Locomotive Works] zu fusionieren. Auf jeden Fall werden wir es nach stattgehabter Fusion mit einem Unternehmen ganz anderer Art zu tun haben, als bisher." Siehe: Carl an Arnold vom 16. August/28. August 1894, in: SAA 3/Li 600.

129 Vgl.: Siemens, Weg, Band 1, S. 375 f. Georg Siemens betonte, dass einer der Gründe für das Scheitern des US-Geschäfts vor 1900 die Tatsache war, dass S&H die entscheidenden Kompetenzen mit Meysenburg an einen Ausländer, der nicht aus der Familie stammte, gegeben habe. Er, „der von der Idee des Hauses keinen Hauch verspürt hatte und dann natürlich seine eigenen Wege ging", habe S&H America vom Mutterkonzern gelöst.

130 Vgl. hierzu: Aktennotiz vom 28. Mai 1900, in: SAA 68/Li 262.

131 Siehe: Emil Heinrich du Bois-Reymond an S&H Berlin vom 20. April 1896, S. 1, in: SAA 4482.3 (Mappe 2).

132 Siehe: dazu: S&H Berlin an S&H America, undatiert, in: 4482.3 (Mappe 1).

133 Vgl.: Wright an S&H Berlin vom 13. Januar 1896, S. 1, in: SAA 4482.3 (Mappe 1).

134 Vgl.: Carl an Wilhelm vom 11./23. August 1896, in: SAA 3/Li 600 (2. Exemplar).

135 Siehe hierzu und zu Folgendem ausführlicher: Aktennotiz vom 28. Mai 1900, S. 1–4, in: SAA 68/Li 262.

136 John R. Bartlett, der neue Siemens-Vertreter in der PIWC, beurteilte diese Übernahme allerdings ausgesprochen euphemistisch. „It was gratifying to see a great plant and business which had been almost entirely neglected and partially destroyed by inefficient and dishonest man-

S&H America nicht. Wies die Bilanz von S&H America 1898 ein Minus von 74.625 $ aus, so stieg dieses unter PIWC auf 116.472 $.[137]

Seit Dezember 1898 verschärften sich die Verstimmungen zwischen dem Berliner Stammhaus und der PIWC.[138] Nachdem sich die US-Firma wegen der schwachen Geschäftsergebnisse im Mai 1899 dazu entschieden hatte, ihre Anteile der S&H America an das Elkins-Widener-Syndikat zu verkaufen, legte sich S&H fest, fortan seine US-Geschäfte selbst aus Berlin zu führen. Am 6./11. Januar 1900 bestimmte ein Rundschreiben, zukünftig keine Patente mehr an S&H America zu geben.[139] Die weltweite Konjunkturkrise von 1901/02 verstärkte die ohnehin fortschreitende Trennung zwischen Siemens in Deutschland und S&H America. Das Berliner Stammhaus sah sich gezwungen, sich auf die Konsolidierung der Geschäfte auf dem Heimatmarkt zu konzentrieren.[140] Mit Beginn des Jahrhunderts standen insbesondere die geographisch weit entfernten Länder wie die USA im strategischen Hintergrund. Mit dem Fokus auf die Europaaktivitäten überstand S&H die Krise und konnte sich als Marktführer der deutschen Elektroindustrie etablieren.[141]

Die sich abschwächende Bindung an S&H America erleichterte ein eigenständiges US-Engagement von Siemens. So entstand 1903 der erste Vertrag zwischen den neu gegründeten Siemens-Schuckertwerken[142] und dem US-Konkurrenten General Electric über die Lieferung von Scheinwerferspiegeln.[143] GE verpflichtete sich, SSW bis 1908 eine Mindestanzahl abzunehmen, die von Deutschland in die USA importiert wurde. Allerdings musste SSW die Scheinwerferspiegel unter dem Herstellungspreis verkaufen und damit bewusst Verluste in Kauf nehmen. Von nun an wurden mit dem US-Wettbewerber regelmäßig Abkommen geschlossen. Auf dem Gebiet der Lampenherstellung einigte sich S&H mit der GE auf eine Vereinbarung zur Herstellung von Tantallampen, die GE in den USA vertrieb. Siemens

agement, reviving again under a new, energetic, intelligent and honest management". Siehe: John R. Bartlett an S&H Berlin vom 28. Oktober 1897, in: SAA 4483.

137   Vgl.: Aktennotiz vom 28. Mai 1900, in: SAA 68/Li 262.

138   Siehe: Bödiker an Bartlett vom 25. Mai 1900, S. 1, in: SAA 5306.1.

139   Vgl.: Rundschreiben vom 11. Januar 1900, in: SAA 68/Li 262. Im April 1900 dann gingen die Aktien vom Elkins-Widener-Syndikat an die General Electric Co. in New York über. Der Schriftwechsel zur Übernahme durch GE ist zu finden in: SAA 4/Lk 77, Nachlass Wilhelm von Siemens.

140   Vgl. dazu: Wilfried Feldenkirchen, Krise und Konzentration in der deutschen Elektroindustrie am Ende des 19. Jahrhunderts, in: Friedrich-Wilhelm Henning (Hg.), Krisen und Krisenbewältigung vom 19. Jahrhundert bis heute. In Zusammenarbeit mit der Gesellschaft für Unternehmensgeschichte e. V., Frankfurt am Main u. a. 1998, S. 92–139, hier S. 117 f. sowie: Hans-Peter von Peschke, Elektroindustrie und Staatsverwaltung am Beispiel Siemens 1847–1914 (= Europäische Hochschulschriften, Reihe III: Geschichte und ihre Hilfswissenschaften, Band 154), Frankfurt am Main 1981, S. 173–179 sowie: Siehe: Hertner, strategies, S. 145.

141   Vgl.: Feldenkirchen, Siemens 2003, S. 88–91.

142   Mit der Fusion der starkstromtechnischen Abteilungen von S&H und der Elektrizitäts-Aktiengesellschaft vorm. Schuckert & Co. (EAG) entstand im März 1903 die Siemens-Schuckertwerke GmbH.

143   Hierzu und zu Folgendem vgl.: Vertrag zwischen SSW und der GE bezüglich der Lieferung von Scheinwerferspiegeln vom 9. März 1903, in: SAA 11/Lb 752, Nachlass Berliner.

konnte dadurch den Verkauf von Lampen mit Tantalfäden in die USA enorm steigern. Die Firma setzte 1910 insgesamt 2,3 Mio. und ein Jahr später sogar 4,3 Mio. Lampen in die Vereinigten Staaten ab.[144] Solche Geschäftsverbindungen halfen der deutschen Firma, sich zu Beginn des 20. Jahrhunderts gemeinsam mit der AEG und der Deutschen Gasglühlicht AG zu den führenden Glühlampenherstellern zu entwickeln.[145]

Das endgültige Ende der S&H America war im Juli 1904 besiegelt. Das bisherige Vertragsverhältnis wurde beendet, alle bis zum 30. März 1900 entnommenen Patente in den USA wurden an S&H America abgetreten. Sämtliche Patente nach diesem Stichtag gingen in das Eigentum von S&H Berlin über. Die deutsche Elektrofirma verpflichtete sich, in den kommenden zehn Jahren in den USA nicht unter dem Namen Siemens zu produzieren. Einzig war es erlaubt, unter anderem Namen zu fertigen oder Siemens-Produkte aus Berlin in die USA zu exportieren. Zudem vereinbarten beide Seiten, dass aus dem Firmennamen die Bezeichnung „Siemens & Halske" gestrichen werden musste.[146] Damit waren das Siemens-Geschäft in den USA und der Versuch, eine Tochtergesellschaft mit eigener Produktion zu etablieren, beendet. Die Berliner Firma hatte feststellen müssen, dass sich der Markteintritt in die USA schwieriger gestaltete, als vermutet.

2 STÄNDIGE PRÄSENZ UND WISSENSTRANSFER: 1907 BIS 1945

2.1 Das Informationsbüro Frank

Mit der Einrichtung eines Vertretungsbüros in New York 1908 begann für Siemens & Halske sowie für die Siemens-Schuckertwerke eine neue Ära des US-Geschäfts. Bisher hatten die beiden Firmen mehr als ein halbes Jahrhundert lang vergeblich versucht, sich auf dem US-Elektromarkt zu etablieren. Trotz des klaren Bewusstseins um dessen Marktpotenzial gelang es ihnen nicht, eine langfristige Präsenz aufzubauen. Die Entwicklung seit 1847 war von keinen Kontinuitäten geprägt.

144 Vgl.: Agreement zwischen S&H, GE und der National Electric Lamp Company, New Jersey von 1906 bezüglich Tantal-Lampen, in: SAA 11/Lb 752, Nachlass Berliner und: Aufsichtsratssitzung der S&H AG vom 21. November 1911, S. 17, in: SAA 16/Lh 262.

145 Ähnlich wie Siemens hatte auch die Deutsche Gasglühlicht AG die Anbindung an die amerikanischen Wettbewerber gesucht. Sie traf 1906 ein Abkommen mit der GEC, wonach die amerikanische Firma die Wolframfadenlampe des deutschen Partners in den USA produzieren und vertreiben durfte und sich beide Seiten bezüglich Lampen mit gespritzten Metallfäden austauschten. Siehe: A. Hasenbein, 50 Jahre OSRAM – die Geschichte eines Weltunternehmens, in: OSRAM 46/1969, Nummer 3, S. 2–12, hier S. 5 f.

146 Siehe: SAA 13010 und Rundschreiben Nr. 174 vom 20. Juli 1904, in: SAA 68/Li 262. Siemens musste sich nach dem gescheiterten Engagement in den USA mit dem Vorwurf auseinandersetzen, nicht mit restloser Überzeugung den Schritt in die Vereinigten Staaten gewagt zu haben. So konstatierte Ludwig von Winterfeld 1913: „Entweder hätte er [der Versuch, auf dem amerikanischen Markt Fuß zu fassen, U.K.] gar nicht unternommen werden sollen, was wohl das Beste gewesen wäre, oder aber, wenn er einmal unternommen war, mußte wenigstens der Versuch gemacht werden, ihn mit äußerster Energie zu einem guten Ende zu führen." Siehe: Von Winterfeld, Entwicklung, S. 134.

Vielmehr handelte es sich um einzelne US-Aufträge und isolierte Versuche der Markterschließung. Mit dem Aufbau des Informationsbüros im Jahre 1908 wurde eine Phase ständiger Präsenz in den USA eingeleitet. Sie sollte als Periode der Vorbereitung eine entscheidende Rolle für die tiefere Markterschließung nach 1945 spielen.

Nach dem Ende der Siemens & Halske Electric of America machte erstmals 1907 der Vorstandsvorsitzende von S&H und SSW, Alfred Berliner, wieder auf die Notwendigkeit einer Interessensvertretung in den USA aufmerksam.[147] Er betonte die Bedeutung einer Vertretung in New York, da süd- und mittelamerikanische Unternehmen ihre Geschäfte oftmals über die Metropole an der Ostküste abwickelten. Kosten sowie unternehmerisches Risiko seien gering, wenn nur ein Agent installiert und nicht wieder eine neue Gesellschaft gegründet werde, konstatierte Berliner. Für den Aufbau eines US-Büros und die Intensivierung des Exportgeschäfts sprachen nicht zuletzt die sinkenden Schutzzölle in den USA. Nachdem die Zollforderungen vor dem Jahrhundertwechsel mit 60 Prozent der Verkaufspreise einen Höchststand erreicht hatten, sanken sie bis 1909 auf 38 Prozent, 1913 sogar auf 25 Prozent.[148] Den Bau einer Fabrik dürfe Siemens dagegen vorerst nicht anstreben, sei die Firma dafür doch noch zu unbekannt in den USA, so Berliner. Außerdem würde die Wettbewerbssituation mit den Marktführern General Electric und Westinghouse einen aussichtslosen Wettbewerb erwarten lassen.[149]

Auslöser für Berliners nachdrückliche Forderung einer US-Repräsentanz war seine USA-Reise 1907. Dort hatte er den namhaften Unternehmer Frederick Stark Pearson getroffen. Pearson hatte betont, dass er keine Geschäfte mehr mit Siemens eingehen werde, da die Kommunikation der deutschen Elektrofirma ungenügend sei. „Wir verzichten für die Zukunft auf weitere Geschäfte mit Ihnen. Ihre Firma mag in Berlin und im Umkreis von 30 km Geschäfte machen, in Amerika kann sie es jedenfalls nicht, denn das erste ist, daß man auch Briefe beantwortet [...]",[150] hatte Pearson entrüstet erklärt. Diese Kritik und Berliners Aufruf bewogen die Geschäftsleitung in Berlin dazu, 1908 ein Repräsentationsbüro in den Vereinigten

---

147 Dieses und Folgendes siehe: Berliner an die Direktion von SSW vom 22. Juli 1907, S. 2 f., in: SAA 11/Lb 747, Nachlass Berliner.

148 Vgl.: Willi Paul Adams, Die USA im 20. Jahrhundert, 2. Auflage (= Oldenbourg Grundriss der Geschichte, Band 29) München 2008, S. 27. Neben der Höhe der Zölle erwiesen sich auch weitere Bestimmungen zur minutiösen Deklaration von Ausfuhren in die USA als großen Hindernisfaktoren. Siehe: Cornelius Torp, Die Herausforderung der Globalisierung. Wirtschaft und Politik in Deutschland 1860–1914 (= Kritische Studien zur Geschichtswissenschaft, Band 168), Göttingen 2005, hier S. 333.

149 Vgl.: Berliner an die Direktion von SSW vom 22. Juli 1907, S. 2 f., in: SAA 11/Lb 747, Nachlass Berliner.

150 Vgl.: Vortrag von Alfred Berliner am 14. Oktober 1907 über seine Weltumsegelung, S. 3, in: SAA 15/Lm 349. Reisen deutscher Unternehmer ins Ausland mit dem Ziel, Märkte nach Absatzchancen zu klassifizieren, gab es bereits im 18. Jahrhundert. Weiteres dazu in: Christian Kleinschmidt, „Vom ‚Land der unbegrenzten Möglichkeiten' ins Land der ‚Nachahmer und Billiganbieter'" – Reisen deutscher Unternehmer in die USA und nach Japan in den 1950er und 1960er Jahren, in: Christian Berkemeier / Katrin Callsen / Ingmar Probst (Hg.), Begegnung und Verhandlung. Möglichkeiten eines Kulturwandels durch Reise (= Reiseliteratur und Kulturanthropologie, Band 2) Münster 2004, S. 85–105, hier S. 85.

Staaten zu errichten, das unter der Leitung von Karl Georg Frank 25 Jahre Bestand haben sollte.

S&H Berlin hatte bereits am 1. August 1907 den deutschen Physiker Karl Georg Frank beauftragt, ein Konzept für eine US-Geschäftsstelle zu erarbeiten. Da er zwischen 1901 und 1902 bereits bei S&H in der Abteilung für Messinstrumente (Wernerwerk Messtechnik[151]) tätig gewesen war und zwei Jahre in den USA gearbeitet hatte, erschien er als Kandidat für diese Aufgabe geeignet.[152] Frank konstatierte, dass eine regelmäßige Informationsbeschaffung über die Verhältnisse in den USA von Bedeutung sei.[153] Ebenfalls für notwendig hielt er es, vor Ort Siemens-Artikel zu vertreiben und Serviceleistungen wie Einbau und Reparatur anzubieten. Gerade Aufträge für öffentliche Einrichtungen wie Forschungsinstitute, Universitäten oder Schulen seien attraktiv, weil dort die Zollkosten von bis zu 45 Prozent wegfielen, so Frank. Die Entscheidung dazu fällten die Firmenverantwortlichen um Alfred Berliner, Friedrich Albert Spiecker, August Raps und Heinrich Schwieger auf einer internen Konferenz vom 17. Februar 1908.[154] Ende 1908 konnte S&H das neue Büro unter der Leitung von Karl Georg Frank in der Metropole New York eröffnen. Da die Siemens-Schuckertwerke keinen eigenen Repräsentanten fanden, übernahmen sie die Hälfte der Kosten für den Büroaufbau. Frank fungierte nun als Vertreter für S&H und SSW gemeinsam.[155]

Die Aufgabenbereiche des neuen Informationsbüros waren vielfältig. Neben dem Sammeln technischer und wirtschaftspolitischer Unterlagen zur Marktentwicklung in den USA sollte Frank auch ein Kontaktnetzwerk aufbauen. Es galt, die Verkaufschancen von Siemens-Artikeln auszuloten und eine spätere Vertriebstätigkeit vorzubereiten. Frank sollte den Kontakt mit US-Firmen suchen, um die Siemens-Patente vor Ort gewinnbringend zu verwerten. Rasch initiierte er, die Verbin-

---

151 Die Werke von S&H wurden seit 1905 zu Ehren des Firmengründers Wernerwerke genannt und durch den Zusatz ihrer Produktsparte inhaltlich unterschieden.

152 Siehe: Wernerwerk Messtechnik an Berliner vom 25. Juni 1907, in: SAA 11/Lb 752, Nachlass Berliner. Zu der Problematik für deutsche Unternehmen, zwischen einem deutschen Vertreter mit genauen Kenntnissen über das Mutterunternehmen oder einem Amerikaner mit spezifischem Wissen über den amerikanischen Markt auszuwählen, siehe: Brij N. Kumar, Personalpolitische Herausforderungen für im Ausland tätige Unternehmen, in: Erwin Dichtl / Otmar Issing (Hg.), Exportnation Deutschland, 2. völlig neu bearbeitete Auflage, München 1992, S. 305–336, insbesondere S. 314.

153 Hierzu und zu Folgendem siehe: Entwurf zur Organisation einer Vertretung in den Vereinigten Staaten von Nord-Amerika, verfasst von K. G. Frank vom 8. Oktober 1907, S. 1 f., in: SAA 2239.

154 Siehe: Conferenz wegen Amerika vom 17. Februar 1908, in: SAA 68/Li 262. Daneben hatten S&H und SSW die Central-Verwaltung Übersee gegründet, um alle Überseegeschäfte effektiver zu koordinieren. Erst mit der Einrichtung dieser Abteilung war die Streitfrage zwischen Siemens Brothers und S&H bezüglich der Zuständigkeit für den US-Markt endgültig geregelt. Siehe: Rundschreiben vom 22. Juli 1908 zur Übersee-Organisation, in: SAA 8191 sowie in: Jahresbericht der CVU Übersee für das Geschäftsjahr 1908/09, in: SAA 15/Lc 862. Die überseeischen Büros wurden nun Vertretungsorgane aller vier Siemens-Gellschaften S&H, SSW, Siemens Brothers Dynamo Works und Siemens Brothers & Co. Ltd. Unterstellt waren sie einer Generalverwaltung in Berlin.

155 Vgl.: SSW an S&H vom 16. April 1908, in: SAA 68/Li 262.

dung zu amerikanischen Unternehmen, so z. B. zur Allis-Chalmers Manufacturing Company (AC) und der Western Electric Co. (WE).[156] Das erste Abkommen mit strategischer Bedeutung, das Frank mit einem amerikanischen Konkurrenten schloss, war ein Kooperationsvertrag zwischen der General Electric, der AEG und SSW von 1912. Die Vereinbarung, die im Januar 1913 in Kraft trat, sah die Etablierung freundschaftlicher Beziehungen sowie den Austausch von Erfahrungen, Erfindungen und Patenten zwischen den drei Unternehmen vor.[157] Solche Verträge deutscher Firmen mit amerikanischen Konkurrenten waren zu Beginn des 20. Jahrhunderts nicht ungewöhnlich. So legte die AEG mit GE bereits 1903 fest, gegenseitig Patente und Erfahrungen auszutauschen. Daneben vereinbarten beide Seiten, den Weltmarkt in Vorzugsgebiete zu unterteilen. GE war fortan für USA und Kanada zuständig, die AEG dagegen für den deutschen Markt sowie die Mehrheit der europäischen Staaten.[158]

Neben der Informationsbeschaffung war Frank für Projekte mit anderen überseeischen Ländern verantwortlich.[159] Benötigten deutsche Siemens-Standorte Materialien aus den USA, so war es Frank, der diese bestellte und an die entsprechen Abteilungen weiterleitete. Auch wurde es zu seiner Aufgabe, Siemens-Mitarbeiter bei Geschäftsreisen in die USA zu betreuen.[160] Produktverkäufe größeren Umfangs

156 Vgl.: Frank an SSW vom 4. Februar 1910, in: SAA 68/Li 262. „Ich habe es als eine Hauptaufgabe betrachtet, die Beziehungen zu den hiesigen Firmen zu pflegen und zu vertiefen und glaube, dass das zum Teil gelungen ist", fasste er im August 1910 seine Vernetzungstätigkeit zusammen. Siehe: Jahresabschlussbericht von Frank vom 12. August 1910, S. 7, in: SAA 68/Li 262. Näheres zur Unternehmensgeschichte von AC und WE siehe: Charles H. Wendel, The Allis-Chalmers Story, Iola 2004; Walter F. Peterson, An Industrial Heritage. Allis-Chalmers Corporation, Milwaukee 1978 sowie: Stephen B. Adams / Orville R. Butler, Manufacturing the Future. A History of Western Electric, Cambridge 1999.

157 Siehe: Schreiben an Siemens Brothers Dynamo Works Ltd. vom 18. Dezember 1912, S. 1, in: SAA 21/La 826 sowie: Kopie des Vertrags von 1912, S. 1, in: SAA 21/La 826.

158 Vgl.: Peter Strunk, Die AEG. Aufstieg und Niedergang einer Industrielegende, 2. Auflage, Berlin 2000, hier S. 36.

159 Unter anderem bearbeitete das Büro von Karl Georg Frank auch Aufträge für Kunden aus Kanada. Bereits 1893 hatte Meysenburg Wilhelm von Siemens darauf hingewiesen, dass es sinnvoll sei, den amerikanischen und den kanadischen Markt zusammenzufassen, da beide Länder so eng miteinander verbunden seien. S&H Electric Co. of America hielt daher auch den kanadischen Markt zugeteilt. Siehe hierzu: Meysenburg an Wilhelm von Siemens, 16. November 1893, in: SAA 4485. Von 1908 bis 1912, ehe Siemens Brothers am 29. August 1912 die Siemens Company of Canada, Limited gründete, bearbeitete das New Yorker Büro den Markt des Nachbarlandes. Auf eine detaillierte Schilderung soll an dieser Stelle aber aus Platzgründen verzichtet werden. Näheres zu den Anfängen des Kanada-Geschäfts von Siemens siehe: SAA 68/Li 13.

160 Siehe: Frank an den SSW-Ingenieur Arthur Lietke vom 7. Juni 1911, in: SAA 68/Li 262. Die Besuche verschiedener Elektrokonzerne in den USA gaben Frank die Möglichkeit, sich ein Bild über deren Produktions- und Vertriebsmethoden sowie den sozialpolitischen Aufbau und die Abläufe zu machen. Dabei sammelte er verschiedene Erkenntnisse, die von technischen Details bis hin zu Strukturfragen bzgl. Rationalisierungsmethoden zur Arbeitszeiteinsparung und Erhöhung der Leistungsfähigkeit reichten. Siehe hierzu unter anderem: Reisebericht von Frank an SSW vom 1. Juni 1910, in: SAA 68/Li 262.

standen dagegen nicht im primären Interesse von S&H und SSW.[161] Wie vorsichtig die Siemens-Stammhäuser gegenüber Verkaufsgeschäften in den USA eingestellt waren, zeigt ein Beispiel aus dem Jahr 1909. Die US-Firma Muralt & Co. bat SSW um ein Angebot für 15 Drehstromlokomotiven. SSW lehnte ab mit dem Hinweis, die Zoll- und Montagekosten seien zu hoch und die Installation zu arbeitsaufwendig. Zudem sei SSW kein Vertreter von Drehstrommaschinen, sondern des Einphasenwechselstromsystems. SSW schlug damit einen großen und lukrativen Auftrag bewusst aus,[162] sicherlich noch geprägt von den Erfahrungen vor 1900.

Wie schon Ende des 19. Jahrhunderts entwickelten sich in den 1910er Jahren Unstimmigkeiten zwischen den Stammhäusern in Berlin und dem Vertreter in den USA. Im Zentrum der Meinungsverschiedenheiten stand die Arbeitsauffassung von Frank. Berlin betonte, dass es seine Aufgabe sei, Informationen zu beschaffen und herauszufinden, welchen Stellenwert Siemens-Produkte auf dem US-Markt haben. In regelmäßigen Abständen erwarteten sie Berichte, welche Vor- und Nachteile Siemens-Artikel gegenüber den einheimischen Fabrikaten aufweisen. „Diese Ihre Hauptaufgabe vermissen wir zum Teil bei Ihrem Vorgehen und es scheint uns, als ob der Gedanke, dass Sie als Verkaufsstelle für uns drüben installiert wären, bei Ihnen mehr in den Vordergrund tritt",[163] monierte Vorstandsmitglied August Raps. S&H und SSW wollten mit dem Aufbau einer US-Verkaufsorganisation warten, bis sich absehen ließ, ob die USA ausreichend Absatzpotenzial boten. Frank ließ sich von den Vorgaben nicht beirren und konzentrierte sich verstärkt auf den Vertrieb. S&H und SSW fanden sich zunehmend mit diesen Eigeninteressen ab. Laut Frank konnte der Elektrokonzern den amerikanischen Markt nur erschließen, indem er seine Produkte sofort in den USA verkaufte. „Haupterfordernis ist die technische Superioritaet unserer Fabrikate, kurze und puenktliche Liefertermine und die Moeglichkeit einer schnellen Ergaenzung und Reparatur der gelieferten Fabrikate", machte er deutlich.[164] Mit seiner Verkaufsorientierung erhielt Frank aber Kenntnisse zu den Unterschieden deutscher und amerikanischer Produkte, die für S&H und SSW in den Folgejahren wichtig wurden. So berichtete er von grundlegenden Vorbehalten amerikanischer Käufer gegenüber deutschen Fabrikaten. Diese seien „nicht so einfach wie die amerikanischen, nicht so handfest und ‚fool-proof'."[165]

---

161 „Ihre Tätigkeit sollte und soll sich hauptsächlich erstrecken auf die Beschaffung von Informationsmaterial und die Erkundung des Standes unserer Fabrikate auf dem dortigen Markt. Nur nebenbei sollten Sie auch, falls sich Gelegenheit bietet, Bedacht darauf nehmen, Aufträge für unsere Fabrikate aufzunehmen und die Verkaufspropaganda in die Wege zu leiten. [...] Viel wichtiger ist es für uns, über den Stand der Technik auf unseren Arbeitsgebieten in Amerika fortlaufend unterrichtet zu werden." Siehe: SSW an Frank vom 26. Februar 1909, S. 1, in: SAA 68/Li 262.

162 Vgl.: Frank an SSW vom 5. Oktober 1909 sowie: SSW an Frank vom 16. Oktober 1909, beides in: SAA 3487.

163 Vgl.: S&H-Vorstandsmitglied August Raps an Frank vom 1. März 1909, S. 1, in: SAA 68/Li 262. Zu diesen Unstimmigkeiten siehe auch: SSW an Frank vom 26. Februar 1909, in: SAA 2239.

164 Vgl.: Bericht ueber Exportgeschaefte via New York und Erweiterung des N.Y. Informationsbueros vom 25. März 1909, S. 1, in: SAA 68/Li 262.

165 Vgl.: ebenda.

Außerdem werde bei ihrer Gestaltung zu viel Wert auf Äußeres gelegt, was die Herstellungskosten und den Kaufpreis nur erhöhe. Frank erkannte bei den amerikanischen Konstrukteuren eine stärkere kommerzielle Orientierung als bei den deutschen Kollegen. In Deutschland lege man mehr Wert auf Haltbarkeit und Solidität. Die Konsequenzen daraus benannte Frank klar. „Hier also muessen wir uns den Verhaeltnissen anpassen und Fabrikate liefern, die moeglichst billig, einfach und derb sind bei denen alle Arbeit fuer ueberfluessige aeuszere [sic.] Ausstattung vermieden ist, deren Teile leicht ersetzbar sind und deren Bedienung so einfach als moeglich ist."[166] Daneben ergab sich auch das Problem, dass Produkte, die deutschen Standardnormen entsprachen, oft nicht mit US-Artikeln kompatibel waren.[167]

Dies führte dazu, dass vorerst nur ausgewählte Spezialartikel in die USA exportiert wurden. Es handelte sich um wissenschaftliche Messapparate und Laborgeräte, deren Vertrieb Frank an fünf Verkaufsagenten vergab.[168] Den wichtigsten von ihnen, James G. Biddle, hatte Frank im April 1910 als Vertriebsmann für Messgeräte engagiert.[169] Bereits im ersten Jahr seiner Tätigkeit nahm Biddle Messgeräte für etwa 80.000 $ ab, was vielversprechend erschien.[170] Sogar eine kleine Reparaturwerkstatt wurde in New York City errichtet hatte, um defekte Geräte umgehend instandzusetzen.[171] Die positiven Verkaufszahlen jedoch gründeten sich auf Abmachungen zwischen Frank und Biddle, von deren Vereinbarung S&H und SSW nichts wussten. Frank hatte Biddle zehn Prozent Provision zugesagt, sodass das Wernerwerk Messtechnik seine Produkte fünf Prozent unter dem Listenpreis verkaufen musste. Als die deutsche Abteilung dies erfuhr, reagierte sie verstimmt.[172] Gerade

166   Siehe: Bericht ueber Exportgeschaefte via New York und Erweiterung des N.Y. Informationsbueros vom 25. März 1909, S. 3, in: SAA 68/Li 262. In Zukunft betonte S&H daher in den USA, dass auch die eigenen deutschen Produkte sehr einfach in der Handhabung seien. Vgl. hierzu: James G. Biddle, Sole Agent for United States, 1211–13 Arch Street, Philadelphia, Bulletin 775 for Frahm Vibration Tachometers made by Siemens & Halske, for indicating speeds between 900 and 8000 r.p.m., 1913, S. 2, in: Hagley Museum and Library, Imprints, Wilmington/Delaware.

167   Vgl.: Frank an Arthur Lietke vom 7. Juni 1911, S. 3, in: SAA 68/Li 262.

168   Siehe: Karl Georg Frank an Robert Dansing, Secretary of State, Washington D.C. vom 2. August 1915, S. 1, in: NARA, Record Group 59, Box 3446, No. 300.115.4476.

169   Vgl.: Frank an SSW vom 11. April 1910, S. 1, in: SAA 68/Li 262.

170   Vgl.: Jahresabschlussbericht von Frank vom 12. August 1910, S. 7, in: SAA 68/Li 262.

171   Vgl.: James G. Biddle, Sole Distributor for U.S., 1211–13 Arch Street, Philadelphia, Catalog 770 for „Precision Electrical Maesuring Instruments, made by Siemens & Halske, A.G., 1912, S. 2, in: Hagley Museum and Library, Imprints, Wilmington/Delaware.

172   „Dies liegt natürlich nicht in unserer Absicht und kann es auch nicht ihre Absicht sein, derartig billige Verkaufsgeschäfte mit direkten Abnehmern in Amerika abzuschließen." Siehe: Wernerwerk Messtechnik an Frank vom 13. April 1910, S 2, in: SAA 5822. Mit den Verkaufsvertretern im Ausland hatte S&H nicht nur in den USA Schwierigkeiten. Oftmals gab es Unstimmigkeiten über die Verantwortung bei Schadensfällen; mehrfach kam es vor, dass die Vertreter die Produkte nicht als Siemens-Artikel verkauften, sondern sich gegenüber den Kunden selbst als deren Hersteller auswiesen. Nicht zuletzt gab es vermehrt Fälle, in denen die Vertreter ihre Einnahmen nicht an S&H weiterleiteten und die deutsche Firma auf den Herstellungskosten sitzen blieb. Dazu und zu ähnlichen Problemen siehe: Siemens, Weg, Band 1, S. 369.

bei der Preisberechnung kam es wiederholt zu Unstimmigkeiten wie im Falle einer Röntgenanlage, die Biddle an eine kanadische Hochschule verkaufte.[173]

Der Vertrieb von Röntgenanlagen bildete 1910 noch die Ausnahme. Neben Messgeräten wie Frequenzmessern und Vibrationstachometern[174] verkaufte Siemens vor allem Ozon-Apparate, Signal-Apparate, Schiffsinstrumententechnik, Pyrometer für Heißdampf-Lokomotiven, Vacuum-Blitzableiter, Kabel, Oszillographen, Bogenlampen und Bogenlampenkohlen.[175] Das Geschäft mit solchen Spezialprodukten aber gestaltete sich als schwierig. Der Großteil von ihnen war in vielen verschiedenen Modellen verfügbar. Eine Lagerung in den USA war aus Platzgründen nicht möglich. Die Produkte musste Biddle daher über Frank aus Deutschland bestellen, sodass sie erst nach zwei bis drei Monaten Lieferzeit die USA erreichten.[176] Potenzielle Kunden waren dadurch abgeschreckt. Zudem konnten die US-Konkurrenzunternehmen ihre Preise flexibel gestalten und bei größeren Aufträgen senken, um ausländische Wettbewerber wie Siemens auszuschließen.[177] Solche Erfahrungen ließen Frank ernüchtert schlussfolgern, dass die Vereinigten Staaten „wohl nie fuer uns ein eigentliches Absatzgebiet werden!"[178] Trotzdem gelang es Frank seit 1910 vermehrt, namhafte Projekte für Siemens zu sichern. So waren Aufträge für andere überseeische Länder, die über sein Büro koordiniert wurden, teils von hohem Prestige und dienten gegenüber kritischen Nachfragen aus Berlin als Legitimation für die Notwendigkeit seiner Tätigkeit. 1910 erhielt S&H den Auftrag, für die argentinische Regierung die elektrische Innenausstattung für die Kriegsschiffe ARA Moreno und ARA Rivadavia zu liefern, die in New York City gebaut wurden. Neben der Herstellung der Kommandoausrüstung und der Telefon-

173 1909/10 erhielt das Wernerwerk M über Frank einen Auftrag über eine Röntgenanlage für die University of Nova Scotia, Halifax. Anstatt der ursprünglich veranschlagten 4.792 RM zahlte die Hochschule nur 4.281 RM, genehmigte sich somit einen Rabatt von rund 10 Prozent mit Hinweis auf Frank, mit dem dieser ausgehandelt sei. Frank hatte diesen Deal gegenüber den Stammhäusern von Siemens nicht erwähnt. S&H reagierte verärgert. Vgl. dazu: Wernerwerk M an Frank vom 13. April 1910, S 2, in: SAA 5822 sowie: Wernerwerk M an Frank vom 13. April 1910, S. 1, in: SAA 5822. Frank versuchte anschließend, sein Verhalten zu rechtfertigen. Vgl.: Frank an Wernerwerk M vom 17. Mai 1910, in: SAA 5822.

174 Vgl.: James G. Biddle Company, Report at Mid-Century. Entering our second fifty years, 1895–1945, Philadelphia 1945, S. 16, in: Hagley Museum and Library, Imprints, Wilmington/Delaware.

175 Vgl.: Frank an SSW vom 4. Februar 1910, in: SAA 68/Li 262; Frank an SSW vom 1. März 1910, in: SAA 68/Li 262 sowie: Monatsbericht von Frank vom 12. August 1910, S. 7, in: SAA 68/Li 262. Kunden waren „universities, colleges and technical schools; public service companies, manufacturers of electrical machinery, large industrial plants, consulting engineers and departments of the U.S. Government". Vgl.: James G. Biddle, Sole Distributor for U.S., 1211–13 Arch Street, Philadelphia, Catalog 770 for „Precision Electrical Maesuring Instruments, made by Siemens & Halske, A.G., 1912, S. 2, in: Hagley Museum and Library, Imprints, Wilmington/Delaware.

176 Vgl.: James G. Biddle, Catalog 780: „G-R" Laboratory Rheostats imported by James G. Biddle, 1211–13 Arch Street, Philadelphia, 1913, o.S., in: Hagley Museum and Library, Imprints, Wilmington/Delaware.

177 Vgl.: Monatsbericht von Frank vom 12. August 1910, S. 8, in: SAA 68/Li 262.

178 Vgl.: Jahresabschlussbericht von Frank vom 12. August 1910, S. 8 f., in: SAA 68/Li 262.

anlagen war Siemens für Dynamos und kleine Motoren verantwortlich.[179] Frank versprach sich davon Folgeaufträge in New York. Zum Jahreswechsel 1914/15 konnte der Abschluss der Bauarbeiten dieser beiden Schiffe gemeldet werden.[180] 1913 gelang es Frank, einen noch größeren Auftrag für Siemens zu sichern. Im Februar unterbreitete er der chilenischen Bergbaufirma Chile Exploration Co. ein Angebot für ein Kraftwerk mit einer 100.000-Volt-Fernleitung. Bereits einen Monat später gab die Gesellschaft ihre Zusage. Dieses Projekt, für das Siemens einen Auftragswert von 2,5 Mio. $ veranschlagte, erwies sich als großer unternehmerischer Erfolg. „Fuer unser Prestige hier in Amerika [...] ist dieser Auftrag wohl von grosser Bedeutung."[181] Solch eine Order bestärkte Frank in seinem Geschäftsverständnis, sich über Verkaufszahlen zu definieren. Die Siemens-Zentrale in Berlin aber blieb weiterhin skeptisch gegenüber der Vertriebsorientierung von Frank. Das deutsche Elektrounternehmen kannte die Gefahr von Nachbauten und Fälschungen, die bereits in den 1880er und 1890er Jahren aufgekommen war. Da die US-Patentlage oftmals unklar war, machte Siemens mit dem Verkauf von Nischenprodukten amerikanische Firmen auf die deutschen Konstruktionen aufmerksam und brachte diese dazu, Apparate und Geräte nach Siemens-Vorbild nachzubauen und selbst zu vertreiben. Die Befürchtung, US-Firmen könnten diese Kopien auch außerhalb der USA vertreiben, war nicht grundlos.[182] Den amerikanischen Firmen gelang es ohne große Mühen, die technologischen Innovationen der deutschen Konkurrenz nachzubauen und selbst in den USA zu verkaufen.[183]

Zwar entwickelten sich bis zum Ersten Weltkrieg keine gravierenden Konflikte zwischen S&H Berlin und dem New Yorker Büro, doch war der Kontakt immer wieder geprägt von Meinungsverschiedenheiten. Hatte beispielsweise Frank seine Belegschaft zum Jahresbeginn 1913 auf 13 Mitarbeiter ausgebaut,[184] so störte sich S&H an der hohen Personalfluktuation, die die geschäftlichen Kontinuitäten erschwere:

> „Wir werden es hinfort nicht mehr gutheissen, dass fast in jeder Monatsabrechnung Namen von neueingestelltem Personal erscheinen, und wir nachträglich erst auf Befragen von Ihnen Mitteilung über deren Notwendigkeit und Zweck erhalten, meist sogar mit dem Bemerken, dass die betreffende Arbeitskraft inzwischen bereits wieder entlassen ist",[185]

so die Erklärung aus Berlin. Unmut erregte auch Franks eigenmächtige Kompetenzverteilung im Bereich der Finanzen des Büros. So hatte er einem neu eingestellten Mitarbeiter die Erlaubnis gegeben, Schecks und damit Firmengelder zu verwal-

---

179 Siehe: Monatsbericht von Frank vom 11. Mai 1910, S. 1 f., in: SAA 68/Li 262.
180 Siehe: Monatsbericht für November und Dezember 1914 vom 7. Januar 1915, S. 3, in: SAA 15/Lc 70.
181 Vgl.: Monatsbericht für März 1913 vom 9. April 1913, in: SAA 15/Lc 70; Monatsbericht für Februar 1913 vom 17. März 1913, in: SAA 15/Lc 70 sowie: Monatsbericht für April 1913 vom 10. Mai 1913, S. 1, in: SAA 15/Lc 70.
182 Vgl.: S&H an Frank vom 6. Januar 1913, S. 2, in: SAA 2239.
183 Siehe: Wilkins, History 1989, S. 440.
184 Vgl.: Personalliste vom 4. Januar 1913, in: SAA 2239.
185 Vgl.: S&H an Frank vom 6. Januar 1913, S. 3, in: SAA 2239.

ten.[186] Frank war daher nicht unumstritten. Fünf Jahre nach der Gründung, im Januar 1913, kam es zu einer ersten Überprüfung der Betriebskosten des Büros. Sie hatten die anfänglichen Planungen deutlich überstiegen. Beliefen sie sich im Geschäftsjahr 1910 noch auf 54.102 RM, so hatten sie sich ein Jahr später bereits auf 81.666 RM und 1912 auf 106.966 RM[187] erhöht. Der ursprüngliche Etat für das Geschäftsjahr 1913 von 107.730 RM wurde mit 149.107 RM „ganz beträchtlich" überschritten, kritisierte S&H.[188] Bei der Überprüfung betonte dann aber die Abteilung für Elektrische Bahnen, dass einige deutsche Siemens-Abteilungen aus den Informationen von Frank großen Nutzen zögen und die Bürotätigkeit daher nicht eingestellt werden dürfe.[189] Wahrscheinlich war das Fürsprechen dieser Abteilung ausschlaggebend dafür, dass Ende 1913 die Administration des Büros in New York in den Kompetenzbereich der Übersee-Abteilung von SSW übertragen wurde. Im Gegensatz zur bisher straffen Bevormundung durch S&H erhielt das Büro Frank nun erweiterte Freiheiten. Dies erscheint auch ein Grund zu sein, warum in den Folgejahren die Konflikte zwischen Siemens in Berlin und der New Yorker Zweigstelle zurückgingen.[190]

2.2 Erster Weltkrieg und die Frage des Wiederaufbaus

Bis zum Ersten Weltkrieg hatte sich die Elektrotechnik zu einer der Schlüsselindustrien in Deutschland entwickelt. 1913 machten deutsche Lieferungen mehr als die Hälfte des weltweiten Elektrotechnikhandels aus.[191] Daher war Siemens & Halske von dem Kriegsbeginn und dessen Folgeerscheinungen wie Nachfragerückgang, Rohstoffmangel und Produktionseinschränkungen besonders betroffen.[192] Die Schwierigkeiten lenkten den Fokus auf den deutschen Heimatmarkt und das Geschäft in den benachbarten Ländern. Strukturvorteile in den USA blieben daher ohne Wirkung für Siemens. So boten Zollsenkungen, die ihren Höhepunkt im Clayton Anti Trust Act 1914 fanden und ausländischen Unternehmen einen kostengünstigen Export in die USA ermöglichten, für das Siemens-Geschäft keine Erleichte-

---

186 Vgl.: S&H an Frank vom 7. Januar 1913, S. 1, in: SAA 2239.

187 Vgl. hierzu: Liste der Unkosten des New Yorker Büros für die Geschäftsjahre 1909/10 bis 1910/11, in: SAA 2239.

188 Vgl.: S&H an SSW, Abteilung Übersee vom 1. April 1914, in: SAA 2239.

189 Siehe: Schriftwechsel zwischen SSW, Abteilung Elektrische Bahnen und der CVU vom Januar und Februar 1913, in: SAA 3488. Das Büro konnte fortbestehen, allerdings mit gekürztem Budget. Siehe: S&H an Frank vom 6. Januar 1913, S. 4 f., in: SAA 2239.

190 Zum Wechsel der zuständigen Verwaltung siehe: CVU an Frank vom 6. November 1913, in: SAA 2239. So äußerte sich SSW im April 1914 entspannt, als S&H vermeldete, Frank habe seine Budgetgrenzen abermals überschritten. Geschäfte seien eben nie exakt planbar, daher könnten sich auch veranschlagte Kosten verschieben, argumentierte SSW. Siehe dazu: SSW an S&H am 3. April 1914, in: SAA 2239.

191 Siehe: Rainer Metz, Expansion und Kontraktion. Das Wachstum der deutschen Wirtschaft im 20. Jahrhundert, in: Reinhard Spree (Hg.), Geschichte der deutschen Wirtschaft im 20. Jahrhundert, München 2001, S. 70–89, hier S. 86.

192 Vgl.: Geschäftsbericht von Siemens & Halske von 1913/14, S. 5.

rung. Zu schwach war die Marktposition insbesondere der elektrotechnischen deutschen Firmen in den USA, die durch die starken amerikanischen Wettbewerber weiter destabilisiert wurde.[193] Während beispielsweise die Chemieindustrie nicht von US-Konzernen dominiert war, so hatten sich allen voran GE und Westinghouse im amerikanischen elektrotechnischen Markt etabliert und erschwerten den erfolgreichen Markteintritt von S&H und SSW.[194] Zudem behinderte die alliierte Seeblockade deutsche Ausfuhren ins Ausland fundamental. Frank bemühte sich 1915, beim amerikanischen Secretary of State eine Sondergenehmigung zur Einfuhr von Siemens-Artikeln zu erhalten,[195] die ihm aber nicht gewährt wurde.[196] Damit war das Verkaufsgeschäft mit US-amerikanischen Kunden zum Erliegen gekommen.

Im Gegensatz zu amerikanischen Privatkunden und staatlichen Institutionen hatten sich 1914 US-Firmen noch nicht von Siemens abgewandt. So fanden im ersten Kriegsjahr unter Karl Georg Franks Leitung Gespräche mit dem amerikanischen Land- und Baumaschinenhersteller Allis-Chalmers statt, der mehr als sechzig Jahre später einer der wichtigsten Geschäftspartner für Siemens wurde. Konkret verhandelten beide Seiten darüber, ob AC für S&H in den USA diejenigen Produkte herstellen könnte, die nicht aus Berlin importiert werden konnten. Zudem besprachen Unternehmensvertreter beider Firmen eine potenzielle Kooperation im Bereich der Elektrizität in Bergwerken.[197] Die Gespräche führten zwar zu keiner Einigung, aber Siemens blieb trotz der angespannten deutsch-amerikanischen Beziehungen im Bewusstsein amerikanischer Konzerne präsent. Während die Produktverkäufe drastisch nachließen, kümmerte sich Frank verstärkt um den Material- und Geräteeinkauf für die auswärtigen Siemens-Büros in Südamerika und Asien sowie um den Abschluss von Verträgen mit anderen überseeischen Ländern.[198] Die Bestellungen von S&H- sowie SSW-Produkten, die Frank über New York für andere überseeische Standorte abwickelte, waren allerdings auch rückläufig. Betrug das Auftragsvolumen 1910/11 noch 853.200 RM und stieg bis 1912/13 auf 2,96 Mio. RM an, so fiel es im Folgejahr auf 538.206 RM und erreichte 1915/16 nur noch 44.958 RM.[199] Der Umsatz durch Käufe von US-Kunden war für den deutschen Elektrokonzern marginal geworden.[200] Auch die Verwertung von Sie-

193   Siehe hierzu und zu Folgendem: Monatsbericht November und Dezember 1914 vom 7. Januar 1915, S. 7, in: SAA 4/Lk 178, Nachlass Wilhelm von Siemens.

194   Siehe: Wilkins, History 1989, S. 440 sowie: Gohm, Technologietransfer, S. 131.

195   Vgl.: Karl Georg Frank an Robert Dansing, Secretary of State, Washington D.C. vom 2. August 1915, S. 1, in: NARA, Record Group 59, Box 3446, No. 300.115.4476.

196   Vgl.: Foreign Trade Advisor an Karl Georg Frank vom 11. August 1915, in: NARA, Record Group 59, Box 3446, No. 300.115.4476.

197   Siehe: Monatsbericht Oktober 1914 vom 2. Dezember 1914, S. 1, in: SAA 4/Lk 178, Nachlass Wilhelm von Siemens.

198   Vgl.: Monatsbericht Januar und Februar 1915 vom 10. März 1915, S. 1 f., in: SAA 4/Lk 178, Nachlass Wilhelm von Siemens. In einer Aufstellung von Frank über die Einkäufe von Oktober bis Dezember 1915 wird deutlich, um welche Produkte es sich vorwiegend handelte: Kupferdraht, Dynamobleche, Bügelstromabnehmer, Porzellan-Isolatoren, Kohlestifte u. Ä. Siehe: Monatsbericht Oktober 1914 vom 2. Dezember 1914, S. 2, in: SAA 4/Lk 178, Nachlass Wilhelm von Siemens.

199   Vgl. zu den Zahlen: Geschäftsberichte der CVU von 1910 bis 1916, in: SAA 15/Lc 862.

200   Vgl.: Jahresbericht für 1915 vom 10. Januar 1916, S. 1 f., in: SAA 4/Lk 178, Nachlass Wilhelm

mens-Patenten aus Berlin erwies sich nicht mehr als lukrativ. Die Kosten, deutsche Patente in den USA zu schützen, hätten die Gewinne durch deren Verkauf deutlich überschritten, fasste Frank 1914 zusammen.[201]

In der Funktion einer Informations- und Vermittlungsstelle konnte das Büro von Frank bis zum Kriegseintritt der USA 1917 bestehen bleiben. Noch bis zum Jahresende 1916 hatte Frank regelmäßig Monatsberichte an S&H und SSW gesandt. Die amerikanische Kriegserklärung an Deutschland vom 6. April 1917 veränderte die Situation für das New Yorker Vertreterbüro von Siemens dann grundlegend. Karl Georg Frank wurde als Repräsentant eines deutschen Unternehmens im April 1917 für mehrere Tage inhaftiert und erst dank seiner amerikanischen Staatsbürgerschaft wieder freigelassen.[202] Nach dem Umzug von Frank und seinen vier verbliebenen Mitarbeitern in ein kleineres Büro wurden diese 1917/18 gezwungen, ihre Arbeit einzustellen. Die alliierte Verwaltung für Kriegsgegnerbesitz, der sogenannte Alien Property Custodian, hatte begonnen, die Firmenverhältnisse in New York zu überprüfen. Im Januar 1918 musste das Informationsbüro sein vorhandenes Firmenkapital an die Bankers Trust Company abgeben. Knapp eineinhalb Jahre später zog die US-Behörde den Erlös des verkauften Bürogebäudes ein. Die Liquidierung war nun abgeschlossen.[203]

Die Kontakte von Siemens in die USA sollten aber nicht für lange Zeit abreißen. Frank, der sich während seiner zehnjährigen Tätigkeit als Siemens-Vertreter in den Vereinigten Staaten ein weites Netzwerk geschaffen hatte, war sehr an einer Fortsetzung seiner Informationstätigkeit interessiert. Er hatte am 1. März 1917 eine eigene Firma, die American Precision Works (APW), gegründet, und strebte mit dieser nach Kriegsende eine erneute Zusammenarbeit mit dem deutschen Elektrounternehmen an.[204] Bereits im Mai 1919 nahm er Kontakt zu Siemens & Halske in Berlin auf, um die Frage einer erneuten Vertretung der Siemens-Interessen in den Vereinigten Staaten zu besprechen. Im Oktober 1919 ernannten ihn S&H und SSW zum „Consulting Engineer, General Representative of Siemens & Halske AG, Siemens-Schuckertwerke GmbH Berlin".[205] Angebunden an seine New Yorker Firmen APW und Techno Service Corp. (TSC)[206] erhielt er erneut die Aufgabe, Siemens in den USA zu repräsentieren. Diese Zusammenarbeit zeigt, dass der Erste Weltkrieg für das Siemens-Geschäft in den USA sicherlich eine Zäsur, nicht aber einen Bruch von Kontinuitäten bedeutete. Schließlich gab es zwischen 1914 und 1919/20 in personeller Hinsicht keine entscheidenden Veränderungen.[207] Auch inhaltlich hatte

von Siemens.

201   Dazu: Bericht vom 16. September 1914 von Frank, in: SAA 4/Lk 178, Nachlass Wilhelm von Siemens.

202   Siehe: Memorandum der Legation of Switzerland vom 15. September 1917, in: NARA, Record Group 59, Box 3628, No. 311.62.211 sowie: Zenneck an S&H vom 24. Juli 1919, in: SAA 8103.1 sowie: Aktennotiz vom 26. November 1917, in: SAA 2239.

203   Siehe: Niederschrift vom 17. September 1919, S. 1, in: SAA 2239.

204   Dieses und Folgendes ist zu finden in: Frank an Reyss vom 18. September 1919, S. 3, in: SAA 8103.1.

205   Siehe: Vertrag zwischen S&H, SSW und Frank vom 23. Oktober 1919, in: SAA 68/Li 262.

206   Vgl.: Niederschrift vom 17. September 1919, S. 2, in: SAA 2239.

207   Die Leitung des Büros behielt Karl Georg Frank. Auch seine vier wichtigsten Untergebenen

das New Yorker Büro im Wesentlichen dieselben Aufgaben wie vor dem Ersten Weltkrieg.

Fundamental verändert aber hatte sich der Rahmen, innerhalb dessen sich das US-Geschäft abspielte. Schließlich musste Siemens als eine der Kriegsfolgen sein gesamtes Auslandsvermögen an die Alliierten abgeben.[208] Dies beinhaltete auch den Verlust aller im Ausland angemeldeten Patente. Während die amerikanischen Elektrounternehmen in den Kriegsjahren ihre Produktion durch die Umstellung auf Kriegswirtschaft steigern konnten, führte die politische Isolation Deutschlands dazu, dass deutsche Unternehmen während und nach dem Ersten Weltkrieg sinkende Umsätze verkraften mussten.[209] Die deutsche Elektroindustrie fiel hinter die amerikanische Konkurrenz zurück, die man noch 1914 dominiert hatte. Die Gründe hierfür lagen nicht nur im Kriegsverlauf und der außenpolitischen Abschottung Deutschlands, sondern auch in Forschungsmängeln verschiedener Felder der Elektrotechnik sowie veralteten Produktionsstrukturen. Nicht zu Unrecht gab Frank 1920 zu bedenken, dass General Electric zum größten Konkurrenten aufgestiegen sei und die Wettbewerbsstärke amerikanischer Unternehmen keine positive Zukunft für S&H und SSW verspreche.[210] Insbesondere die Verhandlungsbereitschaft amerikanischer Firmen über den Wiederaufbau strategischer Beziehungen beurteilte er sehr kritisch. Er erachtete die politische Lage, auch wegen der noch ausstehenden Ratifizierung des Versailler Friedensvertrags, als zu kompliziert, um bereits 1919 neue Geschäfte anzuberaumen und Kontakte aufzubauen. Zudem betonte er, dass die Skepsis von US-Firmen gegenüber deutscher Konkurrenz sehr groß sei und S&H und SSW zu einer gewissen Zurückhaltung verpflichte.[211] Ab Jahresbeginn 1920 löste sich Frank dann von TSC und APW, um sich auf die Siemens-Vertretung zu konzentrieren. Ein Vertrag wurde für die Dauer von drei Jahren geschlossen. Wie bereits vor 1914 arbeitete Frank für S&H und SSW, sodass beide Seiten jeweils die Hälfte der Personalkosten zu tragen hatten.[212] Seine Aufgaben beschränkten sich in den Nachkriegsmonaten auf die erneute Informationsbeschaffung und Analyse des Geschäftspotenzials von Siemens-Produkten in den USA. Ab 1920 engagierte er sich verstärkt für die Vermittlung kleiner Geschäfte in den USA und versuchte, Siemens-Artikel in die Vereinigten Staaten einzuführen. Bis in die 1930er Jahre aber sollte die Berichterstattung über den US-Elektromarkt die zentrale Aufgabe von Frank bleiben.[213]

    arbeiteten weiterhin für S&H und SSW. Siehe: Frank an Reyss vom 18. September 1919, S. 2, in: SAA 68/Li 262.

208 Vgl.: Feldenkirchen, Siemens 2003, S. 204.
209 Hierzu und zu Folgendem siehe: Feldenkirchen, Siemens 2002, S. 92.
210 Vgl.: Frank an das S&H- und SSW-Vorstandsmitglied Max Haller vom 11. August 1920, S. 1 f., in: SAA 11/Lb 359, Nachlass Haller.
211 Vgl.: Frank an das Wernerwerk Berlin vom 12. Dezember 1919, in: SAA 2237.
212 Vgl.: SSW an Adolf Franke vom 23. Oktober 1919, S. 1, in: SAA 8103.1.
213 So lassen sich für den Zeitraum der 1920er Jahre in den Siemens-Akten viele Zeitungsartikel und allgemeine Broschüren über den amerikanischen Markt, die Geschäftsentwicklung von US-Elektrounternehmen sowie deren Abkommen finden. Beispielhaft sei das Konvolut in SAA 11/Lf 175–176, Nachlass Köttgen erwähnt.

Hatte er bereits vor dem Ersten Weltkrieg auf die strukturellen Schwierigkeiten des US-Marktes hingewiesen, so blieb seine Skepsis auch nach Kriegsende bestehen. Bereits 1920, als sich S&H und SSW zumindest auf den Heimatmärkten langsam wieder konsolidiert hatten, erhielten die beiden Stammhäuser eine kritische Einschätzung von Frank zu den Marktchancen von Siemens in den USA. Frank monierte, dass sich Siemens zu wenig auf den amerikanischen Markt und die Bedürfnisse der amerikanischen Kunden ausgerichtet habe.[214] So stelle die Firma weiterhin ausschließlich hochwertige Qualitätsware zu gehobenen Preisen her und verkenne vollkommen, dass in den USA günstige und einfach zu bedienende Massenprodukte hohe Umsätze versprechen würden. Daher, so Frank, sei es unabdingbar für Siemens, sich für den US-Markt neu auszurichten und den Anschluss an die amerikanischen Wettbewerber nicht zu versäumen. Beispielsweise besitze General Electric gegenüber Siemens die Wettbewerbsvorteile, über innovative Produktionsmethoden zu verfügen und einfache Artikel herzustellen.[215] Auch habe sich das US-Unternehmen auf vielversprechende Produktbranchen konzentriert und in diesen Werbung initiiert und Vertriebsstrukturen aufgebaut. Frank beschrieb damit vier Strukturveränderungen, die Siemens für den US-Markt vorzunehmen habe:
- von traditionellen Fertigungsmethoden über Rationalisierungsmaßnahmen zur Massenfabrikation
- von der Herstellung komplexer, hochwertiger Spezialapparate und -geräte zur Fabrikation von einfachen und benutzerfreundlichen Serienprodukten
- von der Isolierung auf dem Verbrauchermarkt zur bewussten Bewerbung der Artikel

von dem Einzelverkauf über Vertreter zur umfassenden Vertriebsorganisation
Diese Ziele, folgerte Frank, seien nur zu erreichen, indem sich Siemens dazu entschließe, eine eigenständige US-Gesellschaft zu gründen.

> „Wenn wir Ihren Wünschen entsprechend hier wirklich lohnenden Absatz haben wollen, genügt die bisherige Methode des einfachen Importvertriebes durch Agenten nicht mehr, sondern wir müssen eine Zentralvertriebsstelle einrichten. In einem Lande mit hochentwickelter Eigenindustrie kann eine fremde Firma nur Erfolg haben, wenn sie dem Kundenkreise im wesentlichen [sic] dasselbe bietet in Bezug auf prompte Lieferung, Reparaturmöglichkeiten, Ersatzteile, Lager und in Bezug auf alle die vielen kleinen Anforderungen, die im täglichen Geschäftsverkehr an den Verkäufer und den Fabrikanten herantreten, wie die heimischen Firmen. Ferner gehören dazu reichlich finanzielle Mittel, um die Kosten zu bestreiten, die nun einmal

---

214   Hierzu und zu Folgendem siehe: Frank an S&H und SSW vom 27. Juli 1920, S. 2 f., in: SAA 11/Lf 472, Nachlass Köttgen sowie: Frank an S&H und SSW vom 27. Juli 1920, in: SAA 3488. So konstatierte Frank: „Wir fabrizieren heute zu vielerlei, verteuern dadurch Fabrikation und Vertrieb, und können bei der mannigfachen Betätigung auf verschiedenen Gebieten nicht die Monopolstellung festhalten, die die Firma vor Jahren einnahm. Derartige Bestrebungen waren früher bei der günstigen wirtschaftlichen Lage Deutschlands und bei dem großen Ansehen der deutschen Industrie und Technik eben wegen dieser progressiven Tendenzen, wohl angebracht. Jetzt im Konkurrenzkampfe mit einer übermächtigen Auslandsindustrie, die reinste Zweckmäßigkeitspolitik betreibt, ist sie nicht mehr aufrecht zu erhalten."
215   Hierzu und zu Folgendem siehe: Frank an Otto Henrich vom 16. August 1920, S. 2, in: SAA 11/Lf 472, Nachlass Köttgen.

für die Erschliessung des Marktes notwendig sind und die der einzelne Agent im allgemeinen [sic.] weder aufwenden will noch kann."[216]

Mit einer eigenen Niederlassung, so Frank, wäre es auch möglich, die bisherigen Exportartikel um größere Apparate wie Signalanlagen, Feuermelder oder Hospital-einrichtungen zu erweitern. Fernziel sei es, erklärte Frank bereits 1921, das gesamte Portfolio von Siemens in Deutschland auch in den Vereinigten Staaten anzubieten. Dabei wies er im Gegensatz zu dem letzten Interessensvertreter von Siemens in den USA, Otto W. Meysenburg, eine kritischere Einstellung auf. „Ich bilde mir garnicht [sic.] ein, dass alles so glatt gehen werde; wir werden mit Vorurteilen und vielen anderen Hindernissen zu kämpfen haben, aber die Möglichkeiten sind hier so gross, dass das Risiko der Mühe wert ist",[217] betonte er. Bis März 1921 konkretisierten sich seine Vorstellungen. Er suchte den SSW-Vorstandsvorsitzenden Otto Henrich auf und schlug diesem vor, Hugo Stinnes als Aktionär zu gewinnen und dessen Bekanntheit in den Vereinigten Staaten als Werbeantrieb zu nutzen.[218] Siemens re-agierte in Person von Hermann Reyss verhalten. Zuerst müsse geprüft werden, wel-che Siemens-Produkte in den USA konkurrenzfähig seien, ehe weitere organisato-rische Schritte eingeleitet werden könnten.[219] Daraufhin wagte sich Frank an einen ersten Organisationsentwurf für eine amerikanische Gesellschaft, die Siemens-Pro-dukte vertreiben sollte. Produktbestände eines einzurichtenden Lagers sollten unter anderem Zähler, Motoren, Messinstrumente, Phonophore, Heizinstrumente und Telefone sein.[220]

2.3 Die Vertretung durch die Adlanco und das Abkommen mit Westinghouse

Aus den Überlegungen entwickelten die Siemens-Gesellschaften im Herbst 1921 eine neue Organisationsform für das Geschäft in den Vereinigten Staaten. Im Okto-ber gründeten Siemens & Halske, Siemens-Schuckertwerke und die Deutsch-Lu-xemburgische Bergwerks- und Hütten-Aktiengesellschaft, Dortmunder Union (DLBH) die Gesellschaft Adlanco Industrial Products Corporation (AIPC), mit de-ren Geschäftsleitung Frank betraut wurde. Mit Sitz in New York übernahm sie für die drei Gründergesellschaften die Generalvertretung in den USA.[221] Organisato-

---

216 Vgl.: Frank an S&H und SSW vom 17. Februar 1921, S. 1, in: SAA 2239.
217 Vgl.: Frank an S&H und SSW vom 17. Februar 1921, S. 2, in: SAA 2239.
218 Siehe: Frank an Otto Henrich vom 10. März 1921, in: SAA 11/Lf 472, Nachlass Köttgen.
219 Siehe: Hermann Reyss u. a. an Carl Köttgen vom 31. März 1921, in: SAA 11/Lf 472, Nachlass Köttgen.
220 Vgl.: Entwurf für ein Organisationsprofil der Amerikanischen Gesellschaft von Frank, ohne Datum, in: SAA 11/Lf 472, Nachlass Köttgen.
221 Vgl.: Frank an SSW vom 21. Oktober 1921, in: SAA 68/Li 262 sowie: Hermann Reyss an die Adlanco vom 16. Dezember 1921, in: SAA 68/Li 262. Es ist ein Vertragsentwurf überliefert, der als Aufgaben der Adlanco aufzählt: Produkte der drei Gründungsfirmen auf den US-Markt bringen, Patentverwertung in den USA, Materialkäufe, Lagerhaltung, Fabrikation von Pro-dukten der drei Gründerfirmen, Verhandlungen mit Kooperationspartnern in den Vereinigten Staaten sowie Aufbau und Pflege neuer Geschäftsbeziehungen. Siehe: Vertragsentwurf zwi-schen SSW, S&H, DLBH und der Adlanco, undatiert, S. 2, in: SAA 68/Li 262.

risch entschieden sich SSW, S&H und die DLBH, eine einfache und durchsichtige Aktiengesellschaft aufzubauen. So wurden insgesamt 3.000 Aktien ausgegeben, ein Drittel davon als Vorzugsaktien, die restlichen zwei Drittel als Stammaktien. SSW übernahm 440 der Stammaktien, die DLBH 660, sodass die beiden Gesellschaften mit 1.100 der 2.000 Stammaktien die absolute Mehrheit an der Adlanco besaßen, da nur die Stammaktien stimmberechtigt waren.[222] Organisatorisch bearbeitete die Adlanco für Siemens zwei Fachbereiche. Das Sachgebiet 1 umfasste die Vertretung der Interessen von S&H, SSW und des Wernerwerks F (Fernmeldetechnik). Eine Verkaufstätigkeit war nicht vorgesehen, vielmehr standen reine Beratungs- und Informationsaufgaben im Mittelpunkt. In das Sachgebiet 2 fielen dagegen die Produkte des Wernerwerks M mit den Teilbereichen Mess- und Wärmetechnik sowie medizinische Geräte, die gelagert, verkauft und repariert wurden.[223]

Die Geschäftsentwicklung der Adlanco blieb in den Folgejahren weit hinter den Erwartungen zurück. Im Frühjahr 1923, eineinhalb Jahre nach ihrer Gründung, musste die amerikanische Gesellschaft anhaltende Verluste nach Berlin melden. Die geschäftliche Situation habe sich „ganz erheblich verschlechtert",[224] so ein Bericht an SSW. Fast alle Produktsparten der Adlanco waren von der Absatzschwäche betroffen. Einzig Frequenzmesser und Tachometer erreichten akzeptable Verkaufszahlen. Spezialartikel wie Phonophore, Pyrometer oder Megohmmeter blieben weitgehend unverkauft. Als Ursache für die schwache Nachfrage benannte Frank die Unzuverlässigkeit der Lieferungen aus Deutschland. Die Unpünktlichkeit der bestellten Produkte sorge bei amerikanischen Kunden für Unverständnis und Abwendung von der Adlanco. Sollten diese logistischen Schwierigkeiten behoben werden, so würde die Adlanco in den USA „für mehrere Hundert-tausend-Dollars [sic.] pro Jahr"[225] Produkte verkaufen können, so Frank. Dieses Missverhältnis zwischen Marktpotenzial und tatsächlicher Geschäftsentwicklung bewog die drei Teilhabergesellschaften im Juni 1923 dazu, eine Reorganisation der Adlanco und ihres Verhältnisses zu Siemens und der DLBH durchzusetzen. Die Adlanco verlor den Status einer Generalvertretung von Siemens. Die Interessensvertretung im Bereich des Wernerwerks M (Messtechnik, Elektromedizin) blieb aber in ihrem Zuständigkeitsbereich. Bis auf die Kondensatorengeschäfte gab sie aber sämtliche Vertretungsaufgaben für das Wernerwerk Fernsprechtechnik an Karl Georg Frank als Consulting Engineer ab.[226] Seine Funktion bei der amerikanischen Gesellschaft

222 Siehe: Frank an SSW vom 31. Dezember 1921, S. 4 f., in: SAA 68/Li 262. Im November 1921 vereinbarten die drei Gesellschaften S&H, SSW und DLBH, dass bei der Führung der Adlanco SSW maßgebend sein solle und Geschäftsentscheidungen von SSW in Abstimmung mit der DLBH getroffen werden. Vgl. hierzu: Aktennotiz zur Konferenz vom 14. November 1921, datiert vom 17. November 1921, S. 1, in: SAA 68/Li 262.

223 Siehe: Firmengeschichte SRW-Vertretung in USA, S. 1, in: SMA 7610 3-5-02.

224 Dieses und weiteres siehe: Frank an SSW und DLBH vom 21. März 1923, S. 1–4, in: SAA 68/Li 262.

225 Vgl.: Frank an SSW und DLBH vom 21. März 1923, S. 3, in: SAA 68/Li 262.

226 Vgl.: Vertreterabkommen zwischen Adlanco Industrial Products Corporation und S&H vom 13. Dezember 1923, S. 1, in: SAA 26/Ll 884. Der Vertrag war ursprünglich nur für ein Jahr mit der Option auf eine automatische Verlängerung erstellt. Neben S&H und SSW vertrat Frank auch die Deutsch-Luxemburgerische Bergwerks- und Hütten-AG, die Gelsenkirchener Berg-

übertrug man dem S&H-Prokuristen Desiderius Flir, der bisher beim Wernerwerk M in Berlin beschäftigt war.

Ein Meilenstein in der Geschichte von SSW in den USA stammt aus dem Jahr 1924. SSW vereinbarte ein umfangreiches Abkommen mit Westinghouse, einem der großen US-Wettbewerber. Bereits 1920 formulierte Frank die Idee, sich über eine Aufteilung des Weltmarktes zu verständigen, um Konkurrenzüberschneidungen zu vermeiden.[227] Auf seinen USA-Reisen baute SSW-Vorstand Hermann Reyss die Beziehungen 1924 zu einem Kooperationsvertrag aus. Am 17. Oktober vereinbarten SSW und Westinghouse eine Regelung über den regelmäßigen Austausch an Patenten, Technologien und Erfahrungen auf dem Gebiet der gesamten Starkstromtechnik und schlossen eine Abmachung zur Aufteilung der Weltmärkte.[228] Dieses Abkommen legte fest, dass sich SSW nicht auf den Arbeitsgebieten der Westinghouse in den USA und Kanada betätigen würde, während sich Westinghouse nicht auf dem europäischen Starkstrommarkt begeben durfte. Es betraf das gesamte SSW-Produktportfolio der Starkstromtechnik mit Ausnahme von Glühlampen, Kabeln, Leitungen, Feuermeldern, Wassermessern und Verstärkern. Der gegenseitige Austausch von Ingenieuren wurde intensiviert, um die Forschungsarbeit des Anderen zu verfolgen.[229] Das Abkommen entstand aber nicht ohne Schwierigkeiten. So berichtete Frank von zähen Verhandlungen mit den Verantwortlichen von Westinghouse. Die US-Firma habe sich beispielsweise nach außen stets gesprächsbereit geäußert, intern aber habe es Unstimmigkeiten und „ganz unerwartete und starke

---

werks-AG und den Bochumer Verein. Zudem war er für die Einkäufe von SSW, vor allem für die spanischen und die überseeischen Vertretungen, verantwortlich. Vgl.: CVU-Rundschreiben 033/11 vom 21. August 1923, S. 2, in: SAA 68/Li 262. Für dieses Einkaufsgeschäft errichtete man eine separate Ein- und Verkaufsstelle in New York, die von Henry William Gottfried geleitet wurde. Vgl.: Nachweis der persönlichen und dienstlichen Verhältnisse von Henry William Gottfried, in: SAA 8103.2.

227 Vgl.: Frank an Carl Friedrich von Siemens vom 18. Oktober 1920, in: SAA 68/Li 262.

228 Eines der zentralen Motive von Westinghouse für eine Zusammenarbeit mit Siemens war die Sorge, gegenüber GE, die durch die Kooperation mit der AEG deutlich angewachsen war, in Rückstand zu geraten. Ziel der Abstimmung mit SSW war es daher, ein gewisses Gegengewicht zu GE aufzubauen. Vgl. hierzu: Hermann Reyss, Das Zustandekommen des Vertrages mit Westinghouse, S. 1, in: SAA 19567.

229 Zu diesem Abkommen siehe: Vertrag zwischen SSW, Westinghouse Electric & Manufacturing Company New York sowie der Westinghouse Electric International Company New York vom 17. Oktober 1924, S. 1–6, in: SAA 11/Lf 384, Nachlass Köttgen sowie in: SAA 11/Lf 179, Nachlass Köttgen und in: SAA 4327. Grundlage des Abkommens war die Übereinkunft, dass SSW Produktionsanlagen sowie Marketing- und Vertriebskanäle in Deutschland und Österreich besaß, nicht aber in den USA. Westinghouse dagegen konnte auf diese Infrastrukturen gerade in den USA und Kanada, nicht aber in Deutschland und dem europäischen Raum zurückgreifen. So einigten sich beide Seiten auf folgende Aufteilung der Märkte: Das Vorbehaltsgebiet von SSW umfasste Deutschland, Österreich, Ungarn, den Freistaat Danzig, Lettland, Litauen und Estland. Westinghouse bekam die USA und Kanada zugesprochen. Als Ausschlussgebiet vereinbarte man England, Irland, irischer Freistaat, die Kanalinseln im Ärmelkanal, Isle of Man in der Irischen See, Japan, seine Kolonien sowie seine abhängigen Gebiete, Russland und alle europäischen Länder mit ihren Kolonien und abhängigen Gebieten. Zum sogenannten freien Gebiet gehörten alle restlichen Länder der Welt, ausgenommen eben die Vorbehaltsgebiete von Westinghouse und SSW sowie das Ausschlussgebiet.

Kreuz- und Gegenstroemungen"[230] gegeben. Erst nach mehreren Monaten konnte das Abkommen geschlossen werden. Diese Art der Abstimmung war Mitte der 1920er Jahre keineswegs ungewöhnlich. 1923 hatten die AEG und General Electric ein vergleichbares Abkommen getroffen. Es beinhaltete allerdings keine ähnlich groß angelegte Marktaufteilung, sondern lediglich die Vereinbarung, dass die AEG nicht in den USA und GE nicht in Deutschland produzieren dürfe.[231] Auch die I.G. Farben und die Standard Oil of New Jersey einigten sich auf eine vergleichbare Abstimmung.[232] Für amerikanische Firmen erwies sich die Zusammenarbeit mit deutschen Elektrokonzernen als attraktiv, obwohl diese einen kriegsbedingten technologischen Rückstand aufzuweisen hatten. SSW und die AEG besaßen auf dem Gebiet der Starkstromtechnik spezielles Fachwissen, das die Amerikaner nutzen konnten und waren noch keine Bedrohung für die US-Firmen und ihr Binnenmarktgeschäft.

Gerade im Bereich der Elektroindustrie zeigte sich nach 1919, wie sehr deutsche Firmen auf Kooperationen mit den US-Unternehmen angewiesen waren, um sich wieder auf dem Weltmarkt zu positionieren.[233] Insbesondere die Produktionsmethoden, geprägt durch moderne Rationalisierungsmaßnahmen, erweckten großes Interesse der USA-Reisenden. Im Laufe der 1920er Jahre verschob sich ihre Wahrnehmung von einer bewundernden Einstellung der USA hin zu einer pragmatischen und rationalen Beurteilung.[234] Die Frage, welche Strukturen zu übernehmen seien, trat zunehmend in den Vordergrund. Carl Friedrich von Siemens allerdings, seit 1919 Aufsichtsratsvorsitzender von S&H und SSW, warnte vor einem bedingungslosen Kopieren der amerikanischen Verhältnisse.[235]

---

230 Vgl.: Frank an SSW vom 11. Juni 1924, S. 1, in: SAA 8103.1.

231 Siehe: Strunk, Aufstieg, S. 49. Auch deutsche Unternehmen in anderen Branchen suchten vergleichbare Vereinbarungen mit amerikanischen Partnern. So einigte sich im Bereich der Waschmittel-, Kosmetik- sowie Klebstoffindustrie die Firma Henkel 1932 mit dem US-Konkurrenten Procter & Gamble auf ein Abkommen zur Marktabgrenzung, was Henkel auf den europäischen und die Amerikaner auf den US- sowie den britischen Konsumgütermarkt beschränkte. Näheres dazu siehe: Feldenkirchen/Hilger, Menschen, S. 349.

232 Vgl.: Elisabeth Glaser-Schmidt, Verpaßte Gelegenheiten? (1918–1932), in: Klaus Larres / Torsten Oppelland (Hg.), Deutschland und die USA im 20. Jahrhundert. Geschichte der politischen Beziehungen, Darmstadt 1997, S. 31–61, hier S. 41 f.

233 Siehe: Schröter, factor, S. 162.

234 Vgl.: „Beispiele aus der Betriebspraxis amerikanischer Fabriken", Vortrag vom 8. März 1926, S. 3, in: SAA 15/Le 44. Einer der aktivsten US-Reisenden war der SSW-Vorstandsvorsitzende, Carl Köttgen. Er berichtete mehrfach von den amerikanischen Produktionsverhältnissen. Siehe unter anderem: Carl Köttgen, Facharbeiter und Fordsche Fabrikationsmethoden, in: Siemens-Mitteilungen 59/1924, S. 4 f.; Carl Köttgen, Über die Produktionsmethoden Fords, in: Organisation. Zeitschrift für Betriebswirtschaft, Verwaltungspraxis und Wirtschaftspolitik, 26/1924, Heft 13/14, S. 238 f., in: VVA Köttgen sowie: Vortrag von Carl Köttgen über seine Amerikareise am 8. Januar 1925, in: SAA 11/Lf 309, Nachlass Köttgen. Die ersten USA-Forschungsreisen von Siemens-Mitarbeitern in den Nachkriegsjahren datieren von 1921/22. Siehe: Fritz Lueschen, Werksvortrag über Amerikareise 1921, in: SAA VVA Fritz Lueschen oder: SAA 28774.

235 „Wir sollen unsere Eigenart nicht zerstören, wir sollen wohl Fremdes prüfen, aber in seiner Nachahmung nicht das Heil sehen, den alten deutschen Fehler vermeiden, das Fremde als das Überlegene zu bewundern. So sollen wir uns auch davor hüten, amerikanischen Idealen nach-

Der Vertrag mit Westinghouse 1924 barg weitreichende Konsequenzen für das US-Geschäft von Siemens. Da er regelte, dass sich SSW mit starkstromtechnischen Produkten nicht in den USA etablieren durfte, konnte das deutsche Elektrounternehmen fortan nur noch Schwachstromprodukte in den USA vertreiben. Über die Adlanco und Frank liefen bis Anfang der 1930er Jahre nur Verkäufe von Siemens-Apparaten der Mess-, Fernsprech- und Medizintechnik. Letztere machten den größten Teil des Geschäfts aus.[236] Der Vertrieb der Adlanco ging aber, seitdem 1926 Flir von Max H. Waldhausen[237] als Präsident abgelöst worden war, nur schleppend voran. Heinrich von Buol, Vorstandsmitglied von S&H, formulierte daher keine hohen Erwartungen an das US-Geschäft in Jahren wirtschaftlicher Instabilität und starker Wettbewerber, wie Waldhausen berichtete:

> „Das Geschäft ging rechtlich, schlechtlich [...]. Es war ja angesichts der Konkurrenzlage und des problematischen Services nicht zu viel zu machen. Herr v. Buol tröstete mich damit, daß er ja gar keine großen Gewinne erwartete. [...] Wir waren also eine Art Wirtschaftsbarometer, an dem man ablesen konnte, wie sich unsere Systeme und Fabrikate bewährten oder wie wir hinterherhinkten. Ganz groß einsteigen wollten wir nicht, z.B. Teilfabrikation eröffnen und Vertretungsorganisationen über das ganze Land organisieren. Dazu war auch die Zeit noch nicht reif."[238]

Auch das Büro K.G. Frank, beauftragt mit Informationsdienstleistungen und Interessensvertretung für Produkte, die nicht vom Wernerwerk M und F geliefert wurden, wies eine solide, unauffällige Geschäftstätigkeit auf. Seit 1926 hatte Frank den Ingenieur Henry William Gottfried an seine Seite gestellt bekommen.[239] Das Büro war bis März 1929 auf 15 Angestellte angewachsen.[240] Die folgende Weltwirtschaftskrise aber ließ die Adlanco wie auch das Vertretungsbüro von Frank in eine Krise geraten, da beide Firmen von den Konjunkturen des US-Marktes abhängig waren.[241] Die weltweite wirtschaftliche Depression, die ausgehend von den USA

zujagen, in ihrer Verpflanzung in unseren Boden nun amerikanische Ernten erwarten" Vgl.: Rationalisierung der Wirtschaft, Rede von Carl Friedrich von Siemens im Reichskuratorium für Wirtschaftlichkeit vom 2. April 1924, S. 1, in: SAA 4/Lh 588, Nachlass von Carl Friedrich von Siemens.

236   Siehe zum Beginn des Siemens-Geschäfts mit Medizintechnik in den USA: Kapitel C.2.5.

237   Zu Waldhausen finden sich biographische Informationen in: Nachweis der persönlichen und dienstlichen Verhältnisse von Max Waldhausen, in: SAA 8103.2. Er war von Januar 1926 bis Juli 1933 Präsident der Adlanco, um ab 1933 als Angestellter zu Siemens zu wechseln.

238   Siehe: Waldhausen an Wegner vom 23. Februar 1973, S. 5, in: SAA 8103.2. Auch Carl Friedrich von Siemens zeigte sich resigniert gegenüber den schwierigen Marktbedingungen für deutsche Unternehmen im Ausland. Vgl.: „Eine wirtschaftspolitische Rede des Herrn v. Siemens. Auf der Generalversammlung der Siemens & Halske A.-G.", in: Berliner Börsen-Zeitung vom 23. Februar 1928, 73. Jahrgang, Nummer 92, o.S.

239   Vgl.: SSW, Abteilung Übersee an die SSW-Vorstände vom 19. Februar 1926, S. 1, in: SAA 9400.

240   Vgl.: Personalveränderungs-Nachweise vom US-Büro unter Frank von 1925–1933, in: SAA 8103.1.

241   Max Haller, Vorstandsmitglied von S&H und SSW, ahnte bereits im Frühjahr 1929, dass die wirtschaftliche Entwicklung in den USA kaum weiterhin so positiv verlaufen werde: „Auch ich bin der Meinung, daß in Amerika die Bäume nicht in den Himmel wachsen. [...] Ich bin auch der Meinung, daß alle Werte in Amerika augenblicklich übermäßig aufgebläht sind und

im Herbst 1929 den Weltmarkt belastete, hatte für das Siemens-Geschäft in den USA mittelfristige Folgen. 1930/31 entschlossen sich die Adlanco und das Büro Frank dazu, ihre Mitarbeitergehälter bis zu 10 Prozent zu kürzen, da seit 1929 die Aufträge für Siemens in den USA zurückgegangen waren es an Beschäftigung für die Mitarbeiter mangelte.[242] Die Führungsebenen von S&H und SSW diskutierten auch, die Vertretung in den USA aufzulösen. Erst 1932 entschieden sich die Verantwortlichen in einer gemeinsamen Vorstandssitzung von S&H und SSW dazu, das Büro von Frank vorerst bestehen zu lassen mit der Vorgabe, dessen hohe Betriebskosten zu senken.[243] Die Verkaufsabteilung von Henry W. Gottfried wurde geschlossen. Außerdem appellierte das Stammhaus an die einzelnen Fachabteilungen, die Dienste des US-Büros nur in dringlichen Fällen zu beanspruchen. Während das Büro von Frank in dieser reduzierten Form bestehen blieb, wurde die Adlanco umstrukturiert. Die ursprünglichen Pläne, sie abzuwickeln, wichen einer Umfirmierung und Konzentration. Die bisherige Gesellschaft, die viele Teilgebiete verwaltete, wurde Ende 1932 in die Adlanco X-Ray Corporation (Adlanco X-Ray) umgewandelt, die nun nur noch für den Vertrieb medizinischer Geräte zuständig war.[244]

Im Frühjahr 1933, kurz nach der „Machtergreifung" der Nationalsozialisten, entschloss sich S&H dann aber doch zu einem größeren Umbruch im New Yorker Informationsbüro. Das Stammhaus in Berlin beschloss, Karl Georg Frank zum 1. Oktober 1933 in den Ruhestand zu versetzen.[245] Die Entscheidung wurde mit der schlechten wirtschaftlichen Lage für S&H in Deutschland und den USA begründet, welche einen umfangreichen Stellenabbau sowie eine Verjüngung der Mitarbeiterstruktur bedinge. Bereits im Sommer 1933 war Max Waldhausen, der designierte Nachfolger, nach Deutschland gereist. Er sollte sich in den SSW-Werken nach Interesse und Bedarf an einer Niederlassung in den USA erkundigen. Dabei stellte er fest, dass viele der besuchten Abteilungen „ein Gefühl der Gleichgültigkeit oder ein geringes Interesse in Bezug auf Amerika"[246] ausstrahlten. Waldhausen führte das Desinteresse darauf zurück, dass viele der Siemens-Bereiche nur schlecht über die Tätigkeit in den USA informiert waren. Dennoch sollte er im Oktober 1933 ein Siemens-Informationsbüro in New York eröffnen.[247]

---

daß die Kapitalbildung zum Teil nur eine scheinbare und künstliche und nicht auf natürliches Wachsen infolge Ersparnis an Produktion zurückzuführen ist […]. Dennoch wird das aufgeblasene Finanzgebäude eines Tages zusammenstürzen und dabei werden wir leider auch in Deutschland in Mitleidenschaft gezogen werden" Siehe: Haller an Frank vom 16. April 1929, in: SAA 11/Lb 374, Nachlass Haller.

242 Vgl.: Waldhausen an von Buol vom 11. November 1930, in: SAA 8103.1 sowie: Frank an SSW vom 6. August 1931, in: SAA 8103.1.

243 Siehe hierzu: Mitteilung Nr. 42/6 der Übersee-Abteilung vom 22. Juli 1932, in: SAA 7230 sowie: Reyss an S&H vom 9. April 1932, S. 1, in: SAA 68/Li 262.

244 Vgl.: Firmengeschichte SRW-Vertretung in USA, S. 2, in: SMA 7610 3-5-02.

245 Vgl.: Von Winterfeld und Reyss an Frank vom 13. bzw. 20. April 1933, in: SAA 8103.1.

246 Vgl.: Waldhausen an Reyss vom 13. September 1933, in: SAA 8103.1.

247 Siehe hierzu: Kapitel C.2.6.

2.4 Die Zusammenarbeit mit General Electric

Neben der Kooperation mit Westinghouse von 1924 suchte Siemens auch zu dem zweiten großen US-Elektrounternehmen, der General Electric, eine vertragliche Anbindung. Bereits im September 1894, wenige Wochen nach dem Brand der Fabrikationsanlagen von S&H America, hatte sich GE um eine Übernahme der amerikanischen Siemens-Vertretung bemüht. Damals waren die Gespräche gescheitert, da das Kaufangebot aus Sicht des Stammhauses von Siemens nicht lukrativ genug war. Seit den 1920er Jahren näherte sich der US-Elektrokonzern dem deutschen Konkurrenten wieder an. Ziel der GE war nun keine Firmenübernahme, sondern eine Kooperation mit Siemens, um eine Marktaufteilung zu vereinbaren. Da sich die amerikanische Antitrust-Gesetzgebung als immer restriktiver erwies, sah GE in einem Abkommen zur Marktaufteilung die Möglichkeit, sich den Zugriff auf den eigenen Binnenmarkt zu sichern, ohne dabei den Eindruck einseitiger Kontrolle zu erwecken.[248] Nach dem Kriegsende war es bis 1920 zu keinen konkreten Annäherungen zwischen GE und Siemens gekommen,[249] da sich die zwischenstaatlichen Beziehungen von Deutschland und den USA noch sehr problematisch gestalteten. Beide Staaten befanden sich solange offiziell im Kriegszustand, bis ein endgültiger Friedensvertrag die diplomatischen Verhältnisse geklärt hatte. Eine mögliche Zusammenarbeit beider Unternehmen musste daher in der Zeit zwischen Kriegsende und Versailler Vertrag zwischen GE und der amerikanischen Verwaltungseinheit Alien Property Custodian geklärt werden. Frank durfte nicht als Vermittler fungieren.[250] Zudem hatte der amerikanische Trading-with-the-Enemy-Act alle bisherigen Beziehungen zu deutschen Firmen aufgelöst.[251] Erst mit der Ratifizierung des Versailler Friedensvertrags im Januar 1920 entspannte sich die Lage, sodass seitdem das gegenseitige Interesse der beiden Konzerne an einer Zusammenarbeit und Marktvereinbarung auch offiziell ausgetauscht werden konnte. Eine entscheidende Rolle spielte dabei Gerard Swope, der Präsident der General Electric Company.

Für Siemens sah Frank in einer Verständigung mit GE großes strategisches Potenzial, sich verstärkt in den USA zu positionieren.[252] Davon war auch der Aufsichtsratsvorsitzende der beiden Stammgesellschaften Carl Friedrich von Siemens überzeugt. Er äußerte vor dem Hintergrund der instabilen Nachkriegslage sein Inte-

---

248 Vgl.: Leonard S. Reich, General Electric and the World Cartelization of Electric Lamps, in: Akira Kudō / Terushi Hara (Hg.), International Cartels in Business History. The International Conference on Business History 18. Proceedings of the Fuji Conference, Tokio 1992, S. 213–228, hier S. 213.

249 Vgl.: Frank an SSW und S&H vom 2. Februar 1920, in: SAA 68/Li 262.

250 Vgl.: Frank an S&H vom 26. Mai 1920, S. 1 f., in: SAA 2237.

251 Siehe: Frank an S&H und SSW vom 7. Januar 1920, S. 1, in: SAA 27/La 827.

252 Vgl.: Frank an Otto Henrich vom 27. August 1920, S. 3 f., in: SAA 3488. Frank machte zudem seine Befürchtung deutlich, das Verhandlungsinteresse der GE an den deutschen Konkurrenten AEG zu verlieren, sollte Siemens zögernd reagieren: „Ich glaube, dass es ueberaus wertvoll waere, wenn wir mit der General Electric Co. verhandeln koennten bevor die A.E.G. das tut." Vgl.: Frank an S&H und SSW vom 9. Januar 1920, S. 2, in: SAA 27/La 827 sowie: Frank an S&H und SSW vom 27. Juli 1920, S. 2 f., in: SAA 11/Lf 472, Nachlass Köttgen.

resse an einem Übereinkommen mit dem amerikanischen Wettbewerber.[253] Darin bestärkt wurde die Führung von S&H und SSW durch eine gerichtliche Auseinandersetzung von 1921. GE hatte in den USA eine Klage gegen den US-Verkauf von Siemens-Zählern eingereicht. Frank berichtete nach Berlin, dass mit weiteren Klagen der GE zu rechnen sei bzgl. Siemens-Produkten, die auf dem US-Markt verkauft wurden, während GE darauf bestand, deren Patente bereits angemeldet zu haben.[254] Es sei daher sinnvoll für Siemens, ein Abkommen mit der GE zu schließen, um zumindest eine begrenzte Anzahl an Zählern gegen Lizenzzahlung an die GE und die Anerkennung ihrer Patente vertreiben zu dürfen.[255] Auf diese grundsätzliche Gesprächsbereitschaft reagierte Swope mit dem konkreten Vorschlag, die Auslandsgeschäfte von S&H, SSW und der AEG unter der Koordination der GE zu kombinieren.[256] Vor der ursprünglichen Aussicht, ein Abkommen direkt mit dem GE zu schließen, erschien dieser Plan für Siemens enttäuschend. Doch Frank wies darauf hin, dass eine Annäherung an den amerikanischen Konkurrenten auch eine Verständigung mit der AEG bedinge, die man in Kauf nehmen sollte.[257] Daraufhin gab Otto Henrich aus, im Falle eines Abkommens mit der AEG bestehe Siemens darauf, eine Bevorzugung zu erhalten, weise man doch einen höheren Entwickelungsstatus auf als die AEG. Absprachen mit GE seien durchaus wünschenswert für Siemens, sollten aber die Bedingungen zu wenig attraktiv sein, scheue man auch den offenen Wettbewerb mit den Amerikanern nicht, so der S&H-Direktor.[258] Diese Ambitionen gegenüber der GE hatten Folgen. Die US-Verantwortlichen sahen nun in der kooperationsbereiteren AEG den geeigneteren Partner für ein Bündnis, das sie 1923 abschlossen.[259] Sie vereinbarten unter anderem, dass sich GE weiterhin

253 Vgl.: Reyss an Frank vom 12. März 1920, S. 1, in: SAA 27/La 827.
254 Vgl.: Frank an SSW vom 16. November 1921, S. 1, in: SAA 27/La 827.
255 „Das sind ja gewiss keine guenstigen und aussichtsreichen Bedingungen die wir da eingehen, aber es ist meiner Ansicht nach doch besser als wenn wir hier gar nichts verkaufen. Vor allen Dingen aber wuerden wir damit zum Teil wenigstens den schlechten Eindruck verwischen, den es im ganzen Lande gemacht hat, dass wir ohne richtige Vorbereitung und Pruefung auf dem amerikanischen Markt erscheinen und uns dann nach wenigen Wochen wegen Patent-Schwierigkeiten zurueckziehen muessen." Vgl.: Frank an SSW vom 16. November 1921, S. 1 f., in: SAA 27/La 827.
256 Vgl.: Frank an S&H und SSW vom 11. Juni 1920, S. 2, in: SAA 27/La 827. Diese Zusammenarbeit sollte auch einen Patent- und Erfahrungsaustausch zwischen den deutschen Firmen beinhalten, dem eine Aufteilung des Weltmarkts folgen sollte. Daneben verfolgte GE das Ziel, das Glühlampenabkommen von 1903 mit einem neuen Kartell wiederherzustellen. Vgl. hierzu: Frank an S&H und SSW vom 25. Juni 1920, S. 1, in: SAA 27/La 827. Zu den Kooperationsplänen zwischen GE, Siemens und der AEG siehe auch ausführlicher: Heidrun Homburg, Die Neuordnung des Marktes nach der Inflation. Probleme und Widerstände am Beispiel der Zusammenschlußprojekte von AEG und Siemens von 1924–1933 oder: „Wer hat den längeren Atem?" In: Gerald D. Feldman / Elisabeth Müller-Luckner (Hg.), Die Nachwirkungen der Inflation auf die deutsche Geschichte 1924–1933 (= Schriften des Historischen Kollegs, Kolloquien 6), München 1985, S. 117–156.
257 Vgl.: Frank an S&H und SSW vom 11. Juni 1920, S. 2, in: SAA 27/La 827.
258 Vgl.: Otto Henrich an Frank vom 15. Juli 1920, S. 2 f., in: SAA 27/La 827.
259 Zu den Verhandlungen über ein Abkommen zwischen der GE und der AEG mit Regelungen zur Marktaufteilung und zum Austausch von Patenten, siehe: Gerhard Kümmel, Transnationale Wirtschaftskooperation und der Nationalstaat. Deutsch-amerikanische Unternehmensbe-

nicht in Deutschland, die AEG weiterhin nicht in den USA geschäftlich engagieren durfte.[260]

Während S&H und SSW vorerst zu keiner Abstimmung mit GE fanden, hatte die Siemens-Tochterfirma Osram GmbH Kommanditgesellschaft bereits 1921 eine Zusammenarbeit mit GE vereinbart.[261] Die Glühlampenfirma schloss am 17. Oktober einen kartellähnlichen Vertrag, der regelte, dass Osram elektrische Lampen in einem Großteil Europas fabrizieren und verkaufen durfte, während sich GE auf Nordamerika beschränkte.[262] Die Verbindungen zwischen den beiden Unternehmen intensivierten sich, als Osram 1924 dem internationalen Phoebus-Kartell beitrat, das den Erfahrungs- und Patentaustausch zwischen weltweiten Glühlampenherstellern und die Nutzung von Synergieeffekten regelte.[263] Es basierte auf der neu gegründeten Schweizer Firma, Phoebus S.A. Compagnie Industrielle pour la Développement de l'Eclairage, an der auch Osram beteiligt war. Ziel der einzelnen Teilhaberfirmen war es, Verkaufsquoten zu schaffen und technische Informationen und Preise von Glühlampen festzulegen und zu verwalten.[264] Zwar garantierten solche Abkommen Osram den Kontakt und inhaltlichen Austausch zu den Weltmarktführern, der Zugang zum US-Markt musste für die Gebietsverteilungen aufgegeben werden.

Während Osram die Kooperation mit GE suchte, sahen S&H und SSW in der Verbindung zwischen GE und der AEG den Grund, ihre Bestrebungen nach einem

---

ziehungen in den dreißiger Jahren (= Zeitschrift für Unternehmensgeschichte, Beiheft 89), Stuttgart 1995, S. 206 f.

260   Vgl.: Strunk, Aufstieg, S. 49.

261   Osram war auf Initiative der Deutschen Gasglühlicht AG entstanden. Diese entschied sich 1918 dazu, das eigene Glühlampengeschäft auszugliedern und eine neue Firma, die Osram GmbH KG, zu gründen. Am 5. Februar 1920 stiegen weitere Beteiligungsunternehmen in das junge Unternehmen ein. Siemens & Halske und die AEG waren mit jeweils 40 Prozent der Stammaktien beteiligt. Vgl.: Gesellschaftsvertrag der Osram GmbH KG vom 28. Oktober 1918 sowie die Erweiterung vom 5. Februar 1920, in: SAA 10298.

262   Ausführlich dazu: SAA 11/Le 830, Nachlass Jessen. Zu diesem Vertrag siehe auch: Feldenkirchen, Competition 30–34 sowie: Wilkins, History 2004, S. 116 f.

263   Dieser Glühlampenweltvertrag vereinigte die weltweit wichtigsten Hersteller mit Ausnahme der amerikanischen und der kanadischen Produzenten. Näheres dazu siehe: Manuskript von Wilfried Feldenkirchen, Die Geschichte der Osram GmbH Kommanditgesellschaft (1919 bis 1945), S. 21 f., in: SAA 9752; Günther Luxbacher, Massenproduktion im globalen Kartell. Glühlampen, Radioröhren und die Rationalisierung der Elektroindustrie bis 1945 (= Aachener Beiträge zur Wissenschafts- und Technikgeschichte des 20. Jahrhunderts, Band 4), Berlin 2003, hier S. 359–395 sowie: Phoebus-Vertrag zwischen Osram, IEGC, Societa Edison Clerici, Mailand und der Vereinigten Glühlampen & Elektrizitäts AG vom 20. Dezember 1924, in: SAA 10298. Fünf Jahre später, am 1. Juli 1929 schlossen Osram und GE einen erneuten Vertrag, der regelte, dass das amerikanische Unternehmen nun 16 Prozent der Stammaktien von Osram übernahm. Siehe: Vertrag zwischen GE, AEG, S&H, SSW und der Koppel-Gruppe vom 1. Juli 1929, in: SAA 10285.

264   Siehe: Reich, World, S. 221 f. GE war kein direktes Mitglied des Kartells, um nicht in Konflikt mit den amerikanischen Antitrust-Bestimmungen zu kommen. GE hatte aber dennoch Anteil an Phoebus, da das US-Unternehmen Anteile der wichtigsten Teilnehmerfirmen besaß. Damit konnte GE den amerikanischen Absatzmarkt weitgehend von europäischen und japanischen Konkurrenten schützen.

Abkommen mit GE einzustellen. So schloss SSW 1924 mit Westinghouse das Parallelabkommen zur Abstimmung zwischen GE und der AEG. Beide Vereinbarungen erwiesen sich in den Folgejahren als schwere Belastung für das Verhältnis von Siemens und GE.[265] Erst 1930 kam es wieder zu einer Annäherung. Ausschlaggebend hierfür war der Kapitalbedarf von S&H und SSW als Folge der Weltwirtschaftskrise. Hatten die Siemens-Firmen ihren Wiederaufbau in den 1920er Jahren vehement vorangetrieben, so zeigte sich rasch die Abhängigkeit von Finanzierungskapital, das die Firma nicht selbst aufbringen konnte.[266] Deshalb suchten die Siemens-Firmen eine Zusammenarbeit mit amerikanischen und deutschen Kreditinstituten. Bereits zum Jahresanfang 1925 erhielt SSW erstmals von der US-Bank Dillon, Read & Co. (DRC) einen Kredit über zehn Mio. $. In den Folgejahren flossen weitere Mittel der DRC und der Deutschen Bank.[267] Lehnte Siemens im November 1929 eine Kapitalbeteiligung von GE noch ab, so stimmte die Firma im Rahmen weiterer Anleiheverhandlungen mit der DRC einer Unterstützung durch die GE zu. Zu groß waren die Kosten für den täglichen Betrieb, für Investitionen insbesondere im Bereich der Neubauten sowie Nachzahlungen von Steuern.[268] Die US-Bank und die beiden Elektrokonzerne einigten sich auf eine Anleihe in Höhe von etwas mehr als 14 Mio. $ an Siemens, die in der neuen Form der „participating debentures" (= Schuldverschreibungen) ausgegeben wurde. DRC verkaufte den mehrheitlichen Anteil an die GE.[269] Besonderheit diese Anleihe war die Vereinbarung, der Transaktion einen unkündbaren Charakter zu verleihen. Dies war nach amerikanischem Bank- und Kreditrecht aber nicht zulässig, sodass sich Siemens, GE und DRC anderweitig behelfen mussten. Sie setzten die Laufzeit auf 1.000 Jahre, sodass die Rückzahlung der Anleihe erst im Jahr 2930 fällig werden sollte. Mit dieser Vertragsklausel war klar, dass die Finanzierungshilfe an Siemens nicht zurückgezahlt werden musste.[270] Die Motivation der GE für diese Anleihe war, Einfluss auf die Entwicklung der Siemens-Gesellschaften zu gewinnen und dafür zu sorgen, dass Siemens die internationalen Preise nicht weiterhin durch niedrige Lohnkosten destabilisierte.[271]

Mit dieser tausendjährigen Anleihe kam es noch zu keiner inhaltlichen Kooperation zwischen GE und den Siemens-Firmen. Immerhin aber entstand eine Annäherung der beiden Konkurrenten, die Basis für ein Verhältnis gleichberechtigter

---

265 Vgl.: Carl Friedrich von Siemens an Adolf Franke und Carl Köttgen vom 17. Februar 1927, in: SAA 11/Lf 175–176, Nachlass Köttgen sowie in: SAA 11/Lb 374, Nachlass Haller.

266 Vgl.: Feldenkirchen, Siemens 1995, S. 171–177 und: ders., Industrieforschung, S. 89.

267 Vgl.: Kümmel, Wirtschaftskooperation, S. 219.

268 Vgl.: Aufsichtsratssitzung der S&H AG und der SSW AG vom 16. Mai 1929, S. 3, in: SAA 16/Lh 262.

269 Vgl.: Prospekt vom August 1930 zur Teilschuldverschreibung von 1930, S. 5, in: SAA 20/Lt 393. Der Anleihe-Vertrag vom 15. Januar 1930 ist zu finden in: SAA 21/Lh 718; eine ausführlichere gedruckte Fassung in: SAA 12350.

270 Vgl. hierzu: Deutsche Allgemeine Zeitung vom 2. Januar 1930, in: SAA 20/Lt 393. 1945 allerdings sollte Siemens von seinem Kündigungsrecht Gebrauch machen. Die Firma bot den Anteilsinhabern einen Umtausch in Vorzugsaktien ohne Stimmrecht zum 1. April 1945 an. Vgl. dazu: Die Deutsche Volkswirtschaft 1945, Nr. 1, S. 28, in: SAA 20/Lt 393.

271 Vgl.: Homburg, Neuordnung, S. 133.

Partner seit 1930 wurde und bis Kriegsbeginn anhalten sollte.[272] Ein wichtiges Abkommen, in dessen Rahmen GE und SSW in der Folge kooperierten, war der IN-ACA-Vertrag (International Notification and Compensation Agreement) von 1931. Er regelte unter anderem die Interessens- und Einflussgebiete in Übersee zwischen der AEG, SSW, Brown Boveri & Cie., den englischen Firmen Metropolitan Vickers, General Electric und Thomson-Houston sowie den amerikanischen Unternehmen Westinghouse und General Electric.[273] Das Abkommen besaß de facto einen kartellartigen Charakter.[274]

2.5 Die Anfänge des Medizintechnikgeschäfts

Bereits in den 1920er Jahren hatte sich angedeutet, dass sich die Medizintechnik zu einer der wichtigen Branchen für Siemens entwickeln und auch im US-Geschäft eine entscheidende Rolle einnehmen könnte. In den Anfangsjahrzehnten von Siemens & Halske lag der Produktschwerpunkt noch auf Kommunikationstechnologien und der Schwachstromtechnik. Die Medizintechnik erhielt keine Berücksichtigung. Werner von Siemens hatte 1844 eher zufällig die medizinische Wirksamkeit seines Voltainduktors festgestellt,[275] in größerem Umfang aber wandte sich das Berliner Stammhaus von S&H erst seit den 1880er Jahren medizintechnischen Erfindungen zu. So entwickelten Siemens-Ingenieure 1880 ein thermoelektrisches Pyrometer zur Temperaturmessung und 1884 ein so genanntes Laryngoskop, einen Beleuchtungsapparat für den Stirn-, Mund- und Kehlkopfraum. Im selben Jahrzehnt folgten unter anderem die Entwicklung eines Gastroskops und verschiedener Galvanisationsgeräte zur Elektrotherapie. Die erste Röntgenröhre mit regelbarem Vakuum konstruierte S&H bereits 1896, ein Jahr nach der Entdeckung der Röntgenstrahlen durch Wilhelm Conrad Röntgen.[276]

Entscheidend forciert wurde das Geschäft mit der Medizintechnik bei Siemens erst durch die Zusammenarbeit mit der Erlanger Elektrofirma Reiniger, Gebbert &

---

272   Siehe: Kümmel, Wirtschaftskooperation, S. 221–224.

273   Siehe: Feldenkirchen, Competition, S. 29.

274   Die Firmen vereinbarten, dass jede von ihnen bei der Angebotsabgabe zukünftiger Projektausschreibungen eine festgelegte Summe in einen Pool zu zahlen hatte. Erhielt die Firma den Zuschlag für das Projekt, blieb die eingezahlte Summe in dem Pool und wurde am Jahresende zwischen den anderen beteiligten Firmen aufgeteilt. So konnten die Teilnehmer die Preise der Angebote absprechen; der Wettbewerb innerhalb der teilnehmenden Firmen war entscheidend geschwächt. Außerdem mussten somit letztlich die Kunden die Angebotskosten der Firmen bezahlen. Vgl. dazu: Office of Military Government for Germany (US), Economics Division, Decartelization Branch (Hg.), Report on Siemens & Halske vom 10. April 1946, S. 124, in: NARA, Record Group 407, Records of the Office of the Adjutant General, Army, Entry NM-3 368B, Administrative Services Division, Operations Branch, Foreign Occupied Areas Reports, 1945–54, box 1047.

275   Die Wechselströme dieser Spule wandte Werner 1844 als elektrische Reize bei seinem Bruder Friedrich an, der über Zahnschmerzen klagte. Anfangs erfolgreich, stimmten die Versuche Werner zunehmend skeptisch, wie er in seinen Lebenserinnerungen schrieb. Siehe: Feldenkirchen, Werner von Siemens 2004, S. 89.

276   Näheres zu diesen Erfindungen siehe: SAA Leistungen des Hauses Siemens, Elektromedizin.

Schall AG seit 1925.[277] Die Grundlage für diese Zusammenarbeit war bereits knapp dreißig Jahre, nachdem S&H 1847 seinen Betrieb eröffnet hatte, entstanden. Erwin Moritz Reiniger hatte 1876 in Erlangen eine Werkstätte gegründet mit dem Ziel, physikalische und medizinische Apparate zu fertigen. Zehn Jahre später entstand daraus in Kooperation mit den beiden Unternehmern Karl Friedrich Schall und Max Gebbert die offene Handelsgesellschaft „Vereinigte Physikalisch-Mechanische Werkstätten Reiniger, Gebbert & Schall, Erlangen-New York, Stuttgart". Die Zweigniederlassungen in Stuttgart und New York sollten aber nicht lange Bestand haben, sodass die Firma bald nur noch in Erlangen präsent war. 1906 wurde sie zur Aktiengesellschaft Reiniger, Gebbert & Schall AG mit einem Aktienkapital von 1,25 Mio. RM umstrukturiert. Wie für Siemens bedeutete der Erste Weltkrieg auch für RGS einen großen geschäftlichen Rückschlag. Die ausländischen Medizintechnikhersteller hatten technologisch aufgeholt und sich zu starken Konkurrenten entwickelt. Hieraus entstand bei S&H sowie bei RGS das Bewusstsein, dass ein Zusammenschluss der wichtigsten deutschen Firmen im Bereich der Elektromedizin notwendig sei. S&H übernahm die Aktienmehrheit an der RGS und gründete im Oktober 1925 die Siemens-Reiniger-Veifa-Gesellschaft für medizinische Technik mbH (SRV). Diese Vertriebsgesellschaft vertrat sowohl S&H als auch die RGS, die Veifa-Werke AG und die Phönix-Röntgenröhren-Fabriken AG. Bereits am 25. November 1924 hatten sich RGS und die Veifa-Werke eine Vertreterfirma für den US-amerikanischen Markt gesichert. Sie ernannten die Peerless Electro Medical Corporation zu ihrem Generalvertreter mit einer ursprünglichen Dauer bis Anfang 1928.[278]

Die Zusammenarbeit stellte sich aber rasch als wenig erfolgreich heraus, sodass sich SRV im Dezember 1925 dazu entschied, die von Peerless in den Vereinigten Staaten vertriebenen Produkte der Adlanco zu übertragen.[279] Bis zur Weltwirtschaftskrise 1929 sollte sich das Geschäft konsolidieren, dann aber erhebliche Einbrüche erleiden. Der Jahresumsatz der Adlanco von 17.500 $ (1927/28) war bis 1929/30 auf 87.318 $ gestiegen, um zwei Jahre später auf 35.887 $ um mehr als die Hälfte zu sinken.[280] Der Plan, das Geschäft mit Siemens-Produkten insbesondere auf Röntgenartikel zu gründen, erwies sich als kompliziert. Zwar produzierte SRV im Vergleich zu den amerikanischen Konkurrenten sehr kostengünstig, allerdings war die Wettbewerbsdichte der amerikanischen Röntgenindustrie hoch. US-Firmen

---

277 Dazu und zu Folgendem vgl.: Reiniger, Gebbert & Schall A.-G., datiert von 1925, in: SAA 68/Li 200; Die Siemens-Reiniger-Werke A.-G., ihre Entwicklung und ihre Leistungen auf dem elektromedizinischem Gebiet, datiert von 1936, in: SAA 68/Li 200 sowie: Florian Kiuntke, Mit Röntgen auf Kurs – Das Röntgenröhrenwerk der Siemens AG in Rudolstadt 1919–1939, S. 19–26 und 98–117, zu finden unter: http://www.opus.ub.uni-erlangen.de/opus/volltexte/2010/1629/, zuletzt eingesehen am 25. Mai 2011.

278 Siehe: Vertrag zwischen Reiniger, Gebbert & Schall, Veifa-Werke und der Peerless Electro Medical Corporation vom 25. November 1924, S. 2, in: SMA 7610-3-4-10.

279 Vgl.: Vertrag zwischen SRV und der Adlanco Industrial Products Corporation, Dezember 1925, in: SMA 7610 3-4-10.

280 Die Umsatzhöhe von 1931/32 bezieht sich allerdings nur auf eine Dauer von zehn und nicht zwölf Monaten. Vgl.: Vertretungen des UB Med und seiner Vorgänger in USA, S. 3, in: SMA 7610 3-5-02.

wie General Electric X-Ray Co., Westinghouse X-Ray Co. sowie eine Gruppe klei-
nerer Firmen konnten allesamt auf umfangreiche und gut organisierte Vertriebsnetze zurückgreifen, wozu die Vertreterfirma von SRV keinen Zugang hatte. Auch
der Zollsatz von 40 Prozent auf importierte Röntgenprodukte war eine große
Hemmschwelle.[281] Das Bewusstsein wuchs, unter diesen Umständen kein nachhal-
tiges Röntgengeschäft etablieren zu können. So betonte ein Lagebericht vom Mai
1932, dass es notwendig sei, sich einer US-Firma mit bereits bestehenden Verkaufs-
strukturen anzugliedern oder eine eigene Gesellschaft zu gründen, um die Kosten-
gunstfaktoren der SRV-Produktion auszunutzen und durch einen intensiveren Vertrieb in den USA noch attraktiver zu machen.[282] Die große Diversifizierung der
Adlanco, die nicht nur SRV vertrat, galt dabei als besonderes Hindernis. Daher
übertrug SRV im Dezember 1932 der neu gegründeten Gesellschaft Adlanco X-Ray
Corporation die medizintechnischen Aufgaben der bisherigen Adlanco.[283] Als neuer
Leiter etablierte sich Carl Scheu, der seit 1928 bei der alten Adlanco-Gesellschaft
tätig gewesen war.[284] Zu Beginn der 1930er Jahre vertrieb die Adlanco X-Ray für
SRV und deren Nachfolgegesellschaft insbesondere Röntgengeräte, Röntgenröhren
und Zubehör wie Stabilivolte sowie Phonophore, Kurzwellen-Apparate (Diather-
mie) und Polyskope.[285]

Parallel dazu beratschlagten seit Mitte Juni 1932 die Vorstände von S&H, RGS
und SRV über die Frage, mit welchen Maßnahmen das schwächelnde Deutschland-
und Europageschäft der Medizintechnik zu beleben sei. Eine Fusion der einzelnen
Werke mit SRV hatte der Vorstand der RGS, Theodor Sehmer, bereits 1930 ins
Gespräch gebracht.[286] Im November/Dezember 1932 kam es nach langen Verhand-
lungen zur Gründung der Siemens-Reiniger-Werke AG (SRW) in Berlin. Die neue
Gesellschaft zur Herstellung elektromedizinischer Apparate vereinigte die SRV,
RGS und die Phönix-Röntgenröhrenfabriken AG.

Im Herbst 1932 ergänzte SRW das Produktportfolio, das die Adlanco X-Ray
bisher vertrieb, um Feinrasterblenden. Diese waren in den USA noch unbekannt,
versprachen SRW aber hohe Absätze zur Strahlenbegrenzung von Röntgengeräten.[287] Da SRW selbst solche Blenden nicht herstellte, suchte das Unternehmen einen Partner und fand diesen in der Ingenieursfirma Georg Schönander aus Stockholm. Beide Seiten kooperierten bereits auf dem schwedischen Markt und weiteten
die Zusammenarbeit am 12. Oktober 1932 auf die USA aus. Schönander stellte die
sog. Lysholm-Blende her, SRW führte sie als Alleinvertreter in den US-Markt
ein.[288] Der Vertrieb lief über die Adlanco X-Ray. Dieses Röntgenbauteil diente auch

---

281 Vgl.: Gesamtbericht Vereinigten Staaten vom 24. Mai 1932, S. 1, in: SMA 7610 3-4-10
282 Siehe: ebenda.
283 Vgl.: Mitteilung der SRV vom 28. Dezember 1932, in: SMA 7610 3-4-10.
284 Vgl.: Firmengeschichte SRW-Vertretung in USA, S. 2, in: SMA 7610 3-5-02.
285 Siehe: Med-Geschäft in den Vereinigten Staaten von Amerika vom 5. Oktober 1931, in: SMA
        7610-3-4-10.
286 Zu den Plänen und der Umsetzung einer Zusammenlegung siehe: Kiuntke, Kurs, S. 98–117.
287 Vgl.: Theodor Sehmer an Georg Schönander vom 8. August 1932, in: SMA 682.
288 Vgl.: Vertrag zwischen Siemens-Reiniger USA Corp. und Georg Schönander vom 12. Oktober
        1932, in: SMA 682. 1936/37 beendete Georg Schönander die Vertretung durch SRW und über-
        trug sie der General Electric, da diese im Vergleich zur Adlanco X-Ray über ein riesiges Ver-

dazu, amerikanische Kunden zu gewinnen und auf die originär von SRW hergestellten Produkte aufmerksam zu machen. Die Strukturprobleme einer Markterschließung in den Vereinigten Staaten blieben aber für SRW und ihre US-Vertreterfirma Adlanco X-Ray weiterhin wirksam, so im Bereich der Röntgenapparate. SRW
musste der Adlanco X-Ray einen Rabatt von 60 Prozent pro Gerät zugestehen, um
in den USA inmitten der heimischen Niedrigpreisprodukte annähernd konkurrenzfähig verkaufen zu können.[289] Gewinne waren mit einem derart subventionierten
Geschäft nicht zu erwirtschaften. Neben den niedrigen Verkaufspreisen amerikanischer Konkurrenzprodukte belasteten auch andere Faktoren das Vertriebsgeschäft
von SRW und der Adlanco X-Ray. So erwiesen sich die Geschäftschancen im Bereich der Dentaltechnik als minimal, da potenzielle amerikanische Kunden wie
Zahnärzte und Krankenhäuser medizintechnisches Material aus dem Ausland nur
dann kauften, wenn es erhebliche Vergünstigungen in der täglichen Verwendung
garantierte.[290] Doch selbst die Erkenntnis, dass SRW mit seinen Produkten, beispielsweise den Kurzwellentherapieapparaten, den US-Firmen technologisch weit
überlegen, ja konkurrenzlos war,[291] brachte den Geschäftsaktivitäten keinen wirk-
samen Wettbewerbsvorteil.

2.6 Kooperation mit US-Firmen und Ende des Informationsbüros

Siemens wagte sich, wie gezeigt, in der ersten Hälfte des 20. Jahrhunderts mit seinen Produkten nur in geringem Umfang auf den US-Markt. Wichtiger Grund hierfür waren unter anderem Regelungen mit amerikanischen Firmen zur Marktaufteilung, die S&H und SSW Aktivitäten in Europa erlaubten, aber in den USA untersagten. Dies zeigte sich bereits 1924 beim Westinghouse-Vertrag und wird an weiteren Beispielen deutlich. Siemens & Halske hatte bereits seit 1912 Verstärkerröh-
ren produziert und sich damit auf das Feld der Tonfilmtechnik begeben.[292] 1922
gründete S&H im Wernerwerk Berlin eine eigene Tontechnikabteilung, die neben
Verstärkern auch Lautsprecher und Mikrophone herstellte. Sechs Jahre später, am
8. Oktober 1928, entschied sich S&H, gemeinsam mit der AEG eine Tonfilmfirma
aufzubauen, um Synergieeffekte zu nutzen. Die Klangfilm GmbH war für Siemens
ursprünglich als Vertriebs- und Vernetzungsunternehmen konzipiert, um sich auf
dem Tonfilmmarkt in Europa zu etablieren.[293] Rasch kristallisierte sich Konfliktpotenzial mit dem amerikanischen Tonfilmgerätehersteller und Marktführer Western
Electric heraus. Im Zentrum stand die Frage, wer zu welchem Anteil auf dem euro-

triebsnetz in den USA verfügte. Vgl. dazu: SRW an Georg Schönander vom 4. Mai 1936, in:
SMA 682 sowie: Theodor Sehmer an Georg Schönander vom 25. Oktober 1937, in: SMA 682.

289 Siehe: Aktennotiz vom 8. August 1935, S. 1, in: SMA 7610 3-4-10.
290 Vgl.: Reiseplan von Max Gebbert vom 22. April 1936, S. 5, in: SMA 7610 3-4-10.
291 Vgl.: Adlanco an SRW vom 22. Juni 1934, S. 1, in: SMA 7610 3-4-10.
292 Dieses und Folgendes, soweit nicht anders angegeben, siehe: Olaf Schumacher, Die Klangfilm
     G.m.b.H. Ein Beitrag zu deren Geschichte in den Jahren 1928–33, 2. überarbeitete Fassung,
     Berlin 1993, hier S. 15 f. und 19, in: SAA 15089.
293 Siehe: Gesellschaftsvertrag vom 8. Oktober 1928, in: SAA 68/Li 280.

päischen Markt Tonfilmtechnologien vertreiben dürfe und damit die Ära der Stummfilme beenden könne. So kam es am 30. Oktober und 8. Dezember 1928 zu Klagen einer Tochtergesellschaft der Western Electric gegen ein Verstärkerpatent von Siemens. Bis 1930 reihten sich mehrere Patentprozesse zwischen den Amerikanern und Klangfilm aneinander, bei denen Western Electric vorerst der Zugang zum deutschen Markt verweigert wurde.[294] Erst im Juli 1930 konnte die Lage mit dem „Pariser Tonfilmfrieden" geklärt werden. Western Electric und die niederländischdeutsche Küchenmeister-Tobis-Klangfilm-Gruppe (KTKG) einigten sich auf eine Systemgleichheit in Europa, wodurch jeder Film mit jedem System gezeigt werden durfte. Außerdem beschlossen sie einen Patentaustausch sowie die Aufteilung des Weltmarkts in drei Patentzonen. Die KTKG erhielt ein alleiniges Lieferrecht für einen Großteil der europäischen Länder. Die Western Electric dagegen bekam die Lieferfreigabe für die USA, Kanada, Australien, Neuseeland, Indien und Russland zugesprochen. Die restlichen Länder, unter anderem Frankreich und Italien, wurden einer freien Zone zugeteilt. Die Gefahr eines amerikanischen Monopols auf dem europäischen Tonfilmmarkt war damit gebannt. Für die weiteren Geschäftsbeziehungen in den USA zwischen Siemens und der Western Electric waren solche Auseinandersetzungen mittel- und langfristig trotz der vertraglichen Einigung eine schwere Belastung.

Ebenso problematisch erwies sich die Situation auf dem deutschen Markt der Telefonindustrie, in den auch US-Firmen eintraten. Vor 1914 konnte S&H auf harmonische Beziehungen zu den amerikanischen Unternehmen der Telefonbranche, der Automatic Electric Company of Chicago (Autelco) und der American Telephone & Telegraph Co. (AT&T), verweisen. Nach 1919 gelang es, an diese wieder anzuknüpfen. 1921 handelte Siemens mit der Produktionsgesellschaft der AT&T-Tochter Western Electric Co., der International Western Electric Company of New York (Iweco), ein Abkommen aus, das die weltweiten Telefonmärkte unter Iweco, S&H und der Autelco aufteilte. S&H erhielt damals den deutschen Markt zugesprochen, wurde aber vom amerikanischen ausgeschlossen.[295] Mit dem Aufstieg der amerikanischen International Telephone & Telegraph Corporation of Chicago (ITT) seit 1920 entwickelte sich in den Folgejahren ein Konflikt, der auch Siemens betraf. Die ITT expandierte mit einer aggressiven Übernahmepolitik bis in den europäischen Raum, wo sie versuchte, sich in den deutschen Markt einzukaufen.[296] Um die Beziehungen zur Autelco nicht zu gefährden, entschied sich S&H zu einer Intensivierung der Zusammenarbeit und lehnte das Kooperationsangebot der ITT ab. Am 7. Juni 1929 schlossen S&H, Siemens Brothers und Autelco die sog. Züricher Ver-

294 Vgl.: Wernerwerk Berlin an Wolf-Dietrich von Witzleben vom 21. Januar 1930, S. 1, in: SAA 4/Lf 706.1, Nachlass Carl Friedrich von Siemens.

295 Vgl.: Kümmel, Wirtschaftskooperation, S. 225.

296 Vgl.: Feldenkirchen, Siemens 1995, S. 278 f. und 578. Zur Unternehmensgeschichte von ITT siehe: ITT Corporation, in: Drew Johnson (Hg.), International directory of comany histories, Band 116, Farmington Hills 2011, S. 307–312, in: Hagley Museum and Library, Imprints, Wilmington/Delaware.

träge ab.[297] Diese, in sechs Teile aufgegliederte Vereinbarung,[298] legte einen kostenfreien Patent- und Erfahrungsaustausch zwischen fest. Die Firmen vereinbarten Verkaufsquoten für einen Großteil der Weltmärkte. S&H blieb aber zum wiederholten Male explizit ausgeschlossen vom US-Markt.[299]

Mit der ITT fand S&H erst 1932 zu einer Annäherung und Einigung. Beide Seiten vereinbarten am 1. September ein Abkommen, das die Aufteilung des deutschen Marktes für Fernsprechapparate zwischen beiden Firmen festlegte. Die Amerikaner erhielten 40 Prozent, S&H die restlichen 60 Prozent des deutschen Marktes.[300] Vom amerikanischen Telefongerätemarkt schloss sich S&H durch die Zustimmung zu kartellähnlichen Vereinbarungen mit US-Marktführern in den 1930er Jahren aus. Am 20. Juni 1935 fixierte die deutsche Firma mit der International Invention Corp. of Chicago eine gegenseitige Lizenzvergabe, in deren Rahmen S&H ebenfalls auf Geschäfte in den USA verzichtete. Ein halbes Jahr später festigte sich dieser Ausschluss durch eine Vereinbarung mit der Standard Telephones and Cables, Ltd.[301]

Für die institutionelle Verankerung von Siemens in den USA bildete das Jahr 1933 eine Zäsur. Mit der Entscheidung, das Büro von Frank zu schließen, verfolgte Siemens das Ziel, die zukünftige Organisation in den USA zu verschlanken und effektiver zu gestalten. Am 1. Oktober 1933 eröffnete Max Waldhausen nach seiner Rückkehr in die USA ein neues Informationsbüro, das unter dem Namen Siemens Incorporated (SI) firmierte. Die bisherigen Aufgaben des Büros von Frank und diejenigen der Verkaufsstelle von Gottfried wurden nun verschmolzen. Es galt, die Informationstätigkeit wiederaufzunehmen und insbesondere die Geschäfte mit anderen überseeischen Ländern wiederzubeleben.[302] Gottfried konnte weiterbeschäftigt werden; er erhielt den Posten des Vertreters von Waldhausen. Neben SSW und S&H vertrat Siemens Inc. auch Telefunken. Ausgestattet mit einem Aktienkapital

---

297   Hierzu und zu Folgendem vgl.: Darstellung, Handhabung und Auswirkung der Züricher Verträge, Bericht vom 31. Dezember 1945, in: NARA, Record Group 407, Records of the Office of the Adjutant General, Army, Entry NM-3 368B, Administrative Services Division, Operations Branch, Foreign Occupied Areas Reports, 1945–54, box 1048 sowie: SAA 19568.

298   Siehe: SAA 28209–28215.

299   Vgl.: Office of Military Government for Germany (US), Economics Division, Decartelization Branch (Hg.), Report on Siemens & Halske vom 10. April 1946, S. 132, in: NARA, Record Group 407, Records of the Office of the Adjutant General, Army, Entry NM-3 368B, Administrative Services Division, Operations Branch, Foreign Occupied Areas Reports, 1945–54, box 1047.

300   Vgl.: Abkommen zwischen der ITT und S&H vom 1. September 1932, S. 1, in: SAA 11/Lg 650, Nachlass Franke. Näheres zu der Auseinandersetzung mit ITT in: Kümmel, Wirtschaftskooperation, S. 225–238.

301   Vgl.: Office of Military Government for Germany (US), Economics Division, Decartelization Branch (Hg.), Report on Siemens & Halske vom 10. April 1946, S. 119, in: NARA, Record Group 407, Records of the Office of the Adjutant General, Army, Entry NM-3 368B, Administrative Services Division, Operations Branch, Foreign Occupied Areas Reports, 1945–54, box 1047.

302   Siehe: Organisationsübersicht Siemens Incorporated vom Januar 1937, S. 1, in: SAA 8103.2 sowie: Announcement vom 5. Oktober 1933, in: SAA 4/Lf 598, Nachlass Carl Friedrich von Siemens.

von 100.000 $, wovon 19.500 $ sofort und 1935 weitere 50.000 $ einbezahlt wurden,[303] bereitete die Gründung der neuen Gesellschaft den Berliner Stammhäusern weder finanzielle Belastungen noch organisatorische Schwierigkeiten, was auch an der unkomplizierten US-Rechtslage für Neugründungen lag.[304] Die Anzahl der Abkommen von Siemens mit amerikanischen Unternehmen nahm aber in den 1930er Jahren deutlich ab. Die Powers Accounting Machine Co. (PAMC) war eine der Firmen, mit denen Siemens auch nach 1933 kooperierte. Das deutsche Unternehmen übertrug dem US-Partner 1934 eine ausschließliche Fabrikations- und Vertriebslizenz für Lochkartenmaschinen in den Vereinigten Staaten und bestätigte in einem Zusatzabkommen vom Folgejahr, sich selbst auf dem Gebiet der Lochkartenmaschinen zukünftig weder in F&E, noch in der Produktion oder dem Vertrieb zu engagieren. Außerdem verpflichtete sich Siemens, entsprechende Anlagen zukünftig ausschließlich bei der PAMC zu kaufen, wofür diese einmalig 300.000 RM an Siemens zu zahlen hatte.[305] Die amerikanische Firmenleitung allerdings beendete das Vertragsverhältnis 1936, indem sie die Lieferungen nach Berlin stoppte.[306] Ähnlich endete die Zusammenarbeit mit der AC Spark Plug Company of Flint, Michigan, einer Tochtergesellschaft der General Motors Company (GM).[307] Hatte S&H 1933 eine vertragliche Option auf eine Herstellungs-, Verwendungs- und Verkaufslizenz für S&H- und SSW-Patente zu Zündkerzen in den USA und Kanada erreicht,[308] so beendete GM diese Verbindung 1940 wieder und leistete dafür eine Ausgleichszahlung von 140.000 $ an S&H.[309]

Neben diesen vereinzelten Kooperationen war das Siemens-Geschäft in den USA seit 1933 mit exogenen Schwierigkeiten konfrontiert. Der Aufstieg des Nationalsozialismus in Deutschland führte in den USA zu wachsenden Vorbehalten gegenüber dem Deutschen Reich, die sich auch bei den Bestellungen von Siemens-Produkten auswirkten.[310] Diese Boykotttendenzen brachten den deutschen Mutterkonzern dazu, für die USA eine Preispolitik zu wählen, die nach 1945 zu mehreren

---

303   Vgl.: Organisationsübersicht Siemens Incorporated vom Januar 1937, S. 2, in: SAA 8103.2 sowie: Antrag der SRW auf Aktienkapitalerhöhung der Adlanco X-Ray Corporation vom 11. Oktober 1935, in: SMA 7610 3-4-10.

304   Vgl.: Waldhausen an Joachim Wegner vom 23. Februar 1973, S. 7, in: SAA 8103.2.

305   Vgl.: Aktennotiz zum Vertragsverhältnis zwischen Siemens und der Powers Accounting Machine Company vom 20. August 1942, S. 1 f., in: SAA 21/Lg 889.

306   Vgl.: Aktennotiz zum Vertragsverhältnis zwischen Siemens und der Powers Accounting Machine Company vom 16. März 1973, S. 1, in: SAA 21/Lg 889.

307   Zur Unternehmensgeschichte von GM vgl.: General Motors Corporation, in: Tina Grant (Hg.), International directory of comany histories, Band 64, Farmington Hills 2005, S. 148–153, in: Hagley Museum and Library, Imprints, Wilmington/Delaware.

308   Vgl.: Vertrag zwischen der Siemens & Halske AG und der AC Spark Plug Company of Flint, Michigan vom 28. März 1933, in: SAA 23882.

309   Vgl.: Vertrag zwischen der Siemens & Halske AG und General Motors vom 30. November 1940, S. 1 f. und 5, in: SAA 25713.

310   Vgl.: Frank an Carl Friedrich von Siemens vom 23. März 1933, in: SAA 4/Lf 598, Nachlass Carl Friedrich von Siemens. Viele amerikanische Unternehmen wandten sich den deutschen Partnern ab. Nur einige wenige US-Firmen suchten nach wie vor die Kooperation mit deutschen Wettbewerbern. Siehe hierzu: Michaela Hönicke, Das nationalsozialistische Deutschland und die Vereinigten Staaten von Amerika (1933–1945), in: Klaus Larres / Torsten Oppel-

Anti-Dumping-Prozessen gegen Siemens führte. S&H und SSW erlaubten ihrer amerikanischen Tochtergesellschaft SI, ihre wenigen Produktverkäufe durch „Kampfrabatte" zu forcieren. Diese Preisnachlässe durften von Fall zu Fall angepasst werden und sollten SI konkurrenzfähig machen.[311] Dass mit dieser Preispolitik, Siemens-Artikel weit unter Wert zu verkaufen, Verluste erwirtschaftet wurden, nahmen die Stammhäuser in Kauf. Verschärft wurde diese Konstellation durch eine Erhöhung amerikanischer Einfuhrzölle. So erhoben beispielsweise die Smooth-Hawley-Zölle 1930 hohe Abgaben auf über 3.000 Produkte aus dem Ausland.[312] Nicht zuletzt wegen der Zurückhaltung amerikanischer Kunden, deutsche Produkte zu kaufen, konnte SI in den Jahren bis zur offiziellen Schließung 1941 keine finanziell bedeutenden Projekte mehr durchführen. Zum Tagesgeschäft gehörten vielmehr Informationsdienstleistungen über den US-Elektromarkt und die Wettbewerber.[313] Das wichtigste Großprojekt unter Waldhausen war 1934 die Verlängerung des Abkommens mit Westinghouse von 1924 um weitere zehn Jahre.[314] Diese unternehmerische Verbindung sollte für die Kontakte zu Westinghouse nach 1945 und damit die strategische Ausrichtung von Siemens in den USA in der zweiten Hälfte des 20. Jahrhunderts bedeutsam werden.

Eingeschränkt waren die Aktivitäten von SI nicht nur durch die Vorbehalte amerikanischer Kunden gegenüber der deutschen Muttergesellschaft, sondern auch durch unternehmensinterne Strukturveränderungen. So entschieden sich SSW und S&H 1934, neue Leitlinien für den Kontakt mit dem Siemens-Büro in New York herauszugeben. Diese wiesen darauf hin, dass SI bewusst keine Verkäufe durchführen dürfe, sondern diese nur informativ begleiten solle.[315] Medizintechnische Produkte verkaufte Siemens weiterhin über die Adlanco X-Ray in die USA. Mitte 1939 verschlechterten sich durch den Kriegsbeginn die Verkaufsmöglichkeiten für deutsche Waren in den USA unter anderem auch durch Zollerhöhungen. Daraufhin entschied sich die Adlanco X-Ray, mit der befreundeten schwedischen Firma Järnhs Elektriska Aktiebolag im Juli 1939 einen Vertretervertrag zu schließen mit dem Ziel, die Adlanco als Vertreter einer schwedischen und nicht einer deutschen Firma darzustellen.[316] Bis zum Kriegsbeginn 1939 konnte Siemens Inc. ohne Einschränkungen Informationen sammeln und Geschäftskontakte verwalten. Die Schließung des Büros wurde aber bereits befürchtet.[317] Zwar konnte das Büro Waldhausens im Jahr 1940 noch mit sechs Angestellten besetzt bleiben,[318] die Prognose aber sollte sich im Folgejahr bestätigen. Im Sommer 1941 beschloss der Mutterkonzern in

---

land (Hg)., Deutschland und die USA im 20. Jahrhundert. Geschichte der politischen Beziehungen, Darmstadt 1997, S. 62–94, hier S. 64.

311 Siehe: Mitteilung der Preisstelle AU vom 12. November 1934, in: SAA 9422.
312 Vgl.: Adams, USA 2008, S. 52.
313 Siehe: Waldhausen an die Wirtschaftspolitische Abteilung von S&H und SSW vom 21. März 1934, in: SAA 11/Lo 860, Nachlass Jessen.
314 Vgl. hierzu: Vertrag zwischen Westinghouse und SSW vom 10. November 1934, in: SAA 6957, SAA 21/Lg 645 sowie in: SAA 54/Lb 2.
315 Vgl.: Rundschreiben von SSW vom 21. März 1934, S. 1 f., in: SAA 11/Lf 55, Nachlass Bingel.
316 Siehe: SRW an A.-B. Elema vom 13. Juli 1939, Anlage, in: SMA 503.
317 Siehe: Waldhausen an Direktor Franz Berrenberg vom 28. Oktober 1939, in: SAA 8103.2.
318 Neben Waldhausen und Gottfried arbeiteten noch ein Kaufmann, eine Sekretärin, ein Steno-

Berlin, die Vertretungstätigkeit von SI zu beenden. Die aktuellen Devisenbestimmungen erschwerten die Überweisung von Kapital in die USA. Der bisherige kaufmännische Leiter Alexander G. Baehr erklärt sich bereit, die Siemens-Interessen in den USA weiterhin außerhalb der bisherigen Tätigkeit zu vertreten.[319] Er entschied sich dazu, nach der Entlassung aller Mitarbeiter für einen formaljuristischen Fortbestand der Gesellschaft, damit der Name nicht verloren ginge.[320] Damit war das aktive US-Geschäft von Siemens vorerst beendet.

3 ZUSAMMENFASSUNG: DIE FRÜHPHASE 1845–1945

Die ersten Geschäftskontakte der Siemens-Brüder Werner und William in die USA datieren aus dem Jahr 1845. Noch bevor Werner 1847 die Telegrafenbauanstalt Siemens & Halske gegründet hatte, konnten die beiden einen Lizenzvertrag mit einem amerikanischen Unternehmer abschließen. Dieser verpflichtete sich, Siemens-Buchdruckpressen in den USA zu verkaufen. Fortan erweckten v. a. die Telegrafen von S&H auf internationalen Ausstellungen das Interesse amerikanischer Unternehmer. Um die in Deutschland hergestellten Produkte aber in den USA zu vertreiben, hätte S&H einen Vertreter vor Ort gebraucht. Da Werner die Kompetenzen seiner Firma nur an Familienmitglieder geben wollte, hatte S&H bis in die 1880er Jahre keinen eigenen Repräsentanten in den Vereinigten Staaten. Werners Brüder waren entweder bereits in anderen Auslandsmärkten gebunden, oder er traute ihnen die Tätigkeit in den weit entfernten USA nicht zu. Damit blieb auch das Exportgeschäft beschränkt. Seit den 1860er Jahren konnte S&H regelmäßig Dynamomaschinen, Wassermesser, Telegrafenzubehör und Kabel in die USA liefern. Der Umfang blieb aber gering. Neben dem fehlenden Vertreter waren hierfür auch die unterschiedlichen Kundenbedürfnisse in den USA und Deutschland sowie die sehr hohe Spezifizierung der Siemens-Produkte verantwortlich. Ohne ausreichendes Eigenkapital konnte die Berliner Muttergesellschaft die Aktivitäten auf dem ohnehin sehr autonomen US-Markt kaum intensivieren. Zu hoch waren Zoll- und Transportkosten sowie die Schwierigkeiten, amerikanische Patente für deutsche Artikel anzumelden, um diese vor dem Nachbau durch US-Firmen zu schützen.

Seit den 1870er Jahren kam die englische S&H-Tochtergesellschaft Siemens Brothers auf zwei neuen Produktgebieten mit den USA in Berührung. Die Londoner Firma begann mit dem US-Vertrieb von Öfen und Gaslampen, die William und sein Bruder Friedrich entwickelt hatten. Beide gründeten dazu eine kleine Vertriebsgesellschaft in Philadelphia. Daneben erhielt Siemens Brothers den Auftrag, ein Transatlantikkabel zwischen Europa und dem amerikanischen Kontinent zu verlegen. 1875 konnten William und Carl die Telegrafenverbindung fertigstellen.

---

graph sowie ein Bürogehilfe für Siemens in New York. Siehe: Personalbericht vom 29.2.1940, in: SAA 8103.2.

319   Vgl.: Schreiben vom 10. Juli 1941, das eine Aktennotiz über die Besprechung vom 7. Juli 1941 beinhaltet, in: SAA 11/Lo 860, Nachlass Jessen.

320   Vgl.: Siemens Incorporated an SSW vom 7. Oktober 1941, in: SAA 11/Lo 860, Nachlass Jessen.

Dieser Prestigeerfolg zog keine weiteren Aufträge in den USA nach sich. Er war allerdings Auslöser dafür, dass sich Siemens Brothers fortan auf das Geschäft mit Transatlantikkabeln konzentrierte und den Export anderer Siemens-Artikel vernachlässigte. Zwischen dem Londoner Betrieb und S&H Berlin entwickelte sich daraufhin in den Folgejahren ein heftiger Streit bezüglich des US-Geschäfts. Die Siemens-Brüder diskutierten intensiv, wer für die Aktivitäten in den Vereinigten Staaten zuständig sei. Erst Ende der 1880er Jahre konnten sie die Frage zugunsten von S&H Berlin klären. Parallel dazu gelang es, den namhaften amerikanischen Eisenbahnindustriellen Henry Villard 1886 als ersten Generalvertreter von S&H in den USA zu gewinnen. Damit waren die Vereinigten Staaten Mitte der 1880er Jahre einer von weltweit 15 Auslandsmärkten, die von einem S&H-Vertreter bearbeitet wurden. Doch bereits 1889 löste S&H die Verbindung wegen des nachlassenden Engagement Villards. Immerhin hatte er den Kontakt zu Thomas A. Edison hergestellt. Dieser führte dazu, dass sich S&H 1889 an der Gründung der Edison General Electric Company, einer Vorgängergesellschaft der General Electric, beteiligte. S&H erhoffte sich dadurch, von dem Aufbau einer Kabelfabrik in den USA zu profitieren. Nachdem sich aber die Verkaufszahlen von Bleikabeln nicht erhöht hatten, zog sich S&H 1892 wieder aus der Gesellschaft zurück.

Bestärkt durch den amerikanischen Kabelbahnunternehmer Otto W. Meysenburg entschied sich S&H stattdessen, selbst eine Gesellschaft in den USA aufzubauen. Am 4. März 1892 gründete die deutsche Firma gemeinsam mit Meysenburg die Siemens & Halske Electric Co. of America in Chicago. Sie war für Produktion und Vertrieb von S&H-Artikeln wie Dynamomaschinen und der elektrischen Ausrüstung von Eisenbahnen verantwortlich. Obwohl eine eigene Firma in den USA die Verwertung von US-Patenten erleichterte und Zölle sowie Transportkosten umgehen ließ, war S&H weiterhin mit Schwierigkeiten konfrontiert. So erwies sich die Gesellschaft rasch als kostenintensiv. Ihr Eigenkapital musste erhöht werden. Daneben bremsten Konjunkturschwankungen und Kommunikationsschwierigkeiten zwischen Chicago und Berlin den reibungslosen Produktverkauf. Das größte Hindernis des Geschäftserfolgs war aber die personelle Besetzung. Meysenburg, de facto Alleinverantwortlicher der S&H America, nutzte seine Handlungsspielräume im weit entfernten Chicago mehrfach opportunistisch gegen die Interessen von S&H Berlin aus. Ein Brand der Fabrik 1894 läutete das rasche, vorläufige Ende der US-Aktivitäten von S&H ein. Zwar mietete die Firma eine benachbarte Fabrikationsstätte als Ersatz an, zog sich aber in den Folgejahren immer mehr aus dem unglücklichen Engagement zurück. Stockende Produktverkäufe ließen S&H America zu einem reinen Verlustgeschäft werden, weshalb S&H die Vertragsbindung 1904 gänzlich auflöste.

Den Zeitraum zwischen 1908 und 1933 charakterisierte der Siemens-Mitarbeiter Helmut Schwab 1993 im Rückblick als weitgehend unbedeutend für die spätere Geschäftsentwicklung in den USA.[321] Dieser Einschätzung muss widersprochen werden, schließlich konnten die beiden Siemens-Firmen in dieser Phase bis 1941 erstmals auf ein dauerhaftes Vertretungsbüro vor Ort zurückgreifen. Über die Jahre

---

321 Vgl.: Schwab, Siemens, S. 53.

gelangten die Siemens-Stammhäuser auf diese Weise an wichtige Erkenntnisse zu Funktionsweisen und Absatzchancen des US-Elektromarkts, die die Geschäftsexpansion nach 1945 entscheidend fördern sollten. S&H und SSW hatten sich 1908 entschieden, in New York ein Informationsbüro unter Leitung des deutschen Physikers Karl Georg Frank zu installieren. Dessen Aufgabenschwerpunkt war ursprünglich die Informationsbeschaffung über den US-Markt und seine Wettbewerber. Bald aber begann Frank, Verkaufsgeschäfte von wissenschaftlichen Messapparaten, Laborgeräten und Bogenlampen zu initiieren. Er tat dies sehr zum Missfallen der beiden deutschen Stammgesellschaften, die erst das konkrete Absatzpotenzial des US-Marktes abschätzen können wollten, ehe sie gedachten, Produktverkäufe zu forcieren. Tatsächlich konnte Frank aber bis 1914 einige lukrative Lieferaufträge sowie Abkommen zum Erfahrungsaustausch mit namhaften Unternehmen abschließen. Das Verhältnis zwischen ihm und den Siemens-Gesellschaften blieb, wie schon im Falle seiner Vorgänger Villard und Meysenburg, von Informationsasymmetrien, Abstimmungsschwierigkeiten und opportunistischem Verhalten geprägt.

Der Beginn des Ersten Weltkriegs und insbesondere der Kriegseintritt der USA 1917 veränderten die Situation des Informationsbüros. Frank wurde als Vertreter eines deutschen Unternehmens inhaftiert, das Büro wurde geschlossen und musste seinen Kapitalstock an die US-Verwaltung abtreten. Bereits im Oktober 1919 konnte Frank die Vertretertätigkeit für S&H und SSW wieder aufnehmen. Zwei Jahre später gründeten die beiden Siemens-Firmen die Adlanco Industrial Products Corp. als eigene US-Vertretungsgesellschaft. Damit hatten sie sich wieder in New York institutionalisiert, was die Folgen des Ersten Weltkriegs aber nicht verdecken konnte. Die amerikanischen Unternehmen um General Electric und Westinghouse hatten bis 1920 den technologischen Rückstand auf die Marktführer S&H, SSW und AEG aufgeholt und konnten sogar eine technische Überlegenheit entwickeln.

Umso wichtiger erachtete es die Führungsspitze der Siemens-Gesellschaften, über Kooperationsverträge die Anbindung an US-Konkurrenzfirmen wieder herzustellen. Dabei zeigte sich, dass die amerikanischen Unternehmen diese Vereinbarungen nutzten, um S&H und SSW vom amerikanischen Markt fernzuhalten. Die meisten Abkommen, die die Siemens-Stammgesellschaften mit den US-Wettbewerbern in den 1920er und 1930er Jahren schlossen, beinhalteten Marktaufteilungen, wonach die deutschen Firmen keine Geschäfte in den USA tätigen durften. Höhepunkt dieser Entwicklung war der Vertrag, den SSW 1924 mit Westinghouse schloss. Zukünftig musste sich die Siemens-Firma auf den europäischen Raum konzentrieren und war von starkstromtechnischen Aktivitäten in den USA ausgeschlossen. Grund für S&H und SSW, solche Abkommen einzugehen, war der Zugang zu amerikanischem Know-how. Die meisten Verträge waren mit Erfahrungs- und Lizenzaustauschvereinbarungen gekoppelt.

Während es S&H und SSW bis 1945 gelang, ein Netzwerk an Kontakten mit US-Firmen aufzubauen, blieben ihre Verkaufsaktivitäten ohne Erträge. War es seit 1924 nur noch möglich, S&H-Artikel in die USA zu exportieren, so führten hohe Herstellungs- sowie Transportkosten dazu, dass S&H sie stark subventionieren musste, um sie in den USA zu konkurrenzfähigen Preisen anbieten zu können. Die Weltwirtschaftskrise 1929 ließ die Verkaufszahlen von messtechnischen Produkten und Kommunikationsgeräten erheblich einbrechen. Auch in den Folgejahren ließ sich der Absatz nicht stabilisieren. 1933 beriefen S&H und SSW den Vertreter Karl Georg Frank in den Ruhestand. Sie gründeten eine neue Vertretungsgesellschaft, die Siemens Inc. Diese konnte 1934 das Abkommen mit Westinghouse um weitere zehn Jahre verlängern. In der Folgezeit intensivierte die deutsche Siemens-Tochtergesellschaft SRW ihre Bemühungen, medizintechnische Apparate in den USA zu vertreiben. Die exportierten Artikel umfassten eine große Bandbreite von Röntgengeräten über Hörapparate bis zu Diathermie-Geräten. SRW konnte damit die Basis für eine enorme Geschäftsexpansion nach 1945 legen. Doch der Aufstieg der Nationalsozialisten in Deutschland führte seit Mitte der 1930er Jahre verstärkt zu Boykottbestrebungen amerikanischer Bürger gegen deutsche Produkte. Die ansteigenden Einfuhrzölle in die USA behinderten den Export von S&H- und SRW-Artikeln ebenfalls. Zwei Jahre nach Kriegsbeginn entschlossen sich die Siemens-Gesellschaften dazu, ihre US-Niederlassung aufzugeben. Die Aktivitäten des deutschen Elektrounternehmens in den Vereinigten Staaten waren damit vorerst unterbrochen.

D. DAS US-GESCHÄFT VON SIEMENS –
DIE HAUPTPHASE 1945–2001

1 WIEDERAUFBAU UND NEUSTRUKTURIERUNG: 1945 BIS 1970

1.1 Der Neubeginn des SRW-Geschäfts mit Medizintechnik

Der Zweite Weltkrieg mit seinen politischen und wirtschaftlichen Folgen bedeutete einen großen Umbruch für die Siemens-Firmen S&H, SSW und SRW.[1] Sie mussten sich auf den Wiederaufbau der Geschäftsaktivitäten in Deutschland konzentrieren. Trotzdem blieben die USA als weltweit größter Elektromarkt im Bewusstsein von Siemens und anderen deutschen Großkonzernen. Das hohe Absatzvolumen, die wirtschaftliche, rechtliche und sprachliche Homogenität sowie die politische Stabilität machten den US-Markt hochattraktiv.[2] Die Infrastruktur war während des Weltkriegs unzerstört geblieben, das technologische Entwicklungsniveau amerikanischer Firmen zeitgleich angewachsen. Zudem boten die USA reizvolle, liberale Investitionsbedingungen für multinationale Unternehmen.[3] Im Fall von Siemens erwiesen sich diese Fühlungsvorteile aber nicht nur als anziehend, sondern wirkten bis in die 1950er Jahre ebenso abschreckend.[4] Die Geschäftsführung fürchtete, den wirtschaftlichen Verhältnissen in den USA nicht gewachsen zu sein. Sie erkannte die unterschiedlichen Geschäfts- und Vertriebsmethoden, die ungewohnte amerikanische Arbeitsmentalität sowie die Ressentiments amerikanischer Unternehmen als gewichtige Hemmschwellen gegenüber einem US-Engagement. Auch die unterschiedlichen Gerätenormen und Käufergewohnheiten erschienen S&H, SSW und SRW als Grund, sich vorerst auf ein exportorientiertes Nischengeschäft ohne eigene Fertigungs- und Vertriebsstrukturen vor Ort zu beschränken.

SRW hatte über die US-Firma Adlanco X-Ray bereits seit den 1930er Jahren Röntgengeräte und Röntgenröhren in den USA vertrieben. Das Interesse amerikanischer Fachleute an den Siemens-Produkten erlosch auch nach 1945 nicht. Bereits 1947 hatte sich SRW entschieden, wieder auf dem US-amerikanischen Markt aktiv

---

1   Zu den finanziellen, materiellen und ideellen Verlusten durch die Kriegshandlungen siehe: Kapitel B.2.

2   Vgl. dazu: Lucia von Itter-Eggert, Die deutsch-amerikanischen Wirtschaftsbeziehungen, in: Jan A. Eggert / John L. Gornall, Handbuch USA-Geschäft, Wiesbaden 1989, S. 97–111, hier S. 106 sowie: Schröter, Außenwirtschaft, S. 94.

3   Vgl.: Christine Borrmann / Hans-Eckart Scharrer, Die Globalisierung der unternehmerischen Perspektive: Kapitalverflechtungen, Direkt- und Portfolioinvestitionen, multinationale Unternehmen in den USA und der Bundesrepublik, in: Detlef Junker / Philipp Gassert / Wilfried Mausbach / David B. Morris (Hg.), Die USA und Deutschland im Zeitalter des Kalten Krieges 1945–1990. Ein Handbuch, Band 2 1968–1990, München 2001, S. 363–371, hier S. 364.

4   Zur distanzierenden Wirkung des US-amerikanischen Markts auf Siemens in den Nachkriegsjahren vgl.: Tacke, Beitrag, S. 209.

zu werden. Dafür übertrug das Unternehmen nach der Zustimmung der Alliierten Militärregierung dem amerikanischen Unternehmer G. Dayton Rollins die Generalvertretung und die Vertriebsrechte für ausgesuchte Erzeugnisse in den USA. Er sollte sich auf Kleinstbauteile für Röntgentechnik konzentrieren. Daneben erhoffte sich SRW, über Rollins Spezialmaterialien wie feine Kupferlackdrähte aus den USA zu beziehen, die im Nachkriegseuropa nicht erhältlich waren.[5] Der Kontakt zu Rollins war entstanden, als er 1941 das einzige von Siemens in die USA gelieferte Röntgen-Bildschirmgerät zur Tuberkuloseerkennung erworben hatte.[6] 1947 hatte er eigens die Firma Radiological Corporation of America gegründet, um die SRW-Interessen wahrnehmen zu können. Trotz seines „high pressure salesmanship"[7] gelang es ihm in den Folgejahren nicht, die Verkaufszahlen der SRW-Produkte in den USA anzuheben.[8] Die Gründe hierfür waren vielschichtig. Lange Lieferzeiten in die USA hemmten amerikanische Kunden, medizintechnische Siemens-Artikel wie Universal- und Transversal-Planigraphen aus Deutschland zu kaufen.[9] Schwierigkeiten ergaben sich auch bei dem Geschäft mit Tiefenblenden. Sie waren nicht kompatibel mit amerikanischen Geräten. Bei den Ultraschallapparaten erwies sich die mächtige US-Mediziner-Vereinigung American Medical Association als Markteintrittsbarriere. Sie lehnte die Ultraschalltechnologie offiziell ab. Außerdem war das Preisniveau von SRW-Produkten um 1950 international nicht annähernd konkurrenzfähig. Um beispielsweise das Ultraschall-Therapie-Gerät Sonostat Standard dem Niveau der Weltpreise anzupassen, hätte SRW den Verkaufspreis von 643 $ um fast die Hälfte auf 366 $ senken müssen.[10]

Rollins blieb in den direkten Nachkriegsjahren nicht die einzige Verbindung von SRW in die USA. So mehrten sich die Reisen deutscher Stammhaus-Ingenieure, um die Verkaufschancen ihrer Produkte in den Vereinigten Staaten zu sondieren.[11] Die wirtschaftlichen Verhältnisse in den USA wurden für deutsche Unternehmen zur permanenten Vergleichsschablone.[12] 1953 betonten Siemens-Mitarbeiter

---

5   Vgl.: Memorandum (vertragliche Abstimmung) vom 12. November 1947, in: SMA 7610 3-4-11 sowie: Aktennotiz betreffend die Abmachungen mit G. Dayton Rollins vom 10. November 1947, in: SMA 7610 3-4-11.

6   Siehe dazu: Bericht über die Nachkriegsjahre von Franz Josef Bartlewski vom August 1979, in: SMA 7610 3-4-12 sowie: Siemens U.S. Medical Activities – an early history, S. 25, in: SAA 68/Li 262.

7   Vgl.: Bartlewski an Sehmer vom 1. April 1952, S. 1, in: SMA 7610 3-4-13 sowie: Sehmer an Rollins vom 24. Oktober 1949, S. 1, in: SMA 7610 3-4-12.

8   Vgl.: Vertretungen des UB Med und seiner Vorgänger in USA, S. 6, in: SMA 7610 3-5-02.

9   Dieses und Folgendes siehe: USA – gegenwärtiger Stand der Geschäftsbeziehungen vom 11. Oktober 1950, in: SMA 7610-3-4-12.

10   Vgl.: USA – gegenwärtiger Stand der Geschäftsbeziehungen vom 11. Oktober 1950, S. 5, in: SMA 7610-3-4-12.

11   Vgl.: Wilfried Feldenkirchen, Productivity Missions and the German Electrical Industry, in: Dominique Barjot (Hg.), Catching up with America. Productivity Missions and the Diffusion of American Economic and Technological Influence after the Second World War, Paris 2002, S. 285–300, hier S. 300.

12   Siehe: Christian Kleinschmidt, Der produktive Blick. Wahrnehmung amerikanischer und japanischer Management- und Produktionsmethoden durch deutsche Unternehmern 1950–1985 (= Jahrbuch für Wirtschaftsgeschichte, Beiheft 1), Berlin 2002, S. 308. Kleinschmidt schreibt:

in ihrem Reisebericht, welche Bedeutung in den Vereinigten Staaten auf die Kundenbetreuung und -bindung gelegt wurde. Mehrfach hatten sie festgestellt, dass Angestellte von US-Unternehmen einen deutlich engeren Kundenkontakt pflegten als dies in Deutschland üblich war. Sie zeigten sich beeindruckt von dieser „Aufhebung der Anonymität."[13] Bereits 1948 kehrten die beiden SRW-Vorstandsmitglieder Franz Maximilian „Max" Anderlohr und Joseph-Wilhelm Freiherr von Bissing von ihrer USA-Reise zurück mit dem Credo, die Geschäftsbeziehungen in die USA rasch intensivieren zu müssen.[14] Die ersten Unternehmerreisen nach 1945 zeigten der Siemens-Zentrale in Berlin bzw. in München, dass der US-Markt gerade im Bereich der Medizintechnik wegen der großen Nachfrage amerikanischer Kunden und des hohen Innovationspotenzials der US-Firmen sehr attraktiv war. So wurden 1952 in den USA allein Röntgenapparate im Gesamtwert von 55 Mio. $ umgesetzt.[15] Vor dem Hintergrund dieses Marktpotenzials waren die Verkaufszahlen von Rollins umso unbefriedigender.[16] Die SRW-Verantwortlichen waren sich bewusst, dass eine Vertriebsorganisation von Rollins Firma nicht ausreichte, um sich Marktanteile in den USA zu sichern. Ziel musste es sein, ein namhaftes amerikanisches Unternehmen mit weiträumiger Vertriebsstruktur für eine Zusammenarbeit zu gewinnen. Ohne einen starken Partner erschien der US-Markt unerreichbar.[17] Deshalb

---

„Amerikanische Leitbilder boten für deutsche Unternehmer Orientierungsmöglichkeiten, Zukunftsperspektiven, Rückversicherungen, Risikominderungen und Abgrenzungskriterien im Positiven wie auch im Negativen, in jedem Falle jedoch waren die USA eine permanente Referenz- und Bezugsgröße."

13   Vgl.: Bericht über eine Reise in die Vereinigten Staaten von Amerika zum Studium des Vertriebes und der Vertriebsorganisation vom 1. Juli 1953, S. 4, in: SAA 15/Ll 998. Dieselbe Argumentation findet sich auch in: Protokoll über die L-Besprechung vom 10. Dezember 1953, S. 1 f., in: SAA 16/Lh 263. Die Bewunderung für amerikanische Wirtschaftsstrukturen in den Reiseberichten nahm im Laufe der 1950er Jahre ab. Näheres zu diesem Wandel bei: Kleinschmidt, Land, S. 93 sowie: Ders., Lernprozesse mit Hindernissen. Berichte über deutsche Unternehmerreisen in die USA und nach Japan 1945–1970, zu finden unter: http://www.zeithistorische-forschungen.de/site/40208938/default.aspx, zuletzt eingesehen am 18. November 2011. Siemens-Mitarbeiter waren nicht gewillt, die positiven Eindrücke bedingungslos zu übernehmen: „Bei allen Vergleichen ist weiterhin zu berücksichtigen, daß der Markt, die Usancen und auch die Mentalität der Kunden und des eigenen Personals in den USA anders sind als bei uns, so daß sich mancher guter Gedanke bei uns nicht verwirklichen läßt." Siehe: Vertriebsorganisation und Vertriebssystematik. Reisebericht von Vollmer und Roesler vom 6. bis 24. September 1962, S. 37, in: SAA 23669.

14   Die USA waren wichtigster Referenzmarkt, sodass die Geschäftstätigkeit schnellstmöglich wieder aufgenommen werden sollte: Bericht über die Informationsreise in die Vereinigten Staaten von Nordamerika von Anderlohr und von Bissing vom 3. November bis 1. Dezember 1948, S. 3, in: SAA 15/Lm 870.

15   Vgl.: Reise- und Situationsbericht von Bartlewski vom 30. Juli 1953, S. 2, in: SMA 7610 3-4-13.

16   Zu Beginn der 1950er Jahre hatten sich die Verkäufe stabilisiert: 1950/51 belief sich der Umsatz mit SRW-Artikeln, die Rollins in den USA verkaufte, auf 968 $ monatlich und stieg im Folgejahr auf 1046 $ pro Monat. 1952/53 sank dieser jedoch wieder auf 326 $ monatlich. Dieses aus SRW-Sicht „geradezu katastrophale Zurückgehen" war der Grund, sich nach alternativen Vertriebsmethoden umzusehen. Vgl.: USA-Reisebericht von Franz Josef Bartlewski vom 1. September 1952, S. 2, in: SMA 7610 3-4-13.

17   Vgl.: Reise- und Situationsbericht von Bartlewski vom 30. Juli 1953, S. 2 und 4, in: SMA 7610

suchte SRW eine Anbindung an die Westinghouse Corporation. Beide Firmen vereinbarten 1952, dass SRW an Westinghouse ausgewählte Geräte und Apparate lieferte, die diese in den USA vertreiben sollte. Es handelte sich um Universal- und
Transversal-Planigraphen, Konvergenzstrahler, Tiefenblenden, Rotations-, Pendel-
und Nachbestrahlungsgeräte sowie um Betatron-Elektronenbeschleuniger.[18] Als
besonders vielversprechend erschien Westinghouse der 3-Phasen-Generator für
Röntgenapparate, zu dem es zu Beginn der 1950er Jahre keinerlei Konkurrenzprodukte in den USA gab. Auch die Kollimatoren zur Bündelung der Röntgenstrahlen
zur Reduzierung der Strahlenbelastung des Patienten erweckten großes Interesse.[19]
Bis zum 1. Januar 1954 unterstützte Rollins den Verkauf von SRW-Produkten, ehe
er seine Vertriebsaufgaben komplett an Westinghouse abtreten musste.[20]

Parallel dazu entschied sich SRW im Frühjahr 1953 als erste Siemens-Stamm-
gesellschaft, wieder ein US-Büro vor Ort zu gründen. Das Nordamerika Bureau im
Empire State Building in New York wurde von Franz Josef Bartlewski geleitet.[21]
SRW sah in der Intensivierung der eigenen Präsenz in New York mehrere Vorteile.
Boten die USA mit mehr als 150 Mio. Einwohnern den größten westlichen Absatzmarkt, so erschien der Ballungsraum New York als Standort ideal, weil sich dort 40
Prozent der Bevölkerung konzentrierten. Gestärkt durch das Abkommen mit Westinghouse sah SRW die Möglichkeit, vor Ort Kontakte zu Fabrikanten zu intensivieren.[22] Gleichzeitig zeigte sich die deutsche Firma aber auch skeptisch in Bezug
auf den Aufbau einer US-Niederlassung. Die USA galten der Firma aufgrund ihrer
Größe und den Marktstrukturen als sehr schwieriger Markt, insbesondere für ausländische Unternehmen. Gegen die gut vernetzten amerikanischen Wettbewerber
sah sich SRW mit erheblichen Startnachteilen konfrontiert, die durch die hohen
Zollschranken verstärkt wurden. Nicht zuletzt fürchtete die Firma Vorbehalte ame-

---

     3-4-13.

18   Dieses und Folgendes siehe: Aktennotiz über die Besprechung zwischen Vertretern der SRW
     und Westinghouse Corp. vom 25. November 1952, datiert vom 5. Dezember 1952, S. 1 f., in:
     USA-Reisebericht von Franz Josef Bartlewski vom 23. August bis 30. November 1952, S. 33,
     in: SMA 7610 3-4-13. Westinghouse erhoffte sich durch die Kooperation, das eigene Produkt-
     portfolio mit Spezialartikeln von SRW zu ergänzen. Siehe: The Westinghouse News, X-Ray
     Division Section vom 11. August 1953, „Westinghouse, Siemens in Sales Agreement", o. S.,
     in: SMA 7610 3-4-13.

19   Vgl.: Siemens U. S. Medical Activities – an early history, S. 42 f., in: SAA 68/Li 262.

20   Das Ende der Zusammenarbeit war nicht nur auf die schwachen Umsatzzahlen zurückzufüh-
     ren. Daneben entstand bei SRW der Eindruck, Rollins engagiere sich nicht mehr mit genügend
     Nachdruck für die Siemens-Vertretung, sondern konzentriere sich auf seine eigene Firma.
     Siehe hierzu: USA-Reisebericht von Franz Josef Bartlewski vom 1. September 1952, S. 2, in:
     SMA 7610 3-4-13.

21   Vgl.: USA-Memorandum vom 24. August 1967, S. 1, in: SMA 7610 3-5-01 sowie: Vertretun-
     gen des UB Med und seiner Vorgänger in USA, S. 6, in: SMA 7610 3-5-02. Vermutlich trug
     das Büro auch den Namen „Sierena" (Siemens Reiniger North America). Vgl.: Siemens U. S.
     Medical Activities – an early history, S. 30, in: SAA 68/Li 262.

22   Diese Einschätzung sowie die folgenden Argumente gegen ein SRW-Büro in New York siehe:
     Bericht von Bartlewski an Sehmer vom 19. Januar 1953, S. 2, in: SMA 7610 3-4-13.

rikanischer Unternehmen gegenüber deutscher Konkurrenz, die sich bei ersten Geschäftskontakten in den Nachkriegsjahren fast unterwürfig verhalten mussten.[23]

1.2 Die ersten USA-Aktivitäten von S&H und SSW

Neben SRW nahmen auch S&H und SSW kurz nach dem Kriegsende erste Aktivitäten auf, um sich auf dem US-amerikanischen Elektromarkt zu etablieren. Ende 1948 sahen beide Firmen die Notwendigkeit, einen Vertreter in die USA zu entsenden. Dieser sollte die amerikanische Elektroindustrie beobachten und landestypische Innovationen an die Stammhäuser melden, um den technologischen Rückstand zu den US-Konkurrenten nicht noch größer werden zu lassen.[24] Vorerst gelang es aber nur, Lizenzabkommen sowie Patent- und Erfahrungsaustauschverträge mit US-Firmen zu vereinbaren.[25] Schließlich hing das Zustandekommen sämtlicher Exportvereinbarungen bis Ende der 1940er Jahre von der Zustimmung der Alliierten in Form der Joint Export Import Agency ab.[26] Deren Politik der Förderung und Beschränkung deutscher Im- und Exporte, die nicht immer einer klaren Linie folgte, stieß bei den Siemens-Verantwortlichen wiederholt auf Unverständnis.[27] Bei den Vereinbarungen zum Patent- und Erfahrungsaustausch ging es um die reine Forma-

---

23 Vgl.: Kleinschmidt, Land, S. 89. Zusätzlich erschwert wurden die Beziehungen durch die geringe Bandbreite an Produkten für die US-Kunden. Neben dem 3-Phasen-Generator und den Kollimatoren mangelte es SRW an attraktiven Produkten für den US-Markt. Bartlewski fasste rückblickend zusammen: „Wir hatten zu dem Zeitpunkt kaum ein für den USA-Markt interessantes Produktionsprogramm vorzuweisen, dazu fehlte jegliche Infrastruktur: technische Unterlagen, Kataloge, Preislisten usw. in Englisch, und so stagnierten die Beziehungen." Vgl.: Bericht über die Nachkriegsjahre von Franz Josef Bartlewski vom August 1979, in: SMA 7610 3-4-12.

24 „Inwieweit wir Anschluß an die Welttechnik gefunden haben, ist noch nicht zu übersehen. Es wird angeregt, möglichst bald einen oder mehrere Herren nach Amerika zur Überprüfung der dortigen Entwicklung zu entsenden." Siehe: Vorstandssitzung der SSW AG vom 30. November 1948, S. 2, in: SAA 16/Lh 266.

25 Zu den Vor- und Nachteilen der Lizenzvergabe im Vergleich zum Exportgeschäft oder der Eigenfertigung im Ausland siehe: Leistl, Markt, S. 167–170 sowie: Martin K. Welge/Dirk Holtbrügge, Internationales Management. Theorien, Funktionen, Fallstudien. 4. überarbeitete Auflage, Stuttgart 2006, S. 108 f.

26 Näheres zur US-Behörde siehe: SAA 7363 sowie in: Unterhaltung am 30. Januar 1968 zwischen Joachim Wegner und Frau Haubner von der Juristischen Fakultät Erlangen, in: SAA 8109.

27 „Manchmal habe ich den Eindruck, dass Ihr […] die Kuh schlachten und gleichzeitig melken wollt. Auf der einen Seite werden wir mit allen Mitteln getreten, gelegentlich sogar angegriffen, mehr und mehr Export zu machen. Auf der anderen Seite macht man uns diesen Export unmöglich, indem man uns aus unbegreiflichen Gründen verbietet, mit unseren früheren Abnehmern Geschäfte abzuschliessen." Vgl.: Gerd Tacke an John C. de Wilde vom 24. Januar 1948, S. 1, in: USA-Ordner 1, Nachlass Tacke, in: SAA unverzeichneter Bestand. Diese Kritik nicht teilen konnten andere deutsche Unternehmen, wie beispielsweise Henkel. Dort begrüßte die Unternehmensführung die Vorgaben der Alliierten, sah sich doch das Unternehmen selbst vorerst gar nicht in der Lage, die Märkte im Ausland sowie deren Preisentwicklung zu überblicken und zu bewerten. Siehe hierzu: Hilger, Zwang, S. 223.

lisierung von Geschäftskontakten. Für Verständigungen größerer Tragweite fehlte
es Siemens noch an Kapital und personellen Ressourcen.[28] So schloss S&H im Juli
1951 einen Lizenzvertrag mit der US-Firma Radio Corporation of America.[29] S&H
erhielt für Rundfunkgeräte und Elektronenröhren eingeschränkte Produktions- und
Vertriebsrechte unter Ausschluss der USA und Kanada.[30] Auf diese Weise konnte
die deutsche Firma erstmals seit Kriegsende wieder an amerikanischem Know-how
partizipieren.[31] Ein knappes Jahr später folgte ein Transistor Licence Agreement
mit der Western Electric Company, Inc. Gegen eine pauschale Lizenzgebühr von
25.000 $ sowie eine Provision für jedes hergestellte Gerät stellte WE dem deut-
schen Unternehmen Lizenzen für Transistoren, Fototransistoren und Dioden zur
Verfügung.[32] Diese Zusammenarbeit erwies sich für beide Seiten als Erfolg, sodass
WE und S&H im August 1952 ein weiteres Abkommen unterzeichneten. Sie vereinbarten eine gegenseitige Lizenzgewährung für Vermittlungs-, Trägerstrom- und
Funkbrückensysteme sowie Landleitungen und Tiefseekabel.[33] Solche Abkommen,
die auf einzelne Produktsparten begrenzt waren und in denen der amerikanische
Partner eine Vormachtstellung genoss, waren für den deutschen Elektrokonzern von
grundlegender Bedeutung. Nur auf diesem Weg konnte Siemens bereits kurz nach
dem Zweiten Weltkrieg Anbindung an US-Firmen finden und von deren Wissens-
und Innovationsvorsprung profitieren.[34] Bereits Mitte der 1950er Jahre hatte sich
beispielsweise aus der Annäherung an RCA ein intensiver, partnerschaftlicher Austausch entwickelt. S&H-Ingenieure und RCA-Entwickler besuchten sich gegenseitig an den Firmenstandorten und diskutierten den technologischen Fortschritt von
Bauelementen und Messgeräten.[35] In der ersten Hälfte der 1960er Jahre waren ins-

28   Vgl.: Andreas Zimmermann, Siemens in den USA, S. 17–44, hier S. 21, in: SAA 10594.
29   Nähere Informationen zur RCA siehe: RCA Corporation in: Lisa Mirabile (Hg.), International
        directory of comany histories, Band 2, Chicago 1990, S. 88–90, in: Hagley Museum and Li-
        brary, Imprints, Wilmington/Delaware.
30   Vgl.: Vertrag zwischen der S&H AG und der Radio Corporation of America vom 1. Juli 1951,
        in: SAA 11/Lb 846, Nachlass Tamm. Siemens übertrug der RCA eine nichtausschließliche
        Lizenz über die Produktion von Vertragsapparaten für alle Länder der westlichen Welt inklu-
        sive Australien und Indien.
31   Mit der Intensivierung der Geschäftskontakte zu US-Firmen entstand für Siemens, wie für
        andere deutsche Firmen auch, ein gewisses Dilemma. Sie mussten sich entscheiden, in wel-
        chem Maß sie sich an amerikanischen Organisationsformen und Geschäftsstrukturen orientie-
        ren wollten. Vgl. hierzu: Berghahn, Industriegesellschaft, insbesondere S. 188. Generell zu
        den Einflüssen von US-Firmen auf Siemens nach 1945 siehe: Hilger, Amerikanisierung, ins-
        besondere S. 58–92.
32   Siehe: Agreement zwischen der S&H AG und der Western Electric Company, Inc. vom 16.
        April 1952, in: SAA 11/Lb 846, Nachlass Tamm.
33   Vgl.: Lizenz-Abkommen zwischen der Western Electric Co., Inc. und der S&H AG vom 18.
        August 1952, in: SAA 11/Lb 846, Nachlass Tamm.
34   Zu dem seit 1947/48 einsetzenden Technologietransfer zwischen amerikanischen und deut-
        schen Unternehmen siehe: Raymond G. Stokes, Technologie und Bündnisbildung: Technolo-
        gietransfer im Kalten Krieg, in: Detlef Junker / Philipp Gassert / Wilfried Mausbach / David
        B. Morris (Hg.), Die USA und Deutschland im Zeitalter des Kalten Krieges 1945–1990. Ein
        Handbuch, Band I 1945–1968, München 2001, S. 503–513, besonders S. 506 f.
35   Siehe: European Trip Report from G. A. Morton, Radio Corporation of America, 9. Dezember
        1955, in: Hagley Museum and Library, Soda House, Wilmington/Delaware, Accession: 2069,

gesamt 51 Siemens-Ingenieure auf Forschungsbesuchen bei RCA.[36] Der Kontakt war keineswegs einseitig, war die Wertschätzung von RCA gegenüber Siemens doch durchaus hoch. So lobten RCA-Gesandte 1955 explizit die außergewöhnliche technische Ausstattung des SSW-Labors in Erlangen.[37] Außerdem waren die Amerikaner an den wissenschaftlichen Einschätzungen und den praktischen Erfahrungen der Siemens-Ingenieure interessiert, denen sie hohe Wertschätzung entgegenbrachten.[38]

Auch um sich solchen Ausfuhrvorgaben der Alliierten zu entziehen, diskutierten S&H und SSW seit Anfang der 1950er Jahre den Wiederaufbau einer ständigen Vertretung in den USA. Im Juni 1952 reisten der SSW-Generalbevollmächtigte Rudolf L. Herlt und S&H-Direktor Joachim Wegner in die USA, um das Standortpotenzial von New York zu analysieren.[39] Zurück in Deutschland betonten beide, wie bedeutsam die Errichtung einer eigenen Niederlassung gerade in New York sei. Dafür gebe es vielfältige Gründe, erklärte Herlt.[40] Da ein Großteil des süd- und mittelamerikanischen Elektrotechnikgeschäfts über New York abgewickelt werde, sei es für S&H und SSW unabdingbar, an diesem Geschäftsknotenpunkt vertreten zu sein. Dies würde den Kontakt zu bisherigen Geschäftspartnern erleichtern, die sich im Großraum New York niedergelassen hätten. Auch sei es von dort einfach, die Beobachtung des US-Marktes und die Beschaffung von Informationsmaterial zu einzelnen Konzernen zu koordinieren. Nicht zuletzt betonte Herlt, in New York in der Nähe vieler Finanzierungsverhandlungen von Großprojekten zu sein, die für Siemens interessant werden könnten. Damit hatte er bereits die wichtigsten Argumente für die Gründung einer US-Tochtergesellschaft in New York genannt, die in den nächsten zwei Jahren berücksichtigt und umgesetzt wurden.

Box: 47, Serial Number: PEM-627. Part of Radio Corporation of America Records, Princeton Laboratory Technical Reports.

36 Siehe: List of European visitors to RCA laboratories: 1. Juni 1961 bis 1. Juni 1966, S. 7 f., in: Hagley Museum and Library, Soda House, Wilmington/Delaware, David Sarnoff Library Collection, Accession 2464, Box 4, Folder 35: Visitors. Part of Jan A. Rajchman Papers.

37 Vgl.: European Trip Report from G. A. Morton, Radio Corporation of America, 9. Dezember 1955, S. 44, in: Hagley Museum and Library, Soda House, Wilmington/Delaware, Accession: 2069, Box: 47, Serial Number: PEM-627. Part of Radio Corporation of America Records, Princeton Laboratory Technical Reports.

38 Siehe hierzu: Visit to some German laboratories by C. W. Muller and W. J. Merz, Laboratories RCA Ltd., Zürich, Schweiz vom 5. Februar 1962, S. 3, in: Hagley Museum and Library, Soda House Wilmington/Delaware, Accession: 2069, Box: 66, Serial Number: ZEM-127. Part of Radio Corporation of America Records, Zurich Technical Reports. Der enge wissenschaftliche Austausch und die hohe Wertschätzung durch RCA blieben bis Anfang der 1970er Jahre bestehen. Siehe: Jan A. Rajchman, RCA an Dr. Manfred Lang, Siemens AG vom 15. Juni 1971, in: Hagley Museum and Library, Soda House, Wilmington/Delaware, David Sarnoff Library Collection, Accession 2464, Box 3, Folder 14: Visitors. Part of Jan A. Rajchman Papers.

39 Siehe: Tacke an Leeland Brown von der National City Bank of New York vom 16. Juni 1952, in: USA-Ordner 1, Nachlass Tacke, in: SAA unverzeichneter Bestand.

40 Folgendes siehe: Aktennotiz von R. L. Herlt vom 8. September 1952, S. 1 f., in: SAA 8103.2.

1.3 Neugründung einer US-Gesellschaft von S&H, SSW und SRW

Um in den USA eine Gesellschaft aufbauen zu können, mussten S&H und SSW die Freigabe der Alliierten Hohen Kommission zur Gründung deutscher Standorte im Ausland abwarten. Im Juli 1951 erteilte die Institution die Zusage und machte den Weg frei für den Wiederaufbau des Siemens-Geschäfts in den USA. Deutsche Firmen durften sich wieder an ausländischen Konzernen beteiligen.[41] Ehe Siemens den Aufbau einer Niederlassung in Planung nahm, galt es, fundamentale Fragen zum Produktportfolio zu diskutieren.

> „Es muss grundsätzlich geklärt werden, ob wir uns in Zukunft mit Spezialitäten an den häufigen, sehr hochwertigen technischen Ausstellungen in Amerika beteiligen wollen. […] Es erscheint mir aus den Unterhaltungen mit Herrn Eisenberg dringend notwendig, dass das Haus eindeutig festlegt, auf welchen Gebieten wir in Amerika ins Geschäft gehen wollen",[42]

konstatierte Gerd Tacke. Tatsächlich war die Vorgehensweise auf dem US-Markt innerhalb der Siemens-Führungsriege 1952/53 umstritten. Während sich Tacke für eine Intensivierung der Aktivitäten aussprach, stimmten die Erfahrungen mit amerikanischen Patenten Hermann Reyss skeptisch.[43] Es war bis in die 1960er Jahre kaum möglich zu überblicken, ob ein neues Siemens-Produkt Schutzrechte von US-Firmen verletzte oder nicht.[44] Auch der SSW-Vorstandsvorsitzende Friedrich Bauer äußerte Bedenken. Eine Bürogründung dürfe keinesfalls die bisherigen Geschäftskontakte mit Westinghouse beeinträchtigen.[45] Der SSW-Aufsichtsratsvorsitzende, Günther Scharowsky, wehrte sich generell gegen eine vorschnelle Ausweitung des Auslandsgeschäfts über die mitteleuropäischen Grenzen hinaus.[46] Es waren die geographische Entfernung, die hohe Wettbewerbsintensität und die Marktaufteilung mit Westinghouse, die in den 1950er Jahren die Geschäftsführung von S&H und SSW überzeugten, dem Geschäftsausbau in den Vereinigten Staaten keine Priorität beizumessen. Die USA wurden nicht als „wichtiger Markt" klassifiziert[47]. Als expansionswürdig galten dagegen die europäischen Länder sowie Indien, Pakistan, Afghanistan, Indonesien, Iran, Ägypten, Südafrika, Brasilien, Argentinien, Kolumbien und Venezuela.

Trotzdem entschied sich die Firmenleitung von S&H und SSW auf Drängen des stellvertretenden Vorstandsmitglieds Gerd Tacke dazu, 1953 einen mit vier Mit-

---

41 Vgl.: Aktennotiz vom 26. Oktober 1951, in: SAA 8109.

42 Vgl.: Aktenvermerk von Gerd Tacke vom 30. November 1953, S. 1, in: USA-Ordner 1, Nachlass Tacke, in: SAA unverzeichneter Bestand.

43 Siehe: Hermann Reyss an Heinz Goeschel vom 15. August 1952/16. September, in: SAA 8103.2.

44 Vgl.: Wernerwerk für Messtechnik an SNYI vom 3. Oktober 1958, S. 2, in: SAA 22611.2.

45 Vgl.: Protokoll der Zentral-Besprechung am 10. September 1952, S. 2, in: SAA 16/Ll 736.

46 Vgl.: Günther Scharowsky, Auslandsgeschäft und Auslandsorganisation vom 13. Juni 1951, in: SAA 11/Lc 839, Nachlass Scharowsky sowie: Feldenkirchen, Werkstatt, S. 419. Dass Scharowsky sogar den brieflichen Kontakt in die USA untersagte, konnte anhand der gesichteten Akten nicht bestätigt werden. Siehe zu dieser These: Schwab, Siemens, S. 71.

47 Vgl. hierzu: Vortrag von Joachim Wegner zum Thema: Die Vertriebsorganisation des Hauses Siemens im Ausland vom 8./12. März 1954, S. 11 f., in: SAA 8109.

arbeitern besetzten Stützpunkt in New York aufzubauen.[48] Dazu wandten sich S&H und SSW an Ernest Eisenberg, der bereits vor 1945 für das Siemens-Office unter Max Waldhausen in New York gearbeitet hatte.[49] Unter seiner Führung bezog das kleine Team im August 1953 die Büroräume im Empire State Building, kurz nach Gründung des SRW-Büros.[50] Ähnlich wie in den Vorkriegsjahren sollte das Verbindungsbüro keinesfalls den Charakter einer Vertriebsgesellschaft annehmen, sondern sich primär um den Aufbau eines informellen Netzwerks in den USA kümmern und die Patentlage für Siemens-Produkte klären.[51] Daneben galt es, Geschäfte mit süd- und mittelamerikanischen Ländern anzubahnen.[52] Verkäufe an US-Kunden durften nur initiiert werden, ehe sie als Direktgeschäfte zwischen Siemens in Deutschland und den Käufern abgewickelt wurden.[53] Am 1. Januar 1954 erweiterten S&H und SSW das Büro Eisenberg zu einem offiziellen Verbindungsbüro unter dem Namen Siemens New York, Inc. (SNYI).[54]

Die Leitung des Büros hatte bis Juni des Jahres kommissarisch Eisenberg inne. Nach den durchwachsenen Erfahrungen mit den US-Vertretern war klar, dass der Besetzung der Leitungsposition nun eine besondere Bedeutung beigemessen werden sollte. Hermann Reyss machte dies bereits 1945 deutlich. „Es erwies sich, daß wir die besten Erfolge in den Ländern erzielten, in die wir die besten Menschen geschickt hatten",[55] urteilte er. Ab Juni 1954 übernahm daher der deutsche Unter-

---

48   Vgl.: Vorstandsvertreter von S&H und SSW an Ernest Eisenberg vom 20. Januar 1953, S. 1, in: SAA 8103.2 sowie: ZA-Monatsbericht von S&H und SSW vom Januar 1953, S. 5, in: SAA 49/Lr 349, Juli 1951 bis Juli 1956.

49   Siehe: Schwab, Siemens, S. 70.

50   Siehe: ZA-Monatsbericht von S&H und SSW vom Juli 1953, S. 6, in: SAA 49/Lr 349, Juli 1951 bis Juli 1956 und: S&H AG und SSW AG an Ernest Eisenberg vom 20. Januar 1953, S. 1, in: Ordner 2171, Siemens Beteiligungen Inland GmbH (CF R 6 SBI), in: SAA unverzeichneter Bestand.

51   Vgl.: Gerd Tacke an Hardenbrook (Vorname unbekannt) vom 15. Januar 1954, S. 1, in: USA-Ordner 1, Nachlass Tacke, in: SAA unverzeichneter Bestand.

52   Siehe: S&H AG und SSW AG an Ernest Eisenberg vom 20. Januar 1953, S. 1, in: Ordner 2171, Siemens Beteiligungen Inland GmbH (CF R 6 SBI), in: SAA unverzeichneter Bestand.

53   Vgl.: Aktennotiz zur Gründung eines Stützpunkts in New York vom 24. Juni 1953, in: SAA 22611.2 sowie: Gründungsdokument für die Zusammenarbeit zwischen Siemens New York Incorporated, S&H und SSW vom 1. Februar 1954, S. 1, in: SAA 22611.2.

54   Vgl.: Gründungserklärung von S&H und SSW, undatiert (wohl 1954), S. 1, in: SAA 22611.2 sowie: Vorstandsbesprechung von S&H und SSW vom 7. Juli/10. August 1953, S. 10, in: SAA 16/Lh 263. Parallel dazu gründeten beispielsweise auch die BASF AG und die Robert Bosch GmbH Servicebüros in den USA. Im Gegensatz zu Siemens aber sollte die BASF bereits vier Jahre später die Produktion in den USA aufnehmen, in Beacon, New York. Vgl. hierzu: Abelshauser, Unternehmensgeschichte, S. 521 f. Zur Bosch-Niederlassung siehe: Robert Bosch GmbH (Hg.), Der Weg zum Global Player. Die Internationalisierung der Bosch-Gruppe (= Magazin zur Bosch-Geschichte, Sonderheft 3), Stuttgart 2008, S. 32.

55   Vgl. hierzu: Bericht von Hermann Reyss über die historische Entwicklung des Übersee-Geschäfts und seiner Organisation, datiert von 1945, S. 9, in: SAA 68/Lr 488.1. Die Anforderungen an das gesamte Personal für das USA-Geschäft waren hoch. So heißt es in dem Bericht von Reyss weiter: „Eine sehr sorgfältige Auswahl nicht nur der leitenden Persönlichkeiten, sondern jedes einzelnen Angestellten und sogar der Monteure war notwendig. Die Prüfung bei dieser Auswahl erstreckte sich neben fachlichen Kenntnissen besonders auf die charakterli-

nehmer Bodo-Joachim von dem Knesebeck die Leitung von SNYI.[56] Mit ihm besetzten die Siemens-Gesellschaften die Führung ihrer USA-Geschäfte erstmals mit
einem Deutschen, der bereits eine langjährige Verbindung zu Siemens besaß.[57] Vor
Beginn der Zusammenarbeit hatten sich S&H und SSW bei seinem bisherigen Ar-
beitgeber über seine Qualifikationen erkundigt. Von dem Knesebeck wurde als ar-
beitswilliger und zuverlässiger Mitarbeiter mit „starker Initiative, großer Tatkraft
und unermüdlicher Ausdauer"[58] nachdrücklich empfohlen. Zum 1. Juni 1954 übernahmen er, Gerd Tacke und der amerikanische Rechtsanwalt Harold F. Reindel die
Ämter im neu gegründeten Board of Directors, dem Verwaltungsrat der SNYI.[59]
Mit Tacke banden S&H und SSW erstmals ein Vorstandsmitglied in das USA-Geschäft ein. Damit konnten sich die Stammgesellschaften Einfluss und Kontrolle
über das Geschehen in den Vereinigten Staaten sichern. Das Gremium entschied
über die Geschäftsaktivitäten der SNYI und war dabei „in keinster Weise limitiert".[60]
Um den Einfluss der Stammgesellschaften weiter zu erhöhen, wurden 1957 mit
Heinz Goeschel und Josef Schniedermann zwei weitere stellvertretende Vorstandsmitglieder von S&H und SSW in den Board of Directors berufen.[61] Als eine der
ersten Geschäftsentscheidungen vollzog das Gremium im Sommer 1954 die Eingliederung des Büros der Siemens Reiniger Werke in die SNYI. Diese neue X-Ray
Division arbeitete weiterhin unter Franz Josef Bartlewski.[62] Ihre Aufgaben sollten
sich in den nächsten Jahren auf den Verkauf von SRW-Produkten in andere Länder
sowie den Einkauf von US-Produktionsmaterial für SRW in Deutschland erwei-

chen Eigenschaften und auch darauf, ob der Betreffende geeignet erschien, sich mit seiner
Familie in fremde Verhältnisse einzufügen, die Mentalität der Landesbewohner zu verstehen
[…]. Fast ausnahmslos wurde darauf gesehen, daß Kräfte, die zur Verwendung in Übersee
gesucht wurden, sich bei uns in Deutschland oder im europ. [europäischen] Ausland eine
Reihe von Jahren bewährt hatten. Da Fehlgriffe meist nur spät […] und dann auch nur unter
Aufwendung hoher Kosten beseitigt werden könnten."

56   Siehe: ZA-Monatsbericht von S&H und SSW vom Januar 1954, S. 5, in: SAA 49/Lr 349, Juli
1951 bis Juli 1956. Eisenberg erhielt als Sonderbeauftragter für den Zentraleinkauf eine Anstellung in New York. Vgl. dazu auch: Protokoll über die L-Besprechung vom 30. Januar
1953, S. 4, in: SAA 16/Lh 263 sowie: Protokoll der Z-Besprechung am 14. Mai 1952 in Erlangen (1. Teil), S. 11, in: SAA 16/Ll 736.

57   Vgl.: Knesebeck an Tacke vom 19. Dezember 1948, in: USA-Ordner 1, Nachlass Tacke, in:
SAA unverzeichneter Bestand sowie: B.J. von dem Knesebeck, The president says good-bye,
S. 10, in: Siemenscope vom September 1970, in: SAA 8169. Von dem Knesebeck hatte schon
früher bei Siemens gearbeitet. 1928 war er bei SSW eingetreten, 1940 als technischer Direktor
nach Brüssel und dann als Direktor von Siemens France nach Frankreich gegangen.

58   Siehe: Empfehlungsschreiben der Elektrischen Licht- und Kraftanlagen AG vom 18. Februar
1954, in: SAA WP Bodo-Joachim von dem Knesebeck.

59   Vgl.: Aktennotiz zu Siemens New York, Inc. vom 23. Dezember 1954, in: Ordner 2171, Siemens Beteiligungen Inland GmbH (CF R 6 SBI), in: SAA unverzeichneter Bestand.

60   Vgl.: Siemens New York, Inc. an Siemens & Halske AG sowie: Siemens-Schuckertwerke AG
vom 1. August 1956, in: Ordner 2171, Siemens Beteiligungen Inland GmbH (CF R 6 SBI), in:
SAA unverzeichneter Bestand.

61   Minutes of special meeting of Board of Directors vom 5. Februar 1957, S. 3, in: Ordner 2171,
Siemens Beteiligungen Inland GmbH (CF R 6 SBI), in: SAA unverzeichneter Bestand.

62   Vgl.: Vertretungen des UB Med und seiner Vorgänger in USA, S. 6, in: SMA 7610 3-5-02.

tern.[63] Wie bereits während der Diskussionen über die Gründung von SNYI betont wurde, sollte die neue amerikanische Tochtergesellschaft flexibel organisiert sein, um auf mögliche mittelfristige Auftragserhöhungen oder auf ausbleibenden Geschäftserfolg reagieren zu können. S&H und SSW entsprachen diesem Bedürfnis.

> „Die Statuten der SN[Y]I sind so weit gefaßt, daß für jede zukünftige Entwicklung ausreichend Spielraum gegeben ist. Zu Beginn wird die Gesellschaft hauptsächlich als Verbindungs- und Beratungsbüro fungieren. Es ist jedoch anzunehmen, daß nach Erreichung eines engen Kontaktes mit den Consulting Engineers und amerikanischen Spezialverbrauchern auch eine Basis für eine geschäftliche Tätigkeit der SN[Y]I gefunden wird, die sich organisch in die Gesamtpolitik des Hauses gegenüber dem nordamerikanischen Markt einfügt",[64]

hieß es in einem Rundschreiben 1954. Die beiden Stammhäuser entschieden sich für ein Gründungskapital von 15.000 $ und eine monatliche Pauschalzahlung an die US-Siemens-Tochterfirma von 5.000 $.[65] Nur so durfte SNYI nach amerikanischem Steuerrecht als selbständige Gesellschaft eingetragen werden.[66] Die Zahlung war je nach Intensität der Serviceaufgaben variabel. Da S&H und SSW Ende 1954 mit der Arbeit von SNYI sehr zufrieden waren, verdoppelten sie die Beratungsgebühr für das Folgejahr.[67] Bis 1960 wurde sie in mehreren Schritten auf 25.000 $ angehoben.[68] Das Finanzierungsmodell für die einzelnen Mitarbeiter war in den ersten Geschäftsjahren nicht an individuelle Leistung geknüpft. Erst ab 1959 setzte die Siemens AG Regelungen durch, die Mitarbeiter in New York durch Anreizsteuerung zusätzlich zu motivieren. Neben der Beratungsgebühr erhielt SNYI fortan Eigenverkäufe von Produkten mit den Siemens-üblichen Provisionszahlungen vergütet.[69] Deren Höhe betrug zehn Prozent vom Verkaufspreis.[70]

---

63   Siehe: Reisebericht von Friedrich Messerer vom 25. Juni 1957, S. 11, in: SMA 7610 3-4-13.

64   Vgl.: ZA-Rundschreiben Nummer 85 vom 10. August 1954, in: SAA 8103.2 und in: SAA 68/ Li 262.

65   Siehe: Aktennotiz zur Gründung eines Stützpunktes in New York vom 24. Juni 1953, S. 3, in: SAA 22611.2 und: Gründungsdokument für die Zusammenarbeit zwischen Siemens New York Incorporated, S&H und SSW vom 1. Februar 1954, S. 1, in: SAA 22611.2. Der Gesamtaufwand, um das Büro im ersten Jahr aufzubauen, betrug nach Schätzungen zwischen 400.000 bis 500.000 DM.

66   Vgl.: Interne Notiz vom 13. April 1954, S. 1, in: Ordner 2171, Siemens Beteiligungen Inland GmbH (CF R 6 SBI), in: SAA unverzeichneter Bestand.

67   „Wir konnten im abgeschlossenen Geschäftsjahr erfreut feststellen, daß sich die Verbindung zwischen unseren Firmen erfolgreich entwickelt und daß sich Ihre Tätigkeit in steigendem Maße produktiv für uns auswirkt", so das Credo. Vgl.: S&H AG und SSW AG an Siemens New York Inc. vom 28. Oktober 1954, in: Ordner 2171, Siemens Beteiligungen Inland GmbH (CF R 6 SBI), in: SAA unverzeichneter Bestand.

68   Vgl.: Zentralverwaltung Ausland an SNYI vom 4. Juli 1960, S. 1, in: Ordner 2171, Siemens Beteiligungen Inland GmbH (CF R 6 SBI), in: SAA unverzeichneter Bestand.

69   Vgl.: ZA-Rundschreiben Nr. 271 vom 20. Januar 1960, in: SAA 68/Li 262 und: SAA 8103.2 sowie: Aktennotiz zu Provisionen für Siemens New York vom 15. Juni 1960, in: SAA 68/Li 262.

70   Siehe: Vertriebsvertrag zwischen S&H, Wernerwerk für Messtechnik und SNYI vom 29. Februar 1960, S. 1 f., in: SAA 22611.2. In den Folgejahren vereinbarten SNYI und S&H weitere Vertriebsverträge in den Bereichen Weitverkehrstechnik (1960) und Röntgen- und Spektroskopiezubehör (1962). Siehe: Vertragsentwurf zwischen SNYI und S&H, Wernerwerk für

Mit der Gründung des SNYI war nun eine institutionelle Basis für den Aufbau des US-Geschäfts geschaffen. Eine der ersten Aufgaben der SNYI war der Abschluss von Lizenzvereinbarungen mit amerikanischen Wettbewerbern, die spezielle Siemens-Technologien auf den US-Markt einführten. So hatten S&H und SSW zum Jahresbeginn 1956 einige Abkommen mit amerikanischen Firmen getroffen. Der Radio Receptor Company, Inc. übertrug S&H gegen Gebühr die Rechte zum Nachbau von Selengleichrichtern; die Technical Export Associated erhielt Ende Dezember 1958 die Verkaufsrechte für Flüssigkeitszähler in den USA und Kanada zugesprochen, während Duffco International Corp. bis Ende November 1956 die Alleinvertretung von Rundfunk- und Fernsehgeräten in den USA übernahm.[71]

1.4 Die Intensivierung der Geschäftsbeziehungen zu Westinghouse

Hatten SRW und Westinghouse bereits 1952 ein Vertriebsabkommen über medizinische Geräte geschlossen, so nahmen auch die anderen beiden Siemens-Gesellschaften die Beziehungen zu der US-Firma bald wieder auf. Zuvor aber musste sich Westinghouse einem Verfahren der US-Antitrust-Behörde stellen. Diese sah in dem Patentabkommen mit Siemens von 1924 einen Verstoß gegen kartellrechtliche Vorgaben.[72] Westinghouse habe durch die Aufteilung der Weltmärkte fremden Firmen den Zugang und Erwerb von Patenten blockiert. Erst mit einer Erklärung 1953, die 230 auf Siemens-Erfindungen erteilten US-Patente auch anderen Firmen ohne Lizenzgebühren zur Verfügung zu stellen, konnte Westinghouse das Verfahren abwenden.[73] Der Weg war nun frei für eine erneute Verständigung der beiden Unternehmen, die am 1. März 1954 fixiert wurde und vorläufig bis 1963 gültig war.[74] Dieses Lizenz- und Erfahrungsabkommen zwischen S&H, SSW, SRW und der Vacuumschmelze AG sowie der Westinghouse Electric Corporation und der Westinghouse Electric International Company legte einen Austausch an Produktions-, Gebrauchs- und Vertriebslizenzen fest. Siemens durfte ausgewählte Westinghouse-Produkte in Deutschland und der Schweiz in Lizenz herstellen, diese mit Ausnahme der USA und Kanadas weltweit vertreiben und Unterlizenzen an fremde Firmen erteilen.[75] Dieser Know-how-Fluss war für die Siemens-Firmen von erheblicher

---

Weitverkehrs- und Kabeltechnik vom 30. Juni 1960, in: SAA 22611.2 sowie: Vertrag zwischen SNYI und S&H, Wernerwerk für Messtechnik vom 2. Januar 1962, in: SAA 22611.2.

71   Vgl.: ZA-Monatsbericht von S&H und SSW vom Januar 1956, S. 7 f., in: SAA 49/Lr 349, Juli 1951 bis Juli 1956.

72   Vgl.: Aktennotiz zu Westinghouse-Verträgen vom 15. März 1967, S. 1, in: Ordner 2161, Siemens Beteiligungen Inland GmbH (CF R 6 SBI), in: SAA unverzeichneter Bestand sowie: SSW-Patentabteilung an die Abteilungsdirektoren vom 1. Februar 1960, S. 16, in: Ordner 2161, Siemens Beteiligungen Inland GmbH (CF R 6 SBI), in: SAA unverzeichneter Bestand.

73   Siehe: SSW-Rundschreiben SG-Nr. 150 vom 8. Juni 1953, in: SAA 54/Lb 2.

74   Siehe: SAA 7489.14, SAA 7394 sowie in: SAA 7449. Näheres zu seinem Zustandekommen vgl.: Feldenkirchen, Beziehungen, S. 334 f. Zur Organisation von Westinghouse vgl.: Siemens-Schuckertwerke AG, ZW 9 (Hg.), USA und Westinghouse. Hinweise und Zahlen, Erlangen 1956, in: SAA 54/Lb 2.

75   Dieses und Folgendes in: Vertrag zwischen der S&H AG, der SSW AG, der SRW AG, der

Bedeutung für die eigene F&E-Arbeit. Im Gegenzug dafür erhielt Westinghouse die Zustimmung, bestimmte Siemens-Produkte in seinen Heimatmärkten USA und Kanada produzieren zu dürfen und weltweit verkaufen zu können. Ausgenommen waren der deutsche und der schweizerische Markt. Der Vertrag umfasste einen Großteil der Produktpalette von Siemens, wobei unter anderem Haushaltsgeräte, Lampen, Kabel und Pumpen ausgenommen waren. Im Bereich der Atomenergie vereinbarten beide Seiten vorerst keinen Lizenzaustausch.

Die Geschäftsbeziehungen zwischen Siemens und Westinghouse sollten sich rasch ausweiten. Hatte sich SSW auf dem Gebiet der konventionellen Energiegewinnung in der ersten Hälfte des 20. Jahrhunderts etabliert, so verschob sich nach 1945 das Interesse schon früh zur Kernenergie.[76] Dabei war es für SSW von besonderem Interesse, den technologischen Rückstand zu Konkurrenzfirmen aus dem Ausland aufzuholen und an deren Know-how zu partizipieren. Um eine solche Anbindung in den USA zu finden, schickte SSW 1947 den Atomphysiker Wolfgang Finkelnburg in die USA. Im Anschluss baute er 1953 in Erlangen ein Forschungsinstitut auf, das ausländische wissenschaftliche Veröffentlichungen zur Kernenergie auswertete. Damit wurde der Einstieg in diese Methode der Energiegewinnung vorbereitet. Es dauerte noch bis zum Jahresende 1957, ehe sich Siemens auf dem Gebiet der Kernenergie in den USA platzierte. Westinghouse erschien als idealer Kooperationspartner. Das amerikanische Unternehmen hatte im September 1954 in Pennsylvania mit dem Bau des ersten großen Kernkraftwerks in den USA begonnen, was seine Pionierrolle auf dem Gebiet der Reaktortechnik unterstrich. Die vier Siemens-Stammgesellschaften S&H, SSW, SRW und die Vacuumschmelze AG einigten sich im Oktober bzw. Dezember 1957 mit Westinghouse, in den Hauptvertrag von 1954 auch Produkte aus der Atomenergie aufzunehmen. Für Siemens fielen hohe Gebühren an, um sich diesen Zugang zu amerikanischem Know-how zu sichern. Das deutsche Unternehmen hatte sich verpflichtet, insgesamt eine Mio. $ Pauschalabgabe an Westinghouse zu zahlen. Daneben folgten weitere Lizenzgebühren in Höhe von 2,5 Prozent des Verkaufspreises.[77] Für SSW erwies sich dieser Vertrag als großer unternehmerischer und ideeller Erfolg, da „beide Partner auf dem Atomgebiet grundsätzlich gleichwertig behandelt werden."[78] So machte Westinghouse Zugeständnisse, die von Seiten der SSW nicht erwartet worden waren. Die Amerikaner bestätigten, dass sich der Vertrag auf sämtliche Reaktortypen der Energiegewinnung bezog. Auch die von Westinghouse anfangs verweigerten Radiation Detector Tubes und Reaktor-Werkstoffe fanden Eingang in das Abkommen. SSW hatte nun Zugriff auf die amerikanischen Technologien für Leichtwasserreaktoren, was die Entwicklung der eigenen Reaktortechnik entscheidend beeinflussen sollte.

Vacuumschmelze AG, der Westinghouse Electric Corporation und der Westinghouse Electric International Company vom 1. März 1954, hier S. 2, in: SAA 54/Lb 2.

76 Dieses und Folgendes siehe: Hans-Heinrich Krug, Siemens und Kernenergie. Über 40 Jahre innovative Technologie-Entwicklung für eine zukunftssichere Energieversorgung, Duisburg 1998, hier insbesondere S. 4–11.

77 Vgl.: Vertrag zwischen der S&H AG, der SSW AG, der SRW AG und der Vacuumschmelze AG und der Westinghouse Electric Corporation vom 23. Oktober 1957, in: SAA 21846.2.

78 Siehe: Aktennotiz der SSW-Patentabteilung vom 28. April 1958, S. 3 f., in: SAA 21846.2.

Ebenso wurde der Informationsaustausch bezüglich reinem Silizium vereinbart.[79] Dieser wurde im Februar 1959 vom reinen Know-how-Transfer zu einem Abkommen über Herstellung von sog. Reinstsilizium für die Halbleiterproduktion ausgebaut. Dazu sammelten beide Unternehmen Produktionserfahrungen in einem Informationspool, aus dem Lizenzen an Drittfirmen weitergegeben wurden. Da Siemens mehr Know-how beisteuerte als Westinghouse, erhielt der deutsche Konzern zwei Drittel der Lizenzkosten, pro Jahr rund 1,5 Mio. DM.[80]

1.5 Die Konsolidierung der Medizintechnik in den 1950er Jahren

Bis Ende der 1950er Jahre konzentrierten sich die Geschäftsaktivitäten von SRW auf den Raum um New York. Die Vertretungstätigkeit von Rollins war zum 1. Januar 1954 beendet worden, einzig im Schirmbildgeschäft durfte er sich noch bei Direktgeschäften beteiligen. Anstatt seiner kooperierte SRW mit Westinghouse sowie mehreren sogenannten Dealern, also Vertriebsagenten, die SRW-Produkte aus Deutschland kauften und in den USA an die Endkunden weitervertrieben. Dieses Modell bot den Vorteil, dass Service- und Reparaturleistungen an amerikanische Kleinunternehmer und Händler abgegeben werden konnten.[81] Es ermöglichte zudem den Zugriff auf bereits bestehende Verkaufsinfrastrukturen und Kundennetzwerke. SRW knüpfte Kontakte zu amerikanischen Dealern auch über die bestehenden Geschäftskontakte mit Westinghouse. Die Zusammenarbeit mit ihnen war aber nicht komplikationsfrei. Schließlich bedingte die enge Bindung der US-Dealer an die Marktführer Westinghouse, General Electric oder Picker X-Ray Corporation, dass sie von diesen die Vorgabe bekamen, SRW-Artikel nur in den USA zu verkaufen, solange diese ein begrenztes Spezialitätengeschäft ausmachten.[82] Außerdem entstand die Gefahr, dass Dealer mit eigenen Produktionsmöglichkeiten SRW-Produkte nicht mehr in die USA importierten, sondern diese selbst herstellten, um mehr an ihnen zu verdienen.[83]

Die Beziehungen zu Westinghouse intensivierten sich 1954, da SRW in den Hauptvertrag zwischen S&H, SSW und Westinghouse einbezogen wurde.[84] Dies geschah, obwohl sich das Abkommen vorwiegend auf Starkstromtechnik bezog. SRW erteilte dem US-Partner die Lizenz, Hochvakuumelektroröhren, Röntgenröhren und -einrichtungen in den USA und Kanada zu fertigen und weltweit zu vertreiben. SRW dagegen erhielt die Produktionsrechte für Deutschland und die Schweiz sowie die Vertriebslizenz für die ganze Welt mit Ausnahme der USA und Kanadas.

79 Vgl.: Aktennotiz der SSW-Patentabteilung vom 21. Juni 1957, S. 8, in: SAA 21846.2.
80 Vgl.: Aktennotiz zu Westinghouse-Verträgen vom 15. März 1967, S. 2, in: Ordner 2161, Siemens Beteiligungen Inland GmbH (CF R 6 SBI), in: SAA unverzeichneter Bestand.
81 Vgl.: Aktennotiz zum Bericht von Bartlewski vom 4. August 1958, S. 2, in: SMA 7610 3-4-13.
82 Vgl.: Siemens U.S. Medical Activities – an early history, S. 94 f., in: SAA 68/Li 262.
83 Siehe: Vorstandssitzung der S&H AG und der SSW AG vom 30. Juni/1. Juli 1964, S. 5, in: SAA 16/Lh 263.
84 Der bereits oben im Text besprochene Vertrag ist zu finden in: SAA 7489.14, SAA 7394 sowie in: SAA 7449.

Trotz der Verbindungen zu Westinghouse und den stabilisierten Dealer-Kontakten war SRW weiterhin mit Strukturschwierigkeiten konfrontiert. Neben den Ausgangspreisen für SRW-Produkte, die dem Gros der amerikanischen Kunden zu teuer waren, spielten die fehlenden Kontakte zu US-Abnehmern eine wichtige Rolle. Attraktive Kunden wie Krankenhäuser und Forschungsinstitute besaßen bereits enge Bindungen zu eigenen Dealern, die diese mit Röntgenprodukten versorgten. An den – weiterhin in Deutschland hergestellten – Artikeln von SRW bestand nur geringes Interesse.[85] Vor dem Hintergrund dieser Schwierigkeiten war es naheliegend, dass der Vertrieb von SRW-Produkten selbst über eine namhafte und gut vernetzte Firma wie Westinghouse keine nennenswerten Verkaufserfolge erwarten lassen konnte. So hatte das US-Unternehmen für SRW zwischen 1953 und 1955 lediglich neun Universal- und drei Transversal-Planigraphen, sechs Pendelgeräte, vier Konvergenzstrahler, zwei Sireskope, eine Janker-Kassette und ein Dosimeter verkauft.[86] Unzufrieden mit diesen Absatzzahlen betonte SRW, zukünftig auf andere Vertriebsfirmen setzen zu wollen. Westinghouse pochte auf die alleinigen Vertretungsrechte. Folglich entschied sich SRW, ein weiteres Jahr mit Westinghouse zusammenzuarbeiten und abzuwarten, ob sich die Verkaufserfolge noch einstellen würden.[87] Als dies 1956 nicht der Fall war,[88] beendete SRW im Frühsommer 1957 den Exklusivvertrag.[89] Die Siemens-Firma band nun verschiedene Agenten in den Vertrieb der Produkte ein. Eine Alternative wäre der Aufbau einer eigenen Vertriebsorganisation gewesen. Diese Option lehnten die Verantwortlichen aber wegen der hohen Kosten ab.[90]

Die wiedergewonnene Eigenständigkeit in Vertriebsfragen ermutigte SRW, sich auch auf Geschäftsfeldern zu engagieren, die bisher für die US-Aktivitäten unbedeutend waren. So wies der SRW-Prokurist Rudolf Opfermann 1957 nach einer USA-Reise auf die Erfolge zweier Dental-Ausstellungen hin, die SRW in New York und Miami beliefert hatte. Das große Interesse an den deutschen Fabrikaten habe verdeutlicht, wie wichtig es sei, den US-Markt mit Dentalgeräten zu bearbeiten.[91] Die Messebesucher hätten insbesondere die Primalux-Lampe gelobt, die im Gegensatz zu amerikanischen Leuchten „schatten- und wärmefrei" war.[92] Erfolg

---

85   Vgl.: Reisebericht von Friedrich Messerer vom 25. Juni 1957, S. 2, in: SMA 7610 3-4-13.

86   Vgl.: Aktennotiz zu den über Westinghouse verkauften SRW-Anlagen vom 24. Mai 1955, S. 1, in: SMA 7610 3-4-13.

87   Vgl.: USA-Reisebericht von Paul Dax vom 8. April 1955, S. 7, in: SMA 7610 3-4-13.

88   Siehe: Franz Josef Bartlewski an SRW vom 29. März 1957, in: SMA 7610 3-4-13 sowie: Paul Dax an Franz Josef Bartlewski vom 12. März 1957, S. 1, in: SMA 7610 3-4-13.

89   Ausgenommen vom Ende der Zusammenarbeit waren Universal-Planigraphen und Pendelgeräte, die Westinghouse erst zum 30. September 1957 zurückgab. Siehe: Besprechungsnotiz zur Regelung des Verhältnisses mit Westinghouse vom 16. und 23. April 1957, S. 3f., in: SMA 7610 3-4-13.

90   Vgl.: Reisebericht von Friedrich Messerer vom 25. Juni 1957, S. 2, in: SMA 7610 3-4-13.

91   Dieses und Folgendes siehe: USA-Reisebericht von Rudolf Opfermann vom 8. Januar 1958, S. 1–6, in: SMA 7610 3-4-13.

92   „Die technisch einwandfreie Verarbeitung, besonders die Grifftechnik unserer Geräte sprechen den amerikanischen Zahnarzt an. Die Erfahrungen, die amerikanische Zahnärzte in Bezug auf die techn. [technische] Qualität bei Ritter-Geräten [Ritter war eine der großen US-Dentalfirmen] in den letzten Jahren machten, sind nach ihren Äußerungen schlecht. Wenn das

versprechend waren auch SRW-Zahnbohrmaschinen, die dank ihrer hohen Drehzahl von bis zu 20.000 Umdrehungen pro Minute das Schmerzgefühl des Patienten verringerten.[93] Die Nachfragen der Kunden aber verdeutlichten die vorherrschende Skepsis gegenüber dem Hersteller, dessen Fertigungsbasis im weit entfernten Deutschland lag.[94] Um ihr entgegenzuwirken und SRW-Produkte kompatibel für US-Apparate zu machen, begann SRW mit der Entwicklung entsprechender Adapter.[95] Opfermann setzte sich nachdrücklich für eine Ausweitung der Dentalaktivitäten in den USA ein. Daraufhin gründete SNYI am 1. Januar 1958 in New York neben der X-Ray Division die Dental Division.[96] Im ersten Geschäftsjahr erreichten die Verkaufszahlen nicht die prognostizierte Höhe, US-Kunden nahmen bis September 1958 insgesamt 25 Dentalgeräte und Behandlungsstühle ab. Hoffnung aber machte die hohe Qualität im Vergleich zu US-Konkurrenzprodukten, wie Lutz Windisch, Zahntechniker der Dental Division, erklärte: „Die Konkurrenz ist groß, aber sowohl Zahnärzte als auch verschiedene Dealer äußerten, daß unsere Geräte in Form und Qualität die amerikanischen Fabrikate übertreffen."[97] Zum Jahresbeginn 1958 übernahm Paul E. Oberley die Verantwortung für das Dentalgeschäft von SRW in den USA. Ihm gelang es, bis Oktober 1960 ein Vertriebsnetz von 60 Dealern für den Verkauf von SRW-Dentalprodukten aufzubauen.[98]

Bezogen auf die gesamte Medizintechnik von SRW stellten sich die Verantwortlichen nach der Institutionalisierung in den USA die Frage, welches Produktportfolio mit welcher Bandbreite die besten Absätze verspechen würde. Die Meinungen gingen auseinander. Während SRW-Oberingenieur Hans-Joachim Bohn 1960 betonte, dass die Absatzchancen für SRW-Produkte steigen würden, „je atypischer unser Angebot gegenüber dem amerikanischen Sortiment ist",[99] schätzte

---

Service- und Ersatzteil-Problem vertrieblich einwandfrei gelöst wird, ist, wie wir versichert bekamen, der amerikanische Zahnarzt bereit, sofort unsere Geräte zu kaufen." Zu finden in: USA-Reisebericht von Rudolf Opermann vom 8. Januar 1958, S. 6, in: SMA 7610 3-4-13.

93   Siehe: Plettner, Abenteuer, S. 360 f. sowie: Bodo-Joachim von dem Knesebeck, Siemens in den USA, in: Siemens-Zeitschrift 43/1969, Heft 4, S. 255–257, hier S. 257.

94   Die Bedenken waren nicht ohne Grundlage. Anfang 1958 sollte SRW für ein Meeting in Chicago Dentalgeräte aus Erlangen liefern, die aber nicht rechtzeitig ankamen. Kollegen mussten mit Apparaten aus Kanada aushelfen. Vgl. hierzu: Reisebericht von Rudolf Opfermann vom 21. Februar 1958, S. 2, in: SMA 7610 3-4-13 und: Reisebericht Jürgen von Mahs vom 17. Oktober 1960, S. 5, in: SMA 7610 3-4-13.

95   Vgl.: Notiz über technische Erfordernisse und Maßnahmen für unseren Dental-Vertrieb in USA vom 18. Februar 1958, S. 1, in: SMA 7610 3-4-13. Auch musste SRW für amerikanische Geräte die Schaltschemata und Benutzeroberflächen, die an deutschen Nutzergewohnheiten orientiert waren, umgestalten. Vgl. hierzu: USA-Reisebericht Jürgen von Mahs vom 17. Oktober 1960, S. 5, in: SMA 7610 3-4-13.

96   Vgl.: Siemens U.S. Medical Activities – an early history, S. 36 f., in: SAA 68/Li 262 sowie: ZA-Monatsbericht von S&H, SSW und SE vom Januar 1958, S. 2, in: SAA 49/Lr 349, August 1956 bis Januar 1963.

97   Vgl.: USA-Reisebericht von Lutz Windisch vom 2. September 1958, S. 1, in: SMA 7610 3-4-13.

98   Siehe: USA-Reisebericht J. von Mahs vom 17. Oktober 1960, S. 1, in: SMA 7610 3-4-13.

99   Vgl.: USA-Reisebericht von Hans-Joachim Bohn vom 7. Januar 1960, S. 9, in: SMA 7610 3-4-13.

1961 der leitende SRW-Angestellte Hans-Erich Dreyer die Situation anders ein. Er ging davon aus, dass die bisherige Produktpalette verbreitert werden müsse, um Absatzerfolge vorzuweisen.[100] Bartlewski betonte unabhängig von den angebotenen Artikeln, dass es wichtig sei, entsprechendes Werbematerial an den amerikanischen und nicht den deutschen Kundengewohnheiten zu orientieren.[101] Bisher hatte SRW Werbung vor allem durch den Kundenkontakt auf Ausstellungen und das Aufsuchen potenzieller Kaufinteressenten „von Ort zu Ort wie ein Wanderprediger"[102] betrieben. Umfangreiche Marketingaktionen besaßen noch keine Bedeutung. Immerhin war die Marke SRW vielen US-Röntgenärzten zu Beginn der 1960er Jahre vertraut.[103] Ein entscheidender Wettbewerbsvorteil war es zudem, schon früh Medizintechnikprodukte an US-Universitäten platziert zu haben. Medizinstudenten erlernten in ihrer akademischen Ausbildung den Umgang mit Siemens-Spezialgeräten. Nach dem Abschluss ihres Studiums griffen sie als approbierte Ärzte häufig auf die deutschen Apparate zurück.[104] Ein Breitengeschäft konnte SRW bis Anfang der 1960er Jahre in den USA aber noch nicht aufbauen. Zwischen 1954 und 1961 gelang es lediglich, 250 Apparate und Geräte zu verkaufen.[105]

1.6 Antitrust-Schwierigkeiten und Gründung der Siemens America, Inc.

In den direkten Nachkriegsjahren sahen sich S&H und SSW wie alle deutschen Großunternehmen mit den Bestrebungen der Westalliierten konfrontiert, Kartellisierungstendenzen in der deutschen Wirtschaft zu unterbinden. Bereits vor 1933 war Deutschland das am stärksten mit Kartellen durchdrungene Land.[106] Aus dem amerikanischen Blickwinkel waren die deutschen Kartellisierungsbestrebungen eine Gefahr für die amerikanische Vorherrschaft auf den lateinamerikanischen Märkten und drohten, die Welt in mehrere Handelsblöcke zu teilen. Gerade die Siemens-Stammhäuser mit rund 1.000 vertraglichen Verbindungen mit anderen

100 Vgl.: USA-Reisebericht von Hans-Erich Dreyer vom 22. Dezember 1961, S. 10, in: SMA 7610 3-4-13.
101 Zu finden in: Reisebericht Jürgen von Mahs vom 17. Oktober 1960, S. 5, in: SMA 7610 3-4-13.
102 Vgl.: F. J. Bartlewski, Good-bye America. Rückblick auf eine 10jährige Tätigkeit in den USA, in: SRW-Hauspost. Werkzeitschrift der Siemens-Reiniger-Werke AG Erlangen, Heft 32 vom März 1964, S. 10 f., hier S. 10.
103 Dieses und Folgendes siehe: Franz Josef Bartlewski, Die SRW in USA, in: SRW-Hauspost. Werkzeitschrift der Siemens-Reiniger-Werke AG Erlangen, Heft 23 vom September 1961, S. 7.
104 Vgl.: Siemens U. S. Medical Activities – an early history, S. 86, in: SAA 68/Li 262.
105 Vgl.: Franz Josef Bartlewski, Die SRW in USA, in: SRW-Hauspost. Werkzeitschrift der Siemens-Reiniger-Werke AG Erlangen, Heft 23 vom September 1961, S. 7.
106 Hierzu und zu Folgendem siehe: Regina Ursula Gramer, Von der Entflechtung zur Rekonzentration: Das uneinheitliche Vermächtnis der wirtschaftlichen Umgestaltung, in: Detlef Junker / Philipp Gassert / Wilfried Mausbach / David B. Morris (Hg.), Die USA und Deutschland im Zeitalter des Kalten Krieges 1945–1990. Ein Handbuch, Band I 1945–1968, München 2001, S. 448–456, hier S. 450 f.

Unternehmen waren in den Fokus der Amerikaner geraten.[107] Besondere Aufmerksamkeit erregten die Marktaufteilungen zwischen SSW und Westinghouse von 1924 und die Absprachen von S&H mit den amerikanischen Telefonanbietern.[108] Entscheidender Einfluss, um den Argwohn der Amerikaner zu mildern, war der sich verschärfende „Kalte Krieg" mit der Sowjetunion. Aus dem Sicherheitsbedürfnis gegenüber dem aufkommenden Kommunismus verblasste die anfängliche Vehemenz der Dekartellisierung, sollte die westdeutsche Wirtschaft doch rasch stabilisiert werden.[109] Lediglich der Chemiekonzern I.G. Farben wurde zerteilt,[110] auch wenn er nicht in 52 Einzelbetriebe aufgespalten wurde, wie ursprünglich angedacht war. Bosch und die Siemens-Firmen mussten nur geringe strukturelle Änderungen vornehmen.[111]

Die amerikanische Siemens-Tochter musste sich Mitte der 1950er Jahre noch einem umfangreichen Antitrust-Prozess erwehren. Streitigkeiten zwischen mehreren US-Elektrounternehmen hatten die amerikanische Antitrust-Behörde veranlasst, eine Nachprüfung der gesamten Branche auf Trustproblematiken anzuordnen.[112] So wurden Vertreter von SNYI 1957 vom District Court, New York wegen des Verdachts vorgeladen, im Bereich der Rundfunk- und Fernsehtechnik gegen das Antitrust-Gesetz verstoßen zu haben. Es handelte sich um Vorwürfe in Zusammenhang mit dem Verfahren gegen RCA, mit der Siemens seit 1951 kooperierte.[113] Im März 1957 musste sich Bodo-Joachim von dem Knesebeck vor dem Gerichtshof verantworten und detailliert über strategische Ziele der New Yorker Siemens-Tochter sowie deren Kooperationspolitik im Bereich von Rundfunkgeräten aussagen.[114] Mehrere Verhandlungen bestätigten SNYI, kein Vergehen gegen die Antitrust-Bestimmungen begangen zu haben. Mit einem Bußgeldbescheid an RCA in Höhe von 100.000 $ endete der Prozess 1958.[115]

---

107 Vgl.: Office of Military Government for Germany (US), Economics Division, Decartelization Branch (Hg.), Report on Siemens & Halske vom 10. April 1946, insbesondere S. 115, in: NARA, Record Group 407, Records of the Office of the Adjutant General, Army, Entry NM-3 368B, Administrative Services Division, Operations Branch, Foreign Occupied Areas Reports, 1945–54, box 1047.

108 Vgl.: ebenda, S. 119 und 123.

109 Vgl.: Gramer, Entflechtung, S. 451.

110 Vgl.: Christoph Buchheim, Von der aufgeklärten Hegemonie zur Partnerschaft: Die USA und Westdeutschland in der Weltwirtschaft 1945–1968, in: Detlef Junker / Philipp Gassert / Wilfried Mausbach / David B. Morris (Hg.), Die USA und Deutschland im Zeitalter des Kalten Krieges 1945–1990. Ein Handbuch, Band I 1945–1968, München 2001, S. 401–423, hier S. 412.

111 Vgl.: Gramer, Entflechtung, S. 452.

112 Vgl.: Siemens New York Inc. an Siemens & Halske vom 7. März 1957, S. 1, in: SAA 21726.2.

113 Vgl.: Aktennotiz zur Antitrust-Voruntersuchung in den USA vom 5. März 1957, in: SAA 21726.2.

114 Siehe: Befragung von Bodo-Joachim von dem Knesebeck vom 25. März 1957, in: SAA 21726.2.

115 Vgl.: Edward Ranzal, R.C.A. yields in trust suit; will ease patent licensing, in: New York Times vom 29. Oktober 1958, in: SAA 21726.2 sowie: Knesebeck an Erik von Heimann vom 10. November 1958, in: SAA 21726.2.

Nachdem die Überprüfung schadlos überstanden war, konnte sich SNYI wieder auf das Tagesgeschäft konzentrieren. Ihre Umsätze waren seit 1954 langsam, aber permanent gestiegen. Im Geschäftsjahr 1958/59 konnte die Gesellschaft erstmals einen Gewinn in Höhe von 22.900 $ verzeichnen.[116] Um das Geschäftsvolumen entscheidend zu erhöhen, kristallisierte sich gegen Ende der 1950er Jahre die Notwendigkeit heraus, eine einheitliche Vertriebsorganisation in den USA aufzubauen.[117] Bisher waren Aufgaben wie Service, Lagerung und Abrechnung nicht relevant für SNYI, da diese von Dealern übernommen wurden. Die wachsende Anzahl an Aufträgen sowie Lizenz- und Vertriebsabkommen überzeugte Siemens davon, einen Ausbau der US-Firma umzusetzen, der Lagerung und Serviceleistungen erlaubte.[118] Für die Restrukturierung diskutierten die Vorstände von S&H und SSW Vorschläge, die von der Gründung einer eigenen Vertriebsgesellschaft bis zu einer erneuten Generalvertretung reichten. Nach langen Verhandlungen erhielt die Siemens New York Inc. 1960 rückwirkend zum 1. Oktober 1959 den Charakter einer Landesvertriebsgesellschaft in den Bereichen Wernerwerk T (Telegraphen- und Signaltechnik) und M (Messtechnik). Die amerikanische Siemens-Tochter bekam dadurch unter anderem die Vertriebsrechte von S&H-Elektronenmikroskopen und Zubehör für die USA. In den anderen Unternehmensbereichen sollte SNYI die Aktivitäten weiterhin nur informativ begleiten. Das Geschäft blieb auf den Export von Spezialprodukten beschränkt; eine Produktion vor Ort war noch kein konkretes Planungsvorhaben.[119]

Abbildung 11: Organisationsstruktur der Siemens New York, Inc., 1960

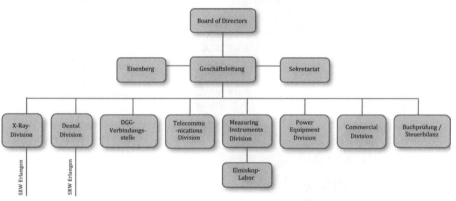

Quelle: Eigene Darstellung nach: Organisationsplan der Siemens New York, Inc. vom 1. November 1960, in: Ordner 2257, in: Siemens Beteiligungen Inland GmbH (CF R 6 SBI), in: SAA unverzeichneter Bestand.

116 Vgl.: ZA an Siemens New York Inc. vom 4. Juli 1960, S. 2, in: Ordner 2171, Siemens Beteiligungen Inland GmbH (CF R 6 SBI), in: SAA unverzeichneter Bestand.
117 Vgl.: ZA-Rundschreiben Nr. 271 vom 20. Januar 1960, in: SAA 68/Li 262 und in SAA 8103.2 sowie: Aktennotiz vom 31. Dezember 1959, in: USA-Ordner 1, Nachlass Tacke, in: SAA unverzeichneter Bestand.
118 Dieses und Folgendes siehe: Vorstandssitzung der S&H AG und der SSW AG vom 23. Oktober 1958, S. 11 f., in: SAA 16/Lh 263.
119 Vgl.: Aktenvermerk vom 29. November 1960, in: USA-Ordner 1, Nachlass Tacke, in: SAA unverzeichneter Bestand.

Der Auftragseingang von Siemens New York betrug 1962 insgesamt 54,8 Mio. $, wobei darin ein einmaliger Sonderauftrag für die Western Union (WU) im Wert von knapp 30 Mio. $ inkludiert ist.[120] Trotz eines steigenden Auftragsvolumens erwirtschaftete SNYI noch keine Geschäftsgewinne. Verantwortlich hierfür waren gerade bei Großaufträgen die hohen Montagekosten in den USA. In Deutschland beliefen sie sich durchschnittlich auf ein Fünftel der Materialpreise, während sie in den USA etwa viermal so hoch waren und bis zu 80 Prozent des Materialwerts betrugen.[121] Auch spielten in den Nachkriegsjahren die Transport- und Zollgebühren, die hohen Produktionskosten in Deutschland und die niedrigen Verkaufspreise in den USA eine Rolle. Bis in die frühen 1960er Jahre blieb der US-Markt sehr protektionistisch geprägt.[122] Erst seit 1962 lockerte die US-Regierung die Handelshindernisse. Daneben sanken die Transportkosten, seit den 1960er Jahren wurde der Flugverkehr immer gewöhnlicher, sodass die geographische Entfernung zu Europa an Bedeutung verlor. Auch die Verbesserung der Kommunikationssysteme durch die Einführung internationaler Telefone und des Telefax erleichterte deutschen Unternehmen den Zugang in die USA. Wegen des Westinghouse-Vertrags von 1954 waren fast sämtliche SSW-Produkte nicht für die Ausfuhr in die USA zugelassen. S&H und SRW exportierten dagegen zu Beginn der 1960er Jahre insbesondere Kommunikations- und Medizintechnik in die Vereinigten Staaten, siehe Abbildung 12 und 13.

Abbildung 12: Anteilige Produktgruppen der Siemens-Exporte in die USA, 1960

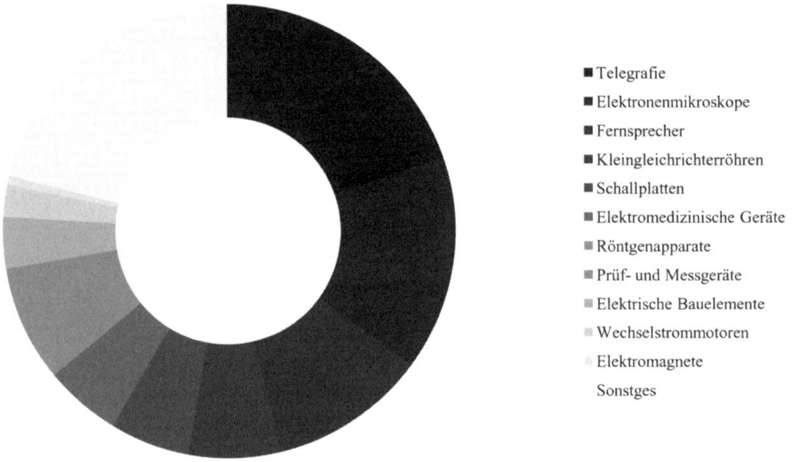

- Telegrafie
- Elektronenmikroskope
- Fernsprecher
- Kleingleichrichterröhren
- Schallplatten
- Elektromedizinische Geräte
- Röntgenapparate
- Prüf- und Messgeräte
- Elektrische Bauelemente
- Wechselstrommotoren
- Elektromagnete
- Sonstges

Quelle: Eigene Darstellung nach: SAA 29/Lp 355.

120   Vgl.: Vorstandssitzung der S&H AG und der SSW AG vom 26. Juni 1963, S. 21, in: SAA 16/ Lh 263. Der Auftrag von WU ist zu finden in: Kapitel D.1.9.3. Nähere Informationen zum US-Unternehmen siehe: Western Union Corporation, From Wire to Westar, Upper Suddle River 1976, in: Hagley Museum and Library, Imprints, Wilmington/Delaware sowie: Western Union Company, in: Derek Jacques / Paula Kepos (Hg.), International directory of comany histories, Band 112, Farmington Hills 2010, S. 492–496, in: Hagley Museum and Library, Imprints, Wilmington/Delaware.
121   Vgl.: Vorstandssitzung der S&H AG vom 25. Oktober 1965, S. 4, in: SAA 16/Lh 263.
122   Hierzu und zu Folgendem siehe: Wilkins, overview, insbesondere S. 22.

Abbildung 13: Warenwert der Siemens-Exporte in die USA, 1960

Produkte	in Tausend DM	Produkte	in Tausend DM
Telegrafiegeräte	5.474	Röntgenapparate	1.215
Elektronenmikroskope und Zubehör	4.254	Prüf- und Messgeräte	1.078
Fernsprechapparate für den Nahverkehr	3.106	Elektrische Bauelemente	1.018
Kleingleichrichterröhren	1.840	Wechselstrommotoren	637
Schallplatten	1.595	Elektromagnete	186
Elektromedizinische Apparate	1.522	Sonstiges	5.854
		Insgesamt	**27.779**

Quelle: Eigene Darstellung nach: SAA 29/Lp 355.

Ein semantisches Zeichen der Geschäftsausweitung folgte 1962: Der bisherige Firmenname Siemens New York Inc. wurde am 1. Dezember in Siemens America, Inc. (SAI) geändert, um der Entwicklung Rechnung zu tragen, dass sich die Geschäfte nicht mehr auf New York und Umgebung beschränkten. Diese Expansion sollte im Firmennamen Ausdruck finden.[123] Parallel dazu entschied sich Siemens zu einer Kapitalerhöhung für die SAI auf 200.000 $.[124] In den Folgejahren ermöglichte dies den Ausbau des Ingenieurstützpunkts in San Francisco (1965)[125], die Eröffnung eines Büros in Chicago (1966)[126] sowie den Aufbau einer Fernschreib-Standleitung zwischen Siemens in New York und Deutschland.[127]

1.7 Die Medizintechnik bis 1970

Bis Anfang der 1960er Jahre hatte SRW vergeblich versucht, mit medizintechnischen Produkten ein Breitengeschäft aufzubauen. Die Verkaufszahlen ließen sich langsam erhöhen, dennoch blieben die Aktivitäten auf ein Nischengeschäft be-

123 Siehe: ZA-Rundschreiben Nr. 342 vom 12. Dezember 1962, in: SAA 68/Li 262 sowie: ZA-Monatsbericht vom November 1962, in: SAA 68/Li 262.
124 Vgl.: ZA-Monatsbericht vom November 1961, in: SAA 68/Li 262 sowie: S&H AG und SSW AG an Siemens New York Inc. vom 26. Oktober 1962, S. 1, in: Ordner 2171, Siemens Beteiligungen Inland GmbH (CF R 6 SBI), in: SAA unverzeichneter Bestand.
125 Siehe: ZA-Monatsbericht von S&H, SSW und SE vom Dezember 1964, S. 2, in: SAA 49/Lr 349, Februar 1963 bis Dezember 1970.
126 Vgl.: ZA-Monatsbericht von S&H, SSW und SE vom April, Mai und Juni 1966, S. 6, in: SAA 49/Lr 349, Februar 1963 bis Dezember 1970.
127 Vgl.: Aktennotiz zum Fernschreibverkehr mit den USA, in: SAA 68/Li 262.

schränkt, das rote Zahlen schrieb. So belief sich der – wenn auch nicht hohe – Verlust 1962 auf 12.700 $.[128] Immerhin hatte die Firma bis 1963 ihren Anteil am Gesamtgeschäft von Siemens America derart steigern können, dass eine Restrukturierung der Geschäftsorganisation sinnvoll erschien. SRW entschied sich im September 1963, das bisherige Büro, bestehend aus der X-Ray Division und der Dental Division, aus der Siemens America Inc. auszugliedern.[129] Unter dem Namen Siemens Medical of America Inc. (SMoA) arbeitete die Medizintechnik von Siemens nun selbständiger. Zur X-Ray- und zur Dental Divison kamen neu die Hearing Aid Division sowie die Electromedical Division hinzu, wodurch alle medizintechnischen Sparten an einem Ort vereinigt waren.[130] SMoA beschäftigte 1964 bereits 50 Mitarbeiter.[131] Neben der Röntgen- und der Dentaltechnik gab es die Physikalische Medizin und die Hörgeräte, wobei die Röntgentechnik mit rund 60 Prozent des Geschäftsvolumens den größten Teil ausmachte.[132]

Im Rahmen der Reorganisationspläne wies Gerd Tacke darauf hin, dass klare organisatorische und personelle Trennlinien zwischen SAI und SMoA gezogen werden müssten.[133] Diese Abgrenzung wurde durch den Auszug von SMoA aus dem Empire State Building nach Union, New Jersey unterstrichen.[134] SMoA sicherte sich fortan eine stärkere Zuständigkeit bei Produktbranchen, die bisher an Fremdvertreter abgegeben waren. Im Februar 1964 wurde der Vertrieb von Hörgeräten, der bisher durch die Phonophor Corporation of America in Pasadena, Kalifornien wahrgenommen wurde, zurückgeholt. Zwei Monate später folgten die Vertriebsrechte für den P-Bereich, der bisher in den Händen der Firma Midwest Imports in Hinsdale, Illinois lag.[135] Ihr Inhaber Karl Hausner hatte zwischen 1960 und 1964 für SRW immerhin 324 Apparate verkaufen können.[136] Wegen seiner US-Er-

---

128 Vgl.: Zentralverwaltung Ausland an Herbert Stadlinger vom 17. Juli 1963, S. 2, in: Ordner 2171, Siemens Beteiligungen Inland GmbH (CF R 6 SBI), in: SAA unverzeichneter Bestand.

129 Vgl. dazu: ZA-Monatsbericht von S&H, SSW und SE vom September 1963, S. 4, in: SAA 49/ Lr 349, Februar 1963 bis Dezember 1970 sowie: Fusionsvertrag zwischen Siemens America und Siemens Medical vom 31. Dezember 1969, in: SAA 22658.

130 Siehe: Karl Hebebrand: Entwurf für eine Begrüßungsrede für den Besuch von Ernst von Siemens in Union, New Jersey bei Siemens Medical of America vom 12. März 1964, S. 1, in: SMA 7610 3-5-01 sowie: Siemens America Inc. an die S&H AG und die SSW AG vom 19. September 1963, S. 1, in: Ordner 2171, Siemens Beteiligungen Inland GmbH (CF R 6 SBI), in: SAA unverzeichneter Bestand.

131 Siehe: Jürgen von Mahs, 685, Liberty Avenue, Union, New Jersey-USA, in: SRW-Hauspost. Werkzeitschrift der Siemens-Reiniger-Werke AG Erlangen, Heft 33 vom Juni 1964, S. 14 f., hier S. 15.

132 Vgl.: USA-Reisebericht vom 18. November 1966, S. 2 und 4, in: SMA 7610 3-5-01.

133 Vgl.: Gedächtnisnotiz von Tacke vom 10. Dezember 1962, in: USA-Ordner 1, Nachlass Tacke, in: SAA unverzeichneter Bestand.

134 Siehe: Jürgen von Mahs, 685, Liberty Avenue, Union, New Jersey-USA, in: SRW-Hauspost. Werkzeitschrift der Siemens-Reiniger-Werke AG Erlangen, Heft 33 vom Juni 1964, S. 14 f.

135 Vgl.: Aktennotiz vom 30. Juni 1964, in: SMA 7610 3-5-01, Aktennotiz zur Zusammenarbeit mit der Firma Phonophor Corporation of America vom 20. Dezember 1963, S. 1, in: SMA 7610 3-5-01 sowie: USA-Reisebericht von Paul Dax, Friedrich Messerer und Jürgen von Mahs vom 24. Februar 1964, S. 5–8, in: SMA 7610 3-5-01.

136 Vgl. hierzu: USA-Reisebericht von Joachim Sperling vom 24. Januar 1964, S. 6, in: SMA 7610 3-5-01.

fahrung und seinen zufriedenstellenden Verkaufsleistungen wurde Hausner von SMoA als Leiter des P-Bereichs übernommen. Während Hörgeräte und Artikel der Physikalischen Medizintechnik nun schwerpunktmäßig direkt über SMoA verkauft wurden, beruhte der Vertrieb von Röntgen- und Dentaltechnik weiterhin auf Fremdverkäufern. Parallel zum Rückkauf der Geschäftsbereiche H und P richtete die amerikanische SRW-Vertretung ein Ersatzteillager für P-Geräte ein, das es zukünftig erlaubte, Reparaturarbeiten vor Ort vorzunehmen. Dies war umso wichtiger, „da ein guter Service ein Schlüssel zu unserem Erfolg auf dem USA-Markt ist."[137] Eine Ausweitung des potenziellen Kundenkreises forcierte SMoA durch den Aufbau eines neuen Standorts in Burlingame, Kalifornien (1964)[138] sowie durch den Erwerb der Pacific Silver X-Ray Co. in Los Angeles, Kalifornien (1965)[139]. Auch die Tochtergesellschaft von SRW, Elema-Schönander AB, Stockholm, gründete zum 1967 eine eigene US-Gesellschaft, die Elema-Schonander of America, Inc. in Chicago.[140] Sie leistete Service- und Beratungsleistungen zu Filmwechslern für die Angiographie. Die Lieferungen der schwedischen Muttergesellschaft an SMoA wurden nicht eingeschränkt.[141]

Daneben verstärkte SRW zu Beginn der 1960er Jahre die Werbeaktivitäten. Seit Jahren zeigte die Firma Präsenz auf verschiedenen Fachausstellungen. Marketingmaßnahmen in Form von Zeitungsinseraten und Briefwerbung wurden aber erst jetzt ergriffen. Besondere Bedeutung räumte SRW Artikeln in Fachpublikationen ein, in der Hoffnung, durch wissenschaftliche Veröffentlichungen die SRW-Technik zunehmend verständlich zu machen.[142] Bis 1967 gelang es SMoA allerdings nicht, sich auf dem US-Markt eine stabile Verkaufsposition aufzubauen. Zeugnis hiervon lieferte eine externe Firmenpotenzial-Untersuchung von Francis J. Tucker. Das Fazit der Studie von 1967 war ernüchternd, betonte aber mögliches Entwicklungspotenzial von SMoA. Tucker schrieb unter anderem:

> „[Es] sind im eigentlichen Sinn des Wortes noch nie Gewinne erzielt worden. Die fehlende Rentabilität ist teilweise darauf zurückzuführen, dass die für eine solche Neugründung erforderlichen Investitionen nicht voll getätigt worden sind. Meines Erachtens liegt aber der Hauptgrund in der schlechten Führung. Dennoch sind für einen erfolgreichen Betrieb die Voraussetzungen gegeben, z.B. hochwertige Erzeugnisse, ein im Allgemeinen leistungsfähiger Mitarbeiterstab, gute Kapitalausstattung und ein wachsender Markt (mit Ausnahme des Absatzes für Dentalerzeugnisse und Hörgeräte)."[143]

---

137   Vgl.: USA-Reisebericht von Joachim Sperling vom 24. Januar 1964, S. 14 f., in: SMA 7610 3-5-01.

138   Siehe: Aktennotiz vom 30. Juni 1964, in: SMA 7610 3-5-01.

139   Vgl.: Paul Dax, Vortrag vor dem Aufsichtsrat der Siemens Aktiengesellschaft am 5. Juli 1967, S. 2, in: SAA WP Paul Dax.

140   Mit Rücksicht auf die amerikanischen Kunden verzichtete Elema-Schönander bei der Namensgebung der US-Tochtergesellschaft auf eine identische Schreibweise des Namens.

141   Vgl.: Notiz über die zukünftige Zusammenarbeit zwischen Siemens Medical of America und Elema-Schönander vom 9. Dezember 1966, in: SMA 503 sowie: Elema-Schonander, Inc. an Siemens Medical of America, Inc. vom 19. März 1967, in: SMA 503.

142   Vgl.: USA-Reisebericht von Joachim Sperling vom 24. Januar 1964, S. 15, in: SMA 7610 3-5-01 sowie: Paul Dax, Vortrag vor dem Aufsichtsrat der Siemens Aktiengesellschaft am 5. Juli 1967, S. 3, in: SAA WP Paul Dax.

143   Vgl.: Francis J. Tucker, Firmenanalyse über Siemens Medical of America, Inc., Dezember

Unter „schlechter Führung" verstand Tucker insbesondere eine unklare Kommunikationspolitik der Firma. Er kritisierte den fehlenden Informationsfluss zwischen dem Leiter Karl Hebebrand, den einzelnen Managern und den Angestellten.[144] Daneben machte er die fehlende Vertriebsorganisation in allen vier Geschäftsbereichen von SMoA als entscheidenden Hemmfaktor aus. So arbeitete ein Großteil der 25 Dealer, die Röntgengeräte für Siemens in den USA verkauften, gleichzeitig für andere US-Elektrokonzerne, wodurch ihr Vertriebsengagement und ihre Identifikation mit der Marke Siemens eingeschränkt waren. Die besten Dealer hatte bereits die Konkurrenz an sich gebunden.[145] Die noch verfügbaren Agenten waren mit den komplexen Siemens-Technologien zunehmend überfordert und kaum durch Vergütungsmodelle mit finanziellen Arbeitsanreizen zu erfolgreicher Vertriebstätigkeit angespornt. Während der Bereich Röntgen der einzige war, der keine Verluste aufwies, sah die Ertragssituation für die anderen drei Geschäftsfelder deutlich schlechter aus. Die hohen Abgaben an die Verkaufsdealer sowie der starke Konkurrenzdruck führten dazu, dass sowohl Dental (170.000 $), Hörgeräte (87.300 $) als auch die P-Technik (51.400 $) 1967 Verluste einfuhren.[146] Tuckers Empfehlung war daher, sich vom Dealersystem zu lösen und stattdessen eine eigene Vertriebsorganisation samt Fertigung in den USA aufzubauen. Außerdem sei eine leistungs- und nicht umsatzabhängige Prämienpolitik unabdingbar.[147]

SMoA reagierte prompt auf die kritischen Äußerungen von Tucker. Bereits vier Monate nach dem Gutachten begann SMoA, in den USA Röntgenfirmen aufzukaufen, um die eigene Marktposition zu stabilisieren. Im April 1968 erwarb die Siemens-Vertretung das Unternehmen Franklin X-Ray Co. in Philadelphia, Pennsylvania drei Monate später Flint X-Ray aus Michigan und im März 1969 Clair Morgan aus Kalifornien.[148] Im Oktober 1969 folgte die Dental Division den Bereichen P und H, indem sie den Vertrieb über Dealer auf den Direktverkauf an die Kunden umstellte.[149] Bezüglich der Prämienpolitik folgten Neuregelungen, die nicht nur für den Bereich der Medizintechnik in den USA, sondern für die gesamte Siemens America, Inc. Gültigkeit besaßen. Zukünftig griff ein Beteiligungssystem für alle Mitarbeiter in den USA, das nicht vom Umsatz, sondern nur vom unversteuerten Ergebnis der US-Gesellschaft abhängig war. Erreichte dies eine festgelegte Höhe,

     1967, S. 35, in: SMA 7610 3-5-01.

144 Vgl.: Francis J. Tucker, Firmenanalyse über Siemens Medical of America, Inc., Dezember 1967, S. 4, in: SMA 7610 3-5-01.

145 Diese Feststellung war bereits 1965 formuliert worden, siehe: USA-Reisebericht von Hans-Erich Dreyer und Oskar Dünisch vom 1. Mai 1965, S. 10, in: SMA 7610 3-5-01.

146 Siehe: Francis J. Tucker, Firmenanalyse über Siemens Medical of America, Inc., Dezember 1967, S. 14–32, in: SMA 7610 3-5-01. Symptomatisch war die Wettbewerbssituation im Bereich der Hörgeräte in den USA: Jährlich wurden etwa 400.000 Apparate abgesetzt, die sich auf insgesamt 42 verschiedene Hersteller verteilten. Siemens Medical of America blieb unter dieser Vielzahl an Konkurrenten vorerst unbedeutend.

147 Vgl.: Francis J. Tucker, Firmenanalyse über Siemens Medical of America, Inc., Dezember 1967, S. 7 f. und S. 32, in: SMA 7610 3-5-01.

148 Vgl.: Firmengeschichte SRW-Vertretung in USA, S. 4, in: SMA 7610 3-5-02.

149 Vgl.: Mögliche Kooperationen auf dem Dental-Gebiet zwischen GE und dem UB Med bzw. Siemens Corp. vom 19. Januar 1971, S. 1, in: SMA 7610 3-5-02.

so erhielten die Division Manager ein Viertel, die Product und Department Manager jeweils 20 Prozent, Vertreter und Sachbearbeiter 15 Prozent, Servicetechniker fünf Prozent und sonstige Mitarbeiter drei Prozent ihres Fixeinkommens.[150] Rechnet man diese Beteiligungszahlungen auf das Durchschnittseinkommen bei Siemens Medical of America, Inc. von 1965,[151] so ergeben sich folgende Werte: Bei einem durchschnittlichen Monatseinkommen von etwa 715 $, was einem Jahreseinkommen von ca. 8.500 $ entsprach,[152] erhielten die Mitarbeiter in den USA jährliche Bonuszahlungen zwischen 250 und 2.100 $. Diese lagen – je nach Wechselkurs – teilweise deutlich höher als diejenigen der deutschen Siemens-Angestellten.[153] Im Vergleich zu amerikanischen Unternehmen aber waren sie sehr niedrig angesetzt.[154] Das Beteiligungssystem des oberen Managements im Bereich Medizintechnik wurde separat verändert. Die Einkommen der Führungsebene um John A. Diener und Paul E. Oberley waren mehr an den Geschäftserfolg gekoppelt als bisher. Sie splitteten sich auf in eine Umsatz- und eine Gewinnbeteiligung sowie Erfolgsprämie für erreichte Geschäftsziele.[155] Eine Teilnahme an diesem sogenannten Incentive Compensation Program war für die Führungskräfte freiwillig, schließlich bestand auch die Möglichkeit reduzierter Bezüge bei schwächeren Geschäftsergebnissen. Die Wirksamkeit der Anreizsteuerung war dadurch deutlich eingeschränkt.

1.8 Die Energietechnik bis 1970

Während SRW auf dem Gebiet der Medizintechnik die Zusammenarbeit mit Westinghouse bereits Ende der 1950er Jahre lockerte, so entschied sich SSW im Bereich der Energietechnik ein Jahrzehnt später, sich von dem amerikanischen Unternehmen zu lösen. Im Zentrum der Kooperationsbemühungen stand fortan der US-Maschinenhersteller Allis-Chalmers Manufacturing Company. Begrenzten sich Aktivitäten von SSW bisher auf den Lizenz- und Erfahrungsaustausch sowie auf

150 Siehe: Notiz die Erfolgsbeteiligung der Siemens America Inc. betreffend vom 2. September 1969, S. 1, in: USA-Ordner 2, Nachlass Tacke, in: SAA unverzeichneter Bestand sowie die Bestätigung des Vorschlags: Gerd Tacke an Karl Hebebrand vom 7. September 1969, in: USA-Ordner 2, Nachlass Tacke, in: SAA unverzeichneter Bestand.

151 Valide Einkommenszahlen für 1969 ließen sich in den Akten nicht finden, sodass die Zahlen von 1965 verwendet werden müssen. Sie dürften aber nur geringfügig von den Gehältern von 1969 abweichen.

152 Siehe: USA-Reisebericht von Franz Josef Bartlewski vom 15. Dezember 1965, S. 1, in: SMA 7610 3-5-01.

153 Mitarbeiter von Siemens in Deutschland erhielten fünf Jahre später, 1970, eine jährliche Erfolgsbeteiligung zwischen 712 DM und 1.296 DM. Siehe: Almuth Bartels, Monetarisierung und Individualisierung betrieblicher Sozialpolitik bei Siemens. Historische Analyse ausgewählter Aspekte betrieblicher Sozialpolitik von 1945 bis 1989, Dissertation, Erlangen/Nürnberg 2011, unveröffentlichtes Manuskript, hier S. 314, in: SAA E 976.

154 Siehe: Fortunat F. Mueller-Maerki, Personalpolitik und Menschenführung in US-Unternehmen, in: Jan A. Eggert / John L. Gornall, Handbuch USA-Geschäft, Wiesbaden 1989, S. 185–201, hier S. 193.

155 Siehe: Reisebericht USA zur 2. USA-Konferenz vom 12. Juli 1968, S. 19, in: SMA 7610 3-5-02.

Bestimmungen, sich auf den europäischen Markt zu fokussieren und die US-Kunden den amerikanischen Unternehmen zu überlassen, so begann sich diese Konstellation seit den 1960er Jahren zu ändern. Das bisherige Preiskartell zwischen Westinghouse, General Electric und Allis-Chalmers wurde durch einen Gerichtsprozess aufgehoben, was kleinere Unternehmen, wie es SSW in den USA war, preispolitisch wieder konkurrenzfähig machte.[156] Dies ebnete den Weg für eine Kooperation zwischen AC und der Siemens AG. Die erste Zusammenarbeit fixierten beide Unternehmen im Sommer 1968 auf dem Gebiet der Dampfturbinentechnik. Sie ergab sich aus den Plänen der Siemens AG, in den USA Dampfturbinen und Generatoren an Energiekonzerne zu verkaufen. Bisher fehlten dazu die entsprechenden Vertriebskanäle. AC hatte bis 1962 selbst Dampfturbinen hergestellt, diesen Geschäftsbereich aber wegen hoher Produktionskosten wieder aufgegeben.[157] Dennoch waren 1970 noch etwa 500 Dampfturbinen von AC in den USA in Betrieb. Zudem besaß AC die notwendige Infrastruktur zum Bau von Dampfturbinen.[158] So vereinbarten beide Seiten 1968, dass AC bei Dampfturbinenprojekten in den USA zukünftig ein Montageangebot an die Siemens AG abgab und die Wartungsleistungen übernahm. Auf Kosten von Siemens lagerte AC Ersatzteile, um Reparaturen rasch vor Ort durchführen zu können. Für diese Zusammenarbeit, die vorerst auf zehn Jahre geschlossen wurde, zahlte Siemens monatlich 30.000 $ an AC.[159] Auf diese Weise konnte sich SSW auf dem US-Absatzmarkt für Dampfturbinen platzieren und die Problematik der Wartungsschwierigkeiten und der langen Lieferzeiten für Ersatzteile lösen. Daneben bot AC SSW 1968 an, sich an zwei ihrer Gesellschaften im Bereich von Energiegewinnungsanlagen sowie elektrotechnischen Artikeln zu beteiligen, die neu gegründet werden sollten. SSW zeigte Interesse, ließ aber zuvor prüfen, ob die deutschen Fabrikate auch für den US-Markt in Frage kämen.[160] Vorerst entschied sich SSW gegen eine finanzielle Beteiligung an AC,[161] 1970 einigten sich beide Seiten auf ein Lizenz- und Unterstützungsabkommen über eine Dauer

156   Siehe: Schwab, Siemens, S. 92 und 101.
157   Vgl. hierzu: Wendel, Story, S. 273.
158   Siehe: Referat von Bernhard Plettner anlässlich der Aufsichtsratssitzung der Siemens AG vom 29. Oktober 1970, S. 18, in: SAA 16/Lh 262.
159   Vgl.: Erstmontage- und Wartungsvertrag zwischen Siemens America Inc. und Allis-Chalmers Manufacturing Company vom 20. Juni 1968, insbesondere S. 2 und 6 f., in: SAA 22797.1 sowie: WpA-Nachrichten, Nr. 123 vom 1. Juli 1968, in: SAA 68/Li 262.
160   Vgl.: Protokoll der zukünftigen Aufsichtsräte der Kraftwerk Union AG und der Transformatoren Union AG vom 23. Dezember 1968, S. 5, in: SAA 16/Le 906. Im Dezember 1968 konkretisierte sich das Angebot. Für 42 Mio. $ sollte Siemens 10 Prozent der Anteile von AC übernehmen. Grund für AC, Siemens zu einer solchen Beteiligung zu drängen, war die Furcht, dass die US-Firma White Consolidated Industries AC übernehmen könne. Vgl. hierzu: Notiz von Bernhard Plettner über die Besprechung mit David C. Scott / Präsident von Allis-Chalmers am 13./16. Dezember 1968, S. 2, in: SAA 22797.1.
161   Skeptisch war die Siemens AG, weil eine enge Bindung an AC befürchten ließ, dass das Verhältnis zu Westinghouse in bisheriger Form nicht mehr aufrecht zu erhalten wäre. Bernhard Plettner betonte, dass gerade die Zusammenarbeit im Rahmen des Atomvertrags erhalten bleiben solle. Daneben wies er auf den ungünstigen Wechselkurs zwischen schwachem Dollar und starker DM hin, weshalb der Kaufpreis sehr hoch ausfalle. Vgl.: Notiz von Bernhard Plettner über die Besprechung mit David C. Scott am 13./16. Dezember 1968, S. 3, in: SAA 22797.1.

von zehn Jahren. Es betraf unter anderem Maschinen zur Erzeugung, Anwendung und Übertragung von elektrischer Energie, Bauteile für Regelantriebe und verschiedene Anlagetypen.[162] Die Siemens AG gewährte AC für ihre Patente eine nichtausschließliche Lizenz, diese in den USA zu produzieren und in der ganzen Welt zu vertreiben. Verkaufte Artikel musste AC aber mit der Aufschrift „Licensed by Siemens" kennzeichnen. Im Gegenzug zahlte AC bis Jahresende 1972 eine Grundgebühr von drei Mio. $. Für die Benutzung und den Verkauf der Lizenzerzeugnisse musste AC pro Artikel Gebühren zahlen. Außerdem erhielt Siemens nichtausschließliche, gebührenfreie Lizenzen der entsprechenden Produkte von AC für die ganze Welt. Diese galten für Herstellung, Verwendung und Verkauf. Während sich die Siemens AG durch die beiden Abkommen mit AC auf dem amerikanischen Kraftwerkmarkt neu aufgestellt hatte, beschloss die Unternehmensführung, sich auch in Deutschland neu zu strukturieren. Gemeinsam mit der AEG gründete die Siemens AG 1969 die Kraftwerk Union AG (KWU) und die Transformatoren Union AG (TU), um die eigenen Aktivitäten auf dem Gebiet der konventionellen und Kernkraftanlagen zu konzentrieren. Auf dieser Basis entschloss sich das deutsche Unternehmen im Folgejahr, die Geschäftstätigkeiten im US-Kraftwerkbereich deutlich auszuweiten. Im April 1970 gründeten AC und die Kraftwerk Union AG die Allis-Chalmers Power Systems Inc. (ACPSI).[163] Ziel dieser Unternehmung war, KWU-Technologien und einzelne Bauteile für Kraftwerke an die amerikanischen Energieversorger zu vermitteln.

Die beiden Inhaber waren hälftig für die Produktion verantwortlich. Während die KWU Klein- und Spezialbauteile sowie technisches Know-how lieferte, übernahm AC die Produktion der schweren und sperrigen Stahlbauteile vor Ort.[164] Siemens begründete das Engagement auf dem Gebiet der Energiegewinnung auf dem US-Markt damit, dass dieser enormes Wachstumspotenzial besitze, an dem man langfristig partizipieren wolle. So hatten es die amerikanischen Energieversorger in den 1960er Jahren versäumt, ausreichend Kraftwerke zu bauen, sodass es an der Ostküste bereits zu Energieengpässen gekommen war.[165] Daher hatte die US-Regierung verstärkt Bauaufträge an europäische Firmen vergeben, die weit unter Marktwert Angebote gemacht hatten, um in den amerikanischen Markt eindringen zu können. Daran habe Siemens kein Interesse, so Bernhard Plettner. Die Siemens AG rechnete mit zweieinhalb Jahren für die Konsolidierung der Allis-Chalmers

162 Hierzu und zu Folgendem: Vertrag über Lizenzen und technische Unterstützung zwischen der Siemens AG und Allis-Chalmers Manufacturing Company vom 1. Januar 1970, insbesondere S. 5 und 12, in: SAA 22797.2.

163 Vgl. hierzu: Abkommen zwischen der Kraftwerk Union AG und Allis-Chalmers Manufacturing Co. vom 17. April 1970, S. 2, in: SAA 21345 und Monatsbericht der ZVA/ZVO vom Mai 1970, S. 4, in: SAA 49/Lr 349, Februar 1963 bis Dezember 1970. Die Gründungsurkunde ist zu finden in: Certificate of Incorporation of Allis-Chalmers Power Systems, Inc. vom 22. April 1970, in: SAA 21345.

164 Siehe: Referat von Bernhard Plettner anlässlich der Aufsichtsratsitzung der Siemens AG vom 29. Oktober 1970, S. 19, in: SAA 16/Lh 262.

165 Hierzu und zu Folgendem siehe: Referat von Bernhard Plettner anlässlich der Aufsichtsratsitzung der Siemens AG vom 29. Oktober 1970, S. 16, in: SAA 16/Lh 262.

Power Systems, Inc.[166] Bereits im November 1970 konnte die ACPSI den ersten Auftrag vorweisen, die Lieferung von zwei 430-MW-Dampfturbosätzen an die Louisiana Power and Light Company. Schon damals hatte sich jedoch herausgestellt, dass die deutsche Firma bei steigender Größe der Kraftwerksprojekte nicht mehr mit den Marktführern Westinghouse und GE konkurrieren konnte.[167]

Es folgten weitere Kooperationsverträge zwischen Allis-Chalmers und den Tochtergesellschaften von Siemens. So vereinbarte die KWU im Juli 1970 mit der ACPSI einen Lizenz- und Kooperationsvertrag, bei dem sie erstmals selbst Lizenzrechte für Dampfturbinen und Turbogeneratoren an AC abtrat.[168] Zwei Tage später wurde der Lizenzvertrag vom 1. Januar 1970 um Produkte der TU, nämlich Verteilungs-, Spezial- und Leistungstransformatoren, Drosseln, Stufenschalter und Spannungsregler, erweitert.[169] Im September 1970 vereinbarten AC und die Siemens AG, künftig bei Projektenausschreibungen zu Wasserkraftgeneratoren gemeinsam Vorschläge einzureichen. Beide Seiten hofften dadurch, Synergieeffekte zu nutzen. Im Falle einer Auftragszusage des US-Kunden teilten sich Siemens und AC die Produktion. AC kümmerte sich um die Grundkonstruktion, während Siemens die Einzelkomponenten aus Deutschland lieferte.[170] Zwei Monate später schlossen AC und die KWU einen weiteren Vertrag, der festhielt, dass in den bisherigen Lizenzvertrag von 1970 auch KWU-Dampf- und Gasturbinen mit Nennleistung bis 100 Megawatt einbezogen wurden.[171]

Daneben verloren die Geschäftskontakte zu Westinghouse Ende der 1960er Jahre stark an Bedeutung. Gründe dafür waren die intensivierte Zusammenarbeit zwischen Siemens und AC sowie kartellrechtliche Schwierigkeiten zwischen Siemens und Westinghouse. Da die GE mit zwölf Prozent an der AEG beteiligt war, konnte Know-how der GE über die AEG, mit der Siemens durch die KWU und die TU kooperierte, zu Westinghouse gelangen, was den kartellrechtlichen Bestimmungen in den USA widersprach.[172]

Der Hauptvertrag mit Westinghouse wurde 1964 bis 1966/67 verlängert, ehe er weitgehend auslief. Die Überarbeitung beinhaltete einige Änderungen.[173] So wurde

---

166 Vgl.: Besprechung der Gesellschafterdelegation vom 6. Mai 1970, S. 2, in: SAA 16/Le 906.

167 Siehe: Besprechung der Gesellschafterdelegation vom 20. November 1970, S. 2, in: SAA 16/Le 906.

168 Vgl.: Lizenz- und Kooperationsvertrag zwischen der Kraftwerk Union AG und der Allis-Chalmers Power Systems, Inc. vom 22. Juli 1970, in: SAA 21345.

169 Vgl.: Vertrag zwischen der Allis-Chalmers Manufacturing Company, der Siemens AG und der Transformatoren Union AG vom 24. Juli 1970, in: SAA 22797.1. Der Vertrag ist auch zu finden in: SAA 12146 und SAA 23984.

170 Siehe: Vertrag zwischen Allis-Chalmers Manufacturing Company und der Siemens AG über Wasserkraftgeneratoren vom 16. September 1970, in: SAA 22797.1. Beide Firmen durften aber auch weiterhin selbständig Projekte zu Wasserkraftgeneratoren annehmen. Siehe auch: SAA 12146.

171 Siehe: Vertrag zwischen Allis-Chalmers Manufacturing Company, der Siemens AG und der Kraftwerk Union Aktiengesellschaft vom 1. November 1970, in: SAA 24061.

172 Dazu und zum Verhältnis zwischen Siemens und Westinghouse vgl.: Feldenkirchen, Beziehungen, S. 342.

173 Dieses und Folgendes ist zu finden in: Vertrag zwischen Siemens und Westinghouse vom 1. März 1954, geänderte Fassung vom 25. Februar 1964, in: SAA 54/Lb 2 und SAA 21846.1

vereinbart, das SSW-Vorbehaltsgebiet von Deutschland und der Schweiz auf Österreich auszuweiten, die zusätzlichen Lizenzvereinbarungen aber aus dem Abkommen herauszunehmen. Daneben verschob sich die Produktpalette, für die Patent-und Informationslizenzen gewährt wurde. Beispielsweise fielen 1964 Halbleiterdioden, Transistoren und Lampenzubehör nicht mehr unter die betroffenen Produkte. Für alle restlichen SSW-Artikel erhielt Westinghouse weiterhin eine nichtausschließliche Produktionslizenz für die USA und Kanada sowie entsprechende Produktinformationen und Patente. Ebenso sicherte Siemens dem amerikanischen Partner eine nichtausschließliche Lizenz für den weltweiten Vertrieb der SSW-Produkte zu, mit Ausnahme Deutschlands, Österreichs und der Schweiz. Siemens erhielt im Gegenzug die Produktionslizenzen von starkstromtechnischen Westinghouse-Produkten und durfte diese Artikel mit Ausnahme der USA und Kanadas weltweit verkaufen. Der Atomenergievertrag (gültig bis 1967) und der Siliziumvertrag (gültig bis 1966) blieben unberührt von den Änderungen. Das Ende des Hauptvertrags 1967 war für das zukünftige energietechnische Geschäft von Siemens in den USA und die Kooperation mit Allis-Chalmers von großer Bedeutung. Schließlich wurden bereits 1960 Stimmen laut, die das Hauptabkommen mit Westinghouse kritisierten. Grund hierfür war, dass sich SSW mit dieser Kooperation seine wesentlichen Arbeitsgebiete in den USA selbst versperrt hatte.[174] Die Einschränkungen, den US-Markt an Westinghouse zu überlassen, fielen nun für viele Tätigkeitsfelder mit Ausnahme der Reaktortechnik weg. SSW sah sich sogar durch Westinghouse ermutigt, in den USA tätig zu werden, um dem Verdacht der Monopolstellung des US-Unternehmens entgegenzuwirken.[175] 1967 fanden beide Seiten zu Neuvereinbarungen auf dem Gebiet der Reaktortechnik zusammen. Der Atomvertrag wurde durch ein Abkommen bis Jahresende 1972 ersetzt.[176] Gegenstand der Vereinbarung waren Kernreaktoren aller Typen sowie Brennelemente. Berücksichtigt wurden nur Anlagen für den Landgebrauch, diejenigen für Luft-, Raum- und Schifffahrt waren kein Bestandteil der Abmachung. Siemens erhielt ausschließliche Fertigungsrechte für Deutschland und Österreich, daneben ein nichtausschließliches Produktionsrecht für die Schweiz ebenso wie Vertriebsrechte für die ganze Welt mit Ausnahme der USA. Siemens gewährte Westinghouse nichtausschließliche Fertigungsrechte

sowie in: Aktennotiz vom 10. März 1964, in: USA-Ordner 1, Nachlass Tacke, in: SAA unverzeichneter Bestand.

174 Entgegnung von Heinz Goeschel auf den Vortrag von Mr. Huggins am 9. Mai 1960, S. 7, in: Ordner 2161, Siemens Beteiligungen Inland GmbH (CF R 6 SBI), in: SAA unverzeichneter Bestand.

175 Vgl.: Aktennotiz zu Westinghouse-Verträgen vom 15. März 1967, S. 4, in: Ordner 2161, Siemens Beteiligungen Inland GmbH (CF R 6 SBI), in: SAA unverzeichneter Bestand.

176 Dazu und im Folgenden siehe: Aktennotiz vom 1. Juni 1967 betreffend die Verträge mit Westinghouse auf dem Kernenergie- und Halbleitergebiet, darin: zweites Gespräch am 24. Mai 1967, S. 6, in: USA-Ordner 2, Nachlass Tacke, in: SAA unverzeichneter Bestand sowie: Aktennotiz zu den vertraglichen Beziehungen zu Westinghouse auf dem Kernenergie- und Halbleitergebiet vom 31. Mai 1967, S. 1, in: USA-Ordner 2, Nachlass Tacke, in: SAA unverzeichneter Bestand. Das endgültige Vertragsdokument findet sich in: License and technical assistance agreement zwischen der Siemens AG und Westinghouse Electric Corp. im Bereich Atomreaktoren vom 1. Januar 1968, in: SAA 21927.

für Nordamerika und weltweite Vertriebsrechte mit Ausnahme Deutschlands, Österreichs und der Schweiz. Siemens musste Lizenzgebühren in Höhe von 2,5 Prozent zahlen, allerdings nur bis zu einer Maximalsumme von zwei Mio. $.

1.9 Die weiteren Unternehmensbereiche in den 1960er Jahren

1.9.1 Messtechnik

Der Bereich elektrotechnischer Messgeräte wurde auch im Hauptvertrag mit Westinghouse von 1954 berücksichtigt. Mit Ausnahme von Geräten zur Messung elektrischer Größen im Nachrichtenwesen vereinbarte S&H, dass Westinghouse ein Produktionsrecht für die USA und Kanada sowie weltweite Vertriebsrechte erhielt, während S&H die Geräte von Westinghouse in Deutschland und der Schweiz herstellen und weltweit mit Ausnahme der USA und Kanadas verkaufen durfte.[177] Hatte S&H bereits 1951 einen Lizenzvertrag mit der RCA für die Sparte der Rundfunkgeräte und Elektronenröhren geschlossen, so intensivierte sich Ende der 1950er Jahre die Zusammenarbeit. Im Sommer 1958 übernahm RCA den Vertrieb von Geräten für röntgenographische Feinstruktur-Analysen in den USA, die im Werner-werk Messtechnik Karlsruhe gefertigt wurden.[178] Wie in den meisten anderen Unternehmensbereichen auch, entschied sich S&H aber zu Beginn der 1960er Jahre dazu, die Vertriebsrechte für die USA wieder an sich zu nehmen und das Abkommen aufzulösen.[179] Das Engagement bei der Erschließung des nordamerikanischen Kontinents wurde intensiviert. Im Sommer 1961 richtete die Siemens AG einen Ingenieursstützpunkt in San Francisco ein, da das Geschäft mit Elektronenmikroskopen im Westen der USA deutlich zugenommen hatte und einer Serviceeinrichtung vor Ort bedurfte.[180] SNYI hatte bis Ende 1961 allein in die USA 102 Elektronenmikroskope vom Typ Elmiskop I und II an Universitäten, Forschungsinstitute und US-Firmen geliefert.[181] Gerade im Bereich der Elektronenmikroskope erwies es sich aber als schwierig, mit den technischen Standards der amerikanischen bzw. holländischen Konkurrenten RCA und Philips mitzuhalten.[182]

---

177 Vgl.: Anschreiben zum Vertrag zwischen Siemens und Westinghouse, geänderte Fassung vom 25. Februar 1964 des Exemplars vom 1. März 1954, S. 1, in: SAA 21846.1 sowie: Vertrag zwischen der S&H AG, der SSW AG, der SRW AG, der Vacuumschmelze AG, der Westinghouse Electric Corporation und der Westinghouse Electric International Company vom 1. März 1954, hier S. 2, in: SAA 54/Lb 2.

178 Vgl.: Zeitungsausschnitt aus der Süddeutschen Zeitung vom 7. Juli 1958, Nr. 161, in: SAA 68/Li 262.

179 Vgl.: ZA-Monatsbericht vom Dezember 1961, in: SAA 68/Li 262.

180 Siehe: ZA-Monatsbericht vom Juli 1961, in: SAA 68/Li 262 sowie: SNYI an S&H und SSW vom 15. Juni 1961.

181 Siehe: Siemens-Elektronenmikroskope in allen Erdteilen, S. 7, 11 und 14, in: SAA 15769.

182 Vgl.: Werner-Hans Schreil an Knesebeck vom 22. August 1965, S. 1 f., in: USA-Ordner 2, Nachlass Tacke, in: SAA unverzeichneter Bestand. Kritikpunkte gegenüber den Siemens-Mikroskopen waren nicht unberechtigt. Vgl. dazu: Knesebeck an Tacke vom 14. Oktober 1965, S. 1, in: USA-Ordner 2, Nachlass Tacke, in: SAA unverzeichneter Bestand.

1959 entschloss sich SNYI auch auf dem Gebiet der messtechnischen SSW-Schiffsausrüstungen, den Export über einen US-Vertreter zu wagen. Die Siemens-Tochter ging dazu eine Kooperation mit der Firma Arnessen Corporation ein. Diese bewarb in den USA die Schiffsausrüstungen von SSW und generierte Aufträge, die SNYI nach Deutschland koordinierte. Bei erfolgreichem Abschluss erhielt Arnessen eine Provision von 2,5 Prozent des deutschen Lieferwerts. Im März 1959 einigten sich beide Seiten darauf, das Abkommen auch auf S&H-Artikel für Schiffsausrüstungen auszudehnen.[183]

Im Bereich der Nachrichtenmessgeräte hatte die US-Firma Santa Fé Associates in Dallas, Texas Siemens 1962 zugesichert, den Kauf und Weitervertrieb in den USA zu übernehmen. Auch hier sollte der Vertrieb dazu dienen, eine solide Ausgangsposition für S&H zu schaffen, um nach einer Anlaufphase die Nachrichtenmessgeräte selbst zu vertreiben. Daher übernahm SNYI 1964 den Vertrieb in eigener Verantwortung.[184]

1.9.2 Elektrische Bauelemente

Auch in der Produktsparte Messgeräte hatte S&H im ersten Nachkriegsjahrzehnt erkannt, dass der deutsche Binnenmarkt nicht ausreichte, um den hohen F&E-Aufwand zu rechtfertigen. Daher hatte die Firmenleitung entschieden, verstärkt in ausländische Märkte zu investieren.[185] Die USA erhielten einen explizit hohen Stellenwert. Vorerst wurde das US-Geschäft des UB B nach inhaltlichen Kriterien aufgeteilt. So unterschied das Unternehmen zwischen passiven Bauelementen (Kondensatoren, Transformatoren, Widerstände, Spulen, Magnete, elektrische Lampen) und aktiven Bauelementen (vor allem Röhren). Für die aktiven Bauelemente hatte S&H 1958 die Sylwest Electronics, Inc. in New York City (SEI) zur Vertreterfirma ernannt.[186] Sie verkaufte in den USA und in Kanada Röhren und Selengleichrichter von S&H für Rundfunk- und Fernsehempfänger. Nach einem Jahr der Zusammenarbeit änderten die beiden Kooperationspartner die Vertragsbestimmungen, um vor dem Hintergrund der Antitrust-Schwierigkeiten von S&H und SNYI kein weiteres Konfliktpotenzial zu bieten.[187] Nachdem das Geschäft mit Rundfunkröhren ab 1958 nicht entscheidend vergrößert werden konnte, entschied sich S&H, die Liai-

183 Vgl.: ZKA-Exportmitteilung Nr. 15/59 vom 20. Mai 1959, in: SAA 68/Li 262.

184 Siehe: ZA-Monatsbericht von S&H, SSW und SE vom Januar/Februar 1964, S. 3, in: SAA 49/Lr 349, Februar 1963 bis Dezember 1970 sowie: Vertrag zwischen der S&H AG, Siemens America Inc. und Santa Fé Associates, Santa Fé, New Mexico vom 12. Dezember 1963, S. 1 f., in: SAA 22527.1.

185 Siehe: Benno Franzreb / Norbert Steinke, Siemens-Bauelemente in aller Welt, in: Siemens-Zeitschrift 43/1969, Heft 4, S. 223 f., hier S. 223.

186 Vgl.: Vertretungsabkommen zwischen der S&H AG und der Sylwest Electronics, Inc. in New York City vom 20. November 1958, in: SAA 22527.2 sowie: ZA-Monatsbericht von S&H, SSW und SE vom Mai 1958, S. 4, in: SAA 49/Lr 349, August 1956 bis Januar 1963.

187 Siehe: Prüfung des Vertrags zwischen S&H AG und der Sylwest Electronic / Climax Electronic Products Inc. durch die Anwaltsfirma Cahill, Gordon, Reindel & Ohl vom 5. Mai 1959, S. 1 f., in: SAA 22527.2

son 1961 zu beenden und den Vertrieb wieder in die eigene Verantwortung zu neh-men.[188] Parallel dazu verlängerte S&H das Herstellungsabkommen mit RCA von 1951. Siemens war damit weiterhin befugt, RCA-Apparate aus dem Bereich Rund-funk sowie Schwarzweiß- und Farbfernsehen nachzubauen und diese weltweit mit Ausnahme der USA und Kanadas zu verkaufen. Dafür musste das deutsche Unter-nehmen Lizenzzahlungen für jedes verkaufte Gerät an RCA leisten.[189]

Die Strategie, Vertriebsrechte für elektrische Bauelemente in die USA zu ver-geben und sich diese Anfang, Mitte der 1960er Jahre wieder zurückzuholen, ver-folgte Siemens auch bei passiven Bauelementen. Bereits zu Beginn der 1950er Jahre hatte der Unternehmer William Brand über seine Firma William Brand Elec-tronic Components Inc. in New York City begonnen, auf eigenes Risiko passive Siemens-Bauelemente aus Deutschland einzukaufen und in den USA zu vertreiben. Anfangs konzentrierte er sich auf sogenannte Ferriten, also Filter für die Nachrich-tentechnik. Später weitete er sein Produktportfolio aus. Er entwickelte sich zum wichtigsten US-Vertreter für Bauelemente, weshalb S&H im September 1960 ein Vertriebsabkommen mit ihm einging.[190] Brand verkaufte fortan Kondensatoren, Widerstände und Ferritmaterialien wie Schalenkerne, Speicherkerne und Staban-tennen, allerdings mit mäßigem Erfolg. Die Unternehmensspitze von Siemens war sich bewusst, dass es weiterer finanzieller und personeller Investitionen bedurfte, um das Bauelementegeschäft im amerikanischen Markt zu etablieren.[191] Die Unzu-friedenheit ob der niedrigen Verkaufszahlen wuchs. Die Argumente von Brand – die Siemens-Produkte seien in den USA unbekannt und ohne Markenwirkung in einem wettbewerbsintensiven Umfeld[192] – ließ S&H nicht gelten. Brand wies auch darauf hin, dass Siemens sich nach den US-Kunden richten müsse und ihnen gegen-über nicht selbst Ansprüche stellen dürfe. Schließlich sei der amerikanische Kunde nicht von den Siemens-Produkten abhängig und würde sich sofort von dem deut-schen Unternehmen abwenden, wenn es ihm nicht innerhalb kurzer Lieferdauer exakt das bereitstelle, was er benötige.[193] Eduard Mühlbauer sah die Ursache der stockenden Verkaufszahlen dagegen darin, dass Siemens den Mitarbeitern von Brand oftmals „das kleine Einmaleins"[194] in Bezug auf ihre Tätigkeit beizubringen habe. Daher beschloss Siemens, das Vertreterverhältnis mit Brand zu lösen.[195] Die US-Firma habe zwar den Markteintritt erleichtert und 1962 einen Umsatz von 1,55

188 Vgl.: Wernerwerk für Bauelemente an die Rechtsabteilung der S&H AG vom 19. April 1961, in: SAA 22527.2.
189 Vgl.: Abkommen zwischen RCA und der S&H AG vom 1. Juli 1961, S. 7, in: SAA 25301.
190 Vgl.: Abkommen zwischen der S&H AG und William Brand Electronic Components Inc. vom 13. September 1960, in: SAA 22619.
191 „Ich brauche Ihnen nicht zu schreiben, dass wir, weil wir das USA-Geschäft als Anlaufge-schäft betrachten, hierfür einen Aufwand treiben, den wir uns für ein normales Geschäft nicht leisten könnten, den wir aber aufbringen, um dem USA-Geschäft beschleunigt einen Erfolg zu geben", so Eduard Mühlbauer. Vgl.: Eduard Mühlbauer an William Brand vom 25. Februar 1963, in: SAA 22619.
192 Siehe: William Brand an Eduard Mühlbauer vom 17. Februar 1963, S. 1 f., in: SAA 22619.
193 Vgl.: William Brand an Eduard Mühlbauer vom 3. März 1963, S 1, in: SAA 22619.
194 Vgl.: Eduard Mühlbauer an William Brand vom 25. Februar 1963, S. 2, in: SAA 22619.
195 Siehe: Aktennotiz vom 13. Mai 1963, in: SAA 22619.

Mio. DM erwirtschaftet, allerdings sei eine weitere Marktexpansion nur möglich, wenn der Vertrieb in die Verantwortung von Siemens America zurückkehre, so die Begründung. Brand und seine Mitarbeiter seien den immer komplexeren Bau- und Funktionsweisen der Siemens-Produkte nicht mehr gewachsen gewesen, so Gerd Tacke.[196] Nach vier Jahren der Zusammenarbeit trennte sich SAI daher im Oktober 1964 von Brand und gliederte seinen Aufgabenbereich als Components Group in die SAI ein.

Daneben strebte SAI an, den Produktverkauf effizienter zu gestalten. Dies geschah, indem der Vertrieb der Röhrentechnik und der Bauelemente zusammengelegt wurden, da sie in vielen Fällen identische Käufergruppen ansprachen. Die Vertriebsaufgaben gingen auf SAI über.[197] In der neuen Vertriebsgruppe waren nun elektrische Bauelemente aller Art, Halbleiter, Röhren sowie Kondensatoren zusammengefasst.[198] Parallel zur Zusammenarbeit zwischen S&H und Sylwest Electronics sowie William Brand Electronic Components vereinbarte SSW eine Kooperation mit Westinghouse auf dem Gebiet der Halbleitertechnik. Beide Unternehmen schlossen 1960 einen Lizenz- und Erfahrungsaustausch über Halbleiter und thermoelektrische Bauelemente, der 1964 modifiziert wurde, sodass beide Seiten Halbleiter sowohl in Westeuropa, in den USA als auch in Kanada herstellen und in der ganzen Welt vertreiben durften.[199] Ein Lieferabkommen schloss die Siemens AG 1967 mit den US-Firmen RCA und Fairchild. Beide sollten integrierte Schaltkreise für das deutsche Unternehmen bereitstellen.[200]

1.9.3 Fernsprech-, Telegraphen- und Signaltechnik

Im Bereich der öffentlichen Kommunikationstechnik erwies sich der US-Markt nach 1945 wegen seiner extremen Wettbewerbsdichte als große Herausforderung für Siemens. In den 1950er Jahren deckte die US-Firma AT&T mit ihren 24 Bell-Gesellschaften 85 Prozent des Marktes ab, wohingegen die restlichen 15 Prozent von rund 4.000 kleinen Telefongesellschaften bearbeitet wurden. Diese Rahmenbe-

196 Vgl.: Gerd Tacke an Hermann J. Abs vom 27. Mai 1964, S. 1, in: USA-Ordner 2, Nachlass Tacke, in: SAA unverzeichneter Bestand sowie: Vertrag zwischen der S&H AG und William Brand Electronics Components, Inc. vom 19. Juni 1964, in: SAA 22619.

197 Vgl.: Gerd Tacke an William Brand vom 9. Oktober 1964, S. 1, in: USA-Ordner 1, Nachlass Tacke, in: SAA unverzeichneter Bestand sowie: ZA-Monatsbericht vom Juli 1964, in: SAA 68/Li 262.

198 Vgl.: ZA-Monatsbericht von S&H, SSW und SE vom September 1964, S. 4, in: SAA 49/Lr 349, Februar 1963 bis Dezember 1970.

199 Siehe: Halbleiter-Vertrag zwischen SSW und der Westinghouse Electric Corporation vom 20. Juli 1960, geänderte Fassung vom 25. Februar 1964, in: SAA 54/Lb 2.

200 Für diese beiden Verträge ließen sich nur Entwürfe in den Akten finden. Vgl.: Vertrag zwischen RCA und der Siemens AG vom 10. Januar 1967 sowie: Vertrag zwischen Fairchild und der Siemens AG vom 3. Januar 1967, in: SAA 21960. Dennoch ist davon auszugehen, dass die Zusammenarbeit zustande gekommen ist, erwähnte doch Bernhard Plettner 1970 die Kooperation mit Fairchild. Siehe: Referat von Bernhard Plettner anlässlich der Aufsichtsratssitzung der Siemens AG vom 29. Oktober 1970, S. 14, in: SAA 16/Lh 262.

dingungen erwiesen sich als große Markteintrittsbarriere für Siemens und machten die Notwendigkeit deutlich, amerikanische Kooperationspartner zu finden.[201] Erster Meilenstein in der Geschichte der Fernsprechtechnik von Siemens in den USA war der 10. September 1954. Eine Delegation deutscher Ingenieure des Wernerwerks für Fernsprechgeräte reiste in die USA, um am Telefonkongress der United States Independent Telephone Association teilzunehmen. Ziel war es, Geschäftsbeziehungen zu US-Unternehmen zu etablieren sowie die eigenen Telefonanlagen vom Typ PABX (Private Automatic Branch Exchange) und öffentliche Vermittlungssysteme zu vermarkten. Die Siemens-Vertreter knüpften Kontakt zu einer kleinen US-Firma für Kommunikationstechnik, der United States Instrument Corp., New Jersey (USI).[202] Noch 1954 schlossen beide eine Vertragsvereinbarung, die USI verpflichtete, Siemens bei der Herstellung von Kommunikationsgeräten und den entsprechenden F&E-Aktivitäten zu unterstützen.[203] Ein wesentlicher Know-how-Austausch fand ab 1955 statt, im Zuge dessen USI der deutschen Firma bei der Anpassung von Siemens-Apparaten und Baukomponenten an die Normen des amerikanischen Marktes half. Ebenfalls 1954 einigten sich Siemens und die Western Electric Co. auf einen Lizenzaustauschvertrag auf dem Fernmeldegebiet.[204]

Mitte der 1950er Jahre entschied sich S&H, auf das Vertriebsnetz der Graybar Electric Co. zurückzugreifen. Sie verkaufte fortan Siemens-Komponenten, v.a. Drehwähler und Fernschreiber, an kleine US-Telefongesellschaften. 1964/65 fusionierte die USI, an der S&H seit 1958 zu 25 Prozent beteiligt war, mit der US-Firma Stromberg-Carlson zur Stromberg-Carlson Corp. in Rochester, New York (StCC). An der neuen Gesellschaft war S&H nur noch zu fünf Prozent beteiligt. Dennoch schätzte S&H diesen Schritt als besonders wichtig für die Markterschließung ein, bot er doch dank des gewachsenen Unternehmens deutlich höheres Geschäftspotenzial in der Nachrichtentechnik. Auch versprach sich Siemens durch die Beteiligung, von den Aufträgen der StCC für die amerikanische Regierung zu profitieren.[205] Im selben Jahr sicherte S&H der Stromberg-Carlson Corp. Lizenzrechte für die Produktion und den Vertrieb von Vermittlungseinrichtungen für den öffentlichen und privaten Fernsprechverkehr in den USA und in Kanada zu. StCC verpflichtete sich im Gegenzug dazu, Lizenzgebühren an Siemens zu zahlen.[206] Ein Jahr später, 1966,

---

201 Dieses und Folgendes, soweit nicht anders angegeben, siehe: Leonhard Bauer, 40 years of Siemens PN-history in the U.S. From the fifties to the nineties, Boca Raton 1993, S. 7, in: SAA 16498.

202 Vgl.: Certificate of Incorporation of United States Instrument Corporation, Wilmington, Delaware, vom 17. Dezember 1954, in: SAA 21822.

203 Siehe: Lizenz- und Know-how-Vertrag zwischen S&H und der United States Instrument Corp. vom 12. November 1954, in: SAA 28554 sowie: Leonhard Bauer, 40 years of Siemens PN-history in the U.S. From the fifties to the nineties, Boca Raton 1993, S. 7, in: SAA 16498.

204 Siehe: Auflistung der Lizenz-, Nachbau- und Vertriebsabkommen der Siemens-Firmen mit Dritten in den USA vom 18. November 1960, S. 1, in: Ordner 2161, Siemens Beteiligungen Inland GmbH (CF R 6 SBI), in: SAA unverzeichneter Bestand.

205 Vgl.: Aufsichtsratssitzung der S&H AG und der SSW AG vom 2. Februar 1965, S. 6, in: SAA 16/Lh 262.

206 Siehe: Abkommen zwischen S&H und Stromberg-Carlson Corporation vom 24. Mai 1965, in: SAA 22659.

vereinbarten die beiden Unternehmen einen Produktionsvertrag, der vorsah, gemeinsam Edelmetall-Schnellkontakt-Relais (ESK) vom Typ 400 E PABX für Nebenstellenanlagen herzustellen. Stromberg-Carlson war für den Schaltungsaufbau, die Rasterplatten sowie die Kontrolle der Aufmachung verantwortlich, während Siemens die einzelnen Baukomponenten und die Gesamtkonstruktion entwickelte und die technischen Skizzen und Serviceleistungen verantwortete.[207] Siemens-Produkte, wie die PABX-Geräte oder die Nebenstellen-Haus-Anlage bewiesen inmitten amerikanischer Produkte einen hohen Innovationsgrad mit technischen Sonderfunktionen wie der automatischen Anrufweitergabe oder der Anruf-halten-Funktion.[208] Übernahmepläne der StCC durch Siemens scheiterten 1970 an den hohen Kosten.[209]

Neben der Kooperation mit StCC baute Siemens in den USA die Zusammenarbeit mit der Western Electric aus. Im Januar 1966 schlossen die beiden Firmen einen Patent- und Lizenzvertrag, der Siemens nichtausschließliche Vertriebslizenzrechte unter anderem für Trägerstromsysteme, zentrale Schaltanlagen, Telefonsysteme, Mikrophone und Lautsprecher zusicherte.[210] Zudem bezog WE von Siemens in den 1960er Jahren regelmäßig Fernschreiber und Einrichtungen für die Vermittlungstechnik. 1969 konnte das deutsche Unternehmen Apparate im Wert von insgesamt sieben Millionen DM an den US-Partner liefern.[211] Daneben intensivierte Siemens die Beziehungen zur Western Union, zu der die ersten Geschäftsverbindungen aus den 1880er Jahren entstammten. Damals hatten die beiden Firmen beim Bau von Telegraphenlinien zwischen Europa und den USA zusammengearbeitet. Im Mai 1958 lieferte S&H ein TW-39-Amt für 100 Anschlusseinheiten für den inländischen Telex-Dienst von New York an Western Union. Die Anlage bewährte sich, sodass 1959 Chicago, San Francisco und Los Angeles von S&H mit ebensolchen Systemen ausgestattet wurden. Bis 1965 war geplant, weitere 160 Städte mit vergleichbaren Telex-Ämtern mit 20.000 Anschlusseinheiten zu versorgen.[212] Hatte seit den 1950er Jahren die US-Firma Ahearn & Soper die Funktion einer Mittlerfirma zwischen Siemens und WU bei Telex-Geschäften übernommen, so entschieden sich die beiden Unternehmen 1959 gegen eine weitere Zusammenarbeit mit der Vermittlerfirma.[213] So erhielt S&H im Herbst 1960 einen großen Auftrag über den

---

207   Vgl.: Stromberg-Carlson Corporation an Wernerwerk für Fernsprechgeräte vom 23. November 1966, S. 1 f., in: SAA 22659.

208   Vgl.: Leonhard Bauer, 40 years of Siemens PN-history in the U.S. From the fifties to the nineties, Boca Raton 1993, S. 2 und 8, in: SAA 16498.

209   Vgl.: ebenda, S. 15.

210   Siehe: Patent License Agreement zwischen der S&H AG und der Western Electric Company Inc. vom 1. Januar 1966, in: SAA 26520 und Anschreiben an Tacke vom 8. März 1967 zum Patentlizenzaustauschvertrag zwischen S&H AG und Western Electric Company, Inc. vom 1. Januar 1966, S. 2 f. und 10–16, in: USA-Ordner 2, Nachlass Tacke, in: SAA unverzeichneter Bestand.

211   Vgl.: Referat von Bernhard Plettner anlässlich der Aufsichtsratssitzung der Siemens AG vom 29. Oktober 1970, S. 14, in: SAA 16/Lh 262.

212   Siehe: Philip R. Easterlin / Ehrhard A. Rossberg, Telex in Nordamerika, in: Siemens-Zeitschrift 34/1960, Heft 9, S. 510–514, hier S. 511.

213   Vgl.: ZA-Monatsbericht von S&H, SSW und SE vom Dezember 1959, S. 4, in: SAA 49/Lr

Aufbau eines Vermittlungsnetzes direkt von der Western Union. Vorerst produzierte und lieferte das Wernerwerk für Telegraphen- und Signaltechnik Telex-Wahlämter für 9.400 Anschlusseinheiten, die einen Warenwert von etwa 20 Mio. DM aufwiesen.[214] Da viele Vermittlungsämter kleineren Umfangs mit jeweils nur 30 bis 40 Teilnehmern benötigt wurden, entschied sich das Siemens-Werk für die Verwendung von Hebdrehwählern anstatt des gewöhnlichen Motorwählsystems.[215]

1.9.4 Datenverarbeitung

Auf das Gebiet der Datenverarbeitung (DV) wagte sich Siemens & Halske erst 1954, als die amerikanischen Konkurrenten um die International Business Machines Corporation in Armonk, New York (IBM) bereits entscheidende Wettbewerbsvorteile vorweisen konnten.[216] Diese hatten in den 1940er Jahren die Rechner Mark I und Electronic Numerical Integrator and Computer entwickelt, um Einflussgrößen auf die Flugbahnen von Geschossen zu berechnen. US-Firmen trieben in den Folgejahren die revolutionäre Entwicklung von Lochkartenapparaten zu Digitalrechnern und EDV-gesteuerten Anlagen entscheidend voran.[217] Siemens hatte die Datenverarbeitung bis in die 1950er Jahre nicht berücksichtigt, da sich die Firma nach dem Zweiten Weltkrieg auf den Wiederaufbau der klassischen Unternehmensbereiche konzentrierte.[218] Außerdem ließ die Kostenintensität von Entwicklung und Produktion befürchten, den technologischen Vorsprung der US-Firmen nicht aufholen zu können. 1954 entschied sich die Führung von S&H trotz der Vorbehalte, das Geschäft mit den Zukunftstechnologien aufzunehmen. Das Unternehmen versprach sich auch, Rechnertechnik für die eigenen internen Bedürfnisse zu entwickeln und von der DV-Forschungsarbeit andere Unternehmensbereiche profitieren zu lassen.[219] Damals noch unter der Bezeichnung „Nachrichtenverarbeitung", konnte S&H 1956, nach zwei Jahren Entwicklungsarbeit, seinen ersten Rechner vom Typ 2002 präsentieren. Je nach Ausstattung kostete er zwischen einer und sechs Mio.

349, August 1956 bis Januar 1963.

214   Siehe: ZA-Monatsbericht von S&H, SSW und SE vom Oktober/November 1960, S. 7, in: SAA 49/Lr 349, August 1956 bis Januar 1963.

215   Vgl.: Vorstandssitzung der S&H AG vom 25. Oktober 1965, S. 4, in: SAA 16/Lh 263.

216   Nähere Informationen zur Unternehmensgeschichte der IBM siehe: International Business Machines Corporation, in: Jay P. Pederson (Hg.), International directory of comany histories, Band 63, Farmington Hills 2004, S. 195–201, in: Hagley Museum and Library, Imprints, Wilmington/Delaware.

217   Vgl. dazu: Plettner, Abenteuer, S. 225–252.

218   Dieses und Folgendes ist zu finden in den Einschätzungen von Kurt Reche, die von einer Sitzung am 7. Februar 1968 stammen, in der er über das Geschäft mit der Datenverarbeitung referierte. Sein Bericht wurde bei der 59. Sitzung der Firmenleitung mit den Wirtschaftsausschüssen S&H, SSW und SE zusammengefasst. Das Datum dieser Besprechung kann leider nicht exakt rekonstruiert werden, da in der Akte das entsprechende Titelblatt fehlt. Sie muss aber nach dem Treffen vom 7. Februar 1968 und vor der nächsten Sondersitzung vom 7. Mai 1968 stattgefunden haben. Zu finden ist das unvollständige Dokument unter SAA 16/Ll 405.

219   Siehe: Heinz Gumin, Die Datenverarbeitung und das Haus Siemens, Vortrag auf der Siemens-Tagung vom 1. Februar 1973, S. 1 bis 4, in: SAA S 12.

DM und ermöglichte es, „etwa 20.000 zwölfstellige Zahlen in einer Sekunde durch Impulse darzustellen und mit ihnen etwa 3.000 Rechenoperationen in einer Sekunde durchzuführen."[220] Bis Anfang der 1960er Jahre konnte Siemens 25 Anlagen verkaufen, begab sich aber auf einen sehr wettbewerbsintensiven, von IBM dominierten Markt.[221] Schließlich hatte das amerikanische Unternehmen 1964 mit der Einführung seiner Systemfamilie 360 einen Meilenstein in der Entwicklung der Datenverarbeitung geschaffen. Der IBM-Rechner funktionierte mit einem einzigen Betriebssystem und war mit Peripheriegeräten beliebig erweiterbar.[222] Diese Wettbewerbsvorteile amerikanischer Konkurrenten überzeugten den Aufsichtsrat von S&H und SSW 1963 davon, im Bereich der Datenverarbeitung „mit aller Macht Anstrengungen unternehmen [zu müssen], um eine führende Position zu erhalten und um gegenüber der Konkurrenz leistungsfähig zu sein und bestehen zu können."[223] Im Juni 1963 konnte S&H einen ersten Erfolg vorweisen. Es gelang, mit IBM ein Lizenzabkommen abzuschließen, um Patente über Anlagen zur Datenverarbeitung auszutauschen.[224] Daneben fand S&H in der RCA einen weiteren US-Kooperationspartner. Die Firma hatte für ihre Lochkartentechnik noch kein Kundennetz im europäischen Raum und war daher an einer Zusammenarbeit mit Siemens interessiert. Siemens dagegen hoffte auf die Infrastrukturen der RCA in den USA.[225] Die 1964 intensivierten Verhandlungen hatten anfangs zum Ziel, eine gemeinsame Herstellungs- und Vertriebsgesellschaft für DV-Anlagen und -geräte zu gründen.[226] Die beiden Unternehmen beschränkten sich dann aber auf einen Patent- und Informationsaustausch zu Datenverarbeitungseinrichtungen.[227] Dieser Vertrag bildete einen Meilenstein für die Entwicklung der Datenverarbeitung bei Siemens, konnte das Unternehmen doch zukünftig auf sämtliches Know-how im Bereich DV von RCA zurückgreifen und es in eigenen Nachbauprojekten anwenden.[228] Parallel dazu vereinbarten beide Seiten 1964 ein Kauf- und Lieferverhältnis, in dessen Rahmen Siemens von RCA DV-Anlagen aus der Serie Spectra 70 sowie RCA 301 und RCA 3301 erwarb.[229] 1970 wurde die Kooperation um zehn Jahre verlängert; die

220 Vgl.: Sitzung der Firmenleitung mit den Wirtschaftsausschüssen von S&H, SSW und SE vom 23. August 1961, S. 3, in: SAA 16/Ll 405.
221 Vgl.: Vorstandsessen vom 9. Januar 1961, S, 3, in: SAA 16/Lm 31.
222 Vgl.: Heinz Janisch, 30 Jahre Siemens-Datenverarbeitung. Geschichte des Bereichs Datenverarbeitung 1954–1984, München 1988, S. 41.
223 Siehe: Aufsichtsratssitzung der S&H AG und der SSW AG vom 29. Oktober 1963, S. 6, in: SAA 16/Lh 262.
224 Vgl.: Vertrag zwischen S&H, SSW und IBM vom 1. Juni 1963, in: SAA 26698.
225 Siehe: Annual report Radio Corporation of America, 1964, S. 3 und 12, in: Library of Congress, Washington D.C., John Adams Building, Room LA-508 sowie: Janisch, Jahre, S. 44.
226 Vgl.: Vorstandssitzung der S&H AG und der SSW AG vom 26. Oktober 1964, S. 20, in: SAA 16/Lh 263.
227 Vgl.: Vertrag über den Austausch von Patentlizenzen und technischen Informationen zwischen der Radio Corporation of America und der S&H AG vom 1. November 1964, in: SAA 22872.
228 Vgl.: Aktennotiz zu Verträgen mit RCA vom 16. März 1967, in: Ordner 2161, Siemens Beteiligungen Inland GmbH (CF R 6 SBI), in: SAA unverzeichneter Bestand.
229 Vgl.: Kaufvertrag zwischen der Radio Corporation of America und der S&H AG vom 15. Dezember 1964, S. 1, in: SAA 22872 sowie: SAA 25529. Zu den Reihen RCA 301 und 3301 ist der Vertrag zu finden in: Verkaufsabkommen zwischen der Siemens AG und RCA vom 15.

Lizenzgebühren von Siemens wurden durch einen Pauschalbetrag in Höhe von 4,2 Mio. $ ersetzt.[230] Diese intensive Zusammenarbeit sorgte bereits zu Beginn für Zufriedenheit bei Siemens.[231] Die großen Wachstumserwartungen, die Siemens an die Technologien der Datenverarbeitung stellte, erwiesen sich als richtig. Gab es 1954 in der BRD nur fünf Anlagen zur Datenverarbeitung, so waren es 1973 bereits rund 13.000.[232]

1.10 Weitere Tochtergesellschaften

1.10.1 Deutsche Grammophon

1941 hatte S&H das Schallplattenlabel Deutsche Grammophon (DG) zu hundert Prozent übernommen. Das Unternehmen hatte vielfältige Verbindungen in den weltweit größten Schallplattenmarkt, die USA. Es bestanden Abkommen mit führenden Plattenfirmen wie der Brunswick-Balke-Collender Company und der Decca Records Inc. in New York City (DRI).[233] Nach dem Ende des Zweiten Weltkriegs versuchte Siemens über die neue Tochtergesellschaft rasch, sich auf dem amerikanischen Musikindustriemarkt zu etablieren. Im Sommer 1947 nahm die DG die Beziehungen zu den beiden US-Gesellschaften wieder auf. So fixierten DG und DRI im Januar 1949 ein Abkommen, das den gegenseitigen Austausch von Tonträgeraufnahmen festlegte.[234] Noch durfte die DG ihre Platten in den USA nicht selbst vertreiben. Vorerst verkaufte sie Platten mit amerikanischer Musik nur in Deutschland. Bereits ein halbes Jahr später umfasste eine erste Lieferung deutscher DG-Schallplatten an Decca 13.000 Stück; in den Folgemonaten stieg die Zahl auf beachtliche 100.000 Stück.[235] Decca entwickelte sich von einer Vertriebsinstitution unter den Markennamen Polydor und Brunswick[236] 1951 zu einer Produktions-

Dezember 1964, in: SAA 26622. RCA erhoffte sich durch das Abkommen ein „multimilliondollar business". Vgl.: Annual report Radio Corporation of America, 1964, S. 12, in: Library of Congress, Washington D.C., John Adams Building, Room LA-508.

230 Vgl.: Modification agreement zwischen der Siemens AG und der RCA vom 15. April 1970, S. 1 f., in: SAA 24222.

231 Vgl.: Aufsichtsratssitzung der S&H AG und der SSW AG vom 8. Juli 1965, S. 5, in: SAA 16/ Lh 262.

232 Vgl.: Heinz Gumin, Die Datenverarbeitung und das Haus Siemens, Vortrag auf der Siemens-Tagung vom 1. Februar 1973, S. 4, in: SAA S 12.

233 So hatte die DG 1926 ein Lizenzabkommen mit der US-Schallplattenfirma Brunswick-Balke-Collender Co. geschlossen, das beide Unternehmen berechtigte, Platten des Vertragspartners im Heimatland zu pressen und zu verkaufen. Daneben tauschten beide Seiten Patente und Erfahrungen aus. Zehn Jahre später verlängerte die DG die Zusammenarbeit und fand in der Decca Records Inc. einen Partner, mit dem der Austausch musikalischer Repertoires vereinbart wurde. Vgl.: Edwin Hein, Ein Traum geht in Erfüllung, S. 52 und 68 f., in: SAA 68/Li 77.

234 Vgl.: Abkommen zwischen der Deutschen Grammophon GmbH und der Decca Record Company Ltd. vom 6. Januar 1949, in: SAA 25334.

235 Vgl.: Edwin Hein, Ein Traum geht in Erfüllung, S. 84, in: SAA 68/Li 77.

236 Siehe: Abkommen zwischen Decca Records Inc. in New York City und der Deutschen Grammophon GmbH vom 1. Januar 1963, S. 1, in: SAA 24386.

firma. Sie stellte im Februar 1951 die erste Langspielplatte mit 33 1/3 Touren für die DG her, die in den USA vertrieben wurde. Solche LPs sollten in einer Größenordnung von 50 Stück pro Jahr in den USA erscheinen.[237] Rasch war es notwendig, in den Vereinigten Staaten einen eigenen Repräsentanten für die US-Partnerfirmen zu installieren, was 1954 mit Hilfe des New Yorker Siemens-Büros umgesetzt wurde. Damit erwies sich der Austausch von US-Repertoires für den deutschen Markt und deutscher Repertoires für den amerikanischen Markt als deutlich vereinfacht.[238] Ein bedeutender Anstieg der Umsatzzahlen von Plattenverkäufen in den USA konnte aber noch nicht erreicht werden. Die Unternehmensführung von DG war überzeugt, dass nur eine Umstellung vom Exportgeschäft auf eine eigenständige Fertigung vor Ort die Geschäftätigkeit aktivieren könne. Die Finanzsituation aber zwang DG dazu, davon abzusehen. Die Firma entschied sich, 1956 die Zusammenarbeit mit der DRI zu verlängern, „um ein beachtliches eigenes finanzielles Engagement in USA mindestens noch in den nächsten Jahren zu vermeiden."[239] Bis 1959 konnte die DG sechs Millionen Platten in den USA verkaufen und 600.000 $ einnehmen. Die Firmenleitung aber sah darin ein „unbefriedigendes Ergebnis",[240] sodass sie das 1962 auslaufende Abkommen mit der DRI nicht verlängerte. Als Nachfolger ernannte die DG die US-Firma Metro-Goldwyn-Mayer (MGM), die im April 1962 begann, DG-Langspielplatten zu kaufen und in den USA zu vertreiben.[241] Die Deutsche Grammophon hatte parallel dazu mit der N.V. Philips Gloeilampenfabrieken, Eindhoven über eine Gesellschaftsgründung auf dem Gebiet der Tonträgertechnik in den USA verhandelt.[242] Im Rahmen der Kooperation mit MGM sicherte sich die deutsche Firma die Lizenz, Tonträger der MGM in weiten Teilen Europas sowie in Brasilien und Chile zu fertigen und zu verkaufen.[243] Auch endete die Kooperation mit der Decca nur kurzzeitig. 1963 vertrieb das amerikanische Unternehmen wieder DG-Platten in den USA unter den Labels Polydor und Brunswick.[244]

Besondere Bedeutung für das Schallplattengeschäft der DG in den USA entwickelte seit 1949 der niederländische Elektrokonzern Philips. Als einer der weltweiten Marktführer der Unterhaltungsindustrie suchte Philips den Geschäftskontakt zu

237 Vgl.: Protokoll der DG-Delegationssitzung vom 10. März 1951, S. 3, in: SAA 16/Lo 752.

238 Vgl.: Edwin Hein, Ein Traum geht in Erfüllung, S. 107 f., in: SAA 68/Li 77.

239 Vgl.: Aufsichtsratssitzung der Deutschen Grammophon GmbH vom 15. März 1956, S. 3, in: SAA 16/Lo 752.

240 Siehe: Protokoll der DG-Besprechung vom 23. Oktober 1959, S. 1 f., in: SAA 16/Lo 752. Zu den Verlusten von DRI siehe: Aufsichtsratssitzung der Deutschen Grammophon GmbH vom 23. Oktober 1959, S. 2, in: SAA 16/Lo 752.

241 Siehe: Abkommen zwischen der Deutschen Grammophon GmbH und der Metro-Goldwyn-Mayer Inc. in New York City vom 23. April 1962, S. 1 und 4 f., in: SAA 22903 und SAA 26814.

242 Vgl.: Besprechung zwischen Philips und Siemens vom 17. März 1961, S. 1 und 4, in: SAA 25062.

243 Vgl.: Vertrag zwischen der Deutschen Grammophon GmbH und der Metro-Goldwyn-Mayer Inc. vom 1. Januar 1963, in: SAA 22903.

244 Vgl.: Abkommen zwischen Decca Records Inc. und der Deutschen Grammophon GmbH vom 1. Januar 1963, S. 2, in: SAA 24386.

Siemens. Im Oktober 1949 vereinbarten beide Unternehmen eine Zusammenarbeit über den Austausch von Erfahrungen zu Elektronenröhren, Halbleitern, Transistoren, Fernseh- und Rundfunkempfängern sowie Schallplatten. Die Kooperation beschränkte sich vorerst auf den deutschen Raum und schloss unter anderem den amerikanischen Markt bewusst aus.[245] Um die jeweiligen Tochtergesellschaften im Bereich der Tonträgerindustrie, die DG und die N.V. Philips' Phonographische Industrie, Baarn (PPI), in ihren Geschäftspotenzialen zu konsolidieren, schlossen S&H und Philips 1962 die Interessenvereinigung Gramophon-Philips-Group (GPG). Beide Muttergesellschaften beteiligten sich jeweils zu 50 Prozent an der DG und an der PPI, ohne dass der Rechtscharakter der Tochterfirmen und deren Eigenständigkeit beschränkt wurden.[246] Rückwirkend vereinbarten die beiden Schallplattenfirmen die gegenseitige Vergabe von Produktions- und Vertriebslizenzen und den Erfahrungsaustausch im Bereich von Tonträgern mit Ausnahme des amerikanischen Marktes.[247] Für die USA entschieden sie sich, Angelegenheiten der PPI von der North American Philips Trust (NAPT) und solche der DG von S&H bzw. Siemens America Inc. zu behandeln.[248] Eine erhebliche strategische Aufwertung erfuhr das US-Plattengeschäft durch die Siemens AG 1968/69. Die DG sollte sich verstärkt in den Vereinigten Staaten engagieren und sich an der US-Firma Mercury Records beteiligen.[249] Den Höhepunkt des Plattengeschäfts in den 1960er Jahren bildete für die DG 1968 der Kauf des größten Musikverlags der Welt, US Chappell in New York City. Im Rahmen der Gramophon-Philips-Group erwarb die DG als Teilhaber den US-Verlag für 42,5 Mio. $.[250] Im Folgejahr begann die DG, eine eigene Tochterfirma in den USA aufzubauen.[251]

1.10.2 Osram GmbH KG

Auch über die Beteiligungs- und spätere Tochterfirma Osram GmbH KG war Siemens in den Vereinigten Staaten präsent. Bereits zu Beginn des 20. Jahrhunderts unterhielt S&H in den USA im Lampengeschäft erste Geschäftskontakte. 1906 hatte die deutsche Firma mit der General Electric Co. einen Vertrag zur Herstellung

---

245 Vgl.: Aktenvermerk über die Zusammenarbeit zwischen der S&H AG und der N.V. Philips Gloeilampenfabrieken, Eindhoven vom 5. Oktober 1949, S. 1 f., in: SAA 25390.

246 Siehe: Geschäftsbericht von S&H und SSW von 1961/62, S. 62; Abänderungsvertrag zwischen der S&H AG und der N.V. Philips Gloeilampenfabrieken vom 6. September 1963, in: SAA 21311 sowie: Grundsätze für die Führung der Schallplattengruppe DG/PPI vom 9. Dezember 1964, in: SAA 16/Lo 752. Im Zentrum stand die Erwartung, Synergieeffekte nutzen zu können. Vgl.: Vertrag zwischen der S&H AG und N.V. Philips Gloeilampenfabrieken vom 22. Juni 1962: SAA 21311, S. 2.

247 Siehe: Vertrag zwischen N.V. Philips Gloeilampenfabrieken, der S&H AG, der Deutschen Grammophon GmbH und N.V. Philips' Phonographische Industrie vom 22. Juni 1965, in: SAA 21311.

248 Vgl.: S&H AG an Philips vom 22. Juni 1965, S. 1, in: SAA 21311.

249 Vgl.: Aufsichtsratssitzung der Siemens AG vom 2. Juli 1968, S. 14, in: SAA 16/Lh 262.

250 Vgl.: Protokoll Nr. 28 über die Zentralausschusssitzung vom 24. Juni 1968, S. 3, in: SAA S 10.

251 Vgl.: Aufsichtsratssitzung der Siemens AG vom 29. Januar 1970, S. 12, in: SAA 16/Lh 262.

deutscher Tantallampen in den Vereinigten Staaten geschlossen. Die Beteiligung an der Osram GmbH KG im Jahr 1920 war dann ein wichtiger Schritt, sich auf dem internationalen Glühlampenmarkt zu etablieren. Erst der Zweite Weltkrieg bedeutete für Osram einen erheblichen Einschnitt in der Geschäftsexpansion, da ein Großteil der Produktionsstätten zerstört worden war. Der enorme Bedarf an Glühbirnen in der Nachkriegsgesellschaft aber sollte die Grundlage für einen raschen Wiederaufbau in Deutschland werden. Bereits 1952 konnte die Firma auf eine Produktpalette von 2.500 verschiedenen Lampentypen verweisen.[252] Die ausländischen Absatzmärkte dagegen waren vorerst unbedeutend, hatte Osram doch Auslandsbesitz und Geschäftsbeziehungen in fremde Märkte verloren. Seit den 1950er Jahren wurde der Bezug zu den USA, einem der wichtigsten Glühlampenmärkte der Welt, wieder deutlich. 1951/52 besuchte eine Delegation von Osram die Konkurrenten General Electric und Westinghouse. Dabei stellte sie fest, dass die US-Unternehmen Osram keineswegs in der Produktivität überlegen waren, sondern lediglich deutlich größere Mengen herstellten, als es das deutsche Unternehmen tat.[253] Auch Osram suchte Verbindungen mit amerikanischen Unternehmen, um sich auf dem US-Markt zu etablieren. Im September 1955 schloss die Firma ein Abkommen mit der Sylvania Electric Products Inc. aus Delaware.[254] Es legte den Austausch von Lizenzen über Entladungslampen und Zubehör fest.[255] Um steuerrechtlichen Schwierigkeiten zu entgehen, veränderte die Gesellschaft 1956 ihren Status einer Kommanditgesellschaft in eine GmbH. Damit verschob sich auch die Zusammensetzung der Anteilseigner. S&H hielt nun 42,77 Prozent der Stammaktien, die General Electric 21,45 Prozent und die AEG 35,78 Prozent.[256] 1963 schloss Osram mit der General Telephone & Electronics International Inc. eine Neufassung des Sylvania-Vertrags von 1955. Das Patentabkommen intensivierte den Austausch von Lizenzen und erhöhte Produktion und Vertrieb von Lampen sowie Zubehör.[257] Ein ähnliches Abkommen erreichte Osram im Dezember 1970 mit der General Electric Co. Die US-Firma sicherte Osram eine nicht-ausschließliche Lizenz zu, GE-Lampen zu produzieren und zu verkaufen. Ausgenommen hiervon war das Gebiet der USA und Kanadas. Osram dagegen stellte der GE Verwendungs-, Verkaufs- und Produktionsrechte für Osram-Lampen zur Verfügung, den deutschen Markt ausgenommen. Das Abkommen lief bis Ende 1974 und bedeutete für Osram einen

---

252 Vgl.: A. Hasenbein, 50 Jahre Osram – die Geschichte eines Weltunternehmens, in: Osram 46/1969, Nummer 3, S. 2–12, hier S. 12. Zur Geschichte von Osram bis 1945 siehe: SAA 9752.

253 Vgl.: Niederschrift über die Z-Besprechung am 13. Februar 1952 vom 10. März 1952, in: SAA 16/Ll 736.

254 Der ursprüngliche Firmensitz der Gesellschaft im Bundesstaat Delaware ließ sich nicht genau rekonstruieren.

255 Der Hinweis ist im Folgevertrag zu finden: Patentabkommen zwischen der General Telephone & Electronics International Inc. und der Osram GmbH vom 13. September 1963, S. 1, in: SAA 26556.

256 Vgl.: Osram (Hg.), 100 Jahre Osram – Licht hat einen Namen, München 2006, S. 49, in: SAA E 811.

257 Siehe: Patentabkommen zwischen der General Telephone & Electronics International Inc. und der Osram GmbH vom 13. September 1963, in: SAA 26556.

wichtigen Schritt, um den Know-how-Austausch mit amerikanischen Marktführern zu stärken.[258]

1.10.3 Rudolf Hell GmbH

Außerdem drängte S&H über die deutsche Tochtergesellschaft Rudolf Hell GmbH, Kiel bereits in den 1950er Jahren auf den Markt der graphischen Industrie in den USA. Die Firma war bei der Verarbeitung von Texten und Bildern insbesondere im europäischen Absatzraum präsent, hatte aber über die US-Firma Consolidated International Equipment & Co in Chicago, Illinois einzelne Produkte in die USA verkauft.[259] Da sich die Serviceleistungen dieses Vertriebsunternehmens als unzureichend erwiesen, gründete Hell 1959 die Vertriebsgesellschaft Hell-Color-Metal Corp. (HCM) in Great Neck, New York. Ab Mitte der 1960er übernahm auch die US-Firma RCA Verkäufe von Hell-Trommelscannern und der Hell-Lichtsetzmaschine Digiset zur Herstellung von Schriftsätzen und Druckfahnen. So konnte die Hell GmbH 1970 einen Auftragseingang von 7,9 Mio. DM über die HCM Corp. und von 0,8 Mio. DM über RCA in den USA verzeichnen.

1.11 „Definitely an American Company"[260] – Zusammenschluss zur Siemens Corp.

Im Verlauf der 1960er Jahre wuchs das Siemens-Geschäft in den Vereinigten Staaten erheblich an. Der Umsatz hatte sich von rund 30 Mio. DM 1960 auf ca. 50 Mio. DM 1965 und mehr als 100 Mio. DM 1970 gesteigert und damit in einem Jahrzehnt mehr als verdreifacht.[261] Trotzdem fand im Mutterkonzern kein grundlegender Bewusstseinswandel statt. Die Unternehmensführung hatte beschlossen, dass eine Ausweitung der US-Aktivitäten im Verhältnis zu dem zu erwartenden Ertrag zu kostenintensiv war.[262] Im Vergleich zu anderen Auslandsmärkten von S&H, SSW und SRW blieb der Geschäftsumfang der Siemens America Inc. gering. Diese zurückhaltende Einstellung gegenüber einer US-Expansion war für deutsche Unternehmen bis in die 1960er Jahre durchaus gewöhnlich. So attraktiv das Marktvolumen und die Geschäftsbedingungen in den USA waren, so gering war die Überzeugung, eine umfassende Markterschließung zu wagen. Dabei waren nicht nur die Investitionskosten entscheidend, sondern auch das Selbstverständnis vieler deutscher Unternehmer. Ihre Strategie war, die Produkte deutscher Wertarbeit vom Hei-

---

258 Vgl. hierzu: Technologie- und Patentlizenzabkommen zwischen der General Electric Co. und der Osram GmbH, in: SAA 23911.

259 Dieses und Folgendes siehe: Geschäftsbericht der Rudolf Hell GmbH 1970, o.S., in: SAA 11046.1.

260 Vgl.: B.J. von dem Knesebeck, The president says good-bye, in: Siemenscope vom September 1970, S.9, in: SAA 8169.

261 Siehe: Tacke, Beitrag, S.211.

262 Vgl.: Tacke, Beitrag, S.210.

matmarkt ausgehend in die Welt zu exportieren.[263] Bisher bot der deutsche Binnenmarkt ausreichend Nachfrage, um die Produkte vor Ort und nicht im entfernten
Ausland absetzen zu müssen. Außerdem war der hohe Dollarkurs bis Anfang der
1970er Jahre eine systemimmanente Hemmschwelle, Direktinvestitionen in die
USA zu tätigen.[264] Das reine Exportgeschäft erwies sich als kostengünstiger und
risikoärmer.[265] Allerdings war ihr Verhalten auch branchenabhängig, wie die deutsche Chemieindustrie um BASF, Hoechst und Bayer zeigt. Die drei Konzerne expandierten seit den 1950er Jahren in die USA, erwarben US-Firmen und bauten
eigene Fertigungsstätten auf.[266] Henkel kaufte auf dem Gebiet der Wasch- und Rei-
nigungsmittel ebenfalls in den 1950er Jahren US-Firmen, die allerdings bis in die
1970er Jahre ohne geschäftliche Bedeutung blieben.[267]

Davon war Siemens in den beiden ersten Nachkriegsjahrzehnten noch weit entfernt. In der Unternehmensleitung wuchs aber das Bewusstsein, dass der US-Umsatz von SAI gemessen an der Größe des amerikanischen Elektromarktes noch zu
unbedeutend war. Immerhin war es gelungen, sich zu Beginn der 1970er Jahre eine
solide Geschäftsbasis in den USA aufzubauen, die sich auf eine umfangreiche Vernetzung gründete. Konnte Siemens 1960 insgesamt 55 Lizenzverträge mit US-Firmen vorweisen,[268] so war deren Anzahl bis 1970 auf rund 200 angestiegen, darunter
Abkommen mit Allis-Chalmers, Westinghouse, Fairchild, RCA, Western Union
und Western Electric.[269]

Ein umfassender Bewusstseins- und Strategiewandel wurde erst Anfang der
1970er Jahre wirksam, Anzeichen dazu waren aber bereits einige Jahre früher sichtbar. So kam es 1967/68 zu einem wichtigen Personalwechsel. Gerd Tacke gab sein
Amt als Vorsitzender des Verwaltungsrats von Siemens America Inc. an den ameri-

---

263   Vgl.: O.V., Deutsche Multis: Aufstieg in die Weltliga, in: Der Spiegel, 29/1987, S.104–115,
      hier S.109.
264   Vgl.: O.V., Einzug ins Mekka von Geld und Technik, in: Der Spiegel, 41/1977, S.119–124,
      hier S.120f. sowie: Tacke, Beitrag, S.210.
265   Siehe: Hilger, Amerikanisierung, S.39 sowie: Jones, S.88. Die Vorleistungskosten für Export-
      geschäfte waren deutlich niedriger als für eigene Firmengründungen; außerdem spielte
      marktspezifisches Know-how für Exporte keine vergleichbar elementare Rolle wie für Direk-
      tinvestitionen. Siehe dazu: Leistl, Markt, S.167–169 sowie: Welge/Holtbrügge, Management,
      S.110f.
266   Vgl. z.B.: Abelshauser, Unternehmensgeschichte, S.521–552 oder: O.V., Einzug, S.120f.
267   Siehe hierzu: Hilger, Zwang, S.228 sowie: Feldenkirchen/Hilger, Menschen, S.349f.
268   Vgl.: Auflistung der Lizenz-, Nachbau- und Vertriebsabkommen der Siemens-Firmen mit
      Dritten in den USA vom 18. November 1960, in: Ordner 2161, Siemens Beteiligungen Inland
      GmbH (CF R 6 SBI), in: SAA unverzeichneter Bestand.
269   Vgl.: Referat von Bernhard Plettner anlässlich der Aufsichtsratssitzung der Siemens AG vom
      29. Oktober 1970, S.14, in: SAA 16/Lh 262. So hieß es 1970 in einer Besprechung der Fir-
      menleitung: „Bedingt durch viele wettbewerbs- und normungstechnische Umstände war und
      ist unsere Betätigung auf diesem Markt begrenzt. Auf einigen Gebieten, insbesondere in der
      medizinischen Technik, bei Bauelementen, Fernschreibern, Materialprüfungsgeräten und
      Elektronenmikroskopen werden jedoch seit langem ganz erfolgreiche Anstrengungen für den
      Absatz gemacht." Vgl.: Protokoll der 67. Sitzung der Firmenleitung am 2. Februar 1970, S.15,
      in: SAA 16/Ll 409.

kanischen Banker C. Sterling Bunnell ab.[270] Daneben entschied sich die Siemens AG zu institutionellen und finanziellen Veränderungen, die einen Umschwung im Siemens-Geschäft in den USA einläuteten. So gründete die Siemens AG 1968 unter dem Namen Siemens Capital Corp. eine eigene amerikanische Finanzierungsgesellschaft.[271] Sie sollte Projekte aus dem südamerikanischen Raum mit größerem Auftragsvolumen ermöglichen.[272] Von 1971 bis 1988 sollte der deutsche Unternehmer Hans Decker ihre Geschicke leiten. Daneben forderte Siemens America 1969 wegen zu niedrigen Eigenkapitals und zu hoher Fremdverschuldung,[273] dass das Unternehmenskapital erhöht werden müsste. Dies geschah im Rahmen der Verschmelzung der beiden Siemens-Gesellschaften 1970, als Siemens America, Inc. und Siemens Medical of America, Inc. in einer neuen Auslandsgesellschaft amerikanischen Musters, der Siemens Corp., zusammengefasst wurden.[274] Entscheidender Grund hierfür war die Erwartung, auf diese Weise den Vertrieb aller Produkte zu rationalisieren.[275] Das bisherige Gesellschaftskapital von 1,54 Mio. $ wurde auf 2,5 Mio. $ erhöht.[276] Leitend war der Grundsatz, dass „the surviving corporation, and its identity, existence, purposes, powers, objectives, franchises, rights and immunities shall be unaffected and unimpaired by the merger except as expressly provided herein."[277] In der Geschäftsführung der neuen US-Gesellschaft, die nun in Iselin, New Jersey stationiert war,[278] trugen Bodo-Joachim von dem Knesebeck (Präsident), Harlan M. Twible (Geschäftsführer) sowie Bernhard Mayer, Wolfgang Verlohr sowie Daniel McLaughlin (jeweils Vizepräsidenten) die Verantwortung.[279] Zur Überwachung und Kontrolle dieser operativ arbeitenden Manager installierte die Siemens AG einen Aufsichtsrat. Zu Beginn war dieser mit den Amerikanern C.

270 Vgl.: Tacke an C. Sterling Bunnell vom 1. Dezember 1967, S. 1, in: USA-Ordner 2, Nachlass Tacke, in: SAA unverzeichneter Bestand sowie: Aktenvermerk zur Besetzung des Verwaltungsrats von Siemens America vom 22. Dezember 1967, in: USA-Ordner 2, Nachlass Tacke, in: SAA unverzeichneter Bestand.

271 Vgl.: Certificate of Incorporation of Siemens Capital Corp. vom 12. September 1968, in: SAA 21713.

272 Nähere Details siehe: Aufsichtsratssitzung der Siemens AG vom 1. Juli 1969, S. 10, in: SAA 16/Lh 262 sowie: Protokoll Nr. 26 über die Zentralausschusssitzung vom 9. April 1968, S. 2, in: SAA S 10.

273 Siehe: Besprechungsnotiz vom 18. November 1969, S. 1, in: SAA 22658.

274 Vgl.: Monatsbericht der ZVA/ZVO vom Dezember 1969, S. 5, in: SAA 49/Lr 349, Februar 1963 bis Dezember 1970.

275 Vgl.: Aktennotiz zum neuen Siemens-Hauptquartier in den USA vom 30. September 1970, in: SAA 68/Li 262.

276 Vgl.: Monatsbericht der ZVA/ZVO vom März 1970, S. 6, in: SAA 49/Lr 349, Februar 1963 bis Dezember 1970.

277 Siehe: Plan and agreement of merger between Siemens America Inc. and Siemens Medical of America Inc. vom 31. Dezember 1969, S. 2, in: SAA 22658.

278 Vgl. hierzu: B. J. von dem Knesebeck, The president says good-bye, in: Siemenscope vom September 1970, S. 9, in: SAA 8169.

279 Hierzu und zu Folgendem siehe: Monatsbericht der ZVA/ZVO vom Dezember 1969, S. 5, in: SAA 49/Lr 349, Februar 1963 bis Dezember 1970 sowie: ZVA-Rundschreiben der Siemens AG Nr. 11 vom 15. Januar 1970, in: USA-Ordner 2, Nachlass Tacke, in: SAA unverzeichneter Bestand und Plan and agreement of merger between Siemens America Inc. and Siemens Medical of America Inc. vom 31. Dezember 1969, S. 3, in: SAA 22658.

Sterling Bunnell (Vorsitzender) und Gilbert Kerlin sowie mit Bodo-Joachim von dem Knesebeck (Präsident) besetzt. Daneben platzierte die Siemens AG ihre direkten Vertreter Paul und Otto Dax, Werner Müller und Arne Feichtinger als weitere Mitglieder. Ende September 1970 endete dann die fast zwanzigjährige Ära von Bodo-Joachim von dem Knesebeck. Er übergab sein Amt als Präsident der Firma an Otto Dax.[280] Wie bereits bei der Einstellung von Bodo-Joachim von dem Knesebeck 1954 legte die Siemens AG Wert darauf, mit dem neuen USA-Repräsentanten einen auslandserprobten Siemens-Angestellten auszuwählen. Dax war bereits seit 1957 in Diensten von Siemens und für mehrere Jahre im Brasiliengeschäft der Firma aktiv gewesen.

Zu Beginn des Bestehens beschäftigte die Siemens Corp. 600 Mitarbeiter und wies einen Umsatz von 40 Mio. $ auf.[281] Damit sich die Gesellschaft auf das Produktportfolio und Fragen der strategischen Markterschließung konzentrieren konnte, entschied sich SC, Aufgaben wie Marktbeobachtung, Medienrecherchen, den Aufbau eines Netzwerks zu staatlichen Behörden und Unternehmen sowie die Besucherkoordination und -betreuung an ein separates Siemens-Büro abzugeben. Im Oktober 1970 gründete die SC die Außenstelle New York, die unter der Leitung von Wolfgang Verlohr diesen Tätigkeiten nachkam.[282]

Der Zusammenschluss von SAI und SMoA war ein strategischer Meilenstein für das USA-Geschäft von Siemens. Er bot nicht nur die Chance, Verwaltungs- und Führungskapazitäten zusammenzulegen. Fortan brauchte man nur noch ein Management, eine Finanz- und eine Personalabteilung für ehemals zwei Unternehmen. Außerdem veränderte sich die Ausrichtung der US-Firma, die nicht mehr ein untergeordnetes Vertreterbüro war, sondern sich als eigenständiges amerikanisches Unternehmen begriff. Auf die Frage, ob die Siemens Corp. eine deutsche oder amerikanische Firma sei, antwortete von dem Knesebeck, sie sei „definitely an American Company. The German participation in this company is only indirect, since we buy from the German parent firm. [...] but we sell it as an American company, to the American customers."[283] Auch wurde mit der Fusion die Unternehmensgliederung in den USA neu und klar bestimmt. SC basierte dem Organigramm der Siemens AG entsprechend auf sechs Unternehmensbereichen: Medizinische Technik (Med), Installationstechnik (I), Energietechnik (E), Bauelemente (B), Datentechnik (D) sowie Nachrichtentechnik (N).[284] Eine eigene Produktionsstätte in den USA konnte die Siemens AG 1970 zwar noch nicht vorweisen, allerdings konkretisierten sich die Pläne, eine solche zu errichten. Die Tatsache, dass eine Montagefertigung für

---

280 Siehe: B.J. von dem Knesebeck, The president says good-bye, S. 1, in: Siemenscope vom September 1970, in: SAA 8169 sowie: Zentralvorstands-Rundschreiben der Siemens AG Nr. 24/70 vom 10. August 1970, in: SAA 68/Li 262.

281 Siehe: Firmenleitungssitzung mit den Wirtschaftsausschüssen der Siemens AG und der SE GmbH vom 2. Februar 1970, S. 15, in: SAA 16/Ll 409 sowie: Siemenscope Band 6, Nummer 5 vom Dezember 1976, S. 7, in: SAA 68/Li 262.

282 Vgl.: Vorstands-Rundschreiben der Siemens AG Nr. 11/70 vom 5. August 1970, in: SAA 68/ Li 262.

283 Vgl.: B.J. von dem Knesebeck, The president says good-bye, in: Siemenscope vom September 1970, S. 9, in: SAA 8169.

284 Siehe: Schwab, Siemens, S. 86.

Röntgengeräte in Iselin gebaut werden sollte, deutet auf einen qualitativen Strategiewechsel von Siemens in den USA hin.[285]

2 INTENSIVIERTE MARKTERSCHLIESSUNG UND ETABLIERUNG: 1970 BIS 1982

2.1 Die Siemens Corp. in den 1970er Jahren

Die Zusammenlegung der Siemens America Inc. und der Siemens Medical of America zur Siemens Corp. 1970 bedeutete einen entscheidenden institutionellen Schritt zur Konsolidierung der Geschäftätigkeit in den USA. Die Produktpalette der SC umfasste nun zwei Schwerpunktgebiete: einerseits elektromedizinische Apparate, Röntgengeräte und zahntechnische Produkte, andererseits elektrische Bauteile wie Röhren, Schaltkreise, Messinstrumente, Regler sowie Nachrichtenübermittlungssysteme und Telexmaschinen.[286] 1972 gelang es der Siemens Corp., mit ihrem Peripherie-Umsatz, der sich aus dem gewöhnlichen Umsatz und den Eigenleistungen vor Ort wie Werkstatt- und Servicediensten, Frachten und Zöllen zusammensetzt, erstmals die Grenze von 200 Millionen DM zu durchbrechen.[287] Der Marktanteil aber stagnierte bei 0,09 Prozent.[288] Bedingt durch diesen schwachen Status Quo und die hohe Konzentration amerikanischer Wettbewerber formulierte der Vorstandsvorsitzende Bernhard Plettner 1970 das Ziel, sich mittels Spezialprodukten in den USA etablieren zu wollen:

> „Über die Grösse und Stärke der amerikanischen Elektroindustrie brauche ich wenig zu sagen, denn sie ist Ihnen allen bekannt; sie kann, wie nicht anders zu erwarten, den Bedarf des Landes vollständig decken. Die Erfahrung zeigt aber, dass man Lücken finden kann, Spezialitäten beispielsweise, die der Markt willig aufnimmt."[289]

Erst mit dem Aufbau der neuen Organisationsstrukturen der SC stiegen auch die Ansprüche des deutschen Mutterkonzerns. 1972 äußerte Plettner, dass sich die Siemens AG mittelfristig auf sämtlichen ihrer weltweiten Arbeitsgebiete in den USA etablieren müsse. Keiner der deutschen Unternehmensbereiche dürfe sich der „Herausforderung des amerikanischen Marktes"[290] verschließen. Im Folgejahr betonte der Zentralausschuss der Siemens AG erstmals, dass sich das Unternehmen in den

---

285   Siehe: Referat von Bernhard Plettner anlässlich der Aufsichtsratsitzung der Siemens AG vom 29. Oktober 1970, S. 14, in: SAA 16/Lh 262.

286   Vgl.: Aktennotiz zum neuen Siemens-Hauptquartier in den USA vom 30. September 1970, in: SAA 68/Li 262.

287   Vgl.: Tacke, Beitrag, S. 211. 1969/70 betrug der Peripherie-Umsatz noch 153 Mio. DM. Vgl.: Vortrag von Bernhard Plettner anlässlich der Aufsichtsratsitzung der Siemens AG vom 29. Oktober 1970, S. 14, in: SAA 16/Lh 262.

288   Siehe: Vortrag von Gerd Tacke anlässlich der Aufsichtsratsitzung der Siemens AG vom 27. Oktober 1971, S. 8, in: SAA S 113.

289   Vgl.: Vortrag von Bernhard Plettner anlässlich der Aufsichtsratsitzung der Siemens AG vom 29. Oktober 1970, S. 13, in: SAA 16/Lh 262.

290   Vgl.: Protokoll Nr. 88 über die Sitzung des Zentralausschusses vom 18. Dezember 1972, S. 4, in: SAA S 10. Diese Ansicht wurde durch den Zentralausschuss nachdrücklich bekräftigt.

Vereinigten Staaten nicht mehr mit einem reinen Spezialitätengeschäft zufrieden geben wolle. „Keiner der in USA aktiven Unternehmensbereiche ist mit dieser Situation zufrieden. Einhellig wird die Meinung vertreten, daß wir stärker in den US-Markt eindringen müssen",[291] lautete das Credo. So initiierte das Elektrounternehmen zunehmend organisatorische und institutionelle Maßnahmen, um seine Marktposition in den USA zu verbessern. In New York richtete die Siemens AG eine Außenstelle der Vertrags- und Patentabteilung ein. Diese verwaltete die US-Patente, pflegte Beziehungen zu amerikanischen Vertragspartnern und war bei juristischen Fachfragen behilflich.[292] Wenige Monate später entschied sich die deutsche Firmenleitung, die Siemens Corp. nochmals strukturell umzugestalten. Nach wie vor waren medizinische Geräte für Siemens der wichtigste Bestandteil des Gesamtgeschäfts in den USA.[293] Daher erhielt die Siemens Corp. im Bereich der Medizintechnik eine differenziertere Struktur als bisher. Ab Dezember 1971 wurden die Bereiche Elektromedizin und Röntgentechnik aus der bisherigen Sparte der Medizintechnik herausgelöst und zur Medical Systems Group zusammengefasst. Die restlichen Med-Aktivitäten mit der Dental- und der Hörgeräteabteilung blieben in der Medical Group. Daneben bestand die Industrial Group, die alle anderen Unternehmensbereiche umfasste, wie sie seit der Gründung der Siemens AG 1969 auch im Deutschlandgeschäft aufgeteilt waren: Bauelemente, Energie-, Installations-, Daten- und Nachrichtentechnik.[294]

Trotz dieser organisatorischen Weichenstellungen dauerte es bis 1973, ehe in der Geschäftspolitik von Siemens ein Paradigmenwechsel bezüglich des amerikanischen Elektromarkts einsetzte. Grundlegend dafür waren mehrere Faktoren. Seit dem Ende der 1960er Jahre wuchs in der Führungsebene der Siemens AG das Bewusstsein, dass sich der organisatorische Rahmen des US-Geschäfts an dessen wachsende Aktivitäten anpassen müsse.[295] Die unternehmensinternen Voraussetzungen waren mittlerweile geschaffen. Die Siemens-Gesellschaften S&H, SSW und SRW hatten sich seit 1945 auf dem Heimatmarkt Deutschland sowie in weiten Teilen Europas wieder etabliert und erheblich an Finanzkraft gewonnen. Zu Beginn der 1970er Jahre stand ausreichend Eigenkapital für die Expansion ins außereuropäische Ausland zur Verfügung.[296] Für die Unternehmensbereiche der 1966 gegründeten Siemens AG galt es nun, dies zu nutzen. Sie sollten verstärkt eigeninitiativ das Auslandsgeschäft führen und drängten daher auch in die USA.[297] Neben

291 Siehe: Anhang zum Zwischenbericht über das USA-Konzept vor dem Zentralausschuss vom 23./24. Juli 1973, S. 1, in: SAA 16/Ll 737.

292 Vgl.: ZT-Rundschreiben Nr. 8/1971 vom 7. Juni 1971, in: SAA 68/Li 262.

293 Vgl.: Monatsbericht der ZVA/ZVO vom Januar 1972, S. 4, in: SAA 49/Lr 349, Januar 1971 bis März 1981.

294 Auch wenn der UB Installationstechnik formal in die Organisationsform aufgenommen wurde, so führte die Siemens Corp. erst in den 1980er Jahren Geschäfte in diesem Bereich.

295 Siehe: 1. Zwischenbericht über das Landeskonzept USA. Protokoll über die Sitzung des Zentralausschusses vom 23./24. Juli 1973, S. 2, in: SAA 16/Ll 737.

296 Anderen deutschen Unternehmen ging es ähnlich. Erst eine stabile Marktposition auf dem Heimatmarkt ermöglichte es, die USA in die Expansionsstrategie einzubeziehen. Vgl. hierzu: Von Itter-Eggert, Wirtschaftsbeziehungen, S. 103.

297 Vgl.: Feldenkirchen, Siemens 2003, S. 319. Vgl. dazu auch das Gespräch mit Hermann Franz,

diesen internen institutionellen und finanziellen Veränderungen waren verschiedene externe Entwicklungen entscheidend, die Intensivierung des US-Geschäfts voranzutreiben. So hatten sich die weltweiten Wirtschafts- und Handelsstrukturen gerade seit Ende der 1960er Jahre stark liberalisiert und die Geschäftsexpansion europäischer Unternehmen auf den amerikanischen Kontinent wesentlich vereinfacht. Neben diesem Wandel des Welthandels und abnehmender protektionistischer Maßnahmen wie Importzöllen erwiesen sich die modernisierten Kommunikations- und Transportmöglichkeiten als Voraussetzung, in den USA zu expandieren. Daneben spielte auch das Verhalten japanischer und amerikanischer Unternehmen in Europa eine entscheidende Rolle. Diese investierten seit den 1960er Jahren verstärkt in den deutschen sowie die europäischen Elektromärkte und verschärften dort die Konkurrenzsituation für europäische Anbieter. Die Wirtschafts- und Unternehmenshistorikerin Susanne Hilger spricht vom Phänomen des „Zwangs zur Größe",[298] da Japaner und Amerikaner deutsche Unternehmen aus deren Heimatmärkten hinausdrängten und gewissermaßen in überseeische Absatzmärkte zwangen.[299]

Neben diesen mittelfristigen Veränderungen erwiesen sich globale, finanzpolitische Entwicklungen für die Siemens AG als Auslöser, den US-Markt endgültig in die eigene Expansionspolitik im Ausland zu integrieren und dessen Erschließung zu fördern. Da das amerikanische Handelsbilanz- und Haushaltsdefizit bis Anfang der 1970er Jahre enorm gestiegen war, gleichzeitig in den USA eine Inflation eingesetzt hatte, war der Wert des Dollars seit 1971 gegenüber der Deutschen Mark erheblich gesunken.[300] Deutsche Unternehmen spürten diese Entwicklung insbesondere im Außenhandel, stiegen doch die Exportkosten in die USA um ein Vielfaches an.[301] Hatte die Siemens Corp. 1970 das Röntgengerät Gigantos noch für 139 Prozent des deutschen Preises in den USA verkaufen können, so erhielt sie 1973 nur noch 80 Prozent des Normalpreises in Deutschland.[302] Neben der Medizintechnik waren auch die anderen Unternehmensbereiche betroffen. So hatte die Siemens-Tochter Kraftwerk Union AG seit ihrer Gründung 1968 bis 1973 Währungsverluste von insgesamt 55 Mio. DM verzeichnen müssen. Legte man im Anlagengeschäft für

---

siehe: Persönliches Interview mit Hermann Franz am 22. Juni 2012 am Wittelsbacherplatz 2, München.

298   Vgl. hierzu: Hilger, Zwang, S. 215–238.

299   Zum steigenden Wettbewerbsdruck, der Nachfragesättigung sowie den hohen Personalkosten in Deutschland vgl.: Hartmut Berghoff, Moderne Unternehmensgeschichte. Eine themen- und theorieorientierte Einführung, Paderborn 2004, S. 141 und 142 sowie: Itter-Eggert, Wirtschaftsbeziehungen, S. 99.

300   Vgl.: Von Itter-Eggert, Wirtschaftsbeziehungen, 102 f.

301   Siehe beispielsweise: Siegfried Mehnert / Richard Richelmann, Auch ein gerüttelt Maß an Dummheiten, Interview mit Bernhard Plettner, in: Der Spiegel, 39/1973, S. 38–44, hier S. 38 oder auch: Daniel S. Hamilton / Joseph P. Quinlan, U.S.-German Relations: Will the Ties that Bind Grow Stronger or Weaker? In: Kai Lucks (Hg.), Transatlantic Mergers & Acquisitions. Opportunities and Pitfalls in German-American Partnerships, Erlangen 2005, S. 20–32, hier S. 24.

302   Siehe: 1. Zwischenbericht über das Landeskonzept USA. Protokoll über die Sitzung des Zentralausschusses vom 23./24. Juli 1973, S. 2, in: SAA 16/Ll 737.

1969 einen Preisindex von 100 an, so war dieser durch steigende Kosten und fallenden Dollarkurs 1973 auf 202 um mehr als das Doppelte gestiegen.[303]

Abbildung 14: Die Entwicklung des Devisenkurses US-Dollar/DM, 1955–1998

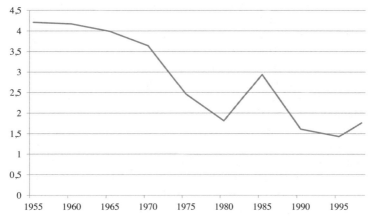

Quelle: Devisenkurs US-Dollar/DM, zu finden unter: http://www.bundesbank.de/Navigation/DE/ Statistiken/Zeitreihen_Datenbanken/Makrooekonomische_Zeitreihen/its_details_value_node. html?listId=www_s331_ b0101 1_1&tsId=BBK01.WJ5009, zuletzt eingesehen am 13. August 2012.

Um diese Entwicklung zu entschärfen und den Dollarkurs zu stabilisieren, wurden staatlichen Maßnahmen ergriffen. Zuerst hoben die meisten westeuropäischen Staaten dessen Konvertibilität in Gold auf. 1973 beendeten sie das Bretton-Woods-System der festen Wechselkurse.[304] Während sich Exporte in die USA weiterhin verteuerten, führte der niedrige Dollarkurs dazu, dass Direktinvestitionen in den Vereinigten Staaten sehr günstig wurden. So verringerten sich Gründungskosten für US-Niederlassungen um fast die Hälfte.[305] Die Siemens AG entschloss sich, die Gelegenheit günstiger Wechselkurse zu nutzen, um die Aktivitäten in den Vereinigten Staaten auszuweiten. Zentrales Motiv war die zu erlangende Unabhängigkeit von den Wechselkursen: „Wir müssen uns so schnell wie möglich und so breit wie möglich durch Fertigungsstätten in USA von der ausschließlichen Lieferbindung an die DM freimachen",[306] so die Forderung. Mit dieser Entscheidung war das Elektrounternehmen unter den deutschen Großkonzernen kein Einzelfall. Der rasante Wertverlust des US-Dollars ermutigte viele deutsche Unternehmen wie die Robert Bosch GmbH oder Henkel GmbH, ab 1974 verstärkt Direktinvestitionen in die

---

303   Vgl. hierzu: Vorstandessen vom 26. Februar 1973, S. 1, in: SAA 16/Lm 31.

304   Vgl.: Dietmar Petzina, Isolation und Öffnung. Zwischen National- und Weltwirtschaft, in: Reinhard Spree (Hg.), Geschichte der deutschen Wirtschaft im 20. Jahrhundert, München 2001, S. 90–116, hier S. 111.

305   Siehe: Von Itter-Eggert, Wirtschaftsbeziehungen, S. 102 f.; Hilger, Zwang, S. 228 sowie: Jes Rau, Die deutsche Herausforderung, in: Die Zeit vom 5. Januar 1979, Nummer 2, S. 19.

306   Vgl.: Anhang zum Zwischenbericht über das USA-Konzept vor dem Zentralausschuss vom 23./24. Juli 1973, S. 3, in: SAA 16/Ll 737.

USA zu tätigen.[307] Bereits seit Mitte der 1960er Jahre schuf die deutsche Bundesregierung steuerrechtliche Anreize für Direktinvestitionen in die USA, die nun ihre volle Wirkung entfalteten.[308]

Die Idee, sich fabrikatorisch in den USA zu etablieren, hatte bereits 1970 Bernhard Plettner angestoßen.[309] Neben der Entwicklung des Dollarkurses führte er weitere Argumente an.[310] Gerade zu Beginn der 1970er Jahren waren die Herstellungskosten in der Elektrotechnik in Deutschland deutlich schneller gestiegen als in den USA. Trotz verbesserter Transportmöglichkeiten erwies sich der Warenversand von Europa nach Nordamerika gerade bei großen Ausfuhrmengen als unpraktisch, da er kostenintensiv war und die Lieferzeiten sehr lang und oftmals schwer vorherzusehen waren. Außerdem bedeutete eine Fertigung in Deutschland lange Adaptionszeiten an Veränderungen amerikanischer Marktnormen oder Benutzerbedürfnisse. Die Produktion in den USA dagegen ließ flexibles Reagieren auf Marktentwicklungen zu und ermöglichte die enge Kooperation mit amerikanischen Unternehmen im Bereich Forschung und Entwicklung. Gleichzeitig galt das Interesse der US-Bevölkerung an Neuem als gute Voraussetzung, deutsche Produkte in den USA herzustellen und zu vertreiben.[311] Eine Eigenfertigung in den USA ließ „weniger emotional-nationalistische Vorbehalte"[312] gegenüber Siemens-Produkten erwarten. Auch erhoffte sich die Unternehmensführung der Siemens AG, durch eine Fertigung in den Vereinigten Staaten an den Fördermitteln des amerikanischen Staats für die Elektroindustrie beteiligt zu werden. So urteilte der Siemens-Generaldirektor Andreas Zimmermann, dass ein umfangreicher und unabhängiger Markt wie der US-amerikanische nur mit eigenen Fabrikationsstätten vor Ort erschlossen werden könne.[313] Nicht zuletzt ließ eine Fertigung vor Ort darauf hoffen, vermehrt bei Staatsaufträgen oder Projekten der Kommunen und des Militärs berücksichtigt zu werden.

307 Vgl.: Von Itter-Eggert, Wirtschaftsbeziehungen, S. 102 f. Nachdem die Automobilindustrie in den USA der deutschen Konkurrenz Anfang des 20. Jahrhunderts noch weit voraus war, hatte die Robert Bosch GmbH bereits seit 1906 eigene Produktionsstätten in den USA aufgebaut. Der Zweite Weltkrieg bedeutete wie für Siemens auch für den Kraftfahrzeugteilehersteller den Verlust aller Patente und Namensrechte. Der anschließende Neuaufbau von Geschäftsaktivitäten gestaltete sich als schwierig. Erst seit 1973 gelang es der Firma, aus ähnlichen Gründen wie Siemens, sich wieder in größerem Stil mit eigenen Fabriken in den USA zu etablieren und in den amerikanischen Markt einzukaufen. Vgl. hierzu: Bosch, Weg, S. 35 f. Zur Intensivierung der US-Aktivitäten von Henkel ab 1973, die mit dem Kauf der Chemiesparte von General Mills Chemical Inc. 1977 einen ersten Höhepunkt erreichte, siehe: Hilger, Zwang, hier S. 229 f.
308 Vgl.: Berghoff, Unternehmensgeschichte, S. 140.
309 Siehe: Vortrag von Bernhard Plettner anlässlich der Aufsichtsratssitzung der Siemens AG vom 29. Oktober 1970, S. 14, in: SAA 16/Lh 262.
310 Folgende Motive sind zu finden in: Anhang zum Zwischenbericht über das USA-Konzept vor dem Zentralausschuss vom 23./24. Juli 1973, S. 2, in: SAA 16/Ll 737.
311 Hierzu und zu Folgendem siehe: Vortrag von Bernhard Plettner anlässlich der Pressekonferenz der Siemens AG vom 11. Juli 1977, S. 2, in: SAA 64/Lm 204.
312 Vgl.: Ehrenfried Pausenberger, Internationalisierungsstrategien industrieller Unternehmungen, in: Erwin Dichtl / Otmar Issing (Hg.), Exportation Deutschland, 2. völlig neu bearbeitete Auflage, München 1992, S. 199–220, hier S. 205.
313 Vgl.: Andreas Zimmermann, Siemens in den USA, in: Siemens AG (Hg.), ZP-Tagung 1978, Report, S. 17–44, hier S. 25, in: SAA 10594.

Schließlich war dafür oftmals eine Produktion in den USA Bedingung.[314] Die breite Produktpalette von Siemens-Artikeln, die in die USA verkauft wurden, implizierte dabei, dass nicht eine Fertigungsstätte ausreichen würde, sondern mittelfristig eine Reihe an Fabriken benötigt werden würde.[315] Da sich die Siemens AG bewusst war, dass es „nur unter Demonstration unserer Entschlossenheit möglich ist, auf dem amerikanischen Markt eine sesshaft etablierte Stellung einzunehmen",[316] erhoffte sich das Unternehmen mit einer Fabrikationsanlage in den USA auch, die eigene Präsenz und die Wahrnehmung durch Kunden zu stärken.

Daher erhielt die Zentralverwaltung Ausland am 26. März 1973 die Aufgabe, ein Landeskonzept für die USA zu entwerfen. Als Hauptverantwortlicher wurde der auslandserfahrene Werner F. Zieler, leitender Angestellter der Zentralverwaltung Ausland, ausgewählt.[317] Im Mittelpunkt stand neben einer Revision der Siemens Corp. die Frage der Fertigung vor Ort. Dabei verdeutlichte der Zentralausschuss, dass vorerst nicht an den Aufbau einer eigenen Fabrik gedacht wurde, sondern an den Erwerb bereits bestehender Produktionskapazitäten, wie im Fall der Computest Corporation in Cherry Hill, New Jersey.[318] Diesen Betrieb mit 250 Mitarbeitern hatte die Siemens AG am 29. Mai 1973 für 4,9 Mio. $ gekauft und damit erstmals eine US-Firma übernommen.[319] Ihr bisheriges Fertigungsprogramm umfasste elek-

314 Vgl.: Jan A. Eggert, Erfahrung und Strategie deutscher Unternehmen in den USA, in: ders. / John L. Gornall, Handbuch USA-Geschäft, Wiesbaden 1989, S. 113–131, hier S. 121.

315 Vgl.: Vortrag von Bernhard Plettner anlässlich der Pressekonferenz der Siemens AG vom 10. Juli 1973, S. 5 f., in: SAA 64/Lm 604. Alte Fabriken seien trotz niedrigerer Kaufpreise dabei von keinem Interesse, so Plettner: „Wir prüfen sehr genau und nehmen nur einen ‚Laden', der ohnehin im Ertrag ist, auch wenn dieser teurer bezahlt werden muß. Wir wollen keine abgetackelten [sic] Fabrikgebäude und heruntergewirtschafteten Organisationen entrosten. Das ist viel zu teuer." In späteren Jahren sollte sich zeigen, dass diese Vorgabe, nur ertragreiche Fabrikationsstätten aufzukaufen, nicht strikt verfolgt wurde.

316 Siehe: Anhang zum Zwischenbericht über das USA-Konzept vor dem Zentralausschuss vom 23./24. Juli 1973, S. 2, in: SAA 16/Ll 737.

317 Vgl.: Protokoll Nr. 91 über die Sitzung des Zentralausschusses vom 26. März 1973, S. 9, in: SAA S 10. Zieler war unter anderem in Südafrika und Pakistan für Siemens aktiv gewesen. Siehe: Siemenscope Band 6, Nummer 6, Januar 1977, S. 2, in: SAA 68/Li 262. Vergleichbare Bestrebungen gab es beispielsweise bei Henkel. 1973 erhielt ein Expertenteam die Aufgabe, in den USA die Investitionsmöglichkeiten für die Firma zu eruieren. Vgl. hierzu: Hilger, Zwang, S. 229.

318 Der Unternehmenskauf war die häufigste Methode deutscher Elektrounternehmen, in den 1970er Jahren über eine Direktinvestition den Eintritt in den US-Markt zu versuchen. Vorteile waren die hohe Geschwindigkeit des Markteintritts und der unmittelbare Zugriff auf Organisation und Infrastruktur des erworbenen Unternehmens. Vgl. hierzu: Welge/Holtbrügge, Management, S. 132 f. Nachteile waren v. a. die Tatsache, auf bestehende Firmenstrukturen angewiesen zu sein und in die eigene Organisation integrieren zu müssen. Siehe: Leistl, Markt, S. 178 f. Nicht unterschätzt werden dürfen Widerstände im Gastland gegenüber dem Kauf von Fabrikationsstätten, wohingegen Neugründungen durch ausländische Unternehmen wegen der neu geschaffenen Arbeitsplätze tendenziell positiv aufgenommen wurden. Vgl. hierzu: Pausenberger, Internationalisierungsstrategien, S. 213.

319 Siehe: Monatsbericht der ZVA/ZVO vom Juni 1973, S. 4, in: SAA 49/Lr 349, Januar 1971 bis März 1981; Aufsichtsratssitzung der Siemens AG vom 2. Juli 1973, S. 6, in: SAA 16/Lh 262 sowie: Aktennotiz zu USA – Kauf der Firma Computest Corporation (CT), Cherry Hill, New Jersey" vom 2. Februar 1973, in: Ordner 40, Siemens Beteiligungen Inland GmbH (CF R 6

tronische Geräte zur Prüfung von Kernspeichermatrizen. Nach Plänen der Siemens AG sollte es erweitert werden, um die bestehenden Infrastrukturen zukünftig zur Herstellung von Siemens-Produkten verschiedener Unternehmensbereiche zu nutzen.

> „Für uns ist das Programm dieser Firma von relativ geringem Interesse; wir wollen ihre Fertigung umstellen auf Geräte, die wir bisher aus den Bereichen E6, N und Med nach USA exportiert haben, da Abwertungen und Aufwertungen mittlerweile den Export nach den USA auf diesen Gebieten wirtschaftlich unmöglich machen",[320]

erklärte Plettner. Besondere Bedeutung erhielt die Herstellung von Messgeräten, insbesondere Hochfrequenz-Apparaten.[321] Dabei stellte sich das deutsche Unternehmen unter einen enormen Erfolgsdruck. Konzept-Chef Werner Zieler betonte, dass Computest als die erste Siemens-Fabrik in den USA nicht fehlschlagen dürfe.[322] Um den Fokus auf die Forschung und Entwicklung neuer messtechnischer Produkte zu richten, wurde die Firma im Januar 1974 unter dem Namen Electronic Systems Division in die Siemens Corp. übernommen.[323] Dabei stellte sich die Frage, wie solche amerikanischen Unternehmen künftig in die Strukturen der Siemens Corp. integriert werden sollten. Vertreter der Siemens AG betonten, dass der Kauf von 100-prozentigen Beteiligungen präferiert würde, schließlich seien diese der amerikanischen Tochtergesellschaft einfacher einzuverleiben.[324] Eine harmonische Integration hing stets von der kulturellen Kompatibilität beider Unternehmen ab. So bedeuteten Ähnlichkeiten in der Unternehmenskultur meist auch Parallelen in den Unternehmenszielen und den Organisationsformen.[325] Dies stärkte gegenseitiges Verständnis und Vertrauen und erhöhte den Zielerreichungsgrad. Auch ähnliche Unternehmensgrößen erleichterten die Zusammenarbeit. Siemens aber stellte bereits beim Erwerb von Computest gehörige Unterschiede zwischen der eigenen Unternehmensorganisation und derjenigen der US-Firma fest. Eine Integration des

SBI), in: SAA unverzeichneter Bestand. Genauere Details zu den Verkaufsverhandlungen sind zu finden bei: Schwab, Siemens, S. 93 f.

320   Vgl.: Vortrag von Bernhard Plettner anlässlich der Aufsichtsratssitzung der Siemens AG vom 2. Juli 1973, S. 9, in: SAA S 2. Die identische Argumentation lässt sich finden in: Aktennotiz zu USA – Übernahme-/Beteiligungsvorhaben Firma Computest Corporation (CT), Cherry Hill, N.J. vom 26. Januar 1973, S. 2, in: Ordner 40, Siemens Beteiligungen Inland GmbH (CF R 6 SBI), in: SAA unverzeichneter Bestand. UB E6 ist die Bezeichnung für den Unternehmensbereich Energie-, Mess- und Prozesstechnik.

321   Vgl.: Vortrag von Bernhard Plettner anlässlich der Winterpressekonferenz der Siemens AG am 29. Januar 1974, S. 14, in: SAA 64/Lm 204.

322   Vgl.: Anhang zum Zwischenbericht über das USA-Konzept vor dem Zentralausschuss vom 23./24. Juli 1973, S. 7 f., in: SAA 16/Ll 737. Federführend sollte sich der UB E 6, Energie-, Mess- und Prozesstechnik um Computest kümmern. Allerdings waren auch alle anderen Unternehmensbereiche explizit dazu aufgefordert, Computest für F&E und die Produktion ihrer eigenen Produkte zu nutzen.

323   Siehe: UB E EKL-Rundschreiben, SG-Nummer: 227 vom 10. April 1974, in: SAA 42.UB E EKL sowie: Pressekonferenz der Siemens AG vom 29. Januar 1974, „Beteiligungen, Kooperationen/Ausland", S. 25, in: SAA Pressekonferenzen.

324   Vgl. zu diesen Überlegungen: Memorandum zu Grundsätzen für den Beteiligungserwerb vom 12. März 1973, S. 1 f., in: SAA 22658.

325   Vgl. dazu: Welge/Holtbrügge, Management, S. 122.

amerikanischen Mittelbetriebs, der organisatorisch auf seinen Präsidenten zugeschnitten war, erwies sich daher als schwierig.[326] Schnell wurde klar, dass sich die Mentalität der amerikanischen Mitarbeiter stark von den deutschen Angestellten unterschied und eine behutsame Anpassung notwendig war.[327] Plettner und Hans Decker betonten beispielsweise, dass die Siemens AG amerikanischen Mitarbeitern klare Zielvorgaben machen müsse, aber gleichzeitig weitaus mehr Eigenständigkeit in der täglichen Arbeit gewähren, als in Deutschland gewöhnlich.[328] Noch schwieriger gestalte sich die Zusammenarbeit mit Firmen, von denen nicht alle Anteile übernommen werden konnten. Hierbei musste das sogenannte arm's length principle beachtet werden, das beschrieb, dass zwischen zwei einzelnen, miteinander verbundenen Unternehmen eine gewisse geschäftliche Distanz eingehalten werden muss. Bilaterale Geschäfte durften nur zu solchen Konditionen durchgeführt werden, wie sie auch mit gänzlich fremden Firmen ausgehandelt werden würden.[329]

Mit dem Erwerb von Computest untermauerte die Siemens-Führungsetage die Bedeutung des amerikanischen Elektromarktes. Gleichzeitig zeigte sich das neue Selbstverständnis, sich möglichst eigenständig in den USA zu etablieren und dazu die Kooperation mit US-Firmen zu suchen, ohne seine Unabhängigkeit zu verlieren.[330] Der Erwerb von Computest war nur der erste Schritt einer groß angelegten Expansions- und Übernahmestrategie auf dem amerikanischen Elektromarkt. Dies verdeutlichte die Entscheidung des Zentralausschusses vom November 1973, weitere Produktionskapazitäten sowie Marktanteile in den USA durch den Kauf amerikanischer Firmen zu generieren. Siemens hatte einen enormen Aufholbedarf beispielsweise gegenüber den deutschen Wettbewerbern der Chemieindustrie. BASF, Hoechst und Bayer hatten bisher jeweils viermal soviel Kapitel in ihre US-Aktivitäten investiert wie der Elektrokonzern.[331] Noch 1974 folgte die Übernahme der Dickson Electronics Corporation in Scottsdale, Arizona im Bereich Halbleiter und sonstige Bauelemente.[332] Nicht grundlos wurden die USA daher 1973/74 erstmals im Geschäftsbericht und im Wirtschaftsausschuss der Siemens AG als Schwer-

---

326 Siehe: Vortrag von Paul Dax anlässlich der Vorstandssitzung der Siemens AG vom 28./29. Juni 1976, Anlage 1, S. 27, in: SAA S 1. Diese Schwierigkeiten bestätigte 2012 auch Helmut Schwab, ehemaliger Leiter der Components in den USA. Vgl. dazu das Interview im Anhang: Persönliches Interview mit Helmut Schwab vom 19. Februar 2012 in Princeton, USA.

327 Vgl.: Die Rolle der US-Aktivitäten in der Organisation des Hauses vom 8. Januar 1980, S. 2 f., in: Siemens Organisation, Regional Org., USA, Band 12, in: SAA 33/Lf 963.

328 Vgl.: Protokoll Nr. 125 über die Sitzung des Zentralausschusses vom 10. Mai 1976, S. 14, in: SAA S 10 sowie: Persönliches Interview mit Hans Decker am 24. Februar 2012 in New York City, USA.

329 Strenge Kontrollen in die USA zwangen die Siemens AG dazu, grenzüberschreitende Lieferungen an kooperierende Firmen zu Abnehmerpreisen zu verkaufen, die sich an den jeweiligen Marktpreisen orientieren mussten. Vgl. hierzu auch: Pressekonferenz der Siemens AG vom 11. Juli 1978, Frage 37, in: SAA Pressekonferenzen.

330 Vgl.: O.V., Interview mit Bernhard Plettner, in: Industriemagazin, Juli 1974, S. 16 f., hier S. 17.

331 Siehe: O.V., Etwas Mysteriöses, gar nicht Faßbares, in: Der Spiegel, 42/1977, S. 199–212, hier S. 204.

332 Siehe: Kapitel D.2.3.2.

punktland der ausländischen Investitionen genannt.[333] Für das Geschäftsjahr 1974/75 ließ sich durch die neuen Fabrikationskapazitäten ein Anstieg des Auftrageingangs auf 135 Mio. $ verzeichnen.[334] Bis 1988 folgten neben Computest und Dickson 42 weitere US-Unternehmen,[335] die Siemens gründete, erwarb oder sich an ihnen beteiligte.[336] Der niedrige Bekanntheitsgrad und die bislang unbedeutende Position auf dem US-Markt bedingten allerdings eine schwache Verhandlungsposition von Siemens. „Wir müssen nehmen, was wir bekommen",[337] so die Schlussfolgerung in einem Konzeptpapier von 1978.

2.2 Die mehrfache Reorganisation einer „Quantité négliable"[338]

Spätestens seit Beginn der 1970er Jahre kristallierte sich heraus, dass sich das US-Geschäft von Siemens im Vergleich zu anderen Auslandsaktivitäten zu einem Sonderfall entwickelt hatte. In den Vereinigten Staaten bestand eine Akkumulation unterschiedlicher (Beteiligungs-) Gesellschaften nebeneinander und nicht, wie in anderen Ländern, eine klassische Siemens-Landesgesellschaft, die alle Aktivitäten innerhalb der Staatsgrenzen zusammenfasste.[339] In kurzer Zeit waren Betätigungsfelder in verschiedenen Branchen der Elektrotechnik gewachsen, die sich binnen weniger Jahre über den gesamten nordamerikanischen Kontinent verteilten. Sie bargen unklare Zuständigkeiten und Kompetenzauffassungen zwischen der deutschen Muttergesellschaft, der Siemens Corp., den Unternehmensbereichen sowie den amerikanischen Beteiligungsgesellschaften. Diese Situation zwang die Siemens AG dazu, 1977 eine organisatorische Neuordnung durchzusetzen.[340] Dabei erwies es sich als Herausforderung, die angestrebte Eigenständigkeit der Unternehmensbereiche auf der einen und die Notwendigkeit eines einheitlichen Erscheinungsbildes auf der anderen Seite miteinander zu vereinbaren.[341] Am 26. September 1977 verabschiedete die Siemens AG ein US-Konzept zur Neuregelung der Geschäftstätigkeit in den Vereinigten Staaten. Es war ein wichtiges Anliegen, die Geschäftsverantwortung in den USA möglichst dezentral auszurichten. Es galt, die

333 Siehe: Geschäftsbericht der Siemens AG von 1973/74, S. 36 sowie: Wirtschaftsausschusssitzung der Siemens AG vom 9. November 1973, S. 11, in: SAA 16/Ll 409.
334 Vgl.: Siemenscope Band 6, Nummer 3, Juni 1976, S. 1, in: SAA 68/Li 262.
335 Siehe: Schwab, S. 88.
336 Da sich diese Firmen und ihr Produktportfolio in der Regel den einzelnen Unternehmensbereichen der Siemens AG zuordnen lassen, werden sie in den folgenden Unterkapiteln bei den entsprechenden Produktsparten ausführlich erwähnt und nicht bereits an dieser Stelle.
337 Vgl.: Zusammenfassung des Konzepts „Siemens in den USA", Oktober 1978, S. 1, in: SAA 22537.
338 Vgl.: Zimmermann, Siemens, S. 43 f., in: SAA 10594.
339 Siehe: Andreas Zimmermann, Siemens in den USA, in: Siemens AG (Hg.), ZP-Tagung 1978, Report, S. 17–44, hier S. 38, in: SAA 10594. Siehe auch: Protokoll Nr. 140 über die Sitzung des Zentralausschusses vom 26. September 1977, S. 5, in: SAA S 10.
340 Vgl.: Schwab, Siemens, S. 106.
341 Vgl.: Vortrag von Paul Dax anlässlich der Vorstandssitzung der Siemens AG vom 28./29. Juni 1976, Anlage 1, S. 29, in: SAA S 1.

Verantwortlichkeit der einzelnen Unternehmensbereiche für ihren Geschäftserfolg in den USA zu stärken und diese mehr in die unternehmerische Pflicht zu nehmen.[342] Dazu legte das Positionspapier die Bildung eines neuen Gremiums fest. Dieser US-Ausschuss, bestehend aus den Vorständen Paul Dax, Heribald Närger, Max Günther und Helmut Wilhelms, war künftig für die organisatorische Koordination der Geschäftsaktivitäten zuständig.[343] Das Gremium stand an der Spitze der Siemens Corp., deren neuer Präsident und CEO seit Januar 1977 Werner F. Zieler war.[344] Daneben stellte jeder Unternehmensbereich einen Quasi-Board sowie ein Operating Committee zur eigenen Interessensvertretung. Bestehen blieb der mit der Leitungsbefugnis ausgestattete Board of Directors. Seine Bedeutung zeigte sich insbesondere daran, dass bereits 1976 erstmals der Vorstandsvorsitzende der Siemens AG, Bernhard Plettner, an seine Spitze gesetzt wurde.[345] Außerdem umfasste er die Vertreter des US-Ausschusses, den Präsidenten der Siemens Corp. sowie weitere, in den USA gewählte Repräsentanten.[346]

Diese Gliederung sollte die Basis sein, um das Geschäft zu stabilisieren. Dabei ging die Siemens AG von einem vierstufigen Entwicklungsplan aus, den der Revisionsexperte Andreas Wordell im Rahmen des USA-Konzepts 1977 vorstellte. Die Phasen eins und zwei der Markterschließung erachtete die Firma als abgeschlossen, die Phasen drei und vier der tiefgreifenden Marktbearbeitung galten als Ziel für die nächsten zwanzig Jahre.

Abbildung 15: Entwicklungsphasen in den USA aus der Sicht des Vorstandes, 1977

Phase	Zeitraum	Aufgabe	Mittel
1	1955-65	US-Elektromarkt sondieren, Marktnischen erschließen, Know-how sammeln	Spezialartikel in die USA exportieren, Kooperation über den Vertrag mit Westinghouse
2	1965-75	Nischengeschäft etablieren, Anpassung an Marktbedürfnisse, Austausch von Know-how	Einsetzende Fertigung von Spezialartikeln, Verträge mit RCA und Allis-Chalmers
3	1975-85	Intensivierung von Kooperationen mit US-Partnern	Aufbau von Sonderproduktsparten, Zusammenarbeit auf Kerngebieten
4	1985-95	Endgültige Integration in den US-Markt	Eigenständigkeit auf Kerngebieten, Vertriebsaktivitäten konsolidieren

Quelle: Eigene Darstellung nach: Andreas Wordell, Überlegungen zur Organisationsstruktur der Siemens-Aktivitäten in den USA vom 2./31. August 1977, Anlage, S. 8, in: Siemens Organisation, Regional Org., USA, Band 12, in: SAA 33/Lf 963.

342   Vgl.: Andreas Wordell, Überlegungen zur Organisationsstruktur der Siemens-Aktivitäten in den USA vom 2./31. August 1977, S. 4, in: Siemens Organisation, Regional Org., USA, Band 12, in: SAA 33/Lf 963.

343   Vgl.: Protokoll Nr. 140 über die Sitzung des Zentralausschusses vom 26. September 1977, S. 5, in: SAA S 10.

344   Siehe: Siemenscope, Band 6, Nummer 6, Januar 1977, S. 2, in: SAA 68/Li 262.

345   Vgl.: Siemenscope Band 6, Nummer 3, Juni 1976, S. 1, in: SAA 68/Li 262.

346   Damit bestand der Board of Directors 1979 aus: Bernhard Plettner, Werner Zieler, Otto Dax, Friedrich Baur, Paul Dax, Max Günther, Karlheinz Kaske, Gilbert Kerlin, Friedrich Kuhrt, Heribald Närger, Hans-Gerd Neglein, Dieter von Sanden und Helmut Wilhelms. Vgl.: Monatsbericht der ZVA/ZVO vom April/Mai 1979, S. 3, in: SAA 49/Lr 349, Januar 1971 bis März 1981.

Doch die neue Organisationsform mit dem US-Ausschuss als zentraler Institution der Siemens Corp. erwies sich schnell wegen unklarer Verantwortlichkeiten als ungeeignet. Kompetenzüberschneidungen ergaben sich zwischen der Siemens Corp. und den deutschen Unternehmensbereichen. 1969 hatte die Siemens AG ihren UB die Weltverantwortung für ihre jeweiligen Geschäftsfelder übertragen.[347] Gleichzeitig sah sich die Siemens Corp. als Holdinggesellschaft mit der Regionalverantwortung für die USA und beanspruchte die Führungsfunktion für sich. Die Unternehmensbereiche forderten immer vehementer, selbständig und nach eigenen Vorstellungen in den USA Geschäfte zu betreiben und sich nicht der SC unterzuordnen.[348] In den Folgejahren wurden sie weitgehend autonom in ihren Auslandsaktivitäten.[349] Paul Dax machte deutlich, dass eine Lösung dieses Konflikts nicht nur mittels organisatorischer Maßnahmen und einer klaren Kompetenzverteilung erreicht werden könne. Vielmehr seien Rücksicht, Verständnis und Kooperationsbereitschaft der handelnden Personen die Basis, um das Konfliktpotenzial zu kontrollieren.

> „Unsere Verankerung in USA kann nach meiner Auffassung nur dann erfolgreich sein, wenn die deutschen Bereiche, sicherlich mühevoll und ohne den Stammhaus-Charakter preiszugeben, ein tieferes Verständnis für die Eigenheiten des amerikanischen Marktes und der dortigen Methoden und Mentalitäten entwickeln. Dann und nur dann verfügen wir über das Recht, im Gegenzug von unseren amerikanischen Mitarbeitern Verständnis für unsere Denkweise und unsere Organisationsform zu verlangen. Hier handelt es sich um menschliche Verhaltensweisen, und die sind schwieriger zu exportieren und zu importieren als Handelswaren",[350]

erklärte das Vorstandsmitglied. Doch trotz der Herausbildung solcher Konfliktfelder gelang es dem Unternehmen, seinem US-Geschäft zunehmend Struktur zu verleihen. 1979 trat das Policy Committee – von Bernhard Plettner geleitet und mit Vertretern aller Unternehmensbereiche besetzt[351] – an die Stelle des US-Ausschusses. Das Gremium erhielt sämtliche Kompetenzen, um die Geschäftätigkeit der Siemens Corp. unter der Kontrolle des Board of Directors zu leiten.[352] Auch konnte der Geschäftsumfang der US-Firma seit Beginn der 1970er Jahre deutlich erhöht werden. Wie im Folgenden deutlich wird, führten verschiedene Unternehmensbeteiligungen, Firmenkäufe und Kooperationen dazu, dass sowohl Umsatz- als auch Mitarbeiterzahlen in den 1970er Jahren enorm anstiegen. Abbildung 16 zeigt, dass die Siemens AG ihren Umsatz in den USA über die Aktivitäten der Siemens Corp. zwischen 1972 und 1978 verfünffachen konnte. Betrug dieser 1972 noch 63 Mio. $,

---

347 Vgl.: V-Rundschreiben Nr. 18/69 vom 30. September 1969, S. 1 f., in: Siemens-Organisation: Unternehmensreform vor der Umstrukturierung 1966/69, in: SAA 33/Lf 963.

348 Siehe hierzu: Regionalorganisation Ausland: USA. Die Landesgesellschaft New York, in: Siemens Organisation, Regional Org., USA, Band 12, S. 4, in: SAA 33/Lf 963.

349 Vgl.: Persönliches Interview mit Hans Decker am 24. Februar 2012 in New York City, USA.

350 Vgl.: Vortrag von Paul Dax anlässlich der Vorstandssitzung der Siemens AG vom 28./29. Juni 1976, Anlage 1, S. 30 f., in: SAA S 1.

351 Siehe: Aufsichtsratssitzung der Siemens AG vom 13. November 1979, S. 4, in: SAA 16/Lh 262.

352 Vgl.: Protokoll Nr. 155 über die Sitzung des Zentralausschusses vom 22. Januar 1979, S. 14 f., in: SAA S 10.

stieg er 1974 auf das Doppelte, 133,5 Mio. $, 1976 auf 208,5 Mio. $ und erreichte 1978 326,1 Mio. $.

Abbildung 16: Umsatzentwicklung von Siemens in den USA, 1972–1978

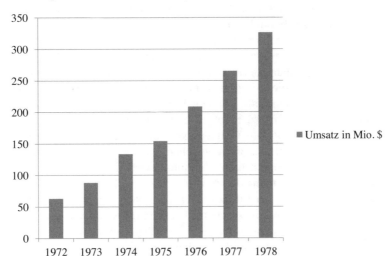

Quelle: Eigene Darstellung nach: Siemens in the United States – Opportunities and Challenges, in: Siemens Review 46/1979, Nummer 3, S. 24–29, hier S. 28 sowie: Pressekonferenz der Siemens AG vom 29. Januar 1974, S. 9, in: SAA Pressekonferenzen.

Während die Umsätze der Siemens Corp. in den 1970er Jahren linear anstiegen, entwickelte sich das Wirtschaftsergebnis[353] zeitgleich unregelmäßig. Zwischen 1972 und 1979 schwankte es zwischen 1,9 Mio. $ Gewinn und 4,4 Mio. $ Verlust.[354] 1980 hatte die Siemens Corp. ein Minus von 18 Mio. $ aufzuweisen, das sich im folgenden Geschäftsjahr auf 75 Mio. $ vergrößerte. Da die Siemens AG diese Ergebnisse subventionierte, waren die tatsächlichen Defizite noch höher; umgerechnet betrug 1981 der Realverlust 292 Mio. DM. Ausschlaggebend für dieses Minus waren die großteils erfolglosen und stark defizitären US-Aktivitäten des UB Bauelemente.[355] Nicht nur Konjunkturschwächen trafen das Bauelementegeschäft. Die Beteiligung an der amerikanische Firma Litronix, Inc.[356] galt beispielhaft für „hauseigene Fehleinschätzungen und Fehlverhalten",[357] aus denen ein unternehmerisches „Desaster" erwuchs. Zwischen 1977 und 1981 hatte der UB B in das US-

---

353 Der Begriff „Wirtschaftsergebnis" war eine Siemens-interne Bezeichnung. Er beschrieb die Summe aus dem Vertriebsergebnis und dem Abgrenzungsergebnis (I) jeweils vor Steuern. Um das Ergebnis der Handelsbilanz zu erhalten, musste noch das Abgrenzungserbnis (II) hinzugerechnet werden, das im Großteil der gesichteten Akten aber nicht ausgewiesen worden ist.

354 Sämtliche dieser Zahlen entstammen folgendem Dokument: Protokoll Nr. 191 über die Sitzung des Zentralausschusses vom 26. April 1982, S. 6, in: SAA S 10.

355 Siehe hierzu: D.2.3.2

356 Vgl.: ebenda.

357 Die folgenden Zitate und Zahlen zu Litronix sind entnommen aus: Vortrag von Heribald När-

Unternehmen insgesamt 117 Mio. DM investiert und dabei einen Verlust von 107 Mio. DM erlitten. Daneben benannte Bernhard Plettner 1982 weitere Unternehmenskäufe als Fehlinvestitionen. Er sah sowohl Dickson, Litronix, Food Machinery Corp., MSC, Aerotron und Databit als strategische Missgriffe, waren ihre Geschäftsaktivitäten doch zu schwach oder ihre Unabhängigkeit zu stark von den deutschen Unternehmensbereichen beschnitten.[358]

Zudem kristallisierte sich ein Siemens-spezifisches Problem immer deutlicher heraus. Viele deutsche Vertreter des Unternehmens traten – bestärkt durch die erfolgreiche Nachkriegsexpansion in Europa – sehr selbstbewusst in den USA auf. Sie waren der Meinung, die in Europa erprobten Handlungsweisen, Managementmethoden und Produktmerkmale könnten bedingungslos in die USA übertragen werden und auch dort sofort zu Erfolg führen. Dementsprechend befehligten sie auch die mit den amerikanischen Verhältnissen vertrauten US-Mitarbeiter.[359] Nicht zuletzt wegen dieser Dominanz der deutschen Muttergesellschaft verlor die Siemens Corp. über die Jahre mehrfach hochqualifizierte amerikanische Mitarbeiter, die sich der Siemens AG nicht derart unterordnen wollten.[360] Mitte der 1970er Jahre räumte erstmals einer der Firmenverantwortlichen ein, die Siemens AG habe die Erschließung des US-amerikanischen Elektromarkts unterschätzt. Paul Dax erklärte, dass sich das Unternehmen mit dem Vorwurf auseinander setzen müsse, in den USA Fehlinvestitionen gemacht zu haben. So sei sich die Führungsspitze bewusst, „dass wir uns in unserem Bemühen um eine tiefere Verankerung im US-Markt schwerer tun als anderswo und dadurch auch schwerer als wir anfänglich glaubten."[361] Diese Erkenntnis ist sinnbildlich für die ersten Expansionserfahrungen deutscher Unternehmen in den USA in den 1970er Jahren. Diese waren meist optimistisch in das Abenteuer USA gestartet und hatten spätestens seit 1973 durch Akquisitionen und Beteiligungen versucht, sich vor Ort zu etablieren. Dabei mussten sie häufig feststellen, dass sich Marktanteile und Geschäftserfolge nicht ohne weiteres einkaufen ließen. Viele deutsche Firmen verloren durch ihre Direktinvestitionen in den USA viel Eigenkapital. So kauften beispielsweise der Thyssen-Konzern oder die Daimler-Benz AG amerikanische Gesellschaften, die sie Jahre später mit hohen Verlusten wieder veräußerten.[362] Für viele deutsche Konzerne entwi-

ger anlässlich der Vorstandssitzung der Siemens AG vom 23. Juni 1981, Anlage 4, S. 4, in: SAA 16/Lh 263.

358   Vgl.: Bernhard Plettner, Anmerkungen zu Fertigungen im Ausland vom 2. März 1982, S. 3, in: Die Siemens-Organisation zwischen den Organisationsreformen 1969 und 1988/89, BIII, Band 3, in: SAA 33/Lf 963.

359   Vgl. dazu: Persönliches Interview mit Hermann Franz am 22. Juni 2012 am Wittelsbacherplatz 2, München.

360   Siehe dazu: Persönliches Interview mit Hans Decker am 24. Februar 2012 in New York City, USA. Die Suche nach geeignetem amerikanischem Fachpersonal erwies sich daher oftmals als schwierig. Vgl. dazu: O. V., Ein bißchen schnell, in: Der Spiegel, 49/1982, S. 91–97.

361   Vgl.: Vortrag von Paul Dax anlässlich der Vorstandssitzung der Siemens AG vom 28./29. Juni 1976, Anlage 1, S. 25, in: SAA S 1.

362   Siehe: O. V., Multis, S. 109.

ckelte sich das US-Engagement gerade in den Anfangsjahren zu einem „unkalku-lierbaren Risiko",[363] mussten sie doch über Jahre hinweg Verluste subventionieren.

Wie in der bisherigen Darstellung gesehen, stand im Falle der Siemens AG das schwankende US-Ergebnis einem deutlichen Umsatzanstieg gegenüber. Prozentual noch stärker erhöhte sich die Mitarbeiterzahl von Siemens in den USA in den 1970er Jahren. Diese verachtfachte sich im Zeitraum von 1972 bis 1978. Betrachtet man ihren Anstieg im Abstand von jeweils zwei Jahren, so verdoppelte sie sich stets. 1972 beschäftigte Siemens in den Vereinigten Staaten 750 Mitarbeiter, 1974 bereits 1.536, zwei Jahre später 2.953 und 1978 5.959 Angestellte. Dieser Mitarbei-teranstieg hing eng mit den forcierten Direktinvestitionen seit 1973 zusammen. Die Unternehmenskäufe und Beteiligungsübernahmen erhöhten nicht nur die Umsätze, sondern auch die Belegschaftszahlen von Siemens in den USA.

Abbildung 17: Mitarbeiterentwicklung von Siemens in den USA, 1972–1978

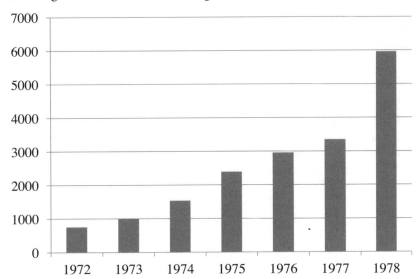

Quelle: Eigene Darstellung nach: Siemens in the United States – Opportunities and Challenges, in: Siemens Review 46/1979, Nummer 3, S. 24–29, hier S. 28 sowie: Pressekonferenz der Siemens AG vom 29. Januar 1974, S. 9, in: SAA Pressekonferenzen.

Doch nicht nur Umsatz- und Mitarbeiterzahlen stiegen in den 1970er Jahren. Auch das Investitionsvolumen erhöhte sich zwischen 1973 und 1980. In diesem Zeitraum stellte die Siemens AG etwa 600 Mio. DM für ihre US-Aktivitäten bereit.[364] Diese Investitionssumme war nur der Anfang einer fundierten Markterschließung. „Si-cherlich ist dies für den größten Markt der Welt keine überwältigende Zahl, aber wir haben [...] gute Ausgangspositionen für eine wachsende Aktivität schaffen

---

363 Vgl.: O.V., Ein bißchen schnell, in: Der Spiegel, 49/1982, S. 91–97, hier S. 94.
364 Siehe: Vortrag von Karlheinz Kaske anlässlich der Siemens-Tagung vom 26. bis 28. Februar 1980, S. 24, in: SAA S 12.

können",[365] so Karlheinz Kaske. Die Unternehmensleitung plante, in Zukunft größere Summen in das US-Geschäft zu investieren. Doch wenn es auch galt, den Umfang des US-Geschäfts durch Direktinvestitionen auszuweiten, so stellte Siemens Anfang der 1980er Jahre klar, vorerst eine „Atempause"[366] einlegen zu wollen. Der Markt sollte nicht mit einer aggressiven Expansions- und Aufkaufpolitik erschlossen werden. Vielmehr sollten die Direktinvestitionen dazu dienen, „in der amerikanischen Technologie mitzuschwimmen"[367] und sich Schritt für Schritt zu etablieren. Immerhin konnte Siemens seinen Anteil am US-Elektromarkt von 0,09 Prozent (1971) auf 0,3 Prozent (1977) mehr als verdreifachen.[368]

Gleichzeitig strebte die Siemens AG an, die Anteile einzelner Produktgruppen am Gesamtexport sowie am Gesamtverkauf in den USA zu verschieben. 1977 machten Siemens-Artikel der Unternehmensbereiche Bauelemente und Medizinische Technik fast vier Fünftel des US-Geschäfts aus. Die Aktivitäten der Siemens AG auf vielen anderen Auslandsmärkten dagegen waren von Produkten der Energietechnik, Installationstechnik und Nachrichtentechnik geprägt.[369] Siemens plante, den Anteil letzterer im US-Geschäft bis 1985 auf 70 Prozent und bis 1995 auf 80 Prozent anzuheben. Gerade der Bereich der Energietechnik versprach hohe Gewinnmargen. Auch galt es, die Produktion vor Ort weiter zu stärken. Der Anteil der aus Deutschland importierten Produkte, der 1975 noch bei 90 Prozent lag, sollte bis 1985 auf 20 Prozent und bis 1995 auf 10 Prozent gesenkt werden. Eine entsprechende Trendwende zeichnete sich bereits 1979 ab. Zum Geschäftsjahresende verteilte sich der Gesamtumsatz der Siemens Corp. wie folgt auf die einzelnen Unternehmensbereiche: Medizinische Technik 45 Prozent; Kommunikationstechnik 30 Prozent; elektrische Bauelemente 15 Prozent; Energietechnik 9 Prozent; Datentechnik 1 Prozent; im Bereich Installationstechnik führte Siemens 1980 noch kein Geschäft in den USA.[370]

365 Vgl.: ebenda, S. 24.
366 Vgl.: Hauptversammlung der Siemens AG vom 20. März 1980, Frage 182, in: SAA Pressekonferenzen.
367 Vgl.: Vortrag von Bernhard Plettner anlässlich der Sommerpressekonferenz der Siemens AG vom 11. Juli 1978, S. 15, in: SAA 64/Lm 204.
368 Vgl. hierzu: Vortrag von Bernhard Plettner anlässlich der Pressekonferenz der Siemens AG vom 11. Juli 1977, S. 2, in: SAA 64/Lm 204.
369 Hierzu und zu Folgendem siehe: Andreas Wordell, Überlegungen zur Organisationsstruktur der Siemens-Aktivitäten in den USA vom 2./31. August 1977, S. 1, in: Siemens Organisation, Regional Org., USA, Band 12, in: SAA 33/Lf 963.
370 Vgl.: Niederschrift über die Sitzung des Wirtschaftsausschusses der Siemens AG vom 8. Mai 1980, S. 13 f., in: SAA 16/Le 409.

Abbildung 18: Anteile der Unternehmensbereiche am Gesamtumsatz in den USA, 1979

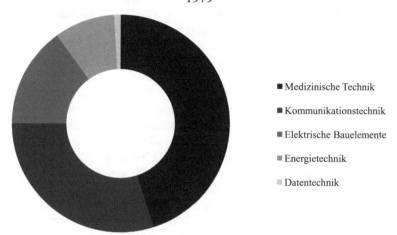

- Medizinische Technik
- Kommunikationstechnik
- Elektrische Bauelemente
- Energietechnik
- Datentechnik

Quelle: Eigene Darstellung nach: Niederschrift über die Sitzung des Wirtschaftsausschusses der Siemens AG vom 8. Mai 1980, S. 13f., in: SAA 16/Le 409.

Das US-Geschäft von Siemens erwies sich 1980 stabilisiert, gleichzeitig aber stellte Bernhard Plettner klar, „dass [wir] noch am Anfang stehen, noch Jahrzehnte langsamen Eindringens vor uns haben."[371] Der Wechsel der USA vom Randmarkt zum Breitengeschäft sei noch nicht vollzogen.[372] Schien dem Zentralausschusses 1979 die „stürmische Phase"[373] der Restrukturierung beendet zu sein, so zeigte sich bereits zwei Jahre später erneut die Notwendigkeit, die US-Organisation neu zu gliedern. Mit den Beschlüssen des Vorstandsrundschreibens Nr. 3/81 wurde die Dezentralisierung der Geschäftsaktivitäten vorangetrieben.[374] Im Zentrum der Reorganisation stand der Aufbau einer Einheit mit dem Namen Siemens USA, deren Leitung der Board of Directors der Siemens Corp. übernahm. Dieses Gremium bestand zukünftig aus folgenden Vertretern der Siemens AG: dem Aufsichtsratsvorsitzenden, dem CEO sowie den Leitern der einzelnen Unternehmensbereiche und der Zentralabteilungen. Daneben waren als Vertreter der Siemens Corp. deren Präsident und CEO integriert. Der Board of Directors besaß fortan die Gesamtverantwortung für das US-Geschäft. Das Geschäft wurde in mehrere dezentrale Groups unterteilt, die den deutschen Unternehmensbereichen entsprachen. Daneben bestanden die Siemens Companies (Mehrheitsbeteiligungen) und die Associated Companies (Minderheitsbeteiligungen) von SC. Nachdem die einzelnen Unternehmensbereiche bis-

---

371 Vgl. dazu: Vortrag von Bernhard Plettner anlässlich der Siemens-Tagung vom 26. bis 28. Februar 1980, S. 24, in: SAA S 12.

372 Vgl.: Niederschrift über die Sitzung des Wirtschaftsausschusses der Siemens AG vom 8. Mai 1980, S. 14, in: SAA 16/Le 409.

373 Siehe: Protokoll Nr. 155 über die Sitzung des Zentralausschusses vom 22. Januar 1979, S. 14, in: SAA S 10.

374 Siehe hierzu und zu Folgendem: V-Rundschreiben Nr. 3/81 vom 31. März 1981, in: SAA 68/Li 262.

her über ihren jeweiligen „Quasi-Board"[375] ihre Interessen durchzusetzen versucht hatten, wurden nun die Leiter der Unternehmensbereiche Bauelemente, Energie-, Kommunikations- und Medizintechnik in den Board of Directors der Siemens Corp. gewählt und waren somit „fully responsible for the strategies, management, and success of their respective activities in the United States."[376] Die amerikanischen Mitarbeiter wurden durch neue Beteiligungsmodelle, die allein an die Leistung des Einzelnen geknüpft waren, noch stärker an die Interessen der Siemens Corp. gebunden.[377] Die Erfolgsbeteiligungsmodelle waren damit erstmals ganz an amerikanischen Standards orientiert.[378]

Aufbauend auf der Organisation von 1981 beschloss die Führung der Siemens AG im Folgejahr, die eingeleitete Dezentralisierung voranzutreiben.[379] Zum 1. Oktober 1982 wurden aus der Siemens Corp. neben Siemens-Allis, Inc. drei weitere Einheiten, sogenannte Operating Companies (OC), ausgegliedert, die rechtlich selbständig agierten. Kapitalmäßig waren sie der Siemens Capital Corp. zugeordnet.[380] Neben Siemens-Allis, Inc. bestanden nun Siemens Communication Systems, Inc. (SCS), Siemens Components, Inc. (SCI) sowie Siemens Medical Systems, Inc. (SMS), jeweils mit ihren Tochtergesellschaften. Außerdem ging die bisherige Holdinggesellschaft Siemens Corp. in die Siemens Capital Corp. auf und wurde aufgelöst. Der Vorstandsvorsitzende Kaske, der das Amt des Vorsitzenden der SCC übernahm, erhoffte sich auf diese Weise, die Eigeninitiative der Operating Companies zu stärken. Erklärtes Ziel war es, auf dem US-Markt, der für Siemens etwa 50 Prozent der erreichbaren Weltmarktkapazitäten umfasste, konkurrenzfähig zu werden.[381] Aufgabenbereiche der neuen Holdinggesellschaft waren Finanzierung, Bilanzierung, Beteiligungen, Verkäufe, Rechtsberatung, Steuerverwaltung, Corporate Audit und Schutz der Unternehmensidentität.[382] Daneben installierte das Unternehmen die Siemens Corporate Research and Support, Inc., (SCRS). Ihr wurden Stabs- und Dienstleistungsfunktionen für Siemens-Bereiche innerhalb und außerhalb der USA zugeordnet.

375   Vgl.: Anlage zum Protokoll der Zentralausschusssitzung vom 26. September 1977, S. 2, in: Siemens Organisation, Regional Org., USA, Band 12, in: SAA 33/Lf 963.

376   Vgl.: Anlage zum V-Rundschreiben Nr. 3/81 vom 31. März 1981, S. 1, in: SAA 68/Li 262.

377   Vgl.: Bernhard Plettner, Anmerkungen zu Fertigungen im Ausland vom 2. März 1982, S. 5 f., in: Die Siemens-Organisation zwischen den Organisationsreformen 1969 und 1988/89, BIII, Band 3, in: SAA 33/Lf 963.

378   Dies blieb auch in den Folgejahren so. Siehe dazu beispielsweise: Siemens Corp. (Hg.), The business report of the Siemens companies in the United States, 1989, S. 2, in: SAA 27468.

379   Hierzu und zu Folgendem siehe: V-Rundschreiben Nr. 1/83 vom Oktober 1982, S. 1 f., in: SAA 68/Li 262.

380   Dies hatte mit dem amerikanischen Steuerrecht zu tun. US-Firmen, an denen Siemens mit mehr als 80 Prozent beteiligt war, konnten unter einer Dachgesellschaft wie der Siemens Capital Corp. steuerrechtlich als ein Unternehmen behandelt und auch besteuert werden. Siehe hierzu: Vortrag von Heribald Närger anlässlich der Aufsichtsratsitzung der Siemens AG vom 29. Juni 1981, S. 3, in: SAA S 2.

381   Vgl.: Protokoll Nr. 191 über die Sitzung des Zentralausschusses vom 26. April 1982, S. 9, in: SAA S 10.

382   Vgl.: Karlheinz Kaske zur Siemens Corporate Research and Support, Inc. vom Oktober 1982, in: SAA 68/Li 262.

Abbildung 19: Organisationsstruktur von Siemens in den USA, Oktober 1982

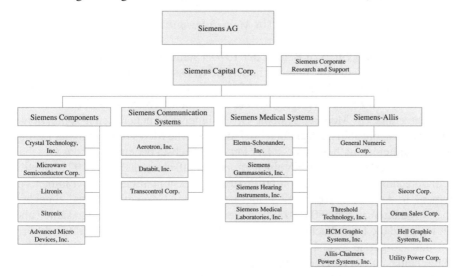

Quelle: Eigene Darstellung nach: V-Rundschreiben Nr. 1/83 vom Oktober 1982, in: SAA 68/Li 262
sowie: Hauptversammlung der Siemens AG vom 24. März 1983, Anlage zu Frage 191, in: SAA
Pressekonferenzen.

Die laufenden Veränderungen in der Organisationsstruktur der Siemens-Aktivitäten
in den USA begründete die Muttergesellschaft mit den Eigenheiten des amerikanischen Elektromarktes, auf den die Tätigkeit der Firma permanent abgestimmt werden müsse.[383] Als wesentliches Charakteristikum wurde dessen unvergleichbar großes Volumen erachtet. Daneben galten die eigenen Normen, die spezifische Technik
und die amerikanische Mentalität der Kunden und Anbieter als charakteristisch,
erforderten sie doch verschiedene Anpassungsmechanismen des deutschen Unternehmens. So erkannte die Siemens AG in den USA deutlich mehr organisatorische,
administrative und steuerpolitische Vorteile als im deutschen Heimatmarkt, wodurch Unternehmergeist gefördert wurde.[384] Den Konzernverantwortlichen war
bewusst, dass diese Bedingungen nur mit weiteren Investitionen erfolgreich genutzt
werden könnten. So formulierte Andreas Zimmermann 1978:

> „Noch ist die Rentabilität nicht in genügendem Maße gesichert. Noch zahlen wir – in Form von
> Anlauf- und Konsolidierungsverlusten – Eintrittskarten. Bei dem zunehmenden Anteil am Ge-
> samtgeschäft und Gesamtinvestment des Hauses, den die USA erkennbar bekommen, muß die
> Wirtschaftlichkeitszone aber möglichst rasch erreicht werden. Der Weg dorthin ist sicherlich
> dornenreich. Noch sind wir in den USA eine „Quantité négliable", aber die Konkurrenz fängt
> an, das Phänomen Siemens zu beobachten."[385]

---

383 Siehe hierzu: Die Rolle der US-Aktivitäten in der Organisation des Hauses vom 8. Januar
      1980, S. 2 f., in: Siemens Organisation, Regional Org., USA, Band 12, in: SAA 33/Lf 963.
384 Vgl.: Andreas Zimmermann, Siemens in den USA, in: Siemens (Hg.), ZP-Tagung 1978, Re-
      port, S. 17–44, hier S. 18, in: SAA 10594.
385 Siehe: ebenda, S. 43 f.

2.3 Die Entwicklung der Unternehmensbereiche in den 1970er Jahren

2.3.1 UB Medizintechnik

Die Medizintechnik blieb zu Beginn der 1970er Jahre das wichtigste und volumenstärkste Geschäftsfeld von Siemens in den USA. Da ihre Umsatzzahlen stetig stiegen, entschied sich die Siemens AG 1971 zu strukturellen Anpassungen. Mit Wirkung zum 1. Dezember verschmolz sie die Arbeitsgebiete Elektromedizin und Röntgentechnik zur Medical Systems Group unter dem neuen Leiter John Diener, der Harlan Twible ablöste. Daneben blieb die restliche Med-Gruppe mit der Dental- und Hörgerätetechnik bestehen.[386] Der Personalwechsel bedeutete für das Geschäft der Medizintechnik in den USA einen enormen Aufschwung.[387] Bis 1973 hatte die Medizintechnik einen Anteil von 60 Prozent am gesamten Geschäftsvolumen von Siemens in den USA erreicht.[388] Dabei bestand das Geschäft mit medizintechnischen Produkten zu rund 80 Prozent aus Verkäufen von Röntgengeräten samt Zubehör, während die Dentaltechnik zehn Prozent, elektromedizinische Geräte acht Prozent und Hörgeräte zwei Prozent ausmachten.[389] Daneben war das Geschäft mit Röntgenanlagen das einzige Gebiet innerhalb des Unternehmensbereichs Medizintechnik in den Vereinigten Staaten, das bis Mitte der 1970er Jahre immer Gewinne aufweisen konnte.[390]

Für die weitere Geschäftsentwicklung des UB Med war es entscheidend, sich fabrikatorisch in den USA zu etablieren. Harlan Twible betonte 1970, dass für die Herstellung medizintechnischer Produkte eine Fabrik vor Ort unumgänglich sei.[391] Speziell für die Medizintechnik galt zudem das Argument, am United States Aidprogram teilzuhaben. Siemens erhielt Subventionen, wenn mindestens 51 Prozent der Produkte in den USA gefertigt wurden. Daher begann der UB Med 1974, amerikanische Firmen der Medizintechnik samt ihrer Produktionskapazitäten aufzukaufen. Bereits 1971 hatte das deutsche Unternehmen die weltweiten Vertriebsrechte für Linearbeschleuniger der Applied Radiation Corporation in Walnut Creek, Kalifornien (Arco), einer Tochtergesellschaft der Dow Chemical (DC), erworben. Ausgeschlossen waren damals allerdings der amerikanische und kanadische Markt. Das Angebot der DC, Siemens könne die Arco übernehmen, schlug die deutsche Firma anfangs aus, da ihr die amerikanische Konkurrenz in der Linearbeschleunigerentwicklung uneinholbar erschien.[392] Erst als DC im März 1974 ein leistungs-

---

386 Vgl.: Monatsbericht der ZVA/ZVO vom Januar 1972, S. 4, in: SAA 49/Lr 349, Januar 1971 bis März 1981.

387 Siehe: Schwab, Siemens, S. 88.

388 Vgl.: Anhang zum Zwischenbericht über das USA-Konzept vor dem Zentralausschuss vom 23./24. Juli 1973, S. 9, in: SAA 16/Ll 737.

389 Siehe: Aktennotiz zum UB Med, 1973, in: SMA 7610 3-5-02.

390 Siehe: Anhang zum Zwischenbericht über das USA-Konzept vor dem Zentralausschuss vom 23./24. Juli 1973, S. 9, in: SAA 16/Ll 737.

391 Siehe: Harlan M. Twible an Friedrich Kuhrt vom 2. Juni 1970, S. 1 f., in: Anlage 2 zu USA-Reisebericht von Otto Dax vom 6. Juli 1970, in: SMA 7610 3-5-02

392 Vgl.: Zweiter Zwischenbericht über das Landeskonzept für die USA, S. 5, in: Protokoll Nr. 98 über die Sitzung des Zentralausschusses vom 26. November 1973, in: SAA S 10. Friedrich

orientiertes Verkaufsmodell vorschlug, stimmte Siemens einem Erwerb zu. Das deutsche Unternehmen kaufte die Arco für die symbolische Zahlung von einem US-Dollar. Siemens verpflichtete sich, Linearbeschleuniger zur Krebsforschung zu entwickeln, herzustellen und in den Vereinigten Staaten zu verkaufen. Zahlungen an DC sollten erst fließen, wenn Siemens pro Jahr mehr als 15 Linearbeschleuniger produziere.[393] Das finanzielle Risiko des Unternehmenskaufs war minimal.[394] Unter diesen Umständen sah der UB Med bei der Strahlentherapie – bisher gestützt auf die kostenintensive und störanfällige Betatrontechnologie – die Chance, sich zu vergrößern und das eigene Produktportfolio mit Linearbeschleunigern des Typs Mevatron zu erweitern.[395] Um dies zu vermeiden, erschien das Absatzpotenzial des US-Markts besonders lukrativ, machte er doch 50 Prozent des Weltmarkts aus.[396] Gleichzeitig verdeutlichte der Zentralausschuss, dass eine Einstellung der Linearbeschleunigeraktivitäten bis 1978 Verluste bis zu sechs Mio. $ zur Folge haben würde.[397] Im Januar 1978 wurde die Arco dann in Siemens Medical Laboratories, Inc. in Walnut Creek, Kalifornien (SML) umbenannt.[398]

Auch auf dem Gebiet der Röntgentechnologie sah sich die Siemens AG gezwungen, eine eigene Fertigung aufzubauen. Sämtliche röntgentechnischen Konkurrenten wie GE, Picker X-Ray, Litton Industries, Inc., Philips oder die französische Firma Compagnie Générale de Radiologie in Paris besaßen eigene Produktionskapazitäten in den USA.[399] Eine Zusammenarbeit mit den „Großen" des Marktes auf dem Gebiet der Röntgentechnik war gemäß der Anti-Trust-Regelung von 1968 verboten.[400] Daher entschloss sich die Siemens AG 1973, selbst eine Rönt-

Kuhrt betonte bereits im Mai 1973, dass man von einem Kauf der Arco Abstand nehmen wolle, da der amerikanische Marktführer Varian durch seine starke Markstellung die Verkaufspreise bestimme und er für Arco keine Möglichkeit sehe, zukünftig schwarze Zahlen zu schreiben. Siehe hierzu: Friedrich Kuhrt an Otto Dax vom 11. Mai 1973, S. 1, in: Ordner 40, Siemens Beteiligungen Inland GmbH (CF R 6 SBI), in: SAA unverzeichneter Bestand.

393   Vgl.: Protokoll Nr. 102 über die Sitzung des Zentralausschusses vom 25. März 1974, S. 10 f., in: SAA S 10.

394   Alternativ zum Kauf eines US-Unternehmens hätte der UB Med selbst eine Fabrikation aufbauen können. Dafür wurden aber Investitionen zwischen sechs und acht Mio. DM veranschlagt, was als zu kostenintensiv erachtet wurde. Zu diesen Überlegungen siehe: Objektvorlage zur Applied Radiation Corporation vom 4. Mai 1973, in: Ordner 40, Siemens Beteiligungen Inland GmbH (CF R 6 SBI), in: SAA unverzeichneter Bestand.

395   Vgl.: Anhang zum Zwischenbericht über das USA-Konzept vor dem Zentralausschuss vom 23./24. Juli 1973, S. 10, in: SAA 16/Ll 737. Außerdem wertete Siemens es als Vorteil, auf das bereits vorhandene F&E-Know-how der US-Firma zurückgreifen zu können und sich selbst „eine langjährige und kostspielige Eigenentwicklung [zu] ersparen." Vgl. hierzu: Aktennotiz zum UB Med, 1973, S. 2, in: SMA 7610 3-5-02

396   Vgl.: Objektvorlage zur Applied Radiation Corporation vom 4. Mai 1973, in: Ordner 40, Siemens Beteiligungen Inland GmbH (CF R 6 SBI), in: SAA unverzeichneter Bestand.

397   Siehe: Protokoll Nr. 102 über die Sitzung des Zentralausschusses vom 25. März 1974, S. 10 f., in: SAA S 10.

398   Vgl.: Protokoll Nr. 144 über die Sitzung des Zentralausschusses vom 23. Januar 1978, S. 15, in: SAA S 10.

399   Vgl.: Anhang zum Zwischenbericht über das USA-Konzept vor dem Zentralausschuss vom 23./24. Juli 1973, S. 9, in: SAA 16/Ll 737.

400   Vgl.: Veränderungen auf dem US-Röntgen-Markt vom 25. Januar 1971, S. 2, in: SMA 7610

genfabrik „auf der grünen Wiese aufzubauen."[401] Sie sollte ein Produktionsvolumen von zehn Mio. DM haben und rund 150 Mitarbeiter beschäftigen. Seit Jahresbeginn 1974 suchte die Siemens AG nach einem Standort, der im Cheshire Industrial Park in der Waterbury Area, Connecticut gefunden wurde. Hier wurde der neue US-Hauptsitz der Med-Aktivitäten aufgebaut,[402] wo vorerst Produkte für den weltweiten Vertrieb, später ausschließlich Spezialartikel für die US-Kunden, gefertigt wurden.[403] Im Mittelpunkt standen Röntgengeräte sowie Überwachungssysteme für Patienten. Im Oktober 1975 konnte das Fabrikgebäude eingeweiht werden.[404] Die Ambition, die Produktionsstätte werde sich nach zwei Jahren finanziell selbst tragen,[405] erwies sich jedoch als Fehlkalkulation. Die Hoffnung, die neue Fabrik könne „dem Gesamtgeschäft in den USA und damit auch dem Absatz importierter Erzeugnisse sicher neue Impulse geben",[406] erfüllte sich nicht. Dafür waren mehrere Faktoren verantwortlich.[407] Die Komplexität der Konstruktionspläne, die aus den Werken in Erlangen in die USA weitergegeben wurden, überschritt die Fähigkeiten der amerikanischen Techniker. Einzelne deutsche Bauteile waren wegen der andersartigen Normung der US-Artikel nicht in den Vereinigten Staaten erhältlich, sodass die Röntgenapparate an amerikanische Komponenten adaptiert werden mussten. Dies verursachte ungeplante Kosten und trug dazu bei, dass Cheshire weiterhin Verluste schrieb.[408]

Neben den beiden Fabrikationsstandorten in Walnut Creek und Cheshire sollte 1979/80 im Bereich der Nuklearmedizin eine dritte Fabrik in Chicago mit Außenstelle in Santa Clara, Kalifornien entstehen. Zuvor aber suchte die Siemens Corp. auf diesem Arbeitsgebiet Anbindung an den weltweit drittgrößten Produzenten, die Ohio Nuclear Corp. (ON). Im September 1973 schloss Siemens mit dem US-Unternehmen ein Abkommen, um das eigene Produktportfolio um medizinische Apparate zu ergänzen, die Siemens selbst nicht herstellte. Der Vertrag regelte, dass die deutsche Firma die amerikanischen Produkte von ON wie Gamma-Kameras, Ganzkörperscanner und DV-Terminals einkaufte und weltweit mit Ausnahme der USA, Kanadas und Englands vertrieb.[409] In den ersten Jahren lief die Kooperation sehr vielversprechend; die Siemens AG nahm der US-Firma 1975 Apparate im Wert von

3-5-02.

401   Vgl.: Zweiter Zwischenbericht über das Landeskonzept für die USA, S. 4f., in: Protokoll Nr. 98 über die Sitzung des Zentralausschusses vom 26. November 1973, in: SAA S 10.

402   Siehe: Protokoll Nr. 104 über die Sitzung des Zentralausschusses vom 20. Mai 1974, S. 9, in: SAA S 10.

403   Vgl.: Zweiter Zwischenbericht über das Landeskonzept für die USA, S. 5, in: Protokoll Nr. 98 über die Sitzung des Zentralausschusses vom 26. November 1973, in: SAA S 10.

404   Vgl. hierzu: Rede zur Einweihung der Fabrik in Cheshire vom 3. Oktober 1975, in: SAA 4/Ll 786, Nachlass Peter von Siemens.

405   Siehe: Vorstandessen vom 20. Oktober 1975, S. 3, in: SAA 16/Lm 31.

406   Vgl.: O. V., Ein neuer Anstoß für den US-Markt, in: Siemens-Mitteilungen 1975, Heft 9, S. 18.

407   Zu den Rahmenbedingungen und Schwierigkeiten beim Aufbau einer Fabrik in den USA siehe: George Novak, Planung und Errichtung einer Betriebsstätte in den USA, in: Jan A. Eggert / John L. Gornall, Handbuch USA-Geschäft, Wiesbaden 1989, S. 163–183.

408   Näheres hierzu ist zu finden in: Schwab, Siemens, S. 100.

409   Vgl.: Protokoll Nr. 97 über die Sitzung des Zentralausschusses vom 22. Oktober 1973, S. 9f., in: SAA S 10.

insgesamt sechs Mio. $ ab. Folgerichtig verlängerten beide Seiten die Verständigung bis 1980.[410] Ende der 1970er Jahre aber entstanden Differenzen, weshalb die Zusammenarbeit bis 1981 auslief. ON hatte einen eigenen Computertomographen entwickelt, womit sie in Konkurrenz zu den Siemens-Apparaten trat. Zudem begann ON, eine eigene weltweite Verkaufsorganisation aufzubauen, was nicht im Interesse von Siemens lag.[411] Das deutsche Unternehmen betonte, nun selbständig in diesem Bereich aktiv zu werden. Dazu intensivierte die Firma den Kontakt zu ehemaligen Mitarbeitern der US-Firma G. D. Searle & Co. in Skokie, Illinois (Searle), die im F&E-Bereich für nuklearmedizinische Apparate arbeiteten. Gemeinsam diskutierten sie über den Aufbau einer Firma in den USA.[412]

Ein halbes Jahr später, im Frühjahr 1979, äußerte der UB Medizintechnik erstmals Interesse, die Arbeitsgebiete Nuklearmedizin und Ultraschalldiagnostik von Searle zu erwerben, um die eigene Produktpalette medizinischer Diagnostik zu erweitern. Da amerikanische Ärzte und Krankenhäuser anders aufgebaute Ultraschalldiagnostikgeräte verwendeten als in Deutschland, hatte der UB Med auf diesem Produktgebiet bisher nur einen marginalen Marktanteil in den USA. Diese Hypothek wollte Siemens entschärfen.[413] Der aktuelle Verlust von Searle Radiographics, der Nuklearmedizin-Sparte, in Höhe von 12,6 Mio. $ (1978) bedeutete für Siemens ein enormes Risiko. Schließlich war nicht abzusehen, ob dieses Negativergebnis allein durch Mitarbeiterabbau sowie Einsparungen bei Werbung und Vertriebskosten auf drei Mio. $ im Folgejahr gedrückt werden könnte, wie Searle behauptete.[414] Mit Bernhard Plettner, Karlheinz Kaske und Helmut Wilhelms äußerten die ranghöchsten Manager von Siemens große Zweifel. Dennoch wurde die Übernahme im Mai 1980 für 25 Mio. $ abgeschlossen.[415] Letztlich waren es die Erwartungen an das Know-how der Amerikaner, die die Führungsebene umstimmten.[416] Die Nuklearmedizin sowie die Ultraschalldiagnostik wurden in die neue Gesellschaft Siemens Gammasonics, Inc. integriert. Sie besaß zwei Fabriken, eine in Chicago, Illinois (Nuklearmedizin) und eine in Santa Clara, Kalifornien (Ultraschalldiagnostik).[417] Der Aufbau dieser Aktivitäten war sehr kostenintensiv.

---

410   Vgl.: Protokoll Nr. 118 über die Sitzung des Zentralausschusses vom 23. September 1975, S. 2, in: SAA S 10.

411   Siehe: Vorstandsessen der Siemens AG vom 26. Juni 1978, S. 1 f., in: SAA 16/Lm 31.

412   Vgl.: Vorstandsessen der Siemens AG vom 26. Juni 1978, S. 2, in: SAA 16/Lm 31.

413   Vgl.: Vortrag von Bernhard Plettner anlässlich der Aufsichtsratsitzung der Siemens AG vom 13. November 1979, S. 8 f., in: SAA 16/Lh 262.

414   Siehe: Protokoll Nr. 159 über die Sitzung des Zentralausschusses vom 21. Mai 1979, S. 10, in: SAA S 10.

415   Vgl.: Vortrag von Bernhard Plettner anlässlich der Aufsichtsratsitzung der Siemens AG vom 31. Januar 1980, S. 14, in: SAA 16/Lh 262.

416   Vgl.: Protokoll Nr. 159 über die Sitzung des Zentralausschusses vom 21. Mai 1979, S. 11, in: SAA S 10; US-Kartellbehörde klagt gegen Siemens-Kaufabsicht, in: Süddeutsche Zeitung vom 14. März 1980, in: SAA 68/Li 262 sowie: Pressekonferenz der Siemens AG vom 7. Juli 1980, Frage 202, in: SAA Pressekonferenzen.

417   Vgl.: Monatsbericht der ZVA/ZVO vom April/Mai 1980, S. 3, in: SAA 49/Lr 349, Januar 1971 bis März 1981.

Im Geschäftsjahr 1979 wiesen die beiden ehemaligen Searle-Arbeitsgebiete einen Verlust von sechs Mio. $ aus.[418]

Die Fabrik in Chicago stand ebenso wie die Produktionsstandorte Walnut Creek und Cheshire zu Beginn der 1980er Jahre auf dem Prüfstand. Vor dem Hintergrund weltweiter Überkapazitäten war 1981/82 das Produktionsvolumen des UB Med nur zu 70 Prozent ausgelastet. Die Siemens-Führung diskutierte daher, welche US-Fabriken aufgelöst werden konnten. Die drei Standorte erhielten unterschiedliche Potenzialeinschätzungen.[419] Das Werk in Walnut Creek galt wegen seines speziellen Fertigungsprogramms als unabdingbar ebenso wie Chicago wegen seiner Standortvorteile. Da die Produktion in Cheshire eng an die Fabrikationsprozesse in Erlangen gekoppelt war, bot es sich an, ihre Tätigkeit nach Deutschland zu verlagern und die US-Fabrik zu schließen. 1982 konstatierte Bernhard Plettner, dass das Scheitern von Cheshire klarer Beweis dafür sei, das ein US-Unternehmen nicht aus Erlangen geführt werden dürfe. „[…] will man fabrizieren, dann geht das nur unter amerikanischer Führung mit amerikanischen Führungsmethoden und bei totaler Abstinenz des deutschen Eigentümers, was die tägliche Führung angeht",[420] so der Vorsitzende des Aufsichtsrats. Die Liquidation der Fabrik in Cheshire bedeutete einige Prozessverlagerungen. Speziell auf den amerikanischen Markt zugeschnittene Produktionsschritte, wie jene für das Röntgengerät Trioskop, wurden nach Chicago abgegeben, um dortige Kapazitäten auszulasten. Die Fabrikschließung verursachte einmalige Kosten von 7,5 Mio. $ sowie jährliche Ausgaben von rund 1,1 Mio. $. Dennoch rentierte sich der Abbau. Siemens prognostizierte, dadurch in den kommenden drei Jahren neun Mio. DM, in den nächsten fünf Jahren sogar 20 Mio. DM sparen zu können.

Die Liquidation der Fabrik für Röntgentechnologie sechs Jahre nach ihrer Gründung bedeutete nicht das Ende der Siemens-Aktivitäten in dieser Produktsparte. Seit 1968 hatte Siemens Medical of America mit der Elema-Schonander, Inc. festgelegt, alle ESI-Röntgenprodukte mit 40 Prozent Rabatt zu beziehen und sie mit Siemens-Röntgenanlagen an US-Dealer zu verkaufen.[421] Daneben vertrieb die Siemens-Firma Filmwechsler der Elema-Schonander, die dazu dienten, bei großformatigen und schnell aufeinanderfolgenden Röntgenaufnahmen Bewegungen und Gefäßstrukturen des Herzens darzustellen. Auch Atemgeräte nahm SMoA in sein Produktportfolio auf.[422] Außerdem hatte das deutsche Elektrounternehmen im Februar 1974 mit der Terminal Communication, Inc. in Raleigh, North Carolina (TCI) ein Abkommen über die Entwicklung und Herstellung von Röntgenanlagen und Computer-Tomographen geschlossen.[423] Siemens entwickelte und produzierte

---

418   Siehe: Pressekonferenz der Siemens AG vom 2. Februar 1981, Frage 226, in: SAA Pressekonferenzen.

419   Dieses und Folgendes siehe: Protokoll Nr. 187 über die Sitzung des Zentralausschusses vom 14. Dezember 1981, S. 11 f., in: SAA S 10.

420   Vgl.: Bernhard Plettner, Anmerkungen zu Fertigungen im Ausland vom 2. März 1982, S. 5, in: Die Siemens-Organisation zwischen den Organisationsreformen 1969 und 1988/89, BIII, Band 3, in: SAA 33/Lf 963.

421   Vgl.: Reisebericht USA zur 2. USA-Konferenz vom 12. Juli 1968, S. 27, SMA 7610 3-5-02.

422   Vgl.: Siemens Corporation (Hg.), Business Report 1979 USA, S. 14, in: SAA 15825.

423   Vgl.: Protokoll Nr. 112 über die Sitzung des Zentralausschusses vom 24. Februar 1975, S. 11 f.,

nun optoelektronische Eingabeterminals, während sich TCI um die Kontrolleinheiten kümmerte. In einem weiteren Lizenzvertrag fixierte Siemens die Herstellungs- und Vertriebsrechte für das Sirep-System (Siemens-Report-System) zur schnellen und einfachen Übertragung von Röntgendiagnosen.

Auf dem Gebiet der Dentalgeräte umfasste das US-Geschäft von Siemens zu Beginn der 1970er Jahre v. a. die Dental-Röntgengeräte Heliodent und Orthopantomograph. Im Rahmen des USA-Konzeptes von 1973 musste das Unternehmen aber feststellen, dass sich beide Produkte sowie die Dentalstühle „für die USA nicht als marktgerecht erwiesen [hatten]. Die Erzeugnisse sind technisch zu aufwendig und zu teuer",[424] so ein Positionspapier von 1973. Dennoch erhoffte sich der UB Med für die 1970er Jahre Wachstumspotenzial, da Dentalfirmen seit 1970 auf Ausstellungen direkt an die Endkunden verkaufen durften. Diese neuen Vertriebsmöglichkeiten ließen sich instrumentalisieren, „um die Pleiten der Vergangenheit (Turbinenmisere, T-2 Stühle usw.) in die Schuhe der Dealer schieben zu können."[425] Daneben gestand Siemens auch eigene Herstellermängel bei Dentalprodukten ein. So brannten die ersten 2.000 Elektroanlagen, die in die USA verkauft wurden, allesamt bei den Käufern aus.

Schwache Verkaufszahlen und hohe Produktionskosten spielten ebenso bei der Siemens-Hörgerätetechnik in den USA eine große Rolle. Seit 1968 schrieb die Sparte ausschließlich Verluste. 1976 drängte die Siemens AG darauf, das Hörgerätegeschäft in eine 100-prozentige Tochtergesellschaft auszugliedern, um mittelfristig Gewinne zu erwirtschaften.[426] Im März 1976 gründete sie die Siemens Hearing Instruments, Inc.[427] Die Firma hatte eine Probezeit von zwei Jahren, war sie doch „ein letzter Versuch […], den Umsatz auf dem bisher verlustbringenden Hörgerätesektor im US-Markt auf ein wirtschaftliches Volumen auszudehnen."[428] In diesem Zeitraum galt es, Hörgeräte und Anlagen zu vertreiben und v. a. in Schulen für Gehörlose und Hörgeschädigte zu installieren.[429] Für das Geschäftsfeld der Hörgeräte war es insbesondere schwierig, eine kritische Masse zu erreichen, bei der sich Vertriebs- und Serviceaktivitäten als rentabel erwiesen.[430] Schließlich führten die schlechten Geschäftsergebnisse zu Mitarbeiterentlassungen, die zur Folge hatten, dass die Servicebetreuung für Kunden merklich an Qualität und Intensität verlor.[431]

in: SAA S 10.

424   Siehe: Anhang zum Zwischenbericht über das USA-Konzept vor dem Zentralausschuss vom 23./24. Juli 1973, S. 11, in: SAA 16/Ll 737 sowie: Aktennotiz zum UB Med, 1973, S. 2, in: SMA 7610 3-5-02.

425   Hierzu und zu Folgendem: USA-Reisebericht von Otto Dax vom 6. Juli 1970, S. 9, in: SMA 7610 3-5-02.

426   Vgl.: Protokoll Nr. 122 über die Sitzung des Zentralausschusses vom 26. Januar 1976, S. 13, in: SAA S 10.

427   Vgl.: Gründungsurkunde der Siemens Hearing Instruments, Inc. vom 22. März 1976, in: SAA 22513.2.

428   Vgl.: Aktennotiz vom 2. März 1976, in: Ordner 41, Siemens Beteiligungen Inland GmbH (CF R 6 SBI), in: SAA unverzeichneter Bestand.

429   Siehe: Presseinformation der Siemens AG vom 11. März 1976, in: SAA 68/Li 262.

430   Vgl: Aktennotiz zum UB Med, 1973, S. 3, in: SMA 7610 3-5-02

431   Vgl.: USA-Reisebericht von Otto Dax vom 6. Juli 1970, S. 11, in: SMA 7610 3-5-02.

Für das Geschäft mit Geräten zur Patientenüberwachung hatte die US-Firma Analogic Corporation in Wakefield, Massachusetts für Siemens eine besondere Bedeutung.[432] Beide Unternehmen unterzeichneten im Januar 1976 einen Entwicklungsvertrag, um ein schnell arbeitendes Rechnersystem für Computertomographen zu konzipieren, das Ganzkörperaufnahmen nach fünf bis sieben Sekunden ermöglichte.[433] Zwei Jahre später unterzeichneten die beiden Firmen eine Kooperation auf dem Gebiet der Patientenüberwachung vor und nach Operationen. Siemens war auf diesem Arbeitsfeld bereits seit 1962 tätig. In der Bundesrepublik Deutschland besaß der UB Med beim Patientenmonitoring einen Marktanteil von 45 Prozent, in den USA dagegen weniger als ein Prozent. Die Kooperation mit Analogic sollte den US-Marktanteil von Siemens bis 1985 auf 15 Prozent erhöhen.[434] Die Vereinbarung beinhaltete, dass Analogic für die Siemens AG Patientenüberwachungssysteme entwickelte und produzierte.[435] Die Siemens AG leistete hierfür eine Vorauszahlung von 250.000 $ und musste weitere 750.000 $ Gebühren über 15 Monate begleichen.

Trotz erheblicher Schwierigkeiten und anhaltender Verluste in weiten Teilen der Medizintechniksparte erwiesen sich die 1970er Jahre als entscheidend für den UB Med. Die medizintechnischen Produkte konnten zunehmend in den USA etabliert werden und überzeugten durch ihre hohe Qualität und Langlebigkeit. Bis zu Beginn der 1980er Jahre erhöhten sich die Umsatzzahlen in den USA enorm. Wie Abbildung 20 zeigt, konnte die Siemens-Medizintechnik zwischen 1969 mit einem Jahresumsatz von 25 Mio. $ und 1980 mit 264 Mio. $ eine Verzehnfachung erreichen; bis 1984 (547 Mio. $) sogar einen Anstieg um mehr als das Zwanzigfache. Noch fehlte es dem Geschäft aber an Rentabilität, weil die Produktionskosten oftmals die Verkaufspreise überstiegen.

432   Zur Analogic Corp. vgl.: Analogic Corporation, in: Tina Grant (Hg.), International directory of comany histories, Band 23, Detroit 1998, S. 13–16, in: Hagley Museum and Library, Imprints, Wilmington/Delaware.

433   Vgl.: Protokoll Nr. 123 über die Sitzung des Zentralausschusses vom 23. Februar 1976, S. 5, in: SAA S 10.

434   Vgl.: Protokoll Nr. 152 über die Sitzung des Zentralausschusses vom 23. Oktober 1978, S. 9 f., in: SAA S 10.

435   Vgl.: Rahmenabkommen zwischen der Siemens AG und der Analogic Corporation vom 11. Oktober 1978, in: SAA 22739.

Abbildung 20: Umsatz der Medizintechnik von Siemens in den USA, 1969–1982

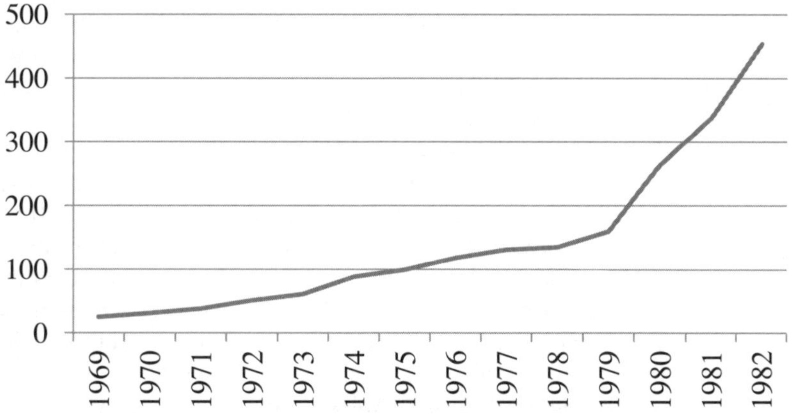

Quelle: Eigene Darstellung nach: Vortrag von Friedrich Kuhrt, Das USA-Geschäft als Innovationsmotor für Medizinische Technik, anlässlich der Aufsichtsratssitzung der Siemens AG vom 19. November 1985, S. 2, in: SAA S 2.

Gerade im Geschäftsjahr 1981/82 konnte der UB Med in den USA einen enormen Aufschwung verzeichnen. Grund hierfür waren hohe Zuwachsraten bei Computertomographen, Herzschrittmachern, Monitoring- und Beatmungsgeräten.[436] Vor dem Hintergrund dieser Geschäftsexpansion und den steigenden Umsatzzahlen in den 1970er Jahren wurden die medizintechnischen Aktivitäten zum 1. Oktober 1982 aus der Siemens Corp. ausgegliedert und in die neue Gesellschaft Siemens Medical Systems, Inc. überführt. Siemens Gammasonics, Siemens Medical Laboratories, Siemens Hearing Instruments und Elema-Schonander, die bisher Tochtergesellschaften der Siemens Corp. waren, wurden nun der SMS angegliedert.[437] Die Stabilisierung der medizintechnischen Aktivitäten durfte aber nicht dazu führen, Geschäftspotenzial der anderen Unternehmensbereiche zu vernachlässigen, betonte Plettner.[438]

2.3.2 UB Bauelemente

Im Bereich elektronischer Bauelemente bildete der Erwerb der US-Firma Dickson 1974 den Auftakt zur Geschäftsexpansion in den 1970er Jahren. Bis 1973 hatte Siemens in den USA insbesondere Schalenkerne, Kondensatoren, Abstimmdioden, Überspannungsableiter, Richtfunk-Wanderfeldröhren, Kaskaden und Silizium-NF-

---

436 Siehe: Vortrag von Friedrich Kuhrt anlässlich der Vorstandssitzung der Siemens AG vom 21. Juni 1983, Anlage 1, S. 1 f., in: SAA 16/Lh 263.

437 Vgl.: Med-Rundschreiben Nr. 9/82, September 1982, in: SMA 7610 3-5-02

438 Vgl.: Vortrag von Bernhard Plettner anlässlich der Pressekonferenz der Siemens AG vom 11. Juli 1977, S. 2, in: SAA 64/Lm 204.

Transistoren vertrieben, die allesamt in Deutschland produziert wurden.[439] Im Rahmen des US-Konzepts von 1973 betonte die Siemens AG die Notwendigkeit einer eigenen Fabrik für elektronische Bauelemente in den Vereinigten Staaten. Dabei geriet Dickson ins Blickfeld. Die US-Firma stellte Halbleiter, Tantalkondensatoren, Zenerdioden und Hybridschaltkreise her. Sie schrieb 1973 noch große Verluste, doch prognostizierte Dickson glaubhaft, sich im Rahmen des „Bauelemente-Booms" zu stabilisieren und 1974 Gewinne ausweisen zu können. Siemens erhoffte sich mit dem Kauf von Dickson, den Umsatz mit Bauelementen in den nächsten fünf Jahren um das Fünffache steigern und die Produktion vor Ort auf 50 Prozent anheben zu können. Im März 1974 übernahm die Siemens AG die US-Firma für 8,7 Mio. $.[440] Die eigene Produktpalette wurde um Zenerdioden ergänzt. Waren die deutschen Tantalkondensatoren für den US-Markt zu teuer, so konnten sie nun günstiger durch Dickson produziert werden.[441] Es war geplant, den Produktionsbereich für Zenerdioden und Tantalkondensatoren auszubauen und dort gleichzeitig auch Folien, MKM-Kondensatoren und Ableiter herzustellen sowie Grundlagenforschung zu betreiben.[442] Wie schon im Falle von Computest hoffte die Siemens AG, den Wertverlust des Dollars umgehen zu können, indem sie Bauelemente direkt in den USA herstellte.[443] Im Oktober 1974 wurde mit den Bauelementeaktivitäten in den USA zur Components Group zusammengeschlossen.[444]

Die Übernahme stellte sich allerdings als strategischer Fehlschlag heraus. Es zeigte sich, dass Dickson vor Verkaufsabschluss große Produktmengen an Vertreter auf Lagerhaltung abgegeben hatte, um seinen Verkaufspreis anzuheben.[445] Ferner wurde deutlich, dass die Produktion in Scottsdale unrentabel lief. Die Verluste der Fabrikation von Tantalkondensatoren 1976 betrugen rund 5,7 Mio. DM. Dies war auf die geringe Auslastung der Fabrik, die fehlende Wirtschaftlichkeit der Kondensatoren und ein instabiles Preisniveau zurückzuführen.[446] Bis Ende 1981 nahm die Siemens AG diese Ergebniszahlen hin. Es galt die Vorgabe: „Die Anwesenheit auf dem US-Markt ist wegen der Innovationsrate und der Bedeutung des US-Marktes

439 Dieses und Folgendes siehe: Anhang zum Zwischenbericht über das USA-Konzept vor dem Zentralausschuss vom 23./24. Juli 1973, S. 3 f., in: SAA 16/Ll 737 sowie: Vortrag von Bernhard Plettner anlässlich der Aufsichtsratssitzung der Siemens AG vom 9. November 1973, S. 5, in: SAA 16/Lh 262.

440 Vgl.: Hauptversammlung der Siemens AG vom 21. März 1974, o. S., in: SAA Pressekonferenzen.

441 Vgl.: Schwab, Siemens, S. 95.

442 Siehe: Protokoll Nr. 102 über die Sitzung des Zentralausschusses vom 25. März 1974, S. 8 f., in: SAA S 10 sowie: Monatsbericht der ZVA/ZVO vom März 1974, S. 4, in: SAA 49/Lr 349, Januar 1971 bis März 1981.

443 Vgl.: Vortrag von Bernhard Plettner anlässlich der Aufsichtsratssitzung der Siemens AG vom 9. November 1973, S. 5, in: SAA 16/Lh 262.

444 Vgl.: Monatsbericht der ZVA/ZVO vom Oktober/November 1974, S. 7, in: SAA 49/Lr 349, Januar 1971 bis März 1981.

445 Vgl.: Schwab, Siemens, S. 95 f.

446 Siehe: Vortrag von Paul Dax anlässlich der Vorstandssitzung der Siemens AG vom 28./29. Juni 1976, Anlage 1, S. 24, in: SAA S 1 sowie: Protokoll Nr. 140 über die Sitzung des Zentralausschusses vom 26. September 1977, S. 11, in: SAA S 10.

– auch wenn geschäftliche Rückschläge eintreten – unverzichtbar."[447] Erst 1982 beschloss die Siemens AG, die Fabrik in Scottsdale aufzugeben und an die US-Firma Microsemiconductor zu verkaufen.[448] In späteren Jahren kamen weitere Unkosten von 15 Mio. $ auf Siemens zu. Auf dem Fabrikgelände wurden Bodenverunreinigungen aus den Anfangsjahren der Dickson Corp. nachgewiesen, für die Siemens verantwortlich gemacht wurde.[449]

Abbildung 21: Ergebnis der Dickson Electric Corp., 1975–1980

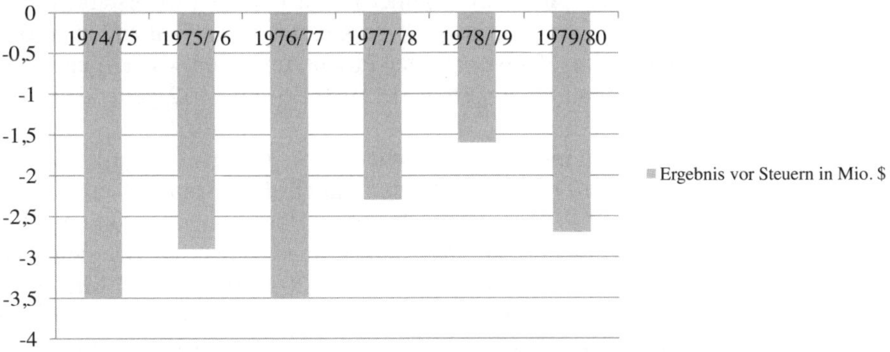

Quelle: Es handelt sich um das HB-II-Ergebnis vor Steuern. Siehe: Aktennotiz zu aufgelaufenen Verlusten vom 24. September 1981, in: Ordner 40, in: Siemens Beteiligungen Inland GmbH (CF R 6 SBI), in: SAA unverzeichneter Bestand.

Seit Mitte der 1970er Jahre verfolgte der UB B in den USA die Strategie, seine Produktpalette auszuweiten. Diese Diversifizierung lässt sich am Einstieg in das Geschäft mit Mikrocomputern (MC) 1976 veranschaulichen. Die Siemens AG setzte große Wachstumserwartungen in diese Kompaktgeräte gerade im nordamerikanischen Raum. 1976 belief sich das Marktvolumen auf 220 Mio. $, bis 1985 sollte es auf drei Mrd. $ ansteigen.[450] Der UB B suchte nach etablierten Geschäftspartnern, sodass im Herbst 1975 der Weltmarktführer Intel Corporation in den Interessensmittelpunkt rückte.[451] Das Unternehmen konnte auf dem Gebiet der Mikroprozessoren einen Weltmarktanteil von 80 Prozent vorweisen. Intel selbst suchte einen internationalen Kooperationspartner, aus der Befürchtung, diese Marktdominanz alleine nicht aufrecht erhalten zu können.[452] So schloss der UB B mit der US-

447 Vgl.: Niederschrift über die Sitzung des Wirtschaftsausschusses der Siemens AG vom 25. September 1981, S. 8, in: SAA 16/Le 409.

448 Siehe: Pressekonferenz der Siemens AG vom 27. Januar 1982, o. S., in: SAA Pressekonferenzen.

449 Vgl.: Schwab, Siemens, S. 97.

450 Vgl.: Protokoll Nr. 123 über die Sitzung des Zentralausschusses vom 23. Februar 1976, S. 3, in: SAA S 10.

451 Nähere Informationen zu Intel siehe: Intel Corporation, in: Jay P. Pederson (Hg.), International directory of comany histories, Band 75, Farmington Hills 2011, S. 196–201, in: Hagley Museum and Library, Imprints, Wilmington/Delaware.

452 Siehe: Vorstandsessen der Siemens AG vom 3. November 1975, S. 1, in: SAA 16/Lm 31.

Firma im Februar 1976 mehrere Abkommen über eine Zusammenarbeit im Bereich von Mikrocomputersystemen (MC-Systeme). Eine Vertriebs- und Marketingabsprache, ein Patentlizenzvertrag sowie ein Kooperationsabkommen sicherten eine gegenseitige Belieferung mit Mikrocomputerprodukten. Gleichzeitig initiierten beide Unternehmen einen engen Austausch von Erfahrungen und Know-how, um gemeinsam MC-Systeme auf den US-Markt zu bringen und eine eigene Produktfamilie zu etablieren.[453] Siemens erhielt von Intel Herstellungsverfahren und Patentrechte übertragen, ebenso wie Vertriebsrechte der US-Produkte für den Verkaufsraum Europa. Im Gegenzug garantierte Siemens dem Partner Mindestabnahmen von Prozessoren und lieferte ihm Software.[454] So konnten beide Firmen bis zu Beginn der 1980er Jahre mehrere Mikrocomputer-Produktreihen entwickeln und produzieren.[455] Dementsprechend verlängerten sie 1980 den bis 1982 geltenden Vertrag.[456]

Um im Bereich Mikrocomputer und Speicher weiter zu expandieren, nahm die Siemens AG im September 1977 Verhandlungen mit der US-Firma Advanced Micro Devices, Inc. (AMD) auf.[457] Siemens war an einer Übernahme der Aktienmehrheit interessiert, das Management der AMD lehnte aber vorerst ab. Das deutsche Unternehmen erwarb daher nur eine Beteiligung von 20 Prozent für 25 Mio. $.[458] Die beiden Firmen diskutierten ebenfalls über eine Zusammenarbeit im Bereich Mikrocomputer sowie zu integrierten Schaltungen. Eine solche Kooperation war für Siemens nicht nur wegen des Marktzugangs, des Know-how-Transfers und neuer Vertriebskanäle von Interesse, sondern galt als Voraussetzung, um bis 1981 weitere Bundesfördergelder in Höhe von 30 Mio. DM für integrierte Schaltkreise zu erhalten.[459] Zudem hatte Siemens mit der AMD einen Partner gefunden, der in

453 Vgl.: Protokoll Nr. 123 über die Sitzung des Zentralausschusses vom 23. Februar 1976, S. 2, in: SAA S 10.
454 Siehe: Vortrag von Bernhard Plettner anlässlich der Aufsichtsratsitzung der Siemens AG vom 8. November 1977, S. 6, in: SAA 16/Lh 262 sowie: Vorstandsessen der Siemens AG vom 3. November 1975, S, 2, in: SAA 16/Lm 31.
455 Hierzu siehe: Presseinformation der Siemens AG zu fünf Jahren Kooperation Intel und Siemens vom Mai 1981, in: SAA 35/Ls 403.
456 Vgl.: Vorstandsessen der Siemens AG vom 10. November 1980, S. 1, in: SAA 16/Lm 31.
457 Hierzu siehe: Protokoll Nr. 140 über die Sitzung des Zentralausschusses vom 26. September 1977, S. 6–10, in: SAA S 10. Der konkrete Planvorschlag für das Joint Venture ist zu finden in: Memorandum of intent zwischen der Siemens AG und Advanced Micro Devices, Inc. vom 4. Oktober 1977, in: SAA 21478.1. Zu Details der Unternehmensgeschichte von AMD siehe: Advanced Micro Devices Inc. Notable Corporate Chronologies. Online Edition. Gale, 2011. Reproduced in Business and Company Resource Center. Farmington Hills, Mich. Gale Group 2012, zu finden unter: http://galenet.galegroup.com/servlet/BCRC, zuletzt eingesehen am 10. Februar 2012.
458 Vgl.: Aktennotiz zur Zusammenarbeit des UB B mit AMD in den USA vom 14. September 1977, S. 2 und 4, in: SAA 22738 sowie: Presseinformation der Siemens AG zur Zusammenarbeit mit AMD vom 19. Januar 1978, in: SAA 35/Ls 403. Das Abkommen ist zu finden in: Vertrag zwischen der Siemens Capital Corp. und der AMD vom 16. Dezember 1977, in: SAA 21478.2. Die Planung, in absehbarer Zeit die Mehrheit von AMD zu übernehmen, sollte sich nicht erfüllen. 1987 entschloss sich Siemens dazu, die Anteile an der US-Firma zu veräußern. Siehe: Kapitel D.3.2.3.
459 Vgl.: Protokoll Nr. 140 über die Sitzung des Zentralausschusses vom 26. September 1977,

den Wachstumsbranchen bipolare Mikrocomputer und Schaltkreise einer der weltweiten Marktführer war. Die hochwertigen Schaltkreise von AMD erwiesen sich als ideale Ergänzung zu den von Siemens hergestellten Prozessrechnern, Datenverarbeitungsanlagen und numerischen Steuerungen.[460] Anfang 1978 gründeten Siemens und AMD für das Mikrocomputergeschäft das Joint Venture Advanced Micro Computer in Sunnyvale, Kalifornien (AMC), an dem die deutsche Firma zu 60 Prozent beteiligt war. Über AMC entwickelten, produzierten und lieferten beide Unternehmen Mikrocomputersysteme, Systembauteile, Entwicklungshilfssysteme und Software.[461] Siemens gab das Ziel aus, den Anteil des Bauelementegeschäfts in den USA am Weltumsatz des UB B von bisher drei Prozent bis 1982 auf zwölf Prozent anzuheben und damit zu vervierfachen.[462] Mit den Verbindungen zu Intel und AMD sah sich Siemens auf dem zukunftssicheren Markt der Mikrocomputer und integrierten Schaltungen gut aufgestellt. So erklärte Bernhard Plettner 1977:

> „Mit dem Erwerb der Minorität an AMD und der Gründung einer gemeinsamen Gesellschaft für Entwicklung und Vertrieb von Mikrocomputern werden wir in dem grössten und fortschrittlichsten Markt der Welt tätig und auf einem Arbeitsgebiet, das für die weitere Entwicklung der Technik und des Geschäftes aller unserer Unternehmensbereiche grosse Bedeutung hat, für die Bereiche Daten- und Informationssysteme, Energietechnik, Fernschreib-, Signal- und Nachrichtentechnik sogar entscheidende Bedeutung."[463]

Das Joint Venture sollte jedoch nicht lange währen. AMD suchte bereits im Spätsommer 1978 auf dem Gebiet der 16-bit-Mikrocomputer eine Anbindung an die US-Firma Zilog, Inc., während Siemens weiterhin mit Intel kooperierte. Die Grundlage von AMC erschien Siemens damit hinfällig.[464] Das gesamte Vermögen der AMC wurde daraufhin zum Sommer 1979 auf die Siemens AG übertragen.[465]

Neben Mikrocomputern und Schaltkreisen betrat die Siemens AG in den USA Ende der 1970er Jahre den Markt für optoelektronische Bauelemente, denjenigen Komponenten, die elektronische und visuelle Signale miteinander verbanden. 1976 knüpfte das deutsche Unternehmen erste Geschäftskontakte zu Litronix, Inc. in Cupertino, Kalifornien, einem Hersteller von Taschenrechnern, Digitaluhren und optoelektronischen Bauteilen. Im Herbst kaufte die Siemens AG 30 Prozent der Anteile des Unternehmens.[466] Vorerst wollte die Siemens AG auch Displays mit Light-

S. 7, in: SAA S 10.

460　Vgl.: Vortrag von Bernhard Plettner anlässlich der Aufsichtsratsitzung der Siemens AG vom 8. November 1977, S. 6, in: SAA 16/Lh 262.

461　Vgl.: Presseinformation der Siemens AG zur Zusammenarbeit mit AMD vom 19. Januar 1978, in: SAA 35/Ls 403. Zur Firmenorganisation siehe: Vertrag zwischen der AMD und der Siemens AG vom 18. Januar 1978, in: SAA 21617.2.

462　Siehe: Niederschrift über die Sitzung des Wirtschaftsausschusses der Siemens AG vom 21. September 1978, S. 4, in: SAA 16/Le 409.

463　Vgl.: Vortrag von Bernhard Plettner anlässlich der Aufsichtsratsitzung der Siemens AG vom 8. November 1977, S. 7, in: SAA 16/Lh 262.

464　Vgl.: Siemens AG an das Finanzamt München I vom 3. April 1979, S. 2, in: SAA 21617.2.

465　Siehe: Beglaubigte Niederschrift über die Gesellschafterversammlung der Firma AMC vom 8. August 1979, in: SAA 21617.1.

466　Vgl.: Protokoll Nr. 131 über die Sitzung des Zentralausschusses vom 22. November 1976, S. 12, in: SAA S 10.

emitting-diodes (LED) von Litronix beziehen, betonte allerdings, dass man selbst über bessere Fertigungskapazitäten und ein höheres Know-how verfüge. Zukünftig sollten LEDs daher von Siemens produziert werden.[467] Ein halbes Jahr später, im Sommer 1977, stellte sich heraus, dass Litronix vor dem Konkurs stand. Die US-Firma Honeywell fühlte sich ermutigt, Litronix zu einem günstigen Preis zu übernehmen. Die Siemens AG sah sich gezwungen, ein über dem Marktwert liegendes Kaufangebot für alle Litronix-Anteile abzugeben, um Honeywell zu überbieten.[468] So übernahm die Siemens AG im Oktober 1977 für 7,5 Mio. $ 80 Prozent der Litronix-Aktien.[469] Schnell entschied die neue Muttergesellschaft, das Verlustgeschäft mit Taschenrechnern und Digitaluhren zu liquidieren und sich auf das Arbeitsgebiet mit optoelektronischen Bauteilen zu fokussieren. Dieses habe ein „gewaltiges Entwicklungspotential",[470] so Bernhard Plettner. Nach einem Umsatz von 17 Mio. $ im ersten Geschäftsjahr bei gleichzeitigem Anlaufverlust von 1,5 Mio. $ konnte die Firma den Umsatz 1979 auf 36 Mio. $ verdoppeln und ein knapp positives Ergebnis mit einem Gewinn von 0,1 Mio. $ verzeichnen.[471] Wegen der schwachen Konjunkturlage in der US-Optoelektronik und der erstarkten Konkurrenz stieg allerdings der Umsatz 1980 nicht weiter an (33 Mio. $), während das Wirtschaftsergebnis einen hohen Verlust von 13 Mio. $ auswies.

Neben Litronix übernahm die Siemens AG im Geschäftsjahr 1979/80 drei weitere US-Firmen, die elektrische Bauelemente herstellten. Im November 1979 sicherte sie sich für 25 Mio. $ alle Anteile der Microwave Semiconductor Corporation (MSC).[472] Ziel der Übernahme war es, Mikrowellenhalbleiter in das eigene Fertigungsprogramm aufzunehmen. Da die USA 1978 63 Prozent dieses weltweiten Marktes ausmachten, erhoffte sich Siemens, durch den Firmenkauf eine solide Geschäftsgrundlage erworben zu haben. Der Kauf der MSC war ein erster Schritt zur Expansion im Bereich elektrischer Bauelemente, schließlich habe die Unternehmensleitung „das Gefühl, auf diesem Gebiet mehr tun zu sollen als bisher",[473]

---

467 Vgl.: Aktennotiz zum Erwerb von Vermögensgegenständen der Firma Litronix, USA vom 6. Mai 1977, S. 4, in: SAA 22546. Zudem belieferte Siemens seit 1976 Grundig mit Artikeln der US-Firma. Lieferengpässe von Litronix fielen daher auch auf Siemens zurück. Das deutsche Unternehmen wollte sich mit dem Firmenkauf auch unabhängig machen und solche Probleme vermeiden. Siehe hierzu: Begründung zum Erwerb der Firma Litronix (USA) vom 29. April 1977, S. 1, in: Ordner 40, Siemens Beteiligungen Inland GmbH (CF R 6 SBI), in: SAA unverzeichneter Bestand.

468 Vgl.: Protokoll Nr. 138 über die Sitzung des Zentralausschusses vom 27. Juni 1977, S. 12, in: SAA S 10 sowie: Protokoll Nr. 140 über die Sitzung des Zentralausschusses vom 26. September 1977, S. 10, in: SAA S 10. Es war nicht unüblich, dass deutsche Unternehmen bei Akquisitionen in den USA Preise über dem Marktwert bezahlten. Vgl.: O.V., schnell, S. 95 f.

469 Siehe: Aktennotiz zu Litronix vom 6. Juli 1977, S. 1, in: SAA 22546.

470 Vgl.: Vortrag von Bernhard Plettner anlässlich der Aufsichtsratsitzung der Siemens AG vom 8. November 1977, S. 4, in: SAA 16/Lh 262.

471 Diese und folgende Zahlen stammen aus: Pressekonferenz der Siemens AG vom 2. Februar 1981, Frage 226, in: SAA Pressekonferenzen.

472 Siehe: Monatsbericht der ZVA/ZVO vom Oktober/November 1979, S. 2, in: SAA 49/Lr 349, Januar 1971 bis März 1981 sowie: Pressekonferenz der Siemens AG vom 7. Juli 1980, Frage 202, in: SAA Pressekonferenzen.

473 Vgl.: Vortrag von Bernhard Plettner anlässlich der Aufsichtsratsitzung der Siemens AG vom

so Plettner. Im ersten Geschäftsjahr wies MSC ein ausgeglichenes Ergebnis ohne Anlaufverluste aus.[474] Im Dezember 1979 konnte die Übernahme von Crystal Technology, Inc. in Palo Alto, Kalifornien (CTI) für 8,6 Mio. $ abgeschlossen werden. Dabei handelte es sich um eine Firma, die Oberflächenwellen-Filter für Fernsehgeräte produzierte, welche zu mehr als zwei Dritteln aus Lithium-Niobat-Scheiben gefertigt wurden.[475] In diesem Randsegment belieferte sie den Weltmarkt zu 80 Prozent. CTI aber sah sich seit Längerem mit großen Produktionsschwierigkeiten konfrontiert. Den Erwerb von CTI rechtfertigte der UB B daher mit der Begründung, er sei für die „Sicherstellung unseres zukünftigen Geschäfts"[476] von fundamentaler Bedeutung. Im Geschäftsjahr 1980 umfassten die Anlaufverluste 0,5 Mio. $.[477] Noch im Dezember 1979 äußerte die Leitung des UB B die Hoffnung, auch die Halbleiterabteilung der Food Machinery Corp. in Broomfield, Colorado zu übernehmen.[478] 1980 erwarb der UB B die US-Firma für 9,8 Mio. $ und benannte sie in Sitronix, Inc. um. Damit übernahm Siemens ihren Marktanteil von acht Prozent bei Leistungshalbleitern und ihre Vertriebskanäle für die Siemens-eigenen Sipmos-Schaltkreise.[479] Auch dieser Unternehmenskauf war kein strategischer Erfolg. 1980 schrieb Sitronix einen Verlust von 5,1 Mio. $.[480] Vier Jahre später war Broomfield der einzige Standort des UB B in den USA, der noch rote Zahlen aufwies.[481] Daher folgte 1985, nachdem sich die Ertragssituation der Fertigungsstätte nicht gebessert hatte, die Schließung des Werks.[482]

Neben klassischen elektrischen Bauelementen, MC-Systemen und integrierten Schaltungen wagte die Siemens AG 1978 den Schritt auf den amerikanischen Markt der Disketten-Speicher. So erwarb der UB B im März den Herstellungsbereich für Floppy-Disc Plattenspeicher der General Systems International, Inc. in Anaheim, Kalifornien.[483] Im Folgejahr vereinbarte der deutsche Unternehmensbereich ein Li-

November 1979, S. 7, in: SAA 16/Lh 262.

474   Siehe: Pressekonferenz der Siemens AG vom 2. Februar 1981, Frage 226, in: SAA Pressekonferenzen.

475   Dieses und Folgendes siehe: Protokoll Nr. 165 über die Sitzung des Zentralausschusses vom 10. Dezember 1979, S. 16, in: SAA S 10 sowie: Pressekonferenz der Siemens AG vom 7. Juli 1980, Frage 202, in: SAA Pressekonferenzen.

476   Vgl.: Protokoll Nr. 165 über die Sitzung des Zentralausschusses vom 10. Dezember 1979, S. 16, in: SAA S 10.

477   Vgl.: Pressekonferenz der Siemens AG vom 2. Februar 1981, Frage 226, in: SAA Pressekonferenzen.

478   Vgl.: Protokoll Nr. 165 über die Sitzung des Zentralausschusses vom 10. Dezember 1979, S. 12, in: SAA S 10.

479   Vgl. dazu: Vortrag von Bernhard Plettner anlässlich der Aufsichtsratssitzung der Siemens AG vom 31. Januar 1980, S. 16, in: SAA 16/Lh 262 sowie: Monatsbericht der ZVA/ZVO vom Februar/März 1980, S. 5 f., in: SAA 49/Lr 349, Januar 1971 bis März 1981.

480   Siehe: Pressekonferenz der Siemens AG vom 2. Februar 1981, Frage 226, in: SAA Pressekonferenzen.

481   Vgl.: Protokoll Nr. 213 über die Sitzung des Zentralausschusses vom 21. Mai 1984, S. 12, in: SAA S 10.

482   Vgl.: Protokoll Nr. 229 über die Sitzung des Zentralausschusses vom 25. November 1985, S. 2, in: SAA S 10.

483   Vgl.: Monatsbericht der ZVA/ZVO vom April/Mai 1978, S. 3, in: SAA 49/Lr 349, Januar 1971

zenzabkommen mit der Western Digital Corporation über Bestandteile von Disketten, sogenannte Floppy-Disc-Controller-Bausteine. Der Vertrag schloss auch andere Bauelemente wie integrierte Schaltungen ein, die Siemens im europäischen Raum vertreiben durfte. Außerdem erhielt das Unternehmen technische Unterlagen und Entwicklungs-Know-how.[484] Bei dieser Expansion kam Siemens der rasant steigende Nachfragebedarf in den USA zugute. Anfang der 1980er Jahre konnten bestimmte Bauelemente von den US-Herstellern nicht mehr ausreichend geliefert werden, sodass namhafte Unternehmen wie General Motors auf Siemens zukamen und sich nach Lieferkonditionen erkundigten.[485] Daraus entstand 1981 die gemeinsame Firma Electronic Display, die Flüssigkeitskristallanzeigen herstellte.[486] Insbesondere in der amerikanischen Automobilindustrie, für die Siemens bislang nur ein unbedeutender Zulieferer war, stieg der Bedarf an elektrischen Bauelementen. Dies lag an der immer besseren Basisausstattung von Fahrzeugen, die auf einer zunehmenden Anzahl an Bauteilen beruhte. Vor dem Hintergrund dieser Geschäftsintensivierung in den USA entschloss sich die Siemens AG dazu, wie schon im UB Medizintechnik, den UB Bauelemente für die USA zum 1. Oktober 1982 neu zu ordnen. Auch hier wurde die bisherige Abteilung aus der Siemens Corp. ausgegliedert und in eine eigene, der Siemens Corp. angegliederte Gesellschaft, die Siemens Components, Inc., überführt.[487] Allerdings zeigte sich Anfang der 1980er Jahre deutlich, wie schwer sich der Markteintritt im Bereich Bauelemente für die Siemens AG in den USA gestaltete. Der Großteil der Beteiligungen schrieb, verstärkt durch hohe Anlaufverluste, rote Zahlen. Generelle Ursachen hierfür waren der hohe und kostenintensive F&E-Aufwand in diesem UB, Kostensteigerungen bei der Produktion von Bauelementen sowie ein Ende der kurzfristig hohen Wachstumsraten, was den Wettbewerbsdruck enorm verschärfte.[488]

2.3.3 UB Energietechnik

Auf dem Arbeitsgebiet der Energietechnik prägten das endgültige Ende der Zusammenarbeit mit Westinghouse sowie die intensivierten Beziehungen zu Allis-Chalmers die Entwicklung der Siemens AG. Bis 1972 ließ das deutsche Unternehmen die letzten energietechnischen Kooperationsverträge mit Westinghouse auslau-

---

bis März 1981.

484   Vgl.: Presseinformation der Siemens AG zur Vereinbarung mit Western Digital Corporation vom November 1979, in: SAA 35/Ls 403.

485   Vgl.: Protokoll Nr. 169 über die Sitzung des Zentralausschusses vom 21. April 1980, S. 9, in: SAA S 10 sowie: Vorstandsessen der Siemens AG vom 14. April 1980, S. 3, in: SAA 16/Lm 31.

486   Siehe: Articles of Association of Electronic Display GmbH, München vom 23. Juli 1981, S. 2, in: SAA 21541. Ob diese Firma tatsächlich gegründet wurde, kann aus den Akten nicht nachvollzogen werden.

487   Siehe: B-Rundschreiben vom 1. Oktober 1982, S. 1, in: SAA 68/Li 262.

488   Vgl.: Vortrag von Karlheinz Kaske anlässlich der Aufsichtsratssitzung der Siemens AG vom Juni 1981, S. 6, in: SAA S 2.

fen.[489] Dafür gab es zwei Gründe. Zum einen hatte die Antitrust-Behörde Verdacht geschöpft, durch die Verbindung von Siemens und Westinghouse könnte ein kartellwiderrechtlicher Wissenstransfer zwischen GE und Westinghouse möglich werden. Zum anderen endeten die Geschäftsbeziehungen mit Westinghouse auch wegen der gestiegenen Ansprüche von Siemens. Die deutsche Firma suchte nach einem Vertragsverhältnis, in dem sie selbst die Vormachtstellung besaß, was ihr die Marktführer Westinghouse und GE nicht zugestanden. Allis-Chalmers, eine kleinere Firma, war dagegen bereit, das Kräfteverhältnis innerhalb gemeinsamer Abkommen zugunsten von Siemens festzulegen. Die Annäherung an AC bedeutete für Siemens einen Kompromiss, schließlich war die Marktposition der US-Firma nicht mit Westinghouse oder GE vergleichbar. Siemens war sich „völlig im Klaren, dass Allis Chalmers etwa ‚2nd class', veraltet (Werke) und technisch schwach geworden war […]."[490]

Von Beginn an war die Zusammenarbeit zwischen der Siemens AG und AC durch Schwierigkeiten belastet. Anfang der 1970er Jahre zeigte sich, dass deutsche Produkte wie Mittelspannungs- und Niederspannungsapparate sowie Motorentechnologien kaum amerikanische Abnehmer fanden, da sie zu wenig an den amerikanischen Markt- und Kundenbedürfnissen orientiert waren. Dies verdeutlichte Siemens, dass Forschung und Entwicklung mittelfristig in den Vereinigten Staaten stattfinden mussten, um die Produkte an den US-Markt anzupassen.[491] Interne Probleme wie die hohe Fluktuation im Management bei AC erschwerten das Geschäft ebenfalls.[492] Dazu fehlte es auf beiden Seiten an Rücksichtnahme für das Partnerunternehmen und Kooperationsbereitschaft. So habe Siemens die amerikanischen Erfordernisse des Produktdesigns zu wenig berücksichtigt, während AC von den KWU-Kompetenzen kaum Gebrauch gemacht habe, erklärte Bernhard Plettner.[493] Paul Dax wies daher 1972 darauf hin, dass gerade deutsche Mitarbeiter, die vertraut waren mit amerikanischen Mentalitäten und Gewohnheiten, für das US-Geschäft wichtig seien.[494]

Trotz dieser Schwierigkeiten entwickelte sich aus der Dampfturbinen-Kooperation von 1968 eine Grundlage, auf der AC in den 1970er Jahren zum wichtigsten Partner für Siemens im Energietechnikgeschäft aufstieg. Die KWU-Tochter Allis-

---

489 Vgl.: Feldenkirchen, Beziehungen, S. 341 f. Beide Unternehmen beendeten 1970 das License and Technical Assistance Agreement von 1954 sowie den Kernenergie-Lizenz-Vertrag. Nicht betroffen war vorerst der allgemeine Austausch von Patenten, der noch bis 1972 andauerte, ehe er auslief. Siehe: Deutsches Bundeskartellamt an die Siemens AG vom 4. Februar 1972, S. 1, in: SAA 21846.1.

490 Siehe: Schwab, Siemens, S. 102.

491 So betonte Plettner: „Jetzt und auch in Zukunft scheint es unmöglich, bei uns entwickelte Typenreihen einfach nach drüben zu übernehmen und unter Einsparung der Entwicklungskosten dort auf den Markt zu bringen." Siehe: Bernhard Plettner an Louis Ferdinand Clemens und Hans-Georg Haeseler vom 26. Februar 1973, S. 2, in: SAA 22454.

492 Vgl.: Memorandum vom 10. November 1972, S. 1, in: SAA 22454.

493 Siehe: Bernhard Plettner an Louis Ferdinand Clemens und Hans-Georg Haeseler vom 26. Februar 1973, S. 3, in: SAA 22454.

494 Siehe: Protokoll Nr. 83 über die Sitzung des Zentralausschusses vom 21. August 1972, S. 4, in: SAA S 10.

Chalmers Power Systems lieferte auch in den 1970er Jahren Dampfturbosätze für US-Kernkraftwerke, wie beispielsweise 1972 an die Delmarva Power and Light Company mit einer Gesamtleistung von 1.540 Megawatt.[495] Über den Lizenzvertrag gelang es Siemens, Spezialprodukte wie Mosaiktafeln, kollektorlose Gleichstrommotoren, Ringgebläsemotoren, Röntgenanalyse-Geräte, Elmiskope und Oszillographen in die USA zu verkaufen. Für die US-Tochter von Volkswagen, VW of America, stellten Siemens und AC Kraftfahrzeug-Diagnosestände her.[496] Die ACPSI vergrößerte 1974 ihren Auftragsbestand auf 26 Turbosätze mit einer Leistung von 20.000 MW und einem Gesamtwert von 500 Mio. $.[497] Großprojekte wie die Lieferung von Stromversorgungsanlagen für drei 1.300-MW-Kraftwerke an die American Electric Power im Gesamtwert von 16 Mio. DM waren fortan keine Seltenheit.[498] Für eine weitere Steigerung des Auftragsvolumens war es für Siemens notwendig, eigene Produktionsstätten in den Vereinigten Staaten aufzubauen. Durch die Übernahme von Computest im Jahr 1973 hatte sich das deutsche Unternehmen bereits eine Fabrik gesichert, in der auch energietechnische Produkte aus dem Bereich der Mess- und Prozesstechnik hergestellt wurden. Der Wertverlust des US-Dollars regte seitdem verstärkt Diskussionen beim UB E und bei der KWU an, weitere Fertigungsprozesse in die USA zu verlegen.[499] Vorerst ließ sich dieser Plan allerdings nicht umsetzen. Grund hierfür war der Widerstand der AEG, die befürchtete, eine KWU-Fabrik vor Ort könnte GE als Angriff auf das eigene Kraftwerksgeschäft werten.[500] Die Siemens AG folgte vorerst der Empfehlung, keine Produktionsstätte zu gründen. Dafür entschloss sie sich, sich noch enger an AC zu binden, um die eigene Marktposition zu stabilisieren. Hatte sich Siemens noch 1969/70 „wegen der sehr deutlichen Abweichungen der Technik und der Geschäftsmethoden in den USA"[501] gegen einen Einstieg bei AC entschieden, so gestaltete sich die Situation 1976 anders. Neben der positiven Einschätzung der bisherigen Kooperation hatte sich gezeigt, dass der UB E in den USA neue Geschäftsmöglichkeiten generieren musste. So hatte beispielsweise der E-6-Sektor, also die Mess- und Prozesstechnik, 1976 einen Gesamtverlust von 7,5 Mio. DM auszuweisen.[502] Nachdem die Siemens AG 1977 die KWU-Anteile der AEG übernehmen konnte und alleiniger Anteilseigner wurde,[503] konnte sie ab 1977 auf dem Kraftwerks- und Energietechnikmarkt in den USA deutlich eigenständiger handeln. Dies zeigte sich im Mai

495   Vgl.: O.V., USA, in: Siemens-Mitteilungen 1972, Heft 10, S. 14.
496   Vgl.: 1. Zwischenbericht über das Landeskonzept USA. Protokoll über die Sitzung des Zentralausschusses vom 23./24. Juli 1973, S. 6, in: SAA 16/Ll 737.
497   Vortrag von Bernhard Plettner anlässlich der Aufsichtsratssitzung der Siemens AG vom 8. November 1974, S. 9, in: SAA 16/Lh 262.
498   Siehe: O.V., Zuletzt gemeldet, in: Siemens-Mitteilungen 1975, Heft 1, S. 12.
499   Siehe: Protokoll Nr. 100 über die Sitzung des Zentralausschusses vom 21. Januar 1974, S. 8, in: SAA S 10.
500   Siehe: ebenda, S. 8.
501   Vgl.: Vortrag von Bernhard Plettner anlässlich der Aufsichtsratssitzung der Siemens AG vom 5. Juli 1976, S. 5, in: SAA 16/Lh 262.
502   Vgl.: Vortrag von Paul Dax anlässlich der Vorstandssitzung der Siemens AG vom 28./29. Juni 1976, Anlage 1, S. 24, in: SAA S 1.
503   Vgl.: Feldenkirchen, Siemens 2003, S. 384.

1977, als der Zentralausschuss die Entscheidung traf, mit AC in Palmetto, Florida eine gemeinsame Firma zu gründen, die Utility Power Corporation (UPC). Sie war zu 85 Prozent im Besitz der KWU und zu 15 Prozent Eigentum von AC.[504] Mit ihrer Hilfe galt es, eine eigene Turbinen- und Generatorenfabrik aufzubauen.[505] Vorerst sollte diese mit KWU-Technik aus dem Mühlheimer Werk in Deutschland beliefert werden. Erst, wenn sich die UPC als Verkäufer für US-Kunden etabliert haben sollte, durfte sie selbst fabrizieren und musste die Produkte nicht mehr aus Deutschland beziehen. UPC gliederte die ACPSI in ihre Organisationsstruktur ein.[506]

Daneben suchte die Siemens AG die Anbindung an Allis-Chalmers. Da sich AC weigerte, Firmenanteile zu verkaufen, ergab sich die Lösung einer gemeinsamen Gesellschaftsgründung. Die Siemens AG wollte die Mehrheitsanteile halten, AC aber bestand selbst auf der Hälfte der Aktien.[507] Vorerst gab sich das deutsche Unternehmen mit einem Minderheitsanteil zufrieden.[508] Gemeinsam gründeten sie im Juli 1977 mit Wirkung zum 1. Januar 1978 die Siemens-Allis, Incorporated (SA).[509] Die Siemens AG beteiligte sich für 15 Mio. $ mit 20 bzw. 21 Prozent[510] und erhielt für ein Jahr lang die Aussicht, weitere 29 bzw. 30 Prozent erwerben zu dürfen.[511] Im Herbst 1978 zog Siemens-Allis an den neuen Standort in Atlanta, Georgia.[512] 1979 entschloss sich Siemens, die Option der Anteilserhöhung auf 50 Prozent wahrzunehmen. Zwar erachtete der UB E den Kaufpreis als relativ hoch, doch waren die Verantwortlichen der Überzeugung, dass der Preis immer noch günstiger sei, als der Versuch, sich alleine auf dem US-Markt zu etablieren.[513] Insgesamt veranschlagte Plettner 100 Mio. $, die Siemens in den kommenden Jahren in Siemens-Allis investieren wolle. Deren Aufgabe war es, elektrotechnische Bauteile wie Motoren, Generatoren, Schaltanlagen sowie Leistungselektronik für Steuer- und Regelsysteme

504 Vgl.: Annual report Allis-Chalmers Corporation, 1979, S. 27, in: Library of Congress, Washington D.C., John Adams Building, Room LA-508 sowie: Protokoll Nr. 136 über die Sitzung des Zentralausschusses vom 2. Mai 1977, S. 5, in: SAA S 10.

505 Siehe: Niederschrift über die Sitzung des Wirtschaftsausschusses der Siemens AG vom 9. Mai 1978, S. 16, in: SAA 16/Le 409.

506 Zur Entwicklung der Utility Power Corp. siehe auch: Annual report Allis-Chalmers Corp.,

507 Vgl.: Protokoll Nr. 187 über die Sitzung des Zentralausschusses vom 14. Dezember 1981, S. 7, in: SAA S 10.

508 Siehe: Aktennotiz vom 4. März 1977, S. 1 f., in: SAA 21908.1.

509 Hierzu und zu Folgendem siehe: Vortrag von Bernhard Plettner anlässlich der Pressekonferenz der Siemens AG vom 11. Juli 1977, S. 1–4, in: SAA 64/Lm 204 sowie: Annual report Allis-Chalmers Corporation, 1977, S. 2 und 21, in: Library of Congress, Washington D.C., John Adams Building, Room LA-508.

510 Zur Höhe der Siemens-Anteile gibt es unterschiedliche Angaben. In einem Vermerk vom 20. April 1977 heißt es, Siemens habe 21 Prozent übernommen. Siehe: Aktennotiz vom 20. April 1977, S. 1, in: SAA 21908.1. An anderer Stelle ist von 20 Prozent die Rede, vgl.: Vortrag von Bernhard Plettner anlässlich der Pressekonferenz der Siemens AG vom 11. Juli 1977, S. 1–4, in: SAA 64/Lm 204.

511 Vgl.: Aktennotiz vom 20. April 1977, S. 2, in: SAA 21908.1.

512 Vgl.: Siemens Corporation, Siemens in the U.S., 1978, S. 34, in: SAA 68/Li 262.

513 Siehe: Protokoll Nr. 135 über die Sitzung des Zentralausschusses vom 21. März 1977, S. 8, in: SAA S 10.

in den USA herzustellen. Gemeinsam mit AC, so Bernhard Plettner 1977, war es das Ziel, einen Marktanteil von bis zu 20 Prozent in den USA zu erreichen.[514]

Die positive Bilanz der ersten Geschäftsjahre von Siemens-Allis unterstrich diese Einschätzung. Mitte 1980 konnte die Firma US-weit auf zwölf eigene Fabriken und 18 Motor-Reparaturwerkstätten verweisen.[515] Der Umsatz war von 279 Mio. $ 1978 bis 1981 auf 400 Mio. $ gestiegen, während das Ergebnis nach Steuern von 12,2 Mio. $ auf 14,2 Mio. $ angehoben werden konnte.[516] Das Jahr 1982 erwies sich als Meilenstein für die energietechnischen Aktivitäten von Siemens in den USA, da die Beteiligungsverhältnisse weiter zugunsten der deutschen Firma verschoben wurden. Allis-Chalmers vermeldete Ende 1981 starke Umsatzrückgänge, die das US-Unternehmen dazu bewogen, seine Anteile an Siemens-Allis der Siemens AG anzubieten. Zum 1. Januar 1982 übernahm die Siemens AG somit weitere 35 Prozent der Anteile für 75 Mio. $.[517] Die Siemens AG besaß nun mit 85 Prozent die absolute Mehrheit an Siemens-Allis. Organisatorisch bedeutete diese Entscheidung umfassende Veränderungen. Zum Jahresanfang 1982 erhielt Siemens-Allis die Verantwortung für das gesamte US-Geschäft des UB E. Ausgenommen hiervon waren einzig numerische Steuerungen sowie Zubehör für Werkzeugmaschinen, Computer-Hardware und Industrieroboter.[518] Mittelfristig sicherte sich Siemens die Rechte, die restlichen 15 Prozent der Anteile, die noch in im Besitz von Allis-Chalmers waren, zu übernehmen. AC hielt diese noch fünfeinhalb Jahre, ehe sie für den Fixpreis von 15 Mio. $ an die deutsche Firma verkauft wurden.[519] Zwar war Siemens-Allis nun sehr eigenständig, blieb aber weiterhin von Schwierigkeiten wie Konjunkturschwankungen und dem Käuferverhalten abhängig, wie sich 1982 zeigte. Um die sinkende Auftragsmenge ausgleichen zu können, musste die Firma 17 Prozent der Mitarbeiter entlassen. Daneben gelang es 1982, durch Rationalisierungsmaßnahmen in den Bereichen Einkauf, Technik, Produktion und Qualität 20,7 Mio. $ einzusparen.[520] Diese beträchtliche Summe zeigte gleichzeitig, wie ineffizient die Organisation der Siemens-Allis bis dahin in Teilen gewesen war.

---

514   Vgl.: Vortrag von Bernhard Plettner anlässlich der Aufsichtsratsitzung der Siemens AG vom 8. November 1977, S. 9, in: SAA 16/Lh 262.

515   Vgl.: Niederschrift über die Sitzung des Wirtschaftsausschusses der Siemens AG vom 8. Mai 1980, S. 15, in: SAA 16/Le 409.

516   Vgl.: Vortrag von Karlheinz Kaske anlässlich der Aufsichtsratsitzung der Siemens AG vom 27. Januar 1982, S. 13, in: SAA 16/Lh 262.

517   Vgl.: Protokoll Nr. 187 über die Sitzung des Zentralausschusses vom 14. Dezember 1981, S. 7, in: SAA S 10 sowie: Annual report Allis-Chalmers Corporation, 1981, S. 20, in: Library of Congress, Washington D.C., John Adams Building, Room LA-508.

518   Siehe: Rundschreiben SG-Nr. 055 vom 30. Dezember 1982, in: SAA 68/Li 262. Aufträge der Energietechnik wie die Bahnstrom- und Fahrleitungsversorgung für das neue Stadtbahnsystem in Portland, Oregon 1982 mit einem Auftragswert von 7,5 Mio. $ liefen nun komplett über Siemens-Allis. Siehe: Presseinformation der Siemens AG zur Stromversorgung für eine amerikanische Stadtbahn vom Oktober 1982, in: SAA 35/Ls 403.

519   Vgl.: Vortrag von Karlheinz Kaske anlässlich der Aufsichtsratsitzung der Siemens AG vom 27. Januar 1982, S. 12, in: SAA 16/Lh 262.

520   Siehe: Vortrag von Hans Günter Vogelsang anlässlich der Vorstandssitzung der Siemens AG vom 21. Juni 1983, Anlage 2, S. 2 f., in: SAA 16/Lh 263.

Bis 1980 hatten sich einige Mehrheitsbeteiligungen und Firmenübernahmen der Siemens AG in den USA als erhebliche Fehlinvestitionen erwiesen. Das deutsche Unternehmen hatte mehrfach beschlossen, Aktivitäten wieder zu beenden und Firmen zu verkaufen.[521] Im Fall von Siemens-Allis entschied es sich erstmals dazu, bewusst die amerikanischen Organisationsstrukturen unangetastet zu lassen. Die neu gegründete Firma blieb hierarchisch gegliedert, der Präsident besaß die alleinige Entscheidungskompetenz.[522] Einfluss auf die Geschäftsstrategien konnte die Siemens AG nur über den Board of Directors nehmen, wo sie acht von zehn Mitgliedern stellte.[523] Das interne Berichtwesen und das externe Rechnungswesen blieben nach amerikanischem Muster bestehen. Die Mitarbeiter, zu großen Teilen US-Amerikaner, sollten bestmöglich motiviert werden und in ihrem „Selbstverständnis, in einem amerikanischen Unternehmen zu arbeiten",[524] unterstützt werden. Dieses Modell, die US-Firma nicht nach deutschen Gewohnheiten zu organisieren, sondern wesentliche Teile der bisherigen Unternehmensstrukturen bestehen zu lassen, erhielt von nun an Vorbildcharakter für Siemens in den USA. So sei „die klare und konsequent gehandhabte Delegation von Führung und Verantwortung vor Ort"[525] die Voraussetzung von Konsolidierung und Wachstum der Siemens-Allis. Nicht alle Bereiche des Siemens-Geschäfts in den USA hätten eine so klare Gliederung, was die Ursache für den Großteil der Probleme sei, so Vorstandsmitglied Hans-Gerd Neglein.

Die Zusammenarbeit mit Allis-Chalmers bildete das Zentrum der energietechnischen Aktivitäten von Siemens in den USA. Darüber hinaus suchte die Firma Anbindung an das japanische Unternehmen Fujitsu Fanuc, mit dem 1976 ein Joint Venture in den USA gegründet wurde. Die asiatische Firma und die Siemens AG konnten bereits auf eine mehrjährige Kooperation im Bereich der Werkzeugmaschinensteuerung zurückblicken.[526] Nun gründeten sie die General Numeric Corporation in Elk Grove Village, Illinois. Diese nahm ihre Arbeit im Vertrieb und der Wartung numerischer Steuerungen im Januar 1976 auf. War im ersten Jahr ein An-

---

521   So urteilte Hermann Franz 2012 im Rückblick: „Die meisten der Firmen, die wir übernommen haben, sind heute nicht mehr existent. Die Firmen sind eingegangen wie ein Kaktus in der Sonne. Das waren praktisch Fehlinvestitionen par excellence." Vgl. hierzu: Persönliches Interview mit Hermann Franz am 22. Juni 2012 am Wittelsbacherplatz 2, München.

522   Siehe: Niederschrift über die Sitzung des Wirtschaftsausschusses der Siemens AG vom 8. Mai 1980, S. 15, in: SAA 16/Le 409.

523   Vgl.: Protokoll Nr. 187 über die Sitzung des Zentralausschusses vom 14. Dezember 1981, S. 8, in: SAA S 10.

524   Vgl.: Vortrag von Karlheinz Kaske anlässlich der Aufsichtsratssitzung der Siemens AG vom 27. Januar 1982, S. 18, in: SAA 16/Lh 262.

525   Dieses und Folgendes siehe: Protokoll Nr. 187 über die Sitzung des Zentralausschusses vom 14. Dezember 1981, S. 9, in: SAA S 10.

526   Vgl.: Protokoll Nr. 122 über die Sitzung des Zentralausschusses vom 26. Januar 1976, S. 4, in: SAA S 10. Jüngstes Abkommen war der Basisvertrag von 1975, in dem sich beide Unternehmen zum Austausch von technischen Informationen zu numerischen Steuerungen verpflichteten. Außerdem vereinbarten sie für diese Produkte Vorverkaufsrechte, die Siemens den Markt in Europa und Fujitsu den asiatischen Bereich zuordneten. Vgl.: Basisvertrag zwischen der Siemens AG und der Fujitsu Fanuc Ltd., Tokyo vom 10. Juni 1975, in: SAA 22537.

laufsverlust von etwa 300.000 $ noch eingeplant,[527] so stellte sich heraus, dass in den Folgejahren insbesondere die Steuerungen von Fujitsu Fanuc das Geschäft trugen, Siemens den Einfluss auf das Joint Venture verlor und daher 1990 seinen Anteil an den japanischen Partner verkaufte.[528]

2.3.4 UB Fernschreib-, Signal,- und Nachrichten- bzw. Kommunikationstechnik[529]

Auf dem Gebiet der Kommunikationstechnik suchte Siemens in den 1970er Jahren neue Kooperationspartner und knüpfte gleichzeitig an die Beziehungen mit Stromberg-Carlson aus den 1960er Jahren an. Ziel war es, das eigene Edelmetall-Schnellschaltekontakt-Relais (ESK) als Komponente für Telefonanlagen und Vermittlungsstellen über das US-Unternehmen an amerikanische Telefonfirmen zu verkaufen. Dieser Versuch gestaltete sich allerdings als schwierig.[530] StCC unterstützte die Ambitionen von Siemens nur widerwillig, setzte die amerikanische Firma doch auf ihr eigenes Telefonanlagen-System PABX. Daher begrenzte Siemens seine Beziehungen zu Stromberg-Carlson auf ein reines Lizenzabkommen und suchte seit 1971 die Kooperationsbereitschaft anderer US-Unternehmen. Mit der Western Electric verlängerte das Unternehmen das Abkommen von 1966, das Siemens Vertriebsrechte für Telefonsystemkomponenten zusicherte.[531] Als sich herausstellte, dass sich kein weiterer passender Partner finden ließ, beschloss die Siemens AG im Dezember 1971, ihr eigenes mechanisches PABX-System in den USA zu entwickeln.[532] 1973 konnte die erste Nebenstellenanlage, die bewusst an die amerikanischen Anwendungsbedürfnisse angepasst war, in den USA verkauft werden.[533] Drei Jahre später veräußerte das deutsche Unternehmen 30 PABX-Anlagen in New York, Chicago, Philadelphia und Boston, ehe sich abzeichnete, dass diese mechanische Technik überholt war.[534] Daher ersetzte sie der UB K 1977 durch das erste von Siemens in den USA entwickelte, vollautomatische PABX-Vermittlungssystem SD 192. Die in der Fabrik der ehemaligen Computest in Cherry Hill produzierten Anlagen mussten laufend an die amerikanischen Nutzerbedürfnisse angepasst werden, sodass Siemens 1977/78 mit den Planungen einer digitalen Telefonreihenanlage der

527   Vgl.: Aktennotiz vom 21. Oktober 1975, S. 1 f., in: SAA 22537.
528   Vgl.: Schwab, Siemens, S. 101.
529   1978/79 wurden die Unternehmensbereiche F (Fernschreib- und Signaltechnik) sowie N (Nachrichtentechnik) zum UB Kommunikationstechnik, zusammengelegt. Der Einfachheit halber wird für den gesamten Zeitraum der 1970er Jahre die Bezeichnung UB K verwendet.
530   Hierzu und zu Folgendem siehe: Leonhard Bauer, 40 years of Siemens PN-history in the U.S. From the fifties to the nineties, Boca Raton 1993, S. 16–21, in: SAA 16498.
531   Siehe: License Agreement zwischen der Siemens AG und der Western Electric Company, Inc. vom 1. Januar 1971, in: SAA 23908.
532   Siehe: 1. Zwischenbericht über das Landeskonzept USA. Protokoll über die Sitzung des Zentralausschusses vom 23./24. Juli 1973, S. 6, in: SAA 16/Ll 737.
533   Vgl.: Niederschrift über die Sitzung des Wirtschaftsausschusses der Siemens AG vom 11. September 1973, S. 12, in: SAA 16/Le 409.
534   Hierzu und zu Folgendem siehe: Leonhard Bauer, 40 years of Siemens PN-history in the U.S. From the fifties to the nineties, Boca Raton 1993, S. 22–27, in: SAA 16498.

Typen Saturn 60, 200 und 600 begann. Um entsprechende Infrastrukturen für diese Produktentwicklung zu schaffen, entschied sich das Unternehmen 1978, ein neues Entwicklungs- und Produktionszentrum in Boca Raton, Florida aufzubauen, das im Folgejahr fertiggestellt wurde. Hier wurden Telefonsysteme für den amerikanischen und auch den internationalen Markt entwickelt.[535] Pro Jahr investierte Siemens zwischen 20 und 25 Mio. $ für F&E in Boca Raton.[536]

Neben der langsamen Etablierung von Telefonsystemanlagen konnte die Siemens AG Telexämter und Datenvermittlungsanlagen in den USA vertreiben. Die Lieferaufträge an die Western Union Telegraph Co. stiegen seit Beginn der 1970er Jahre und bildeten einen wichtigen Bestandteil des Geschäfts des UB K. 1972 brachten sie einen Umsatz von rund sechs Mio. $.[537] Zwischen 1958 und 1971 konnte Siemens insgesamt 226 Telexämter mit mehr als 21.000 Anschlusseinheiten für die WU bereitstellen.[538] 1972 folgte ein Großauftrag über sieben rechnergesteuerte elektronische Datenvermittlungssysteme mit einem Auftragswert von mehreren Mio. $. Sie wurden in sechs Ballungszentren in den USA installiert.[539] Ähnliche Aufträge erhielt die Siemens AG von WU fortan regelmäßig, so auch 1982. Das deutsche Unternehmen lieferte eine Anlage zur Fernschreib- und Datenvermittlung nach New York, die mit weiteren Vermittlungssystemen für New York und Los Angeles einen Auftragswert von 13,5 Mio. DM erreichte.[540]

Die Siemens AG versuchte, seine Kooperationstätigkeit nicht auf wenige Unternehmen zu begrenzen, sondern mit möglichst vielen US-Firmen zusammenzuarbeiten. Die Geschäftsausweitung im Bereich der Kommunikationstechnik erfolgte auch vor dem Hintergrund, dass sich der US-Markt zunehmend für ausländische Firmen öffnete. Die in den 1970er Jahren einsetzende Liberalisierung gipfelte 1982 darin, dass AT&T nach mehreren Antitrustprozessen bestätigte, seine 22 Bell Operating Companies (BOC) abzuspalten.[541] Dies erleichterte die Zusammenarbeit europäischer Hersteller mit US-Firmen entscheidend. Erfolgreich erwies sich beispielsweise die Annäherung an den amerikanischen Marktführer für Glasfaserkabelproduktion, die Corning Glass Works in Corning, New York (CG).[542] Ende der 1960er Jahre hatten verschiedene Unternehmen begonnen, zur Übertragung von Nachrichten Glasfasern zu verwenden und damit den Nachrichtenverkehr revolutioniert.[543] Siemens und CG hatten bereits 1973 in Deutschland ein Joint Venture gegründet, die Siecor Gesellschaft für Lichtwellenleiter mbH, München (SGL). Ihr

---

535　Siehe: O. V., ohne Titel, in: Siemens-Mitteilungen 1979, Heft 5, S. 7 sowie: Siemens Corporation, Siemens in the U. S., 1978, S. 22, in: SAA 68/Li 262.

536　Vgl.: Schwab, Siemens, S. 122.

537　Vgl.: Anhang zum Zwischenbericht über das USA-Konzept vor dem Zentralausschuss vom 23./24. Juli 1973, S. 4, in: SAA 16/Ll 737.

538　Vgl.: O. V., ohne Titel, in: Siemens-Mitteilungen 1971, Heft 6, S. 12.

539　Vgl.: O. V., Großauftrag in den USA, in: Siemens-Mitteilungen 1972, Heft 2, S. 2.

540　Vgl.: O. V., ohne Titel, in: Siemens-Mitteilungen 1982, Heft 5, S. 17.

541　Vgl.: Schwab, Siemens, S. 93.

542　Näheres zu CG: Corning Inc., in: Tina Grant (Hg.), International directory of comany histories, Band 90, Farmington Hills 2008, S. 147–153, in: Hagley Museum and Library, Imprints, Wilmington/Delaware.

543　Manuskript von Bernd Zeitler, Vom Kupfer zum Glas, undatiert, S. 1, in: SAA 18373.

Ziel war es, Glasfaser und Kabel herzustellen und zu vertreiben.[544] Nachdem sich die Technologie sowie die bilaterale Zusammenarbeit bewährt hatten, gründeten beide Unternehmen im November 1977 die US-Gesellschaft Siecor Optical Cables, Inc. in Horseheads, New York, um die Glasfasermethodik in den USA zu etablieren.[545] Während CG seine Produktion der Glasfaser und Lichtwellenleiter einbrachte, beteiligte sich Siemens bei der Entwicklung mit der Verkabelung der Fasertechnik.[546] Um das Produktionsvolumen zu erhöhen, erwies es sich bald als ratsam, Fabrikationskapazitäten in den Vereinigten Staaten zu kaufen, schließlich war das Marktpotenzial für Lichtwellenleiterkabel in den USA weitaus größer als in Europa.[547] Daher entschieden sich beide Unternehmen dazu, zu Beginn 1980 die US-Kabelfirma Superior Cable Corp. mit rund 1.400 Mitarbeitern für 49 Mio. $ zu übernehmen. Siecor Optical Cables und Superior fusionierten zur Siecor Corp. Bereits im ersten Jahr ihres Bestehens konnte das Kabelunternehmen – im Gegensatz zu vielen anderen Beteiligungen der Siemens AG in den USA – einen Gewinn von 1,7 Mio. $ erwirtschaften.[548] Trotz der hohen Mitarbeiterzahl und vier Standorten in den Vereinigten Staaten stellte sich das Produktionsvolumen der Siecor Corp. im Vergleich zu anderen Kabelfirmen als zu klein heraus. 1982 musste Siemens feststellen, dass Western Electric pro Jahr dreimal soviel Lichtwellenleiterkabel produzierte wie die US-Tochter.[549] Die Diskussion, ob sich die hohen finanziellen Investitionen bei vergleichsweise niedriger Produktivität lohnen würden, ebbten vor dem Hintergrund ab, dass die Siecor Corp bis 1983 weit mehr als 100 Aufträge zu Glasfaserkabelfertigungen mit teils großem Umfang erhielt.[550]

Im September 1979 entschied sich die Siemens AG dazu, im Bereich von Übertragungseinrichtungen für Fernschreiber die US-Firma Databit, Inc. in Hauppage, New York für 13,1 Mio. $ zu erwerben. So konnte die Siemens AG das eigene Produktportfolio um das Zeitmultiplexverfahren ergänzen.[551] Da sich Databit bisher auf diesen sehr speziellen Teil der Fernschreib- und Signaltechnik konzentriert hatte, hoffte der UB K, sich mit dem Firmenerwerb in einer lukrativen Marktlücke

544   Siehe hierzu: SAA 21952 sowie: Annual report Corning Glass Works, 1977, S. 9, in: Library of Congress, Washington D.C., John Adams Building, Room LA-508.

545   Vgl.: Manuskript von Bernd Zeitler, Vom Kupfer zum Glas, undatiert, S. 4, in: SAA 18373 sowie: Vortrag von Bernhard Plettner anlässlich der Aufsichtsratsitzung der Siemens AG vom 8. November 1977, S. 7, in: SAA 16/Lh 262.

546   Vgl.: Presseinformation der Siemens AG zur Unternehmensgründung mit Corning Glass vom 5./7. Dezember 1977, S. 1, in: SAA 68/Li 262.

547   Siehe: Vortrag von Bernhard Plettner anlässlich der Aufsichtsratsitzung der Siemens AG vom 31. Januar 1980, S. 15 f., in: SAA 16/Lh 262.

548   Vgl.: Pressekonferenz der Siemens AG vom 2. Februar 1981, Frage 226, in: SAA Pressekonferenzen. Nähere Informationen zur Übernahme siehe: Manuskript von Bernd Zeitler, Vom Kupfer zum Glas, undatiert, S. 4, in: SAA 18373.

549   Vgl.: Protokoll Nr. 190 über die Sitzung des Zentralausschusses vom 22. März 1982, S. 16, in: SAA S 10.

550   Siehe hierzu: Manuskript von Bernd Zeitler, Vom Kupfer zum Glas, undatiert, S. 5, in: SAA 18373.

551   Siehe: Protokoll Nr. 162 über die Sitzung des Zentralausschusses vom 24. September 1979, S. 9, in: SAA S 10 sowie: Pressekonferenz der Siemens AG vom 7. Juli 1980, Frage 202, in: SAA Pressekonferenzen.

zu etablieren. Gleichzeitig konnten die eigenen F&E-Kapazitäten zu Zeitmultiplex-geräten eingestellt und damit Kosten gespart werden, was die hohe Kaufsumme für Databit rechfertigte.[552]

Wenige Monate nach der Übernahme von Databit entschied sich der UB K im Januar 1980 dazu, den US-Wettbewerber Aerotron in Raleigh, North Carolina für 12,3 Mio. $ zu kaufen.[553] Dieser Erwerb sicherte Entwicklungs- und Produktions-kapazitäten für Mobiltelefone und Funkgeräte im Hochfrequenzbereich.[554] In den USA erhoffte sich die Siemens AG hohes Entwicklungspotenzial für Mobilfunkge-räte.[555] Von langfristigem Erfolg war dieser Markteintritt allerdings nicht. 1980 musste die Gesellschaft einen Anlaufverlust von 0,8 Mio. $ ausweisen.[556] Bis 1984 war es ihr wegen fehlender Unternehmensgröße nicht gelungen, sich auf dem US-Markt zu etablieren und das Geschäft entscheidend zu erhöhen.[557] Dies war die Begründung, Aerotron 1984 zu veräußern.[558]

Auch der Unternehmenskauf der Transcontrol Corp. in Port Washington, New York, zur Herstellung von Eisenbahnsignaltechnik sollte kein Erfolg werden. Bis-her konnte die Siemens AG Kunden, die Signalanlagen nach amerikanischem Mo-dell wünschten, nicht bedienen, da sich dieses sehr von den deutschen Technolo-gien unterschied.[559] Mittels der Transcontrol wollte das Unternehmen künftig in den USA produzieren und sich neue Absatzmärkte erschließen. Dabei erschien die Größe des Eisenbahnnetzes in den USA mit 324.000 Kilometer Länge im Vergleich zu 29.000 Kilometern in Deutschland sehr verlockend. So entschied sich der deut-sche Elektrokonzern 1978, die Trancontrol Corp. für vier Mio. DM zu überneh-men.[560] Allerdings wies die Firma bereits im ersten Geschäftsjahr einen Verlust von zwei Mio. $ aus,[561] der in den Folgejahren weiter anstieg. Ein Geschäftsminus von 8,7 Mio. DM 1983 führte schließlich dazu, die Transcontrol an ihre bisherigen ame-rikanischen Mitarbeiter zu verkaufen. „Die Absicht, mit dem Erwerb dieser Gesell-

552 Vgl.: Vortrag von Bernhard Plettner anlässlich der Aufsichtsratssitzung der Siemens AG vom 13. November 1979, S. 7, in: SAA 16/Lh 262.
553 Vgl.: Pressekonferenz der Siemens AG vom 7. Juli 1980, Frage 202, in: SAA Pressekonferen-zen.
554 Vgl.: Monatsbericht der ZVA/ZVO vom Dezember 1979/Januar 1980, S. 4, in: SAA 49/Lr 349, Januar 1971 bis März 1981.
555 Vgl.: Vortrag von Bernhard Plettner anlässlich der Aufsichtsratssitzung der Siemens AG vom 13. November 1979, S. 8, in: SAA 16/Lh 262.
556 Vgl.: Pressekonferenz der Siemens AG vom 2. Februar 1981, Frage 262, in: SAA Pressekon-ferenzen.
557 Vgl.: Protokoll Nr. 208 über die Sitzung des Zentralausschusses vom 21. November 1983, S. 11, in: SAA S 10.
558 Siehe: Pressekonferenz der Siemens AG vom 8. Juli 1984, Frage 189, in: SAA Pressekonfe-renzen.
559 Vgl.: Aktennotiz zum Kauf der Transcontrol Corp. vom 12. April 1978, S. 1, in: Ordner 40, Siemens Beteiligungen Inland GmbH (CF R 6 SBI), in: SAA unverzeichneter Bestand.
560 Siehe: Pressekonferenz der Siemens AG vom 6. Februar 1979, Frage 203, in: SAA Pressekon-ferenzen.
561 Vgl.: Pressekonferenz der Siemens AG vom 2. Februar 1981, Frage 226, in: SAA Pressekon-ferenzen.

schaft das Eisenbahnsignalgeschäft in den USA zu erschließen, ist nicht gelungen",[562] gestand die Unternehmensleitung der Siemens AG ein.

Mit der Xerox Corp. in Stamford, Connecticut, einem Hersteller für Kommunikations- und insbesondere Bürotechnik, schloss die Siemens AG im Februar 1982 ein Abkommen zur Aufteilung der Märkte. Sie erhielt den europäischen, der amerikanische Partner den Markt in den USA sowie Kanada zugeteilt.[563] Beide Unternehmen nahmen Kommunikationsprodukte des Partners in das eigene Produktportfolio auf und vertrieben integrierte Bürosysteme jeweils im Heimatmarkt. Gerade das schnelle und hochinnovative Lokalbusnetz Ethernet, das Xerox entwickelt hatte, um Bürosysteme miteinander zu verbinden und zwischen verschiedener Hardware einen Datenaustausch zu ermöglichen, konnte Siemens in sein europäisches Vertriebsprogramm einbinden.[564] Damit war aber eine Betätigung auf diesem Gebiet in den USA vorerst ausgeschlossen.

2.3.5 UB Datentechnik bzw. Daten- und Informationssysteme

Das Gebiet der Datentechnik galt in den 1970er Jahren als Feld vielversprechender Zukunftstechnologien. Da die Datenverarbeitung (DV) eine junge Disziplin war, bedurfte sie eines großen Forschungsaufwands, der hohe Investitionskosten nach sich zog. Kooperationsverträge mit anderen Elektrofirmen erwiesen sich als besonders wichtig, um Synergieeffekte zu nutzen und Kosten zu teilen.[565] In den USA, wo sich die Datenverarbeitung entwickelt hatte, spielte die Zusammenarbeit mit anderen Wettbewerbern für Siemens eine besonders große Rolle.[566] Die Kooperation von 1964 mit der RCA, in deren Zentrum Datenverarbeitungsanlagen wie diejenigen aus der Serie Spectra 70 standen, ist hierfür das beste Beispiel. Mit der Entscheidung der RCA, sich 1971 aus dem Bereich des Datenverarbeitungsgeschäfts zurückzuziehen,[567] verlor die Siemens AG einen langjährigen Partner und

562 Vgl.: Protokoll Nr. 208 über die Sitzung des Zentralausschusses vom 21. November 1983, S. 12, in: SAA S 10.
563 Vgl.: Protokoll Nr. 187 über die Sitzung des Zentralausschusses vom 14. Dezember 1981, S. 10 f., in: SAA S 10.
564 Siehe: Presseinformation der Siemens AG zu Siemens und Xerox vom 25. Februar 1982, in: SAA 35/Ls 403.
565 Vgl.: Protokoll Nr. 83 über die Sitzung des Zentralausschusses vom 21. August 1972, S. 6, in: SAA S 10.
566 Näheres hierzu siehe: Hilger, Amerikanisierung, S. 76 f. Zur Geschichte der Datenverarbeitung in den USA vgl. auch: Plettner, Abenteuer, S. 242–247.
567 Vgl.: Aktennotiz von Jan A. Rajchman vom 18. März 1974, S. 1, in: Hagley Museum and Library, Soda House, Wilmington/Delaware, David Sarnoff Library Collection, Accession 2464, Box 4, Folder 5: Visitors. Part of Jan A. Rajchman Papers. Hauptgrund für den Verkauf der Computerbranche an die Sperry Rand Computer Systems war der hohe Wettbewerberdruck durch IBM, der verdeutlichte, wie hoch die Investitionen hätten sein müssen, damit RCA wettbewerbsfähig geblieben wäre. Siehe dazu: Lothar Hack / Irmgard Hack, Wie Globalisierung gemacht wird. Ein Vergleich der Organisationsformen und Konzernstrategien von General Electric und Thomson/Thales, Berlin 2007, S. 161.

hatte vorerst keinen Ersatz.[568] Davon unabhängig planten deutsche und europäische Unternehmen bereits seit 1970 eine europaweite Kooperation im Bereich der Datenverarbeitung, um ein institutionelles Gegengewicht zu den amerikanischen Unternehmen um IBM, Univac und GE/Honeywell zu bilden. Innerdeutsche Pläne von Siemens, mit AEG-Telefunken zu kooperieren,[569] zerschlugen sich. Da der amerikanische Marktführer IBM etwa 70 Prozent des weltweiten Rechnermarktes abdeckte, stellte Siemens bei der Suche nach neuen Partnern die Bedingung, dass deren Rechnersysteme kompatibel mit IBM-Systemen sein müssen.[570] Ab 1971 diskutierten Siemens, die französische Compagnie Internationale pour l'Informatique (CII) und Philips ein europäisches Firmenkonsortium als Lösung. Zwei Jahre später gründeten die drei Unternehmen im Juli die Datenverarbeitungsgesellschaft Unidata. Ihr Aufgabengebiet umfasste kommerzielle und wissenschaftlich-technische Datenverarbeitungsanlagen, Prozessrechner waren ausgenommen. Das erklärte Ziel war, bis 1976 eine gemeinsame Produktfamilie mit sechs verschiedenen Typen herausbringen.[571] Dabei sah das Gesellschaftsmodell eine klare Arbeitsteilung vor. Während sich Philips auf dem Gebiet der Kleinrechner betätigen sollte, erhielt die Siemens AG das Arbeitsfeld der mittleren Rechneranlagen und CII die Entwicklung und Herstellung von Großrechnern.[572] Bald aber verdeutlichte sich der große Widerspruch dieser Unternehmung. Während einerseits galt, dass die drei Firmen „ihre Individualität in der Forschung, Entwicklung, Fertigung und in grossen Teilen des Stammhausvertriebes beibehalten"[573] sollten, hieß es andererseits, dass die Kompatibilität der Systeme aller drei Firmen von größter Bedeutung für die gemeinsame Produktfamilie sei. Bereits Anfang der 1970er Jahre hatte sich bei diesem Gegensatz abgezeichnet, dass eine Systemkompatibilität nicht ohne Weiteres zu erreichen war, „da sich jeder Hersteller sein eigenes Gefängnis in Gestalt seiner

---

568 Vgl.: Janisch, Jahre, S. 71. Zum Ausstieg der RCA siehe auch: Heinz Gumin, Die Datenverarbeitung und das Haus Siemens, Vortrag anlässlich der Siemens-Tagung vom 1. Februar 1973, S. 10 f., in: SAA S 12.

569 Vgl.: Protokoll Nr. 50 über die Sitzung des Zentralausschusses vom 19. Januar 1970, S. 2, in: SAA S 10.

570 Siehe: Protokoll Nr. 83 über die Sitzung des Zentralausschusses vom 21. August 1972, S. 2, in: SAA S 10 und: Vorstandsessen der Siemens AG vom 24. Februar 1975, S. 2, in: SAA 16/Lm 31.

571 Vgl.: Vortrag von Bernhard Plettner anlässlich der Aufsichtsratssitzung der Siemens AG vom 2. Juli 1973, S. 1, in: SAA S 2.

572 Vgl.: Protokoll Nr. 83 über die Sitzung des Zentralausschusses vom 21. August 1972, S. 7, in: SAA S 10. Den Siemens-Verantwortlichen um Bernhard Plettner und Heribald Närger war klar, dass die einzige Alternative zum Beitritt in dieses europäische Konsortium die Beendigung des gesamten DV-Geschäfts im Hause Siemens war. Der Kritik, dass sich Siemens mit ICC und Philips auf „eine Ehe mit Partnern [...] [einlasse], deren Potenz und Effektivität nicht genügend beurteilt werden könne" und dadurch die Verluste der Datenverarbeitung nicht in den Griff bekäme, widersprach Plettner. Er betonte, dass es bei der Entscheidung, das DV-Geschäft weiterhin zu tragen, primär darum gehe, sich auf dem Markt der Datenverarbeitung zu etablieren und dass die Reduzierung von Verlusten wichtig sei, aber keinen Vorrang genießen dürfe. Siehe: Protokoll Nr. 94 über die Sitzung des Zentralausschusses vom 25. Juni 1973, S. 7 f. und 10, in: SAA S 10.

573 Vgl.: ebenda, S. 2 und 10.

Systemarchitektur, Zeichencodierung, Adressenstruktur und seiner Software gebaut hatte",[574] wie Plettner zu berichten wusste. Noch hielt die Kooperation diese
Belastung aus. Als CII Mitte Mai 1975 ankündigte, die US-Gesellschaft Honey-
well-Bull aufzukaufen, zeichnete sich das Ende der Unidata ab. Die Siemens AG
und Philips erkannten in dieser Übernahme einen Bruch des Unidata-Vertrags.[575]
Beide sahen sich gezwungen, die Unidata im Dezember 1975 aufzulösen und sich
von CII zu trennen.[576] Nach dieser Aufkündigung befand sich die Siemens AG ohne
Kooperationspartner auf dem Markt der Datenverarbeitung. Dieses Mal aber stand
die Existenz der Sparte nicht zur Debatte. Zuviel hatte das Unternehmen bereits in
diesen Geschäftszweig investiert; dazu befanden sich mittlerweile auch weltweit
Siemens-Computersysteme im Neuwert von fünf Mrd. DM im Gebrauch.[577] Der
Vorstand der Siemens AG war entschlossen, F&E der Datenverarbeitung in
Deutschland weiter voranzutreiben und die eigene Marktposition in Europa zu stärken, ehe die Bemühungen in den USA erneut intensiviert werden sollten. Die bereits bestehenden Anlagenkomponenten in den USA betreute die Siemens AG aber
weiterhin.[578] Dies war neben dem hohen Innovationspotenzial und der Binnen-
marktgröße einer der zentralen Pullfaktoren, weiterhin in den USA präsent zu bleiben. Große, international operierende Unternehmen wie beispielsweise die Dresd-
ner Bank, legten Wert darauf, ihre US-Niederlassungen mit Siemens-Rechnern
auszustatten.[579]

Bei künftigen Abkommen mit amerikanischen DV-Unternehmen bemühte sich
die Siemens AG um eine gleichberechtigte Stellung. Die Kooperationen mit RCA
und der Unidata, die beide unerwartet aufgelöst worden waren, hatten Spuren hinterlassen und Skepsis gegenüber neuen Verbindungen geschürt. „Wer zweimal ge-
schieden ist, der ist vorsichtig mit einer neuen Ehe",[580] betonte Karlheinz Kaske. So
lehnte Siemens auch 1975 das Angebot einer Kooperation mit Honeywell ab, da
sich die Amerikaner auf ihre eigene Technologie stützen und die Fertigungskapazitäten von Siemens nicht berücksichtigen wollten.[581] Eindeutig war allerdings, dass

---

574   Vgl.: Plettner, Abenteuer, S. 257. Diesen „Firmenpartikularismus" der beteiligten Unterneh-
       men wertet auch Hilger als entscheidend für den Niedergang des europäischen Bündnisses.
       Näheres hierzu siehe: Susanne Hilger, The European Enterprise as a „Fortress" – The Rise and
       Fall of Unidata Between Common European Market and International Competition in the
       Early 1970s, in: Harm G. Schröter, The European Enterprise. Historical Investigation into a
       Future Species, Berlin u. a. 2008, S. 141–154.

575   Vgl.: Protokoll Nr. 114 über die Sitzung des Zentralausschusses vom 21. April 1975, S. 2 f., in:
       SAA S 10 sowie: Protokoll Nr. 115 über die Sitzung des Zentralausschusses vom 29. Mai
       1975, S. 10 f., in: SAA S 10.

576   Vgl.: Protokoll Nr. 121 über die Sitzung des Zentralausschusses vom 16. Dezember 1975,
       S. 10, in: SAA S 10. Zum Prozess der Trennung siehe: SAA 22519.1, SAA 22519.2 sowie:
       SAA 22947.

577   Vgl.: Plettner, Abenteuer, S. 263.

578   Vgl.: Pressekonferenz der Siemens AG vom 29. Juni 1982, Frage 203, in: SAA Pressekonfe-
       renzen.

579   Vgl.: Protokoll Nr. 169 über die Sitzung des Zentralausschusses vom 21. April 1980, S. 16, in:
       SAA S 10.

580   Siehe: Karlheinz Kaske, in: Die Zeit vom 22. Januar 1982, in: SAA K 8900.

581   Siehe: Vorstandsessen der Siemens AG vom 24. Februar 1975, S. 1, in: SAA 16/Lm 31. Ho-

es eines amerikanischen Partners bedurfte, um sich im DV-Markt der USA zu etablieren. Schließlich wollte die Siemens AG nicht nur Lieferant von Hardwarekomponenten sein, sodass ein Vertriebsnetzwerk mit Wartungs- und Beratungskapazitäten nötig war, um sich breiter aufzustellen.[582] Da sich ein passender Kooperationspartner nicht finden ließ, konzentrierte sich die Siemens AG zunächst auf das Geschäft mit Peripheriegeräten für Computer, also Einzelkomponenten und Zubehörteile.

Im Frühjahr 1977 schloss die Siemens AG einen Original-Equipment-Manufacturer- (OEM) sowie einen Entwicklungsvertrag mit der US-Firma Itel Data Products Corp. in San Francisco, Kalifornien (Itel). Dieser legte fest, dass Itel Siemens-Laserdrucker in den USA und Kanada vertrieb und daneben ein Steuergerät für Siemens entwickelte, mit Hilfe dessen Siemens die Laserschnelldrucker zukünftig auch für IBM-Kunden anbieten konnte.[583] Im Herbst 1977 folgte die erste US-Großbestellung des neuen Laserdruckers durch Itel. Die Vision, in Zukunft gemeinsam Drucker zu entwickeln, die auch kompatibel mit anderen, fremden Endgeräten waren, wurde bekräftigt.[584] Zu Beginn der 1980er Jahre beschloss der Zentralausschuss, mittelfristig Teile der Wertschöpfungskette für die Produktion der Laserdrucker in die USA zu verlagern.[585] Da sich aber Itel mittlerweile aus dem Datenverarbeitungsgeschäft zurückgezogen hatte, musste die Siemens AG nach neuen Vertriebsfirmen suchen. 1980 schloss die deutsche Firma ein Abkommen mit Datagraphix sowie einen OEM-Vertrag mit Sperry Univac, die nun beide für den US-Vertrieb der Laserdrucker verantwortlich waren.[586] Dass solche Verkäufe vorerst keine Gewinngeschäfte bedeuteten, war der Siemens AG bewusst. Zu hoch waren die Anlaufkosten für den Neuaufbau der Vertriebstätigkeit und die F&E-Aufwendungen für DV-Komponenten, die an die amerikanischen Normen und Käuferbedürfnisse angepasst werden mussten. Die Siemens AG rechnete 1980 damit, dass die

neywell und Siemens hatten bereits Anfang der 1970er Jahre im Bereich rechnergesteuerter Verkehrssignaltechnik zusammengearbeitet. Im April 1973 hatten beide Firmen einen Kooperationsvertrag geschlossen, in dessen Rahmen Siemens dem US-Partner Verkaufs- und Nachbaurechte im Bereich der Verkehrssignaltechnik für den US-Markt einräumte und ein entsprechender Informationsaustausch vereinbart wurde. Da der US-Markt für Verkehrssignalanlagen technisch rückständig war, erkannten beide Seiten dort ein hohes Entwicklungspotenzial. Vgl. hierzu: O.V., ohne Titel, in: Siemens-Mitteilungen 1973, Heft 8–9, S. 16; ebenso: Vorstandsessen der Siemens AG vom 22. April 1974, S. 1, in: SAA 16/Lm 31 sowie: Pressekonferenz der Siemens AG vom 30. Januar 1973, Frage 63, in: SAA Pressekonferenzen.

582 Vgl.: Pressekonferenz der Siemens AG vom 19. März 1981, Frage 232, in: SAA Pressekonferenzen.

583 Vgl.: Monatsbericht der ZVA/ZVO vom April/Mai 1977, S. 3, in: SAA 49/Lr 349, Januar 1971 bis März 1981.

584 Vgl.: O.V., Laserdrucker für die USA und Japan, in: Siemens-Mitteilungen 1977, Heft 10, S. 30.

585 Vgl.: Protokoll Nr. 168 über die Sitzung des Zentralausschusses vom 24. März 1980, S. 20, in: SAA S 10.

586 Vgl.: Pressekonferenz der Siemens AG vom 7. Juli 1980, Frage 228, in: SAA Pressekonferenzen.

Anlaufphase bis 1983 einen Gesamtverlust von etwa drei Mio. DM bedeuten würde.[587]

Neben dem Vertrieb von Laserdruckern wagte sich die Siemens AG im Sommer 1980 auf ein gänzlich neues datentechnisches Betätigungsfeld. Das Unternehmen erwarb 23,5 Prozent der US-Firma Threshold Technology, Inc. in Delran, New Jersey, einer der wenigen Entwicklungsfirmen von Spracherkennungssystemen.[588] Der Markt mit Geräten, die sprachliche Befehle erkennen und Sprecherstimmen zuordnen konnten, galt als hochattraktiv. Bislang allerdings kosteten Apparate der Threshold, die rund 100 verschiedene Wörter erkennen und unterscheiden konnten, bis zu 30.000 $. Ziel der Kooperation war es, den Verkaufspreis zu senken und die Geräte so zu optimieren, dass sie nicht nur Worte, sondern Befehle verstehen und ausführen konnten. Ein interessantes Anwendungsgebiet erschien das Bankwesen, wo die händische Unterschrift ersetzt werden konnte, indem das Gerät akustische Befehle als Zustimmung für eine Vertragsunterschrift wertete.[589]

2.3.6 UB Installationstechnik

Die Siemens AG war in den 1970er Jahren in den USA in allen deutschen Unternehmensbereichen, außer in der Installationstechnik, aktiv. 1973 konstatierte das deutsche Unternehmen erstmals, dass ein Markteintritt auf diesem Gebiet in den USA nicht möglich sei, da die Adaption deutscher Installationsartikel wie Starkstromkabel, Klimatechnikanlagen oder Zählereinrichtungen an den US-Markt zu aufwendig und kostenintensiv sei.[590] Bis in die 1980er Jahre verzichtete die Siemens AG daher auf US-Aktivitäten in diesem Geschäftsfeld.

2.4 Sonstige Tochtergesellschaften

2.4.1 Gramophon-Philips-Group/Polygram

Der Kauf des weltweit größten Musikverlags US Chappell 1968 war bereits ein eindeutiges Zeichen, welche Bedeutung die Gemeinschaftsfirma von Siemens und Philips, die Gramophon-Philips-Group, dem amerikanischen Musikmarkt beimaß. Zu Beginn der 1970er Jahre bestärkte die Führung der GPG diese Einschätzung. Wegen des großen Volumens wie auch „seiner Ausstrahlung auf dem Künstler- und

---

587 Vgl.: Protokoll Nr. 169 über die Sitzung des Zentralausschusses vom 21. April 1980, S. 17 f., in: SAA S 10.
588 Siehe: Protokoll Nr. 168 über die Sitzung des Zentralausschusses vom 24. März 1980, S. 20 f., in: SAA S 10.
589 Vgl.: Vortrag von Bernhard Plettner anlässlich der Aufsichtsratssitzung der Siemens AG vom Juli 1980, S. 7 f., in: SAA 16/Lh 262.
590 Siehe hierzu: Anhang zum Zwischenbericht über das USA-Konzept vor dem Zentralausschuss vom 23./24. Juli 1973, Anlage zu S. 9, in: SAA 16/Ll 737 sowie: Niederschrift über die Sitzung des Wirtschaftsausschusses der Siemens AG vom 8. Mai 1980, S. 14, in: SAA 16/Le 409.

Repertoire-Sektor" dürfe der US-Schallplattenmarkt in keinem Fall vernachlässigt werden.[591] Besaß die GPG 1971 einen Marktanteil von drei Prozent an der amerikanischen, wettbewerbsintensiven Tonträgerindustrie, so wollten die Siemens AG und Philips diesen in den nächsten zehn Jahren auf mindestens zehn Prozent anheben.[592] Dazu entschieden sich die beiden Unternehmen zu einer organisatorischen Restrukturierung der GPG. 1972 verschmolzen deren Bestandteile, die N. V. Philips' Phonographische Industrie und die Deutsche Grammophon, zur Polygram GmbH, an der die Siemens AG und Philips je 50 Prozent der Anteile hielten.[593] Mit der Gründungserklärung der Polygram GmbH sichert Philips zu, die USA verstärkt in die Geschäftsaktivitäten zu integrieren, obwohl dieser Schritt wegen der starken US-Wettbewerber, der Unübersichtlichkeit des Marktes und den Vertriebsnetzen eigenständiger Händler ein „Sprung in die Schlangengrube"[594] sei. In den USA wurde dazu die Polygram Corp. gegründet.[595] Im Folgenden investierten Siemens und Philips erheblich in ihre US-Aktivitäten. Bereits 1972 übernahm die Polygram GmbH die Schallplattensparte der Metro-Goldwyn-Mayer Inc.[596] Im selben Jahr akquirierte das deutsch-holländische Gemeinschaftsunternehmen die Firma The Verve Music Company.[597] 1974 machte das US-Geschäft der Polygram 11,7 Prozent des Gesamtumsatzes aus.[598] Das erfolgreiche Geschäft mit Schallplatten in den USA sollte sich aber gegen Ende der 1970er Jahre negativ entwickeln. 1979 musste die Polygram GmbH erstmals einen Verlust in der erheblichen Höhe von 143,2 Mio. DM hinnehmen. Das prognostizierte Minus für das Folgejahr sollte diese Summe überschreiten.[599] Polygram befand sich plötzlich in einer fundamentalen Unternehmenskrise. 1981 folgte ein Bruttoergebnis von −131,8 Mio. DM,[600] das bis 1983 auf −600 Mio. DM anwuchs.[601] Die Gründe für diesen Ergebniseinbruch

---

591   Vgl.: Protokoll der Sitzung der Gesellschafterdelegation Philips/Siemens vom 10. März 1971, S. 10 f., in: SAA 16/Lo 752.

592   Vgl.: Protokoll der Sitzung der Gesellschafterdelegation Philips/Siemens vom 29. Oktober 1971, S. 10, in: SAA 16/Lo 752.

593   Der Beschluss hierzu wurde im Oktober 1971 gefasst, siehe: Niederschrift über die Besprechung der Firmenleitung mit dem Verhandlungsausschuss des Gesamtbetriebsrates vom 4. Oktober 1971, S. 2, in: SAA 16/Ll 405.

594   Siehe: Protokoll Nr. 72 über die Sitzung des Zentralausschusses vom 13. September 1971, S. 7, in: SAA S 10. Selbiges siehe: Aktenvermerk von Gerd Tacke an Bernhard Plettner vom 28. Juni 1972, S. 1, in: SAA 23518.

595   Vgl.: Polygram – A business with feeling, in: Siemens Review, Band 46, Nr. 5, September/ Oktober 1979, S. 27.

596   Vgl.: O. V., Schallplattengruppe verstärkt auf dem US-Markt, in: Siemens-Mitteilungen 1972, Heft 4, S. 2 sowie: Geschäftsbericht der Siemens AG von 1971/72, S. 39.

597   Siehe: Geschichte von Universal Music Deutschland, zu finden unter: http://www.universalmusic.de/company/historie/, zuletzt abgerufen am 7. November 2011.

598   Siehe: Protokoll der Sitzung der Gesellschafterdelegation Philips/Siemens vom 28. November 1974, S. 2, in: SAA 16/Lo 752.

599   Vgl.: Vortrag von Werner Schulze über den Jahresabschluss der Siemens AG 1979/80 vom 23. Dezember 1980, S. 4, in: SAA 16/Lh 263. Die Negativentwicklung wird auch deutlich in: Geschäftsbericht der Siemens AG von 1980, S. 40 f.

600   Vgl.: Pressekonferenz der Siemens AG vom 30. Januar 1984, Frage 366, in: SAA Pressekonferenzen.

601   Vgl.: Heribald Närger, Zur Aufgabe unserer Beteiligung an der Polygram vom 17. September

waren vielschichtig. Der Discoboom, der 1978 seinen Höchststand erreicht hatte
und die Plattenverkäufe in astronomische Höhen hatte steigen lassen, fiel in den
Folgejahren deutlich ab.[602] Die gute Konjunktur von 1978 hatte die Unternehmensleitung der Polygram GmbH zu einer „unzulängliche[n] Geschäftsführung"[603] ermutigt. So hatte Polygram in den verkaufsstarken Jahren in seine Vertriebsinstituti-
onen investiert in der Annahme gleichbleibender Wachstumsquoten. Bis Ende 1978
sah sich die Firma in dieser Einschätzung bestätigt, dann aber zeigte sich, dass der
Markt gesättigt war, nur ein geringer Teil der gepressten Platten verkauft wurde und
sich die Restbestände dramatisch erhöhten.[604] Da die Vertriebshändler in den USA
noch das volle Retourrecht besaßen, schickten sie unverkaufte Platten an Polygram
zurück. Zudem hatte es Polygram versäumt, Sicherheitsmechanismen in die Verträge mit Produktionsfirmen einzubauen, um illegale Schwarzpressungen zu verhindern. Viele der zurückgeschickten Platten waren zuvor illegal kopiert worden.
Nicht zuletzt hatte sich die Führung der Polygram in der Euphorie der späten 1970er
Jahre dazu entschlossen, junge und unbekannte Künstler zu fördern und ihnen hohe
Handgelder zugesichert. Diese Prämien mussten fortlaufend gezahlt werden, unabhängig davon, ob die Musiker Platten aufnahmen und verkauften oder nicht. Insgesamt hatte sich gezeigt, dass es Siemens verpasst hatte, eine strenge und effektive
Kontrollmöglichkeit der Entwicklung von Polygram zu schaffen.

Die finanziellen Missstände waren für die Siemens AG Ausschlag dafür, einen
Austritt aus der Polygram GmbH zu überdenken. Neben der sich verschlechternden
Wirtschaftslage des Unternehmens spielten deren fundamentale Strukturveränderungen seit den 1970er Jahren eine zentrale Rolle für den Rückzug aus der Platten-
gesellschaft.[605] War das Unternehmen in seinen Anfängen vorwiegend in der Musi-
kindustrie aktiv, so expandierte es verstärkt in die allgemeine Unterhaltungsindustrie und bediente den Markt der Video- und Fernsehfilme, der nicht zu den Kerngebieten der Siemens AG gehörte. Für Skepsis gegenüber dem Fortgang der Geschäfte
sorgte auf Seiten von Siemens auch die Aussicht, dass das bisherige Medium, die
Schallplatte, ab 1981 von der noch nicht langzeiterprobten Compact Disc abgelöst
wurde.[606] Daher veräußerte die Siemens AG bis April 1987 alle ihre Anteile an
Philips.[607]

1984, S. 2 in: Anlage zum Protokoll Nr. 216 über die Sitzung des Zentralausschusses vom 24.
September 1984, in: SAA S 10.

602   Hierzu und zu Folgendem vgl.: Vortrag von Werner Schulze über den Jahresabschluss der
Siemens AG 1979/80 vom 23. Dezember 1980, S. 4, in: SAA 16/Lh 263.

603   Vgl.: Heribald Närger, Zur Aufgabe unserer Beteiligung an der Polygram vom 17. September
1984, S. 2 in: Anlage zum Protokoll Nr. 216 über die Sitzung des Zentralausschusses vom 24.
September 1984, in: SAA S 10.

604   Hierzu und zu Folgendem siehe: Vortrag von Werner Schulze über den Jahresabschluss der
Siemens AG 1979/80 vom 23. Dezember 1980, S. 4, in: SAA 16/Lh 263.

605   Dazu siehe: Pressekonferenz der Siemens AG vom 3. Juli 1983, Frage 316, in: SAA Pressekonferenzen.

606   Vgl.: Protokoll Nr. 182 über die Sitzung des Zentralausschusses vom 22. Juni 1981, S. 8, in:
SAA S 10.

607   Vgl.: Pressekonferenz der Siemens AG vom 1. Februar 1988, Frage G.6.9, in: SAA Pressekonferenzen.

2.4.2 Osram

Zu Beginn der 1970er Jahre zeichnete sich in der Lampenindustrie ab, dass die Halogenlampe eine richtungsweisende Erfindung für die Zukunft sein würde. Auch Osram experimentierte mit der Halogentechnologie, welche im Vergleich zur bisherigen Glühlampentechnik eine längere Lebensdauer der Leuchten, eine hohe Lichtstärke und eine intensive Farbigkeit bot. Verwendung fanden die ersten Halogenlampen von Osram in der Automobilindustrie, für die Ausleuchtung von Verkaufs- und Ausstellungsflächen sowie als Arbeitsbeleuchtung in der Industrie.[608] 1973/74 allerdings geriet das Lampengeschäft von Osram in eine schwere Krise, da Öl- und Wirtschaftsdepression sowie Billigimporte aus den Ostblockstaaten die Absatzzahlen sinken und die Produktionskosten ansteigen ließen.[609] 1974 war das schlechteste Geschäftsjahr der Firma seit Ende des Zweiten Weltkriegs.[610] Die sinkenden Umsätze bildeten die Ausgangssituation für die Geschäftsentwicklung von Osram in den USA in den 1970er Jahren. Die angespannte wirtschaftliche Lage führte dazu, dass die Frage, wie sich die Anteile an der Firma verschieben würden und welcher Anteilseigner künftig die Mehrheit und damit auch die strategische Führungsrolle der Firma übernehmen würde, entscheidende Bedeutung erhielt. So betonte Ende 1973 die GE, bisher im Besitz von 21,45 Prozent der Osram-Aktien, gegenüber den anderen beiden Teilhabern Siemens AG und AEG, dass nur eine enge Zusammenarbeit mit einem großen US-Lampenproduzenten Osram vor dem Absturz bewahren könne. GE forderte, selbst die Führung von Osram zu übernehmen. Siemens aber beharrte darauf, Osram gemeinsam zu sanieren.[611] Daher diskutierte GE mit der AEG, ob diese ihre Osram-Anteile an GE verkaufen würde.[612] Der Antrag zur Aktienübernahme von GE wurde aber im Juli 1975 zurückgestellt.[613] Vielmehr entschied sich Siemens, im Januar 1976 selbst die Anteile, die im Besitz der AEG waren, für 93 Mio. DM zu erwerben und mit 78,6 Prozent der Osram-Anteile zum Hauptgesellschafter zu werden.[614] Zwei Jahre später übernahm die Siemens AG dann die restlichen Anteile. Osram war nun eine 100-prozentige Sie-

---

608 Siehe: Osram (Hg.), 100 Jahre Osram – Licht hat einen Namen, München 2006, S. 54, in: SAA E 811.

609 Vgl.: Geschichte der Osram AG, zu finden unter: http://www.osram.de/osram_de/Presse/ Wirtschaftspresse/2006/Geschichte_OSRAM.pdf, zuletzt abgerufen am 8. November 2011 sowie: Geschäftsbericht der Siemens AG von 1973/74, S. 40 f. und: Geschäftsbericht der Siemens AG von 1974/75, S. 40.

610 Vgl.: Osram (Hg.), 100 Jahre Osram – Licht hat einen Namen, München 2006, S. 56, in: SAA E 811.

611 Siehe: Gesprächsnotiz vom 11. Februar 1974, S. 2, in: SAA 21445.1.

612 Vgl.: Entwurf für einen Vertrag zwischen GE, der Siemens AG und der Osram GmbH vom 23. Juni 1975, S. 1, in: SAA 21445.1 sowie: Memorandum of Understanding vom 18. Juli 1974, in: SAA 21445.2.

613 Vgl.: Bernhard Plettner an die Aufsichtsratsmitglieder der Siemens AG vom 14. Juli 1975, S. 1, in: SAA 21445.1 sowie: VWD-Elektro vom 15. Juli 1975, S. 3, in: SAA 21445.1.

614 Presseerklärung des Bundeskartellamts zu Osram vom 16. Dezember 1975, S. 1, in: SAA 21445.1 sowie: Pressekonferenz der Siemens AG vom 3. Februar 1976, Frage 52, in: SAA Pressekonferenzen. Kooperationen, die zwischen gleichberechtigten Partnern mit jeweils 50 Prozent der Anteile geschlossen wurden, waren in den USA eher unüblich. Die Verhandlungen

mens-Tochtergesellschaft.[615] Der Lampenhersteller zeigte sich fest entschlossen, sich auf dem amerikanischen Lampenmarkt zu etablieren.[616] Dazu kaufte die Siemens AG im November 1978 für zwei Mio. $ die Vertriebsgesellschaft der US-Firma Kollmorgan Corporation, die Macbeth Sales Corporation in Newburgh, New York.[617] Ziel dieser Übernahme war es, die Umsatzzahlen in den USA zu steigern und die Produktpalette für den amerikanischen Markt zu erweitern.

Im selben Jahr diskutierte Osram ein attraktives Kooperationsprojekt mit dem namhaften Partnerunternehmen General Motors Corp. Gemeinsam mit Guide, einer Herstellungseinheit von GM, war geplant, im Bereich der Automobilbeleuchtung in den Vereinigten Staaten zusammenzuarbeiten.[618] Da Osram das Know-how für Entwicklung und Bau von Halogenlampen besaß, aber keinerlei Erfahrungen in Herstellung und Verkauf von Automobilscheinwerfern hatte, versprach eine Abstimmung mit GM hohe Synergieeffekte.[619] Beide Unternehmen beratschlagten konkret über ein Joint Venture, als 1979 der Einwand der US-Behörden das Projekt stoppte, es sei aus antitrustrechtlicher Sicht nicht zulässig.[620] Konnte diese Kooperation mit GM vorerst nicht umgesetzt werden, so erhielt das US-Vertriebsgeschäft von Osram-Speziallampen 1982 mit der Gründung der Osram Sales Corporation in Newburgh, New York, einen weiteren Aufschwung.[621] Die Umsatzzahlen stiegen in den USA bis Anfang der 1980er Jahre enorm an. Noch 1978 wies die Firma ein Geschäftsvolumen von 4,7 Mio. $ aus, das zwei Jahre später auf 9,1 Mio. $ und 1981 auf 12,8 Mio. $ angewachsen war. Gleichzeitig blieb das Nettoergebnis der Gesellschaft nach Steuern schwankend, aber stets positiv. 1978 verzeichnete Osram in den USA einen Gewinn von 300.000 $, 1980 sank dieser auf 48.000 $, um 1981 wieder auf 400.000 $ anzusteigen.[622]

um die Beteiligung an der Osram GmbH illustrieren diesen Umstand deutlich. Siehe: Aktennotiz vom 4. März 1977, S. 3, in: SAA 21908.1.

615   Vgl.: Osram (Hg.), 100 Jahre Osram – Licht hat einen Namen, München 2006, S. 55 f., in: SAA E 811.

616   „Dieser bedeutende Markt war bisher beinahe ausschließlich Domäne der amerikanischen Hersteller. Wir haben uns einen Überblick über die Marktstruktur verschafft mit dem Ergebnis, dass unser hoher technischer Standard […] uns auf dem größten Lampenmarkt der Erde durchaus Chancen bringt", so der Osram-Chef Helmut Plettner. Siehe: Osram (Hg.), 100 Jahre Osram – Licht hat einen Namen, München 2006, S. 56, in: SAA E 811.

617   Vgl.: Abkommen zwischen der Osram GmbH und der Kollmorgen Corporation in New York City vom 1. Dezember 1978, in: SAA 22739.

618   Siehe: Aktennotiz zu Osram und der Macbeth Sales Corp. vom 17. November 1978, in: SAA 22739.

619   Vgl.: Osram an Guide vom 14. November 1978, S. 1, in: SAA 22739.

620   Vgl.: Rechtsabteilung ZFR an Siemens Capital Corp. vom 21. März 1979, in: SAA 22537.

621   Vgl.: Schwab, Siemens, S. 125.

622   Die Zahlen sind zu finden in: Siemens in USA – Unternehmensbereiche in der Siemens Corporation und in den konsolidierten Beteiligungsgesellschaften, März 1983, S. 13, in: SAA 68/ Li 262.

2.4.3 Rudolf Hell GmbH

Auf dem Gebiet der Drucktechnik setzte die Siemens AG ihre Verkaufstätigkeit in den USA über die deutsche Tochtergesellschaft Hell GmbH fort. Die HCM Corporation war nun die einzige Vertriebsgesellschaft, um die Produkte in den USA zu verkaufen. Prozentual machte der US-Absatzmarkt bereits Mitte der 1970er Jahre einen merklichen Teil des Hell-Geschäfts aus. 1974 gingen elf Prozent der Verkäufe in die USA, während in der Bundesrepublik Deutschland 21 Prozent aller Hell-Produkte ihre Käufer fanden.[623] In den folgenden drei Jahren konnte die Firma den US-Anteil auf 23 Prozent verdoppeln, sodass sie fast ein Viertel ihrer Geräte in den USA vertrieb.[624] Dieser Geschäftsanstieg, der v. a. auf dem Verkauf von Trommelscannern fußte, bewirkte eine institutionelle Ausweitung des US-Geschäfts der Hell GmbH. Nachdem der Umsatz in den USA 1978 auf 29 Mio. $ angestiegen war, entschied sich die Firma, die Räumlichkeiten in Great Neck, New York zu erweitern.[625] Wichtigste Exportprodukte waren nun der Farblaser-Scanner DC300 sowie die elektronische Gravierungsmaschine und Metalldruckpresse Helio Klischograph.[626] Wenige Jahre später wurde eine zweite US-Gesellschaft, die Hell Graphic Systems, Inc. in Hauppauge, New York gegründet. Damit war 1981 der Aufbau einer eigenen Fabrik auf Long Island, New York zur Herstellung von Scannern verbunden.[627]

2.5 Forschung & Entwicklung bis 1982

Mit der steigenden Anzahl an Firmenübernahmen seit 1973 geriet auch die Frage nach Research & Development-Kapazitäten in den USA vor Ort in den Fokus von Siemens. Bereits mit den Käufen von Computest und Dickson hatte sich die Siemens AG erste Forschungsstandorte gesichert. Seit 1976 aber setzten Bestrebungen ein, ein eigenes amerikanisches Forschungsinstitut aufzubauen.[628] Dieses wurde noch im selben Jahr errichtet, als der deutsche Zentralbereich Technik das Central Research Department, ein Entwicklungslabor in Cherry Hill, New Jersey gründete. Ziel war es, sich vorerst mit sechs Mitarbeitern auf die Softwareentwicklung zu konzentrieren, die weniger Kapazitäten und Kosten benötigte als die Entwicklung von Hardware.[629] 1980 beschäftigte das Forschungslabor bereits 20 Mitarbeiter,

623 Siehe: Geschäftsbericht der Rudolf Hell GmbH 1973/74, S. 5, in: SAA 11046.1.
624 Vgl.: Geschäftsbericht der Rudolf Hell GmbH 1976/77, S. 4, in: SAA 11046.1.
625 Siehe: Geschäftsbericht der Rudolf Hell GmbH 1977/78, S. 14, in: SAA 11046.2.
626 Vgl.: Siemens Corporation (Hg.), Business Report 1979 USA, S. 27, in: SAA 15825.
627 Vgl. hierzu: Geschäftsbericht der Rudolf Hell GmbH 1980/81, S. 7 und 29, in: SAA 11046.2
     sowie: Pressekonferenz der Siemens AG vom 19. März 1981, Frage 288, in: SAA Pressekon-
     ferenzen.
628 Vgl.: Auszug aus dem Protokoll über die ZT-Besprechung vom 22. Juni 1976, in: Geschichte
     des USA-Forschungszentrums in Princeton – Dokumentation 1976 bis 1988, Band 1, in: SAA
     unverzeichneter Bestand.
629 Hierzu und zu Folgendem siehe: Zusammenfassung von Prof. Dr. Walter Heywang zur Ge-
     schichte des RTL (Research and Technology Laboratories), S. 1 f., in: Geschichte des USA-

von denen ein Viertel aus Deutschland kam und drei Viertel aus den USA. Zwei Jahre später wurde das Institut im Rahmen der Restrukturierung des Siemens-Geschäfts in den USA in Siemens Research & Technology Laboratories (SRTL) umbenannt und der Siemens Corporate Research and Support, Inc. zugeordnet. Diese Eingliederung hing vor allem damit zusammen, dass sich die Forschungsaktivitäten als sehr kostenintensiv erwiesen und die hohen Betriebskosten nur durch eine enge Anbindung an die Siemens Corp. getragen werden konnten.[630] Fortan galt für SRTL, neben den eigenen Entwicklungsprojekten insbesondere die technisch-wissenschaftlichen Forschungsarbeit anderer US-Firmen zu verfolgen und an Know-how aus den USA zu gelangen, das für sämtliche Arbeitsgebiete der Siemens AG nutzbar gemacht werden sollte. Daneben betrieben auch die einzelnen Unternehmensbereiche, wie gesehen, auf ihren jeweiligen Geschäftsfeldern eigene F&E-Einheiten in den USA, vor allem in der Medizin- und der Kommunikationstechnik sowie bei elektrischen Bauelementen. Diese Aktivitäten sollten im Laufe der 1980er Jahre erheblich ausgebaut werden.

2.6 Werbeaktivitäten bis 1982

Bereits 1920 hatte der Siemens-Vertreter Karl Georg Frank betont, dass sich amerikanische Wettbewerber intensiv um die Bewerbung ihrer Artikel sowie die Bekanntmachung ihrer Marken bemühten. Auch Siemens, so Frank, müsse Marketing und Werbung betreiben, um Firmenname und Produktpalette in den USA bekannt und potenziellen Kunden vertraut zu machen.[631] Siemens war bis dahin mehrfach auf amerikanischen Ausstellungen vertreten; weitere Marketingmaßnahmen blieben aber bis 1945 unversucht. Da Vertriebsaktivitäten in den Vereinigten Staaten damals nicht im primären Interesse von S&H und SSW waren, galten intensive Werbebemühungen nicht als notwendig. Erst nach 1945 erhielten sie eine wachsende Bedeutung, beginnend bei der Medizintechnik.[632] SRW-Mitarbeiter suchten verstärkt den direkten Kundenkontakt, um die Bekanntheit medizinischer Geräte und Anlagen zu erhöhen.[633] Parallel dazu wuchs in den deutschen Stammhäusern das Bewusstsein für die Bedeutung der Auslandswerbung. Sie bauten die Arbeits-

---

Forschungszentrums in Princeton – Dokumentation 1976 bis 1988, Band 1, in: SAA unverzeichneter Bestand.

630   Siehe: Aktennotiz zur VoFoFe-Sitzung vom 20. Juli 1981, in: Geschichte des USA-Forschungszentrums in Princeton – Dokumentation 1976 bis 1988, Band 1, in: SAA unverzeichneter Bestand.

631   Siehe: Frank an Otto Henrich vom 16. August 1920, S. 2, in: SAA 11/Lf 472, Nachlass Köttgen.

632   Zum Aufbau der allgemeinen Auslandswerbung von Siemens nach 1945, ohne Informationen speziell zum US-Geschäft, siehe: Horst Hosmann, Darstellung des Unternehmens in der institutionellen Werbung im Ausland, in: Dankwart Rost (Hg.), So wirbt Siemens, Düsseldorf u. a. 1971, S. 61–74.

633   Vgl.: F. J. Bartlewski, Good-bye America. Rückblick auf eine 10jährige Tätigkeit in den USA, in: SRW-Hauspost. Werkzeitschrift der Siemens-Reiniger-Werke AG Erlangen, Heft 32, März 1964, S. 10 f., hier S. 10.

gruppe Auslandswerbung aus, sodass 1960 bereits 17 Ländervertretungen ihre eigene Werbeabteilung besaßen.[634] Für die USA sollte es vorerst keine eigene Werbeabteilung geben. 1960 kam erstmals der Appell von S&H und SSW, sich strategisch mit Werbematerialien in den USA zu engagieren und dabei nicht deutsche Kampagnen zu kopieren, sondern amerikanische Reklamecharakteristika und Betrachtungsgewohnheiten zu berücksichtigen.[635] Daher veröffentlichte die S&H-Hauptwerbeabteilung Anfang der 1960er Jahre vereinzelt Werbeanzeigen in US-Fachzeitschriften und startete Briefwerbungsaktionen.[636] Um die Wirksamkeit ihrer internationalen Werbetätigkeit zu untersuchen, hatte die Siemens AG 1967 das Institute for Motivational Research in New York des namhaften österreichisch-amerikanischen Psychologen Ernest Dichter beauftragt. Wichtiges Ergebnis der Studie war, dass die Auslandswerbung noch mehr auf die Eigenheiten des jeweiligen Ziellandes abgestimmt werden musste.[637] 1968 gab die Siemens AG eine weitere Untersuchung in Auftrag, die das Image in der amerikanischen Fachwelt eruieren sollte.[638] Ihr Tenor war ein sehr niedriger Bekanntheitsgrad der Firma. Dies führte wiederholt zu Verwechslungen, wie der Werbespezialist Dankwart Rost beschrieb: „Wer also als Siemens-Mann Anfang der 70er Jahre in die USA fuhr, mußte erleben, daß der Firmenname weitgehend unbekannt war und wir häufig mit der „Seaman's Bank" oder – noch schlimmer – mit der „Simmons"-Matrazenfabrik verwechselt wurden."[639] Die wenigen Befragten der Untersuchung, denen Siemens ein Begriff war, assoziierten mit Produkten des deutschen Herstellers hochwertige und innovative Qualitätsware. Nach wie vor herrschten Vorbehalte gegenüber der ausländischen Herkunft des Unternehmens, schließlich trauten die Befragten einer deutschen Firma nicht zu, sich an den amerikanischen Kundenbedürfnissen zu orientieren. Dies machte die Notwendigkeit einer neuen Marketingstrategie deutlich. Be-

634 Siehe: Referat von Herrn Letz, Probleme der Auslandswerbung, in: HWA-Arbeitsbesprechung am 4. Januar 1960, in: SAA 20660.
635 Vgl. hierzu die Schilderungen in: Reisebericht Jürgen von Mahs vom 17. Oktober 1960, S. 5, in: SMA 7610 3-4-13.
636 Siehe: Jahresbericht der Hauptwerbeabteilung W5, Die Auslandswerbung im Geschäftsjahr 1963/64 vom 8. Januar 1965, o. S., in: SAA 20663; USA-Reisebericht von Joachim Sperling vom 24. Januar 1964, S. 15, in: SMA 7610 3-5-01 sowie: Paul Dax, Vortrag vor dem Aufsichtsrat der Siemens AG vom 5. Juli 1967, S. 3, in: SAA WP Paul Dax.
637 Vgl.: Ernest Dichter, Gutachten über die internationale Siemens Anzeigenwerbung, Juli 1967, S. 8, in: Hagley Museum and Library, Soda House, Wilmington/Delaware, Accession: 2407, Box: 98, Serial Number: 2221F. Part of Ernest Dichter Papers, Research Reports.
638 Siehe: Ernest Dichter International, Ltd., Institute for Motivational Research, A motivational research study on Siemens' image and advertising (Motivpsychologischer Anzeigentest über Siemens Internationale Anzeigenwerbung), Croton-on-Hudson, New York, Oktober 1968. Ausgearbeitet für die Hauptwerbeabteilung der Siemens AG, München, in: Hagley Museum and Library, Soda House, Wilmington/Delaware, Accession: 2407, Box: 95, Serial Number: 2161C. Part of Ernest Dichter Papers, Research Reports. Eine Interpretation der Studie ist zu finden in: Analyse der Resonanz von produktbezogenen und institutionellen Siemens-Anzeigen bei Fachinteressierten in den USA, in: Bericht der Werbeforschung, Folge 228 vom 15. April 1971, in: SAA 37/Lr 606.
639 Vgl.: Vortrag von Dankwart Rost über Kommunikationsstrategien im internationalen Investitionsgütergeschäft vom 28. März 1983, S. 11, in: SAA 20639.

sonderen Wert musste die Siemens AG künftig nicht der Produkt- sondern speziell der Firmenwerbung beimessen, um das Unternehmen bekannt zu machen und ihm ein Profil zu geben.

Zu Beginn der 1970er Jahre startete die Siemens AG daraufhin eine große, aus Deutschland initiierte Anzeigenkampagne in US-Fachzeitungen. Sie begann 1970 mit Werbeinseraten in der Zeitschrift Electronic News zu speziellen Siemens-Produkten wie automatischen Filtern, Magnetowiderständen und Netzwerkanalysatoren. Im Mittelpunkt der Werbestrategie stand die technologische Überlegenheit gegenüber amerikanischen Konkurrenzprodukten.[640] Eine erneute Untersuchung von Dichters Institut 1971 unterstrich, dass die Marke Siemens weiterhin „not an accepted factor in the U.S. market"[641] sei und eine umfassende PR-Kampagne umsetzen müsse, anstatt nur in Fachzeitschriften zu inserieren.

Da aber Umfang und Qualität von Werbemaßnahmen davon abhingen, wie viel Budget die Siemens AG der Siemens Corp. zur Verfügung stellte, musste einem Anstieg der Marketingaktivitäten eine Intensivierung des US-Gesamtgeschäfts vorangehen, die auch den Werbeetat vergrößerte. Nachdem 1973 das Landeskonzept für die USA umgesetzt wurde, erweiterten sich die Marketingmöglichkeiten der Siemens Corp. Wichtige Säule blieb die Präsenz auf Ausstellungen.[642] 1975 setzten die Siemens AG und die Siemens Corp. dann ein langfristiges Werbekonzept um. Sie entschieden sich, fortan Werbemaßnahmen speziell für den amerikanischen Markt zu entwickeln.[643] Anzeigen in Fachzeitschriften und Magazinen wurde von der Siemens Corp. vor Ort zielgruppenorientiert gestaltet. Umgehend initiierte sie den bis 2002 bestehenden Jahresbericht „Siemens in the United States", der die Produkte sowie das Unternehmen vorstellte. Seit Ende der 1970er Jahre stellte sich für die Siemens AG zunehmend das Problem, durch die Menge an neuen Beteiligungen und Zukäufen ausländischer Firmen in der Fremde nicht mehr ausschließlich durch den Namen Siemens repräsentiert zu sein. Im US-Geschäft stand das Joint Venture mit Allis-Chalmers im Mittelpunkt. Nach kontroversen Diskussionen, ob in der neuen Gesellschaft der Name „Siemens" auftauchen solle oder nicht,[644] entschied sich der Mutterkonzern, den Namen „Siemens-Allis" für das fünfzigprozentige Joint Venture zu verwenden. Dies war eine Ausnahme, wurden doch ansonsten nur Mehrheitsbeteiligungen mit dem eigenen Firmennamen versehen. Werbetechnisch betonte die Siemens Corp. im Falle von Siemens-Allis erstmals die

640   Siehe: Anzeigen in Electronics News vom 8. und 29. Juni 1970, in: SAA 68/Li 262.
641   Siehe: Ernest Dichter, Institute for Motivational Research, Inc., A Motivation Study on Siemens' Image and Advertising in the United States, Croton-on-Hudson, New York, Januar 1971, S. 9 und 50, in: Hagley Museum and Library, Soda House, Wilmington/Delaware, Accession: 2407, Box: 103, Serial Number: 2394C. Part of Ernest Dichter Papers, Research Reports.
642   Vgl.: Monatsbericht der ZVA/ZVO vom Oktober 1973, S. 6, in: SAA 49/Lr 349, Januar 1971 bis März 1981.
643   Vgl. hierzu: Bericht der ZV Werbung 16 über Schwerpunktaktionen 1974/75, o. S., in: SAA 20674.2 sowie: Bericht über die Schwerpunktaktionen vom 7. Dezember 1976, o. S., in: SAA 20675, Teil 1.
644   Vgl.: ZV-L-Besprechung vom 26./27. August 1976, o. S., in: SAA 20671 und ZV-L-Besprechung vom 31. Oktober 1977, o. S., in: SAA 20671.

Verbindung deutscher und amerikanischer Kompetenzen. Der 1978 eigeführte Werbungsslogan lautete: „The best of both worlds."[645]

Bis Ende der 1970er Jahre konnten die Werbeaktivitäten keine entscheidende Wirkung erzielen. So monierte 1979 der Siemens-Marketingexperte Achim Meilenbrock, die Siemens AG habe in den USA weiterhin das Image eines „offshore appliers".[646] Um diesem Ruf entgegenzuwirken, hatte die Siemens Corp. Ende 1978 das firmenwerbliche Konzept in Kooperation mit der Hauptwerbeabteilung und der Zentralvertriebsabteilung Werbung weiterentwickelt.[647] Siemens sollte als hochtechnologischer Innovationskonzern für elektrotechnische Qualitätsprodukte profiliert werden. Daneben sollten nationale Fertigungen und Entwicklungslabore in den USA kommuniziert werden. Dazu diente auch die Betonung verbesserter Vertriebs- und Servicenetzwerke. Im Zentrum des neuen Marketingkonzepts stand die Anzeigenwerbung. Im Geschäftsjahr 1978/79 erstellte die Siemens Corp. vier einseitige Anzeigen für die Bereiche Medizintechnik, Bauelemente, Nachrichtentechnik und Energietechnik. Diese erschienen in namhaften Wirtschaftsmagazinen wie Business Week, Fortune und Wall Street Journal. Besonderer Wert wurde auf den seriellen Charakter der Anzeigen und damit den Wiedererkennungswert sowie die Einheit der Produktsparten von Siemens gelegt. Die Serie „Siemens. On the scene" sollte „die nationale Verankerung von Siemens auf dem US-Markt"[648] verdeutlichen. Damit war der Beginn einer systematischen Firmenwerbung von Siemens in den USA mit entscheidender finanzieller Unterstützung des deutschen Stammhauses gelegt.[649]

Bereits zum Jahresende 1979 zeigten die verstärkten Werbemaßnahmen erste Wirkung. Eine Imagestudie bestätigte bei Lesern von Fachzeitschriften „einen nicht erwarteten Bekanntheitsgrad und Goodwill von Siemens."[650] Eine weitere Untersuchung vom Juli 1981 bei Lesern der Wochenzeitung Business Week zeigte, dass der Bekanntheitsgrad von Siemens in den USA zwischen 1978 (38,5 Prozent), 1979 (48,1 Prozent) und 1981 (53,2 Prozent) durchaus angestiegen war.[651] Um den Ein-

---

645 Vgl.: Vortrag von Karlheinz Kaske anlässlich der Aufsichtsratssitzung der Siemens AG vom 27. Januar 1982, S. 12, in: SAA 16/Lh 262.

646 Vgl.: Achim Meilenbrock u. a., Firmenwerbung in den USA: Siemens zeigt Flagge auf dem größten Elektromarkt der Welt, S. 1, in: ZVW-public. Informationen über Werbung und Design im Hause Siemens, 10/1979, in: SAA 37/Lh 994. Selbst bei den eigenen Kunden sei das Image von Siemens noch nicht ideal: „Angesichts von eindeutig diagnostizierten Informationslücken bei unseren wichtigsten geschäftlichen Zielpersonen ist es notwendig, sich deutlicher als bisher in den USA vorzustellen und in der Geschäftswelt auch ‚Flagge zu zeigen'." Siehe: ebenda, S. 2.

647 Vgl. hierzu: Achim Meilenbrock u. a., Firmenwerbung in den USA: Siemens zeigt Flagge auf dem größten Elektromarkt der Welt, S. 1, in: ZVW-public. Informationen über Werbung und Design im Hause Siemens, 10/1979, Juli, in: SAA 37/Lh 994.

648 Vgl.: Erste Erfolge der Firmenwerbung in den USA! Bekanntheitsgrad gestiegen, in: ZVW public, Nr. 14, Juni 1980, S. 12, in: SAA 20643.

649 Vgl.: Protokoll Nr. 221 über die Sitzung des Zentralausschusses vom 18. Februar 1985, S. 7, in: SAA S 10.

650 Vgl.: Jahresbericht ZV Werbung 7 für das Jahr 1978/79 vom 4. Dezember 1979, o. S., in: SAA 20676.2.

651 Vgl.: Schreiben der ZV Werbung 16 vom 4. Dezember 1981, o. S., in: SAA 20677.2.

druck der Heterogenität der Aktivitäten zu vermeiden, entschied die Siemens Corp., gerade ihre 100-prozentigen US-Beteiligungen möglichst stufenlos in ihre Corporate Identity zu integrieren.[652]

Abbildung 22: Beteiligungen und Joint Ventures der Siemens Corp., 1980

Firmenname	UB	Standort	Beteiligung	Mitarbeiter
Siemens-Allis, Inc.	E	Atlanta, Georgia	50	5.000
General Numeric Corp.	E	Chicago, Illinois	50	50
Utility Power Corp.	E	Palmetto, Florida	85, KWU	70
Allis-Chalmers Power Systems, Inc.	E	West-Allis, Wisconsin	50, KWU	150
Litronix, Inc.	B	Cupertino, Kalifornien	100	3.500
Sitronix, Inc.	B	Broomfield, Colorado	100	350
Microwave Semiconductor Corp.	B	Somerset, New Jersey	100	300
Crystal Technology, Inc.	B	Mountain View, Kalifornien	100	100
Advanced Micro Devices, Inc.	B	Sunnyvale, Kalifornien	20	6.700
Aerotron, Inc.	K	Raleigh, North Carolina	100	360
Databit, Inc.	K	Hauppauge, New York	100	550
Transcontrol Corp.	K	Port Washington, New York	100	60
Siecor Optical Cables, Inc.	K	Horseheads, New York	50	25
Superior Cable Corp.	K	Hickory, North Carolina	100, Siecor	1.300
Elema-Schonander, Inc.	M	Chicago, Illinois	100	40
Siemens Gammasonics, Inc.	M	Chicago, Illinois	100	1.200
Siemens Hearing Instruments, Inc.	M	Union, New Jersey	100	60
Siemens Medical Laboratories	M	Walnut Creek, Kalifornien	100	190
Treshold Technology, Inc.	D	Delran, New Jersey	23,5	70
Osram Sales Corp.	--	Newburgh, New York	100, Osram	20
MacBeth Sales Corp.	--	Newburgh, New York	100, Osram	15
HCM Corp.	--	Great Neck, New York	80	130
Hell Graphic Systems, Inc.	--	Hauppauge, New York	100	k.A.

Quelle: Eigene Darstellung nach: Presseinformation der Siemens AG zu „Siemens in den USA" vom 22. September 1980, in: SAA 35/Ls 403.

---

652   Siehe: Protokoll „Zielvereinbarung Firmenwerbung" vom 12. Dezember 1979, S. 3, in: SAA 20676.2.

Abbildung 23: Produktschwerpunkte der Beteiligungen und Joint Ventures, 1980

Firmenname	Produkte	Entwick-lung	Fertigung	Vertrieb
Siemens-Allis, Inc.	Elektromotoren, Generatoren, Schaltanlagen, Leistungselektronik, Steuersysteme	x	x	x
General Numeric Corp.	Numerische Steuerungen, Ausrüstung für Werkzeugmaschinen			x
Utility Power Corp.	Turbosätze		x	x
Allis-Chalmers Power Systems, Inc.	Turbosätze			x
Litronix, Inc.	Optoelektronische Bauelemente	x	x	x
Sitronix, Inc.	Leistungshalbleiter		x	x
Microwave Semiconductor Corp.	Mikrowellenhalbleiter	x	x	x
Crystal Technology, Inc.	Lithium-Niobat-Scheiben für Oberflächenfilter		x	x
Advanced Micro Devices, Inc.	Integrierte Schaltkreise und bipolare Mikrocomputer	x	x	x
Aerotron, Inc.	Mobilfunkgeräte im Hochfrequenzbereich	x	x	x
Databit, Inc.	Zeit-Multiplex-Geräte, Modems, Konzentratoren	x	x	x
Transcontrol Corp.	Eisenbahnsignalgeräte und -anlagen		x	x
Siecor Optical Cables, Inc.	Lichtwellenleiterkabel			x
Superior Cable Corp.	Nachrichtenkabel und -leitungen, Aufzugsteuerkabel	x	x	x
Elema-Schonander, Inc.	Filmwechsler für Röntgenanlagen, Herzschrittmacher, Beatmungsgeräte			x
Siemens Gammasonics, Inc.	Nuklearmedizinische Apparate und Ultraschallgeräte	x	x	x
Siemens Hearing Instruments, Inc.	Hörgeräte und Sprachhilfen			x
Siemens Medical Laboratories	Linearbeschleuniger für Hochvolttherapie		x	x
Treshold Technology, Inc.	Spracherkennungsanlagen	x	x	x
Osram Sales Corp.	Speziallampen			x
MacBeth Sales Corp.	Speziallampen			x
HCM Corp.	Drucktechnische Einrichtungen			x
Hell Graphic Systems, Inc.	Drucktechnische Einrichtungen			x

Quelle: Eigene Darstellung nach: Presseinformation der Siemens AG zu „Siemens in den USA"
vom 22. September 1980, in: SAA 35/Ls 403.653

653 Dazu gehören noch die Finanzierungsgesellschaften Siemens Capital Corp. und Fintra Corp.

3 DER AUFSTIEG ZUM WICHTIGSTEN MARKT DER SIEMENS AG:
1982 BIS 2001

3.1 Entwicklung der Siemens Capital Corp. / Siemens Corp.

3.1.1 Die Siemens Capital Corp. 1982–1988

Im Verlauf der 1970er Jahre hatte die Siemens AG begonnen, sich durch die Gründung von Joint Ventures, durch Beteiligungen und Firmenkäufe Marktanteile in den Vereinigten Staaten zu sichern. Das Unternehmen intensivierte diese Strategie im folgenden Jahrzehnt. Mit der Restrukturierung der USA-Organisation 1982 konnte der deutsche Weltkonzern für sich beanspruchen, in dem größten Elektromarkt der Welt[654] in allen Branchen präsent zu sein, die auch zu den Kerngeschäftsgebieten auf dem deutschen Heimatmarkt zählten. Siemens hatte in der Medizin-, Energie-, Automatisierungs- und Kommunikationstechnik sowie bei elektronischen Bauelementen nicht nur Fertigungsstandorte aufgebaut und Vertriebswege geschaffen, sondern auch umfangreiche Forschungs- und Entwicklungskapazitäten vor Ort errichtet. Bis 1988 blieb die Siemens Capital Corp. an der Spitze des Organigramms mit „gewisse[n] Finanzierungs- und Holding-Funktion"[655] bestehen. Die operative Geschäftstätigkeit beruhte 1982 auf vier Säulen, den rechtlich eigenständigen Operating Companies Siemens-Allis, Siemens Communication Systems, Siemens Components sowie Siemens Medical Systems.[656] Die USA hatten sich zu Beginn der 1980er Jahre zum umsatzstärksten Auslandsmarkt der Siemens AG entwickelt.[657] Doch auf die Größe des amerikanischen Binnenmarktes bezogen war die Unternehmensführung der Siemens AG mit dem Wachstum nicht zufrieden. Karlheinz Kaske konstatierte 1985, Siemens sei nach wie vor eine „Quantité négligable"[658] in den USA. Um das Geschäftsvolumen zukünftig zu erhöhen, setzte sich Siemens in den USA hohe Wachstumsraten von 10 Prozent pro Jahr als Maßstab.[659] Abbildung 24 zeigt, dass zu Beginn der 1980er Jahre Siemens-Allis mit dem energietechnischen Geschäft den Großteil des Gesamtumsatzes in den USA ausmachte. Mit 439 Mio. DM war die US-Firma umsatzmäßig mehr als fünfmal so groß wie Sie-

---

654   Vgl.: Vortrag von Karlheinz Kaske anlässlich der Einweihung des neuen Siemens-Standortes Moorenbrunn vom 20. August 1985, S. 11, in: SAA 25406.

655   Siehe: Vortrag von Karlheinz Kaske anlässlich der Pressekonferenz der Siemens AG vom 31. Januar 1983, S. 23, in: SAA 64/Lm 204.

656   Diese dezentrale Organisationsform sollte aber nur für die Gliederung des US-Geschäfts Anwendung finden. Sämtliche anderen Regionalmärkte hatten ein geringeres Absatzvolumen und galten als weniger einheitlich, was Technik und Sprache betraf. Siemens handhabe den amerikanischen Markt als Sonderfall, der auch eine gesonderte Organisation erforderte. Vgl. hierzu: Vortrag von Karlheinz Kaske anlässlich der Pressekonferenz der Siemens AG vom 31. Januar 1983, S. 27, in: SAA 64/Lm 204.

657   Siehe: Geschäftsbericht der Siemens AG von 1986, S. 39.

658   Vgl.: Vortrag von Karlheinz Kaske anlässlich der Einweihung des neuen Siemens-Standortes Moorenbrunn vom 20. August 1985, S. 12, in: SAA 25406

659   Vgl.: Vortrag von Karlheinz Kaske anlässlich der Marketing-Tagung vom 7. bis 18. Oktober 1985, S. 4, in: SAA 25406.

mens Gammasonics, mit 82,5 Mio. DM die zweitstärkste Siemens-Gesellschaft in den USA, was den Umsatz betrifft. Es folgten HCM (71,8 Mio. DM) und Databit (58,7 Mio. DM). Die Vormachtstellung von Siemens-Allis lässt sich mit den verkauften Produkten erklären. Mit Generatoren, Turbinen und Motoren waren deutlich höheren Auftragssummen zu erreichen als mit Ultraschallgeräten, Produkten zur Drucktechnik oder Übertragungseinrichtungen für Fernschreiber.

Abbildung 24: Umsätze wichtiger US-Gesellschaften in Mio. DM, 1981/82

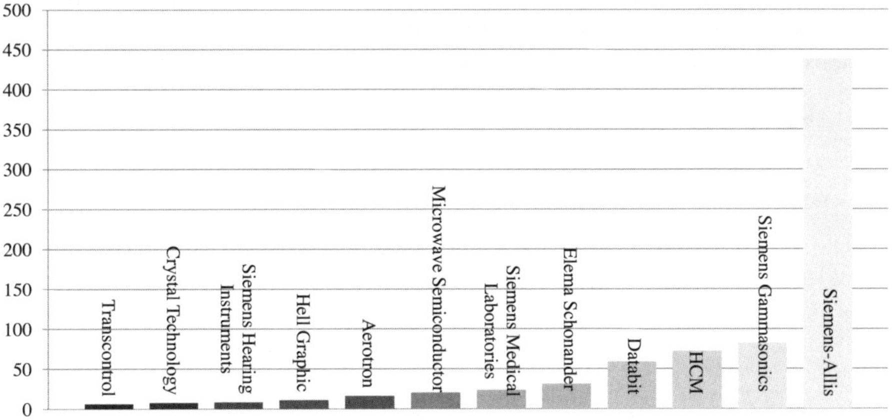

Quelle: US-Gesellschaften, in: Pressekonferenz vom 29. Juni 1982, Anlage zu Frage 201, in: SAA Pressekonferenzen.

Doch nicht nur das Geschäftsvolumen in den USA galt in der Führungsebene in München als unbefriedigend. Auch die hohen Geschäftsverluste sorgten für Unmut. Um die US-Aktivitäten, bislang ein reines Zuschussgeschäft, in die schwarzen Zahlen zu führen, hatte die Siemens AG bereits zu Beginn der 1980er Jahre erste Maßnahmen ergriffen. Im Rahmen einer Gesamtrevision versuchte das Unternehmen, die verlustbringenden Geschäftsaktivitäten aufzugeben und damit „aus der Fülle unserer Aktivitäten [...] die Spreu vom Weizen"[660] zu trennen. Folglich hatte die Siemens AG zu Beginn des Jahrzehnts die Produktionskapazitäten in Cheshire und Scottsdale, die Firmen Aerotron und Sitronix sowie die Anteile an Polygram veräußert. Nicht angetastet wurde die dezentrale Organisationsstruktur der Siemens-Aktivitäten in den Vereinigten Staaten. Vorerst brachten diese Maßnahmen keine Besserung. Während 1984/85 das energietechnische Geschäft von Siemens-Allis inklusive des Bereichs Automation einen Verlust von 33,4 Mio. $ zu verzeichnen hatte, belief sich dieser bei Siemens Components auf 12,6 Mio. $ und bei Siemens Communications Systems auf 7,5 Mio. $. Die einzige Operating Company, die Mitte der 1980er Jahre schwarze Zahlen schrieb, war Siemens Medical mit einem Gewinn von 7,3 Mio. $. Daneben erreichten auch die drei eigenständigen US-Tochterfirmen

---

660 Siehe: Manager des Jahres: Karlheinz Kaske, in: Industriemagazin, Nr. 12 vom 15. Dezember 1982, S. 19, in: SAA 64/Lb 439.

Hell Graphic (1,5 Mio. $), UPC (0,4 Mio. $) und Osram Sales Corp. (0,3 Mio. $) positive Jahresabschlüsse. Das gesamte Wirtschaftsergebnis von Siemens in den USA belief sich 1984/85 auf –44,1 $ bzw. –137,5 Mio. DM,[661] 1986 noch –75 Mio. DM.[662] Damit stellten die US-Aktivitäten Mitte der 1980er Jahre eine der entscheidenden Verlustquellen für das Gesamtunternehmen dar.[663] 2012 urteilte Hermann Franz kritisch: „Es war unternehmerisch unmöglich, was wir gemacht haben. Wir haben Geld versenkt, das war sagenhaft."[664] Die Gründe für diese Verluste, die im Folgenden bei der Betrachtung der einzelnen Geschäftssparten deutlich werden, waren vielfältig. Besonders schwere Belastungsfaktoren waren die hohen Vorleistungskosten in Form von Investitionen für F&E-Einheiten, Produktionsstätten und Vertriebsnetze sowie die Kosten für mehrfache Strukturbereinigungen.[665]

Abbildung 25: Wirtschaftsergebnis von Siemens in den USA, 1984/85

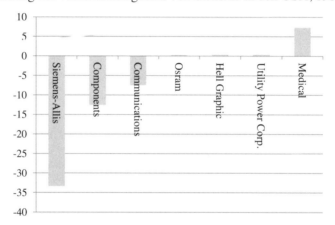

Quelle: Eigene Darstellung nach: Protokoll Nr. 226 über die Sitzung des Zentralausschusses vom 22. Juli 1985, S. 3, in: SAA S 10.

Parallel zu dem wachsenden Bewusstsein um die Verlustsituation fand bei der Siemens AG ein Umdenken in der Außendarstellung in den USA statt. Mitte der 1980er Jahre betonte der Zentralausschuss, dass man vor Ort „wie ein US-Unternehmen handle und auch als solches behandelt werden wolle."[666] Die Siemens Corp. mit ihren Beteiligungen und Tochterfirmen sollte fortan explizit als amerikanisches Un-

---

661 Diese Zahlen entstammen aus: Protokoll Nr. 226 über die Sitzung des Zentralausschusses vom 22. Juli 1985, S. 3, in: SAA S 10.

662 Vgl.: Pressekonferenz der Siemens AG vom 3. Februar 1986, S. 18, in: SAA 23652.

663 Vgl.: Protokoll Nr. 248 über die Sitzung des Zentralausschusses vom 21. September 1987, S. 8, in: SAA S 10.

664 Siehe hierzu: Persönliches Interview mit Hermann Franz am 22. Juni 2012 am Wittelsbacherplatz 2, München.

665 Vgl.: Jahrespressekonferenz der Siemens AG von 26. Januar 1989, Frage A 4.46, in: SAA Pressekonferenzen.

666 Hierzu und zu Folgendem vgl.: Protokoll Nr. 245 über die Sitzung des Zentralausschusses vom 25. Mai 1987, S. 13, in: SAA S 10. Siehe auch dazu: Vortrag von Karlheinz Kaske anläss-

ternehmen und nicht als US-Tochter einer deutschen Firma auftreten.[667] Gegenüber amerikanischen Regierungsstellen wies der Elektrokonzern nachdrücklich darauf hin, dass er seine Wertschöpfungsaktivitäten für US-Produkte in die Vereinigten Staaten verlagert hatte. Dieses Verständnis eines Weltunternehmens wurde in den Folgejahren zur kommunikativen Leitlinie.[668] Der nordamerikanische Elektromarkt erhielt dabei innerhalb der weltweiten Auslandsaktivitäten besondere Bedeutung zugesprochen. Mit einem Gesamtvolumen von 270 Mrd. $ im Jahr 1985, was etwa 35 Prozent der weltweiten Nachfrage nach elektrotechnischen Produkten entsprach,[669] galt er als „Schrittmacher des technischen Fortschritts"[670] und als Gradmesser für die eigene internationale Leistungs- und Konkurrenzfähigkeit. So betonte Karlheinz Kaske 1986: „Nur wer sich hier bewährt und durchsetzt, wird auch am Weltmarkt langfristig wettbewerbsfähig bleiben können."[671] Daraus ergab sich die Auffassung, dass einzig entsprechende Marktanteile an der amerikanischen Elektroindustrie Siemens garantieren könnten, am Absatzmarkt und F&E-Potenzial der USA zu partizipieren.[672]

Dieser Transformationsprozess zu einem multinationalen und in den USA zu einem amerikanischen Konzern gestaltete sich sehr kostenintensiv. Hatte die Siemens AG bereits für die Expansionspolitik in den Vereinigten Staaten in den 1970er Jahren hohe Summen bereitgestellt, so stieg im folgenden Jahrzehnt der Umfang der Direktinvestitionen abermals. Vor diesem Hintergrund verglich Karlheinz Kaske die Aufwendungen, die Siemens für seine USA-Aktivitäten betrieb, mit dem Kraftstoffbedarf eines Flugzeuges:

> „Wie bei einem Jet wird in der Startphase bis zur Reiseflughöhe der meiste Sprit verbraucht, im Horizontalflug ist der Spritverbrauch hingegen vergleichsweise gering. Jetzt kann man sich natürlich stundenlang darüber unterhalten, wo denn unsere Reiseflughöhe sein sollte, bis wir in

lich der Einweihung des neuen Siemens-Standortes Moorenbrunn vom 20. August 1985, S. 11, in: SAA 25406.

667 Zur Frage der Identität der US-Gesellschaft siehe auch: Persönliches Interview mit Hans Decker am 24. Februar 2012 in New York City, USA.

668 Vgl.: O. V., Wohin steuert das Unternehmen? In: Siemens-Mitteilungen 1990, Heft 6, S. 4–8, hier S. 4. 1977 besaß das Selbstverständnis noch eine andere Qualität. Schon damals sah sich die Siemens AG als weltweit operierender Konzern. Bernhard Plettner aber betonte, dass Siemens zu sehr im deutschen Heimatmarkt verankert sei, um als multinationale Firma gelten zu können. Vielmehr sei die Siemens AG „im Kern doch bis heute ein deutsches Unternehmen geblieben." Siehe: Mehnert/Richelmann, Maß, S. 38.

669 Siehe: Hauptversammlung der Siemens AG vom 20. März 1986, Frage 238, in: SAA Pressekonferenzen.

670 Vgl.: Vortrag von Karlheinz Kaske anlässlich der Einweihung des neuen Siemens-Standortes Moorenbrunn vom 20. August 1985, S. 11, in: SAA 25406. Ähnliche Äußerungen finden sich auch in: O. V., Man soll seine Kunden nicht kaufen, Interview mit Karlheinz Kaske, in: Der Spiegel, 16/1986, S. 70–80, hier S. 80.

671 Siehe: Vortrag von Karlheinz Kaske anlässlich der Pressekonferenz der Siemens AG vom 3. Februar 1986, S. 9, in: SAA 64/Lb 439.

672 Vgl.: O. V., In die Höhle des Löwen, Interview mit Hans Decker, in: Wirtschaftswoche, Nummer 15 vom 3. April 1987, S. 52 sowie: Vortrag von Karlheinz Kaske anlässlich der Pressekonferenz der Siemens AG vom 3. Februar 1986, S. 9, in: SAA 64/Lb 439.

den Horizontalflug übergehen und Gas zurücknehmen. Mehr Gas, das kostet halt am Anfang Geld und das haben wir ganz bewußt in Kauf genommen […]."[673]

Mitte der 1980er Jahre befand sich Siemens in den USA noch eindeutig auf dem Weg zur Reiseflughöhe. Der Treibstoff dazu war weiterhin unbestritten der Weg der Direktinvestitionen in Form von Beteiligungen an US-Firmen, deren Aufkauf und Integration in die Siemens-Geschäfte. Die deutsche Elektrofirma sah dies als die schnellste und effektivste Strategie an, sich in den USA zu etablieren und Marktanteile zu generieren.[674] Dazu war es notwendig, dass die Siemens AG das Eigenkapital der Siemens Corp. laufend erhöhte (vgl. Abbildung 26). Ende der 1970er und nochmals Anfang der 1980er Jahre wurde es in enormem Maß angehoben. Betrug es 1969 noch eine Mio. $, so vervielfachte es die Siemens AG bis 1978 auf 74,9 Mio. $. 1986 hatte es den Spitzenwert von 1,1 Mrd. $ erreicht.[675] Damit besaß die US-Gesellschaft mehr Eigenkapital, als die Siemens AG 1984 in allen anderen Auslandsmärkten einsetzte.[676]

Abbildung 26: Eigenkapitalentwicklung von Siemens in den USA in Mio. $, 1969–1986

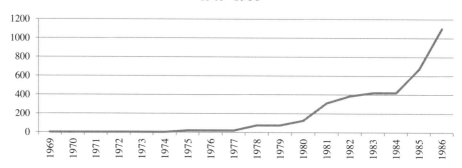

Quelle: Eigene Darstellung nach: Geschäftsberichte der Siemens AG 1969–86.

Das derart erhöhte Eigenkapital bot eine stabile Grundlage für das ansteigende Geschäftsvolumen. Auftragseingang, Umsatzentwicklung und der US-Marktanteil wuchsen bis Ende der 1980er Jahre wesentlich an. Der Marktanteil von Siemens in den USA wurde 1985 auf 0,6 Prozent taxiert und hatte sich damit seit Beginn der 1970er Jahre um mehr als das Sechsfache erhöht.[677] Weitere drei Jahre später zeichnete sich Siemens bereits für 0,9 Prozent des amerikanischen Elektromarktvolu-

---

673   Vgl.: Karlheinz Kaske auf der Pressekonferenz der Siemens AG vom 1. Februar 1988, in: SAA K 8900.

674   Siehe dazu: Hauptversammlung der Siemens AG vom 20. März 1986, Frage 237, in: SAA Pressekonferenzen sowie: O. V., Kunden, S. 80.

675   Siehe: Geschäftsberichte der Siemens AG 1969–86.

676   Vgl.: Vortrag von Heribald Närger anlässlich der Vorstandssitzung der Siemens AG vom 24. Juni 1986, Anlage 2, Seite 11, in: SAA S 1.

677   Vgl.: Pressekonferenz der Siemens AG vom 5. Juli 1985, Frage 162, in: SAA Pressekonferenzen.

mens aus.[678] Auch Umfang der Aufträge und Umsätze wuchsen in den 1980er Jahren kontinuierlich an, wie die Abbildungen 27 und 28 veranschaulichen.

Abbildung 27: Auftragseingang von Siemens in den USA in Mrd. $, 1983–1993[679]

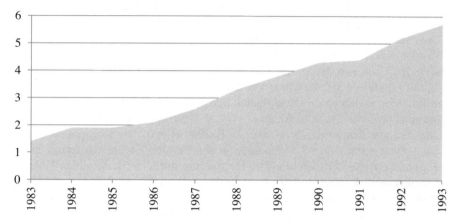

Quelle: Eigene Darstellung nach: Aufsichtsratssitzung der Siemens AG vom 12. Januar 1994, S.2, in: SAA S 2.

Abbildung 28: Entwicklung des Umsatzes in den USA in Mrd. $, 1989–1993

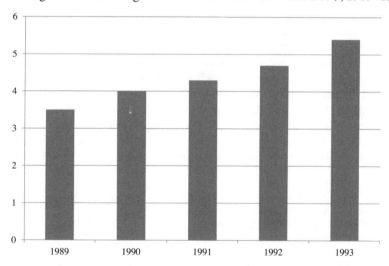

Quelle: Eigene Darstellung nach: Aufsichtsratssitzung der Siemens AG vom 12. Januar 1994, S.6, in: SAA S 2.

---

678 Siehe: Jahrespressekonferenz der Siemens AG von 26. Januar 1989, Frage A 4.46, in: SAA Pressekonferenzen.
679 Vgl.: Aufsichtsratssitzung der Siemens AG vom 12. Januar 1994, S.6, in: SAA S 2.

Neben dem Anstieg des Geschäftsvolumens in den USA konnte die Siemens AG Mitte der 1980er Jahre auch bei der Verlagerung der Fertigungskapazitäten Erfolge verbuchen. Schließlich hatte das deutsche Unternehmen die Wertschöpfungsketten für Produkte, die auf dem amerikanischen Markt verkauft wurden, schwerpunktmäßig in die USA verlegen können. 1985 wurden etwa 80 Prozent als sogenannter local content vor Ort erzeugt.[680] Davon wiederum wurden 15 Prozent von den USA ins Ausland exportiert. Grundlage hierfür waren 30 Produktionsstandorte sowie 200 Verkaufsbüros, die Siemens über das Land verteilt aufgebaut hatte.[681] Dies war entscheidend, um vom Exporteur von Nischenartikeln zu einem bedeutenden Faktor in der US-Wirtschaft zu werden.[682] Die Siemens AG konnte zu Recht für sich beanspruchen, in den Vereinigten Staaten den Sprung vom „offshore supplier" zum „onshore supplier", also zum Anbieter vor Ort, vollzogen zu haben. Das 1977 gesteckte Ziel war damit erreicht worden.[683] Kaske betonte, dass Siemens prozentual gesehen sogar mehr seiner US-Produkte in den Vereinigten Staaten fertige als einige amerikanischen Firmen, die ihre Herstellung mittlerweile in vielen Fällen in kostengünstigere Länder nach Fernost verlegt hatten.[684] Die Verlagerung weiter Teile der Wertschöpfungskette in die USA bot für die Siemens Capital Corp. insbesondere den Vorteil, unabhängiger vom schwankenden Dollarkurs zu werden. So plante das Unternehmen für das Geschäftsjahr 1986 eine Umsatzsteigerung von 24 Prozent in Dollar, was wegen des Dollarwertverlusts in DM gerechnet nur einen Anstieg von vier Prozent bedeutet hätte.[685] Auch vor dem Hintergrund erneut aufkommender protektionistischer Tendenzen in den USA erwies sich diese Verlagerung weiter Teile der Wertschöpfungsketten in das Zielland als sehr wichtig. Diese Punkte betrafen die Siemens Capital Corp. nun kaum mehr. Lediglich das Exportgeschäft mit Siemens-Produkten aus den USA in andere Länder blieb weiterhin stark von den Schwankungen des US-Dollars beeinflusst.[686]

Im Laufe der 1980er Jahre hatten sich auch die Anteile der einzelnen Geschäftsfelder am US-Gesamtumsatz verschoben. Machte das medizintechnische Geschäft 1978/79 mit 45 Prozent des Gesamtumsatzes noch fast dessen Hälfte aus, so sank der Anteil bis 1987/88 auf ein Drittel.[687] Das Geschäft mit Kommunikationsgeräten sank von 30 auf 10 Prozent; dasjenige mit elektrischen Bauelementen von 15 auf sechs Prozent. Einen prozentualen Anteilsanstieg konnten die Bereiche Energie-

---

680   Hierzu und zu Folgendem siehe: Karlheinz Kaske zur Lage des Unternehmens vom 15. November 1985, S. 8, in: SAA S 2.

681   Vgl.: Siemens Capital Corp. (Hg.), Siemens USA '86, S. 1, in: SAA 27468.

682   Vgl.: Persönliches Interview mit Hans Decker am 24. Februar 2012 in New York City, USA.

683   Siehe: Kapitel D.2.2.

684   Vgl.: Vortrag von Karlheinz Kaske anlässlich der Pressekonferenz der Siemens AG vom 3. Februar 1986, S. 5, in: SAA 64/Lb 439 sowie: Vortrag von Karlheinz Kaske anlässlich der Pressekonferenz der Siemens AG vom 3. Juli 1987, S. 8, in: SAA 25406.

685   Vgl.: Vortrag von Karlheinz Kaske anlässlich der Pressekonferenz der Siemens AG vom 3. Februar 1986, S. 5, in: SAA 64/Lb 439.

686   Vgl.: Hauptversammlung der Siemens AG von 1993, Frage 6.24, in: SAA Pressekonferenzen.

687   Sämtliche der folgenden Zahlen, die sich auf die Anteilsverteilung der Unternehmensbereiche für das Jahr 1987/88 beziehen, stammen aus: Jahrespressekonferenz der Siemens AG von 26. Januar 1989, Frage A 4.46, in: SAA Pressekonferenzen.

technik und Datentechnik verzeichnen. Die Aktivitäten auf dem Gebiet der Energietechnik, die ursprünglich 9 Prozent ausmachten, hatten sich anteilsmäßig bis 1987/88 mehr als verdreifacht und waren auf 33 Prozent gestiegen. Der ursprüngliche Anteil von Geschäften der Datentechnik lag bei einem Prozent, stieg bis 1987/88 auf zehn Prozent an. Daneben machten Hell Graphic Systems (sechs Prozent), Siemens Corporate Research & Services/Bloxcom/weitere Konsolidierungen (drei Prozent) und Osram Corp. (ein Prozent) den restlichen Umsatz aus. Die Vormachtstellung der Medizintechnik war gebrochen, die Abhängigkeit von dieser Branche reduziert. Zukünftig fußte das US-Geschäft der Siemens AG auf mehreren Säulen, wodurch Risiken wie die Abhängigkeit von Branchenkonjunkturen sanken, da das Geschäft auf verschiedene Produktsparten verteilt war.

Abbildung 29: Anteile der OCs am Gesamtumsatz von Siemens in den USA, 1989

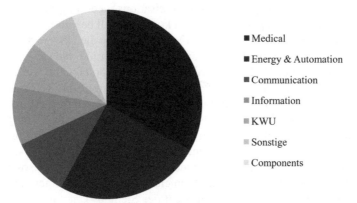

Quelle: Eigene Darstellung nach: Jahrespressekonferenz der Siemens AG von 26. Januar 1989, Frage A 4.46, in: SAA Pressekonferenzen.

Mit diesen Entwicklungsschritten schien das US-Geschäft der Siemens AG Anfang der 1990er Jahre weitgehend stabilisiert zu sein. Das große Problem der Aktivitäten in den Vereinigten Staaten blieb aber weiterhin ungelöst. Die US-Aktivitäten bildeten ein hohes Verlustgeschäft. Die Unternehmensführung der Siemens AG war sich der Problematik bewusst, dass der „[…] Erfolg unternehmerischer Aktivitäten auch am Gewinn zu messen ist."[688] Gleichzeitig nahmen die Verantwortlichen durch den Kauf amerikanischer Firmen, die rote Zahlen schrieben, weiterhin Verluste bewusst in Kauf, um Marktanteile, neue Produktsparten und Vertriebskanäle zu generieren.[689] Vereinzelte Maßnahmen wurden ergriffen, reichten aber nicht aus, die Gesamtsituation entscheidend zu verbessern. 1985 hatte der Board of Directors der Siemens Capital Corp. beschlossen, die Berichterstattungspflicht der einzelnen Operating Companies an die Siemens AG zu verstärken. Zukünftig gab es spezielle

---

688 Siehe: Vortrag von Karlheinz Kaske anlässlich der Pressekonferenz der Siemens AG vom 26. Januar 1989, S. 6, in: SAA 25406.
689 Vgl.: Karl-Hermann Baumann an Heribald Närger vom 26. Januar 1988, in: Hauptversammlung der Siemens AG vom 24. März 1988, Frage A 4.46, in: SAA Pressekonferenzen.

Informationsbroschüren zum USA-Geschäft, die regelmäßig dem Zentralausschuss vorgelegt und diskutiert wurden. Auch stand in jeder Sitzung des Gremiums ein allgemeiner Bericht über den Fortgang der US-Aktivitäten auf dem Programm.[690] Damit sollte der Zentralvorstand regelmäßig in Kenntnis über die Probleme des USA-Geschäfts gesetzt werden. Fortan mussten auch die Leiter der einzelnen Unternehmensbereiche, die für die jeweiligen OCs in den USA verantwortlich waren, in jeder Zentralausschusssitzung der Siemens AG über die Aktivitäten in den USA berichten.

3.1.2 Die Siemens Corp. 1988–2001

1988 entschied die Siemens AG, ihre US-Aktivitäten nach 1981/82 organisatorisch erneut umzugestalten. Die dezentrale Organisationsgliederung mit rechtlich selbständigen Operating Companies hatte sich konzeptionell bewährt, allerdings galten das enorme Geschäftswachstum der 1980er Jahre, die in die USA verlagerten Wertschöpfungsketten sowie die dauerhaften Verluste als Grund, die Geschäftsaktivitäten neu zu koordinieren.[691] Dazu wurde die Siemens Capital Corp. zum 1. Oktober 1988 in Siemens Corp. umbenannt.[692] Zukünftig, so legte es das Reformpapier fest, sollten gerade bei Investitionen und Firmenkäufen die Geschäftsziele und Maßnahmen zwischen den einzelnen Gesellschaften bzw. den Operating Companies und der zentralen Landespolitik von Siemens in den USA besser abgestimmt werden. Auch personell gab es Veränderungen. Horst Langer erhielt mit Wirkung zum 1. Oktober 1988 den Posten des Vorsitzenden des Board of Directors sowie denjenigen des Chief Executive Officers der Siemens Corp. als Nachfolger von Karlheinz Kaske.[693] Hans Decker, seit 1971 Präsident der Siemens Capital Corp., übernahm dieses Amt nun in der Siemens Corp. Im Board of Directors saßen mit Karl-Hermann Baumann, Hermann Franz und Hans-Gerd Neglein drei weitere Vorstandsmitglieder der Siemens AG.[694] Gleichzeitig wurde Langer auch in den Vorstand jeder einzelnen Operating Company gewählt, um die Vernetzung zwischen Siemens Corp. und den strategischen Entscheidungen der einzelnen Bereiche zu verstärken. Die entscheidende Neuerung dieser Organisationsstruktur war, dass Langer als Vorstandsmitglied der Siemens AG explizit in diesem Führungsgremium die

690   Vgl.: Protokoll Nr. 226 über die Sitzung des Zentralausschusses vom 22. Juli 1985, S. 3, in: SAA S 10.

691   Vgl.: Protokoll Nr. 257 über die Sitzung des Zentralausschusses vom 25. Juli 1988, S. 8, in: SAA S 10 sowie: Vortrag von Karlheinz Kaske anlässlich der Pressekonferenz der Siemens AG vom 26. Januar 1989, S. 6, in: SAA 25406.

692   Zur strukturellen Neufassung der Organisation siehe: V-Rundschreiben Nr. 5/88 zur Organisation der „Siemens USA" vom 1. August 1988, in: SAA 68/Li 262.

693   Horst Langer war bereits jahrzehntelang bei Siemens und hatte sich unter anderem im Indiengeschäft bewährt.

694   Siehe: Presseinformation der Siemens AG zur stärkeren Koordination der US-Aktivitäten vom 2. August 1988, in: Siemens-Organisation: Neugliederung der geschäftsführenden Bereiche 1989 (15), in: SAA 33/Lf 963.

Interessen der Siemens Corp. vertreten konnte.[695] Investitionsanträge für die USA liefen fortan über ihn.[696] Hans Decker erhielt 1988 das Amt des Präsidenten der Siemens Corp. Im Anschluss an seine Tätigkeit übernahmen ab 1991 Albert Hoser (Präsident, CEO) und Horst Langer (Vorsitzender) die Führung der US-Aktivitäten bis 1998. Der Board of Directors der Siemens Corp. bestand nun nur noch aus vier Personen. Albert Hoser und Hans Decker vertraten die US-Firma, Horst Langer war das Bindeglied zwischen der Siemens Corp. und der Siemens AG, Karl-Hermann Baumann vertrat die deutsche Muttergesellschaft.[697]

Nach wie vor zeigte die Entwicklung des Gesamtkonzerns Siemens AG Auswirkungen auf die Tätigkeit in den USA. Zum 1. Oktober 1989 änderte die deutsche Muttergesellschaft ihre Organisationsstruktur erheblich und beeinflusste damit auch die Fortentwicklung der Siemens Corp. Um in Zukunft flexibler und effektiver zu arbeiten, ersetzte die Siemens AG die aktuell sieben Unternehmensbereiche durch 15 einzelne Bereiche, die für die verschiedenen Geschäftsfelder verantwortlich waren. Diese Differenzierung hatte insofern Auswirkungen auf die US-Aktivitäten, als dass zukünftig nicht mehr die einzelnen UBs maßgeblichen Einfluss auf das Geschäft in ihren jeweiligen Produktsegmenten ausübten, sondern der Siemens Corp. wie allen Auslandsgesellschaften erstmals seit Beginn der 1970er Jahre eine verstärkte Unabhängigkeit zugesprochen wurde.[698] Unter den Leitern der ehemaligen Unternehmensbereiche gab es gegen diese Umgewichtung durchaus Widerstände, da sie „ihre Spielwiesen in den USA erstens halten wollten und zweitens auch verstecken wollten, was sie da alles angerichtet hatten",[699] so Hermann Franz 2012. Die US-Firma galt fortan als „corporate umbrella" für die Geschäfte des deutschen Elektrokonzerns in den USA.[700] Ihre Aufgabe war es, die verschiedenen Siemens-Aktivitäten zu koordinieren, gerade weil die einzelnen Geschäftsbereiche so dezentral agierten. Sie selbst führte weiterhin keine Geschäftstätigkeiten in den Vereinigten Staaten aus, sondern übernahm neben repräsentativen Funktionen in den USA administrative Pflichten wie die Erstellung von Bilanzen, die Bearbeitung von Steuerfragen oder sonstige Serviceleistungen. Die Führung und Abwicklung des Tagesgeschäfts lag bei den einzelnen Operating Companies. Während die 15 in Deutschland sitzenden Bereiche jeweils ihre Globalstrategie festlegten, passten die

---

695   Siehe dazu: Vortrag von Karlheinz Kaske anlässlich der Pressekonferenz der Siemens AG vom 26. Januar 1989, S. 7, in: SAA 25406.

696   Vgl. dazu: Persönliches Interview mit Hermann Franz am 22. Juni 2012 am Wittelsbacherplatz 2, München.

697   Vgl. hierzu das Interview mit Albert Hoser von 1992: Kurt J. Altschul, Admiral einer beweglichen Flotte. Interview mit Albert Hoser, in: Absatzwirtschaft Nr. 10 vom 1. Oktober 1992, S. 14, zu finden unter: http://www.absatzwirtschaft.de/content/_p=1004040,sst=%252biYfWP XYHysSgx4cKaMYB4l4kxkNQ%252f.790P68TW6sTs%253d, zuletzt abgerufen am 10. Juli 2012.

698   Siehe: Geschäftsbericht der Siemens AG von 1989, S. 8 f.

699   Siehe hierzu: Persönliches Interview mit Hermann Franz am 22. Juni 2012 am Wittelsbacherplatz 2, München.

700   Vgl.: Mission Statement der Siemens Corp. vom September 1990, o. S., in: SAA 23672.

OCs der Siemens Corp. ihre Regionalstrategien daran an.[701] Damit handelten sie deutlich eigenständiger als noch vor 1989.

Mit dieser neuen Organisationsform zählte die Siemens AG 1990 mit einem Auftragseingang von 4,4 Mrd. $, einem Umsatz von 4,1 Mrd. $ und 29.000 Mitarbeitern erstmals zu den 150 größten Unternehmen in den Vereinigten Staaten zählen.[702] Die Siemens Corp. koordinierte rund 60 US-Fertigungsstandorte, über 450 Verkaufs- und Servicebüros sowie 23 eigene F&E-Standorte. Der Anspruch, ein amerikanisches Unternehmen zu sein, war damit absolut berechtigt. Die Aktivitäten in den USA fußten 1992 unverändert auf etwa 80 Prozent local content.[703]

Abbildung 30: Fertigungsstandorte der Siemens AG in den USA, 1992

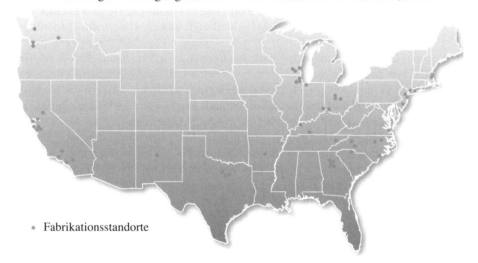

• Fabrikationsstandorte

Quelle: eigene Darstellung nach: Siemens Corp. (Hg.) Siemens '92. A Review of Siemens Businesses in the USA, S. 16f., in: SAA 27468.

Es zeichnete sich ab, dass nun nicht mehr organisatorische Veränderungen vonnöten waren, sondern die Ergebnisorientierung der einzelnen Aktivitäten im Tagesgeschäft verbessert werden musste.[704] Schließlich verzeichneten Ende der 1980er Jahre zwar Siemens Medical Systems, Siemens KWU und Siemens Energy & Automation Geschäftsgewinne; Siemens Information Systems, Siemens Communication Systems, Siemens Components sowie Hell Graphic Systems wiesen aber nach wie vor rote Zahlen aus.[705]

---

701   Zu dieser Kompetenzverteilung siehe: Altschul, Admiral, S. 14.
702   Vgl.: Geschäftsbericht der Siemens AG von 1990, S. 30f.
703   Vgl.: Vortrag von Karlheinz Kaske anlässlich der Hauptversammlung der Siemens AG vom 12. März 1992, S. 10, in: SAA Pressekonferenzen.
704   Siehe: Pressekonferenz der Siemens AG vom 14. Januar 1993, o. S., in: SAA Pressekonferenzen.
705   Vgl.: Protokoll Nr. 259 über die Sitzung des Zentralausschusses vom 14. Oktober 1988, S. 4, in: SAA S 10.

Seit den 1990er Jahren standen zwei Zielmarken im Mittelpunkt des US-Geschäfts. Zum Einen formulierte die Siemens AG den Vorsatz, das Geschäftsvolumen zukünftig nicht mehr primär durch Akquisitionen steigern zu wollen, sondern durch inneres Wachstum der bisherigen Aktivitäten.[706] Zum Anderen rückte in den Vordergrund, die US-Aktivitäten aus der Verlust- in die Gewinnzone zu fahren.[707] Bis 1988 hatte die Siemens AG im USA-Geschäft insgesamt 3,7 Mrd. DM Eigenkapital investiert, wovon bereits zwei Mrd. DM verwendet werden mussten, um die Verluste zu decken und den Firmen- und Geschäftswert zu bezahlen.[708] Daher betonte Hermann Franz 1992 unmissverständlich, dass in den USA fortan lediglich das Kapital für neue Investitionen bereitstehen dürfe, das Siemens vor Ort verdiene.[709] 1992 wies etwa ein Viertel der Einzelgesellschaften rote Zahlen auf, die von den Gewinn erwirtschaftenden US-Firmen von Siemens nicht ausgeglichen werden konnten. Es handelte sich dabei insbesondere um die Bereiche der Privaten und Öffentlichen Kommunikationstechnik sowie der Automobiltechnik.[710] Abbildung 31 zeigt, dass sich der Gesamtverlust der Siemens Corp. 1987 auf 449 Mio. DM nach Steuern belief.[711] Zwei Jahre später erreichte er den Tiefpunkt von 572,5 Mio. DM.[712] 1992/93 war das vorerst letzte Geschäftsjahr, in dem die Gesamtaktivitäten von Siemens in den USA zu roten Zahlen führten. Der Verlust wurde mit 265,5 Mio. DM beziffert.[713]

Die Verantwortlichen der Siemens AG hatten nicht damit gerechnet, dass die Vorleistungen für den Aufbau des US-Geschäfts derart langwierig und kostenintensiv werden würden. So konstatierte Heribald Närger 1988: „Wir sind bedrückt über das Bild, das wir mit unseren US-Aktivitäten derzeit abgeben. Das Eindringen und Vordringen unserer dortigen Firmen in den Markt hat sich noch kostspieliger gestaltet, als die Verantwortlichen ohnehin schon angenommen haben."[714] Hinsichtlich dieser Erkenntnis war Siemens kein Einzelfall. Viele deutsche Unternehmen mussten im Laufe der Markterschließung in den USA feststellen, dass sie die Investitionskosten deutlich unterschätzt hatten. Dies lag entweder darin begründet, dass bereits bei der Planung die Markterschließungskosten zu niedrig bemessen wurden oder die Anlaufphase der Aktivitäten zu kurz kalkuliert wurde.[715]

706　Siehe: Bilanzpressekonferenz der Siemens AG vom 14. Januar 1993, Frage 6 B, in: SAA Pressekonferenzen sowie: Interview mit Gerhard Hans Schulmeyer und Klaus Kleinfeld, in: SiemensWelt. Die Mitarbeiterzeitschrift des Hauses 3/2001, S. 15 f., hier S. 15.
707　Vgl.: Jahrespressekonferenz der Siemens AG von 26. Januar 1989, Frage A 4.46, in: SAA Pressekonferenzen.
708　Vgl.: Heribald Närger zur Lage des Unternehmens vom Januar 1988, S. 22, in: SAA S 2.
709　Vgl.: Vortrag von Hermann Franz anlässlich des Vorstandstreffens der Siemens AG vom 17./18. November 1992, S. 10, in: SAA 25422 sowie: Vortrag von Karlheinz Kaske anlässlich der Pressekonferenz der Siemens AG vom 26. Januar 1989, S. 6, in: SAA 25406.
710　Vgl.: Vortrag von Karlheinz Kaske anlässlich der Hauptversammlung der Siemens AG vom 12. März 1992, S. 11, in: SAA Pressekonferenzen.
711　Vgl.: Geschäftsbericht der Siemens AG 1987, S. 58.
712　Siehe: Geschäftsbericht der Siemens AG 1989, S. 56.
713　Vgl.: Geschäftsbericht der Siemens AG 1993, S. 59.
714　Siehe: Heribald Närger zur Lage des Unternehmens vom Januar 1988, S. 23, in: SAA S 2.
715　Vgl.: Eggert, Erfahrung, S. 116.

Abbildung 31: Jahresergebnis von Siemens in den USA nach Steuern, 1987–2001

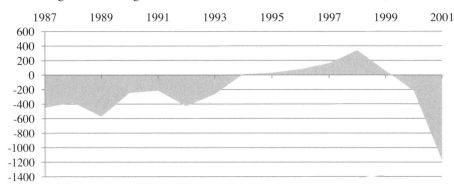

US-Ergebnis nach Steuern in Mio. DM

Quelle: Eigene Darstellung nach: Geschäftsberichte der Siemens AG 1987 bis 2001

Erstmals 1994 konnte die Siemens Corp. am Geschäftsjahresende mit 13,6 Mio. DM einen Gewinn ausweisen. Das positive Ergebnis lag allerdings nicht nur an der verbesserten Effizienz der Geschäftsaktivitäten, sondern am Verkauf des Herz-schrittmachergeschäfts, der mit Einnahmen von 339,5 Mio. DM die Bilanzen positiv beeinflusste.[716] In den folgenden vier Geschäftsjahren blieb das Ergebnis der Siemens Corp. stets positiv, auch wenn es in der Höhe schwankte. Erst 2000 und 2001 musste die US-Gesellschaft erneut ein Minus von 221 Mio. DM bzw. 1,18 Mrd. DM vorweisen. Dieses hohe negative Geschäftsergebnis lag v. a. in drei Ursachen begründet. In erster Linie führten die umfassenden Investitionen der letzten Jahre mit den Übernahmen von Shared Medical Systems Corp., Efficient Networks, Inc. und der Acuson Corporation zu hohen Goodwill-Abschreibungen. Hätte die Siemens AG diese Abschreibungen nicht vornehmen müssen, so hätte sie 2001 statt mehr als einer Mrd. DM Verlust in den USA Gewinne erwirtschaftet.[717] Einige der Neuerwerbungen waren zudem mit hohen Finanzschulden belastet, die die Siemens AG mit der Übernahme ebenfalls zu tragen hatte. So wies Efficient Networks ein Geschäftsminus von 457 Mio. Euro aus.[718] Daneben waren die gesamten Geschäfts-aktivitäten in den Vereinigten Staaten seit 2000 durch starke Konjunkturschwächen der US-Wirtschaft belastet. Der instabile Aktienmarkt, die steigenden Ölpreise so-wie die Terroranschläge vom 11. September 2001 beeinträchtigten das Vertrauen der Verbraucher sowie deren Kauf- und Investitionsbereitschaft nachhaltig.[719] Um

---

716 Vgl.: Geschäftsbericht der Siemens AG 1994, S. 59.
717 Vgl.: Halbjahrespressekonferenz der Siemens AG vom 25. April 2002, Frage 7.2, S. 2, in: SAA Pressekonferenzen
718 Vgl.: Geschäftsbericht der Siemens AG, 2001, S. 83.
719 Siehe hierzu: Hauptversammlung der Siemens AG vom 22. Februar 2001, Frage 1.4.5, in: SAA Pressekonferenzen; Geschäftsbericht der Siemens AG von 2001, S. 15 und 43 sowie: Halbjahrespressekonferenz der Siemens AG vom 25. April 2002, Frage 7.2, S. 2, in: SAA Pressekonferenzen.

die Ergebnisproblematik zu kontrollieren, hatte die Siemens AG bereits im Juli 1998 eine umfangreiche Initiative initiiert, das sogenannte 10-Punkte-Programm.[720] Das Konzept hatte verschiedene Stoßrichtungen. Zuerst forcierte die Siemens AG eine Optimierung ihrer weltweiten Geschäftsaktivitäten. Dazu definierte sie ihre Kerngeschäftsgebiete neu. Verlustführende Sparten, wie das Weltgeschäft mit Halbleitern, Dentaltechnik und Hochleistungsdruckern wurden veräußert.[721] Das Desinvestment der Siemens AG betrug rund 17 Mrd. DM.[722] Daneben legte das Unternehmen fest, weiterhin primär auf den Gebieten der Elektrotechnik und Elektronik tätig zu sein. Zukünftig standen nicht Einzelprodukte im Mittelpunkt, sondern das Anbieten systemischer (Netzwerk-)Lösungen.[723] Pilotprojekt für diese strategische Neuausrichtung war die Gründung des Netzwerkunternehmens Unisphere Solutions.[724] Ein weiterer zentraler Geschäftsbereich war die fossile Kraftwerkstechnik, die durch die Übernahme der entsprechenden Aktivitäten von Westinghouse gestärkt wurde.[725] Die Siemens AG behielt fortan nur noch die Geschäftsfelder „die eine Chance hätten, im globalen Wettbewerb erste oder zweite Marktpositionen einzunehmen […]."[726] Ein weiterer zentraler Punkt des 10-Punkte-Programms war die Vorbereitung des Börsengangs in den USA. Dazu musste die gesamte Siemens AG ihre Rechnungslegung auf den amerikanischen Standard US-GAAP umstellen.[727] Hierdurch konnte das Unternehmen nicht nur eine weltweite Vergleichbarkeit seiner Geschäftsbilanz mit internationalen Wettbewerbern erreichen, sondern auch die Transparenz der eigenen Aktivitäten stärken.[728]

Das USA-Geschäft war zu Beginn des 21. Jahrhunderts mehr denn je der entscheidende Prüfstein des Gesamtgeschäfts der Siemens AG, wie Heinrich von Pierer betonte: „Nur, wenn wir das dortige Geschäft profitabel führen, können wir auch unsere Ziele für das Gesamtunternehmen erreichen. Die Sicherung des Ergebnispotenzials in den USA gehört deshalb für die nächste Zeit zu unseren vorrangigen

---

720 Vgl.: Presseinformation der Siemens AG zum Börsengang in New York vom 12. März 2001, S. 1, in: SAA AXX200103015d.

721 Gerade das weltweite Geschäft mit Bauelementen, insbesondere mit Halbleitern, hatte sich in den letzten Jahren als extrem kostenintensiv erwiesen und regelmäßig rote Zahlen geschrieben. Insgesamt verkaufte die Siemens AG mehr als zwanzig Geschäftsgebiete, die großteils Verluste schrieben und deshalb nicht gehalten wurden. Vgl. dazu: Vortrag von Heinrich von Pierer anlässlich der Siemens-Hauptversammlung vom 18. Februar 1999, in: SAA ER 76 sowie: Siemens im globalen Wettbewerb: Management des geordneten Wandels, Vortrag von Heinrich von Pierer vom 8. Juni 1999, S. 7, in: SAA ER 87.

722 Vgl.: Ebenda 87.

723 Siehe: Vortrag von Heinrich von Pierer anlässlich der Siemens-Hauptversammlung vom 18. Februar 1999, S. 3, in: SAA ER 76

724 Details zu dieser Gründung siehe Kapitel D.3.2.4.2.

725 Vgl.: Vortrag von Heinrich von Pierer anlässlich der Sommer-Pressekonferenz vom 16. Juli 1998, S. 8 f., in: SAA ER 1076. Näheres zu dieser Übernahme findet sich in: Kapitel D.3.2.2.

726 Siehe: Heinrich von Pierer, Gipfel-Stürme. Die Autobiographie. Berlin 2011, S. 294. Ebenso: Mansour Javidan, Interview: Siemens CEO Heinrich von Pierer on cross-border acquisitions, in: Academy of Management Executive 16/2002, Nummer 1, S. 13 f., hier S. 13.

727 Vgl.: Feldenkirchen/Posner, Siemens-Unternehmer, S. 196.

728 Vgl.: Vortrag von Heinrich von Pierer anlässlich der Siemens-Hauptversammlung vom 18. Februar 1999, S. 12, in: SAA ER 76.

Aufgaben."[729] Im Rahmen des 10-Punkte-Programms wurde daher unter der neuen Führung von Gerhard Schulmeyer (Präsident und CEO) und Peter Pribilla (Vorsitzender) ab 1999[730] auch die sogenannte top+-US-Business-Initiative (top = time-optimized processes) eingeleitet.[731] Sie beinhaltete eine umfangreiche Analyse von 119 Geschäftsplänen der 14 verschiedenen Operating Companies in den USA, um eine Geschäftsbereinigung einzuläuten.[732] Diese ergab, dass etwa drei Viertel des US-Geschäfts ertragreich wirtschafteten, wohingegen ein Viertel Verluste schrieb.[733] Die Ansatzpunkte der Initiative, um die Ertragssituation zu verbessern, waren vielfältig. Es galt, internes Synergiepotenzial zu lokalisieren und zu nutzen, ebenso allgemeine Dienstleistungen, die alle OCs notwendig hatten, zu vereinheitlichen. Die Tätigkeiten im E-Business mussten neu koordiniert werden. Im Personalbereich schrieb die Business-Initiative vor, zukünftig mehr in die Personal- und speziell die Führungskräfteentwicklung zu investieren. Auch das in den USA erworbene Immobilienvermögen sollte zukünftig effektiver genutzt werden. Nicht zuletzt musste das Image der Siemens Corp. gestärkt und die Bekanntheit erhöht werden. Klaus Kleinfeld, der zukünftige CEO der Siemens Corp., wies darauf hin, dass auch weiterhin die Verzahnung der Siemens AG mit der Siemens Corp. und ihren amerikanischen Tochterfirmen eine entscheidende Rolle spiele. „Die [deutschen] Bereiche müssen eng mit ihren US-Gesellschaften zusammenarbeiten und sie als feste Bestandteile ihrer weltweiten Strategie betrachten. Sie müssen das US-Management an der Erarbeitung und Umsetzung dieser Strategie beteiligen […]."[734]

Mit dem Gang an die New York Stock Exchange 2001 ließ sich die Siemens AG erstmalig in ihrer Geschichte an einer Börse außerhalb Europas notieren.[735] Dieser strategische Schritt innerhalb des 10-Punkte-Programms bedeutete einen Höhepunkt der Geschäftsentwicklung. Er diente nicht nur der verstärkten Präsenz in den USA, sondern auch dazu, neue Kapitalgeber zu gewinnen. Bisher konnte das deutsche Unternehmen sein Wachstum primär selbst finanzieren. Fortan wollte es sich die Möglichkeit eröffnen, Akquisitionen auch über den Verkauf oder Tausch von Aktien zu erwerben.[736] 2001 war das US-Geschäft der Siemens AG damit auf

729 Vgl. hierzu und zur top+-US-Business-Initiative: Heinrich von Pierer, Wir stehen zu unseren Zielen – Wir tun, was wir sagen. Ansprache zur Siemens Business Conference 2001 vom 21. Juni 2001, S. 21 f., in: SAA ER 9 sowie: Vortrag von Peter Pribilla zu „Siemens in den USA" anlässlich der Aufsichtsratssitzung der Siemens AG vom 25. Juli 2001, S. 14 f., in: SAA S 2.

730 Vgl.: O. V., Dabei sein, um zu gewinnen. Interview mit Gerhard Schulmeyer, in: SiemensWelt. Die Mitarbeiterzeitschrift des Hauses 8–9/1999, S. 16 f., hier S. 16.

731 Vgl.: Feldenkirchen, Siemens 2003, S. 393.

732 Ebenda, S. 14.

733 Vgl. hierzu und zu Folgendem: Presseinformation der Siemens AG zum Börsengang in New York vom 12. März 2001, S. 3 f., in: SAA AXX200103015d sowie: Shelley Brown, Siemens in den USA, in: SiemensWelt 3/2001, S. 18.

734 Vgl.: O. V., Blick in die Zukunft. Interview mit Gerhard Hans Schulmeyer und Klaus Kleinfeld, in: SiemensWelt. Die Mitarbeiterzeitschrift des Hauses 3/2001, S. 15 f., hier S. 15.

735 Vgl.: Börsengang mit Glockenklang, in: SiemensWelt. Die Mitarbeiterzeitschrift des Hauses 3/2001, S. 22. „Es ist ein Muss, an der größten Börse der Welt zu sein, da, wo auch die Wettbewerber sind", urteilte Pierer 2001. Vgl.: Presseinformation der Siemens AG zum Börsengang in New York vom 12. März 2001, S. 4, in: SAA AXX200103015d.

736 Siehe: Vortrag von Heinrich von Pierer anlässlich der Siemens-Hauptversammlung vom 18.

gutem Weg, das von Heinrich von Pierer gesteckte Ziel zu erreichen, „ein Juwel unserer weltweiten Aktivitäten [zu] werden."[737] Das Geschäftsvolumen der Siemens Corp. und ihrer Tochtergesellschaften war bis 2001 weiter angewachsen und hatte erstmals einen größeren Umfang als die Geschäftsaktivitäten in Deutschland erreicht. Der Umsatz 2001 betrug 18,9 Mrd. $, der Auftragseingang erreichte 22,2 Mrd. $.[738] Damit machte der Umsatz in den Vereinigten Staaten 27 Prozent des Weltumsatzes aus, während der Umsatz des Deutschlandgeschäfts lediglich auf einen Anteil von 24 Prozent kam.[739] Die Aktivitäten der Siemens AG in den USA entsprachen mittlerweile einem Marktanteil in den Vereinigten Staaten von 1,4 Prozent.[740] Im Folgejahr war es der Auftragseingang in den USA, der erstmals den des Deutschlandgeschäfts überstiegen hatte. Die Siemens Corp. umfasste als Holdinggesellschaft mittlerweile mehr als 30 Einzelgesellschaften, etwa 100 Beteiligungen und Joint Ventures, mehr als 100 Fabrikationsstätten und mehr als 500 Verkaufs- und Servicebüros in allen Bundesstaaten.[741] Insgesamt 80.000 Mitarbeiter waren für die Siemens AG in den USA aktiv.[742] Diese Expansion hatte der Konzern kurz vor dem Jahrtausendwechsel nochmals forciert. Zwischen 1998 und März 2001 investierte die Siemens AG fast acht Mrd. $ für Erwerbungen in den USA.[743] Damit war das Unternehmen im Bereich der Elektrotechnik und der Elektronik in den USA zum größten ausländischen Investor geworden.[744] 2012 urteilte Hermann Franz, das US-Geschäft von Siemens sei seit seinen Anfängen eine Erfolgsgeschichte, gleichzeitig aber ein „sehr teurer, ein sehr kostspieliger Lernprozess"[745] gewesen.

Februar 1999, S. 11, in: SAA ER 76.

737 Vgl.: O.V., Das Tor zum US-Geldmarkt, in: Siemens Blickpunkt I&S. Mitarbeiterzeitschrift des Bereichs Industrial Solutions and Services, April 2001, S. 9.

738 Die Zahlen beruhen auf U.S. GAAP und beinhalten nicht das Geschäft von Infineon Technologies. Vgl.: Siemens Corp. (Hg.), Siemens USA 2002, S. 8, in: SAA 27468.

739 Vgl.: Geschäftsbericht der Siemens AG von 2000, S. 13 und 18.

740 Vgl.: Jahrespressekonferenz der Siemens AG vom 14. Dezember 2000, o. S., in: SAA Pressekonferenzen.

741 Vgl.: Hauptversammlung der Siemens AG vom 22. Februar 2001, Frage 4.7, S. 1 f., in: SAA Pressekonferenzen.

742 Vgl.: Siemens Corp. (Hg.), Siemens USA 2002, S. 1, in: SAA 27468.

743 Siehe: Presseinformation der Siemens AG zum Börsengang in New York vom 12. März 2001, S. 1 f., in: SAA AXX200103015d.

744 Vgl.: Halbjahrespressekonferenz der Siemens AG vom 26. April 2001, Frage 1.1.5, in: SAA Pressekonferenzen.

745 Vgl. dazu: Persönliches Interview mit Hermann Franz am 22. Juni 2012 am Wittelsbacherplatz 2, München.

Abbildung 32: Mitarbeiterentwicklung von Siemens in den USA, 1980–2001[746]

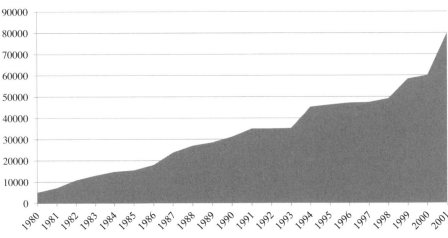

Quelle: eigene Darstellung nach: US-Geschäftsberichte, in: SAA 27468.

3.2 Die einzelnen Geschäftsfelder

3.2.1 Health Care

3.2.1.1 Siemens Medical Systems, Inc. / Siemens Medical Corp.

Die Medizintechnik war in den 1980er Jahren wie schon im vorigen Jahrzehnt die volumenstärkste Sparte von Siemens in den Vereinigten Staaten. 1981/82 machten die medizintechnischen Aktivitäten in den USA 27 Prozent des weltweiten Geschäfts des UB Med aus und überholten damit erstmals das Volumen der medizintechnischen Verkäufe in Deutschland.[747] Der US-Umsatz stieg zwischen 1982 und 1992 von 385 Mio. $ linear um mehr als das Vierfache auf 1,76 Mrd. $ an (siehe Abbildung 33). Bereits 1984 war Siemens hinter GE die Nummer zwei auf dem amerikanischen Markt für medizintechnische Produkte und Anlagen.[748]

---

746   Leider ließ sich keine Aufgliederung der Mitarbeiterzahlen in deutsche und amerikanische Angestellte finden.

747   Vgl.: Vortrag von Friedrich Kuhrt anlässlich der Vorstandssitzung der Siemens AG vom 21. Juni 1983, Anlage 1, S. 1, in: SAA 16/Lh 263.

748   Vgl.: Vortrag von Karlheinz Kaske anlässlich der Aufsichtsratssitzung der Siemens AG vom 20. November 1984, Anlage 1, S. 15, in: SAA 16/Lh 262.

Abbildung 33: Umsatz der Medizintechnik in den USA in Mio. $, 1982–1992

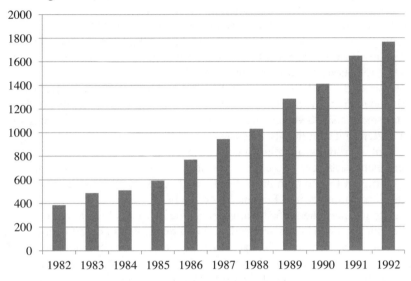

Quelle: Eigene Darstellung nach: Aufsichtsratssitzung der Siemens AG vom 13. Januar 1993, Bereich: Medizinische Technik, S. 5, in: SAA S 2.

Neben steigenden Umsätzen konnte Siemens Medical Systems, Inc. bereits zu Beginn der 1980er Jahre in ihren wichtigsten Produktsparten auf bedeutende Marktanteile in den USA verweisen. So machten Linearbeschleuniger 30 Prozent des amerikanischen Marktes aus, Röntgenanlagen 25 Prozent, die Nuklearmedizin 23 Prozent, Computertomographen 20 Prozent, röntgendiagnostische Produkte 15 Prozent und das Monitoring-Geschäft zehn Prozent.[749] Dieser Volumenanstieg hing mit mehreren Faktoren zusammen. Im Vergleich zu anderen Geschäftsfeldern von Siemens in den USA war entscheidend, dass der UB Med bereits rasch nach dem Zweiten Weltkrieg, 1947, wieder in die USA drängte. Das Vertriebsabkommen, das mit Westinghouse geschlossen worden war, hatte sich als „Türöffner bei großen Einrichtungen in USA"[750] erwiesen. Bis in die 1980er Jahre hatte der UB Med über diesen Kontakt ein großflächiges Netzwerk errichten können, auf dem die Expansion seit 1974 beruhte. Die Bekanntheit von Siemens als Hersteller hochwertiger medizintechnischer Produkte war bis zu Beginn der 1980er Jahre enorm angestiegen. Ausschlaggebend war, dass Siemens intensiven Kontakt zu Universitätsklinken und medizinischen Instituten pflegte, um bereits die jungen Ärzte in Ausbildung von den Vorteilen der eigenen Produkte zu überzeugen.[751] Unmittelbar entscheidend für den Geschäftserfolg des UB Med waren daneben die Direktinvestiti-

749   Vgl.: Vortrag von Friedrich Kuhrt anlässlich der Vorstandssitzung der Siemens AG vom 21. Juni 1983, Anlage 1, S. 5, in: SAA 16/Lh 263.

750   Vgl.: O. V., Medizintechnik: Ausdauer hat sich gelohnt, in: SiemensWelt. Die Mitarbeiterzeitschrift des Hauses 6/1992, S. 8 f., hier S. 8.

751   Siehe: Vortrag von Friedrich Kuhrt anlässlich der Vorstandssitzung der Siemens AG vom 21. Juni 1983, Anlage 1, S. 5 f., in: SAA 16/Lh 263.

onen, die die Siemens-Führung in den USA in Form von erfolgreichen Firmenkäufen und Beteiligungen tätigte. So konnte er Marktanteile insbesondere in der Röntgendiagnostik, der Computertomographie und der Elektromedizin generieren und ausbauen.[752] Ein weiterer Erfolgsfaktor war der erfolgreiche Ausbau der Fabrikation vor Ort. 1986 stellte SMS bereits 60 Prozent der Medizinprodukte, die in den Vereinigten Staaten verkauft wurden, als local content in den USA her.[753] Ein Großteil der Waren, die SMS vertrieb, war dabei nach aktuellen Käuferbedürfnissen entwickelt und hochinnovativ. Mitte der 1980er Jahre verkaufte Siemens Medical Systems, Inc. mehr als 500 verschiedene Produkte, von denen mehr als siebzig Prozent in den letzten fünf Jahren entwickelt worden waren.[754] Innovationsgrad und Qualität des breiten Produktportfolios blieben auch den Kunden im außeramerikanischen Ausland nicht verborgen. So exportierte SMS 1983 rund 10 Prozent seiner in den USA gefertigten Produkte in das internationale Ausland.[755] Fünf Jahre später hatte sich der Exportanteil auf 30 Prozent verdreifacht.[756]

Der kontinuierliche Aufschwung der Siemens Medical Systems, Inc. war untrennbar mit John A. Diener verbunden, dem Präsidenten und CEO der Firma. Als dieser zum 30. September 1985 nach 14 Dienstjahren von seinem Amt zurücktrat, waren die Geschäftsaktivitäten bereits so gut etabliert, dass der personelle Wechsel zu seinem Nachfolger Robert J. Mackinnon der Expansion keinen Abbruch tat.[757] Vielmehr konnte SMS im Geschäftsjahr 1989/90 einen Rekordumsatz von mehr als 1,4 Mrd. $ vermelden und in den USA 1990 bereits Produktionsstätten an zwölf verschiedenen Standorten vorweisen.[758] Diese waren, wie alle medizintechnischen Siemens-Einheiten in den USA, einer neuen Dachgesellschaft zugeordnet. Siemens Medical Systems war 1990 in die neu gegründete Holdinggesellschaft Siemens Medical Corp. (SMC) übergegangen.[759] Mitte der 1990er Jahre teilten sich die Arbeitsschwerpunkte des US-Medizintechnikgeschäfts wie folgt auf: 75 Prozent des Umsatzes machten die Geschäftsfelder Computertomographie, Magnetresonanz, An-

---

752 Vgl.: Friedrich Kuhrt, Das US-Geschäft als Innovationsmotor, in: Siemens-Zeitschrift 4/1986, S. 31–34, hier S. 32.

753 Vgl.: Sommerpressekonferenz der Siemens AG vom 6. Juli 1986, Frage 303, in: SAA Pressekonferenzen. Interessanterweise fabrizierte SMS in den USA 1986 rund 60 Prozent der gesamten in den USA verkauften Artikel, was einem Warenwert von 685 Mio. $ entsprach, während in Deutschland die restlichen 40 Prozent mit einem Wert von nur 250 Mio. $ hergestellt wurden. Dies zeigt, dass Mitte der 1980er Jahre vor allem hochpreisige Produkte in den USA und kostengünstige Artikel in Deutschland gefertigt wurden. Vgl.: Protokoll der Wirtschaftsausschusssitzung der Siemens AG vom 17. September 1986, S. 2, in: SAA 16/Ll 409.

754 Vgl.: Siemens Capital Corp. (Hg.), Siemens USA '85, S. 6, in: SAA 27468.

755 Vgl.: Vortrag von Friedrich Kuhrt anlässlich der Vorstandssitzung der Siemens AG vom 21. Juni 1983, Anlage 1, S. 3, in: SAA 16/Lh 263.

756 Siehe: Siemens Corp. (Hg.), Siemens '89. The business report of the Siemens Companies in the United States, S. 18, in: SAA 27468.

757 Vgl.: Memorandum vom 2. Oktober 1985, in: SMA 7610 3-5-02.

758 Vgl.: Siemens Corp. (Hg.), Siemens '91. A Review of Siemens Businesses in the USA, S. 22, in: SAA 27468.

759 Siehe: Sommerpressekonferenz der Siemens AG vom 5./6. Juli 1991, Frage 3.49, in: SAA Pressekonferenzen sowie: Siemens Corp. (Hg.) Siemens '91. A Review of Siemens Businesses in the USA, S. 24, in: SAA 27468.

giographie, Röntgen- und Dentaltechnik sowie -anlagen aus; 14 Prozent Therapie- und Ultraschallgeräte sowie die Elektromedizin; elf Prozent Herzschrittmacher und Hörgeräte.[760]

Seit den 1990er Jahren setzte dann – aufgrund einer Rentabilitätsbeurteilung – ein Strategiewechsel bei SMC ein. Das Dentalgeschäft wurde veräußert, dagegen eine Konzentration auf die stark wachsenden Branchen Ultraschalldiagnostik und Informationstechnologien beschlossen.[761] Höhepunkt dieser Neuorientierung war 2000 der Kauf der Shared Medical Systems Corp. in Malvern, Pennsylvania, einem der Marktführer für medizintechnischen IT-Service. Der Siemens-Bereich Medizinische Technik (ehemals UB Medizintechnik) übernahm für 2,1 Mrd. $ das Unternehmen, das über 7.600 Mitarbeiter und einen Jahresumsatz von 1,2 Mrd. $ verfügte.[762] Damit sicherte sich Siemens Know-how für Patientenverwaltung, Informationsadministration, Prozessbegleitung und Applikationsdienstleistungen, die in Verwaltung und in klinischen Prozessabläufen im Gesundheitswesen Anwendung fanden. Darüber hinaus hatte Shared Medical Systems bisher als Betreiber von IT-Infrastrukturen in Krankenhäusern gearbeitet.[763] Die Investition war ein strategischer Meilenstein für den Bereich Medizinische Technik. Dieser konzentrierte sich künftig weniger auf Entwicklung, Herstellung und Verkauf von Geräten, sondern mehr auf Dienstleistungen und Informationstechnologien. Es war nun möglich, Kunden wie Hospitalen Gesamtlösungen anzubieten. Vorzeigeprojekt war das erste digitale Krankenhaus der Welt in Birmingham, Alabama, dessen digitalisierte und vollautomatische Infrastruktur die Siemens AG zu Beginn des neuen Jahrtausends bereitstellte.[764] Siemens war das erste Unternehmen, das im US-Gesundheitswesen einen solchen Großauftrag allein durchführte. Jedes Patientenbett wurde computerüberwacht und war an das Internet angeschlossen, um die Gesundheitskontrolle und den Austausch mit externen Fachärzten zu gewährleisten. Außerdem trug jeder Patient einen Überwachungsapparat, der Veränderungen des Gesundheitszustandes und den Standort des Patienten sofort an die Ärzte meldete.[765]

---

760 Vgl.: FDA-Pressemitteilung vom 25. Februar 1994, in: Pressekonferenz der Siemens AG vom 10. März 1994, in: SAA Pressekonferenzen.

761 Siehe dazu: Nolen, Siemens, S. 136.

762 Vgl.: Presseinformation der Siemens AG zur Übernahme der Shared Medical Systems Corp. vom 3. Juli 2000, S. 1, in: SAA MedBV062000045d.

763 Hierzu und zu Folgendem siehe: Presseinformation der Siemens AG zur Verstärkung des Dienstleistungs- und IT-Angebots für das Gesundheitswesen vom 1. Mai 2000, S. 1 f., in: SAA Med BV 200005.038. d.

764 Vgl.: Shelley Brown, Fit für den größten Siemens-Markt, in: Siemens-Welt. Die Mitarbeiterzeitschrift des Hauses 3/2002, S. 36 f., hier S. 37.

765 Vgl.: Norbert Aschenbrenner, Ohne Information ist alles nichts, in: SiemensWelt. Die Mitarbeiterzeitschrift des Hauses 6/2002, S. 20 f., hier S. 22.

3.2.1.2 Strahlentherapie

Hatte der UB Med seine Expansionsphase in den USA zu Beginn der 1970er Jahre mit dem Kauf der Arco eingeläutet, so galt es in den folgenden Jahrzehnten, das Geschäft auf der Strahlentherapie auszubauen. Siemens Medical Laboratories entwickelte sich als Nachfolgefirma der Arco bis 1983 zum zweitgrößten US-Hersteller von Linearbeschleunigern hinter Varian Associates, Inc.[766] Dabei spezialisierten sich mehr als 200 Mitarbeiter auf die Entwicklung, Herstellung und Vertrieb von Linearbeschleunigern zur Schmerzlinderung, Muskel- und Durchblutungsaktivierung.[767] Um dem steigenden Platzbedarf Rechnung zu tragen, wechselte SML 1989 den Standort und zog nach Concord, Kalifornien. Hier entstand der weltweite Hauptstandort für Siemens-Strahlentherapiesysteme.[768] Hatte sich Siemens mit dem Erwerb der Arco 1974 bereits den Zugriff auf die Strahlentherapiegeräte vom Typ Mevatron gesichert, so entwickelte die Firma diese Technologie nun weiter. Es gelang zu Beginn der 1990er Jahre, mittels Lasertechnik die Bestrahlung effektiv zu bündeln und besonders präzise bei lokalen Tumoren anzuwenden.[769] Ein bis zu 1,2 Mio. $ teures Mevatron-Gerät[770] funktionierte mit hochenergetischen Elektronen oder Photonen. Ihre Positionierung, Dosierung und Tiefenstrahlung wurde durch Computer geregelt. Damit war garantiert, dass sie nur exakt die Tumorbereiche trafen.[771] Neben dem Linearbeschleuniger entwickelte und verkaufte SML auch elektronische Systeme zur Planung von Bestrahlungsbehandlungen, Simulationsgeräte, um Größe und Position von Tumoren zu eruieren sowie Geräte zur Patientendokumentation.[772]

Auf dem Gebiet der Röntgentechnik erwarb der der Bereich Medizinische Technik Ende Oktober 1988 die US-Firma Eureka X-Ray Tube Co. in Chicago, Illinois. Sie war zuständig für F&E, Bau und Vertrieb von Röntgenröhren und -zubehör.[773] Siemens erhoffte sich durch diesen Kauf, Zugang zum US-Markt für günstige Röntgenröhren sowie Ersatzröhren zu erhalten. Auf diesem Gebiet erzielte die

---

766 Vgl.: Vortrag von Friedrich Kuhrt anlässlich der Vorstandssitzung der Siemens AG vom 21. Juni 1983, Anlage 1, S. 4, in: SAA 16/Lh 263.

767 Siehe: Siemens in den USA: Kurzerläuterungen zu unseren Gesellschaften vom 21. Januar 1986, S. 7, in: Pressekonferenz der Siemens AG vom 20. März 1986, Frage 237, in: SAA Pressekonferenzen.

768 Vgl.: O. V., Linearbeschleuniger: Harte Strahlung zerstört Krebszellen, Interview mit Volker W. Stieber, in: Siemens-Zeitschrift 65/1991, Heft 5, S. 16–20, hier S. 1.

769 Vgl.: Siemens Corp. (Hg.), Siemens '94. A Review of Siemens Businesses in the USA, S. 20, in: SAA 27468.

770 Vgl.: O. V., Linearbeschleuniger: Harte Strahlung zerstört Krebszellen, Interview mit Volker W. Stieber, in: Siemens-Zeitschrift 65/1991, Heft 5, S. 16–20, hier S. 1.

771 Vgl.: Presseinformation der Siemens AG zu Linearbeschleunigern vom April 1994, in: MED T 0494.010 d.

772 Vgl.: O. V., Linearbeschleuniger: Harte Strahlung zerstört Krebszellen, Interview mit Volker W. Stieber, in: Siemens-Zeitschrift 65/1991, Heft 5, S. 16–20, hier S. 1.

773 Siehe: Med-Rundschreiben Nr. 8/89, Juni 1989, in: SMA 7610 3-5-02 sowie: Siemens Corp. (Hg.), Siemens '89. The business report of the Siemens Companies in the United States, S. 18, in: SAA 27468.

amerikanische Firma im abgelaufenen Geschäftsjahr mit 150 Mitarbeitern einen Jahresumsatz von 14 Mio. $.[774]

3.2.1.3 Bildgebende Verfahren zur Diagnostik

Siemens baute auch im Bereich der Nuklearmedizin das US-Geschäft in den 1980er Jahren aus. Hatte der UB Med bereits 1980 durch den Aufkauf einzelner Divisions von Searle eine Grundlage für nuklearmedizinische Technik und Ultraschalltechnologie geschaffen, so weiteten sich die Unternehmungen nun deutlich aus. Die nuklearmedizinische Abteilung von Siemens Gammasonics, Inc., die seit 1989 in Hoffmann Estates, Illinois saß, entwickelte sich bis Anfang der 1990er Jahre zum größten Produzenten nuklearmedizinischer Diagnostiksysteme weltweit.[775] Daneben betrieb sie Research and Development für Bildarchivierungs- und Übertragungssysteme (PACS), die in amerikanischen Hospitalen installiert wurden, um die interne Vernetzung und Kommunikation zu vereinfachen. Außerdem konnte Siemens Gammasonics 1992 bereits eine enge Bindung an amerikanische Kliniken auf anderem Gebiet vorweisen. Zur Messung von Röntgenstrahlen belieferte Siemens Gammasonics, Inc. rund die Hälfte aller US-Krankenhäuser mit insgesamt 200.000 Filmplaketten, die anschließend von Siemens ausgewertet wurden.[776]

Ebenfalls der nuklearmedizinischen Technik zuzurechnen ist der Kauf von Anteilen an der Computer Technology and Imaging, Inc. in Knoxville, Tennessee. Die US-Firma war für mehr als 70 Prozent der industriell hergestellten Positronen-Emissions-Tomographen (PET) weltweit verantwortlich.[777] Dabei handelt es sich um bildgebende Verfahren, mittels denen Veränderungen des menschlichen Stoffwechsels sichtbar gemacht werden konnten sowie Nerven- und Mentalerkrankungen früherkannt und untersucht werden konnten. Bis Dezember 1987 erwarb Siemens für etwa 30 Mio. $ 49,9 Prozent der Anteile.[778] Der UB Med sicherte sich damit die Möglichkeit, gemeinsam F&E für PET-Anlagen voranzutreiben und musste keinen eigenen Entwicklungsstandort kostspielig selbst aufbauen.[779] Den weltweit ersten fahrbaren PET-Scanner entwickelte SMS gemeinsam mit der US-Firma Miller Medical Systems 1992 in den Vereinigten Staaten. Die Anlage wurde

774 Siehe: Protokoll der Wirtschaftsausschusssitzung der Siemens AG vom 17. November 1988, S. 20, in: SAA 16/Ll 409.

775 Hierzu und zu Folgendem siehe: Medizintechnik: Ausdauer hat sich gelohnt, in: SiemensWelt. Die Mitarbeiterzeitschrift des Hauses 6/1992, S. 8.

776 Vgl.: O.V., Med-Technik für Moskau, in: Siemens-Mitteilungen 1991, Heft 12, S. 15 sowie: O.V., Medizintechnik: Ausdauer hat sich gelohnt, in: SiemensWelt. Die Mitarbeiterzeitschrift des Hauses 6/1992, S. 8 f.

777 Vgl.: Siemens engagiert sich in PET, in: Presseinformation der Siemens AG vom Januar 1987, in: SAA 35/Ls 403.

778 Siehe: Pressekonferenz der Siemens AG vom 9. Juli 1988, Frage G.6.3, in: SAA Pressekonferenzen.

779 Siehe: Hauptversammlung der Siemens AG vom 20. März 1986, Frage 237, in: SAA Pressekonferenzen sowie: Pressekonferenz der Siemens AG vom 1. Februar 1988, Frage Med. 3.1/3.2, in: SAA Pressekonferenzen.

in einem Lastkraftwagen installiert und konnte mobil an verschiedenen Standorten verwendet werden.[780] Im Bereich der Untersuchung von menschlichem Gewebe ging SMS ein Joint Venture mit dem US-Marktführer Varian Associates, Inc. auf Teilgebieten der Magnetischen-Resonanz-Spektroskopie ein. Die neue gemeinsame Firma verantwortete F&E, Produktion und Vertrieb von Anlagen der bildgebenden MR-Spektroskopie unter dem Namen Spectroscopy Imaging Systems.[781]

Neben der Nuklearmedizin stand auch die Ultraschalldiagnostik im Mittelpunkt der medizintechnischen Siemens-Aktivitäten in den USA. War bis in die 1980er Jahre Siemens Gammasonics, Inc. das führende Siemens-Unternehmen auf dem Gebiet, so entschloss sich der Bereich Medizinische Technik 1988 dazu, dieses Arbeitsfeld weiter auszubauen. SMS führte die Aktivitäten der bisherigen Ultrasound Division der Siemens Medical Laboratories in eine eigene, selbständige Gesellschaft, die Siemens Ultrasound, Inc. in Pleasanton, Kalifornien, über.[782] Auf dem Gebiet der Ultraschalldiagnostik sollte der Siemens-Bereich in den Folgejahren entscheidend expandieren, galt diese doch als hochinnovativ, besonders exakt in der Darstellung und prädestiniert dafür, in Zukunft andere Diagnostik-Verfahren zu verdrängen.[783] Ein erster Schritt dieses Strategiewechsels hin zur Ultraschalltechnologie war der Erwerb der Quantum Medical Systems, Inc. in Issaquah, Washington im Juli 1990 für 43 Mio. $.[784] Die US-Firma, die Ultraschallabbildungen herstellte, sollte Siemens gerade im oberen Leistungsbereich der Ultraschalltechnik etablieren und in den USA konkurrenzfähig machen. Dabei nahm der Bereich Medizinische Technik in Kauf, dass Quantum bisher ausschließlich Verluste schrieb.[785] Umgehend gliederte er seine sämtlichen Aktivitäten der Ultraschalltechnologie in die Siemens Quantum, Inc. ein.[786]

Im November 2000 folgte der nächste Kauf eines Ultraschallspezialisten. Der Bereich Medizinische Technik entschied sich, für 700 Mio. $ mit der Acuson Corporation in Mountain View, Kalifornien einen der größten Hersteller von Ultraschallsystemen zu übernehmen.[787] Das Unternehmen war mit 1.900 Mitarbeitern

780 Vgl.: Siemens Corp. (Hg.), Siemens '93. A Review of Siemens Businesses in the USA, S. 14, in: SAA 27468.

781 Vgl.: Presseinformation der Siemens AG vom März 1987, in: SMA 7610 3-5-02.

782 Vgl.: Siemens Corp. (Hg.), Siemens '89. The business report of the Siemens Companies in the United States, S. 18, in: SAA 27468 sowie: Med-Rundschreiben Nr. 14/88, September 1988, SMA 7610 3-5-02.

783 Siehe: Investitionsvorlage Ultraschall vom 23. April 1990 zur ZV-Sitzung vom 23. April 1990, in: ZV-S-Sitzungen (13) vom 23. April 1990, Tagesordnungspunkt 4, S. 1, in: SAA, unverzeichneter Aktenbestand.

784 Siehe: Siemens Corp. (Hg.), Siemens '91. A Review of Siemens Businesses in the USA, S. 24, in: SAA 27468 sowie: Sommerpressekonferenz der Siemens AG vom 5./6. Juli 1991, Frage 3.49, in: SAA Pressekonferenzen.

785 Vgl.: Investitionsvorlage Ultraschall vom 23. April 1990 zur ZV-Sitzung vom 23. April 1990, in: ZV-S-Sitzungen (13) vom 23. April 1990, Tagesordnungspunkt 4, S. 1, in: SAA, unverzeichneter Aktenbestand.

786 Vgl.: Pressekonferenz der Siemens AG vom 6. Juli 1992, Frage 54, in: SAA Pressekonferenzen sowie: Siemens Corp., Siemens '92. A Review of Siemens Businesses in the USA, S. 10, in: SAA 27468.

787 Vgl.: Siemens investiert in Wachstumssegment: Übernahmeangebot an führenden Ultraschall-

auf Diagnostik in den Bereichen Radiologie, Kardiologie, Untersuchung von Blut-gefäßen sowie Geburtshilfe und Gynäkologie spezialisiert.[788] Das Medizintechnik-geschäft von Siemens in den USA hatte nun mit der hochwertigen, medizinischen Technik und der innovativen Informationstechnologie zwei neue zentrale Säulen, die „den Wandel zum IT-getriebenen High-Tech-Unternehmen" und die „Transfor-mation zur E-Company" ermöglichten.[789]

3.2.1.4 Elektromedizin

Daneben intensivierte der UB Med in den 1980er Jahren seine vielfältigen Aktivi-täten im Bereich der Elektromedizin, unter anderem die Entwicklung und Herstel-lung von Herzschrittmachern. Zum 30. April 1985 erwarb die Siemens AG die US-Firma Pacesetter Systems, Inc. in Sylmar, Kalifornien, um die eigenen Kapazitäten im Bereich F&E, Produktion und Vertrieb der Herzschrittmacher mit denjenigen von Pacesetter zusammenzulegen.[790] Bisher war die US-Tochter Elema-Schonan-der, Inc. für die Herzschrittmacher-Aktivitäten von Siemens in den USA zuständig gewesen. Sie hatte ein Original-Equipment-Manufacturer-Geschäft betrieben, in-dem sie Originalprodukte der schwedischen Muttergesellschaft in die USA ver-kaufte. Nun wurde ihre Tätigkeit mit derjenigen von Siemens-Pacesetter verbun-den.[791] Das neue Unternehmen wurde umgehend in Siemens-Pacesetter, Inc. umbe-nannt.[792] Die Ziele der 49 Mio. $ schweren Übernahme waren vielfältig. Primär erhoffte sich die Siemens Corp., den Marktanteil in den USA sowie am Weltmarkt im Bereich Herzschrittmacher zu erhöhen. Dies gelang auch, stieg dieser doch von sieben Prozent auf 19 Prozent und machte Siemens-Pacesetter schlagartig zur Nummer zwei in den USA hinter Medtronic.[793] Auch die eigenen Wertschöpfungs-aktivitäten vor Ort konnten erhöht und Vertriebsstrukturen aufgebaut werden. Da-neben erhoffte sich Siemens, das eigene Produktportfolio mit neuen Pacesetter-In-novationen zu erweitern und bei Forschung & Entwicklung Synergieeffekte nutzen zu können. Gerade von dem forschungsstarken US-Hersteller erwartete das deut-

Hersteller Acuson, vom 27. September 2000, in: SAA MedBV200009064d.
788 Vgl.: Presseinformation der Siemens AG zum Übernahmeangebot an Acuson vom 27. Sep-tember 2000, S. 1, in: SAA MedBV200009064d sowie: Siemens in the United States, Novem-ber 2001, S. 8 f., in: Bilanzpressekonferenz der Siemens AG vom 6. Dezember 2001, in: SAA Pressekonferenzen.
789 Vgl.: Presseinformation der Siemens AG zur Übernahme des Ultraschall-Herstellers Acuson vom 10. November 2000, S. 1 f., in: SAA Med BV 200010.001 d.
790 Vgl.: Pressekonferenz der Siemens AG vom 5. Juli 1985, Frage 210, in: SAA Pressekonferen-zen sowie: Pressekonferenz der Siemens AG vom 6. Juli 1986, Frage 12, in: SAA Pressekon-ferenzen.
791 Vgl.: Med E-Rundschreiben Nr. 1/87, Oktober 1986, S. 1, in: SMA 7610 3-5-02 sowie: Pres-sekonferenz der Siemens AG vom 14. Januar 1993, Frage 14.47, in: SAA Pressekonferenzen.
792 Vgl.: Med-Rundschreiben Nr. 11/85, Mai 1985, in: SMA 7610 3-5-02.
793 Hierzu und zu Folgendem siehe: Sommerpressekonferenz der Siemens AG vom 6. Juli 1986, Frage 303, in: SAA Pressekonferenzen sowie: Max Günther zur Geschäftslage des Unterneh-mens vom Juli 1985, S. 14, in: SAA S 2.

sche Unternehmen wichtige technologische Impulse. Während Pacesetter auf komplexe Apparate spezialisiert war, hatte sich Siemens bisher auf einfache Ausführungen fokussiert.[794] Wirkten Herzschrittmacher europäischer Hersteller bisher nur auf eine der beiden Herzkammern des Patienten, so waren in den USA längst Technologien entwickelt, die beide Herzkammern stimulierten.[795] Das Herzschrittmachergeschäft besaß nun eine zentrale Leitung in Kalifornien, die die Globalverantwortung für Siemens inne hatte. Von dort wurden R&D, Herstellungsprozesse, Qualitätssicherung, Marketing und Vertrieb koordiniert. Entwicklung und Produktion waren sowohl in den USA, als auch in Schweden stationiert.[796] Damit begann eine Entwicklung innerhalb der Siemens AG, in den Folgejahren wiederholt einzelne weltweite Geschäftsfelder von Deutschland in die USA zu versetzen. Dies kann auch als Indikator für die steigende Bedeutung des US-Geschäfts gewertet werden. Den Firmenverantwortlichen in Deutschland wurde immer bewusster, welche Fühlungsvorteile der Wirtschaftsstandort USA auch für die eigenen Aktivitäten vorzuweisen hatte. 1992 folgte am Standort Sylmar, Kalifornien, der Bau eines neuen World Centers für Herzschrittmacher.[797] Dort entwickelten Spezialisten 1994 den damals kleinsten Herzschrittmacher der Welt. Der Apparat wog nur 14 Gramm, während gewöhnliche Geräte mindestens doppelt so schwer waren. Zudem bot er den Vorteil, mit einem speziellen Sensor den Herzrhythmus an die Intensität der Körperbelastung anpassen zu können.[798] Im Sommer 1994 aber beschloss die Siemens AG, ihre gesamten Herzschrittmacheraktivitäten für mehr als 500 Mio. $ an das US-Unternehmen St. Jude Medical, Inc. in St. Paul, Minnesota zu veräußern.[799] Grund hierfür war, dass dieses Geschäftsfeld nicht zu den Kerngebieten der Siemens AG gehörte. Außerdem erschien der Unternehmensführung ein Einzelproduktgeschäft nur mit Herzschrittmachern nicht mehr zeitgemäß; vielmehr hätte sie ein Systemgeschäft aufbauen müssen, das auch Bypässe, Blutpumpen und Herz-Lungen-Maschinen beinhaltet hätte.

Auf einem anderen Feld der Elektromedizin, der Patientenüberwachung, baute der UB Med sein Geschäftsengagement in den USA Mitte der 1980er Jahre aus. Hatte sich die Analogic Corp. bereits in den letzten Jahren als einer der wichtigsten US-Lieferanten medizintechnischer Komponenten für Siemens erwiesen,[800] so verstärkten sich nun die Verbindungen mit Siemens. Beide Firmen einigten sich im

794   Vgl.: Karlheinz Kaske zur Lage des Unternehmens vom Januar 1985, S. 8 f., in: SAA S 2.

795   Vgl.: O. V., Siemens-Pacesetter: Inspiriert von Weltraumtechnik, in: SiemensWelt. Die Mitarbeiterzeitschrift des Hauses 6/1992, S. 9.

796   Siehe: Pressekonferenz der Siemens AG vom 6. Juli 1992, Frage 54, in: SAA Pressekonferenzen.

797   Vgl.: Siemens Corp. (Hg.), Siemens '93. A Review of Siemens Businesses in the USA, S. 12, in: SAA 27468.

798   Vgl.: Presseinformation der Siemens AG zum kleinsten Herzschrittmacher von Siemens-Pacesetter, Mai 1994, in: SAA MED C 0594.012 d.

799   Hierzu und zu Folgendem siehe: Presseinformation der Siemens AG über den Verkauf der Herzschrittmacheraktivitäten an St. Jude Medical vom 28. Juni 1994, S. 1 f., in: SAA AXX 0694.21 d.

800   Vgl.: Pressekonferenz der Siemens AG vom 6. Juli 1986, Frage 13, in: SAA Pressekonferenzen.

Sommer 1986 auf die Gründung des Joint Ventures Medical Electronics Laboratories, Inc. in Danvers, Massachusetts. Aufgabe der neuen Firma war es, Produkte zur Patientenüberwachung zu entwickeln und herzustellen. Hierfür investierte die Siemens AG 24 Mio. $ in der Hoffnung, Zugriff auf hochqualifizierte Entwicklungsingenieure zu erhalten und die F&E-Kapazitäten von Analogic nutzen zu können.[801] 1988 entschied sich der Bereich Medizinische Technik dazu, die Firma ganz zu übernehmen und in Siemens Medical Electronics, Inc. umzubenennen.[802] Dieser Schritt sollte für das weltweite Patientenüberwachungsgeschäft der Siemens AG positive Konsequenzen haben. Die gesamten Aktivitäten wurden von Erlangen in die USA nach Danvers verlegt, Siemens Medical Electronics, Inc. hatte nun das Weltgeschäft der Patientenüberwachung zu verantworten.[803]

Weniger erfolgreich erwies sich die Verbindung zur Burdick Corp. in Milton, Wisconsin. Die Siemens AG erwarb die elektromedizinische Firma im Juni 1988. Die Übernahme des führerenden Herstellers von EKG-Recordern und Managementsystemen[804] sollte ursprünglich die Position im Bereich der Elektrokardiographie stärken. So wurde Burdick in die eigenen Aktivitäten integriert und in Siemens Burdick, Inc. umbenannt.[805] Das Produktportfolio der Intensivpflege des Patienten (Beatmung, Narkose, Patientenüberwachung) konnte Siemens damit entscheidend erweitern. Fehlende Wirtschaftlichkeit führte aber nach fünf Jahren im September 1993 zu der Entscheidung, Siemens Burdick, Inc. an Burdick Management und Harvest Ventures zu verkaufen.[806] Im Rahmen dieser Geschäftsaufgabe verließ Siemens das gesamte EKG-Breitengeschäft in den USA.[807]

Das Geschäftsfeld der Infusionsmedizin, das ebenso zur Elektromedizin gezählt wurde, erschloss Siemens in den USA erst in den 1990er Jahren. Dazu kaufte der Siemens-Bereich Medizinische Technik im September 1993 das Infusionsgerätegeschäft des US-Unternehmens MiniMed Technologies und gründete daraus die Siemens Infusion Systems, Inc. Der Einstieg in den Markt für Infusionsgeräte war damit gelungen.[808] Noch schneller als im Falle von Siemens Burdick, Inc. entschied sich Siemens aber dazu, die neue Siemens-Gesellschaft 1994 „aus Gründen der

801   Vgl.: Protokoll Nr. 236 über die Sitzung des Zentralausschusses vom 21. Juli 1986, S. 14, in: SAA S 10 sowie: Karlheinz Kaske zur Lage des Unternehmens vom November 1986, in: SAA S 2.

802   Vgl.: Pressekonferenz der Siemens AG vom 26. Januar 1989, Frage A 4.46, in: SAA Pressekonferenzen.

803   Vgl.: Med-Rundschreiben Nr. 2/88, April 1988, in: SMA 7610 3-5-02.

804   Siehe: Siemens Corp. (Hg.), Siemens '89. The business report of the Siemens Companies in the United States, S. 18, in: SAA 27468.

805   Vgl.: Med-Rundschreiben Nr. 12/88, Juli 1988, S. 1, in: SMA 7610 3-5-02.

806   Vgl.: Manuskript zum Jahresabschluss 1992/93 auf der Vorstandssitzung der Siemens AG vom 13. Dezember 1993, S. 62, in: SAA S 1.

807   Vgl.: ZV-Sitzung vom 9. Oktober 1992, in: ZV-S-Sitzungen (66) vom 9. Oktober 1992, Tagesordnungspunkt 4, S. 1, in: SAA, unverzeichneter Aktenbestand.

808   Vgl.: Siemens Corp. (Hg.), Siemens '93. A Review of Siemens Businesses in the USA, S. 12, in: SAA 27468.

Verlustbereinigung und geschäftlicher Konzentration auf Kernarbeitsgebiete" an den kalifornischen Konkurrenten IVAC zu verkaufen.[809]

3.2.1.5 Dental- und Hörgerätetechnik

Neben der Elektromedizin baute Siemens in den USA seine Position auf den Gebieten Dental- und Hörgerätetechnik, die das Unternehmen in den Vereinigten Staaten bereits seit den 1950er Jahren bediente, weiter aus. Im Bereich der Zahntechnik entschied sich der UB Med 1986 dazu, die amerikanische Firma Pelton & Crane in Charlotte, North Carolina zu kaufen. Es galt nicht nur, den Eintritt in den US-Markt von Dentalanlagen zu erleichtern, sondern auch, das eigene Produktspektrum zu erweitern.[810] Pelton & Crane erschien als zweitgrößter Dentalspezialist in den USA ideal, sodass Siemens bereit war, 25 Mio. $ für die Übernahme zu zahlen. Die Firma behielt ihren Namen. Neben dem hohen Marktanteil in den USA galt sie strategisch als besonders wertvoll, weil ihre Dentalstühle, -lampen und -sterilisatoren ein typisch amerikanisches Design besaßen und zu moderaten Preisen erhältlich waren.[811] Daneben stellte sie Dentalleuchten, Röntgenapparate und computergesteuerte Designsysteme für Zahntechnik her.[812] 1987/88 führte Pelton & Crane zwei neue Produkte ein: Sirona, eine Komplettausstattung für eine Zahnarztpraxis und Validator, den ersten industriellen, vollautomatischen Sterilisator, der mit mikroprozessorbetriebenem Touchpad zu steuern war.[813] Da es Pelton & Crane, ähnlich wie dem weltweiten zahnmedizinischen Geschäft der Siemens AG, bis in die 1990er Jahre nicht gelang, langfristige Gewinne zu erwirtschaften, stand sie 1997 zur grundsätzlichen Debatte. Der Bereich Medizinische Technik entschied, sich stärker auf Informationstechnologien zu konzentrieren und seine Kostenposition zu verbessern, weshalb er 1997 seine gesamte Dentaltechnik verkaufte.[814] Sie sei eine der Aktivitäten, „die im Rahmen eines globalen Großunternehmens keine erfolgsversprechenden Perspektiven aufweisen"[815] könne, so Heinrich von Pierer. Im Oktober

809   Vgl.: Textbeitrag zur Information von Herrn Baumann zur 5. Aufsichtsratssitzung der Siemens AG 1993, S. 8, in: Hauptversammlung der Siemens AG vom 10. März 1994, in: SAA Pressekonferenzen.

810   Vgl.: Pressekonferenz der Siemens AG vom 6. Juli 1986, Frage 12, in: SAA Pressekonferenzen sowie: Med-Rundschreiben Nr. 11/86, Februar 1986, in: SMA 7610 3-5-02.

811   Vgl.: Sommerpressekonferenz der Siemens AG vom 6. Juli 1986, Frage 303, in: SAA Pressekonferenzen sowie: Karlheinz Kaske zur Lage des Unternehmens vom November 1986, S. 12, in: SAA S 2.

812   Vgl.: Siemens Corp. (Hg.), Siemens '94. A Review of Siemens Businesses in the USA, S. 22, in: SAA 27468.

813   Siehe: Siemens Capital Corp. (Hg.), Siemens USA '88, S. 25, in: SAA 27468.

814   Vgl.: Presseinformation der Siemens AG zur Abgabe der Dentaltechnik vom 21. April 1997, S. 1, in: SAA MED MD 0497.031.

815   Vgl.: Vortrag von Heinrich von Pierer anlässlich der Aufsichtsratssitzung vom 5. November 1997, zweiter Entwurf, S. 4, in: SAA S 2.

1997 übernahm eine internationale Investorengruppe das weltweite zahnmedizinische Geschäft von Siemens, unter anderem auch Pelton & Crane.[816]

Neben dem Geschäft der Dentaltechnik bauten der UB Med bzw. der Bereich Medizinische Technik in den 1980er Jahren ihre Stellung auf dem amerikanischen Hörgerätesektor aus. Mittels der Siemens Hearing Instruments, Inc. in Union, New Jersey gelang es, die Wertschöpfungsketten verstärkt in die Vereinigten Staaten zu verlegen. So rechnete der UB Med 1983 mit dem Verkauf von etwa 55.000 Hörgeräten in den USA, wovon 40.000 vor Ort hergestellt wurden und 15.000 aus Erlangen importiert werden mussten.[817] Die Firma schmückte sich damit, dass der damalige US-Präsident Ronald Reagan seit Anfang 1988 ein Hörgerät der Firma Siemens verwendete.[818] Gewinne aber konnte dieser Geschäftszweig entgegen der Erwartungen bis in die 1990er Jahre nicht erwirtschaften.[819] 1993 stellte Siemens Hearing Instruments, Inc. eine neue Hörgerät-Familie, Triton IQ, vor. Diese bot mehr als drei Millionen verschiedene Einstellungsmöglichkeiten, sodass eine individuelle Anpassung an die Hörschwäche des Kunden weitaus differenzierter möglich war als bisher.[820] Vier Jahre später erschien eine weitere neue Produktlinie auf dem Markt, die Music Hörgeräte. Die Modelle waren teilweise so klein, dass sie gänzlich im Ohr verschwanden. Außerdem stellten sich die Apparate automatisch auf die Lautstärke und die Frequenz der Geräusche in der Umgebung des Patienten ein und ermöglichen eine permanent angepasste Hörverstärkung.[821]

3.2.2 Energy and Power

Ähnlich wie im Falle der Medizintechnik hatte sich die Siemens AG auch auf dem Gebiet der Energietechnik bereits in den 1970er Jahren eine solide Geschäftsbasis in den USA erarbeitet. Die Kooperation mit Allis-Chalmers sollte im Folgejahrzehnt eine wichtige Rolle für die weitere Expansion spielen. Seit Januar 1982 besaß die Siemens AG 85 Prozent der US-Firma, weshalb diese im Rahmen der Reorganisation der Siemens Corp. 1982 eine zentrale Funktion erhalten hatte. Fortan besaß Siemens-Allis die Verantwortung im gesamten Energietechnikgeschäft in den USA.[822] Siemens erhöhte seine Beteiligung fortlaufend. 1982/83 investierte das

816 Vgl.: Presseinformation der Siemens AG zum Verkauf des Dentalgeschäfts von Siemens vom 3. November 1997, in: SAA MED MD 1197.001 d.

817 Vgl.: Vortrag von Friedrich Kuhrt anlässlich der Vorstandssitzung der Siemens AG vom 21. Juni 1983, Anlage 1, S. 4, in: SAA 16/Lh 263.

818 Vgl.: Leute von heute, in: Süddeutsche Zeitung vom 20./21. Februar 1988, o. S., in: SAA 68/Li 262.

819 Für das Geschäftsjahr 1988/89 galt die Hörgerätetechnik sogar als einer der großen Belastungsbereiche des Wirtschaftsergebnisses der Siemens Corp. Siehe: Nicht nummeriertes Protokoll über die Sitzung des Zentralausschusses vom 26. Juni 1989, S. 28, in: SAA S 10.

820 Vgl.: Siemens Corp. (Hg.), Siemens '94. A Review of Siemens Businesses in the USA, S. 22, in: SAA 27468.

821 Vgl.: Siemens Corp. (Hg.), Siemens '97. A Review of Siemens Businesses in the USA, S. 31, in: SAA 27468.

822 Vgl.: Rundschreiben SG-Nr. 055, Erlangen, 30. Dezember 1982, „Überleitung des UB-E-Ge-

deutsche Unternehmen nochmals 83 Mio. DM in Siemens-Allis und besaß damit 88 Prozent der Anteile. Das deutsche Unternehmen hatte seit 1978 insgesamt 355 Mio. DM für Siemens-Allis gezahlt.[823] 1985 wurde die Siemens AG dann alleinige Eigentümerin von AC bzw. Siemens-Allis[824] und damit auch von 24 Fabriken, die über die gesamten USA verteilt waren (siehe Abbildung 34).[825]

Abbildung 34: Fabrikationsstandorte von Siemens-Allis, 1985

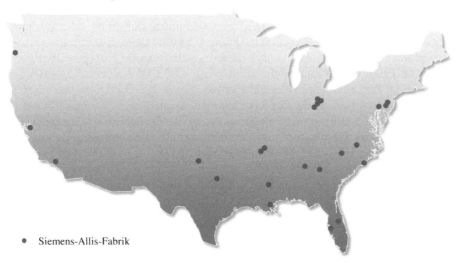

● Siemens-Allis-Fabrik

Quelle: eigene Darstellung nach: O.V., Siemens-Allis. Interview mit Franz Drtil, in: Power Engineering & Automation, 5/1985, Heft 4, S. 4ff., hier S. 4.

Das US-Unternehmen bediente nun fünf Hauptgebiete: 1. Power Generation (Generatoren, Kontroll- und Monitoringsysteme, Turbinen), 2. Transmission and Distribution (unter anderem Netz- und Leistungsschalter sowie Spannungsregler), 3. Motoren und Steuerungen von einem bis 100.000 PS, 4. Engineered systems, 5. Measurement systems (Messsysteme).[826] So konnte Siemens-Allis bis 1985 das strategische Wachstumsziel, einen Marktanteil von 10 Prozent in den USA bei energietechnischen Produkten, erreichen.[827] Um nicht nur den Bereich Power Generation auszubauen, investierte die Siemens AG zunehmend in die anderen Geschäftsgebiete. Bereits 1983 hatte Siemens-Allis die Distribution and Controls Division (ITE) der Firma Gould, Inc. in Rolling Meadows, Illinois gekauft. Sie entwickelte

schäfts in den USA auf Siemens-Allis, Inc. (S-AI), in: SAA 68/Li 262.

823 Vgl.: Entwurf für einen Vortrag zu US-Beteiligungen 1985, S. 1, in: Ordner 572, Siemens Beteiligungen Inland GmbH (CF R 6 SBI), in: SAA unverzeichneter Bestand.

824 Vgl.: News Release von Siemens-Allis vom 26. November 1985, in: Ordner 572, Siemens Beteiligungen Inland GmbH (CF R 6 SBI), in: SAA unverzeichneter Bestand.

825 Vgl.: Siemens Capital Corp. (Hg.), Siemens USA '85, S. 8, in: SAA 27468.

826 Vgl.: Siemens Capital Corp. (Hg.), Siemens USA '84, S. 8, in: SAA 27468.

827 Vgl.: Entwurf für einen Vortrag zu US-Beteiligungen 1985, S. 1, in: Ordner 572, Siemens Beteiligungen Inland GmbH (CF R 6 SBI), in: SAA unverzeichneter Bestand.

und produzierte Niederspannungs-Leistungsschalter für Gebäude privater, industrieller oder gewerblicher Zwecke.[828] Damit waren elf neue US-Fabriken in den Besitz von Siemens-Allis übergegangen.[829] Um sich auf dem Markt für Automatisierungsanwendungen in den USA zu platzieren, gründete die Siemens AG im Folgejahr die Gesellschaft Siemens-Allis Automation, Inc. Mit dem eigenen Automatisierungssystem Simatic gelang der Zugang zum US-Markt für speicherprogrammierbare Steuerungen.[830] Diese Entscheidung bildete einen zentralen Schritt, um zukünftig stärker in der Automatisierungstechnik präsent zu sein. Allerding scheiterte das folgende – spektakuläre – Übernahmeprojekt auf dem Gebiet der Automatisierung. 1985 stieg die Siemens AG in den Bieterwettbewerb um die US-Firma Allen-Bradley in Milwaukee, Wisconsin ein. Das deutsche Unternehmen war bereit, 5 Mrd. DM bzw. 1,55 Mrd. $, für den Konkurrenten zu zahlen.[831] Dieser Kauf hätte Siemens mit einem Schlag zum Marktführer für Automatisierungstechnik in den USA gemacht.[832] Noch nie war die Siemens AG bereit, eine annähernd hohe Investitionssumme zu bieten, um ein US-Unternehmen zu kaufen. Selbst in der gesamtdeutschen Wirtschaftsgeschichte hätte es sich um ein Novum gehandelt.[833] Das Vorhaben aber misslang, da der Mitbewerber Rockwell eine Mio. $ mehr geboten hatte.[834]

Konnte Siemens-Allis in der ersten Hälfte der 1980er Jahre noch steigende Umsätze sowie Gewinne verzeichnen, so änderte sich die Ertragssituation ab 1985.[835] Sie war nun diejenige Operating Company der Siemens AG in den USA, die die höchsten Verluste einfuhr. Zentrale Ursachen hierfür waren stark angestiegene Billigimporte in die USA und ein genereller Konjunkturrückgang der Energietechnik.[836] Außerdem hatten sich Qualitätsmanagement, Rechnungswesen und Controlling als ineffektiv und unzureichend erwiesen, waren sie doch nach wie vor an den Verhältnissen von Allis-Chalmers orientiert. Maßgeblich verantwortlich für

---

828 Vgl.: O.V., Zuwachs in den USA, in: Siemens-Mitteilungen 1983, Heft 2, S, 4.

829 Siehe: Annual report Allis-Chalmers Corporation, 1982, S. 14, in: Library of Congress, Washington D.C., John Adams Building, Room LA-508.

830 Vgl.: Vortrag von Karlheinz Kaske anlässlich der Aufsichtsratssitzung der Siemens AG vom 20. November 1984, Anlage 1, S. 10, in: SAA 16/Lh 262 sowie: Siemens Capital Corp. (Hg.), Siemens USA '85, S. 14, in: SAA 27468.

831 Siehe: Protokoll Nr. 219 über die Sitzung des Zentralausschusses vom 10. Januar 1985, S. 1–5, in: SAA S 10. Mit einem erfolgreichen Gebot wäre Siemens dasjenige deutsche Unternehmen gewesen, das den bisher höchsten Kaufpreis für eine US-Firma gezahlt hätte. So erwarb die Hoechst AG im Februar 1987 für mehr als fünf Mrd. DM das US-Unternehmen Celanese Corp. und hielt diesen Rekord. Vgl.: O. V., Multis, S. 104.

832 Vgl.: Karlheinz Kaske auf der Pressekonferenz der Siemens AG vom 4. Februar 1985, S. 12, in: SAA 64/Lm 204.

833 Vgl.: Hauptversammlung der Siemens AG am 21. März 1985, Frage 37, in: SAA Pressekonferenzen.

834 Vgl.: Protokoll Nr. 220 über die Sitzung des Zentralausschusses vom 21. Januar 1985, S. 2 f., in: SAA S 10.

835 Vgl.: Entwurf für einen Vortrag zu US-Beteiligungen 1985, S. 1, in: Ordner 572, Siemens Beteiligungen Inland GmbH (CF R 6 SBI), in: SAA unverzeichneter Bestand.

836 Hierzu und zu Folgendem siehe: Protokoll Nr. 227 über die Sitzung des Zentralausschusses vom 30. September 1985, S. 4, in: SAA S 10.

die schlechten Geschäftszahlen waren auch strategische Fehlinvestitionen wie der Fabrikbau in Bradenton, Florida. 1978 hatte die Utility Power Corp. dort ein Grundstück gekauft, um eine Generatoren- und Turbinenfabrik zu errichten.[837] Nach einer langen Konzeptions- und Bauphase nahm Siemens-Allis im Spätsommer 1985 in der neuen Fertigungsstätte die Produktion von großen Motoren und Wasserkraftgeneratoren auf.[838] Im Gegenzug schloss Siemens-Allis die Fertigung in West-Allis, Wisconsin. Nach einem Jahr aber stellte sich heraus, dass das Marktvolumen für Wasserkraftgeneratoren in den USA zwischen 1980/81 (204 Mio. $) und 1985/86 (88 Mio. $) deutlich zurückgegangen war. Mitte der 1980er Jahre musste das Unternehmen feststellen, dass nur etwa ein Drittel der prognostizierten Umsätze zu erreichen war.[839] Siemens erkannte, dass die amerikanische Konkurrenz in den vergangenen Jahren ihre Produktion zunehmend ins Ausland verlagert hatte und damit Kostenvorteile aktivieren konnte.[840] Von Fertigungsstätten in Billiglohnländern in Fernost importierten die US-Hersteller ihre Großmaschinen, um diese mit niedrigen Preisen auf dem nordamerikanischen Markt anzubieten. Ende 1986 war Siemens-Allis der einzige US-Hersteller, der große Wasserkraftgeneratoren noch in den USA und nicht im kostengünstigen, fernöstlichen Ausland herstellte. Die weltweite Überproduktion verstärkte den Preisdruck auf Siemens-Allis bzw. Siemens Energy & Automation zusätzlich. Seit 1981 musste der UB E beim Auftragseingang für große Maschinen eine Halbierung hinnehmen. Vor dem Hintergrund dieses Geschäftsrückgangs überprüfte die Siemens AG das Wachstumspotenzial des Marktes 1986 erneut. Die Ergebnisse waren ernüchternd. Eine Geschäftskalkulation für die nächsten zehn Jahre ließ einen Verlust in Höhe von 198 Mio. $ vor Steuern befürchten, wohingegen die unmittelbare Schließung des Werkes nur einen Verlust in Höhe von 131 Mio. $ erwarten ließ. Siemens Energy & Automation entschloss sich im Oktober 1986, die Fabrik zu schließen. Um den entstandenen Imageschaden möglichst zu begrenzen, galt es, die Kontinuität der Energietechnik-Geschäfte von Siemens in den USA in der Öffentlichkeit zu betonen.[841]

Bradenton war gewiss eine der großen Fehlinvestitionen vom UB E in den USA. Doch gab es auch andere Projekte, die nach kurzer Dauer eingestellt wurden, wie die US-Firma Circle AW Production Company in Modesto, Kalifornien.[842] 1978 von der Siemens AG erworben, stellte sie Schalttafeln und -schränke, Schienenverteiler und Zählersockel her. Obwohl sie profitabel wirtschaftete, entschloss

---

837 Vgl.: Vorstandsessen vom 9. Oktober 1978, S. 4, in: SAA 16/Lm 31.

838 Vgl.: Max Günther zur Geschäftslage des Unternehmens vom Juli 1985, S. 15, in: SAA S 2.

839 Vgl.: Protokoll Nr. 238 über die Sitzung des Zentralausschusses vom 20. Oktober 1986, S. 6 f., in: SAA S 10.

840 Dazu und zu Folgendem vgl.: Karlheinz Kaske zur Lage des Unternehmens vom November 1986, S. 7 f., in: SAA S 2.

841 Vgl.: Protokoll Nr. 238 über die Sitzung des Zentralausschusses vom 20. Oktober 1986, S. 7 f., in: SAA S 10.

842 Vgl.: Vortrag von Hans Günter Vogelsang anlässlich der Vorstandssitzung der Siemens AG vom 25. Juni 1979, S. 2, in: SAA 16/Lh 263 sowie: Hauptversammlung der Siemens AG vom 20. März 1986, Frage 237, in: SAA Pressekonferenzen.

sich die Siemens AG 1988, sie abzustoßen, weil sie nicht länger in die Unternehmensstrategie passte.[843]

Auf dem Gebiet der Kraftwerkstechnik in den USA intensivierte die Siemens AG ihre Aktivitäten Ende der 1980er Jahre. Entscheidend hierfür war insbesondere das Reaktorunglück von Tschernobyl 1986, wodurch Neuaufträge für Kernkraftwerksanlagen in Europa stark zurückgingen.[844] Als Folge entschied die Siemens AG, auf andere internationale Märkte auszuweichen. Da 1986 in den USA 137 Kernkraftwerke in Betrieb waren, bot das Land großes Entwicklungspotenzial für das Kernenergiegeschäft. Bereits im Vorjahr, im Mai 1985, hatte die Utility Power Corp. das US-Unternehmen Universal Testing Laboratories Inc. in Cedar Grove, New Jersey übernommen. Siemens hatte sich damit das Know-how für manuelle und automatisierte Wiederholungsprüfungen für Kernkraftwerke gesichert.[845] Anschließend kaufte die Siemens AG im Bereich der Entwicklung und Herstellung von Brennelementen ein. Nachdem die US-Firma Exxon Corporation in New York City bereit war, ihre Tochtergesellschaft Exxon Nuclear Company in Bellevue, Washington zu veräußern, übernahm Siemens im Dezember 1986 alle ihre stimmberechtigten Anteile. Das US-Unternehmen, das Brennelemente für Siedewasserreaktoren und Druckwasserreaktoren entwickelte und herstellte, wurde unter dem Namen Advanced Nuclear Fuels Corp. in das Siemens-Geschäft integriert.[846] Neben der Brennelementefertigung nahm sie Dienstleistungen wie Sicherheitsanalysen und Lizenzierung von Brennelementen in ihr Portfolio auf.[847] Mit der Übernahme gelang es, den Marktanteil bei Brennelementen in den USA auf 15 Prozent zu erhöhen.[848]

Seit dem 1. Februar 1986 trug die ehemalige Siemens-Allis-Gesellschaft unter dem Namen Siemens Energy & Automation in Atlanta, Georgia (SEA) die Verantwortung für die energietechnischen Aktivitäten der Siemens AG und das Geschäft der Automatisierungstechnik. Eineinhalb Jahre später, am 1. Oktober 1987, gründete Siemens in den USA die Siemens KWU, Inc., um ihre Kraftwerksaktivitäten zu konzentrieren. Die neue Gesellschaft umfasste die Advanced Nuclear Fuels Corp., die Universal Testing Laboratories, Inc. und die Utility Power Corp.[849] Die

---

843 Siehe: Jahrespressekonferenz der Siemens AG vom 26. Januar 1989, Frage A.4.46, in: SAA Pressekonferenzen sowie: Siemens Capital Corp. (Hg.), Siemens USA '88, S. 12, in: SAA 27468.

844 Siehe hierzu: Protokoll Nr. 237 über die Sitzung des Zentralausschusses vom 22. September 1986, S. 9, in: SAA S 10.

845 Siehe: Quartalsbericht der KWU-Gruppe vom 30. Juni/19. Juli 1985, S. 4, in: SAA 54/Li 319.

846 Siehe: Pressekonferenz der Siemens AG vom 9. Juli 1988, Frage G.6.3, in: SAA Pressekonferenzen.

847 Siehe: Siemens Corp. (Hg.), Siemens '90. A Review of Siemens Businesses in the USA, S. 21, in: SAA 27468. 1991 wechselte die Universal Testing Laboratories den Standort nach Chattanooga, Tennessee und wurde in die Advanced Nuclear Fuels Corp. integriert. Vgl. dazu: Pressekonferenz der Siemens AG vom 5. Juli 1991, Frage 3.49, in: SAA Pressekonferenzen.

848 Vgl.: Max Günther zur Lage der Gesellschaft vom Januar 1987, S. 8, in: SAA S 2.

849 Vgl.: Jahrespressekonferenz der Siemens AG von 26. Januar 1989, Frage A 4.46, in: SAA Pressekonferenzen sowie: Siemens Capital Corp. (Hg.), Siemens USA '88, S. 19, in: SAA 27468.

Automatisierungsaktivitäten blieben bei Siemens Energy & Automation.[850] Die Siemens AG setzte die Neuordnung mit dem Bewusstsein um die strategische Bedeutung des amerikanischen Kraftwerksmarkts um. „Without a significant presence there, no company has a chance of surviving over the long term",[851] erklärte Kai Lucks im Rückblick. Ein weiterer organisatorischer Schritt, um dem Kraftwerksgeschäft ein klareres Profil zu geben und Synergieeffekte zu nutzen, erfolgte am 1. Oktober 1992. Aus den vier bisherigen unabhängigen Gesellschaften Siemens Power Corp., A-C Equipment Services, Siemens Nuclear Power und Siemens Nuclear Power Services wurde eine neue Gesamtgesellschaft, die Siemens Power Corporation in West Allis, Wisconsin sowie in Bellevue, Washington gebildet.[852] Damit sah sich die Siemens AG organisatorisch für das Ziel gerüstet, mittels der Herstellung von Gas- und Dampfturbinen bis 1997 zweitgrößter Hersteller im amerikanischen Kraftwerksgeschäft zu werden und den US-Marktanteil bei großen Turbinen auf 20 Prozent anzuheben.[853] Infrastrukturell galt es zudem, die Wertschöpfungsketten verstärkt in die USA zu verlagern. 1992 wurden erst 30 Prozent der kraftwerkstechnischen Produkte von Siemens in den USA gefertigt. Bis 1995 war beabsichtigt, diesen Anteil auf 60 Prozent zu verdoppeln.[854]

Ein Meilenstein für das Kraftwerksgeschäft von Siemens nicht nur in den USA, sondern auch weltweit, deutete sich zwei Jahre später an. 1995 zeigte die Siemens AG erste Ambitionen, im Bereich fossiler Kraftwerkstechnologien eine enge Anbindung an Westinghouse zu finden.[855] Im selben Jahr stellte auch Westinghouse die Weichen für ein wegweisendes Abkommen mit Siemens, indem der Konzern die Columbia Broadcasting System Corporation übernahm.[856] Diese Investition implizierte für Westinghouse, sich zukünftig aus einzelnen Arbeitsfeldern zurückzuziehen. Höhepunkt der Strategie war im August 1998 die Zustimmung, das fossile Kraftwerksgeschäft, die Westinghouse Power Generation, Orlando, Florida an Siemens zu verkaufen. Diese Übernahme bedeutete für die Siemens AG und ihr Kraftwerksgeschäft einen qualitativ und quantitativ enormen Entwicklungssprung, sicherte sie Siemens doch eine Erhöhung des eigenen Anteils am amerikanischen Kraftwerkmarkt von fünf auf über 30 Prozent.[857] Neben der Infrastruktur erlangte das deutsche Unternehmen auch das Know-how und die Manpower von insgesamt

850   Zum Automatisierungsgeschäft siehe: Kapitel D.3.2.5.
851   Vgl.: Kai Lucks, Siemens Power Generation – Transatlantic M&A in a Consolidating Industry, in: ders. (Hg.), Transatlantic Mergers & Acquisitions. Opportunities and Pitfalls in German-American Partnerships, Erlangen 2005, S. 144–154, hier S. 146.
852   Siehe: Hauptversammlung der Siemens AG vom 14. Januar 1993, Frage 14.35, in: SAA Pressekonferenzen.
853   Vgl.: Presseinformation der Siemens AG zum US-Kraftwerksmarkt vom 5. Mai 1992, S. 1, in: SAA KWU 0592.070 d.
854   Vgl.: Presseinformation der Siemens AG zum US-Kraftwerksmarkt vom 5. Mai 1992, S. 1, in: SAA KWU 0592.070 d.
855   Siehe: Lucks, Siemens, S. 148.
856   Hierzu und zu Folgendem: Feldenkirchen, Beziehungen, S. 342.
857   Vgl.: Bernd Preiß, Kraftwerksmarkt boomt, in: SiemensWelt. Die Mitarbeiterzeitschrift des Hauses 8–9/1999, S. 22.

7.500 Mitarbeitern.[858] Siemens wurde umgehend zu einem der beiden führenden US-Hersteller von fossiler Kraftwerkstechnik. Der Erwerb erwies sich unumstritten als „one of the best investments we've ever made",[859] wie es Heinrich von Pierer 2002 formulierte. Dennoch traten Schwierigkeiten bei der Integration des Unternehmens auf. Schließlich mussten die beiden verschiedenen Produktfamilien von Siemens und Westinghouse vereinheitlicht und verbunden werden. Hierzu gründete Siemens ein Mergerteam, das mehr interne und externe Berater umfasste, als Siemens jemals für ein vergleichbares Projekt angestellt hatte.[860] Da beide Seiten unabhängig voneinander an neuen Generationen von Gasturbinen gearbeitet hatten, musste geklärt werden, auf welches Potenzial zukünftig gesetzt werden sollte. Mehr als in anderen Branchen wurden die Anforderungsunterschiede zwischen amerikanischem und europäischem Markt deutlich. Während in Europa die Hersteller sowohl die einzelnen Baukomponenten produzierten, als auch das schlüsselfertige Kraftwerk, teilten sich in den USA Firmen und Ingenieursarchitekten diese Aufgaben. Die Ergänzung beider Unternehmen wurde zu einem großen Wettbewerbsvorteil für die Siemens AG. Westinghouse besaß seine Stärken in den Märkten mit einer Netzfrequenz von 60 Hertz, Siemens/KWU dagegen war besonders erfolgreich auf den Märkten mit 50 Hertz. Westinghouse hatte viele Erfahrung und Expertise im Bereich des Komponentengeschäfts, Siemens/KWU dagegen in der Kompletterrichtung von schlüsselfertigen Kraftwerksanlagen.[861]

Bereits im Kalenderjahr 1998 generierte Siemens Westinghouse Power Corp. Aufträge von knapp 2 Mrd. $.[862] Darunter befand sich die Order der AES Ironwood, Inc. in Lebanon, Pennsylvania, ein schlüsselfertiges Gas- und Dampfturbinenkraftwerk mit einem Kapazitätsvolumen von 700 Megawatt zu liefern. Inkludiert war ein Wartungsvertrag über acht Jahre, sodass sich das Auftragsvolumen auf etwa 480 Mio. DM belief.[863] Dieses Wachstum hielt in den Folgejahren an. Im Jahr 2000 wurden fast 40 Prozent der benötigten Elektrizität in den USA durch Generatoren von Siemens Westinghouse produziert, sodass sich Siemens zu einem der wichtigsten Lieferanten der US-Energietechnik entwickelt hatte.[864] Im selben Jahr erhielt die Siemens Westinghouse Power Corp. mehrere Aufträge über insgesamt 25 Gas-

858 Vgl.: Presseinformation der Siemens AG zur Übernahme des fossilen Kraftwerksgeschäfts von Westinghouse vom 20. August 1998, S. 1, in: SAA KWU 0898079.

859 Siehe: Javidan, Interview, S. 13.

860 Vgl. zu den Schwierigkeiten: Lucks, Siemens, S. 151 f.

861 Hierzu und zu weiteren strukturellen Schwierigkeiten bei der Integration von Westinghouse siehe: Stephan Feldhaus / Norbert Rokita, Fusion Siemens/KWU – Westinghouse. Motive, operative Durchführung und Integrationsproblematik, in: Stephan A. Jansen / Gerhard Picot / Dirk Schiereck (Hg.), Internationales Fusionsmanagement. Erfolgsfaktoren grenzüberschreitender Unternehmenszusammenschlüsse, Stuttgart 2001, S. 201–212, hier S. 206.

862 Vgl.: Elizabeth Suna, Siemens in den USA, in: SiemensWelt. Mitarbeiterzeitschrift des Hauses 8–9/1999, S. 11–15, hier S. 12.

863 Vgl.: Presseinformation der Siemens AG zum Kraftwerksauftrag in den USA vom 2. Dezember 1998, S. 1, in: SAA KWU 1298.017 d.

864 Vgl.: Siemens Corp. (Hg.), Siemens '99. „We can do that". A Review of Siemens Businesses in the USA, S. 20, in: SAA 27468.

turbinen und entsprechende Serviceleistungen.[865] Die bestellten Turbinen umfassten Leistungskapazitäten zwischen 163 und 245 Megawatt. Hauptabnehmer war die US-Betreiberfirma Dynegy Inc. in Houston, Texas.

Die energietechnischen Aktivitäten des deutschen Unternehmens in den USA blieben aber nicht auf Entwicklung und Herstellung von Generatoren und Turbinen beschränkt. Ende der 1980er Jahre entschloss sich die Siemens AG dazu, sich zukünftig verstärkt im Bereich der Solartechnik zu engagieren. Das Elektrounternehmen nahm eine Kooperation mit der US-Firma Arco Solar, Inc. in Camarillo, Kalifornien in Aussicht, auch, um sich auf dem amerikanischen Solarenergiemarkt zu etablieren.[866] Im Februar 1990 gelang es, das amerikanische Unternehmen zu erwerben. Es wurde in die neue Gesellschaft Siemens Solar Industries in Camarillo, Kalifornien (SSI) integriert, die zum weltweit größten Entwickler und Hersteller von Photovoltaik-Modulen wurde.[867] Die neue Siemens-Firma hatte jährliche Produktionskapazitäten für 100.000 Quadratmeter amorphe Solarzellen und 60.000 Quadratmeter kristalline Solarzellen.[868] Noch war die weltweite Nachfrage nach Strom durch Solarenergie sehr gering, da dieser im Vergleich zu Energie aus Kohle-, Kernkraft- oder Wasserenergie (10 bis 20 Pfennig pro Kilowattstunde) sehr teuer war (2 DM pro Kilowattstunde).[869] Dennoch setzte die Siemens AG auf dem Gebiet der erneuerbaren Energien nachdrücklich auf die Weiterentwicklung der Solartechnik. Bereits im Oktober 1990 eröffnete Siemens Solar Industries eine neue Fabrik in Vancouver, Washington und erhöhte damit ihre bisherigen Produktionskapazitäten um 50 Prozent.[870] Bis 1992 hatte SSI bereits 50 Millionen Solarzellen hergestellt.[871] In dieser jungen und hochinnovativen Disziplin der Energietechnik war es selbstverständlich, dass die R&D-Aktivitäten eine besonders große Bedeutung besaßen. Schließlich galt es, die Technologie fortzuentwickeln, um deren Wirtschaftlichkeit zu erhöhen und sie für Unternehmen wie auch Privatkunden attraktiv zu machen. Daher nahm die Siemens AG hohe Anlaufkosten in Kauf. Mitte der 1990er Jahre führte SSI das weltweit größte Forschungsprojekt zur Gewinnung und Speicherung von Sonnenenergie durch.[872] Die entwickelten Anwendungen erfuhren hohe Nachfrage in der ganzen Welt. SSI lieferte Photovoltaik Anlagen nach Indien, Südamerika und in die USA, wo zahlreiche Energieversorger, Telefongesellschaf-

---

865 Vgl.: Presseinformation der Siemens AG zu Aufträgen über 25 Gasturbinen und Serviceleistungen vom 31. März 2000, S. 1, in: SAA KWU 200003.034 d.

866 Siehe: Protokoll Nr. 237 über die Sitzung des Zentralausschusses vom 22. September 1986, S. 9, in: SAA S 10.

867 Vgl.: Siemens Corp. (Hg.), Siemens '91. A Review of Siemens Businesses in the USA, S. 20, in: SAA 27468.

868 Vgl.: Siemens Mitteilungen 3/1990, S. 2.

869 Siehe: Sommerpressekonferenz der Siemens AG vom 5. Juli 1993, S. 1, in: SAA Pressekonferenzen.

870 Vgl.: Siemens Corp. (Hg.), Siemens '91. A Review of Siemens Businesses in the USA, S. 20, in: SAA 27468.

871 Vgl.: Siemens Corp. (Hg.), Siemens '93. A Review of Siemens Businesses in the USA, S. 20, in: SAA 27468.

872 Vgl.: Siemens Corp. (Hg.), Siemens '95. A Review of Siemens Businesses in the USA, S. 5, in: SAA 27468.

ten und Privatkunden von der umweltfreundlichen Energiegewinnung profitierten.[873]

3.2.3 Microelectronics and Components

Von vergleichbaren Marktanteilen, wie sie die Siemens AG in der Energietechnik aufgebaut hatte, waren die Aktivitäten bei elektronischen Bauteilen zu Beginn der 1980er Jahre noch weit entfernt. 1983 konnte Siemens Components, Inc. in den USA einen Marktanteil von einem Prozent vorweisen.[874] Das Geschäft mit elektronischen Bauteilen galt als vielversprechende Zukunftsbranche verschiedener Industrien, von der Datenverarbeitung über die Kommunikationstechnik bis hin zur Luftfahrt.[875] Daher war es für den UB B in den 1980er Jahren entscheidend, sich auf die erfolgreichen Teilsegmente zu konzentrieren und die ergebnisschwachen Bereiche abzustoßen.[876] Zur Mitte des Jahrzehnts fertigte Siemens Components, Inc. USA-weit an fünf Standorten und verfügte über 56 Verkaufs- und Servicebüros sowie 200 Lieferantenstandorte.[877] Damit hatte sich das Volumen des UB B durchaus verbessert, er wies allerdings weiterhin sehr schlechte Ergebniszahlen auf. Viele der einzelnen Produktfelder gestalteten sich als problematisch.

Seit Ende der 1970er Jahre war Siemens Components, Inc. an der US-Firma AMD beteiligt. Da ihre Infrastruktur sowie die Produkte als kostenintensiv galten und nicht mehr geeignet erschienen, das Geschäft mit Bauelementen in den USA zu stabilisieren, trennte sich die Siemens AG Mitte der 1980er Jahre von AMD.[878] Ein ähnliches Schicksal ereilte die Microwave Semiconductor Corp., die die Siemens AG seit 1979/80 führte. Bis Mitte der 1980er Jahre war sie im Halbleiterbereich und bei höchstfrequenten Galliumarsenid-Bauelementen und -schaltungen aktiv. Diese wurden besonders für Mikrowellenübertragung, Radaranlagen und Verstärker benötigt. Die schwache Konjunktur auf dem weltweiten Halbleitermarkt seit 1982/83 aber ließ die Verkäufe von Halbleitern enorm sinken.[879] Das Abkommen mit dem US-Verteidigungsministerium, an einem dreijährigen Programm zur Entwicklung von Hochgeschwindigkeitsbauelementen aus Galliumarsenid und Silikon mitzuwirken, war eine Ausnahme.[880] Nach Ablauf der Vereinbarung wurde MSC

---

873 Vgl.: Siemens Corp. (Hg.), Siemens '96. A Review of Siemens Businesses in the USA, S. 6, in: SAA 27468.

874 Vgl.: Protokoll Nr. 202 über die Sitzung des Zentralausschusses vom 25. April 1983, S. 4, in: SAA S 10.

875 Siehe: Siemens Capital Corp. (Hg.), Siemens USA '85, S. 4, in: SAA 27468.

876 Siehe: Protokoll Nr. 202 über die Sitzung des Zentralausschusses vom 25. April 1983, S. 9, in: SAA S 10.

877 Vgl.: Siemens Capital Corp. (Hg.), Siemens USA '85, S. 4, in: SAA 27468.

878 Vgl.: Protokoll Nr. 246 über die Sitzung des Zentralausschusses vom 22. Juni 1987, S. 5, in: SAA S 10.

879 Vgl.: Karlheinz Kaske zur Lage des Unternehmens vom 15. November 1985, S. 14, in: SAA S 2.

880 Siehe: Siemens Capital Corp. (Hg.), Siemens USA '86, S. 1, in: SAA 27468.

im Oktober 1989 im Rahmen einer Strukturbereinigung an SGS Thomson verkauft.[881]

Siemens gab aber die Aktivitäten auf dem Halbleitermarkt in den USA nicht
auf. Nach den Verkäufen von AMD und MSC suchte die Siemens AG 1990 Anbindung an ein weitaus größeres US-Unternehmen, an IBM. Beide Seiten vereinbarten, bei F&E des Dynamic Random Access Memory-Chips (DRAM), einem
64-Megabit-Chip, zusammenzuarbeiten. Die gemeinsame Entwicklungstätigkeit
fand im Advanced Semiconductor Technology Center von IBM in East Fishkill,
New York statt mit dem Ziel, bis Mitte der 1990er Jahre markt- und wettbewerbs-
fähige 64-Mbit-DRAMs herzustellen.[882] Dabei bestand die Hälfte des For-
schungsteams aus Siemens-Ingenieuren; auch die Entwicklungskosten teilten sich
beide Unternehmen. Da DRAM-Speicherchips mehr als ein Viertel des weltweiten
Halbleitermarkts ausmachten[883] und dieser Markt 1989/90 zu vier Fünfteln von
asiatischen Herstellern dominiert wurde,[884] sahen sich der deutsche und der amerikanische Hersteller gezwungen, auf dem Entwicklungsgebiet zu kooperieren. Die
Kooperation Rolm[885] zwischen Siemens und IBM war die Grundlage für eine Kooperation auch auf dem Gebiet der Halbleiter.[886] Das 450 Mio. $ teure Entwick-
lungsprojekt konzipierte mit dem 64-Mbit-Chip einen dynamischen Lese- und
Schreibspeicher, der eine Speicherkapazität von 67.108.864 bit besaß, was 3.000
Textseiten entsprach.[887] Im Herbst 1993 konnten IBM und Siemens die ersten Speicher vorstellen. Seit 1995 wurden monatlich mehrere Tausend 64-Mbit-Chips fab-
riziert und in neue Produkte wie Notebooks oder Automatisierungssysteme einge-
baut.[888] Bereits im Januar 1993 hatten sich Siemens und IBM dazu entschieden,
auch Entwicklungsingenieure der Toshiba Corp., Tokyo in das Projekt zu integrieren. Zwei Jahre später stieß als vierte Firma die Motorola Inc. in Schaumburg, Illinois hinzu. Gemeinsam galt es zukünftig, die Entwicklung des 1-Gigabit-DRAM
voranzutreiben. Dieser war in der Lage, 64.000 Seiten Schreibmaschinentext zu
speichern. Anwendung fand er insbesondere bei sogenannten „speicherhungrigen
Systemen", wie sie in PCs, digitalem Fernsehen und Telekommunikationsanwen-
dungen zu finden waren.[889]

881   Vgl.: Jahrespressekonferenz der Siemens AG vom 16. Januar 1992, Frage: 3.50, in: SAA Pres-
      sekonferenzen.
882   Vgl.: Presseinformation der Siemens AG zur gemeinsamen Entwicklung von 64-Mbit-Chip
      mit IBM vom Januar 1990, S. 1 f., in: SAA 35/Ls 403.
883   Vgl.: Presseinformation der Siemens AG zu ersten Labormustern des 64-Mbit-Speichers vom
      Dezember 1991, S. 1, in: SAA HL IS 1291.012 d.
884   Vgl.: Presseinformation der Siemens AG zur gemeinsamen Entwicklung von 64-Mbit-Chip
      mit IBM vom Januar 1990, S. 2, in: SAA 35/Ls 403.
885   Siehe dazu: Kapitel D.3.2.4.2.
886   Vgl.: O.V., IBM/Siemens: Zwei-Teilung der Chips-Welt, in: Wirtschaft intern vom 9. Juli
      1991, in: Vortrag von Karlheinz Kaske anlässlich der Sommerpressekonferenz der Siemens
      AG vom 5./19. Juli 1991, Anhang Pressespiegel, in: SAA 64/Lb 439.
887   Vgl.: Presseinformation der Siemens AG zur gemeinsamen Entwicklung von 64-Mbit-Chip
      mit IBM vom Januar 1990, S. 1 f., in: SAA 35/Ls 403.
888   Vgl.: Presseinformation der Siemens AG zum Einsatz des ersten 64-Megabit-Speichers vom
      Mai 1995, S. 1, in: SAA HL20 0595.049 d.
889   Vgl.: Presseinformation der Siemens AG zur Halbleiter-Entwicklungskooperation vom 25.

Drei Jahre später, am 28. April 1998, eröffnete Siemens gemeinsam mit Motorola Inc. für 1,5 Mrd. $ die Halbleiterfertigungsstätte White Oak Semiconductor in Richmond, Virginia.[890] Das Joint Venture hatte sich mit 1.000 Mitarbeitern auf die Herstellung von DRAMs spezialisiert und 1998/99 den weltweit kleinsten 64-Megabit-Chip produziert.[891] Solche Entwicklungserfolge waren aber keine Garantie für das Fortbestehen des Geschäftsbereichs Halbleiter. So veränderten sich die Aktivitäten der Siemens AG 1999 grundlegend. Das weltweite Halbleitergeschäft wies 1997/98 ein Minus von 1,68 Mrd. Euro vor Zinsen und Steuern aus, weshalb es von dem deutschen Unternehmen 1999 in die neue Gesellschaft Infineon Technologies AG ausgliederte wurde.[892] Hier zeigte sich erneut, wie sehr die Geschäftsentwicklung von Siemens in Deutschland Einfluss auf die Aktivitäten in den USA besaß. Hauptarbeitsgebiet der neuen Gesellschaft waren Halbleiterlösungen, die besonders in der Kommunikationstechnik, der Automobil- und Industrieelektronik sowie bei Speicherbauelementen, Sicherheitssystemen und Chipkarten Verwendung fanden.[893] Für ihre USA-Aktivitäten gründete Infineon eine amerikanische Tochterfirma, die Infineon Technologies North America Corp. Diese konnte in ihrem ersten Geschäftsjahr mit DRAM-Chips und Halbleitern einen Gewinn nach Steuern von 59 Mio. Euro erwirtschaften[894] und investierte im zweiten Geschäftsjahr in großem Stil. 2000 übernahm Infineon die restlichen 50 Prozent der Anteile an der White Oak Semiconductors.[895] Außerdem eröffnete Infineon im selben Jahr in Durham, North Carolina ein Entwicklungszentrum für DRAM-Chips. Neben ihrem Hauptsitz in San Jose, Kalifornien und dem Center in Durham hatte Infineon Technologies North America Corp. damit weitere vier Entwicklungsstandorte in den USA.[896] Trotz aufkommender Verluste (2000/01: −90 Mio. Euro nach Steuern)[897] setzte das Unternehmen auch im neuen Jahrtausend auf Expansion. Die Fabrik zur Chipherstellung in Richmond, Virginia wurde 2002 ausgebaut, um von der 200- auf die 300-Millimeter-Technologie umzustellen.[898] Siemens aber hatte sich bereits weit-

Oktober 1995, in: SAA HL20 1095.003 d.

890   Vgl.: Presseinformation der Siemens AG und Motorola vom 28. April 1998, S. 1, in: SAA HL0498036.

891   Vgl.: Siemens Corp. (Hg.), Siemens '99. „We can do that". A Review of Siemens Businesses in the USA, S. 36, in: SAA 27468.

892   Vgl.: Jörg Berkner, Kurze Geschichte des Bereichs Halbleiter der Siemens AG. Standorte, Technologien, Bauelemente, S. 38 f., in: SAA E 27.1–5.

893   Siehe: Presseinformation der Siemens AG zur Eröffnung des Entwicklungszentrums für Speicherchips in Durham, USA vom 4. April 2000, S. 2, in: SAA INFXX200004.054 d.

894   Vgl.: Bilanzpressekonferenz der Siemens AG vom 6. Dezember 2001, o. S., in: SAA Pressekonferenzen.

895   Siehe: Hauptversammlung der Siemens AG vom 27. April 2000, Punkt 2.8.6, in: SAA Pressekonferenzen.

896   Vgl.: Presseinformation der Siemens AG zur Eröffnung des Entwicklungszentrums für Speicherchips in Durham, USA vom 4. April 2000, S. 1 f., in: SAA INFXX200004.054 d.

897   Vgl.: Bilanzpressekonferenz der Siemens AG vom 6. Dezember 2001, o. S., in: SAA Pressekonferenzen.

898   Vgl.: O. V., Die Chip-Branche brummt, in: Manager Magazin vom 22. Februar 2001, zu finden unter: http://www.manager-magazin.de/finanzen/artikel/0,2828,108778,00.html, zuletzt abgerufen am 25. April 2012.

gehend aus der Beteiligung Infineon zurückgezogen. 2001 hatte das deutsche Unternehmen seine Mehrheitsanteile abgegeben und bis 2006 seine letzten Aktien an Infineon verkauft.

Neben der DRAM-Entwicklung und -herstellung war Siemens Components, Inc. auf dem Gebiet der akustischen Oberflächenwellenfilter aktiv, die zur Umwandlung von elektrischen in akustische Signale verwendet wurden. 1979 hatte die deutsche Firma für dieses Produktfeld die Crystal Technology, Inc. in Palo Alto, Kalifornien erworben. War sie Ende der 1970er Jahre für 80 Prozent der weltweiten Lieferungen von Lithiumniobat-Kristallen verantwortlich, so blieb sie bis Ende der 1990er Jahre der weltweit größte Lieferant des Ausgangsmaterials für Oberflächenwellenfilter.[899]

Auch das Geschäft mit optoelektronischen Bauteilen in den USA hatte seine Ursprünge Ende der 1970er Jahre. Es entwickelte sich aus der US-Firma Litronix, die die Siemens AG 1977 gekauft hatte. Mitte der 1980er Jahre integrierte Siemens das amerikanische Unternehmen in die neue Abteilung Optoelectronics Division,[900] die fortan für das Geschäft mit Leuchtdioden, Displays und ähnlichen Bauteilen zuständig war. Von großer Bedeutung blieb bis in die 1990er Jahre der Fertigungsstandort von Litronix in Penang, Malaysia, wo optoelektronische Bauelemente hergestellt und dann in die Vereinigten Staaten exportiert wurden.[901] Diese Fabrikationsstätte ermöglichte es Siemens Components, Inc., die hohe Nachfrage in den USA zu bedienen.[902] Um den Vertrieb der einzelnen Bauteile in den Vereinigten Staaten zu erleichtern und zu intensivieren, hatte die Siemens AG 1983/84 eine eigene US-Firma, die EO Systems Holding Corp. in Bethesda, Maryland gegründet. Neben Vertrieb und Entwicklung von optoelektronischen Komponenten verwertete sie auch entsprechende Schutzrechte und Know-how in den USA.[903] Auf dieser Basis entwickelte sich die Optoelectronics Division der Siemens Components, Inc. bis Mitte der 1990er Jahre zum zweitgrößten Anbieter für Optoelektronik in den USA.[904] Ihr Produktportfolio bestand insbesondere aus Leuchtdioden, Detektoren, Laserdioden, Displays, Optokopplern sowie Sendern und Empfängern für optische Informationsinformatik. Den Geschäftsbereich der optisch gekoppelten Halbleiterrelais übernahm die Optoelectronics Division im Juni 1996 von dem US-Unternehmen AT&T.[905] Halbleiterrelais wurden insbesondere verwendet, um Telefonnetze

---

899   Vgl.: Siemens Corp. (Hg.), Siemens '95. A Review of Siemens Businesses in the USA, S. 14, in: SAA 27468.

900   Vgl.: Siemens Capital Corp. (Hg.), Siemens USA '85, S. 5, in: SAA 27468.

901   Siehe: Hauptversammlung der Siemens AG vom 20. März 1986, Frage 237, in: SAA Pressekonferenzen.

902   Vgl.: Siemens Corp. (Hg.), Siemens '94. A Review of Siemens Businesses in the USA, S. 25, in: SAA 27468.

903   Vgl.: Hauptversammlung der Siemens AG vom 20. März 1986, Frage 237, in: SAA Pressekonferenzen.

904   Vgl.: Presseinformation der Siemens AG zum Überschreiten des Weltumsatzes von 3 Mrd. DM durch den Siemens-Halbleiterbereich vom November 1994, S. 3, in: SAA HL40 1194.018 d.

905   Vgl.: Siemens Corp. (Hg.), Siemens '96. A Review of Siemens Businesses in the USA, S. 19, in: SAA 27468.

und andere Telekommunikationsgeräte zu verbinden oder zu trennen.[906] In der Relaisentwicklung und -herstellung war auch die Siemens-Firma Potter & Brumfield aktiv.[907]

Auch dem Bereich elektronische Bauelemente zugeordnet waren die Siemens-Aktivitäten bei Sicherheitsscannern. So betrat die Heimann Systems Company in Iselin, New Jersey den US-Markt im Dezember 1987 mit Röntgenuntersuchungs-geräten, die an Flughäfen, bei Frachttransporten oder Poststellen installiert wurden. Die US-Firma war ein Tochterunternehmen der deutschen Heimann GmbH, an der die Siemens AG mehrheitsbeteiligt war.[908] 1989 führte Heimann Systems Company das Röntgenscansystem Hi-Mat für Flughäfen in den USA ein. Die Apparate konn-ten organische, anorganische und gemischte Objekte mittels verschiedener Farben unterschiedlich darstellen.[909] Auch entwickelte die Firma die erste Sicherheitsein-richtung in den USA, die dafür gedacht war, im Lastflugverkehr Drogenschmuggler in Flugzeugen identifizieren zu können.[910] Bald schon stattete die Firma Kernkraft-werke, Justizvollzugsanstalten und Flugzeuge selbst mit Sicherheitsscannern aus.[911]

3.2.4 Information and Communications

Für das Gebiet der Kommunikationstechnik war Anfang der 1980er Jahre die Sie-mens Communication Systems, Inc. verantwortlich. Sie wurde im Oktober 1985 aufgespalten in Siemens Communication Systems, Inc. (SCS, ehemals: UB Nach-richtentechnik/öffentliche Kommunikationssysteme) und Siemens Information Systems, Inc. (SIS, ehemals: UB Kommunikations- und Datentechnik / Private Kommunikationssysteme).[912] Grund war die stagnierende Geschäftsentwicklung, die die Siemens AG auf Vertriebsschwierigkeiten, Konjunkturschwächen aber auch personelle Probleme zurückführte. Der Vorstand in Deutschland konstatierte bereits 1983, „daß das Geschäft mit dem derzeitigen Führungspersonal nicht fortzuführen

---

906 Siehe: Presseinformation der Siemens AG zur Übernahme des Halbleiterrelais-Geschäfts von AT&T vom Juni 1995, in: SAA HL30 0695.055 e.

907 Zur Entwicklung von Potter & Brumfield siehe: Kapitel D.3.2.4.1.

908 Vgl.: Siemens Corp. (Hg.), The business report of the Siemens companies in the United States, 1989, S. 8, in: SAA 27468.

909 Vgl.: Keeping you Posted. A newsletter of Siemens Developments, US and Worldwide vom 26. Januar 1989, Band 14, Nummer 2, S. 2, in: SAA 15269.

910 Vgl.: Keeping you Posted. A newsletter of Siemens Developments, US and Worldwide vom 15. Juni 1989, Band 15, Nummer 10, S. 1, in: SAA 15269.

911 Vgl.: Siemens Corp. (Hg.), Siemens ’91. A Review of Siemens Businesses in the USA, S. 28, in: SAA 27468. Ein weiterer Bestandteil der Siemens Components war die Vacuumschmelze Co. in Iselin, New Jersey. Sie wurde 1990/91 gegründet und war für den Vertrieb magnetischer Werkstoffe zuständig. Wie lange sie allerdings im Besitz von Siemens blieb, bleibt unklar. Siehe: Siemens Corp. (Hg.), Siemens ’91. A Review of Siemens Businesses in the USA, S. 33, in: SAA 27468.

912 Siehe: Karlheinz Kaske zur Lage des Unternehmens vom 15. November 1985, S. 8, in: SAA S 2 sowie: Protokoll Nr. 224 über die Sitzung des Zentralausschusses vom 20. Mai 1985, S. 15, in: SAA S 10.

sei."[913] Daher entschloss sich die Siemens AG, das Geschäft mit Privatkunden von demjenigen mit der Verwaltung öffentlicher Netze zu trennen und die Führungspositionen mit einem Amerikaner und einem Deutschen neu zu besetzen.[914]

3.2.4.1 Öffentliche Kommunikationssysteme

Mit der Teilung der Siemens-Kommunikationstechnik in den USA erhielt der Bereich Öffentliche Kommunikationsnetze (ÖN) eine neue Organisationsstruktur. Die Siemens Communication Systems, Inc. in Iselin, New York wurde zur Holdinggesellschaft für alle ÖN-Interessen und umfasste Siemens Public Switching Systems, Inc., Siemens Transmission Systems, Inc., Siemens Data Switching Systems, Inc., Potter & Brumfield, Inc. und Siecor.[915] Die einzelnen Gesellschaften besaßen fortan die Verantwortung im operativen Geschäft, während UB N und Siemens Capital Corp. Kontrollfunktion und Richtlinienkompetenz übernahmen. Insbesondere die enorm hohen Entwicklungskosten für US-Geräte, die nach anderen Standards funktionierten als europäische Apparate und Anlagen,[916] waren die Ursache für die enormen Verluste bis in die 1990er Jahre. Sie betrugen 1989 −73 Mio. $, 1990 −53 Mio. $, 1991 −56 Mio. $ und 1992 −79 Mio. $.[917]

Geprägt war die Entwicklung von SCS und SIS durch die Aufspaltung des amerikanischen Monopolunternehmens AT&T zum Jahresbeginn 1984. Nach langwierigen Antitrust-Verhandlungen mit den US-Behörden wurde die amerikanische Firma endgültig in acht neue Gesellschaften aufgespalten.[918] Die neue AT&T behielt die Fernnetzverwaltung, die Western Electric und die Bell Labs. Daneben entstanden sieben neue, eigenständige Bell Operating Companies, die insgesamt über 22 regionale Firmen verfügten. Für die öffentliche Kommunikationstechnik der Siemens AG wuchs mit dieser Entscheidung ein neuer, wichtiger Markt heran.[919] Zukünftig konnte das deutsche Unternehmen über seine US-Firmen ÖN-Artikel wie Kabel, Übertragungseinrichtungen oder PABX-Systeme an die Lokalgesellschaften der Bell Companies liefern. Dies war umso bedeutsamer für die Siemens AG, als dass ihr bisheriger Marktanteil bei der Kommunikationstechnik in den USA weniger als ein Prozent betrug, während das Unternehmen in Deutschland fast ein Drittel des Marktvolumens ausmachte. Nicht zuletzt betonte die Siemens AG, dass die hohe Marktpräsenz in Deutschland nur gehalten werden könne, wenn sich das

---

913   Vgl.: Vorstandssitzung der Siemens AG vom 21. Juni 1983, S. 3, in: SAA S 1.
914   Siehe: Protokoll Nr. 224 über die Sitzung des Zentralausschusses vom 20. Mai 1985, S. 15 f., in: SAA S 10.
915   Vgl.: Protokoll Nr. 237 über die Sitzung des Zentralausschusses vom 22. September 1986, S. 8, in: SAA S 10.
916   Siehe dazu: Schwab, Siemens, S. 137 f.
917   Sommerpressekonferenz der Siemens AG vom 5. Juli 1993, o. S., in: SAA Pressekonferenzen.
918   Siehe hierzu: Leonhard Bauer, 40 years of Siemens PN-history in the U. S. From the fifties to the nineties, Boca Raton 1993, S. 40 f., in: SAA 16498 sowie: Protokoll Nr. 208 über die Sitzung des Zentralausschusses vom 21. November 1983, S. 10, in: SAA S 10.
919   Hierzu und zu Folgendem siehe: ebenda, S. 10 sowie: Karlheinz Kaske zur Lage des Unternehmens vom 15. November 1985, S. 9, in: SAA S 2.

Unternehmen auf dem hochinnovativen amerikanischen Kommunikationsmarkt etablieren könne, der Deutschland „technisch einige Jahre voraus"[920] sei.

So gelang es der Siemens AG 1985, das von ihr entwickelte Telefonvermittlungssystem EWSD (Elektronisches Wählsystem Digital) auf dem amerikanischen Markt einzuführen. Das digitale, vollelektronische Vermittlungssystem war in der Orts-, Fern- sowie der Zentralvermittlung von Telefonnetzen verwendbar. Nachdem die Anschlusskomponenten der europäischen Version an die amerikanischen Verhältnisse angepasst worden waren, schloss die Siemens AG mit der US-Firma Wisconsin Bell ein Abkommen, über sie die EWSD-Vermittlungstechnik in den USA bereitzustellen.[921] Zwei Jahre später, im Mai 1987, übergab SCS der Wisconsin Bell als der ersten amerikanischen Telefongesellschaft ein EWSD-Vermittlungsamt, das zunächst für 4.200 Anschlüsse gedacht war. Damit konnte Wisconsin Bell ihre elektromechanische Vermittlungstechnik durch eine vollautomatische Anlage ersetzen.[922] Bis 1994 wuchs Siemens zum drittgrößten Anbieter in den USA für öffentliche Vermittlungsanlagen. Jährlich stellte Siemens in den USA mehr als eine Millionen Anschlüsse des EWSD-Systems bereit.[923] Zur entscheidenden US-Tochterfirma für diese Expansion entwickelte sich Stromberg Carlson. Aus einem Joint Venture von 1990[924] ergab sich für Siemens die Möglichkeit, das amerikanische Unternehmen ganz zu übernehmen und sich dadurch bei der öffentlichen Vermittlungstechnik einen Marktanteil von zehn Prozent sowie den Status als drittgrößter US-Anbieter zu sichern.[925] Die neue Firma Siemens Stromberg-Carlson belieferte fortan drei der sieben großen Bell-Companies mit EWSD-Ämtern von Siemens.[926]

Im Bereich der Paketvermittlungsnetze war die Siemens AG über ihre Tochterfirma, die Databit, Inc. aktiv. Diese belieferte 1986 fast zwei Drittel aller amerikanischen Bell Operating Companies mit entsprechenden Systemlösungen zur Datenspeicherung in einem Netzwerk.[927] Nicht näher erläuterte Absatzprobleme mit den BOCs führten im Folgejahr dazu, dass die Databit aufgelöst und ihre Aktivitäten in die Siemens Data Systems, Inc. überführt wurden.[928]

---

920 Vgl.: Protokoll Nr. 248 über die Sitzung des Zentralausschusses vom 21. September 1987, S. 8, in: SAA S 10.

921 Siehe: Vortrag von Karlheinz Kaske anlässlich der Pressekonferenz der Siemens AG vom 3. Februar 1986, S. 6, in: SAA 64/Lb 439.

922 Vgl.: Presseinformation der Siemens AG zur Übergabe des EWSD-Vermittlungsamtes vom Mai 1987, in: SAA 35/Ls 403.

923 Vgl.: Hauptversammlung der Siemens AG vom 10. März 1994, Frage 14.28, in: SAA Pressekonferenzen.

924 Vgl.: Sommerpressekonferenz der Siemens AG vom 5./6. Juli 1991, Frage 3.49, in: SAA Pressekonferenzen.

925 Vgl.: Vortrag von Karlheinz Kaske anlässlich der Hauptversammlung der Siemens AG vom 12. März 1992, S. 11, in: SAA Pressekonferenzen.

926 Siehe: Gerhard Vilsmeier, Die richtigen Verbindungen, in: SiemensWelt. Die Mitarbeiterzeitschrift des Hauses 4/1997, S. 11.

927 Vgl.: Karlheinz Kaske zur Lage des Unternehmens vom November 1986, S. 10, in: SAA S 2.

928 Vgl.: Protokoll Nr. 251 über die Sitzung des Zentralausschusses vom 25. Januar 1988, S. 8, in: SAA S 10 sowie: Karlheinz Kaske zur Lage des Unternehmens vom November 1986, in: SAA S 2.

Im Januar 1986 schloss die Siemens AG mit der US-Firma GTE ein Abkommen im Bereich öffentlicher Vermittlungs- und Übertragungstechnik.[929] GTE brachte seine Kapazitäten für F&E, Herstellung und Verkauf von öffentlichen Vermittlungs- und Übertragungsanlagen in das Joint Venture ein. Siemens dagegen integrierte seine Aktivitäten im Bereich Public Switching in Boca Raton sowie Databit. Als mittelfristiges Ziel gaben beide Unternehmen aus, nur noch Siemens-Technik in den USA herzustellen. Diese Geschäftsverbindung sah Siemens als Chance an, nicht nur den Marktanteil zu erhöhen, sondern auch den Einstieg bei den US-Bell-Gesellschaften mit Siemens-Technik zu erleichtern. 1986 kaufte die Siemens AG den Unternehmensteil Übertragungstechnik von der GTE Communications Systems, Inc. für 850 Mio. DM.[930]

Im Bereich der Glasfaserkabelproduktion baute die Siemens AG ihre Marktpräsenz über die Siecor Corp. in Hickory, North Carolina aus. Die US-Firma erhielt 1983 den Auftrag von der amerikanischen Telefongesellschaft MCI Communications Corp. in Washington D.C. über die Lieferung von 140.000 Kilometer Glasfaserkabel im Gesamtwert von 245 Mio. DM. Das Kabel wurde im Osten der USA verlegt, um das alte Telefonnetz zu ersetzen.[931] Mit dem Ausbau der Fabrikationskapazitäten 1984 erreichte Siecor den Status des weltweit größten Herstellers von Glasfaserkabeln.[932] Die Fabrikationsstätte der Siecor Corp. in Hickory war Mitte der 1980er Jahre zur US-weit größten Produktionsanlage für Glasfaserkabel geworden.[933] Doch trotz des hohen Marktanteils und der Gewinne, die die Siecor Corp. erwirtschaftete, befasste sich die Siemens AG seit 1999 mit einem Verkauf des 50-prozentigen Anteils an der US-Tochter.[934] Im Rahmen einer Portfoliobereinigung und der Konzentration auf Kerngebiete entschloss sich das deutsche Unternehmen 2000, die Anteile abzustoßen und an die bisherige Partnerfirma Corning, Inc. zu veräußern.[935]

Die US-Firma Potter & Brumfield in Princeton, Indiana, der größte Relaisproduzent der USA, war ebenfalls der Siemens Communications Systems, Inc. zugeordnet.[936] 1986 hatte die Siemens AG die amerikanische Firma, die elektromechanische und elektronische Relais entwickelte und herstellte, gekauft. Das deutsche

929   Hierzu und zu Folgendem siehe: Protokoll Nr. 230 über die Sitzung des Zentralausschusses vom 20. Januar 1986, S. 10 f., in: SAA S 10.

930   Vgl.: Pressekonferenz der Siemens AG vom 6. März 1987, Frage 408, in: SAA Pressekonferenzen.

931   Vgl.: Glasfaser-Auftrag für Siemens, in: Süddeutsche Zeitung vom 5. Februar 1983, o. S., in: SAA 68/Li 262.

932   Vgl.: Siemens Capital Corp. (Hg.), Siemens USA '85, S. 14, in: SAA 27468.

933   Siehe: Siemens Capital Corp. (Hg.), Siemens USA '86, S. 4, in: SAA 27468.

934   Vgl.: O. V., Abschied vom Glasfaser-Geschäft, in: Manager Magazin vom 6. Oktober 1999, zu finden unter: http://www.manager-magazin.de/finanzen/artikel/a-45464.html, zuletzt eingesehen am 17. März 2012.

935   Siehe: Jahrespressekonferenz der Siemens AG vom 14. Dezember 2000, o. S., in: SAA Pressekonferenzen.

936   Vgl.: Presseinformation der Siemens AG zum Kauf von Potter & Brumfield vom 28. Januar 1986, in: SAA 35/Ls 403 sowie: Karlheinz Kaske zur Lage des Unternehmens vom November 1986, S. 11, in: SAA S 2.

Unternehmen wollte damit nicht nur den Eintritt in den US-Relaismarkt schaffen, sondern auch das eigene Produktspektrum erweitern.[937] Neben den Entwicklungs- und Herstellungskapazitäten der traditionsreichen amerikanischen Firma sicherte sich Siemens die Möglichkeit, Artikel aus der Europaproduktion wie Steckverbinder, Schalter und Tasten in die USA zu übernehmen.[938] Nach dem Erwerb blieb Potter & Brumfield auf dem Relaisgebiet erfolgreich. 1994 gelang es der Firma, das weltweit kleinste 16-Ampere-Relais zu entwickeln. Mit einer Höhe von 15 Millimeter war es nur halb so groß wie die bisherigen handelsüblichen Bauteile.[939]

Auf dem Gebiet von Kommunikationsnetzwerken kooperierte die Siemens AG seit 1997 mit dem US-Unternehmen 3Com Corp. in Santa Clara, Kalifornien. Anfangs formulierten beide Seiten eine strategische Allianz, um bei der Integration von Sprach- und Datennetzen zusammenzuarbeiten.[940] Es galt, das Siemens-Kommunikationssystem Hicom an die Datenkommunikationsprodukte von 3Com zu adaptieren. Für die Datenkommunikation in Unternehmen entwickelten beide Seiten fortan gemeinsam Produkte. Da 3Com bis 1997 weltweit Zugänge zu Hochgeschwindigkeitsnetzwerken für mehr als 100 Mio. Kunden bereitstellen konnte, intensivierte Siemens die Zusammenarbeit. Ab dem Frühjahr 1998 brachten beide Unternehmen Systemlösungen auf den Markt, die Telefon und Internet integrierten. Dies erleichterte für Netzbetreiber die Bereitstellung von Internetzugängen an Endverbraucher.[941] Das Gebiet der Netzwerktechnik rückte damit immer mehr in den Fokus. Um die sprachliche Kommunikation und Verständigung über Videos in firmeninternen Datennetzwerken zu erleichtern, entwickelten beide Seiten gemeinsam LAN-basierte Multimedia-Vermittlungssysteme zur IP- und LAN-Telefonie.[942] Eng damit verbunden war auch 1998 der Markteintritt bei schnurlosen Telefonen. Die Siemens AG entschied sich, die Siemens Information and Communication Products (ICP) in Austin, Texas aufzubauen. Die Fabrik stellte seit 1998 das Schnurlostelefon Gigaset 2420 her.[943]

Auch im Bereich des Mobilfunks blieb Siemens in den USA nicht tatenlos. Der Bereich ÖN erhielt 1997 von der Betreibergesellschaft Digiph PCS Inc. den Auftrag, digitale Mobilfunktechnik samt Serviceleistungen im Wert von 130 Mio. DM

937 Vgl.: Pressekonferenz der Siemens AG vom 6. Juli 1986, Frage 12, in: SAA Pressekonferenzen.

938 Vgl.: Vortrag von Karlheinz Kaske anlässlich der Pressekonferenz der Siemens AG vom 3. Februar 1986, S. 10, in: SAA 64/Lb 439.

939 Siehe: Presseinformation der Siemens AG zum weltweit kleinsten 16-Ampere-Relais vom Februar 1995, S. 1, in: SAA EC 0295.005 d.

940 Zu dieser Kooperation siehe: Presseinformation der Siemens AG zur Vereinbarung einer strategischen Allianz mit der 3Com Corporation vom 10. Juli 1997, S. 1 f., in: SAA PN WP 0797.033 d.

941 Siehe: Presseinformation der Siemens AG zur Zusammenführung des Telefonnetzes und Internet mit 3Com vom 21. Januar 1998, S. 1, in: SAA ÖN SN 0198.029 d.

942 Vgl.: Presseinformation der Siemens AG zum Joint Venture mit 3Com vom 9. Dezember 1998, S. 1 f., in: SAA ICN 1298.026 d sowie: Halbjahrespressekonferenz der Siemens AG vom 27. April 2000, Punkt 2.3.4., in: SAA Pressekonferenzen.

943 Vgl.: Arthur F. Pease, ICP Austin, in: SiemensWelt. Die Mitarbeiterzeitschrift des Hauses 8–9/1999, S. 21.

zu liefern, um ein GSM-Mobilfunktnetz in Teilen von Florida, Alabama und Mississippi aufzubauen.[944] Dieser Bereich der netzlosen Kommunikation entwickelte sich in den Folgejahren zur Wachstumsbranche. 2001 gelang es Siemens, sich als Ausrüster für Mobilfunknetzwerke in den USA zu positionieren. Die US-Firma Cingular Wireless rüstet ihr bisheriges Netz auf den europäischen Standard Global System for Mobile Communications (GSM) um, woran sie Siemens beteiligte. Die Kooperation, Infrastrukturen der US-Firma anzupassen und selbst Mobiltelefone zu liefern, eröffnete der Siemens-Handysparte ICM ein Auftragsvolumen von etwa 3 Mrd. $.[945] Nachdem sich Siemens auf dem Gebiet der Mobilfunknetze in den USA etabliert hatte, gelang dies auch bei Mobiltelefongeräten. Siemens lieferte ab 1997 an den Mobilfunknetzbetreiber Omnipoint Communications in Bethesda, Maryland, an Powertel Inc. in West Point, Georgia und an Digiph PCS in Mobile, Alabama Mobiltelefone des Typs g1050. 1997/98 plante Siemens, 100.000 Einzelgeräte an diese Firmen zu verkaufen.[946] Darauf aufbauend gründete die Siemens AG mit Omnipoint Technologies in Colorado Springs, Colorado 1999 ein Joint Venture, mit dem Ziel, drahtlose IP-Lösungen zu entwickeln, um Mobilfunk und Internet zu integrieren.[947]

3.2.4.2 Private Kommunikationssysteme

Spätestens mit dem Ende des AT&T-Monopols hatten sich die USA weltweit zum größten und attraktivsten Markt für private Telekommunikationsnetzwerke entwickelt. Siemens Information Systems setzte neben den Telefonanlagen des PABX-Systems und Saturn vor allem auf die Integrated Service Digital Network-Technologie (ISDN).[948] Dabei handelte es sich um ein Kommunikationsnetz, das alle Fernmeldedienste integrierte, also nicht nur den sprachlichen Austausch ermöglichte, sondern auch denjenigen von Texten, Bildern und Daten. EWSD diente Siemens als passendes öffentliches Vermittlungsnetz zur ISDN-Technik.[949] Voraussetzung, um auch in den USA bei privaten Kommunikationsanlagen ein führender Wettbewerber zu werden, war eine eigene Verkaufsorganisation. Um diese Infrastruktur aufzubauen, gründete die Siemens AG mit der US-Firma Telecom Plus International, Inc. 1984 das Joint Venture Tel Plus Communications, Inc. in Boca Raton, Florida

944   Vgl.: Presseinformation der Siemens AG zum Durchbruch im amerikanischen Telekommunikationsmarkt vom 14. April 1997, in: SAA ÖN MN 0497.023 d.
945   Siehe: O.V., Eintrittskarte für den US-Markt, in: Manager Magazin vom 1. November 2001, zu finden unter: http://www.manager-magazin.de/unternehmen/artikel/0,2828,165449,00. html, zuletzt abgerufen am 25. April 2012.
946   Siehe: Presseinformation der Siemens AG zum Durchbruch bei Mobiltelefonen vom 9. Dezember 1997, in: SAA PN 1297.014 d.
947   Siehe: Presseinformation der Siemens AG zum Joint Venture mit Omnipoint Technologies vom 3. August 1999, in: SAA ICN08999128d.
948   Vgl.: Siemens Corp. (Hg.), Siemens '90. A Review of Siemens Businesses in the USA, S. 2, in: SAA 27468.
949   Vgl.: Presseinformation der Siemens AG zum integrierten Kommunikationsnetz ISDN vom 21. Mai 1984, S. 1 und 4, in: SAA N XX 0584.913 d.

zum Vertrieb von Telefonanlagen. Siemens war anfangs mit 20 Prozent beteiligt.[950] Bereits im Folgejahr erhöhte die Siemens AG ihren Aktienanteil auf 35 Prozent, um Vertrieb und Wartung von Siemens-Telefonnebenstellenanlagen und Bürokommunikationsartikeln in den USA zu sichern.[951] Im April 1987 übernahm Siemens für 220 Mio. DM die restlichen 65 Prozent.[952] Damit war die deutsche Firma alleiniger Eigentümer der größten unabhängigen Service- und Vertriebsgesellschaft der USA im Bereich von Telekommunikationsgeräten. Insgesamt hatte die Tel Plus Communications, Inc. bereits zwei Millionen Anschlusseinheiten in den USA bereitgestellt. Nicht zuletzt bedeutete die Übernahme für Siemens Information Systems, Inc. 2.500 neue Angestellte, was mehr als einer Verdreifachung der bisherigen Mitarbeiterzahl entsprach. Daneben verfügte SIS fortan über 90 weitere Vertriebs- und Servicestellen.[953] Nach dem Erwerb der Firma führte Siemens eine Reorganisation durch, bereinigte das bisherige Vertriebsprogramm und stimmte es einzig auf die Siemens-Produkte ab. Daneben wurden die bisher 15 verschiedenen Subfirmen der Tel Plus zu einer Vertriebsfirma vereinigt.[954] Die Eingliederung der Aktivitäten dieses ehemaligen Joint Ventures in das Siemens-Geschäft erwies sich als kostenintensiv. Die Siemens AG übernahm Geschäftsverluste von insgesamt 64 Mio. $.[955]

Eine wegweisende Übernahme auf dem Gebiet der Privaten Kommunikationssysteme in den USA stellte der Kauf der amerikanischen Firma Rolm im Dezember 1988 dar. Es gelang der Siemens AG, von ihrer Muttergesellschaft IBM 100 Prozent der Rolm-Anteile zu übernehmen und diese in ein neues Unternehmen, Rolm Systems in Santa Clara, Kalifornien zu überführen.[956] Daneben gründeten IBM und die Siemens AG mit jeweils der Hälfte der Anteile die Marketing- und Vertriebsfirma Rolm Company in Norwalk, Connecticut, die fortan private Kommunikationsanlagen der Rolm Systems sowie ISDN-Produkte von Siemens in den USA verkaufte.[957] Im Oktober 1992 wurden Rolm Systems und die Rolm Company zu einem neuen Unternehmen unter dem Namen Rolm verschmolzen, das fortan die

950 Vgl.: Presseinformation der Siemens AG zum Vertriebsabkommen in den USA vom August 1984, in: SAA 35/Ls 403.

951 Siehe: Karlheinz Kaske zur Lage des Unternehmens vom 15. November 1985, S. 10, in: SAA S 2 und: Pressekonferenz der Siemens AG vom 6. Juli 1986, Frage 12, in: SAA Pressekonferenzen.

952 Hierzu und zu Folgendem: Presseinformation der Siemens AG zur Übernahme der restlichen Anteile an Tel Plus vom April 1987, in: SAA 35/Ls 403; Pressekonferenz der Siemens AG vom 6. März 1987, Frage 408, in: SAA Pressekonferenzen und: Pressekonferenz der Siemens AG vom 9. Juli 1988, Frage G.6.3, in: SAA Pressekonferenzen.

953 Vgl.: Siemens Capital Corp. (Hg.), Siemens USA '87, S. 18, in: SAA 27468.

954 Vgl.: Leonhard Bauer, 40 years of Siemens PN-history in the U. S. From the fifties to the nineties, Boca Raton 1993, S. 48, in: SAA 16498.

955 Siehe: Heribald Närger zur Lage des Unternehmens vom Januar 1988, S. 22, in: SAA S 2.

956 Siehe: Protokoll Nr. 257 über die Sitzung des Zentralausschusses vom 25. Juli 1988, S. 10, in: SAA S 10.

957 Vgl.: Vortrag von Karlheinz Kaske anlässlich der Pressekonferenz der Siemens AG vom 26. Januar 1989, S. 6, in: SAA 25406 sowie: Siemens Corp. (Hg.), Siemens '90. A Review of Siemens Businesses in the USA, S. 8, in: SAA 27468.

gesamte private Kommunikationstechnik von Siemens in den USA verantwortete.[958]

Die Zusammenarbeit zwischen der Siemens AG und der Apple Computer Inc.
in Cupertino, Kalifornien war ebenfalls dem Bereich privater Kommunikationssysteme zugeordnet.[959] Beide Seiten vereinbarten Anfang der 1990er Jahre, gemeinsam Kommunikationsgeräte zu entwickeln und dabei die branchenspezifischen
Kompetenzen als Synergieeffekte zu nutzen. Während Siemens das Fachwissen im
Bereich Kommunikationstechnik einbrachte, steuerte Apple sein computertechni-
sches Know-how bei. Auf diese Weise entwickelten beide Seiten Sprach- bzw.
Daten-Lösungen in der computergestützten Telefonie, ebenso wie Privat- und Bü-
rotelefone, in denen die Newton- oder Personal Digital Assistant-Technik von
Apple integriert wurde. Das erste gemeinsame Produkt war das Kommunikations-
gerät NotePhone, das vergleichbar mit einem Notizblock funktionierte, also über
handschriftliche Befehle zu steuern war. Zudem konnte der Benutzer Skizzen und
Faxe über das Gerät versenden.

Zum Geschäftsgebiet der Siemens Information Systems gehörten auch Hochleistungsdrucker, Magnetbandsysteme zur Datenverarbeitung und Computerlauf-
werke. Bereits seit Beginn der 1980er Jahre vertrieb das Unternehmen Druckgeräte
von großen Hochgeschwindigkeits- bis zu kleinen Tintenstrahldruckern für den
Privatbetrieb in den USA.[960] Trotz einer starken Umsatzsteigerung bei Hochleistungsdruckern[961] stellte die Siemens AG die Drucker vorerst nicht selbst her, sondern überließ die Produktion amerikanischen Original-Equipment-Manufacturers
wie Sperry Corporation oder NCR Corporation.[962] 1986 hatte Siemens bei Laserdruckern einen US-Marktanteil von 20 Prozent erreicht.[963] Mit der Gründung der
Siemens Nixdorf Printing Systems, L. P. 1990/91 übernahm diese neue Gesellschaft
das Geschäft.[964] Ähnlich verliefen die Aktivitäten mit Diskettenlaufwerken, Fest-
platten und Magnetbandsystemen für Großrechner. Allesamt wurden sie seit Mitte
der 1980er Jahre in den US-Markt eingeführt, anfangs aber nicht selbst hergestellt
und verkauft, sondern an OEMs abgegeben.[965] Erst seit 1987 stellte Siemens das
Geschäft langsam um und fertigte und verkaufte seine Geräte selbst.[966]

Wie sich bereits bei den Kommunikationsanwendungen zeigte, verschob sich
das Geschäft der Siemens AG seit den späten 1980er Jahren immer weiter Richtung

958   Siehe: Sommerpressekonferenz der Siemens AG vom 5. Juli 1993, o. S., in: SAA Pressekon-
      ferenzen.
959   Zu dieser Kooperation vgl.: Presseinformation der Siemens AG zur Kooperation mit Apple in
      der Kommunikationstechnik vom März 1993, in: SAA PN 0393.018 d.
960   Siehe: Siemens Capital Corp. (Hg.), Siemens USA '84, S. 2, in: SAA 27468.
961   Vgl.: Karlheinz Kaske zur Lage des Unternehmens vom 15. November 1985, S. 10, in: SAA S
      2.
962   Vgl. hierzu: Siemens Capital Corp. (Hg.), Siemens USA '85, S. 3, in: SAA 27468 sowie: Sie-
      mens Capital Corp. (Hg.), Siemens USA '86, S. 13, in: SAA 27468.
963   Siehe: Karlheinz Kaske zur Lage des Unternehmens vom November 1986, S. 8, in: SAA S 2.
964   Siehe unten.
965   Vgl.: Siemens Capital Corp. (Hg.), Siemens USA '85, S. 3, in: SAA 27468 und: Siemens Ca-
      pital Corp. (Hg.), Siemens USA '86, S. 13, in: SAA 27468.
966   Vgl.: Siemens Capital Corp. (Hg.), Siemens USA '88, S. 17, in: SAA 27468.

Informationstechnik. Manuelle Anwendungen waren veraltet, Kommunikations-systeme aller Art beruhten verstärkt auf digitaler Technik. Vor diesem Hintergrund gründete die Siemens AG 1997/98 die Siemens Business Services LLC in Burling-ton, Massachusetts. Der IT-Dienstleister war Spezialist für Komplettlösungen im Bereich E-Business, Management- und SAP-Beratung (SAP R/3-Anwendungen), Ressourcenplanung und Dokumentenmanagement.[967] Ein Highlight war 1999 ein Auftrag für das kanadische Verteidigungsministerium. Die Siemens-Firma stellte der Behörde eine Dokumentadministration bereit, mit deren Hilfe acht Millionen Papierseiten und Mikrofilme elektronisch verwaltet werden konnten.[968] Im Folge-jahr übernahm Siemens Business Services das US-Unternehmen Entex Information Services in Rye Brook, New York, das über insgesamt 5.000 Mitarbeiter und mehr als 50 Niederlassungen in den USA verfügte.[969] Entex bot IT-Dienstleistungen für Plattformen und Produkte aller Hersteller an, konzentrierte sich auf komplexe Sys-teme sowie Netzwerke für geschäftskritische Anwendungen und Electronic Busi-ness. Siemens strebte mit diesem Firmenerwerb an, die eigene Position im US-Markt des IT-Services und der IT-Dienstleistungen zu stärken und Siemens in den USA langsam zu einem IT-basierten Dienstleistungsunternehmen zu entwickeln.[970]

Der Schritt ins digitale Zeitalter vollzog sich besonders rasant auf dem Gebiet der Computertechnik. Im Juni 1988 gründeten die Siemens AG und die Intel Corp. in Santa Clara, Kalifornien für 30 Mio. $ ein Joint Venture unter dem Namen BiiN Computer in Hillsboro, Oregon. Gemeinsames Ziel war der weltweite Vertrieb von Computersystemen für vernetzte Rechneranlagen.[971] Von besonderem Interesse war für beide Seiten, gemeinsam eine neue 32-Bit-Rechner-Familie zu entwickeln, herzustellen und zu vertreiben. Zudem forschte BiiN Computer im Bereich des so-genannten „mission critical computing", also bei Rechnersystemen mit einer sehr niedrigen Ausfallwahrscheinlichkeit.[972] Diese wurden besonders bei elektronischen Transaktionsprozessen im Finanzsektor, in der Telekommunikation sowie bei Re-gierungsangelegenheiten genutzt.[973]

Weiterhin bedeutete auf dem Gebiet der Computertechnik die Übernahme der Nixdorf Computer AG einen wichtigen Schritt für das Weltgeschäft von Siemens. Im Oktober 1990 kaufte das deutsche Unternehmen die Mehrheitsanteile des deut-schen Computerherstellers und gründete eines der weltweit führenden Computer-

967 Siehe: Siemens Corp. (Hg.), Siemens '99. „We can do that". A Review of Siemens Businesses in the USA, S. 28 und 40, in: SAA 27468.
968 Siehe: Elizabeth Suna, Siemens in den USA, in: SiemensWelt. Die Mitarbeiterzeitschrift des Hauses 8–9/1999, S. 11–15, hier S. 13.
969 Vgl.: Presseinformation der Siemens AG zur Übernahme des IT-Service-Unternehmens Entex vom 14. März 2000, S. 1 f., in: SAA AXX200003.55 d.
970 Vgl.: Vortrag von Heinrich von Pierer anlässlich der Halbjahres-Pressekonferenz der Siemens AG vom 27. April 2000, S. 11, in: SAA ER 26.
971 Siehe: Pressekonferenz der Siemens AG vom 9. Juli 1988, Frage G.6.3, in: SAA Pressekonfe-renzen.
972 Vgl.: Pressekonferenz der Siemens AG vom 8. Juli 1989, Frage E 4.1/4.2, in: SAA Pressekon-ferenzen.
973 Siehe: Siemens Corp. (Hg.), The business report of the Siemens companies in the United States, 1989, S. 24, in: SAA 27468.

unternehmen, die Siemens Nixdorf Informationssysteme AG. Ihre US-Tochterfirma, die Siemens Nixdorf Information Systems, Inc., entwickelte und verkaufte
Personal Computer, Miniaturcomputer und Arbeitsplatzrechner.[974] Bis 1996 hatte
sie auf den nord-, mittel- und südamerikanischen Märkten die größte Bandbreite
der Computertechnik anzubieten.[975] Siemens Nixdorf übernahm 1995 die US-
Firma Pyramid Technology, die auf dem Markt der hochmodernen Informationstechnologien tätig war. Gemeinsam boten die Firmen die Komplettbetreuung ihrer
Kunden an, von der Potenzialanalyse über die Herstellung bis hin zum Service.[976]
Daneben gründeten die Siemens AG und die Storage Technology Corp. 1990/91 die
US-Tochtergesellschaft Siemens Nixdorf Printing Systems, L.P. in Tustin, Kalifornien. Sie übernahm das Geschäft mit elektronischen Druckersystemen, insbesondere Hochgeschwindigkeitsdruckern, und wuchs bis 1993 zu einem der drei größten amerikanischen Druckgeräteverkäufer.[977] Nachdem sich der Vorstand der Siemens AG dazu entschieden hatte, Hochleistungsdrucker trotz der weltweiten Mark-
führerschaft von Siemens Nixdorf in diesem Segment nicht zum Kerngeschäft zu
erklären, wurden die Aktivitäten 1996 an die holländische Firma Océ-van der Grin-
ten N.V. verkauft.[978]

Die Zunahme digitaler Technik lässt sich bei Siemens in den USA auch auf dem
Gebiet der Datennetzwerke beobachten. Im Rahmen der Umstrukturierung der Bereiche Information und Kommunikation wurde am 1. Oktober 1998 die Operating
Company Information and Communication Networks, Inc. (ICN) gegründet.[979]
Kurz darauf, im März 1999, rief die Siemens AG die neue Gesellschaft Unisphere
Solutions, Inc. in Burlington, Massachusetts ins Leben. Dies fand im Rahmen des
10-Punkte-Programms statt, das Netzwerklösungen als neues Kerngeschäftsgebiet
definierte. Das vorläufige Ziel der Unisphere war es, ein Netzsystem zu entwickeln,
das bisher getrennte Internet-, Kommunikations- sowie Datennetztechnik miteinander verband und durch Schnelligkeit und Zuverlässigkeit bestach.[980] Dazu stellte
die Siemens AG etwa eine Mrd. DM zur Verfügung, um entsprechende Unternehmen zu erwerben.[981] Im Februar 1999 kaufte die Siemens AG Castle Networks in

---

974 Vgl.: Siemens Corp. (Hg.), Siemens '91. A Review of Siemens Businesses in the USA, S. 10,
       in: SAA 27468.
975 Vgl.: Siemens Corp. (Hg.), Siemens '96. A Review of Siemens Businesses in the USA, S. 14,
       in: SAA 27468.
976 Siehe: Siemens Corp. (Hg.), Siemens '96. A Review of Siemens Businesses in the USA, S. 14,
       in: SAA 27468.
977 Vgl.: Siemens Corp. (Hg.), Siemens '93. A Review of Siemens Businesses in the USA, S. 31,
       in: SAA 27468.
978 Vgl.: Presseinformation der Siemens AG zur Übernahme des Hochleistungsdruckergeschäfts
       durch Océ vom 26. Februar 1996, S. 1, in: SAA AXX0296013.
979 Vgl.: Siemens gründet mit Unisphere Solutions, Inc. Unternehmen für Netzwerklösungen,
       vom 8. März 1999, in: SAA AXX039914.
980 Vgl.: O.V., Unisphere, in: SiemensWelt. Die Mitarbeiterzeitschrift des Hauses 8–9/1999,
       S. 20.
981 Siehe hierzu: O.V., Eine Milliarde für US-Netzwerktochter, in: Manager Magazin vom 8.
       März 1999, zu finden unter: http://www.manager-magazin.de/finanzen/artikel/0,2828,12980,00
       .html, zuletzt eingesehen am 17. März 2012.

Westford, Massachusetts als weiteren Baustein der ICN Netztopologie.[982] Parallel dazu bestätigte das deutsche Unternehmen eine Beteiligung in Höhe von 19,9 Prozent an Accelerated Networks, Inc. in Moorpark, Kalifornien, einer Multi-Service-Access-Plattform, die Produkte für den breitbandigen Zugang zu Daten- und Sprachnetzen über Kupferleitungen ermöglichte.[983] Es folgte der Erwerb der Redstone Communications in Westford, Massachusetts. Diese Firma war vergleichsweise teuer, das große Interesse anderer Mitbewerber und der hohe Preis sprachen aus Sicht von Siemens aber für die weit verbreitete Wertschätzung gegenüber ihrer Qualität.[984] Die Übernahme von Argon Networks, Inc.[985] war nicht das letzte Projekt der Geschäftsexpansion von ICN. Im Februar 2001 konnte die Siemens AG den Kauf der Efficient Networks, Inc. in Dallas, Texas vermelden.[986] Für 1,5 Mrd. $ erwarb sie das US-amerikanischen Unternehmen, das sich auf zukunftsträchtige DSL-Breitbandtechnologien für den permanenten Internetzugang von Mittel- und Großunternehmen spezialisiert hatte.[987] Die Produkte von Efficient Networks waren Router, Modems, Integrated Access Devices als Sprach- und Daten-Servicemodule sowie Managementsysteme für Netzwerke.

3.2.5 Industry and Automation

Bis Jahresbeginn 1986 führte die Siemens AG ihre Aktivitäten der Industrieautomatisierung in den USA unter dem Namen Siemens-Allis Automation. Mit Wirkung zum 1. Februar 1986 ging diese Gesellschaft in die Siemens Energy & Automation, Inc. über. Sie verfügte über 24 Fabrikanlagen, 110 Verkaufsbüros sowie 21 Servicestellen.[988] Bereits 1985 hatte die Siemens AG hierzu die restlichen 12 Prozent an

---

982 Vgl.: Aktennotiz zur Zentralvorstandssitzung vom 24. Februar 1999 zu ICN USA: Erwerb 100 % Castle Networks, Westford, Massachusetts vom 19. Februar 1999, in: ZV-S-Sitzungen, Sitzung des Zentralvorstands (216) vom 24. Februar 1999, in: SAA, unverzeichneter Aktenbestand.

983 Vgl.: Aktennotiz zur Zentralvorstandssitzung vom 24. Februar 1999 zu ICN USA: Beteiligung (19,9 %) an Accelerated Networks, Moorpark, Kalifornien vom 19. Februar 1999, in: ZV-S-Sitzungen, Sitzung des Zentralvorstands (216) vom 24. Februar 1999, in: SAA, unverzeichneter Aktenbestand.

984 Vgl.: Aktennotiz zur Zentralvorstandssitzung vom 24. Februar 1999 zu ICN USA: Erwerb 100 % Redstone Communications, Westford, Massachusetts vom 19. Februar 1999, in: ZV-S-Sitzungen, Sitzung des Zentralvorstands (216) vom 24. Februar 1999, in: SAA, unverzeichneter Aktenbestand.

985 Vgl.: Siemens gründet mit Unisphere Solutions, Inc. Unternehmen für Netzwerklösungen, vom 8. März 1999, in: SAA AXX039914.

986 Vgl.: Presseinformation der Siemens AG zur Übernahme von Efficient Networks vom 4. April 2001, in: SAA ICN200104068d.

987 Siehe: Presseinformation der Siemens AG zu Übernahmeplänen des DSL-Unternehmens Efficient Networks, Inc. vom 22. Februar 2001, S. 1 f., in: SAA ICN200102043d sowie: O.V., Einkaufen in Amerika, in: Manager Magazin vom 22. Februar 2001, zu finden unter: http://www.manager-magazin.de/unternehmen/artikel/a-119066.html, zuletzt abgerufen am 25. April 2012.

988 Vgl.: Siemens Capital Corp. (Hg.), Siemens USA '86, S. 9, in: SAA 27468.

der Siemens-Allis von Allis-Chalmers erworben.[989] Nachdem die Übernahme von Allen-Bradley 1985 nicht erfolgreich abgeschlossen werden konnte, zielte das deutsche Unternehmen darauf ab, baldmöglichst eine andere US-Firma der Automatisierungsbranche zu erwerben. Die Wirtschaftslage der SEA aber war in ihrem ersten Geschäftsjahr schlecht. Eine Konjunkturflaute, bedingt durch eine Importeuphorie wegen des überbewerteten US-Dollars, setzte der neuen Firma und ihren Verkaufszahlen zu. Sie sah sich mit stark sinkenden Marktpreisen bei großen elektrischen Motoren und Generatoren konfrontiert, ebenso wie sie im Rahmen ihrer Gründung Reorganisationskosten mit außergewöhnlichen Abschreibungen und Wertberichtigungen zu verkraften hatte.[990]

Gewissermaßen als Ersatzunternehmen für die Allen-Bradley gelang es Siemens Energy & Automation 1991, den Bereich der Industrieautomatisierung von Texas Instruments, Inc. in Dallas, Texas zu erwerben. SEA sicherte sich einen US-Marktanteil von 10 Prozent und wurde zum viertgrößten Anbieter dieser Produktsparte.[991] Um die erworbenen Aktivitäten in die eigenen Organisationsstrukturen zu integrieren, gründete die Siemens AG die Siemens Industrial Automation, Inc. in Atlanta, Georgia (SIA). Ihr Aufgabenschwerpunkt lag auf der Entwicklung und Herstellung von Systemen und Anlagen zur Industrieautomatisierung. Die Planziele des Unternehmens waren ambitioniert; bis 1993 sollte es mehr als doppelt so schnell wachsen wie der amerikanische Elektromarkt, was einer Wachstumserwartung von 10 bis 15 Prozent entsprach.[992] Um den Jahrtausendwechsel erwarb die Siemens AG weitere amerikanische Automatisierungsfirmen. Im Mai 1999 intensivierte sie das Geschäft der Prozessautomatisierung in den USA entscheidend. Sie kaufte die US-Firma Applied Automation, Inc. in Bartlesville, Oklahoma. Damit übernahm SEA das Gaschromatographie- und Massenspektrometer-Geschäft der US-Muttergesellschaft Elsag-Bailey.[993] Ebenfalls 1999 kaufte Siemens Energy & Automation, Inc. die Aktivitäten der Vickers Electronic Systems in South Lebanon, Ohio im Bereich der elektronischen Steuerungen. Das US-Unternehmen war auf numerische Steuerungen für Werkzeug- und Kunststoffmaschinen spezialisiert und entwickelte sowohl die Soft- als auch die Hardware.[994] Der nächste Schritt zum Ausbau der Prozessautomatisierungsaktivitäten war der Erwerb des US-Unternehmens Moore Products Corp. in Springhouse, Pennsylvania.[995] Die Siemens Energy

989 Siehe hierzu und zu Folgendem: Karlheinz Kaske zur Lage des Unternehmens vom 15. November 1985, S. 12, in: SAA S 2.

990 Vgl.: Hauptversammlung der Siemens AG vom 20. März 1986, Frage 236, in: SAA Pressekonferenzen.

991 Vgl.: Vortrag von Karlheinz Kaske anlässlich der Hauptversammlung der Siemens AG vom 12. März 1992, S. 11, in: SAA Pressekonferenzen sowie: O. V., Siemens bekräftigt US-Präsenz, in: Siemens-Zeitschrift 65/1991, Heft 6, S. 2.

992 Siehe: Presseinformation der Siemens AG zur Gründung eines neuen Unternehmens für die Industrieautomation vom 11. Oktober 1991, S. 1, in: AUT X 1091.201 d.

993 Hierzu: Presseinformation der Siemens AG zum Ausbau der Prozessanalytik vom 18. Mai 1999, S. 1, in: SAA ADPA 0599.023 d.

994 Vgl.: Presseinformation der Siemens AG zur Verstärkung im US-amerikanischen Industriegeschäft vom 30. Dezember 1999, S. 1, in: SAA AD MC 199912.520 d.

995 Vgl.: Presseinformation der Siemens AG zur Verstärkung in der Prozessautomatisierung vom

& Automation verfolgte damit das Ziel, im Bereich Prozessautomatisierung und Leittechnik-Systeme zukünftige F&E-Kosten sowie Vertriebsausgaben zu senken und den US-Markt weiter zu erschließen.[996] Ihre US-Aktivitäten im Bereich der Netzleittechnik stärkte die Siemens AG entscheidend mit dem Erwerb der Empros System Division in Plymouth, Minnesota. Die amerikanische Muttergesellschaft Ceridian Corp. war bereit, die Division zum Nulltarif abzugeben, weil sie nicht mehr in die Geschäftsstrategie passte und zudem einen aktuellen Verlust von 20 Mio. $ erwirtschaftet hatte.[997] So kaufte Siemens 1992/93 die US-Abteilung über die Siemens Energy & Automation. Empros, die im Bereich der elektrischen Energieversorgungsnetze Leittechnikanlagen sowie Energiemanagementanlagen herstellte, war bisher für 25 Prozent der elektrischen Energielieferungen in den USA zuständig.[998]

Die Automatisierung der Dokumentensortierung dagegen war das Spezialgebiet der Siemens ElectroCom L.P. Als Tochtergesellschaft der Siemens ElectroCom GmbH in Kostanz führte sie 1999 ein Großprojekt für die amerikanische Postgesellschaft durch. The United States Postal Service übertrug der US-Firma den Auftrag im Wert von 100 Mio. $, Poststellen über die gesamten USA verteilt mit dem vollautomatischen Postablagesystem auszurüsten.[999] Das iSORT genannte Automatisierungssystem konnte bis zu 7.000 Postsendungen pro Stunde sortieren und bearbeiten. Es ließ sich für gemischte Post, bestehend aus Briefen, Postkarten, Großbriefen und in Folie verpackten Sendungen verwenden. Damit war iSORT nicht nur für Postfilialen geeignet, sondern auch für die Sortierung und Bearbeitung von Postein- und Ausgang einzelner Unternehmen.[1000] Daneben stattete Siemens ElectroCom die US-Post mit einem Sortiersystem aus, das ausschließlich Briefe verarbeiten konnte. Die Anlage sortierte in einer Stunde etwa 40.000 Briefe mittels aufgedruckten Barcodes und berücksichtigte dabei bereits die Reihenfolge des Austragens durch den Briefträger. Außerdem ermöglichte ein Trackingsystem, einzelne Briefe auf ihrem Zustellungsweg nach zu verfolgen.[1001] Ein weiteres Highlight war der Auftrag über eine Sortieranlage für das Flughafenlogistikzentrum der DHL Air-

17. Januar 2000, S. 1, in: SAA AD PA 200001.312 d.

996 Vgl.: Presseinformation der Siemens AG zu Übernahmeangeboten für Prozessautomatisierungs-Unternehmen vom 14. März 2000, S. 2, in: SAA AD BV 200003.331 d.

997 Vgl.: Aktennotiz zum Project Empros, Erwerb der Empros System Division von Ceridian/ USA vom 30. November 1992, S. 1, in: ZV-S-Sitzungen, Sitzung des Zentralvorstands (71) vom 11. Dezember 1992, in: SAA, unverzeichneter Aktenbestand sowie: Aktennotiz der ZFG, Beteiligungen Ausland zur ZV-Sitzung vom 11. Dezember 1992 – Kommentar ZFG 2 zu TOP 1: EV USA: Erwerb der Empros System Division von Ceridian Corp., Minneapolis, datiert vom 8. Dezember 1992, in: ZV-S-Sitzungen, Sitzung des Zentralvorstands (71) vom 11. Dezember 1992, in: SAA, unverzeichneter Aktenbestand.

998 Vgl.: O.V., Siemens übernimmt Empros in den USA, in: EV Report 4/1993, Heft 1, S. 3.

999 Siehe: Siemens Corp. (Hg.), A Review of Siemens Businesses in the USA, 2000, S. 42, in: SAA 15910 sowie: Elizabeth Suna, Siemens in den USA, in: SiemensWelt. Die Mitarbeiterzeitschrift des Hauses 8–9/1999, S. 11–15, hier S. 14.

1000 Siehe: Presseinformation der Siemens AG zur Siemens ElectroCom vom 22. August 1999, S. 1, in: SAA PL08990061d.

1001 Vgl.: Presseinformation der Siemens AG zu einem 480-Mio.-Auftrag der US-Post vom November 1999, S. 1, in: SAA PL1098037.

ways Inc. am Northern Kentucky International Airport im Wert von 200 Mio. Euro.[1002] Die Siemens-Anlage regelte die Sortierung aller DHL-Postsendungen, die über diesen Flughafen liefen. Dabei handelte es sich um etwa 5.000 Tonen Ladung, die jede Nacht in einem vierstündigen Zeitfenster in Flugzeuge und LKWs ein- und ausgeladen sowie sortiert werden mussten. 2001 erfolgte im Rahmen der Übernahme von Atecs-Mannesmann AG durch die Siemens AG die Integration von Siemens ElectroCom L.P. in die neue Siemens Dematic Postal Automation, Inc. in Airlington, Texas.[1003]

Daneben wagte sich die Siemens AG 1998 auf das Gebiet der Gebäudetechnik in den USA. Aus dem Industriegeschäft der Schweizer Firma Elektrowatt AG, das die Siemens AG erworben hatte, entstand die Siemens Building Technologies (SBI), die sich mit 6.800 Mitarbeitern in den USA auf die Automation von Gebäuden und Infrastrukturlösungen, also Klimaregulierung, Energiehaushalt und Sicherheitstechnik, konzentrierte.[1004] SBI hatte in den Folgejahren das Rockefeller Center in New York und den höchsten Wolkenkratzer von San Francisco, die Transamerica Pyramid, mit Sicherheitssystemen und Gebäudetechnik ausgestattet,[1005] ebenso wie das Capitol in Washington und das Guggenheim Museum in New York.[1006]

3.2.6 Transportation

Seit den 1980er Jahren war Siemens in den USA auch verstärkt im Bereich Personenverkehr aktiv. Gemeinsam mit der späteren deutschen Tochterfirma Duewag AG rüstete das Unternehmen amerikanische Großstädte mit Stadtbahnsystemen aus. Bereits 1982 hatten die beiden Firmen die Stadt San Diego, Kalifornien mit entsprechenden Zügen ausgestattet. Noch im selben Jahr lieferten sie für 130 Mio. DM 55 Stadtbahnwägen nach Pittsburgh, Pennsylvania.[1007] Bis 1991 folgten mit der neu gegründeten Siemens Duewag Corp. in Rancho Cordova, Kalifornien als Spezialist für Straßenbahnnetze auch Sacramento und St. Louis.[1008] Um diese verkehrstechnischen Aktivitäten neu zu strukturieren, gründete die Siemens AG bereits zum 1. Oktober 1990 die Siemens Transportation Systems (STS), die zukünftig die Führung aller Aktivitäten im Bereich der Verkehrstechnik in den USA übernahm. Im Zentrum standen der Schienentransport, Nahverkehrssysteme und entsprechende

1002 Vgl.: Presseinformation der Siemens AG über einen Automatisierungsauftrag für DHL Airways Inc. vom 21. März 2000, S. 1, in: SAA PL 0300.110 d.
1003 Vgl.: Geschäftsbericht der Siemens AG 2001, S. 116.
1004 Vgl.: Elizabeth Suna, Siemens in den USA, in: SiemensWelt. Die Mitarbeiterzeitschrift des Hauses 8–9/1999, S. 11–15 und: Siemens Corp. (Hg.), Siemens '99. „We can do that". A Review of Siemens Businesses in the USA, S. 22, in: SAA 27468.
1005 Vgl.: Siemens Corp. (Hg.), A Review of Siemens Businesses in the USA, 2000, S. 41, in: SAA 15910.
1006 Vgl.: O.V., Auf allen Feldern aktiv, in: SiemensWelt. Die Mitarbeiterzeitschrift des Hauses 3/2001, S. 19.
1007 Vgl.: O.V., ohne Titel, in: Siemens-Mitteilungen 1982, Heft 11, S. 7.
1008 Hierzu und zu Folgendem: Siemens Corp. (Hg.), Siemens '91. A Review of Siemens Businesses in the USA, S. 17, in: SAA 27468.

Dienstleistungen.[1009] Seit Juni 1991 hielt sie 60 Prozent der Anteile der Siemens Duewag Corp., was die Zusammenarbeit zwischen beiden Unternehmen weiter intensivierte.[1010] Die US-Firma erhielt Anfang der 1990er Jahre einen erneuten Auftrag zum Straßenbahnausbau. Dieses Mal lieferte sie 47 große Straßenbahnwägen an die Los Angeles Metropolitan Transportation Authority im Wert von 205 Mio. $. 90 Prozent der Triebwägen baute die Gesellschaft bereits in den USA vor Ort. Für die Stadt Portland, Oregon folgten mehrere Niedrigbau-Straßenbahnzüge.[1011] Mittlerweile hatte STS in Sacramento, Kalifornien eine eigene Fabrik zur Herstellung von Straßenbahnwägen aufgebaut.[1012] Zwischen 1975 und 2000 konnte Siemens somit mehr als 500 Stadtbahnen in zehn verschiedene Städte der USA liefern und war damit Marktführer bei Stadtbahnen auf dem US-Markt.[1013]

Doch Siemens entwickelte nicht nur mit Duewag erfolgreich Straßen- und Eisenbahntechnik. Auch die Kooperation mit General Motors erwies sich als fruchtbar. Mitte der 1980er Jahre schlossen beide Seiten einen Entwicklungsvertrag ab, um Dieselloks mit Drehstrom-Antrieben zu bauen. Siemens war dabei verantwortlich für die Lieferung der Antriebssysteme sowie den Wechselrichter zur Stromversorgung.[1014] 1991 konnten GM und STS die ersten Diesellokomotiven mit Wechselstromzugmotor an die Eisenbahngesellschaft Amtrak liefern.[1015] Zwei Jahre später erhielten sie einen Auftrag der Burlington Northern Santa Fé über die Lieferung von 350 dieselelektrischen Lokomotiven mit Drehstromantrieb. Mit einem Auftragswert von mehr als einer Milliarde DM war dies der bislang größte Lieferauftrag in der amerikanischen Eisenbahngeschichte.[1016] 1998 bestellte derselbe Kunde weitere 52 Drehstromlokomotiven für rund 150 Mio. DM. Damit hatten Siemens und die Electro-Motive-Division von GM seit 1989 Aufträge über insgesamt 1.100 Lokomotiven mit Drehstromantriebstechnik von US-Bahngesellschaften erhalten.[1017]

1009 Vgl.: Elizabeth Suna, Siemens in den USA, in: SiemensWelt. Die Mitarbeiterzeitschrift des Hauses 8–9/1999, S. 11–15, hier S. 15.

1010 Vgl.: Sommerpressekonferenz der Siemens AG vom 5./6. Juli 1991, Frage 3.49, in: SAA Pressekonferenzen.

1011 Vgl.: Siemens Corp. (Hg.), Siemens '94. A Review of Siemens Businesses in the USA, S. 15, in: SAA 27468.

1012 Siehe: Siemens Corp. (Hg.), Siemens '96. A Review of Siemens Businesses in the USA, S. 2, in: SAA 27468.

1013 Vgl.: Presseinformation der Siemens AG zur führenden Stellung bei Stadt- und Straßenbahnen vom 4. April 2000, in: SAA VT W7 0300.09 d.

1014 Siehe: Presseinformation der Siemens AG: General Motors und Siemens bauen Dieselloks vom Dezember 1987, S. 1, in: SAA 35/Ls 403.

1015 Vgl.: Siemens Corp. (Hg.), Siemens '91. A Review of Siemens Businesses in the USA, S. 17, in: SAA 27468.

1016 Vgl.: Presseinformation der Siemens AG vom 2. Februar 1998, S. 1, in: SAA VT 6 0198.005 d.

1017 Vgl.: ebenda, S. 1.

3.2.7 Automotive

Auf dem Gebiet der Verkehrstechnik blieb das US-Engagement von Siemens nicht auf die Eisenbahnindustrie beschränkt. Zu Beginn der 1980er Jahre hatte Siemens vor allem auf dem Gebiet der Relais für Kraftfahrzeuge Kontakte zur amerikanischen Automobilindustrie. Neben den Aktivitäten von Potter & Brumfield ist das Vertriebsgeschäft der Bloxcom Corp. in Buffalo Grove, Illinois zu nennen. Sie war verantwortlich für den US-Verkauf von elektronischen und elektromechanischen Relais, insbesondere Kfz-Relais, die Siemens in Europa hergestellt hatte. Bloxcom war seit 1985/86 im Besitz der Siemens AG.[1018] 1987 führte die Firma zwei neue Relais in den USA ein: ein Kleinstrelais für die Anwendung in Schaltkreisen der Telekommunikation sowie ein Miniaturrelais, das 10 Amper transportieren konnte.[1019]

Umfassende Tätigkeiten nahm die Siemens AG auf dem Gebiet Automobiltechnik aber erst 1987 auf. Der entscheidende Schritt hierzu war die Kooperation mit der US-Firma Bendix Electronics. Damals noch als Projekt des UB Installationstechnik, vereinbarte Siemens mit der Bendix-Muttergesellschaft Allied Signal, Inc., moderne elektronische Systeme für Automobile zu entwickeln.[1020] Bendix brachte sein Know-how bei elektronischen Benzineinspritzungsanlagen, Motorsteuerungen und Antiblockiersystemen ein, während Siemens für die Entwicklung elektronischer Steuerungen und Sensoren zuständig war. Die Anbindung an Bendix begründete die Siemens AG damit, ohne amerikanischen Partner Gefahr zu laufen, „in ein Nischengeschäft abzugleiten"[1021] und die von weltweiten Automobilfirmen „in uns gesetzten Erwartungen, eine ernsthafte Alternative zum Marktführer zu bieten, nicht erfüllen" zu können. Bereits im Folgejahr hatte sich diese Kooperation für Siemens so erfolgreich erwiesen, dass das deutsche Unternehmen im September 1988 die Mehrheitsanteile an Bendix von ihrer Muttergesellschaft Allied Signal erwarb. Zukünftig wurde die Firma unter dem Namen Siemens-Bendix Automotive Electronics in Michigan, Detroit geführt.[1022] Dieser Kauf sicherte Siemens den Zugang zum weltweiten Automobilmarkt als Zulieferer. Im Mittelpunkt standen elektronische Systeme zur Verbesserung der Fahrsicherheit, zur Motorensteuerung sowie zur Optimierung des Fahrkomforts. Um Kraftstoffverbrauch und die Belastung der Umwelt zu reduzieren, betrieb Siemens-Bendix insbesondere im Bereich der Motoreinspritzungsanlagen sowie der Zündsteuerung F&E-Aufwendungen.[1023]

1018 Siehe: Hauptversammlung der Siemens AG vom 20. März 1986, Frage: 237, in: SAA Pressekonferenzen.

1019 Vgl.: Siemens Capital Corp. (Hg.), Siemens USA '88, S. 31, in: SAA 27468.

1020 Vgl.: Presseinformation der Siemens AG zum Joint Venture zwischen der Siemens AG und Bendix Electronics vom Januar 1988, in: SAA 35/Ls 403.

1021 Hierzu und zu Folgendem: Protokoll Nr. 250 über die Sitzung des Zentralausschusses vom 23. November 1987, S. 9 f., in: SAA S 10.

1022 Vgl.: Karlheinz Kaske anlässlich der Pressekonferenz der Siemens AG vom 26. Januar 1989, S. 6, in: SAA 25406.

1023 Vgl.: Hauptversammlung der Siemens AG vom 23. März 1989, Frage I.2.3.1, in: SAA Pressekonferenzen und: Heinrich von Pierer, Gipfel-Stürme. Die Autobiographie. Berlin 2011, S. 301.

Fortan war der Standort Newport News, Virginia das Weltzentrum von Siemens Automotive für Einspritzdüsen. Bereits 1990 belieferte Siemens Automotive weltweit 20 der 27 Automobilhersteller mit mehr als 700 Produkten.[1024] Die Siemens-Firma hatte sich zum Spezialisten für Einspritzdüsen, Miniaturscheinwerferleuchten, Relais, Halbleiter, Systeme zur Produktionsautomatisierung und Lasersysteme für Herstellungsprozesse entwickelt. Die Fabrik in Newport News produzierte 1990 mehr als 15.000 Einspritzdüsen pro Tag. Zudem wurden dort täglich etwa 5.000 Airbagsensoren hergestellt.[1025] 1992 erweiterte Siemens seine Aktivitäten. Das Unternehmen schloss ein Abkommen mit der Stanadyne Automotive Corp. in Windsor, Connecticut, um gemeinsam Dieseleinspritzungen für Pkw und leichte Transporter zu entwickeln.[1026] Auf diese Weise stieg Siemens Automotive bis 1995 zum zweitgrößten unabhängigen Hersteller von Einspritzdüsen auf.[1027] Das Werk Newport News wurde dementsprechend von dem US-Fachmagazin Industry Week bei 200 amerikanischen Mitbewerbern unter die „10 best plants in America for 1995" gewählt.[1028] Da weltweit Automobilfirmen ihre Einzelbauteile nicht mehr sämtlich in Eigenverantwortung herstellten, konnte Siemens als Zulieferer in der Automobilindustrie expandieren. So war 1999 bereits weltweit fast jeder zweite Neuwagen mit Siemens-Technologien wie Frontleuchten oder Motorsteuerungssystemen ausgestattet.[1029]

3.2.8 Lighting and Precision Materials

Auch bei der Beleuchtungstechnik baute Siemens über die US-Tochtergesellschaft Osram Corp. das Geschäft in den 1980er Jahren entscheidend aus. 1984/85 war die Vertriebsgesellschaft MacBeth Sales Corp. in die Osram Corp. überführt worden.[1030] Im Oktober 1984 gründete Osram Corp. ihre erste US-Fertigungsstätte in Maybrook, New York für die Herstellung der kompakten Energiesparlampen Dulux.[1031] Bis 1985/86 konnte die Osram Corp. in den USA eine Million Duluxlam-

1024 Siehe: Siemens at a glance. Information aus Resource File 9/1990, S. 13, in: SAA 23666.

1025 Vgl.: Siemens Corp. (Hg.), Siemens '90. A Review of Siemens Businesses in the USA, S. 14, in: SAA 27468.

1026 Vgl.: Presseinformation der Siemens AG zur Entwicklung von elektronischen Dieseleinspritzungen vom März 1992, in: SAA AT 0392.001 d.

1027 Siehe: Siemens Corp. (Hg.), Siemens '96. A Review of Siemens Businesses in the USA, S. 2, in: SAA 27468 sowie: Siemens Corp. (Hg.), Siemens '95. A Review of Siemens Businesses in the USA, S. 1, in: SAA 27468.

1028 Vgl.: O.V., Siemens-Automobiltechnik in den USA ausgezeichnet, in: Engineering & Automation 18/1996, Heft 1, S. 2.

1029 Vgl:. Siemens Corp. (Hg.), Siemens '99. „We can do that". A Review of Siemens Businesses in the USA, S. 2, in: SAA 27468.

1030 Vgl.: Siemens in den USA: Kurzerläuterungen zu unseren Gesellschaften vom 21. Januar 1986, in: Hauptversammlung der Siemens AG vom 20. März 1986, in: SAA Pressekonferenzen.

1031 Vgl. hierzu: Karlheinz Kaske zur Lage des Unternehmens vom 15. November 1985, S. 14, in: SAA S 2.

pen vom Typ S fertigen.[1032] Daneben erkannte die Osram Corp. die Innovations-
kraft sowie das Absatzpotenzial der Halogenlampentechnik für den nordamerikanischen Raum. Diese garantierte, dass das verdampfende Wolfram nicht mehr den
Lampenkolben schwärzte wie bisher. Daher suchte die US-Tochterfirma von Siemens eine vertragliche Anbindung an General Motors, um ab 1984 Halogenleuch-
ten für amerikanische Automobilhersteller herzustellen.[1033] Vorläufig stattete GM
20 seiner Modelle mit 4-Scheinwerfersystemen von Osram aus. Drei Jahre später
begann die Firma, ein Lieferzentrum in Montgomery, Alabama aufzubauen. Verkauf und Lieferung von Lampen in den Süden der USA waren nun deutlich einfacher und schneller durchzuführen. Bis 1987 konnte die Osram Corp. auf Produktla-
ger in Los Angeles, Kalifornien sowie in Dallas, Texas und Chicago, Illinois zurückgreifen.[1034] Diese Infrastruktur sicherte dem Unternehmen ein enormes Wachstum in den USA. 1990 produzierte und verkaufte es bereits mehr als 3.500 verschiedene Lampenmodelle.[1035] Dies führte dazu, dass Osram ganz unterschiedliche
Käuferkreise bediente. Neben privaten Haushalten und öffentlichen Einrichtungen
wie Sportzentren, Bahnhöfen oder auch Straßenzügen stattete Siemens medizinische Einrichtungen mit extrem hellen Halogenlampen oder Sonderanfertigungen
für bestimmte Geräte aus.[1036] Ein weiterer Meilenstein in der Geschichte der Siemens-Tochter Osram in den USA war zur Jahreswende 1992/93 erreicht. Die US-
Firma kaufte von der GTE Stamford in New York City im Januar die Sylvania
North American Lighting in Danvers, Massachusetts, den zweitgrößten amerikanischen Lampenhersteller. Damit übernahm Osram Corp. insgesamt 29 Fabriken in
den USA, Kanada und Puerto Rico, was für sie den „endgültige[n] Sprung in die
Spitzengruppe des Weltlampengeschäftes"[1037] bedeutete. Als neuer Firmenname
wurde Osram Sylvania festgelegt. Wie es die Siemens AG bei ihren meisten Firmenkäufen tat, entschied sich auch Osram dazu, sofort konsequente Restrukturie-
rungsmaßnahmen durchzuführen. So sank die Mitarbeiterzahl von 14.100 auf
12.470; weitere organisatorische Veränderungen führten zu hohen Anlauf- und Re-
strukturierungskosten. Im ersten Geschäftsjahr wies Osram Sylvania einen Gesamtverlust von 5,6 Mio. $ auf.[1038] Die Investition bewies aber rasch ihren strategisch
wie auch betriebswirtschaftlich hohen Nutzen. Zum Jahrtausendwechsel konnte
sich Osram Sylvania mit Prestigeerfolgen wie der Beleuchtung der Niagarafälle
schmücken und vorweisen, etwa die Hälfte aller weltweit gebauten Neuwägen mit

1032 Vgl.: Siemens Capital Corp. (Hg.), Siemens USA '86, S. 17, in: SAA 27468.
1033 Vgl. hierzu und zu Folgendem: Anlage zum Protokoll Nr. 211 über die Sitzung des Zentralaus-
     schusses vom 26. März 1984, S. 1, in: SAA S 10.
1034 Siehe: Osram (Hg.), 100 Jahre Osram – Licht hat einen Namen, München 2006, S. 62 f., in:
     SAA E 811.
1035 Vgl.: Siemens at a glance. Information aus Resource File 9/1990, S. 13, in: SAA 23666.
1036 Siehe: Siemens Corp. (Hg.), Siemens '90. A Review of Siemens Businesses in the USA, S. 24,
     in: SAA 27468.
1037 Vgl.: Osram (Hg.), 100 Jahre Osram – Licht hat einen Namen, München 2006, S. 71, in: SAA
     E 811.
1038 Vgl.: Hauptversammlung der Siemens AG vom 10. März 1994, o. S., in: SAA Pressekonferen-
     zen.

Lampen auszustatten.[1039] Diese positive Geschäftsentwicklung fand 2000 ihren Fortgang in der Übernahme der US-Firma Motorola Lighting, einem der führenden Hersteller von Vorschaltgeräten für Lampen.[1040] 2002 produzierte Osram Sylvania täglich 3,3 Mio. Energiesparlampen in den USA.[1041]

3.2.9 Sonstige Beteiligungen

Auf dem Gebiet der numerischen Steuerungen betätigte sich Siemens in den USA bereits seit 1976 über die General Numeric Corp. Rasch hatte sich die amerikanische Firma zu einem der führenden Anbieter von numerischen Steuerungen entwickelt und dabei sogar GE überholt.[1042] Bis 1987 konnte sie diesen Status halten, ehe sie 1989/90 durch die Konzentration auf Kerngeschäftsgebiete der Siemens AG aufgelöst wurde.[1043]

Ebenfalls in den 1970er Jahren hatte die Siemens AG 51 Prozent der Anteile an der norwegischen Gesellschaft Tandberg Data A/S übernommen.[1044] Die Firma produzierte und verkaufte Datenspeicher. Anfang der 1980er Jahre entschied sich die Siemens AG dazu, dass sie fortan auch den US-amerikanischen Markt bearbeiten sollte.[1045] So wurde 1981/82 die Tandberg Data, Inc. in Anaheim, Kalifornien gegründet.[1046] Nach zwei Jahren der Produktion und des Vertriebs von Datenspeichergeräten geriet die Firma in die Verlustzone,[1047] sodass die Siemens AG 1986 ihre Auflösung beschloss.[1048]

Etwas länger hielt die Siemens AG an der Hell GmbH Kiel und ihren US-Aktivitäten fest. Hatte sich die deutsche Tochterfirma über ihre US-Gesellschaften Hell Graphic Systems, Inc. und HCM Corporation bereits seit den 1950er Jahren auf dem Gebiet der Graphik und Drucktechnik etabliert, so entschied sie sich 1985 dazu, deren Standorte in Hauppauge und Great Neck in Port Washington, New York

---

1039 Vgl.: O. V., Auf allen Feldern aktiv, in: SiemensWelt. Die Mitarbeiterzeitschrift des Hauses 3/2001, S. 19 sowie: Siemens Corp. (Hg.), Siemens '99. „We can do that". A Review of Siemens Businesses in the USA, S. 39, in: SAA 27468.

1040 Vgl.: Siemens in den Vereinigten Staaten vom April 2001, in: Halbjahreskonferenz der Siemens AG vom 26. April 2001, S. 6, in: SAA Pressekonferenzen.

1041 Siehe: Siemens Corp. (Hg.), Siemens USA 2002, S. 35, in: SAA 27468.

1042 Vgl.: Karlheinz Kaske zur Lage des Unternehmens vom 15. November 1985, S. 13 f., in: SAA S 2.

1043 Letztmalig wird sie erwähnt in: Siemens Capital Corp. (Hg.), Siemens USA '87, S. 24, in: SAA 27468.

1044 Vgl.: Presseinformation der Siemens AG zu „Siemens übernimmt Mehrheit an Tandberg Data-Division" vom 16. Februar 1979, in: SAA 35/Ls 403.

1045 Siehe hierzu: Protokoll Nr. 239 über die Sitzung des Zentralausschusses vom 24. November 1986, S. 2, in: SAA S 10.

1046 Vgl.: Hauptversammlung der Siemens AG vom 20. März 1986, Frage 237, in: SAA Pressekonferenzen.

1047 Vgl.: Protokoll Nr. 239 über die Sitzung des Zentralausschusses vom 24. November 1986, S. 2, in: SAA S 10.

1048 Vgl.: Sommerpressekonferenz der Siemens AG vom 6. Juli 1986, Frage 198, in: SAA Pressekonferenzen.

zu vereinigen. Gleichzeitig schloss die deutsche Muttergesellschaft ein Abkommen mit der Ricoh Corporation's Image Data Group in San José, Kalifornien, durch das Hell-Flachbett-Technik mit Datenkompressions- und Kommunikationstechnik der US-Firma kombiniert werden sollte.[1049] Die Hell Graphic Systems, Inc. hatte sich bis Mitte der 1980er Jahre etabliert und war 1985 als amerikanischer Marktführer für drucktechnische Geräte verantwortlich für 35 Prozent des Gesamtumsatzes der Kieler Muttergesellschaft.[1050] Doch in der zweiten Hälfte des Jahrzehnts wurden strukturelle Probleme wirksam, die bisher vom starken Geschäftswachstum überdeckt worden waren. Sowohl die Hell GmbH als auch die Hell Graphic Systems, Inc. sahen sich mit ausbleibendem Marktwachstum, sinkenden Verkaufspreisen und steigenden Produktionskosten konfrontiert. Es gelang nicht, notwendige Innovationen wie das Bildverarbeitungssystem Chromacom rechtzeitig auf den Markt zu bringen.[1051] Wesentlicher noch war das Versäumnis, gleichzeitig mit den Wettbewerbern auf digitale Technik umzustellen. So unterschätzten die Entwicklungsingenieure den Transformationsprozess zur digitalen Scan- und Recordertechnik.[1052] Die Geschäftsaktivitäten der Hell Graphic Systems, Inc. erwiesen sich daraufhin 1988 als eine der zentralen Verlustquellen des Siemens-Geschäfts in den USA.[1053] Da auch die Kieler Muttergesellschaft die Strukturschwierigkeiten in Europa nicht überwinden konnte und die hohen Unterhaltungskosten maximale Rationalisierungsmaßnahmen und Synergieeffekte erforderten, entschied sich die Siemens AG dazu, die Hell GmbH mitsamt ihrer ausländischen Tochtergesellschaften im Oktober 1990 an die deutsche Firma Linotype AG zu verkaufen. Gleichzeitig beanspruchte sie, von der neuen Gesellschaft Linotype-Hell AG ein Drittel der Anteile zu erhalten.[1054] Sechs Jahre später gab die Siemens AG auch diese Beteiligung auf. Anhaltend hohe Verluste und die Entscheidung, dass das drucktechnische Geschäft nicht zum Kerngeschäft gehörte,[1055] führten dazu, die Anteile an die Heidelberger Druckmaschinen AG zu übergeben.

1987 kaufte sich die Siemens AG in ein Spezialgebiet ein. Mit der Übernahme der belgischen Firma ADB S.A., Brüssel erwarb das deutsche Unternehmen Knowhow und Fabrikationskapazitäten zur Herstellung von Flugzeug- und Bühnenscheinwerfern.[1056] ADB besaß eine US-Tochtergesellschaft, die Siemens ebenfalls übernahm, die ADB Alnaco, Inc. in Columbus, Ohio. Sie entwickelte Kontrollsys-

1049 Siehe: Geschäftsbericht der Rudolf Hell GmbH 1985/86, S. 24, in: SAA 11046.2.

1050 Siehe: Karlheinz Kaske zur Lage des Unternehmens vom 15. November 1985, in: SAA S 2.

1051 Vgl.: Protokoll Nr. 233 über die Sitzung des Zentralausschusses vom 21. April 1986, S. 3, in: SAA S 10.

1052 Vgl.: Protokoll Nr. 250 über die Sitzung des Zentralausschusses vom 23. November 1987, S. 3 f., in: SAA S 10.

1053 Siehe: Protokoll Nr. 259 über die Sitzung des Zentralausschusses vom 14. Oktober 1988, S. 4, in: SAA S 10.

1054 Siehe: Pressekonferenz der Siemens AG vom 25. Januar 1990, Frage 90, in: SAA Pressekonferenzen.

1055 Vgl.: Pressekonferenz der Siemens AG vom 11. Dezember 1997, Frage 3.1.2, in: SAA Pressekonferenzen.

1056 Vgl.: Protokoll Nr. 240 über die Sitzung des Zentralausschusses vom 19. Januar 1987, S. 10, in: SAA S 10.

teme, um Flugzeugstarts und -landungen zu vereinfachen und sicher zu gestalten.[1057] Als amerikanische Tochterfirma der Siemens AG stattete die ADB Alnaco bis 1994 die Flughäfen in Detroit, Orlando und Seattle-Tacoma mit computergesteuerten Lichtkontrollsystemen aus. Die Tauglichkeit solcher Systeme hatte sich 1993 in Seattle-Tacoma bewiesen, als unter den schlechtesten Sichtverhältnissen, bei denen ein US-Flughafen jemals einer Maschine die Landung gestattete, das Flugzeug Dank der Markierungslampen von ADB Alnaco problemlos landen konnte.[1058]

Daneben gab es weitere geschäftliche Randgebiete wie die digitale Audioproduktion, auf die sich die Siemens AG in den USA wagte. Das deutsche Unternehmen hatte Mitte der 1980er Jahre erkannt, dass die Zukunft der Audiotechnologien in digitalem und nicht analogem Equipment lag. Daher erwarb die Siemens AG 1986 die englische Firma Neve Electronics International Ltd. samt ihrer amerikanischen Tochterfirma Rupert Neve, Inc. in Bethel, Connecticut.[1059] Nachdem es rund 1.200 Aufnahmestudios in den Vereinigten Staaten gab, machten sie rund 50 Prozent des Weltmarkts für Tonaufnahmetechnik aus.[1060] Rupert Neve hatte sich zum Ziel gesetzt, die bisherige analoge Technik durch die Innovationen digitaler Mischtechniken für Musikproduktion zu ergänzen. Im Oktober 1991 expandierte die Siemens AG weiter auf dem Gebiet der Audiotechnik. Die Rupert Neve, Inc. und AMS Industries, Inc. wurden zur Siemens Audio, Inc. verschmolzen.[1061] Ihre Spezialgebiete waren der Post Production-Markt mit computergesteuerten Konsolen, Automatisierungssysteme für Überblendregler sowie das digitale Audio-Redaktionssystem AudioFile.

Ebenfalls ein unternehmerisches Randgebiet hatte die Siemens AG 1980 betreten. Im Bereich der Spracherkennung hatte sie die US-Firma Threshold Technology, Inc. in Delran, New Jersey erworben, ehe diese Mitte der 1980er Jahre wieder aufgegeben wurde. Die Firma, die neben Spracherkennungsprogrammen auch Scannerbildschirme entwickelte, herstellte und verkaufte, galt noch im Februar 1986 als aktive Gesellschaft,[1062] ehe sie im Folgemonat als inaktiv deklariert wurde, was eine Veräußerung vermuten lässt.[1063]

1057 Siehe: Siemens Corp. (Hg.), Siemens USA 2000, S. 44, in: SAA 27468.

1058 Vgl.: Siemens Corp. (Hg.), Siemens '94. A Review of Siemens Businesses in the USA, S. 18, in: SAA 27468.

1059 Vgl.: Presseinformation der Siemens AG zur Soundstudio-Technologie vom Dezember 1994, S. 1, in: SAA AV 1294.001 d.

1060 Siehe: O. V., Mischpult mit Automatik, in: Siemens AG (Hg.), Blickpunkte, August 1992, S. 12 f., hier S. 13.

1061 Vgl.: Siemens Corp. (Hg.), Siemens '92. A Review of Siemens Businesses in the USA, S. 26, in: SAA 27468.

1062 Vgl.: Pressekonferenz der Siemens AG vom 3. Februar 1986, Frage 237, in: SAA Pressekonferenzen.

1063 Siehe: Hauptversammlung der Siemens AG vom 20. März 1986, Frage 237, in: SAA Pressekonferenzen.

3.2.10 Forschung & Entwicklung

Seit Ende der 1970er Jahre intensivierte die Siemens AG ihre Bestrebungen, F&E-Aktivitäten auch in den USA vor Ort aufzubauen, um möglichst eng mit den amerikanischen Weltmarktführern kooperieren zu können. Nachdem das deutsche Unternehmen bereits im Rahmen der Firmenübernahmen seit 1973 mehrere Forschungsabteilungen erworben hatte, sollten nun nicht neue zugekauft, sondern verstärkt eigene Kapazitäten ausgebaut werden. So gründete die Siemens AG im Oktober 1982 die Siemens Corporate Research and Support, Inc., in die unter anderem die Research and Technology Laboratories in Princeton, New Jersey integriert wurden. Im Zentrum der Forschungsarbeit standen fortan Künstliche Intelligenz, Robotik, Software, Computersysteme, Netzwerkdesign und Mikroelektronik.[1064] Gerade das Fachgebiet der Computer wurde intensiv bearbeitet, schließlich machte das Unternehmen bereits 1982 den Ausbruch einer Computer-Euphorie in den USA fest, wodurch mit starkem Wachstum, gerade im Bereich der Personal Computer, zu rechnen war.[1065] Zukünftig erhielt SCRS neben der F&E-Tätigkeit auch organisatorische Aufgaben wie Patent- und Lizenzbetreuung, logistische Aufgaben und die Erstellung von Unternehmens- und Konjunkturanalysen.[1066] Im Rahmen der Reorganisation von Siemens in den USA 1988 musste die Siemens Corporate Research & Support, Inc. zum 1. Oktober ihre Funktionen an die Siemens Corp. übergeben.[1067] SRTL wurde umstrukturiert zu einer eigenständigen Firma, der Siemens Corporate Research, Inc. (SCR). Daneben errichtete Siemens für 16 Mio. $ ein Forschungs- und Entwicklungszentrum in Princeton, New Jersey.[1068] Dieses entwickelte sich neben Erlangen und München zu einem von weltweit drei zentralen Forschungsstandorten der Siemens AG.[1069] Darauf folgten weitere US-Gründungen im R&D-Bereich, sodass die Siemens AG 1991 bereits 25 reine Forschungsstandorte in den USA vorweisen konnte. Die rund 3.000 Mitarbeiter machten einen Anteil von rund acht Prozent der US-Gesamtbelegschaft aus.[1070] Mittlerweile betrafen fast zwei Drittel der gesamten R&D-Aufwendungen in den USA die Informations- und Kommunikationstechnik, wobei Aktivitäten für Rolm Systems den Hauptanteil ausmachten. Es folgten Entwicklungsarbeiten für die Medizintechnik mit etwa 20 Prozent Anteil an den gesamten Forschungsausgaben. Bewusst entschied sich die Siemens AG dazu, keine deutschen Ingenieure zu holen, sondern nur Amerikaner

---

1064 Vgl.: Siemens Capital Corp. (Hg.), Siemens USA '84, S. 11, in: SAA 27468.

1065 Vgl.: Protokoll Nr. 193 über die Sitzung des Zentralausschusses vom 21. Juni 1982, S. 12, in: SAA S 10.

1066 Vgl.: Siemens Capital Corp. (Hg.), Siemens USA '87, S. 1, in: SAA 27468.

1067 Zur strukturellen Neufassung der Organisation siehe: V-Rundschreiben Nr. 5/88 zur Organisation der „Siemens USA" vom 1. August 1988, in: SAA 68/Li 262.

1068 Siehe: Siemens Corp. (Hg.), The business report of the Siemens companies in the United States, 1989, S. 28, in: 27468.

1069 Vgl.: O.V., High-Tech aus den USA. Interview mit Knut Merten, in: Siemens-Zeitschrift 66/1992, Heft 6, S. 30–33, hier S. 30.

1070 Hierzu und zu Folgendem vgl.: Horst G. Morgenbrod, Forschen und Forscher in den USA. Vortrag beim ZFE-Kolloquium am 24. September 1991 in München-Perlach, S. 15, in: SAA 15230.

einzustellen, sollte sich das F&E-Zentrum doch als amerikanisches Forschungslabor verstehen.[1071] Speziell SCR konzentrierte seine Forschungen auf drei Bereiche. Auf dem Gebiet der Bildverarbeitung standen die Speicherung von Bildmaterial, diagnostische Bildanalysen, Wissensmanagement und optische Datenverarbeitung im Vordergrund. Im Bereich des Maschinellen Lernens waren die Verarbeitung und Kategorisierung von Signalen, die Wissensakquisition sowie die Datenverarbeitung von besonderem Interesse. Das dritte Feld bildete das Software Engineering.[1072] Bis zum Jahrtausendwechsel verschoben sich die Schwerpunkte der Forschungsaktivitäten in den USA. Im Vordergrund standen nun Leistungsschalter, Einspritzdüsen, Beleuchtungstechnik, Onkologie, Strahlentherapie, Ultraschall, Gasturbinen und Solartechnik.[1073]

Von den 41.000 Patenten, die die Siemens AG 1999 weltweit hielt, stammten 6.600 aus den USA.[1074] Diese Forschungskonzentration wirkte sich unmittelbar auf das Produktportfolio aus. 1999 waren mehr als 75 Prozent derjenigen Produkte, die Siemens in den USA verkaufte, innerhalb der letzten fünf Jahre entwickelt worden.[1075] Diese Quote ließ sich nur mit hohen Investitionen erreichen. So stellte die Siemens AG 2000 fast 800 Mio. $ für Forschungsaktivitäten in den USA bereit,[1076] bis zum Jahr 2001 wuchsen die Personalkapazitäten der amerikanischen Forschungslabore auf 5.700 Mitarbeiter an.[1077]

3.2.11 Werbeaktivitäten bis 2001

Die Imageschwierigkeiten, mit denen die Siemens AG in den USA bereits in den 1970er Jahren zu kämpfen hatte, blieben auch in den folgenden Jahrzehnten wirksam. Noch Mitte der 1980er Jahre ergaben Befragungen, dass in den USA der Eindruck virulent war, Siemens stelle einen Großteil seiner Produkte in Deutschland und nicht in den USA her.[1078] Damit verbanden sich Vorbehalte amerikanischer Kunden bezüglich langer Lieferzeiten und mangelnden Serviceangebots.[1079] Sie überwogen die positiven Produkteigenschaften wie Zuverlässigkeit, hohe Qualität

---

1071 Vgl.: O.V., High-Tech aus den USA. Interview mit Knut Merten, in: Siemens-Zeitschrift 66/1992, Heft 6, S. 30–33, hier S. 32.

1072 Siehe: Horst G. Morgenbrod, Forschen und Forscher in den USA. Vortrag beim ZFE-Kolloquium am 24. September 1991 in München-Perlach, S. 15 f., in: SAA 15230.

1073 Siehe: Siemens Corp. (Hg.), Siemens '95. A Review of Siemens Businesses in the USA, S. 28, in: SAA 27468.

1074 Vgl.: O.V., Menschen im Unternehmen, in: SiemensWelt. Die Mitarbeiterzeitschrift des Hauses 8–9/1999, S. 18 f. hier S. 18.

1075 Vgl.: Siemens Corp. (Hg.), Siemens '99. „We can do that". A Review of Siemens Businesses in the USA, S. 2, in: SAA 27468.

1076 Vgl.: Presseinformation der Siemens AG zum Börsengang in New York vom 12. März 2001, S. 1, in: SAA AXX200103015d.

1077 Vgl.: Siemens Corp. (Hg.), Siemens USA 2002, S. 37, in: SAA 27468.

1078 Vgl.: Protokoll Nr. 221 über die Sitzung des Zentralausschusses vom 18. Februar 1985, S. 8 f., in: SAA S 10.

1079 Siehe: ebenda, S. 8 f., sowie: Vgl.: Vortrag von Dankwart Rost, Kommunikationsstrategien im Auslandsgeschäft vom 8. September 1986, S. 13, in: SAA 20684.

und Innovativität, die viele Amerikaner Siemens-Artikeln zuschrieben. Vielen von ihnen aber war der Name „Siemens" an sich unbekannt und erschien als eine „Ansammlung von Buchstaben".[1080] Die Siemens AG erkannte, dass eine produktorientierte Absatzwerbung die Vorurteile nicht entschärfen konnte. Vielmehr war eine umfangreiche firmenwerbliche Strategie notwendig.[1081] Dazu mussten die Rahmenbedingungen geändert werden, schließlich umfasste die Werbeabteilung der Siemens Corp. 1983/84 nur 34 Angestellte im Vergleich zu über 100.000 Mitarbeitern von Siemens in den USA.[1082] Kaske sah die Werbeintensität in den USA damit „an der Untergrenze des Notwendigen"[1083] und erklärte sie als dringend erweiterungsbedürftig. Hatte das Unternehmen seit 1978 zehn Mio. $ für Werbung in USA ausgegeben, so veranschlagte die Konzernleitung allein für das Geschäftsjahr 1985/86 2,5 Mio. $.[1084] Fortan legte die deutsche Muttergesellschaft großen Wert darauf, dass alle amerikanischen Siemens-Firmen mit demselben Corporate Design warben, um den „Familiencharakter der Siemens-Erzeugnisse"[1085] zu unterstreichen. Da Siemens in den USA ein breites Produktportfolio anbot und viele verschiedene Tochter-und Beteiligungsgesellschaften besaß, war die Gefahr groß, in der amerikanischen Öffentlichkeit als sehr heterogenes Gefüge ohne Identität wahrgenommen zu werden.[1086] Daher war es das zentrale Ziel, Siemens „als Monolyth [sic.] und nicht als undurchsichtiges Konglomerat"[1087] darzustellen. Bis 1989 hielt die Siemens AG daran fest, Werbeaktivitäten zentral durch die Werbeabteilung der Siemens Corp. umzusetzen. Dann fiel die Entscheidung, den einzelnen Operating Companies die Verantwortung für die jeweiligen Werbeaktivitäten zu übertragen.[1088] Dadurch sollte eine bessere Detailkenntnis der Produkte in den einzelnen Maßnahmen sichtbar werden.

1080 Vgl.: Klaus-Christian Kleinfeld, Die Firmenmarke. Ansätze und Ergebnisse, ohne Datierung, wahrscheinlich 1987, S. 2, in: SAA 21224.

1081 Vgl.: Vortrag von Dankwart Rost über „Kommunikationsstrategien im internationalen Investitionsgütergeschäft" vom 28. März 1983, S. 12, in: SAA 20639.

1082 Vgl.: Jahresbericht der ZV Werbung 162 für das Geschäftsjahr 1983/84, o. S., in: SAA 20681.

1083 Vgl.: Protokoll Nr. 221 über die Sitzung des Zentralausschusses vom 18. Februar 1985, S. 10 f., in: SAA S 10.

1084 Siehe: Achim Meilenbrock, Siemens in den USA: der Markt, nationale Firmenwerbung, Zielsetzung, in: Pressekonferenz zu „Siemens-Werbung international" vom 6./7. Mai 1986, S. 4, in: SAA 20684.

1085 Siehe: Vortrag von Dankwart Rost, Kommunikationsstrategien im Auslandsgeschäft vom 8. September 1986, S. 14, in: SAA 20684.

1086 Vgl.: Norman Klein / Stephen A, Greyser, Siemens Corporation (A): Corporate Advertising for 1992, Manuskript der Harvard Business School vom 28. Juni 1996, S. 2, in: SAA 21232 sowie: Achim Meilenbrock, Siemens in den USA: der Markt, nationale Firmenwerbung, Zielsetzung, in: Pressekonferenz zu „Siemens-Werbung international" vom 6./7. Mai 1986, S. 1, in: SAA 20684.

1087 Vgl.: Achim Meilenbrock, Siemens in den USA: der Markt, nationale Firmenwerbung, Zielsetzung, in: Pressekonferenz zu „Siemens-Werbung international" vom 6./7. Mai 1986, S. 4, in: SAA 20684. Dieses Ziel blieb bis in die 1990er Jahre aktuell. Siehe: Norman Klein / Stephen A, Greyser, Siemens Corporation (A): Corporate Advertising for 1992, Manuskript der Harvard Business School vom 28. Juni 1996, S. 2, in: SAA 21232.

1088 Hierzu und zu Folgendem siehe: ebenda, S. 1.

1990 führte die Siemens AG in den USA firmenübergreifend eine Kampagne ein, die die einzelnen OCs mit Inhalt füllen mussten. Sie stand unter dem Slogan: „That was then – this is now." Dabei galt es, die historische Verwurzelung des Unternehmens zu zeigen, ebenso wie die Entwicklungsfortschritte von der früheren, manuellen Technik zu aktuellen, hochinnovativen Technologien. Dem Beginn des Digitalen Zeitalters gemäß weiteten die Operating Companies der Siemens Corp. seit den 1990er Jahren ihre Werbemaßnahmen auf Beiträge in Fernsehen, Rundfunk und v. a. im Internet aus.[1089] Ein Werbeslogan aus dieser Phase ist sinnbildlich für das Selbstverständnis und Selbstvertrauen der Siemens-Firmen in den USA: „We're Siemens. We can do that."

4 ZUSAMMENFASSUNG: DIE HAUPTPHASE 1945–2001

Die Kriegsfolgen erschwerten den Wiederaufbau der Siemens-Aktivitäten in den USA nach 1945 erheblich. Die Alliierten hatten alle Patente und Namensrechte deutscher Unternehmen in den USA beschlagnahmt. Dennoch gelang es den Siemens-Gesellschaften S&H, SSW und SRW rasch, wieder auf dem US-Markt aktiv zu werden. Bereits 1947 nahm SRW den Export medizintechnischer Produkte auf. Doch wie in der ersten Hälfte des 20. Jahrhunderts behinderten die langen Lieferzeiten, die hohen Herstellungskosten sowie Adaptionsprobleme deutscher Artikel an amerikanische Produkte die Vertriebstätigkeit. Auch S&H und SSW forcierten einen frühen Markteintritt nach Kriegsende. Sie gründeten 1954 das Verbindungsbüro Siemens New York, Inc. unter der Leitung von Bodo-Joachim von dem Knesebeck. Es übernahm die Interessensvertretung aller drei Siemens-Gesellschaften. Diese intensivierten ab 1950 auch den Know-how-Transfer mit US-Unternehmen wie Westinghouse, Western Electric und RCA. Insbesondere in den 1950er und 1960er Jahren schlossen die Siemens-Gesellschaften Abkommen, die ihnen zwar den Austausch mit amerikanischen Firmen sicherten, aber durch Gebietsaufteilungen den Zugang zum US-Markt versperrten. Paradebeispiel hierfür war das Abkommen von SSW mit Westinghouse. Auf dem Gebiet der Energietechnik blieb SSW in den USA daher bis in die 1960er Jahre weitgehend inaktiv. Nach dem Auslaufen des Vertrags wandte sich die Siemens AG ab 1968 der US-Firma Allis-Chalmers zu. Mit dem US-Unternehmen gründete sie die Siemens-Allis, Inc., die energietechnische Bauteile und Anlagen wie Generatoren, Motoren und Turbinen herstellte und verkaufte. Diese Gesellschaft wurde die Grundlage für den Aufstieg der energietechnischen Aktivitäten der Siemens AG in den USA in den folgenden Jahrzehnten.

Für diejenigen Produkte, die nicht durch Gebietsabstimmungen vom Verkauf in den USA ausgeschlossen waren, vergaben S&H, SSW und SRW häufig Verkaufslizenzen an amerikanische Händler und Vertriebsfirmen. Es handelte sich insbeson-

---

1089 Vgl.: Elizabeth Suna, Siemens in den USA, in: SiemensWelt. Die Mitarbeiterzeitschrift des Hauses 8–9/1999, S. 11–15, hier S. 12 sowie: Norman Klein / Stephen A, Greyser, Siemens Corporation (A): Corporate Advertising for 1992, Manuskript der Harvard Business School vom 28. Juni 1996, S. 3, in: SAA 21232.

dere um Telegrafiegeräte, Elektronenmikroskope und elektromedizinische Artikel. Nachdem sich die Absatzzahlen ein wenig erhöht hatten, beschloss die Siemens AG Mitte der 1960er Jahre, die Vertriebsrechte wieder zurückzuholen. Die Ausweitung der Aktivitäten zeigte sich auch in der Umbenennung der Siemens New York, Inc., die ab 1962 zur Siemens America, Inc. fungierte. Bis 1970 gelang es den drei deutschen Siemens-Gesellschaften, das Geschäftsvolumen in den USA merklich zu steigern. Die Siemens AG konnte einen US-Umsatz von mehr als 100 Mio. DM vorweisen. Außerdem hatte sie rund 200 Lizenzverträge mit US-Firmen geschlossen. Die Gewinne aber blieben im wettbewerbsintensiven US-Markt aus. Einzig das SRW-Geschäft mit den hochgeschätzten Röntgenartikeln schrieb keine Verluste.

Um die Aktivitäten in den USA zu konzentrieren, entschied sich die Siemens AG 1970 dazu, diese in der Holdinggesellschaft Siemens Corp. zu verschmelzen. Verschiedene interne und externe Faktoren führten nun dazu, dass die deutsche Muttergesellschaft ihre Strategie der US-Aktivitäten entscheidend veränderte. So hatte der Wiederaufbau nach 1945 mit der Gründung der Siemens AG 1966 einen gewissen Abschluss gefunden und die Auslandsexpansion verstärkt in den Fokus rücken lassen. Die Siemens AG verfügte mittlerweile über ausreichend Eigenkapital, um auch in fernen Märkten aktiver zu werden. Diese Ambitionen wurden durch die Liberalisierung des Welthandels seit den 1960er Jahren erleichtert. Der sinkende Dollarkurs, der 1973 zur Auflösung des Bretton-Woods-Systems und damit zur Aufgabe der festen Wechselkurse führte, war schließlich der Auslöser des Strategiewechsels der Siemens AG. Er verteuerte Exporte von Europa maßgeblich, Direktinvestitionen in den USA aber wurden für ausländische Unternehmen sehr kostengünstig. So reduzierte die Siemens AG ihr Exportgeschäft und entschied sich, Herstellungs- und Vertriebskapazitäten in den USA zu erwerben, um die eigenen Wertschöpfungsketten in die Vereinigten Staaten zu verlegen. Die erste US-Firma, die die Siemens AG kaufte, war die Computest Corp., die Prüfgeräte herstellte. Bis 1988 erwarb das deutsche Unternehmen weitere 42 US-Firmen. Da die Siemens AG in den USA bislang weitgehend unbekannt war und nur einen geringen Marktanteil besaß, hatte sie bei Firmenübernahmen eine schwache Verhandlungsposition. Sie konnte zu verkaufende US-Firmen nicht nach Belieben erwerben, sondern musste sich häufig mit Second-best-Alternativen zufrieden geben. Dies bedeutete auch, dass die Siemens AG mehrfach Unternehmen kaufte, obwohl diese nicht zu ihren Kerngeschäftsgebieten gehörten. So entstand im Laufe der 1980er Jahre eine heterogene Akkumulation von Fabriken, Mehrheits- und Minderheitsbeteiligungen sowie Vertriebsstandorten, die unter dem Dach der Holdinggesellschaft Siemens Corp. bzw. Siemens Capital Corp. vereinigt waren. Schwerpunkt der Aktivitäten waren 1980 die Medizin- und Kommunikationstechnik sowie elektrische Bauelemente. Diese Expansionspolitik war für das deutsche Mutterunternehmen sehr kostspielig, sicherte aber ein langsam wachsendes Geschäftsvolumen. 1986 überschritt der Auftragseingang der Siemens AG in den USA erstmals die Grenze von zwei Mrd. $. Rund 80 Prozent ihrer für den US-Markt gedachten Produkte stellte die Siemens AG bereits als local content in den USA her. Mitte der 1980er Jahre hatten sich die Produktschwerpunkte deutlich verschoben. Während Medizin- und

Kommunikationstechnik an Bedeutung verloren hatten, hatte die Siemens AG besonders in den Sparten Energie- und Datentechnik expandiert. Ein solches Wachstum war ohne Anpassungen der Geschäftsorganisation nicht zu handhaben. Seit 1981 versuchte die Siemens AG, das US-Geschäft immer mehr zu dezentralisieren. Die Größe des US-Markts und die Vielfalt der dortigen Siemens-Aktivitäten überzeugten den deutschen Mutterkonzern, in den USA nicht wie in anderen Ländern eine selbständige Landesgesellschaft aufzubauen. Vielmehr wurden die deutschen Unternehmensbereiche immer stärker auch in den USA in die Verantwortung für ihre jeweiligen Geschäftsgebiete genommen. Bis Ende der 1980er Jahre hatten ihre Vertreter in den USA weitgehende unternehmerische Freiheiten. Sie waren bei Investitionsentscheidungen und der Gesamtstrategie im jeweiligen Produktgebiet federführend; die Siemens Capital Corp. durfte lediglich beratend zur Seite stehen.

Das grundlegende Problem des US-Geschäfts blieb bis in die 1990er Jahre die negative Ergebnissituation. 1989 betrug der Gesamtverlust der US-Aktivitäten 572,5 Mio. DM nach Steuern. Verantwortlich hierfür waren die hohen Vorleistungskosten, Ausgaben für mehrfache Restrukturierungen und nicht zuletzt schwere Fehlinvestitionen wie beispielsweise die Fabrikgründungen in Bradenton und Cheshire. Bereits seit Mitte der 1980er Jahre versuchte die Siemens AG, die negativen Geschäftsergebnisse zu stabilisieren. Bereinigungsinitiativen mit dem Ziel, die Verlustgeschäfte abzustoßen, brachten aber kaum Besserung. Erst eine grundlegende Organisationsreform konnte die Situation entschärfen. Durch die Umstrukturierung der Siemens AG 1989 verloren die Leiter der bisherigen Unternehmensbereiche ihren umfassenden Einfluss auf das US-Geschäft. Die Position der Holdinggesellschaft Siemens Corp. sowie ihres CEO Horst Langer wurde entschieden gestärkt. So konnte die Siemens Corp. erstmals Mitte der 1990er Jahre ein positives Geschäftsergebnis vorweisen. Es folgten mit dem 10-Punkte-Programm und der top+-US-Business-Initiative weitere Strategien zur Ergebnisverbesserung. Erneut entschied die Siemens AG, Geschäftssparten mit geringem Wachstumspotenzial, niedrigen Marktanteilen oder roten Zahlen zu veräußern. Das in den USA bisher sehr breite Produktspektrum der Siemens AG wurde konsequent verengt und optimiert. Aktivitäten, die nicht zu den Kerngeschäften der Siemens AG gehörten, wurden endgültig abgestoßen. Die strategische Vorgabe war für alle Einheiten, sich künftig weniger auf Einzelprodukte zu konzentrieren, sondern Systemlösungen anzubieten. Zu zentralen Geschäftsgebieten wurden die konventionelle Energietechnik sowie die Netzwerkkommunikation. So erwarb das Unternehmen 1998 das fossile Kraftwerksgeschäft von Westinghouse. Zwei bzw. drei Jahre später folgten die Milliardenkäufe der Shared Medical Systems Corp. im Bereich der Medizintechnik sowie der Efficient Networks, Inc. auf dem Gebiet der digitalen Netzwerktechnik. Der Einbruch der Geschäftsgewinne 2000 und 2001 lag primär in diesen Investitionen begründet. Hatte die Siemens AG zwischen 1998 und 2001 knapp acht Mrd. $ für Unternehmenskäufe investiert, so wirkten sich deren Abschreibungen auf die Bilanz der Folgejahre aus. Außerdem musste das deutsche Unternehmen teils hohe Verluste der neu erworbenen US-Konzerne übernehmen. Daneben belastete eine anhaltende Konjunkturschwäche in den USA um die Jahrtausendwende die Ergebnisse.

Mit 18,9 Mrd. $ Umsatz sowie einem Auftragseingang von 22,2 Mrd. $ über-
stieg das US-Geschäft der Siemens AG 2001 erstmals das Volumen der Deutsch-
land-Aktivitäten. Die Siemens AG hatte sich mittlerweile im Bereich der Elektrotechnik und der Elektronik zum größten ausländischen Investor in den USA entwickelt. Höhepunkt der Geschäftsexpansion bis 2001 war das Listing an der New
York Stock Exchange im selben Jahr. Erstmalig in ihrer Geschichte ließ sich die
Siemens AG an einer außereuropäischen Börse notieren. Damit war die Möglichkeit eröffnet, an einem der finanzstärksten Kapitalmärkte teilzuhaben, neue Investoren zu gewinnen und zukünftig Unternehmenskäufe über Aktientausch finanzieren zu können.

E. DAS US-GESCHÄFT VON SIEMENS – ANALYSE UND EINORDNUNG

1 VOM MARKTEINTRITT BIS ZUM BÖRSENGANG – EIN ÜBERBLICK

Der Weg von den ersten Geschäftskontakten in die USA bis zur Notierung an der New Yorker Börse war für die Siemens AG und ihre Vorgängergesellschaften sehr lang. Bereits 1845 exportierten die Siemens-Brüder erste Erfindungen in die Vereinigten Staaten. Mehr als 150 Jahre später bildete das Listing der Siemens AG an der weltweit größten Wertpapierbörse den Höhepunkt ihrer Geschäftsexpansion in den USA schlechthin. Diese lässt sich in fünf verschiedene Phasen einteilen.

Abbildung 35: Die Phasen der Siemens-Geschäftsstrategie in den USA, 1845–2001

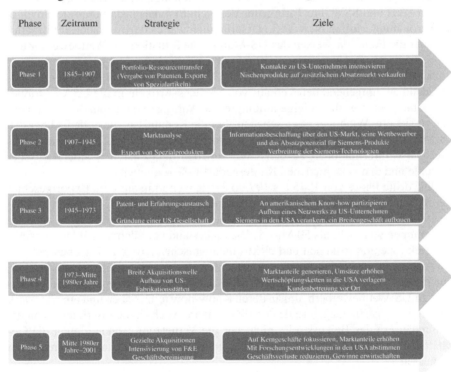

Phase	Zeitraum	Strategie	Ziele
Phase 1	1845–1907	Portfolio-Ressourcentransfer (Vergabe von Patenten, Exporte von Spezialartikeln)	Kontakte zu US-Unternehmen intensivieren Nischenprodukte auf zusätzlichem Absatzmarkt verkaufen
Phase 2	1907–1945	Marktanalyse Export von Spezialprodukten	Informationsbeschaffung über den US-Markt, seine Wettbewerber und das Absatzpotenzial für Siemens-Produkte Verbreitung der Siemens-Technologien
Phase 3	1945–1973	Patent- und Erfahrungsaustausch Gründung einer US-Gesellschaft	An amerikanischem Know-how partizipieren Aufbau eines Netzwerks zu US-Unternehmen Siemens in den USA verankern, ein Breitengeschäft aufbauen
Phase 4	1973–Mitte 1980er Jahre	Breite Akquisitionswelle Aufbau von US-Fabrikationsstätten	Marktanteile generieren, Umsätze erhöhen Wertschöpfungsketten in die USA verlagern Kundenbetreuung vor Ort
Phase 5	Mitte 1980er Jahre–2001	Gezielte Akquisitionen Intensivierung von F&E Geschäftsbereinigung	Auf Kerngeschäfte fokussieren, Marktanteile erhöhen Mit Forschungsentwicklungen in den USA abstimmen Geschäftsverluste reduzieren, Gewinne erwirtschaften

Quelle: eigene Darstellung

Diese fünf, im Folgenden ausgeführten Phasen, sind die Grundlage, um die eingangs aufgeworfene, übergreifende Leitfrage dieser Studie zu beantworten. In den folgenden Kapiteln wird geklärt, wie der USA-Strategiewechsel vom Nischenmarktanbieter im 19. Jahrhundert zum größten ausländischen Investor im Bereich der Elektroindustrie 2001 erklärt werden kann.

Die erste Phase beginnt 1845 und endet 1907.[1] Der Markteintritt gelang den Brüdern Siemens mit dem Verkauf von Buchdruckpressen noch vor Gründung ihrer Elektrofirma Siemens & Halske. Dagegen kam der Bau einer Eisenbahntelegraphenlinie von 1854, der in der Wissenschaft bisher als erster Geschäftskontakt von S&H mit den USA galt, sehr wahrscheinlich nicht zur Umsetzung. Vielmehr beschränkten sich die US-Aktivitäten von S&H seit Mitte der 1850er Jahre auf den vereinzelten Export von Nischenprodukten wie Wassermessern, Dynamomaschinen und Telegrafenzubehör. Daneben versuchten die Brüder, einige ihrer Patente auch in den USA anzumelden. Dieser sogenannte Portfolio-Ressourcentransfer sollte – wenn auch in bescheidener Weise – einen neuen Absatzmarkt erschließen und erste Kontakte zu amerikanischen Wettbewerbern sichern.

In der zweiten Phase, die von 1907 bis 1945 reicht, intensivierten die Siemens-Firmen S&H und SSW ihre Tätigkeiten deutlich. Erstmals installieren sie ein eigenes Verbindungsbüro in New York. Ursprünglich war es dazu gedacht, Informationen über die Funktionsweisen des US-Markts, die Situation der Wettbewerber und die Verkaufschancen von Siemens-Produkten zu sammeln. Der Leiter Karl Georg Frank emanzipierte sich aber rasch von den Vorgaben aus Berlin. Er sah es als entscheidend an, umgehend den Verkauf von Siemens-Artikeln in die USA zu forcieren. Dabei gelang es ihm, einige umfangreiche Aufträge von namhaften Unternehmen zu sichern. Wichtiger erwiesen sich aber die Kenntnisse, die er dabei über den US-Markt und die Schwierigkeiten des Exportgeschäfts gewann. So konnte er beispielsweise Informationen zu den Unterschieden deutscher und amerikanischer Produkte und den verschiedenen Käuferbedürfnissen sammeln.

Die dritte Phase von 1945 bis 1973 basierte weiterhin auf dem Exportgeschäft von Spezialartikeln. Der Umfang der Ausfuhren nahm allerdings zu. So erreichte die 1954 gegründete Siemens New York, Inc. zu Beginn der 1960er Jahre ein Ausfuhrvolumen von mehr als 50 Mio. $. Dieses bestand vor allem aus Telegrafiegeräten, Elektronenmikroskopen und elektromedizinischen Artikeln. Daneben gewann der Austausch von Erfahrungen und Patenten mit amerikanischen Unternehmen eine immer größere Bedeutung. S&H, SSW und SRW suchten proaktiv die Verbindung zu US-Wettbewerbern, um an deren Know-how teilzuhaben und ein Netzwerk vor Ort aufzubauen. Gegen Ende der 1960er Jahre wuchs in den Berliner Siemens-Stammhäusern das Bewusstsein, nicht nur die Vernetzung, sondern auch die Geschäftsaktivitäten auf dem größten Elektromarkt der Welt zukünftig intensivieren zu müssen.

Dies gelang in der vierten Phase zwischen 1973 und den 1980er Jahren. Die Siemens AG entschloss sich, die Markterschließung mittels Direktinvestitionen zu forcieren. Hauptverantwortlich für die Strategie der Geschäftsaktivitäten auf dem

---

1   Ausführlichere Zusammenfassungen zu den Aktivitäten der Siemens-Firmen in den USA zwischen 1845 und 2001 in: Kapitel C.3 und D.4.

größten Elektromarkt der Welt waren fortan die Leiter der deutschen Unternehmensbereiche. Sie initiierten eine breit angelegte Übernahmewelle amerikanischer Unternehmen, die 1973 mit dem Kauf der Computest Corp. begann. Dabei verantworteten sie den Kauf mehrerer US-Firmen, deren Produktpaletten streng genommen keineswegs zu den Tätigkeiten der deutschen Muttergesellschaft passten. Ziel der Übernahmen war, Fertigungskapazitäten in den USA zu erwerben, um sich vom Exportgeschäft und damit von der Bindung an den Dollarkurs unabhängig zu machen. Außerdem ließ die Verlagerung von Wertschöpfungsketten in die USA erwarten, Kundenwünsche künftig besser und schneller bedienen zu können. Als mittelfristiges Ziel gab die Siemens AG aus, den eigenen Marktanteil in den USA zu erhöhen und am innovativen F&E-Potenzial des Landes teilhaben zu wollen. Der US-Umsatz stieg von 63 Mio. $ 1972 bis 1978 um das Fünffache auf 326,1 Mio. $. Hohe Anlaufkosten, erhebliche Fehlinvestitionen sowie Konjunkturschwankungen belasteten allerdings die Markterschließungsversuche des deutschen Unternehmens entscheidend.

Die letzte Phase begann Mitte der 1980er Jahre und endete 2001 mit dem Börsengang an der New Yorker Stock Exchange. War in den beiden Nachkriegsjahrzehnten noch die Medizintechnik das dominate Geschäftsfeld in den USA, so wuchsen bis Ende der 1980er Jahre die Aktivitäten auf den Gebieten Energietechnik und Datenverarbeitung. Nach wie vor war es das Ziel der Siemens AG, die Marktanteile in den USA zu erhöhen. Die amerikanische Holdinggesellschaft Siemens Corp. erhielt für die US-Aktivitäten zunehmend strategische Eigenverantwortung. Eigeninitiative Expansionsbestreben der Unternehmensbereiche waren nicht mehr möglich. Firmenübernahmen wurden fortan gezielt vorgenommen. Um die hohen Verluste im US-Geschäft zu minimieren, stieß die Siemens AG Geschäftseinheiten, die sich in den roten Zahlen befanden, ab. Mitte der 1990er Jahre gelang es erstmals, im Gesamtgeschäft schwarze Zahlen zu schreiben. Um diese Entwicklung zu stabilisieren, initiierte die Siemens AG 1998 das 10-Punkte-Programm. Es definierte geschäftliche Kerngebiete wie die konventionelle Energietechnik oder die digitale Netzwerktechnik. Aus diesem Konzept ging die top+-US-Business-Initiative hervor, die mit mehreren Hebeln das Gewinnpotenzial der US-Aktivitäten zu steigern versuchte. Wesentliches Element war 2001 der Gang an die US-Börse New York Stock Exchange, um die Präsenz in den USA zu stärken und neue Investoren zu gewinnen. Die Siemens AG ließ sich erstmals in ihrer Geschichte an einer Börse außerhalb Europas notieren. Dieser Schritt untermauerte die Bedeutung der Aktivitäten in den Vereinigten Staaten. Der Jahresumsatz von 2001 in Höhe von 18,9 Mrd. $ bedeutete, dass das US-Geschäft der Siemens AG erstmals einen größeren Umfang als die Aktivitäten in Deutschland aufwies.

2 DIE PRINZIPAL-AGENTEN-ANALYSE VON SIEMENS IN DEN USA

Ein wichtiger Aspekt, um die Geschäftsentwicklung von Siemens in den USA erklären zu können, sind personelle Konstellationen. Anfangs wurde die zweite Leitfrage formuliert, die den Rahmen für dieses Unterkapitel bietet: Welchen Einfluss hatte – aus Sicht der institutionenökonomischen Prinzipal-Agenten-Theorie – das

Verhältnis zwischen der deutschen Muttergesellschaft Siemens AG und ihren amerikanischen Vertretern beziehungsweise ihrer Tochterfirma auf die Entwicklung der US-Aktivitäten?

Im Verlauf der vorliegenden Studie ist deutlich geworden, welch fundamentale Bedeutung das Verhältnis zwischen der deutschen Siemens-Muttergesellschaft und dem amerikanischen Generalvertreter beziehungsweise der amerikanischen Tochtergesellschaft für die Entwicklung des US-Geschäfts hatte. Die entstandenen Prinzipal-Agenten-Probleme zwischen beiden Parteien erwiesen sich als zentrale Hemmfaktoren für Geschäftsexpansion und -erfolg der Siemens AG in Nordamerika.

Auch andere deutsche Unternehmen sahen sich beim Aufbau ihrer US-Geschäfte mit der Prinzipal-Agenten-Problematik konfrontiert.[2] Die Informationsasymmetrien, Ziel- und Interessenskonflikte sowie die gegenseitige eigennützige Gewinnmaximierung zwischen Prinzipal und Agenten waren bei ihnen aber nicht annähernd so extrem wie im Fallbeispiel der Siemens AG und ihrer Vorgängergesellschaften. Prinzipal-Agenten-Probleme bei der Bayer AG,[3] BMW,[4] bei Daimler-Benz[5] oder der Volkswagen AG[6] entwickelten keine entscheidende Wirkung für die Entwicklung ihrer US-Aktivitäten.

---

2   Vgl.: Lutz Kaufmann / Dirk Panhans / Thomas Aulbur / Markus Kurch, American Allstars. Success Strategies of German Companies in the U.S., Frankfurt am Main 2006, hier S. 40. Für deutsche Unternehmen in den USA erwies sich die Personalfrage als zentraler Erfolgsfaktor. Die Firmen riskierten, dass ihre Agenten und Vertreter opportunistisch ihre Freiheiten ausnutzen, waren diese doch „zumeist kleine Könige, die, weitab von den Schießständen in der Zentrale, über ein quasi exterritoriales Firmenreich regieren." Siehe: O.V., Multis, S. 114.

3   Die Bayer AG vergab in den 1950er Jahren im Bereich der Pflanzenschutzmittel Verkaufslizenzen an die US-Firma Chemagro Corp. Problematisch erwies sich für das deutsche Unternehmen, dass es keinen Einfluss auf die Tätigkeit des amerikanischen Partners hatte und dessen Verkaufszahlen und Lizenzeinnahmen nicht kontrollieren konnte. Erst die Beteiligung an der US-Firma sicherte der Bayer AG die Möglichkeit, das Verkaufsgeschäft in den USA kontrollieren zu können. Vgl. hierzu: Kleedehn, Rückkehr, S. 297.

4   In den 1950er Jahren engagierte BMW die US-Firma Hoffman Motor Car Corp., um die deutschen Automobile in den USA zu vertreiben. Rasch sah sich das deutsche Unternehmen mit einem Wissensdefizit konfrontiert. Die US-Firma leitete keine Informationen zum US-Markt und den Funktionsweisen des eigenen Vertriebs nach Deutschland. Vielmehr erhielt BMW kurzfristige Auftragsstornierungen und regelmäßige Änderungsvorschläge, die eine langfristige Planung erschwerten. 1973 konstatierte BMW, dass die Vertreterfirma bewusst gegen die strategischen Ziele von BMW handle und sah damit das gegenseitige Vertrauensverhältnis stark beeinträchtigt. Vgl. hierzu: Borsdorf, Internationalisierung, S. 158–161.

5   Im Fall der heutigen Daimler AG (bis 1988: Daimler-Benz AG) ist die Kooperation mit der US-Firma Curtiss-Wright Corp. in den 1950er Jahren ein anschauliches Beispiel. 1957 beschlossen die beiden Unternehmen, eine gemeinsame Gesellschaft zu gründen. Diese war unter anderem für den Vertrieb von Fahrzeugen von Daimler-Benz zuständig. Bereits im ersten Jahr der Zusammenarbeit entstanden große Interessenskonflikte zwischen beiden Seiten. Die US-Firma hielt sich nicht an vertragliche Vereinbarungen mit Daimler-Benz, sondern berief sich einzig auf Verkaufszahlen. Dies führte zu langwierigen Diskussionen, die hohe Transaktionskosten nach sich zogen. Letztlich scheiterte die Verbindung an der mangelnden Kooperationsbereitschaft beider Unternehmen. Siehe hierzu: ebenda, insbesondere S. 134 f.

6   Wie BMW, so arbeitete auch Volkswagen seit 1950 mit der Vertriebsfirma Hoffman Motor Car Corp. zusammen. 1953 kristallisierten sich erste Probleme für VW heraus. Die amerikanische

Nachstehend werden unter Verwendung der eingangs geschilderten Methodik der Prinzipal-Agenten-Theorie die Besonderheiten des Fallbeispiels Siemens reflektiert und bewertet.[7]

Für den Zeitraum zwischen dem ersten Geschäftskontakt 1845 und der Einstellung des ersten Generalvertreters Mitte der 1880er Jahre findet das Analysemodell keine Anwendung. Erst mit dem Engagement von Henry Villard 1886 kann die Prinzipal-Agenten-Theorie erstmals das problematische Verhältnis zwischen dem Prinzipal Siemens & Halske auf der einen und dem US-Generalvertreter auf der anderen Seite darstellen und erklären. Im Oktober 1886 übertrug die deutsche Elektrofirma dem Amerikaner Villard die Aufgabe, die Interessen von S&H in den USA zu repräsentieren, dort die Patente zu verwerten und das Exportgeschäft zu aktivieren. Während Villard für seine Tätigkeit bezahlt wurde, hoffte S&H, von dessen Reputation, Vertriebsfähigkeiten und weitläufigen Kontakten zu profitieren. Die Delegationsverbindung dieser Geschäftspartner erwies sich als klassische Prinzipal-Agenten-Beziehung. Mit Beginn des Arbeitsverhältnisses wird die Agenturproblematik *hidden characteristic / hidden information* deutlich. Werner von Siemens, der die Zusammenarbeit mit Villard initiierte, kannte den Amerikaner zwar persönlich, besaß jedoch nur oberflächliche Kenntnis über dessen Fähigkeiten als Techniker und Vertriebsexperte. Diese Informationslücke wurde zusätzlich durch die geographische Entfernung zwischen Deutschland und den USA und die damit erschwerte Kommunikation verschärft. Ausschlaggebend dafür, sich auf Villard als Generalvertreter einzulassen, waren dessen Ansehen in den USA und sein umfassendes Netzwerk. Gemäß *hidden action* musste S&H erkennen, dass Villards Tätigkeit im ersten Jahr keine Geschäftsausweitung brachte. Für die deutsche Firma blieb aber unklar, ob dies an äußeren Umständen oder fehlenden Fähigkeiten des Amerikaners lag. Dies zu ergründen, war für die Brüder Siemens jedoch unerheblich. Von Bedeutung erschien ihnen einzig die prestigeträchtige Verbindung zu einem der wichtigsten amerikanischen Eisenbahnunternehmer. Die *hidden intention*-Ebene spielt in Bezug auf Villard ebenfalls eine Rolle. Die Siemens-Brüder konnten nicht beurteilen, warum er sich auf die Vertretertätigkeit einließ. Villard handelte nicht aus Hilfsbereitschaft. Vielmehr spekulierte er darauf, Siemens-Technologien für seine sonstigen Geschäftsaktivitäten nutzen zu können. Siemens baute wohl aus Vertrauen zu Villard und aus Unerfahrenheit keine Kontroll- oder Anreizmechanismen in den Vertrag ein. Bereits 1887 schwand die Arbeitsdisziplin und Motivation des Amerikaners merklich. Er widmete sich verstärkt seiner Tätigkeit als Präsident einer amerikanischen Eisenbahngesellschaft. Damit hatten sich seine Ziele und diejenigen von Siemens soweit voneinander entfernt, dass eine weitere Kooperation mittelfristig nicht mehr haltbar war. Villard blieb jedoch noch bis 1889

Firma lieferte Einzelteile und ganze Fahrzeuge mit erheblicher Verzögerung, vernachlässigte die Kundenbetreuung vor Ort und bot ein unzureichend ausgestattetes Vertriebsnetz. Volkswagen entschied sich daher nach vier Jahren der Zusammenarbeit, diese zu beenden. Vgl.: Fricke, Markteintritt, S. 36.

7   Sofern sich die folgende Analyse auf inhaltliche Aspekte zu Siemens in den USA bezieht, die bereits in den Kapiteln C und D dargestellt und erläutert wurden, wird an dieser Stelle auf eine erneute Zitation der Quelle in der Fußnote verzichtet.

im Amt, ehe das Vertragsverhältnis offiziell aufgelöst wurde. Damit war die erste Prinzipal-Agenten-Beziehung zwischen Siemens und einem amerikanischen Vertreter nach nur drei Jahren gescheitert. Ausschlaggebende Faktoren waren die sinkende Motivation des Agenten sowie die fehlende Kontrolle bzw. Anreize durch den Prinzipal.

Die Informationsasymmetrie zwischen S&H und dem nächsten US-Vertreter, dem Amerikaner Otto W. Meysenburg, war weitaus komplexer. Seine Arbeitseinstellung erwies sich als deutlich opportunistischer als die seines Vorgängers. 1892 gründeten Siemens und Meysenburg gemeinsam eine Gesellschaft, die Siemens & Halske Electric Co. of America. Meysenburg übernahm das Amt des Präsidenten und fungierte als einer der Firmendirektoren. Da sich die restlichen Direktoren, Arnold und Wilhelm von Siemens sowie Alexander von Babo, immer nur vorübergehend in den USA aufhielten, genossen Meysenburg und sein Vertrauter Augustin W. Wright bald große Handlungsfreiheiten vor Ort. Meysenburg wurde de facto zum neuen Generalvertreter von Siemens in den USA. Auf der Ebene der *hidden characteristic / hidden information* blieb Siemens verborgen, dass sich Meysenburg, stärker noch als Villard, für das technologische Wissen von S&H auf dem Gebiet der elektrischen Bahnen interessierte. Meysenburgs Ziel war es, sich das Know-how von Siemens anzueignen, um dann selbst Siemens-Bahnen in den USA zu fertigen. Auch den Vertrag mit Meysenburg schlossen die Siemens-Brüder ohne große Vorlaufzeit. Seine Stärken und Schwächen waren ihnen zum Zeitpunkt der Unterzeichnung weitgehend unbekannt. Die wenigen positiven Eindrücke von Meysenburg schienen ausreichend, um sich auf eine Partnerschaft einzulassen. Doch auch mit ihm erfüllten sich die Erwartungen von Siemens nicht. Nach eineinhalb Jahren der Zusammenarbeit meldete Meysenburg, dass kaum mehr Produkte gekauft würden. Als Grund dafür führte er die hohe Wettbewerbsdichte in den USA ins Feld.[8]

Meysenburgs Verhalten bezüglich des Fabrikbrands 1894 ist der *hidden action* zuzurechnen. Er hatte das Fertigungsgebäude bewusst unterversichert, um Betriebskosten zu sparen, ohne hierüber S&H in Kenntnis zu setzen. Da der deutsche Partner ihm volles Vertrauen entgegenbrachte und sich nicht durch Kontrollmechanismen absicherte, entdeckte S&H dieses Versäumnis erst nach dem Unglück. Es entstand ein Schaden von mehreren hunderttausend US-Dollar. Eine Mischung aus *hidden action* und *hidden knowledge* stellen die von Meysenburg erstellten Geschäftsbilanzen dar. Auch in diesem Punkt waren seine Handlungen nicht zu kontrollieren. Siemens musste sich auf die finale Bilanz verlassen. Der Amerikaner nutzte diesen Handlungsfreiraum opportunistisch aus, indem er die Geschäftszahlen fälschte, um Verluste zu vertuschen. Bewusst verschwieg er Buchungsfehler und Patentverletzungen. Meysenburg ging sogar soweit, die besten Mitarbeiter von S&H America für seine eigenen Unternehmen abzuwerben, ehe er Siemens verließ. An dieser Stelle zeigt sich die Problematik der *hidden intention*. Den Siemens-

---

8   Vgl.: Meysenburg an Wilhelm von Siemens vom 9. November 1893, in: SAA 4485.

Brüdern war bewusst, dass man „in Bezug auf seine Pläne nicht erkennen kann, was er will.“[9]

Meysenburgs stark opportunistisches Verhalten hätte S&H nur mit, für ihn höchstlukrativen, Anreizmodellen kontrollieren können, die für die Firma sehr kostenintensiv gewesen wären. Vielversprechender hätten ein Angleichen der Interessen oder *Monitoring-* und Sanktionsmaßnahmen gewirkt. Allein die Verpflichtung zu monatlichen Tätigkeitsberichten ab April 1894 reichte nicht aus, um Meysenburgs Geschäftsgebaren zu überwachen.[10] Stattdessen verletzte er wiederholt die Interessen von Siemens. Vor diesem Hintergrund bleibt unerklärlich, weshalb die Verantwortlichen so lange an ihm festhielten und das Scheitern dieser Zusammenarbeit dann zum Anlass nahmen, das US-Geschäft vorerst ganz zu beenden.[11]

Zu Beginn des 20. Jahrhunderts dachte die Siemens-Führung, aus den geschilderten Erfahrungen mit opportunistischen Vertretern ihre Lehren gezogen zu haben. Die deutschen Siemens-Stammgesellschaften wählten mit Karl Georg Frank nun bewusst einen Deutschen als Generalvertreter für die USA aus. Frank war als früherer Siemens-Mitarbeiter bereits bekannt. Entsprechend gingen S&H und SSW davon aus, mit dessen Einstellung die Kommunikation zwischen Berlin und den USA zu vereinfachen. Daneben versprach sich Siemens von Frank eine größere Identifikation mit den eigenen Interessen, als bei seinem Vorgänger. Die deutsche Firma ergriff schon von Anfang an *Monitoring*-Maßnahmen: Frank musste sich verpflichten, monatliche Tätigkeitsberichte nach Berlin zu schicken und seine Geschäftsentscheidungen regelmäßig persönlich vor der Unternehmensführung zu rechtfertigen. Um Frank in personalpolitischen Fragen eine gewisse Kontrolle aufzuerlegen und die Transparenz der US-Mitarbeiter und ihrer Qualifikationen zu erhöhen, setzte Siemens 1914 erstmals die Methode des *Screening* ein. Sämtliche Übersee-Gesellschaften, auch das Büro Frank, wurden verpflichtet, ihre Angestellten Fragebögen zu früheren Beschäftigungsverhältnissen ausfüllen zu lassen. Die Auslandsabteilung von Siemens stellte bei den bisherigen Arbeitgebern Nachforschungen an, um die Richtigkeit dieser Angaben zu prüfen.[12] Die hierfür entstandenen Agenturkosten blieben überschaubar. Dank dieser „Vorkehrungen“ gelang es, das Risiko der *hidden action* wie beispielsweise der Bilanzfälschung zu reduzie-

---

9   Vgl.: Tagebuch Wilhelm Siemens 1886–1904, S. 30, in: SAA 4/Lf 775.1, Nachlass Wilhelm von Siemens. Hier zeigt sich das generelle Prinzipal-Agenten-Problem, dass der Auftraggeber zu wenig über die nutzenmaximierenden Interessen seines Auftragnehmers Bescheid weiß. Wegner fasste diesbezüglich zusammen: „Die freien Vertreter wollen oftmals zu schnell Geld verdienen, haben manchmal nicht die Geduld und auch nicht das Verständnis, allmählich ein solides Dauergeschäft mit stetigem, wenn auch vielleicht geringem Nutzen aufzubauen. Sie sträuben sich, solche Vertriebsgebiete zu pflegen, deren Erfolg nur langsam heranreift oder die sonst viel Mühe und Risikobereitschaft erfordern.“ Siehe: Vortrag von Joachim Wegner zum Thema „Die SSW-Stammhaus-Organisation für das Auslandsgeschäft und Gedanken zum Neuaufbau einer Vertretungsorganisation im Ausland“, vom 4. Februar 1952, S. 7f., in: SAA S 1.
10   Siehe: Schwab, Siemens, S. 33.
11   Zu diesem Vorwurf vgl.: ebenda, S. 40f.
12   Vgl.: Centralverwaltung Übersee an die Bureaus der Gruppe I und Karl Georg Frank vom 18. Mai 1914, S. 1, in: SAA 9400.

ren, die Informationen über die US-Mitarbeiter zu erweitern sowie die Ziele von Agent und Prinzipal anzugleichen.

Doch auch Frank missbrauchte zwischen 1908 und 1933 seinen Gestaltungsspielraum in den USA und handelte gegen die Interessen seines Arbeitgebers. Es sollte nur ein knappes Jahr dauern, ehe sich erste Zielkonflikte mit S&H und SSW abzuzeichnen begannen. Diese sind vor allem der Agenturproblematik *hidden intention* zuzuordnen. Die beiden Siemens-Firmen hatten Frank ursprünglich beauftragt, Informationen zum US-Markt und den Wettbewerbern zu sammeln. Eine Ausweitung des Exportgeschäfts mit einzelnen Produkten war nach den negativen Erfahrungen der vergangenen Jahre nicht ihr vordergründiges Interesse. Doch gerade auf diesem Gebiet lagen Franks eigene Interessen, denen er trotz mehrfacher Mahnung seines Prinzipals bis zu seiner Versetzung in den Ruhestand 1933 nachging. Erneut zeigte sich, dass die Kontrolle des Agenten durch die große geographische Entfernung erheblich erschwert wurde. Auf die wiederholten Mahnungen aus Berlin, sich an die Vereinbarungen zu halten, reagierte Frank mit Berichten, wie gut sich die Siemens-Artikel in den USA verkaufen ließen. Bei persönlichen Treffen bestätigte er die Ziele von Siemens, um sich dann wieder seinem eigenen Vertriebsinteresse zuzuwenden. Noch problematischer gestaltete sich diese eigennützige Haltung, als er die Siemens-Produkte an amerikanische Vertriebsagenten zum Verkauf weitergab. Diesen musste er hohe Provisionszahlungen garantieren, damit sie die Artikel in ihre jeweiligen Vertriebsprogramme aufnahmen. Derlei finanzielle Fragen löste Frank eigenständig, ohne Rücksprache mit seinen Auftraggebern. Er erhöhte auf diese Weise die Verkaufszahlen, doch S&H erhielt nicht länger die deutschen Listenpreise für die eigenen Produkte. Ebenso verschwieg er den Siemens-Stammhäusern Rabatte, die er Kunden zum Kaufanreiz gewährte. Völlig eigenständig und ohne Absprache mit Berlin verhielt sich Frank bei personalpolitischen Fragen. Er stellte Arbeitskräfte nach eigenem Ermessen ein und entließ diese oftmals nach nur kurzer Zusammenarbeit, wodurch personelle Kontinuität erst gar nicht entstehen konnte. Siemens ergriff ab Mitte der 1920er Jahre zusätzliche Maßnahmen, mit dem Ziel, die Veruntreuung von Firmengeldern durch die überseeischen Generalvertreter – und damit auch durch Frank – zu bekämpfen. Beispielsweise führte SSW Pflichtversicherungen gegen die Unterschlagung von Firmenkapital oder Abrechnungsfehler ein.[13] Weitere Bestimmungen zur Konfliktentschärfung wurden in Hinblick auf Frank nicht umgesetzt. Siemens zog weder eine Anreizsteuerung zur Interessensangleichung noch ein klares Sanktionsmodell in Betracht. Die Beteiligung des US-Vertreters am Unternehmenserfolg initiierte die Firma erst in der zweiten Hälfte des 20. Jahrhunderts; auch wurde Fehlverhalten – möglicherweise durch die geographische Entfernung erschwert – nicht bestraft.

Die Erfahrungen mit Karl Georg Frank führten nach dessen Ruhestandsversetzung zu Veränderungen. So führten S&H und SSW für die Belegschaft des gesamten Überseegeschäfts Erfolgsbeteiligungen ein, um „das Personal […] so stark wie irgend möglich am Geschäft zu interessieren."[14] Während Mitarbeiter in Deutsch-

---

13   Vgl.: Abteilung Übersee von SSW an die Vorstände der Übersee-Gesellschaften vom 27. September 1927, in: SAA 9400.

14   S&H und SSW legten Wert darauf, die variable Erfolgsbeteiligung so hoch wie möglich zu

land schon seit der zweiten Hälfte des 19. Jahrhunderts zusätzlich zu ihrem Fixgehalt einen variablen, erfolgsabhängigen Anteil erhielten, war dies um 1930 für die Mitarbeiter im Ausland ungewöhnlich.[15] Um eine von eigenen Interessen geleitete Verkaufsorientierung wie diejenige von Frank durch seinen Nachfolger zu unterbinden, ergänzte Siemens dessen Vertrag um ein wesentliches Detail. Max H. Waldhausen, über die US-Vertreterfirma Adlanco seit Jahren mit Siemens und dem US-Geschäft vertraut, musste sich verpflichten, Verkaufsgeschäfte nicht eigenständig durchzuführen. Er durfte lediglich den Kontakt zwischen amerikanischen Einkäufern und den Siemens-Gesellschaften herstellen, die die Verkäufe dann ohne seine Beteiligung abwickelten. Zusätzlich engten die wachsenden Vorbehalte gegen deutsche Unternehmen in der amerikanischen Bevölkerung den Spielraum von Waldhausen in den USA ein. Für die Jahre seiner Tätigkeit für Siemens bis 1941 sind keine Agenturproblematiken überliefert.

Während des Zweiten Weltkriegs war Siemens in den USA geschäftlich nicht aktiv. Erst Ende der 1940er Jahre begann SRW als erste Siemens-Gesellschaft, ihre Tätigkeit in den USA wiederaufzunehmen. Der Status von G. Dayton Rollins, dem ersten Agenten, den Siemens in den Nachkriegsjahren beschäftigte, lässt sich mit dem allerersten Generalvertreter, Henry Villard von 1886, vergleichen. So war SRW nach Kriegsende sehr kurzfristig auf Rollins aufmerksam geworden und hatte ihn unmittelbar engagiert. Der Amerikaner mühte sich, SRW-Produkte zu verkaufen und das US-Geschäft zu intensivieren. Verschiedene Faktoren wie lange Lieferzeiten oder Ressentiments der US-Käufer gegenüber den deutschen Produkten behinderten sein Engagement jedoch entscheidend. Nach drei Jahren der erfolglosen Zusammenarbeit ersetzte SRW Rollins durch ein Vertriebsabkommen mit der US-Firma Westinghouse. Rollins war im Gegensatz zu Villard oder Meysenburg kein opportunistisches Verhalten vorzuwerfen, der Geschäftserfolg blieb aufgrund der Marktsituation dennoch aus. Folglich reduzierte Rollins sein Engagement und konzentrierte sich auf seine eigene US-Firma.

Parallel zur Kooperation mit Rollins und Westinghouse hatten S&H und SSW 1953 den Ingenieur Ernest Eisenberg als kommissarischen Vertreter angestellt. Im Folgejahr gründeten die Siemens-Firmen eine eigene US-Niederlassung, die Siemens New York, Inc. Sie übernahm fortan die Aufgaben Eisenbergs. Für Siemens begann eine Ära, in der die Verantwortung für das US-Geschäft nicht mehr länger auf eine Person zugeschnitten war, sondern an ein amerikanisches Tochterunternehmen delegiert wurde. Bis in die späten 1960er Jahren hatte der Leiter dieser US-Firma, Bodo-Joachim von dem Knesebeck, entscheidenden Einfluss auf das operative Geschäft. Mit Beginn der 1970er Jahre vergrößerte die Siemens AG ihren di-

gestalten, um die Arbeitsmotivation der Angestellten maximal zu verstärken. Siehe: Aktennotiz der Zentralstelle für Technische Büros vom 18. September 1933, S. 1, in: SAA 9400. Diese Argumentation bezog sich auch darauf, dass Mitarbeiter in Deutschland und einigen europäischen Ländern Gehälter erhielten, die bis zu einem Drittel aus erfolgsabhängigen Zahlungen bestanden. Siehe hierzu: Abteilung Übersee von SSW an die Vorstände der Übersee-Gesellschaften vom 27. Juni 1934, S. 1–4, in: SAA 9400.

15 Vgl.: SSW, Abteilung Übersee, an die Vorstände von SSW, Abteilung Übersee vom 27. Juni 1934, S. 1 f., in: SAA 9400.

rekten Einfluss auf das US-Geschäft und beschränkte die Befugnisse des CEO der amerikanischen Holdinggesellschaft entsprechend.

Bei von dem Knesebecks Einstellung achteten die Stammgesellschaften von Siemens erstmals darauf, mit ihm einen erfahrenen und loyalen Fachmann auszuwählen. Von dem Knesebeck war bereits rund 15 Jahre bei Siemens tätig. Dank seiner leitenden Tätigkeit in Belgien und Frankreich war er mit den Gegebenheiten des Auslandsgeschäfts vertraut. Ab diesem Zeitpunkt, 1954, legte Siemens bei der Besetzung von Führungspositionen in den USA großen Wert auf langjährige Betriebszugehörigkeit und Auslandserfahrung. Bei Bodo-Joachim von dem Knesebeck wandte Siemens erneut *Screening*-Maßnahmen an, nun erstmals vor Vertragsschluss und mit Bezug auf den Leiter des US-Geschäfts und nicht nur dessen Mitarbeiter. Verbindliche Informationen zu seinem bisherigen Werdegang und externe Einschätzungen seines Leistungsvermögens sollten das Risiko der *hidden characteristics / hidden information* reduzieren. Daher wurde der deutsche Unternehmer erst, nachdem eine gutachterliche Einschätzung seines bisherigen Arbeitgebers positiv ausfiel, als neuer Leiter der Siemens-Vertretung für die USA eingestellt. Diese Entscheidung verdeutlicht, wie stark sich das Denken der deutschen Siemens-Gesellschaften nach den bisherigen negativen Erfahrungen in den USA verändert hatte. Die Verantwortung für das US-Geschäft sollte künftig nur an ausgewiesene Fachkräfte vergeben werden, da der personellen Besetzung in den USA eine Schlüsselrolle zugesprochen wurde. So formulierte Hermann Reyss 1952 in aller Deutlichkeit:

> „Im Ausland an die Spitze den allerbesten Mann. Ihm dann aber auch vertrauen und grössere Freiheiten lassen, als es hier zu Hause üblich ist. Je weiter weg vom Stammhaus, desto weniger Verhaltensmassregeln von hier. Häufige Besuche dieses Mannes bei den Stammhäusern und häufige Besuche seitens der Stammhäuser draussen."[16]

Reyss knüpfte hier an die Vorstellung von Werner von Siemens an, die Führungspositionen im Ausland bewusst mit hochqualifizierten, nun aber familienfremden Personen zu besetzen. Nur dann, so schlussfolgerte Reyss, könne die implizierte unternehmerische Freiheit, die Siemens solchen Agenten gewähren müsse, auch konstruktiv im Sinne des Unternehmens wahrgenommen werden. Explizit sprach sich Reyss für einen engen Kontakt zwischen dem Prinzipal Siemens und dem Agenten aus, rigide Kontroll- oder Sanktionsmaßnahmen lehnte er ab. Stattdessen versuchte Siemens, durch eine positive Anreizpolitik die Leistungsbereitschaft der Agenten zu fördern. Eine der ersten *governance mechanisms*-Maßnahmen war es, das Büro von dem Knesebeck mit einer pauschalen, monatlichen Beratungsgebühr zu bezahlen. Sie wurde im zweiten Geschäftsjahr wegen der guten Arbeitsleistung bereits verdoppelt, bis 1960 verfünffacht. Ab 1959 entschieden sich die S&H, SSW und

---

16 Bemerkungen von Reyss zum Aktenvermerk des Herrn Direktor Bauer vom 1. Februar 1952 betreffend das Auslandsgeschäft von SSW, S. 5, in: SAA 8109. Dieses Bewusstsein sollte in der Folge nicht verloren gehen. So betonte Hans-Gerd Neglein 1983, wie unersetzbar hochqualifizierte Arbeitskräfte waren: „Für die Aufrechterhaltung der Leistungsfähigkeit der Gesellschaften ist die erste Voraussetzung, dass die richtigen Menschen an den jeweiligen Stellen sind." Vgl.: Manuskriptentwurf von Hans-Gerd Neglein, Auslandsaktivitäten in den 80er Jahren, Siemens Pressekonferenz vom 13. April 1983, S. 18, in: SAA 37/Ld 811.

SRW dazu, der Tochterfirma Siemens New York, Inc. neben dem Grundbetrag variable Provisionszahlungen zuzugestehen, sofern diese Produkte direkt an US-Kunden vertrieb. Ab 1960 erhielt SNYI für jedes verkaufte Mikroskop oder Messgerät eine Erfolgsbeteiligung in Höhe von 10 Prozent des Verkaufspreises. Für diejenigen Geschäfte, die das New Yorker Büro mit Kunden außerhalb der USA abwickelte, fanden die Siemens-Stammgesellschaften Mitte der 1960er Jahre eine Lösung. SNYI erhielt fortan eine Pauschalvergütung, die sich nach dem Anteil richtete, mit dem die US-Firma am Vertrieb der Siemens-Produkte beteiligt war. Für Führungskräfte in den USA bot die Siemens AG zunehmend gesonderte Anreizsysteme an. Das obere Management konnte sich seit Ende der 1960er Jahre für das Incentive Compensation Program anmelden. Die Teilnahme war freiwillig. Erfolgreich arbeitende Manager wurden mit Umsatz- oder Gewinnbeteiligungen sowie Erfolgsprämien für erreichte Geschäftsziele entlohnt. Erfolglose Führungskräfte erhielten für schwache Leistungen reduzierte Bezüge.

1969 beschloss Siemens America, das Belohnungsmodell auf alle Angestellte in den USA auszuweiten. Im Falle der vollständigen Planerfüllung erhielt künftig die gesamte Belegschaft eine Erfolgsbeteiligung. Während die Division Manager ein Viertel ihres jährlichen Fixeinkommens ausgezahlt bekamen, wurden den Product und Department Managern 20 Prozent zugesprochen, den Sachbearbeitern 15 Prozent, den Technikern fünf Prozent und Mitarbeitern mit sonstigen Aufgabenbereichen drei Prozent. Diese Erfolgsbeteiligung war variabel. Überschritt das Geschäftsergebnis das anvisierte Planergebnis, stieg auch der Bonus entsprechend an. Verfehlte das Geschäftsergebnis die Planziele, reduzierten sich die Bonuszahlungen. Im Vergleich zu den Angestellten der deutschen Siemens-Stammgesellschaften war der Prämienanteil am Gesamteinkommen in den USA durchaus attraktiv. 1965 betrug das Durchschnittseinkommen bei Siemens Medical of America, Inc. ca. 715 $ im Monat, etwa 8.500 $ im Jahr.[17] Die genannten Bonuszahlungen beliefen sich zwischen 250 und 2.100 $. Für Mitarbeiter von Siemens in Deutschland liegen Vergleichsangaben für das Jahr 1970 vor. Sie erhielten eine Erfolgsbeteiligung in Höhe von 712 DM bis 1.296 DM.[18] Bei Berücksichtigung des Wechselkurses der 1960er Jahre waren diese Summe teilweise weitaus niedriger als die Erfolgsbeteiligung der Mitarbeiter in den USA. Gemessen an anderen amerikanischen Unternehmen war die Höhe der Bonuszahlungen für Siemens-Mitarbeiter in den USA jedoch vergleichsweise gering. Die Topmanager amerikanischer Unternehmen erhielten in der Regel Erfolgsprämien, die ihr Jahresfixgehalt oftmals verdoppelten.[19]

Die Erfahrungen mit opportunistischem Verhalten der Agenten in den USA hatten den deutschen Siemens-Häusern gezeigt, dass neben der Anreizsteuerung ein Mindestmaß an Kontrollmechanismen unverzichtbar blieb. Daher entschieden sich

17   Vgl.: USA-Reisebericht von Franz Josef Bartlewski vom 15. Dezember 1965, S. 1, in: SMA 7610 3-5-01.

18   Zu diesen Zahlen siehe: Almuth Bartels, Monetarisierung und Individualisierung betrieblicher Sozialpolitik bei Siemens. Historische Analyse ausgewählter Aspekte betrieblicher Sozialpolitik von 1945 bis 1989, Dissertation, Erlangen/Nürnberg 2011, unveröffentlichtes Manuskript, hier S. 314, in: SAA E 976.

19   Vgl.: Mueller-Maerki, Personalpolitik, S. 193.

S&H, SSW und SRW 1954, ihren stellvertretenden Vorstand Gerd Tacke in den Board of Directors der Siemens New York, Inc. zu berufen. Tacke war somit neben Bodo-Joachim von dem Knesebeck und dem amerikanischen Anwalt Harold F. Reindel einer von drei US-Verantwortlichen. In diesem Triumvirat, das nach dem Mehrheitsbeschluss geschäftsfähig war, hatte er als Abgeordneter der deutschen Muttergesellschaften eine zentrale Rolle. Er sicherte den direkten Einfluss von S&H, SSW und SRW auf die Firmenpolitik der SNYI und übte ein gewisses *Monitoring* aus. Außerdem sorgte seine Präsenz dafür, dass die deutschen Stammgesellschaften über die Entwicklung in den USA informiert blieben. Drei Jahre später, 1957, forcierte die Firmenleitung in Deutschland ihre institutionelle Einbindung in das US-Geschäft. Mit Heinz Goeschel und Josef Schniedermann installierte sie zwei weitere, stellvertretende Vorstandsmitglieder von S&H und SSW im US-Verwaltungsrat. Ab diesem Zeitpunkt konnte die Tochtergesellschaft von Siemens in den USA keine Aktivitäten mehr durchführen, ohne dass die Stammhäuser hiervon Kenntnis erhielten oder gar ihre explizite Zustimmung geben mussten. Diese Konstellation blieb auch unter dem Nachfolger von Bodo-Joachim von dem Knesebeck, Otto Dax,[20] bestehen.

Die Bemühungen, die Kontrolle über das US-Geschäft in die deutsche Konzernzentrale zu holen, wurden eineinhalb Jahrzehnte später intensiviert. 1973 traf die Siemens AG die Grundsatzentscheidung, ihre Präsenz in den USA auszuweiten. Das Unternehmen begann, Teile seiner Wertschöpfungsketten in den weltgrößten Elektromarkt zu verlagern und sein Engagement über Direktinvestitionen zu intensivieren. Infolge dessen sollte sich die personelle sowie institutionelle Verzahnung zwischen der Siemens Corp. und der Siemens AG mittelfristig verstärken. Mit Bernhard Plettner entsandte die Siemens AG 1976 erstmals den Vorstandsvorsitzenden als Vorsitzenden in den Board of Directors der Siemens Corp. Im Folgejahr übernahm Werner Zieler das Amt des Präsidenten der US-Firma von Otto Dax. Wie seine Vorgänger konnte auch Zieler eine jahrzehntelange Zugehörigkeit zu Siemens sowie Auslandtätigkeiten bei den Landesgesellschaften in Südafrika und Pakistan vorweisen. Entsprechende *Screening*-Maßnahmen vor wichtigen Personaleinstellungen waren mittlerweile selbstverständlich geworden.

Dieser gestiegene Führungseinfluss der Siemens AG wurde 1979 noch deutlicher. Von 13 Mitgliedern des Board of Directors hatten fünf direkte Verbindungen zum US-Geschäft in ihrer Funktion als Vertreter des US-Ausschusses. Die restlichen acht entstammten dem Vorstand der Siemens AG und repräsentierten dessen Interessen sowie diejenigen der Unternehmensbereiche. Die Vertreter der Siemens AG besaßen nominell und faktisch das Übergewicht im Board of Directors. Einhergehend mit diesen Personalveränderungen intensivierte sich die Beteiligung der deutschen Unternehmensbereiche am US-Geschäft. Noch bis in die 1960er Jahre genossen die Informationsbüros unter Frank und Waldhausen sowie die Siemens New York, Inc. und die Siemens America, Inc. weitreichende Freiheiten. Nun, da das US-Investitionsvolumen von Siemens angehoben wurde, war der Zentralaus-

---

20 Wie von dem Knesebeck war auch Dax seit mehreren Jahren bei Siemens angestellt und hatte bei der Landesgesellschaft in Brasilien gearbeitet.

schuss der Siemens AG automatisch eng in die Geschäftsentscheidungen der Siemens Corp. eingebunden. Er war dasjenige Gremium, das die weltweiten Investitionen des Unternehmens freigab. Seine Partizipation an den US-Aktivitäten blieb nicht ohne Folgen. Auch die Leiter der deutschen Unternehmensbereiche beanspruchten seit den 1970er Jahren, in die Verantwortung der US-Aktivitäten eingebunden zu werden. Schließlich waren es ihre Produkte, mit denen die Siemens AG über die Siemens Corp. das Geschäft in den Vereinigten Staaten betrieb.

Unter der Ägide von Plettner beschloss die Siemens AG Ende der 1970er Jahre, die Geschäftsverantwortung in den USA zu dezentralisieren. Credo war es, die deutschen Unternehmensbereiche formal in das US-Geschäft einzubinden und dadurch stärker in die Pflicht zu nehmen. Zukünftig besaßen die Führungskräfte der einzelnen UB die Leitungskompetenzen in den USA. Hierfür etablierte man 1979 mit dem sogenannten Policy Committee einen Ausschuss, dem unter Kontrolle des Board of Directors die gesamte Geschäftsverantwortung für die US-Aktivitäten übertragen wurde. Mitglieder dieses Gremiums waren der Vorstandsvorsitzende Bernhard Plettner sowie Vertreter aller deutschen Unternehmensbereiche. Der Ausschuss bestand parallel zum – personell weitgehend identisch besetzten – Board of Directors. Zwei Jahre später verstärkte die Siemens AG diese Dezentralisierung. Die Geschäftseinheiten wurden in dezentrale Groups unterteilt, die den deutschen Unternehmensbereichen entsprachen. Die Besetzung des Board of Directors wurde erweitert und noch stärker auf Mitglieder der deutschen Muttergesellschaft konzentriert. Von nun an prägten über zehn Manager der Siemens AG die Geschicke der amerikanischen Tochtergesellschaft: der Aufsichtsratsvorsitzende, der Vorstandsvorsitzende, die Leiter der einzelnen Unternehmensbereiche sowie die der Zentralabteilungen. Die Siemens Corp. als US-Firma war einzig durch ihren Präsidenten und CEO repräsentiert. Durch diese Führungsstruktur waren die Macht- und Kontrollverhältnisse zementiert. Mit der Umfirmierung der Siemens Capital Corp. in die Siemens Corp. 1982 rückte der neue Vorstandsvorsitzende der Siemens AG, Karlheinz Kaske, als Vorsitzender an die Spitze des US-Geschäfts. Neben ihm blieb der US-erfahrene Hans Decker Präsident der Gesellschaft.

Anfang der 1980er Jahre waren die personelle Konstellation sowie die konkreten Zuständigkeiten im US-Geschäft festgelegt worden. Über ihre Unternehmensbereiche hatte sich die Siemens AG einen hohen Einfluss gesichert. Auch konnte das Ziel, die Marktanteile in den einzelnen Produktsparten zu steigern, erreicht werden. Als zentrales Problem rückten nun die hohen Verluste der US-Aktivitäten in den Fokus. Um die Informationssymmetrie auszugleichen und besser beurteilen zu können, weshalb diese Verluste entstanden, beschloss die Siemens AG 1985 weitere *Monitoring*-Maßnahmen. So wurden die einzelnen amerikanischen Operating Companies verpflichtet, regelmäßig an die deutsche Muttergesellschaft zu berichten. Zudem mussten diese spezielle Dossiers über ihr Tagesgeschäft anfertigen, die regelmäßig im Zentralausschuss durchgesprochen wurden. Auch waren die Leiter der Unternehmensbereiche aufgefordert, fortan in jeder Zentralausschusssitzung der Siemens AG über ihr operatives Geschäft in den USA zu berichten. Zusätzlich wurde die Vernetzung der einzelnen amerikanischen Tochterfirmen untereinander gestärkt. So trafen sich die Präsidenten der einzelnen Operating Companies alle zwei Monate zum Austausch in dem sogenannten Presidents' Council.

Mit der Ernennung von Horst Langer[21] zum Vorsitzenden des Board of Directors sowie zum CEO der Siemens Corp. zum 1. Oktober 1988 wurde erstmals seit den 1950er Jahren der Einfluss der Siemens AG und ihrer Geschäftsbereiche auf die amerikanische Holdinggesellschaft eingeschränkt. Langer, der gleichzeitig Vorstandsmitglied der Siemens AG war, vertrat in diesem Gremium explizit die Interessen der Siemens Corp. und ihrer Operating Companies. Die US-Gesellschaft erhielt erst mit Langer wieder einen Verantwortlichen, der sich voll auf ihre Belange konzentrieren konnte. Vor Ort stand er nicht nur an der Spitze der Holdinggesellschaft, sondern war auch Mitglied sämtlicher Vorstandsgremien der einzelnen US-Operating Companies. 1991 übernahm Albert Hoser[22] die Aufgaben des CEO und Präsidenten, Langer blieb Vorsitzender der Siemens Corp. Zu dieser Zeit entschied sich die Siemens AG, die Mitgliederzahl des personell großzügig besetzten Board of Directors zu reduzieren. Das US-Management bestand ab 1991 nur noch aus vier Personen, von denen zwei der US-Gesellschaft entstammten (Decker, Hoser) und zwei der Siemens AG zugeordnet waren (Langer, Karl-Hermann Baumann). Damit hatte die Siemens Corp. als Holdinggesellschaft der amerikanischen Operating Companies wieder stärkeren Einfluss auf ihre Aktivitäten. Die Kontrollfunktion der Muttergesellschaft war jedoch nicht verloren.

3 ERFOLGS- UND MISSERFOLGSFAKTOREN

Die Erkenntnisse der Prinzipal-Agenten-Analyse sind von wesentlicher Bedeutung, um die Geschäftsentwicklung in den USA zu erklären. Vollends wirksam wurden Schwierigkeiten und Chancen der Prinzipal-Agenten-Konstellation aber erst in Verbindung mit weiteren internen und externen Einflüssen. Daher soll im Folgenden die dritte eingangs formulierte Leitfrage, welche Erfolgs- und Misserfolgsfaktoren sich aus dem über 150jährigen Engagement von Siemens in den USA bis 2001 identifizieren lassen, beantwortet werden.

Die Analyse der Geschäftätigkeit zeigte, dass sich die Erfolgs- und Misserfolgsfaktoren des Fallbeispiels Siemens in acht verschiedene Gruppen einteilen lassen. Sie sollen im Folgenden zusammengefasst und bewertet werden. Dabei wird bewusst auf eine ausschließlich chronologische Ordnung verzichtet, schließlich lässt sich in vielen Fällen nicht exakt festlegen, ab wann ein einzelner Faktor wirksam war und wie lange er es blieb. Die Zusammenfassung und Analyse gliedert sich nach thematischen Gesichtspunkten. Innerhalb dieser werden die einzelnen Faktoren nach ihren hauptsächlichen Wirkungszeiträumen aufgeführt. Deutlich wird, dass nicht einzelne Faktoren über den Erfolg oder Misserfolg der Siemens-Aktivi-

---

21   Auch in seinem Fall entschied sich die Siemens AG für einen langjährigen Mitarbeiter, der seine Auslandserfahrung in Indien gesammelt hatte.

22   Albert Hoser war 1957 bei S&H eingetreten und zwischendurch als Leiter der Auslandsaktivitäten in Japan und Indien für das Unternehmen tätig gewesen.

täten in den USA entschieden. Vielmehr wirkten sie in systemischer Wechselwirkung auf das US-Geschäft und beeinflussten es in positiver oder negativer Weise.

Abbildung 36: Die Einflussfaktoren in der Übersicht

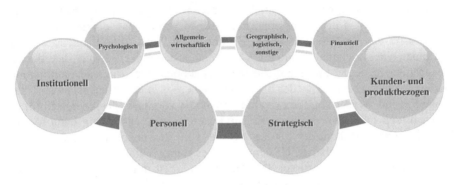

Quelle: Eigene Darstellung

3.1 Personelle Faktoren[23]

Abbildung 37: Personelle Erfolgs- und Misserfolgsfaktoren

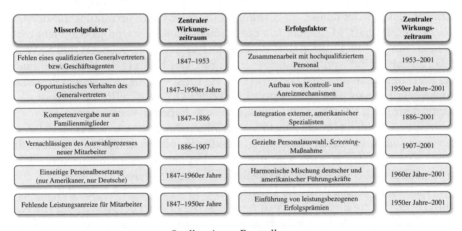

Misserfolgsfaktor	Zentraler Wirkungs- zeitraum	Erfolgsfaktor	Zentraler Wirkungs- zeitraum
Fehlen eines qualifizierten Generalvertreters bzw. Geschäftsagenten	1847–1953	Zusammenarbeit mit hochqualifiziertem Personal	1953–2001
Opportunistisches Verhalten des Generalvertreters	1847–1950er Jahre	Aufbau von Kontroll- und Anreizmechanismen	1950er Jahre–2001
Kompetenzvergabe nur an Familienmitglieder	1847–1886	Integration externer, amerikanischer Spezialisten	1886–2001
Vernachlässigen des Auswahlprozesses neuer Mitarbeiter	1886–1907	Gezielte Personalauswahl, *Screening*-Maßnahme	1907–2001
Einseitige Personalbesetzung (nur Amerikaner, nur Deutsche)	1847–1960er Jahre	Harmonische Mischung deutscher und amerikanischer Führungskräfte	1960er Jahre–2001
Fehlende Leistungsanreize für Mitarbeiter	1847–1950er Jahre	Einführung von leistungsbezogenen Erfolgsprämien	1950er Jahre–2001

Quelle: eigene Darstellung

---

23   Dem Autor ist die Gefahr bewusst, dass diese Schaubilder zu den Erfolgs- und Misserfolgsfaktoren einen sehr schematischen Charakter besitzen. Gerade der Wirkungszeitraum einzelner Faktoren ist in der Realität oftmals nur schwerlich zu benennen. Es geht hierbei aber um denjenigen Zeitraum, in dem die einzelnen Faktoren hauptsächlich und besonders, nicht aber ausschließlich wirksam waren. Eine gewisse Vereinfachung der Wirklichkeit wird in diesem Schaubild bewusst in Kauf genommen dafür, damit ein gut fassbarer Überblick über die Erfolgs- und Misserfolgsfaktoren entsteht.

Die Prinzipal-Agenten-Analyse des US-Geschäfts von Siemens ergab, dass die personelle Besetzung der Führungspositionen in den USA die alles entscheidende Bedeutung für den Geschäftserfolg hatte. Jahrzehntelang gelang es S&H nicht, einen speziell für den US-Markt ausgebildeten Experten zu finden, der die Interessen der Firma in den USA vertrat.[24] Vielmehr kooperierte sie mit amerikanischen Unternehmern, die wegen ihres sehr opportunistischen Verhaltens[25] ein zentraler Negativfaktor für das US-Geschäft waren. Zu Lebzeiten Werner von Siemens' war das Auffinden eines hochqualifizierten US-Fachmanns dadurch erschwert, dass der Firmengründer festlegte, umfangreiche Geschäftskompetenzen nur an Familienmitglieder zu delegieren. Einige der Brüder waren bereits in anderen Auslandsmärkten gebunden und Werner von Siemens hielt nicht alle von ihnen geeignet, sich für die Firma in den USA einzubringen. Er verzichtete vierzig Jahre lang darauf, einen Mitarbeiter einzustellen, der für das US-Geschäft verantwortlich war. Erst 1886 wählte er mit dem namhaften US-Unternehmer Henry Villard jemanden außerhalb der Familie als Generalvertreter. Die Zusammenarbeit mit externen Experten wie Villard erwies sich fortan als unabdingbar, um das US-Geschäft langsam zu intensivieren. Noch bis 1894 waren die Siemens-Familienmitglieder Arnold und Wilhelm im Direktorium von S&H America und damit in die Geschehnisse in den USA eingebunden. Mit Beginn des 20. Jahrhunderts änderte sich dies entscheidend. Die Informationsbüros zwischen 1908 und 1941 besaßen keine Gremien mehr, in denen Mitglieder der Gründerfamilie hätten aktiv sein können. Nach dem Zweiten Weltkrieg besetzten Gerd Tacke, Heinz Goeschel sowie Josef Schniedermann als Vorstandsmitglieder der deutschen Stammgesellschaften den Verwaltungsrat der US-Tochtergesellschaft. Mitglieder aus der Siemens-Familie waren jedoch nicht mehr präsent, obwohl die Position des Aufsichtsratsvorsitzenden bei S&H und SSW bis 1981 ausschließlich von ihnen bekleidet wurde. Der Einfluss der Siemens-Familie bei S&H und SSW schwand erst seit 1966, als Ernst von Siemens seinen Posten im Aufsichtsrat abgab. Der reduzierte Einfluss der Gründerfamilie implizierte, dass Kompetenzen im US-Geschäft familienexternen Experten übertragen wurden.

Als entscheidend für die zunehmend erfolgreiche Integration „fremder" Experten erwies sich, vor deren Einstellung gründliche Informationen über ihre spezifischen Kompetenzen zu sammeln. Bis zu Beginn des 20. Jahrhunderts vernachlässigten S&H und SSW diesen Auswahlprozess der US-Vertreter. Villard wie auch Meysenburg hatte das deutsche Unternehmen nicht bewusst ausgewählt, sondern kurzfristig, fast zufällig in ihre Positionen gesetzt. Erst bei der Anstellung von Karl Georg Frank 1907/08 suchten S&H und SSW bewusst nach einem adäquaten Fach-

---

24   Dies war einer der entscheidenden Hemmfaktoren für die US-Expansion, nicht nur im Falle von S&H, sondern generell bei deutschen Unternehmen. Siehe hierzu: Mueller-Maerki, Personalpolitik, S. 188.

25   Rückblickend fasste Thomas N. McCausland, CEO von Siemens Medical Solutions in den 1980ern, die Situation zusammen: „The company was managed by engineers who thought only of their individual chimney." Vgl.: Matthew Karnitschnig, Identity Question: For Siemens, Move Into U.S. Causes Waves Back Home, in: The Wall Street Journal vom 8. September 2003, S. A1.

mann mit persönlichem Bezug zu Siemens. Betriebszugehörigkeit erwies sich ab diesem Zeitpunkt als eines der wichtigen Einstellungskriterien.

Seit den 1950er Jahren kristallisierte sich die harmonische Mischung zwischen deutschen und amerikanischen Führungskräften als entscheidender Erfolgsfaktor heraus. Während der Großteil der weltweiten Siemens-Landesgesellschaften bereits in den 1970er Jahren von einheimischen Managern geleitet wurde,[26] blieb die Führung der Siemens Corp. bzw. der Siemens Capital Corp. in den USA bis 2001 in den Händen deutscher Unternehmer.[27] Die Siemens AG entschied sich bei Personalbesetzungen bewusst dazu, die Führung einzelner Betriebsgesellschaften an Amerikaner zu geben, nicht aber die Leitung des US-Gesamtgeschäfts. Sie hatte die Erfahrung gemacht, dass mit dem Verzicht auf eine deutsche Führungsspitze „die ganze Sache schief [geht]. Und zwar mit toedlicher Sicherheit."[28] Daher sollten deutsche Manager in die US-Aktivitäten integriert werden, um ihr Know-how an die ausländische Tochtergesellschaft weiterzugeben[29] und als Verbindungspersonen „mit Scharnier-Funktion"[30] zwischen den Amerikanern der Siemens Corp. / Capital Corp. und den Deutschen der Siemens AG zu fungieren. Problempotenzial war hierbei vorhanden. Schließlich fehlte es den aus Deutschland in die USA gesandten Siemens-Unternehmern oftmals an US-spezifischer Erfahrung oder Einfühlungsvermögen. Mehrfach schickte die Siemens AG beispielsweise altgediente Mitarbeiter in die Vereinigten Staaten, die „zwar Siemens, seine Denkweise (und sein ‚Parkett') bestens kannten",[31] sich aber auf dem elektrotechnischen US-Markt vollkommen fremd fühlten. Auch kam es wiederholt vor, dass niedrigqualifizierte Mitarbeiter mit schwachen Arbeitsleistungen von der Siemens AG in die Siemens Corp. versetzt wurden.[32]

Unabhängig davon, ob die Mitarbeiter Amerikaner oder Deutsche waren, gestalteten sich die fehlenden Leistungsanreize von Beginn an als erfolgshemmender Aspekt. Wie die Prinzipal-Agenten-Analyse bereits verdeutlicht hat, bemühte sich Siemens bis Ende der 1950er Jahre nicht, eine Anreizsteuerung für seine Generalvertreter und Mitarbeiter in den USA einzuführen. Bis 1959 zahlte das Unternehmen den US-Angestellten lediglich Löhne in Form von Fixgehältern oder unveränderlichen Beratungsgebühren. Erst dann führten S&H, SSW und SRW ein Vergütungsmodell der Erfolgsbeteiligung ein. Die anreizgesteuerte Motivationspolitik erwies sich als wichtiger Faktor für den Geschäftserfolg.

---

26 Vgl.: Paul Dax, Siemens – weltweite Geschäftsbeziehungen, in: Siemens-Zeitschrift 48/1974, Heft 12, S. 980–983, hier S. 983.

27 Mit George Nolen verantwortete erstmals ab dem 1. Januar 2004 ein Amerikaner das gesamte US-Geschäft von Siemens. Siehe: Z-Rundschreiben Nr. 12/2004 vom 23. Dezember 2003, in: SAA 42.Z.

28 Vgl.: O.V., Höhle, S. 52.

29 Vgl.: Manuskriptentwurf von Hans-Gerd Neglein, Auslandsaktivitäten in den 80er Jahren, Siemens Presse-Konferenz vom 13. April 1983, S. 19, in: SAA 37/Ld 811.

30 Siehe: O.V., Höhle, S. 52.

31 Vgl.: Aktennotiz von Andreas Zimmermann vom 15. Oktober 1981, S. 3, in: Siemens-Organisation. Zwischen den Organisationsreformen 1969 und 1988/89, B. III, Band 3.

32 Vgl.: Schwab, Siemens, S. 168.

3.2 Strategische Faktoren

Abbildung 38: Strategische Erfolgs- und Misserfolgsfaktoren

Misserfolgsfaktor	Zentraler Wirkungs-zeitraum	Erfolgsfaktor	Zentraler Wirkungs-zeitraum
Fehlendes Gesamtkonzept, Uneinigkeit in der Unternehmensführung	1847–1970er Jahre	Klare einheitliche Marktstrategie, explizite Zielsetzungen	1970er Jahre–2001
Unternehmerische Selbstzweifel	1847–1950er Jahre	Unternehmerischer Weitblick und Mut	1950er Jahre–2001
Ausrichtung auf schnellstmögliche Gewinne	1892–1897 1908–1933	Langfristige Marktbearbeitung mit dem Ziel stabilen Wachstums	1980er Jahre–2001
Mangelnde Vorbereitung, fehlende Markt- und Wettbewerberkenntnisse	1847–1907	Strukturierte Informationspolitik über den US-Markt (Reisen, Informationsbüros)	1907–2001
Hohes Geschäftspotenzial in Europa	1847–1960er Jahre	„Zwang zur Größe" in die USA	1960er Jahre–2001
Fehlende Strategie beim Firmenerwerb	1973–1990er Jahre	Konzentration auf strategische Kerngebiete	1990er Jahre–2001
Schlechte Integration von Akquisitionen	1973–1990er Jahre	Einführung von Integrationskonzepten	1990er Jahre–2001
Utopische Wachstumsziele	1973–1990er Jahre	Am Realwachstum orientierte Zielvorgaben	1990er Jahre–2001
Übertragung deutscher Management- und Organisationsstrukturen auf US-Firmen	1973–1980er Jahre	Integration amerikanischer Organisationsstrukturen in Siemens-Firmen	1980er Jahre–2001
Schwache Beziehungen zu US-Firmen	1847–1952	Ausbau eines Unternehmensnetzwerks	1990er Jahre–2001
Verträge zur Weltmarktaufteilung	1924–1960er Jahre	Kein Ausschluss von US-Aktivitäten durch Kooperationsverträge	1990er Jahre–2001
Schwache Beziehungen zu öffentlichen Institutionen	1847–1990er Jahre	Ausbau eines Netzwerkes zu Behörden, Ministerien etc.	1990er Jahre–2001
Fehlender Bekanntheitsgrad in den USA	1847–2001	Aufbau von US-Werbung und Marketing	1960er Jahre–2001

Quelle: eigene Darstellung

Neben der personellen Besetzung von Leitungspositionen waren die Grundzüge der Unternehmenspolitik von Siemens in den USA ein weiterer, entscheidender Erfolgsfaktor.[33] Bis in die späten 1970er Jahre fehlte es dem Unternehmen an einem klaren und dauerhaften Konzept zur Markterschließung und einer bis ins Detail konzipierten Strategie zur Marktbearbeitung. Die Vorgehensweise in den USA glich vielmehr bis in die zweite Hälfte des 20. Jahrhunderts einem zurückhaltenden Laissez-faire-Führungsstil. So herrschte unter den Siemens-Brüdern in den Gründungsjahren der Firma bis zum Beginn des 20. Jahrhunderts Uneinigkeit über die Geschäftsstrategie in den USA und deren Marktpotenzial. Werner und sein Bruder William betonten die Verkaufschancen der eigenen Produkte in den USA und monierten, dass noch keine umfassende Markterschließung zustande gekommen sei. Carl äußerte sich eher kritisch gegenüber den Aktivitäten in Nordamerika. Spätestens nach dem Fabrikbrand 1894 konstatierte er, dass die Firma bereits genug Geld in den USA verloren habe und ihre Aktivitäten dort gänzlich einstellen müsse, um nicht noch höhere Verluste zu riskieren. Die Unternehmensführungen der Siemens-

---

33 Eine sinnige Geschäftsstrategie gilt gerade für deutsche Unternehmen in den USA als essentiell. „[…] entering the market with a clear strategic intent is one of the top headquarters-driven success factors for German companies in the U.S." Siehe: Kaufmann/Panhans/Aulbur/Kurch, Allstars, S. S.67.

Gesellschaften ließen bis in die 1970er Jahre eine einheitliche Strategie zur Vorgehensweise in den USA vermissen. Obwohl das Bewusstsein für die Bedeutung des US-Marktes nie verloren ging, blieb das US-Geschäft seit 1845 über einhundert Jahre lang auf Einzelaktivitäten ohne eine tiefgreifende Markterschließungspolitik beschränkt.

Gerade in den ersten fünfzig Jahren der Firmengeschichte wird eine vorsichtige, zurückhaltende Marktbearbeitung von S&H in den USA deutlich. Der Firmenleitung war das hohe Geschäftspotenzial bewusst, allerdings unternahm sie nur unzureichende Versuche, dieses zu nutzen. Ihr Vorgehen war geprägt von unternehmerischen Selbstzweifeln, ob Siemens in den USA überhaupt bestehen könne. Nachdem die Firma Siemens & Halske Electric Co. of America aufgegeben wurde, blieben die weiteren Versuche zur Markterschließung zaghaft. Siemens & Halske sowie Siemens-Schuckertwerke entschieden sich 1907/08 dazu, einen eigenen US-Stützpunkt zur Informationsbeschaffung aufzubauen. Dabei blieb umstritten und ungelöst, ob dieser – wie von den Stammfirmen gewünscht – nur der Marktbeobachtung nachzugehen hatte, oder, wie es Karl Georg Frank forcierte, selbst Verkaufsgeschäfte anbahnen sollte. Hier zeigte sich der strategische Konflikt zwischen langfristiger, an Stabilität orientierter Marktbearbeitung aus Sicht der deutschen Siemens-Firmen und der Politik der US-Vertreter, die auf rasche, kurzfristige Verkaufsgewinne abzielte. Die kontroverse Beurteilung des Geschäftspotenzials in den USA änderte sich auch bis Anfang der 1950er Jahre nicht. Während Gerd Tacke den Wiederaufbau der Geschäftsaktivitäten nachdrücklich empfahl, äußerten die Vorstandsmitglieder Hermann Reyss, Friedrich Bauer und Günther Scharowsky Vorbehalte gegenüber diesen Plänen.

Erst mit Gründung der neuen US-Gesellschaft Siemens New York, Inc. schwand die Uneinigkeit der Firmenleitung über die Geschäftsstrategie in den USA. Im Laufe der 1960er Jahre bildeten die Siemens-Stammfirmen mehr und mehr ein strategisches Konzept, nach welchem sich Siemens in den Vereinigten Staaten etablieren wollte. Das Konzept beinhaltete, Spezialprodukte in den Bereichen Mess-, Medizin- sowie Telegrafen- und Signaltechnik zu exportieren und gleichzeitig die Geschäftsbeziehungen zu amerikanischen Firmen zu intensivieren. Die reine Informationspolitik, die S&H und SSW noch in der ersten Hälfte des 20. Jahrhunderts gefordert hatten, trat nun endgültig in den Hintergrund. In der Führungsspitze der deutschen Stammgesellschaften war mittlerweile unumstritten, dass der größte Elektromarkt der Welt nicht unberücksichtigt bleiben dürfe. Seit den 1970er Jahren investierte die Siemens AG umfassend in den amerikanischen Markt, in Form von Beteiligungen, Firmenkäufen und eigenen Gesellschaftsgründungen. Diese späte Strategiewende belastete das US-Engagement des deutschen Unternehmens auch in den Folgejahren. „Jede Diskussion über unsere Betätigung in den USA ist heute von der Frage geprägt, ob wir diesen Markt nicht allzu lange vernachlässigt haben",[34] konstatierte 1978 Abteilungsdirektor Andreas Zimmermann. Mittlerweile hatte sich der Grundsatz durchgesetzt, keine kurzfristigen Gewinne anzupei-

---

34 Siehe: Andreas Zimmermann, Siemens in den USA, in: Siemens AG (Hg.), ZP-Tagung 1978, Report, S. 17–44, in: SAA 10594, S. 19.

len, sondern sich langfristig und vorerst von Gewinnerwartungen gelöst, auf dem US-Markt zu etablieren.[35] Zwei Jahrzehnte später hatte das Unternehmen in den USA entsprechende Infrastrukturen aufgebaut und erworben, sodass die wirtschaftliche Rentabilität in den Vordergrund gestellt wurde. Das US-Geschäft von Siemens durfte nicht weiterhin ein Zuschussgeschäft sein. Erst Mitte der 1990er Jahre erreichten die Siemens-Aktivitäten in den Vereinigten Staaten erstmals in ihrer Geschichte mehrere Jahre in Folge schwarze Zahlen; die USA hatten spätestens damit ihren Status als größter und wichtigster nationaler Markt des Weltkonzerns bewiesen. So fasste 2003 der leitende Angestellte der Siemens Corp., Kenneth C. Cornelius, Aufstieg und Expansion von Siemens in den USA treffend zusammen: „We've gone from being an outpost to being the strategy."[36]

Dennoch bleibt eindeutig festzuhalten: Die US-Aktivitäten von Siemens in den Jahren zwischen 1847 und dem Zweiten Weltkrieg waren strategisch und unternehmerisch mitnichten vergeblich. Es gelang dem Unternehmen in dieser Phase zwar nicht, ein Breitengeschäft aufzubauen, dennoch konnte es mit der sorgfältigen informativen Vorbereitung der Aktivitäten eine Expansionsgrundlage schaffen. Sie erwies sich für Siemens wie auch andere deutsche Unternehmen in den USA als eine zentrale Erfolgsbedingung. Schließlich mussten die Firmen, bevor sie ihre Produkte in großem Umfang in den USA verkaufen oder gar vor Ort herstellen konnten, gewisse Kenntnisse über den amerikanischen Markt, seine Wettbewerber, Kunden und deren Gewohnheiten ansammeln. Bis zu Beginn des 20. Jahrhunderts hatte Siemens hierzu keine personellen und finanziellen Kapazitäten bereitgestellt. Doch mit der Einrichtung der Informationsbüros unter Karl Georg Frank und Max Waldhausen seit 1908 gelang es, über einen Zeitraum von mehr als dreißig Jahren regelmäßig Informationen über das Marktpotenzial der USA, die Konkurrenzsituation und die Verkaufschancen von Siemens-Produkten zu generieren. Auch vielfältige US-Reisen von Führungskräften und Siemens-Mitarbeitern brachten der deutschen Firma wichtige Erkenntnisse zu den Verhältnissen in den Vereinigten Staaten. Gerade für die Geschäftsexpansion nach dem Zweiten Weltkrieg sah sich das deutsche Unternehmen dadurch bestens vorbereitet, im Gegensatz zu anderen deutschen Firmen, die oftmals erst lange Zeit nach dem Markteintritt begannen, sich für die Gegebenheiten in den USA zu interessieren.[37]

Obwohl sich seit den 1950er Jahren immer klarer eine US-Strategie von S&H, SSW und SRW herausbildete und sich das Bewusstsein um das Marktpotenzial in der Führungsetage immer verstärkte, forcierte das Unternehmen eine US-Expansion erst in den 1970er Jahren. Bis dahin war das hohe Geschäftsvolumen des gesamteuropäischen Absatzmarkts ein Hemmfaktor. In den ersten beiden Nachkriegsjahrzehnten bestand für die Siemens-Firmen keine strategische Notwendigkeit,

35   Vgl.: Bernhard Plettner, Die gesellschaftspolitische Verantwortung des Unternehmens, in: Siemens-Mitteilungen 1973, Heft 10, S. 4–7 und 28 f., hier S. 6 sowie: Manuskriptentwurf von Hans-Gerd Neglein, Auslandsaktivitäten in den 80er Jahren, Siemens Pressekonferenz vom 13. April 1983, S. 7, in: SAA 37/Ld 811.

36   Vgl.: Karnitschnig, Question, S. A1.

37   Vgl.: Jan A. Eggert, Erfahrung und Strategie deutscher Unternehmen in den USA, in: ders. / John L. Gornall, Handbuch USA-Geschäft, Wiesbaden 1989, S. 113–131, hier S. 116.

umfassend und kostenintensiv in die USA zu expandieren. Exemplarisch für diese Überzeugung betonte Karlheinz Kaske: „Man soll erst einmal zu Hause eine vernünftige Position haben, ehe man sich in die Höhle des Löwen begibt."[38] Seit den 1960er Jahren begann sich diese Konstellation ins Gegenteil zu drehen. Amerikanische Elektrounternehmen intensivierten ihre Direktinvestitionen in den europäischen Märkten. Dadurch verstärkten sie den Wettbewerbsdruck in Deutschland auf die deutschen und europäischen Firmen.[39] Insbesondere die Ölkrise 1973, in deren Folge der US-Dollar einen starken Wertverlust erlitt, bestärkte die amerikanischen Elektrokonzerne, in Deutschland Direktinvestitionen zu tätigen und Siemens damit unter Druck zu setzen.[40] Die zunehmende Wettbewerbdichte wurde für deutsche Unternehmen mittelfristig zu einem „Zwang zur Größe",[41] der die Firmen zur Expansion außerhalb Europas drängte. Für Siemens erwiesen sich die Kapazitäten des deutschen Elektromarkts als zu gering, um mittelfristig die Wachstumserwartungen zu erfüllen. Das Unternehmen tätigte Investitionen im Ausland, um am Marktpotenzial anderer Volkswirtschaften partizipieren und die Ertragsschwäche in Deutschland kompensieren zu können.[42]

So war in der Unternehmensführung zwar bereits weit vor Beginn der 1970er Jahre das Bewusstsein vorhanden, dass der US-Markt ein enormes Geschäftspotenzial zu bieten hatte. Die bisherigen Versuche, daran zu teilzuhaben, blieben aber erfolglos. Mit dem Jahr 1973 veränderte sich die Ausgangsposition grundlegend.[43] Der Aufkauf von Marktanteilen gelang, doch wurde bis in die frühen 1980er Jahre deutlich, dass die Siemens AG auch bei diesen Direktinvestitionen wiederum keine konsistente, einheitliche Strategie anwandte.[44] Die Akquisition vielfältiger Firmen in unterschiedlichen Produktsparten verlief ohne zeitliche Gliederung und war bis in die 1980er Jahre vielmehr von vielen Zufällen geprägt.[45] Lange Zeit blieb unklar, ob sich die Siemens AG auf diese Weise nur Know-how beschaffen wollte

38 Siehe: O.V., Jedes Jahr ein stattliches Unternehmen dazu, Interview mit Karlheinz Kaske, in: Manager Magazin, Heft 5, 1985, S. 56–61, hier S. 58, in: SAA 16392.

39 Vgl.: Hilger, Amerikanisierung, S. 41 sowie: Hamilton/Quinlan, Relations, hier S. 22.

40 Vgl.: Vortrag von Bernhard Plettner anlässlich der Aufsichtsratssitzung der Siemens AG vom 7. Juli 1978, S. 7, in: SAA 16/Lh 262.

41 Dazu siehe: Hilger, Zwang, S. 215–238.

42 Siehe: Hermann Franz, Unternehmensstrategie – Zur Geschäfts- und Regionalstruktur vom 12./13. Juli 1991, S. 26, in: Organisationsstruktur, Referate, Band 26, V5, in: SAA 33/Lf 963. Zeitgenössische deutsche Firmen unterschiedlicher Branchen sahen sich in derselben Drucksituation wie Siemens. Siehe: Jes Rau, Die deutsche Herausforderung, in: Die Zeit vom 5. Januar 1979, Nummer 2, S. 19.

43 Ausschlaggebend für dieses Jahr als Zäsur sind vor allem allgemeinwirtschaftliche Faktoren, siehe: Kapitel E.3.7.

44 Vgl.: O.V., Lehrgeld in Amerika: Teure Versäumnisse auf dem größten Elektronikmarkt der Welt, in: Manager Magazin vom 1. April 1988, Nummer 4, S. 38 f.

45 Siehe hierzu: Schwab, Siemens, S. 89. Zurecht sprach der Journalist Karl Heinrich Rüßmann 1986 von „einer Art Flickenteppich vieler kleiner und einiger größerer Firmen quer über den Kontinent", als er das Sammelsurium an Beteiligungs- und Tochterfirmen von Siemens in den USA beschrieb. Vgl. hierzu: Karl Heinrich Rüßmann, Halbzeit in Amerika, in: Manager Magazin 5/1986, S. 66–75, hier S. 68, in: SAA 18392.

oder sich direkt in den US-Markt einkaufen wollte.[46] Bei einigen Unternehmens-
käufen blieb die Antwort auf die Frage, ob „the acquisition would really improve
your business portfolio or if it would just be nice to have“,[47] offen. Klaus Kleinfeld,
CEO der Siemens Corp., konstatierte 2003 rückblickend: „We'd made acquisitions
where you questioned why they had been made.“[48]

Doch nicht nur die Auswahl der zu kaufenden Firmen war entscheidend für den
späteren Erfolg bzw. Misserfolg. Nicht minder wichtig war deren anschließende
Integration in das bestehende Siemens-Gefüge in den USA.[49] Die deutschen Unternehmensbereiche, die federführend die Investitionsentscheidungen verantworteten, mussten stets entscheiden, welche Bestandteile der US-Firma übernommen,
restrukturiert oder abgestoßen werden sollten. Gleichzeitig musste im Rahmen dieser Integrationsprozesse beschlossen werden, welche Strukturen der deutschen
Muttergesellschaft auch in der US-Firma aufgebaut werden sollten. Ein in Europa
erfolgreiches Unternehmen wie Siemens lief dabei Gefahr, sein deutsches „Erfolgs-
modell“ direkt auf die Direktinvestitionen in den USA zu übertragen in der sicheren
Erwartung, es müsste dort ebenfalls nahtlos funktionieren.[50] So vertrat Siemens in
den USA den Anspruch, in seinen Produktsparten Marktführer werden zu wollen
und strebte mit den neu erworbenen Geschäftsgebieten „teilweise völlig illusionäre
[…] Zielsetzungen“[51] an. Eine Marktbearbeitung als viert- oder fünftstärkster Wettbewerber erschien mittelfristig unbefriedigend. Solche Selbsteinschätzungen und
Erwartungswerte waren für das Deutschlandgeschäft möglich, in dem von vielen
strukturellen Hemmfaktoren geprägten US-Markt aber unrealistisch. Daher erwies
sich dieser Transfer deutscher Managementmethoden, strategischer Ziele und Organisationsstrukturen auf amerikanische Firmen als sehr problematisch.

Für deutsche Manager war es bis in die 1980er Jahre schwierig, zu verstehen,
dass ihre Gewohnheiten nicht den Gegebenheiten in den USA entsprechen und Geschäfte in Übersee anders gemacht wurden, als in Europa.[52] „[…] Geschäftsme-
thoden, die in Mitteleuropa zu erstaunlichen Erfolgen geführt haben, können in den
USA eine Garantie für das Scheitern sein“,[53] so ein Zeitschriftenartikel von 1982.
Wichtiger Unterschied zwischen der Unternehmensorganisation in den USA und
derjenigen in Deutschland war es, dass an der Spitze von amerikanischen Unternehmen meist nur eine einzige Person stand, die deren Geschicke leitete, während deut-

---

46   Vgl.: Hermann Franz an Hans-Gerd Neglein vom 11. Januar 1982, S. 4, in: Die Siemens-Or-
      ganisation zwischen den Organisationsreformen 1969 und 1988/89, BIII, Band 3, in: SAA 33/
      Lf 963.
47   Vgl.: Javidan, Interview, S. 15.
48   Vgl.: Karnitschnig, Question, S. A1.
49   Siehe: Heinrich von Pierer konstatierte 2002 gar, dass die Integration eines erworbenen Unter-
      nehmens bedeutender sei als die Kaufentscheidung an sich. Siehe: Javidan, Interview, S. 15.
50   Siehe: Kaufmann/Panhans/Aulbur/Kurch, Allstars, S. 77.
51   Siehe: Aktennotiz von Andreas Zimmermann vom 15. Oktober 1981, S. 2 f., in: Siemens-Or-
      ganisation. Zwischen den Organisationsreformen 1969 und 1988/89, B. III, Band 3, in: SAA
      33/Lf 963. Zimmermann kritisiert, dass zeitweise innerhalb von fünf Jahren Marktanteile in
      einzelnen Produktsparten von Null auf 20 Prozent angehoben werden sollten.
52   Vgl.: O. V., Höhle, S. 52.
53   Vgl.: O. V., schnell, S. 94.

sche Konzerne i.d.R. durch eine Gruppe wie dem Vorstand oder der Geschäftsführung geleitet werden. Das Übertragen einer solchen kollektiven Führungsstruktur auf amerikanische Tochtergesellschaften implizierte Verwirrung, Kompetenzkonflikte und Ablehnung durch die amerikanischen Mitarbeiter.[54]

Neben diesen unternehmensinternen Hemmfaktoren lassen sich auch externe Misserfolgskomponenten beobachten, die in enger Verbindung mit den amerikanischen elektrotechnischen Konkurrenzfirmen standen. Bis Mitte des 20. Jahrhunderts hatten S&H, SSW und SRW ein weites Kontaktnetzwerk zu US-Unternehmen aufgebaut. Verträge für verschiedene Produktbereiche regelten den Erfahrungs- und Lizenzaustausch mit US-Firmen und sicherten den Siemens-Gesellschaften den Zugang zu wertvollem Know-how der Wettbewerber. Allerdings mussten sie dazu oftmals einen herben Kompromiss eingehen. Mehrere amerikanische Kooperationspartner legten Wert auf Gebietsabstimmungen. Diese zwangen die Siemens-Firmen dazu, sich auf Geschäfte in Europa zu konzentrieren und sich gleichzeitig vom US-Markt fernzuhalten. Im Gegenzug wurden die US-Firmen nicht auf den europäischen Märkten aktiv. De facto waren damit mehrere Produktgebiete in den USA für die Siemens-Gesellschaften nicht zugänglich. Der Abstimmungsvertrag mit der Westinghouse Electric Corporation von 1924 ist das Paradebeispiel solcher Geschäftsverträge. Er fixierte unter anderem eine Aufteilung des Weltmarkts, wonach sich SSW nicht auf dem Starkstromgebiet in den USA betätigen durfte. Da der Vertrag 1954 neugefasst wurde, waren starkstromtechnische Aktivitäten von SSW in den USA bis in die 1960er Jahre weitgehend ausgeschlossen. Immerhin sicherte er den Austausch von technischem Know-how mit einem der großen, amerikanischen Elektrounternehmen, wovon die Siemens-Firmen sehr profitierten. Ab 1966 liefen die einzelnen Verträge mit Westinghouse aus, sodass sich die Siemens AG nun zunehmend – anfangs über die Kooperation mit Allis-Chalmers – auf dem Starkstromgebiet in den USA etablieren konnte.

Aus den bereits 1945 vorhandenen informellen Kontakten zu amerikanischen Wettbewerbern entstand seit den 1950er Jahren ein Netzwerk, das zunehmend strategischen und geschäftsrelevanten Charakter erhielt. Seither gelang es der Siemens AG, Abkommen mit US-Unternehmen zu vereinbaren, die Siemens nicht vom US-Markt ausschlossen, sondern die Möglichkeit boten, in den USA Geschäfte durchzuführen. Das Netzwerk erwies sich bald als wirksamer Erfolgsfaktor, weil durch diese Geschäftsbeziehungen Folgeaufträge generiert werden konnte und das eigene Image in Fachkreisen angehoben wurde. Die Beziehungen zu öffentlichen Institutionen der USA dagegen ließen sich erst weitaus später, in den 1980er und 1990er Jahren stabilisieren. Daraufhin erhielt die Siemens AG in den USA verstärkt staatliche Aufträge wie die Ausstattung von Krankenhäusern, die oftmals große Geschäftsvolumen besaßen.

Durch den Ausbau solcher Geschäftsverbindungen erarbeitete sich die Siemens AG in US-amerikanischen Industriekreisen und der amerikanischen Politik ein gewisses Ansehen. Eine schwere Hypothek für eine Ausweitung und Intensivierung der Geschäftsaktivitäten blieb aber der fehlende Bekanntheitsgrad von Siemens in

---

54   Vgl.: Mueller-Maerki, Personalpolitik, S. 188.

den amerikanischen Öffentlichkeit. Gerade die rasch steigende Zahl an Beteiligungen und gekauften US-Firmen seit 1973 ließ Siemens für die potenzielle Kunden immer heterogener erscheinen. Eine Corporate Identity war ebenso wenig zu erkennen, wie Argumente, warum amerikanische Kunden von nun an Produkte des deutschen Weltkonzerns kaufen sollten. Deshalb intensivierte die Siemens AG Ende der 1970er Jahre ihre Bemühungen, über Werbe- und Marketingmaßnahmen ihr Image in den USA zu verbessern und sich bei den US-Zielgruppen als innovativ, qualitätsbewusst und kundenorientiert zu verhaften. Dennoch gelang es innerhalb des Untersuchungszeitraumes nicht, die Bekanntheit von Siemens in den USA auf ein zufriedenstellendes Level zu heben und damit einen zentralen Erfolgsfaktor zu aktivieren.[55]

3.3 Institutionelle Faktoren

Abbildung 39: Institutionelle Erfolgs- und Misserfolgsfaktoren

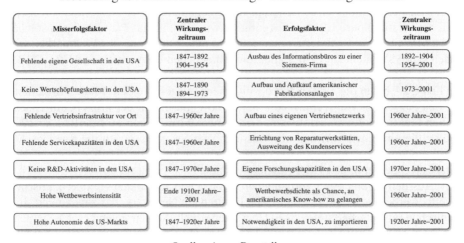

Misserfolgsfaktor	Zentraler Wirkungszeitraum	Erfolgsfaktor	Zentraler Wirkungszeitraum
Fehlende eigene Gesellschaft in den USA	1847–1892 1904–1954	Ausbau des Informationsbüros zu einer Siemens-Firma	1892–1904 1954–2001
Keine Wertschöpfungsketten in den USA	1847–1890 1894–1973	Aufbau und Aufkauf amerikanischer Fabrikationsanlagen	1973–2001
Fehlende Vertriebsinfrastruktur vor Ort	1847–1960er Jahre	Aufbau eines eigenen Vertriebsnetzwerks	1960er Jahre–2001
Fehlende Servicekapazitäten in den USA	1847–1960er Jahre	Errichtung von Reparaturwerkstätten, Ausweitung des Kundenservices	1960er Jahre–2001
Keine R&D-Aktivitäten in den USA	1847–1970er Jahre	Eigene Forschungskapazitäten in den USA	1970er Jahre–2001
Hohe Wettbewerbsintensität	Ende 1910er Jahre–2001	Wettbewerbsdichte als Chance, an amerikanisches Know-how zu gelangen	1960er Jahre–2001
Hohe Autonomie des US-Markts	1847–1920er Jahre	Notwendigkeit in den USA, zu importieren	1920er Jahre–2001

Quelle: eigene Darstellung

Das dritte Feld von Erfolgsbedingungen für Siemens in den USA waren institutionelle Faktoren. Hierunter ist in erster Linie eine eigene, durchsetzungsstarke US-Gesellschaft zu verstehen. Bereits 1892 gründete S&H mit der Siemens & Halske Electric Company of America, Chicago die erste eigene US-Tochtergesellschaft. Seit 1908 führte die Firma dann ein eigenes Informationsbüro vor Ort. All diese Institutionen übernahmen informative und repräsentative, aber keine geschäftsführenden Aufgaben. Auch besaßen sie allesamt weder finanziell noch personell ausreichende Ressourcen. Erst mit Gründung von Siemens New York, Inc. änderte sich das Verantwortungsgebiet. SNYI entwickelte sich mehr und mehr zu einer Landesvertriebsgesellschaft, die sich nicht mehr auf Marktbeobachtung konzentrierte, son-

---

55   Vgl.: Shelley Brown, Fit für den größten Siemens-Markt, in: Siemens-Welt. Die Mitarbeiterzeitschrift des Hauses, 3/2002, S. 36 f., hier S. 37.

dern Geschäftsbeziehungen initiierte. 1970 entstand daraus die Siemens Corp., die zur Holdinggesellschaft aller US-Aktivitäten aufstieg.

Abbildung 40: Die Vertretungsgesellschaften von Siemens in den USA, 1892–2012

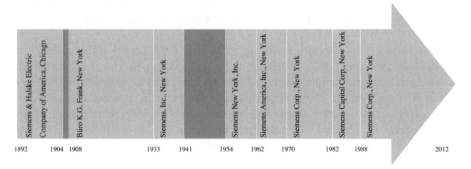

Quelle: eigene Darstellung

Eng verbunden mit dem Fehlen einer starken Gesellschaft war auch das Problem der fehlenden Wertschöpfungsketten vor Ort. Solange Siemens seine Produkte nicht in den USA herstellte, gab es Schwierigkeiten bei den Produktexporten. Kundenbestellungen aus den USA mussten erst nach Deutschland gesandt, dort (wenn nicht bereits auf Lager) hergestellt, bearbeitet und anschließend in die USA verschickt werden. Dieses Prozedere war zeit- und kostenintensiv und verschreckte potenzielle Kunden in den USA. Sie mussten lange auf ihre Produkte warten und sich an den hohen Lieferkosten beteiligen. Oftmals verzichteten sie daher darauf, Produkte bei Siemens zu bestellen. Mit dem Bau einer eigenen Fertigungsstätte zur Kabelproduktion 1890 löste S&H dieses Problem. Vier Jahre später aber musste die Firma einen schweren Schicksalsschlag verkraften, den Fabrikbrand 1894. Ihm folgte eine fast achtzigjährige Auszeit in der Fabrikation vor Ort.

Erst ab 1973 mit dem Kauf und später dem Bau amerikanischer Fabrikanlagen nahm Siemens die Herstellung in den USA wieder auf. Dadurch konnten Produktions- und Lieferzeiten extrem verkürzt und vergünstigt werden. Außerdem war es nun weitaus einfacher, bei der Herstellung auf spezifische Kundenbedürfnisse und Adaptionsschwierigkeiten einzugehen. Allerdings hatte diese Verlagerung der eigenen Wertschöpfungsketten in die USA nicht nur positive Folgen. So stellte das deutsche Unternehmen in den 1980er Jahren fest, dass amerikanische Konkurrenzkonzerne ihre Fertigungskapazitäten von den USA in fernöstliche Billiglohnländer verlagerten, während sich das deutsche Unternehmen in den USA fabrikatorisch stabilisierte. Diese Erkenntnis führte unter anderem zu Werksschließungen wie beispielsweise in Bradenton.

Ein weiterer Misserfolgsfaktor waren die mangelnden Vertriebsstrukturen, die Siemens jahrzehntelang Schwierigkeiten bereiteten. Als ausländisches Unternehmen konnte die deutsche Firma gerade in der Anfangszeit auf keinerlei Verkaufskanäle und Vertriebsnetzwerke zurückgreifen. Zeitweise blieb der Firma keine andere Möglichkeit, als ihre Produkte an US-Dealer zu vertreiben, die dann selbständig den Kontakt zu amerikanischen Kunden herstellten und die Siemens-Artikel weiter verkauften. Solche Systematiken waren unattraktiv für Siemens, schließlich verlangten die Dealer Provisionszahlungen und kauften Produkte aus Deutschland nur unter ihrem Marktwert ein. Gleichzeitig stellte sich bald heraus, dass die hochqualifizierten Vertriebsagenten bereits bei den namhaften US-Konkurrenten angestellt waren und Siemens oftmals an schlecht ausgebildete und wenig erfolgreiche Händler geriet.

Das Fehlen von Serviceeinrichtungen in den USA sorgte insbesondere auf Kundenseite für Unmut, fehlte doch ein technischer Vorort-Service. Defekte Geräte mussten nach Deutschland zurückgeschickt werden, was Kosten verursachte und Zeit in Anspruch nahm. Diese Hypothek war für Siemens weitaus einfacher und kostengünstiger zu beheben als die fehlenden Fabrikationskapazitäten in den Vereinigten Staaten. Die deutsche Firma setzte bereits seit den ausgehenden 1950er Jahren Pläne um, Servicebüros, Reparaturwerkstätten und Ersatzteillager in den unterschiedlichen Regionen des nordamerikanischen Kontinents aufzubauen. In den 1970er Jahren wurde das Servicenetz flächendeckend ausgeweitet.

Ähnlich gestaltete sich die Entwicklung bezüglich der R&D-Kapazitäten in den USA vor Ort. Bis Ende der 1960er unterhielt Siemens in den USA keinerlei Forschungsaktivitäten. Die Grundlagenforschung sowie die Produktentwicklung waren vielmehr in Deutschland beheimatet und wurden während der ersten Hälfte des 20. Jahrhunderts langsam auch auf andere europäische Länder ausgeweitet. Erst mit dem Erwerb der US-Firma Computest im Jahr 1973 konnte Siemens in den USA eigene F&E-Aktivitäten, damals im Bereich der Messtechnik, betreiben. Drei Jahre später, 1976, entschloss sich die Siemens AG, diese Verlagerung zu verstärken. Zukünftig baute das Unternehmen Forschungskapazitäten verstärkt in den USA auf. So konnten die Entwicklungsingenieure nahe am fortschrittlichen amerikanischen Know-how arbeiten und sich umgehend an Trends der amerikanischen Entwickler sowie an den Bedürfnissen von US-Kunden orientieren. 1977 nahm das US-Forschungszentrum in Cherry Hill, New Jersey seine Arbeit auf. In den Anfangsjahren standen neben der Entwicklung von Software auch Grundlagenforschung in den Bereichen Mikroelektronik, Lichtwellenleiter und künstliche Intelligenz im Vordergrund. Bis Ende der 1990er Jahre waren die Schwerpunkte Leistungsschalter, Einspritzdüsen, Beleuchtungstechnik, Onkologie, Strahlentherapie, Ultraschall, Gasturbinen und Solartechnik.

Seit Beginn des 20. Jahrhunderts war die Wettbewerbsintensität in den USA kontinuierlich gestiegen und hatte sich nach dem Zweiten Weltkrieg nochmals extrem erhöht. Daher erhielten institutionelle Kapazitäten von Siemens in den USA eine umso größere Bedeutung für den Geschäftserfolg. Vor 1900 befanden sich die mehrheitlich deutlich jüngeren amerikanischen Elektrofirmen General Electric, Westinghouse, Western Electric oder auch Western Union noch mitten im Geschäftsaufbau und waren vergleichsweise klein. Erst in den 1910er Jahren holten die US-Firmen den Rückstand auf die beiden deutschen Marktführer Siemens & Halske sowie die AEG auf, die nun gemeinsam mit GE und Westinghouse zu den

„Big Four" der weltweiten Elektroindustrie zählten.[56] Die beiden Weltkriege warfen die Siemens-Firmen technologisch und infrastrukturell zurück. Bis Ende der 1960er Jahre war es für das deutsche Unternehmen nicht möglich, diesen Rückstand auf US-Unternehmen auszugleichen.[57] Außerdem war gerade der Zeitraum bis in die 1920er Jahre durch eine erhebliche Autonomie des amerikanischen Markts geprägt. Die amerikanischen Unternehmen konnten die Nachfrage des Binnenmarktes problemlos bedienen. Um die Kundenbedürfnisse zu befriedigen, war es nicht zwingend notwendig, Produkte aus dem Ausland zu importieren.

3.4 Kunden- und produktbezogene Faktoren

Abbildung 41: Kunden- und produktbezogene Erfolgs- und Misserfolgsfaktoren

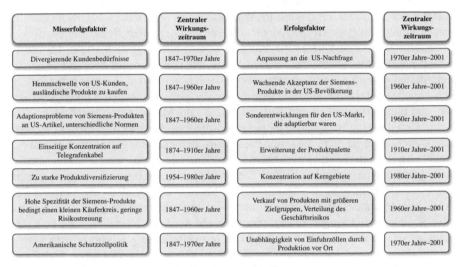

Misserfolgsfaktor	Zentraler Wirkungs-zeitraum	Erfolgsfaktor	Zentraler Wirkungs-zeitraum
Divergierende Kundenbedürfnisse	1847–1970er Jahre	Anpassung an die US-Nachfrage	1970er Jahre–2001
Hemmschwelle von US-Kunden, ausländische Produkte zu kaufen	1847–1960er Jahre	Wachsende Akzeptanz der Siemens-Produkte in der US-Bevölkerung	1960er Jahre–2001
Adaptionsprobleme von Siemens-Produkten an US-Artikel, unterschiedliche Normen	1847–1960er Jahre	Sonderentwicklungen für den US-Markt, die adaptierbar waren	1960er Jahre–2001
Einseitige Konzentration auf Telegrafenkabel	1874–1910er Jahre	Erweiterung der Produktpalette	1910er Jahre–2001
Zu starke Produktdiversifizierung	1954–1980er Jahre	Konzentration auf Kerngebiete	1980er Jahre–2001
Hohe Spezifität der Siemens-Produkte bedingt einen kleinen Käuferkreis, geringe Risikostreuung	1847–1960er Jahre	Verkauf von Produkten mit größeren Zielgruppen, Verteilung des Geschäftsrisikos	1960er Jahre–2001
Amerikanische Schutzzollpolitik	1847–1970er Jahre	Unabhängigkeit von Einfuhrzöllen durch Produktion vor Ort	1970er Jahre–2001

Quelle: eigene Darstellung

Neben den bisher geschilderten Einflüssen waren die Kunden sowie die Produkte zentrale Rahmenbedingungen für Erfolg oder Misserfolg des US-Geschäfts von Siemens. So stellte Siemens bereits im 19. Jahrhundert fest, dass amerikanische Kunden andere Bedürfnisse als europäische Abnehmer hatten. In Europa schätzten die Käufer die hochwertigen und innovativen Produkte im Mittel- und Hochpreissegment, die langlebig und wartungsarm waren. Der vermeintliche Erfolgsfaktor Qualitätsprodukt erwies sich in den USA als große Belastung.[58] Amerikanische Kunden verlangten nach billigen, leicht bedienbaren Massenprodukten, ebenso wie nach niedrigen Einkaufspreisen. Gegenüber den hochqualitativen, oftmals komplex

---

56   Vgl.: Feldenkirchen, Beziehungen, S. 330.
57   Vgl.: Vortrag von Dankwart Rost über „Kommunikationsstrategien im internationalen Investitionsgütergeschäft" vom 28. März 1983, S. 11, in: SAA 20639.
58   Vgl.: Eggert, Erfahrung, S. 131.

konstruierten und insbesondere teuren Siemens-Artikeln bestanden somit von Beginn an Ressentiments. Die Firma war mit diesen Schwierigkeiten aber kein Einzelfall. So bestätigte die Handelskammer Hamburg 1949 anlässlich der Industrieausstellung in New York diese Probleme auch für andere deutsche Unternehmen.

> „Eine der bemerkenswertesten Erfahrungen […] ist die Tatsache, daß der amerikanische Markt das billige standardisierte Massenerzeugnis bevorzugt. Wenn man in Deutschland vielfach geglaubt hat, sich den größten und kaufkräftigsten aller Märkte durch das haltbare Qualitätserzeugnis erschließen zu können, so hat sich diese Annahme als irrig erwiesen. Bei den meisten Verbrauchsartikeln kommt es nur darauf an, daß sie modisch sind, mehr den Anschein der Güte als echte Qualität bringen und die Dauerhaftigkeit durch einen niedrigen Preis ersetzen […]. Die betroffenen Industriezweige werden es sich also sehr überlegen müssen, ob sie in der Lage sind, eine qualitative Umstellung vorzunehmen und ob eine solche Anpassung überhaupt wünschenswert ist.“[59]

Erst seit den 1970er Jahren gelang es Siemens, den US-Kunden die Wertigkeit und Vorteile von Siemens-Produkten in Abgrenzung zu amerikanischer Billigware zu verdeutlichen. Im Bereich Medizintechnik spielten die guten Beziehungen, die das Unternehmen zu den Universitätskliniken besaß, eine wichtige Rolle. Hierdurch kamen junge Ärzte schon früh in Berührung mit hochwertiger Siemens-Medizintechnik, auf die sie auch in späteren Berufsjahren vertrauten. Siemens distanzierte sich gleichzeitig davon, auf die Bedürfnisse der amerikanischen Kunden einzugehen und qualitativ schlechtere Billigprodukte und Massenware anzubieten. Vielmehr blieb das Unternehmen seinem Grundsatz treu, hochwertige Artikel zu fertigen. Daneben zeigte sich, dass zwischen deutschen und amerikanischen Produkten erhebliche Adaptionsschwierigkeiten bestanden. Die nach europäischen Normen gefertigten Siemens-Artikel ließen sich nicht ohne Weiteres an amerikanische Stromnetze, Geräte oder Steckkontakte anschließen. Ein Großteil der Siemens-Produkte konnte daher nur mit kostenintensiven und risikoreichen „[…] Adaptions- oder Sonderentwicklungen marktfähig gemacht werden“,[60] urteilte Paul Dax. Die Siemens AG stellte fest, dass in den USA teilweise andere Kompetenzen gefragt waren, als in Europa. Der Elektromarkt in den USA war sehr viel mehr produktorientiert als der deutsche. Die Gewohnheit von Siemens, nicht nur als Produzent und Lieferant, sondern auch als Consultant für die Produkte aufzutreten, entfiel in den USA weitgehend.[61] Doch nicht nur die Adaptionsschwierigkeiten und unterschiedlichen Käufergewohnheiten hemmten den Produktverkauf in den USA. Auch die Vorbehalte der Amerikaner gegenüber deutschen Artikeln erwiesen sich als Hypothek. Weite Teile der amerikanischen Verbraucher hatten im 20. Jahrhundert eine „home-market-Mentalität“ entwickelt. Sie vertrauten bevorzugt amerikanischen,

---

59   Zitiert nach: Reinhard Neebe, Technologietransfer und Außenhandel in den Anfangsjahren der Bundesrepublik Deutschland, in: Vierteljahrschrift für Sozial- und Wirtschaftsgeschichte, 76/1989, Heft 1, S. 49–75, hier S. 72.

60   Vgl.: Vortrag von Paul Dax anlässlich Vorstandssitzung vom 28./29. Juni 1976, Anlage 1, S. 26, in: SAA S 1. Dasselbe Problem betont ein knappes Jahrzehnt später auch Karlheinz Kaske, siehe: O. V., Jedes Jahr ein stattliches Unternehmen dazu, Interview mit Karlheinz Kaske, in: Manager Magazin Heft 5, 1985, S. 56–61, hier S. 58, in: SAA 16392.

61   Vgl.: Vortrag von Paul Dax anlässlich Vorstandssitzung vom 28./29. Juni 1976, Anlage 1, S. 26, in: SAA S 1.

ihnen bekannten Herstellern und standen den Produkten ausländischer, oftmals fremder Produzenten skeptisch gegenüber.[62] Dieses Misstrauen wurde durch die amerikanische Politik geschürt, wie beispielsweise durch den „Buy-American-Act" von 1933, der die US-Regierung zum bevorzugten Kaufen amerikanischer Produkte aufforderte.[63] Gerade in den Jahren der nationalsozialistischen Herrschaft in Deutschland bekam Siemens die Boykottbewegung amerikanischer Käufer gegenüber deutschen Produkten zu spüren und verzeichnete stark sinkende Verkaufszahlen.

Über den gesamten Untersuchungszeitraum von 1845 bis 2001 wird deutlich, welche Schwierigkeiten Siemens im Bereich des Produktmanagements hatte, sich in den USA zu etablieren. Zwischen 1874/75 und 1901 nahm die Firma nach Anfangserfolgen fast ausschließlich Aufträge zu Kabelverlegungen zwischen Europa und den USA an. Diese einseitige Konzentration auf Spezialprodukte implizierte einen engen Käuferkreis und eine hohe Krisenanfälligkeit, was S&H unter anderem dazu bewegte, sich bis Mitte des 20. Jahrhunderts weitgehend vom Kabelgeschäft zurückzuziehen. Die Strategie, auf eine breite Produktpalette zu setzen, erwies sich in der zweiten Hälfte des 20. Jahrhunderts allerdings ebenfalls als inadäquat. Bis in die 1980er Jahre war es der Siemens AG in den USA gelungen, eine erhebliche Bandbreite an Produkten von medizintechnischen Geräten über elektrische Bauelemente bis hin zu Starkstromgeneratoren anzubieten. Das Unternehmen exportierte 1980 Artikel aus den Portfolios aller deutschen Unternehmensbereiche mit Ausnahme des UB Installationstechnik in die USA. Diese starke Produktdiversifizierung stellte sich als ein wichtiger Misserfolgsfaktor heraus,[64] schließlich stand sie der notwendigen Konzentration auf Kerngeschäftsgebiete entgegen. Die Vielfalt unterschiedlicher Produkte und Dienstleistungen verstärkte zudem die Außenwirkung eines heterogenen Unternehmenskonglomerates. Entscheidend für den Geschäftserfolg der Siemens AG war es, seit den 1980er Jahren das aufgeblähte Produktportfolio zu reduzieren und auf Kerngebiete zu konzentrieren. Dabei mussten nicht nur verlustbringende Aktivitäten abgestoßen werden, sondern auch Randsegmente, die teilweise sogar Gewinne erwirtschafteten. Seit dem Jahrtausendwechsel konzentrierte sich das Unternehmen in den USA primär auf die konventionelle Energiegewinnung sowie Netzwerktechnologien. Im Vordergrund standen nun nicht mehr Einzelprodukte, sondern Systemlösungen und elektrotechnische Ge-

---

62   Vgl.: Karlheinz Kaske zur Lage des Unternehmens vom November 1986, S. 6, in: SAA S 2.
63   Siehe dazu: Hilger, Zwang, S. 225. Dieses Gesetz hatte für Siemens noch weit in die zweite Hälfte des 20. Jahrhunderts Auswirkungen auf die USA-Aktivitäten. 1987 erhielt die Siemens AG eine Anklage, gegen den Buy American-Act verstoßen zu haben. Im Rahmen des Lieferauftrags von 26 Straßenbahnwagen an die Stadt Sacramento habe das deutsche Unternehmen nicht, wie vorgegeben, die gesamte Endmontage in den USA durchgeführt und mehr als die Hälfte der Bauteile in den USA gefertigt. Folglich musste Siemens den nicht beendeten Auftrag an eine amerikanische Firma abgeben. Vgl. zu diesem Fall: Pressekonferenz der Siemens AG vom 2. Februar 1987, Frage 66, in: SAA Pressekonferenzen.
64   Vgl.: Hermann Franz an Hans-Gerd Neglein vom 11. Januar 1982, S. 3, in: Die Siemens-Organisation zwischen den Organisationsreformen 1969 und 1988/89, BIII, Band 3, in: SAA 33/Lf 963 sowie: Aktennotiz von Andreas Zimmermann vom 15. Oktober 1981, S. 3, in: Siemens-Organisation. Zwischen den Organisationsreformen 1969 und 1988/89, B. III, Band 3.

samtausstattungen für Kunden. Der ursprüngliche medizintechnische Produktschwerpunkt der 1950er und 1960er Jahre hatte sich grundlegend verschoben.

3.5 Finanzielle Faktoren

Abbildung 42: Finanzielle Erfolgs- und Misserfolgsfaktoren

Misserfolgsfaktor	Zentraler Wirkungszeitraum	Erfolgsfaktor	Zentraler Wirkungszeitraum
Kein ausreichendes Investitionskapital	1847–1973	Siemens AG gibt Investitionskapital frei	1973–2001
Als deutsches Unternehmen nur geringe Gewinnmargen in den USA	1847–1990er Jahre	Etablierung in den USA als amerikanisches Unternehmen, steigende Gewinnmargen	1990er Jahre–2001

Quelle: eigene Darstellung

Der wohl am leichtesten zu quantifizierende Erfolgsfaktor ist der finanzielle Budgetrahmen für Markterschließung und Expansion in den USA. Mehr als ein Jahrhundert lang kamen die Aktivitäten von Siemens in den Vereinigten Staaten nicht über den Status von Nischengeschäften hinaus, weil die deutschen Muttergesellschaften S&H, SSW und SRW nur unzureichendes Investitionskapital bereitstellten, um ein Breitengeschäft aufzubauen. Dies änderte sich 1973. Der Zentralausschuss der Siemens AG beschloss, die US-Firma Computest für 4,9 Mio. $ zu kaufen. In den folgenden sieben Jahren investierte das deutsche Unternehmen insgesamt 600 Mio. DM Eigenkapital in seine US-Aktivitäten. Doch trotz dieser rasant ansteigenden Aufwendungen blieben finanzielle Themen auch nach 1973 die entscheidenden ungelösten Probleme des US-Geschäfts. Als deutsches, in den USA noch zu wenig vernetztes und etabliertes Unternehmen konnte Siemens nur geringe Gewinnmargen erreichen; bei vielen Produktensparten schrieb die Siemens Corp. rote Zahlen. So blieb das US-Geschäft bis in die 1990er Jahre ein Zuschussgeschäft, das keine regelmäßigen, eigenen Gewinne erwirtschaften konnte. Die Expansionspolitik der Siemens AG in den USA war bis zum Ende des Untersuchungszeitraums durch kostenintensive Direktinvestitionen geprägt mit dem Ziel, sich Marktanteile in den Vereinigten Staaten zu erkaufen. Eine letzte Investitionswelle im Untersuchungszeitraum verursachte zwischen 1998 und 2001 Ausgaben in Höhe von acht Mrd. Euro für Unternehmenskäufe in den USA. Mit einem rein organischen Wachstum aus eigener Kraft ohne Zukäufe von Fabrikations- und Vertriebskapazitäten, wie es Vorstandsmitglied Hermann Franz 1982 gefordert hatte,[65] wäre eine vergleichbare Geschäftsexpansion allerdings nicht möglich gewesen. Ohne Milliardeninvestitionen wäre das Wachstum „langsamer und wohl auch nicht

---

65   Siehe: Hermann Franz an Hans-Gerd Neglein vom 11. Januar 1982, S. 3, in: Die Siemens-Organisation zwischen den Organisationsreformen 1969 und 1988/89, BIII, Band 3, in: SAA 33/Lf 963.

‚billiger' zu schaffen gewesen. Zum ‚Global Player' wird man eben nicht als ‚Provinz-Meister' daheim im Vorgarten",[66] konstatierte Heinrich von Pierer 1993.

3.6 Psychologische Faktoren

Abbildung 43: Psychologische Erfolgs- und Misserfolgsfaktoren

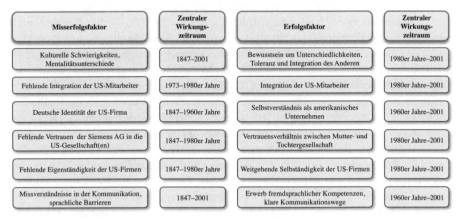

Misserfolgsfaktor	Zentraler Wirkungs-zeitraum	Erfolgsfaktor	Zentraler Wirkungs-zeitraum
Kulturelle Schwierigkeiten, Mentalitätsunterschiede	1847–2001	Bewusstsein um Unterschiedlichkeiten, Toleranz und Integration des Anderen	1980er Jahre–2001
Fehlende Integration der US-Mitarbeiter	1973–1980er Jahre	Integration der US-Mitarbeiter	1980er Jahre–2001
Deutsche Identität der US-Firma	1847–1960er Jahre	Selbstverständnis als amerikanisches Unternehmen	1960er Jahre–2001
Fehlende Vertrauen der Siemens AG in die US-Gesellschaft(en)	1847–1980er Jahre	Vertrauensverhältnis zwischen Mutter- und Tochtergesellschaft	1980er Jahre–2001
Fehlende Eigenständigkeit der US-Firmen	1847–1980er Jahre	Weitgehende Selbständigkeit der US-Firmen	1980er Jahre–2001
Missverständnisse in der Kommunikation, sprachliche Barrieren	1847–2001	Erwerb fremdsprachlicher Kompetenzen, klare Kommunikationswege	1960er Jahre–2001

Quelle: eigene Darstellung

Neben den bisher genannten, quantifizierbaren Einflussfaktoren sind die schwer messbaren psychologischen Aspekte ebenfalls bedeutend. So blieben kulturelle Unterschiede und Missverständnisse eine große Hypothek für die Kooperation zwischen deutschen Vertretern der Siemens AG und amerikanischen Managern und Angestellten in den USA. Der Aufstieg der USA zu einer der wirtschaftlichen und technologischen Führungsmächte hatte bei amerikanischen Ingenieuren und Entwicklern ein gewisses Selbstvertrauen entstehen lassen. Dieses sorgte für Konfliktpotenzial mit den deutschen Kollegen. Diese waren selbst davon überzeugt, den Amerikanern wissenschaftlich überlegen zu sein. Folglich wollte sich keine der beiden Seiten von der anderen belehren lassen.[67] Umso schwieriger erwies sich die Integration der amerikanischen Partnerfirmen und deren Mitarbeiter in die – meist aus Deutschland vorgegebene – Organisationsstruktur. Gerade weil Siemens als Weltkonzern primär amerikanische Mittelstandsbetriebe akquirierte, entstanden Schwierigkeiten. Deren Mitarbeiter mussten sich erst an die Größenverhältnisse der neuen Muttergesellschaft und die entsprechende Organisation gewöhnen. Sie wa-

---

66 Vgl.: Heinrich von Pierer anlässlich der Pressekonferenz der Siemens AG vom 14. Januar 1993, o. S., in: SAA Pressekonferenzen.

67 Vgl. zu dieser Problematik: Vortrag von Paul Dax anlässlich der Vorstandssitzung der Siemens AG vom 28./29. Juni 1976, Anlage 1, S. 26 f., in: SAA S 1 sowie auch: Bernhard Plettner, Anmerkungen zum Thema „Fertigungen im Ausland" vom 2. März 1982, S. 3, in: Die Siemens-Organisation zwischen den Organisationsreformen 1969 und 1988/89, BIII, Band 3, in: SAA 33/Lf 963. Auch dies war kein Siemens-typisches, sondern ein allgemeines Phänomen. Vgl. dazu: Jones/Gálvez-Muñoz, dreams, S. 12.

ren mit klaren und pyramidisch aufgebauten Befehlsverhältnissen vertraut. Die Siemens-Organisation dagegen basierte auf verschiedenen Gremien und hatte nicht eine dominierende Person an der Spitze. Es entstand Verwirrung, wenn nach der Übernahme neben der amerikanischen Unternehmensführung plötzlich Siemens-Manager auftraten und Leitungskompetenzen für sich beanspruchten.[68]

Siemens selbst stand vor der Herausforderung, amerikanische Firmenstrukturen mittelständischer Größe in die eigene Unternehmensordnung zu integrieren.[69] Dabei achtete der deutsche Konzern darauf, die Stärken der aufgekauften US-Firmen nicht zu mindern.[70] Vielmehr wurden Eigenschaften wie die flexible und unbürokratische amerikanische Administration, die schnellen Planungs- und Projektabläufe oder auch der Innovationsgeist und die Verantwortungsfreude beibehalten.[71] Auch die Gewohnheiten der amerikanischen Mitarbeiter mussten nicht nur erkannt, sondern auch berücksichtigt werden. Da sich die US-Firmenkultur i.d.R. durch eine hohe Eigenständigkeit des einzelnen Angestellten auszeichnete, durfte die Siemens AG dem amerikanischen Mitarbeiter seine Arbeitsweisen nicht im Detail vorschreiben.[72] Er durfte sich nicht zu sehr von der neuen deutschen Muttergesellschaft kontrolliert fühlen. Sie waren es unter amerikanischer Führung gewohnt, klare Geschäftsziele zu erhalten und diesen dann mit großer, unternehmerischer Freiheit und ausreichend Raum für risikoreiche Geschäftsentscheidungen nachzustreben.[73] Für die Siemens AG war es unumstritten, das US-Geschäft soweit wie möglich mit amerikanischen Mitarbeitern zu betreiben, da diese mit dem US-Markt und den einheimischen Arbeitsweisen und Mentalitäten am besten vertraut waren.[74]

Dies spiegelte sich auch in der Mitarbeiterbezahlung wider. Da in den USA Fixgehälter mittlerer Höhe gezahlt wurden, dafür aber bei guter Arbeitsleistung hohe Boni hinzugefügt wurden,[75] passte sich die Siemens AG bei ihren US-Beteiligungen an diese Handhabe an. Amerikanische Mitarbeiter erhielten höhere Erfolgsprämien als Kollegen im Deutschlandgeschäft. Damit wurden sie an den Ge-

---

68   Vgl.: Bernhard Plettner, Anmerkungen zum Thema „Fertigungen im Ausland" vom 2. März 1982, S.6, in: Die Siemens-Organisation zwischen den Organisationsreformen 1969 und 1988/89, BIII, Band 3, in: SAA 33/Lf 963.

69   Siehe: Vortrag von Paul Dax anlässlich der Vorstandssitzung der Siemens AG vom 28./29. Juni 1976, Anlage 1, S.27, in: SAA S 1.

70   Vgl.: Karlheinz Kaske anlässlich der Siemens-Tagung vom 26. bis 28. Februar 1980, S.24, in: SAA S 12. Ebenso urteilte Andreas Zimmermann: „Wir sollten uns also hüten, unsere Stammhausvorstellungen zu leichtfertig in die US-Töchter hineinzutragen." Siehe: Andreas Zimmermann, Siemens in den USA, in: Siemens AG (Hg.), ZP-Tagung 1978, Report, S.17–44, hier S.41, in: SAA 10594.

71   Vgl.: Karlheinz Kaske anlässlich der Siemens-Tagung vom 26. bis 28. Februar 1980, S.24, in: SAA S 12.

72   Vgl. dazu: Protokoll Nr. 125 über die Sitzung des Zentralausschusses vom 10. Mai 1976, S.14, in: SAA S 10. Ähnlich argumentieren auch: Jones/Gálvez-Muñoz, dreams, S.13.

73   Siehe dazu: Mueller-Maerki, Personalpolitik, S.193 sowie Bernhard Plettner, Anmerkungen zum Thema „Fertigungen im Ausland" vom 2. März 1982, S.6, in: Die Siemens-Organisation zwischen den Organisationsreformen 1969 und 1988/89, BIII, Band 3, in: SAA 33/Lf 963.

74   Vgl.: Andreas Zimmermann, Siemens in den USA, in: Siemens AG (Hg.), ZP-Tagung 1978, Report, S.17–44, hier S.40, in: SAA 10594.

75   Siehe: Mueller-Maerki, Personalpolitik, S.193.

schäftserfolg des Unternehmens gebunden.[76] Außerdem entschied sich die Siemens AG in den USA dazu, ab den 1980er Jahren als amerikanisches und nicht als deutsches Unternehmen aufzutreten. Diese „einheimische" Identität und ihre Kommunikation nach außen waren entscheidende Erfolgsfaktoren, wie Lucia von Itter-Eggert konstatierte: „Es sind die deutschen Firmen in den USA am erfolgreichsten, die wie amerikanische Firmen geführt werden und nicht versuchen, eine ,deutsche Insel im amerikanischen Ozean' zu bleiben."[77]

Bei aller Integrationsbereitschaft der Führungsverantwortlichen der Siemens AG erwies sich die Vorgehensweise im Alltag oftmals als problematisch. Die unterschiedlichen Arbeitsweisen und Mentalitäten führten auf Seiten der deutschen Unternehmensbereiche zu Vorbehalten gegenüber den amerikanischen Unternehmen und ihren Mitarbeitern. Daraus entstand häufig ein fehlendes Vertrauen der Siemens AG in die US-Tochterfirmen bzw. die eigene Holdinggesellschaft. Dabei handelte es sich um einen der zentralen Faktoren für Erfolg oder Misserfolg im Tagesgeschäft.[78] Aus diesem ungenügenden Zutrauen der Siemens AG in die Fähigkeiten der amerikanischen Angestellten heraus begrenzte sie häufig deren Eigenständigkeit. So wurden viele der Geschäftstätigkeiten von Deutschland aus gesteuert. Dieses Top-down-Management implizierte, dass die amerikanischen Geschäftsleute vor Ort oftmals keinen Handlungsspielraum hatten. Die finale Entscheidungskompetenz war vielmehr in den Händen deutscher Manager, denen das Fachwissen zu den US-Verhältnissen fehlte.[79] Eng verbunden mit der fehlenden Kooperationsbereitschaft war häufig auch eine begrenzte Kommunikation zwischen Mitarbeitern in Deutschland und in den USA. Eine Quelle dafür und für Missverständnisse waren sprachliche Verständigungsschwierigkeiten, die auf der Unkenntnis der deutschen bzw. englischen Sprache des Gegenübers basierten. Auch terminologische Unterschiede zwischen beiden Sprachen erschwerten die Kommunikation. Bestimmte Begriffe, gerade in der Welt der Technik, ließen sich nicht ohne weiteres von der einen in die andere Sprache übersetzen, ohne ihre Bedeutung zu verändern.[80]

76   Vgl.: Protokoll Nr. 125 über die Sitzung des Zentralausschusses vom 10. Mai 1976, S. 14, in: SAA S 10.
77   Vgl.: Von Itter-Eggert, Wirtschaftsbeziehungen, S. 111.
78   Vgl.: Kaufmann/Panhans/Aulbur/Kurch, Allstars. S. 78.
79   Vgl.: Karnitschnig, Question, S. A1 sowie: Javidan, Interview, S. 15.
80   Siehe: Anlage 1 zur Vorstandssitzung vom 28./29. Juni 1976, Vortrag von Paul Dax, S. 27, in: SAA S 1.

3.7 Allgemeinwirtschaftliche Faktoren

Abbildung 44: Allgemeinwirtschaftliche Erfolgs- und Misserfolgsfaktoren

Quelle: eigene Darstellung

Konjunkturelle Entwicklungen wirkten sich ebenfalls auf den Geschäftsausbau in den USA aus. Die amerikanische Finanzkrise 1893 brachte Siemens & Halske Electric Company of America in Schwierigkeiten. Die sinkende Nachfrage und Preisverluste von bis zu 40 Prozent ließen Entlassungen für die junge Gesellschaft unabdingbar werden. Mehr als dreißig Jahre später zeigte die Weltwirtschaftskrise 1929 einschneidende Auswirkungen auf die Tätigkeit der deutschen Firma in den USA. In ihrer Folge sanken die Aufträge für das Informationsbüro von Siemens so stark, dass einzelne Mitarbeiter beschäftigungslos wurden. Die Kürzung der Gehälter konnte die Situation auch nicht entspannen, sodass die Führungsebene von S&H kurzzeitig darüber nachdachte, das Geschäft in den USA gänzlich aufzugeben. Erst die Stabilisierung der weltwirtschaftlichen Lage in den 1930er Jahren trug dazu bei, das Exportgeschäft von Siemens-Artikeln langsam wieder aufzunehmen.

In den Nachkriegsjahren wurde deutlich, wie sehr die Siemens AG vom schwankenden Dollarkurs abhängig war. Durch das System von Bretton-Woods war der US-Dollar zur Leitwährung der DM und anderer europäischer Währungen erklärt worden. Der hohe Dollarkurs bis Ende der 1960er Jahre machte für nichtamerikanische Unternehmen Direktinvestitionen in den USA unattraktiv, da diese sehr kostenintensiv waren. Daher begrenzte sich Siemens bis 1973 auf ein reines Exportgeschäft. Für den Strategiewechsel, ab 1973 massiv Direktinvestitionen in den USA zu tätigen, war der – nun stark gesunkene – Dollarkurs verantwortlich. Er hatte zweierlei Auswirkungen auf nicht-amerikanische Firmen. Einerseits ließ er Exporte in die USA finanziell unattraktiv werden, gleichzeitig wurden Direktinvestitionen in den Vereinigten Staaten durch plötzliche Kostenvorteile hochinteressant. Niedrige Arbeitslöhne, geringe Grundstückskosten und günstige Verkaufspreise für US-Firmen lockten Siemens und andere Unternehmen in die USA.

Neben der allgemeinen Konjunkturentwicklung beeinflusste die schwankende US-amerikanische Zollgesetzgebung die Siemens-Aktivitäten. Besonders hemmend wirkten sich die Schutzzollbestimmungen auf Siemens bis in die 1970er Jahre aus, da sich das Unternehmen erst dann vom ausschließlichen Exportgeschäft in die USA lösen und eigene Fabriken vor Ort aufbauen konnte. In den 1890er Jahren führte die deutsche Firma beispielsweise ihre Produkte in die USA ein, musste dafür 60 Prozent der Verkaufspreise als Zollgebühren entrichten. Bis zum Beginn des Ersten Weltkriegs war der Zollsatz auf Einfuhren aus dem Ausland auf 25 Prozent gefallen. Auf ähnlicher Höhe bewegte er sich bis in die zweite Hälfte des 20. Jahrhunderts. Für ausländische Unternehmen wie Siemens bedeutete dies nach wie vor, etwa ein Viertel des Verkaufspreises zu verlieren. Diese Hypothek konnte seit 1973 durch den Aufbau eigener Fabriken in den USA entschärft werden. Mitte der 1980er Jahre besaß die Siemens AG bereits ausreichende Herstellungskapazitäten vor Ort, um 80 Prozent der dort verkauften Produkte vor Ort herstellen zu können. Die Abhängigkeit von Einfuhrzöllen war damit entscheidend reduziert worden.

3.8 Geographische und logistische Faktoren

Abbildung 45: Geographische und logistische Erfolgs- und Misserfolgsfaktoren

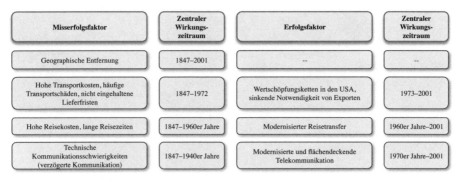

Misserfolgsfaktor	Zentraler Wirkungs- zeitraum	Erfolgsfaktor	Zentraler Wirkungs- zeitraum
Geographische Entfernung	1847–2001	--	--
Hohe Transportkosten, häufige Transportschäden, nicht eingehaltene Lieferfristen	1847–1972	Wertschöpfungsketten in den USA, sinkende Notwendigkeit von Exporten	1973–2001
Hohe Reisekosten, lange Reisezeiten	1847–1960er Jahre	Modernisierter Reisetransfer	1960er Jahre–2001
Technische Kommunikationsschwierigkeiten (verzögerte Kommunikation)	1847–1940er Jahre	Modernisierte und flächendeckende Telekommunikation	1970er Jahre–2001

Quelle: eigene Darstellung

Zuletzt gilt es noch, diejenigen Erfolgs- und Misserfolgsfaktoren zu erwähnen, die in der großen räumlichen Distanz zwischen Deutschland und den USA begründet liegen. In erster Linie ist hierbei die geographisch weite Entfernung zwischen dem deutschen Heimat- und dem nordamerikanischen Zielmarkt zu nennen. Gerade bis Mitte des 20. Jahrhunderts war sie eine besondere Belastung für die Geschäftsexpansion, da sie mit hohen Transport- und Reisekosten, langen Liefer- und Reisezeiten sowie komplizierter und verzögerter Kommunikation verbunden war.[81] Erst in den späten 1960er Jahren konnte der Personen- und Gütertransfer mit der breitenwirksamen Modernisierung des Reiseflugverkehrs beschleunigt und verbilligt werden. Die zunehmende Verlagerung von Wertschöpfungsketten in die USA seit 1973 reduzierte die Abhängigkeit von Produktexporten und damit vom Produkttransport.[82] Die technischen Kommunikationsschwierigkeiten entschärften sich erst in

---

81 Auf den langen Transportreisen kam es gerade im 19. Jahrhundert immer wieder zu Beschädigungen von Siemens-Artikeln an Bord der Schiffe sowie beim Verladevorgang.

82 Hinweise, dass die geographische Entfernung zu den USA von den Siemens-Verantwortlichen als Vorteil gesehen wurde, konnten in den Akten nicht gefunden werden. Andere deutsche Unternehmen erkannten nach 1945 in den USA einen Zielmarkt, der weit entfernt von den

der zweiten Hälfte des 20. Jahrhunderts, als die Fortschritte der Telekommunikation die kontinentübergreifende Verständigung erleichterten.

Zentren des „Kalten Kriegs" zwischen den USA und der Sowjetunion lag und daher forciert erschlossen werden sollte. Siehe hierzu: Hilger, Zwang, S. 229.

F. FAZIT

Zwischen 1845 und 2001 vollzog das deutsche Unternehmen Siemens in den USA den Strategiewechsel vom Nischenmarktanbieter zum größten ausländischen Investor im Bereich der Elektroindustrie. Diese Entwicklung war von vielfältigen internen und externen Faktoren beeinflusst. Die Anwendung der Prinzipal-Agenten-Theorie leistet einen wesentlichen Beitrag, die Mühen und den Erfolg dieser Expansion zu erklären. Zentrales Ergebnis der durchgeführten Analyse ist, dass Informationsasymmetrien und die Bewältigung der daraus resultierenden Interessenskonflikte die entscheidenden Einflussgrößen für Geschäftserfolge und -misserfolge waren.

Über rund hundert Jahre sahen sich S&H, sowie später SSW und SRW in den USA mit einem Führungsdilemma konfrontiert: Es galt, ihren Vertretern möglichst viel Handlungsfreiheit zu gewähren und Eigeninitiative zuzulassen, gleichzeitig aber deren opportunistisches Handeln gegen die Interessen der Stammhäuser zu unterbinden. Bis Mitte des 20. Jahrhunderts musste die Unternehmensführung lernen, die richtigen Sanktionen zu entwickeln. Wandte sie anfangs weder Monitoring-Mechanismen noch Anreizsysteme an, führte sie ab 1908 schrittweise entsprechende Kontrollmaßnahmen und Sicherheitsstrukturen ein. Seit Mitte der 1950er Jahre initiierte sie erfolgsabhängige Prämien für die US-Mitarbeiter zur positiven Anreizsteuerung. Zusätzlich etablierte sie über die Führungs- und Organisationsstruktur eine enge personelle Verzahnung zwischen den Verantwortlichen des deutschen Mutterkonzerns und der amerikanischen Holdinggesellschaft. Damit sicherte sie sich die Kontrolle der US-Aktivitäten von Deutschland aus.

Zunehmend zeichnete sich ab, dass für die Führung des US-Geschäfts von Europa aus neue erhebliche Schwierigkeiten entstanden. Seit den 1980er Jahren wuchs daher in der Konzernspitze in Deutschland die Überzeugung, der amerikanischen Holdinggesellschaft und ihren Operating Companies zukünftig eine Eigenständigkeit und Selbstverantwortlichkeit im amerikanischen Führungsstil zuzugestehen. Örtliche Firmenstrukturen durften nicht durch deutsche Organisationsmuster ersetzt werden, sondern mussten in wesentlichen Teilen bestehen bleiben. Amerikanische Experten und USA-erfahrene Manager wurden in die US-Politik des Mutterkonzerns einbezogen. Dabei blieb unangetastet, dass die Siemens AG die Führungshoheit aller US-Aktivitäten behielt und an deren Entwicklung entscheidend beteiligt blieb.

Neben der Harmonisierung der Prinzipal-Agenten-Beziehung zwischen den Stammgesellschaften und den Vertretern bzw. Tochtergesellschaften in den USA spielten vielfältige interne und externe Einflüsse eine Rolle für die Wahl der richtigen Markterschließungsstrategie.

Aus der Untersuchung der Erfolgs- und Misserfolgsfaktoren sollen exemplarisch drei herausgegriffen werden:

1. Von zentraler Bedeutung war es, dass sich das deutsche Mutter- sowie das amerikanische Tochterunternehmen mit ihren Operating Companies aller Faktoren und deren Beeinflussbarkeit bzw. Unbeeinflussbarkeit bewusst werden. Es mussten die systemischen Zusammenhänge der technischen, organisatorischen und kulturellen Unterschiede zwischen den USA und Deutschland verstanden werden.

2. Die Verteilung der Verantwortung zwischen der Siemens AG und der US-Tochter Siemens Corp. musste unmissverständlich geklärt sein. Kontrollmechanismen der deutschen Muttergesellschaft waren wichtig; gleichzeitig durfte aber der US-Firma nicht ihre strategische Eigenständigkeit und ihr amerikanisches Selbstverständnis genommen werden.

3. Die Bekanntheit und das Image des Unternehmens in den USA mussten gesteigert und verbessert werden. Dafür war entscheidend, dass die verschiedenen US-Einheiten ihre gemeinsame Corporate Identity deutlicher darstellten.

G. ANHANG

1 AKTENVERZEICHNIS

1.1 Siemens Historical Institute, München

Verzeichnete Aktenbestände

Briefe der Brüder Siemens: 1845–1892
Geschäftsberichte von S&H und SSW: 1897–1966
Geschäftsberichte der Siemens AG: 1966–2002, 2011
Leistungen des Hauses Siemens
Pressekonferenzen: 1973–2001
2237: Schriftverkehr zwischen S&H Berlin und Karl Georg Frank, 1916–1920
2239: Schriftverkehr zwischen S&H Berlin und Karl Georg Frank, 1908–1921
3487: Korrespondenz von Karl Georg Frank, 1908–1912
3488: Korrespondenz von Karl Georg Frank, 1912–1920
4327: Lizenzvertrag zwischen SSW und Westinghouse Electric Co., 1924
4482: Schriftverkehr zwischen S&H Berlin und S&H Electric of America, 1894–1896
4483: Korrespondenz der S&H Electric of America, 1897–1898
4484: Korrespondenz der S&H Electric of America, 1893–1902
4485: S&H Electric of America, Handakte Wilhelm von Siemens, 1893–1898
5306.1: Schriftverkehr zwischen S&H Berlin und S&H Electric of America, 1900–1903
5528.3: Schriftverkehr zwischen S&H Berlin und S&H Electric of America, 1892–1895
5822: Schriftverkehr von S&H Electric of America zur Lieferung einer Röntgenanlage, 1909–1910
6957: Vertrag zwischen SSW und Westinghouse Electric Co., 1934
7230: Monats- und Jahresberichte von Karl Georg Frank, 1927–1933
7363: Joint Export-Import Agency, 1947–1951
7394: Westinghouse-Vermittlungsstelle, 1951–1960
7449: SSW-Patentabteilung, 1947–1969
7489.14: Westinghouse-Hauptvertrag mit Änderungen, 1954
7561: Neuorganisation des Auslandsgeschäfts, 1946–1951
8075: Joachim Wegner, Siemens in den Vereinigten Staaten von Amerika, 1969
8103.1–2: Material- und Quellensammlung zu Siemens in den USA, 1889–1973
8109: Material- und Quellensammlung zur Auslandsorganisation, 1945–1965
8169: Bodo-Joachim von dem Knesebeck, The president says good-bye, 1970
8191: Material- und Quellensammlung zur Centralverwaltung Ausland, 1903–1952
9383: Überseebüros im Krieg, 1943–1944
9389: Siemens Brasilien, 1873–1983
9400: Schriftverkehr der SSW-Abteilung Übersee, 1909–1935
9419: Kommission für Auslandsfragen, 1961–1964
9422: Organisation Übersee, 1932–1939
9752: Wilfried Feldenkirchen, Geschichte der Osram GmbH KG 1919 bis 1945
10285: Wichtige Verträge der Osram GmbH, 1916–1932
10298: Osram, Exzerpte aller wichtigen Verträge, 1916–1939
10594: Bericht über die ZP-Tagung am 17./18. Oktober 1978
11046.1–2: Geschäftsberichte der Dr. Rudolf Hell GmbH, Kiel, 1970–1990

12146: Verträge der Siemens AG mit Allis-Chalmers, 1970
12350: Dollar-Anleihen, 1925–1973
12625: Vertrag von S&H und der Edison General Electric Company, 1890
12655: Vertrag der Vertretung in Kuba, 1899
12932: Abkommen und Verträge mit Siemens Brothers & Co. Ltd, 1880–1904
13010: Vertrag zwischen S&H Electric Co. of America und S&H Berlin, 1904
13097: Vertrag der Vertretung in Venezuela, 1899
14040: Vertrag der Vertretung in Jamaika, 1899
15089: Manuskript zur Geschichte der Klangfilm GmbH, 1928–1933
15230: Vortrag zu Forschen und Forschern in den USA, 1991
15269: Pressemitteilung: keeping you posted, a newsletter of Siemens Developments, 1988–1989
15596: Helmut Schwab, Biographie von Henry Villard, 1994
15769: Siemens-Elektromikroskope in allen Erdteilen, 1931–1961
15825: Geschäftsberichte der Siemens Corp. / Siemens Capital Corp., 1979–1999
15884: Geschäftsberichte der Siemens Corp. / Siemens Capital Corp., 1995–1999
15891: Geschäftsberichte der Siemens Corp. / Siemens Capital Corp., 1993–1996
16392: Interview mit Karlheinz Kaske, 1985
16498: Leonhard Bauer, 40 years of Siemens PN history in the U.S., 1993
18373: Bernd Zeitler, Vom Kupfer zum Glas, 1984–1986
18392: Karl Heinrich Rüßmann, Halbzeit in Amerika, 1986
19567: Berichte von Hermann Reyss über Auslandsgesellschaften, 1945–1946
19568: Züricher Verträge, Bericht Dr. Richard Diercks vom 31. Dezember 1945
20639: Unterlagen zur Corporate Identity, 1892–1987
20643: Unterlagen zur Corporate Identity, 1889–1987
20660: Organisation, Funktion und Tätigkeit der Hauptwerbeabteilung, 1960–1962
20663: Organisation, Funktion und Tätigkeit der Hauptwerbeabteilung, 1964
20671: Sammelordner Sonderquellen, 1974–1977
20674.2: Organisation, Funktion und Tätigkeit der Hauptwerbeabteilung, 1974–1975
20675: Organisation, Funktion und Tätigkeit der Hauptwerbeabteilung, 1976–1977
20676.2: Organisation, Funktion und Tätigkeit der Hauptwerbeabteilung, 1978–1979
20677.2: Organisation, Funktion und Tätigkeit der Hauptwerbeabteilung, 1980–1981
20680: Sammelordner Sonderquellen, 1981–1983
20681: Organisation, Funktion und Tätigkeit der Hauptwerbeabteilung, 1984–1985
20684: Sammelordner Sonderquellen, 1985–1986
21224: Klaus Kleinfeld, Die Firmenmarke, Ansätze und Ergebnisse, 1986–1987
21232: Norman Klein / Stephen A, Greyser, Siemens Corporation: Corporate Advertising for 1992, 1996
21311: Verträge der Polygram, 1961–1965
21345: Gründung der Allis-Chalmers Power Systems, 1970–1974
21445.1: Verhandlungen zwischen Osram, GE und der AEG, 1974–1975
21478.1–2: Unterlagen zur AMD, 1977 und 1984
21541: Unterlagen zur Electronic Display GmbH, 1981
21617. 1–2: Unterlagen zur AMD und AMC, 1977–1985
21713: Gründungsunterlagen zur Siemens Capital Corp., 1968
21726.2: Antitrust-Verfahren, 1954–1961
21822: Anteilserwerb der United States Instrument Corp., 1961
21846.1–2: Lizenz- und Erfahrungsaustausch mit Westinghouse, 1952–1964
21908.1: Unterlagen zu Allis-Chalmers, 1976–1978
21927: Kernenergieverträge, 1968–1970
21952: Verträge zur Siecor Gesellschaft für Lichtwellenleiter, 1973–1985
21960: Vertrag zwischen der Siemens AG, RCA und Fairchild, 1967
22454: Joint Venture der Siemens AG mit Allis-Chalmers Electric Inc., 1970–1973
22513.2: Vertragsunterlagen zu Siemens in den USA, 1966–1977

22519.1–2: Unterlagen zur Unidata, 1973–1975

22527.1–2: Vertragsunterlagen zu Siemens in den USA, 1958–1985

22537: Unterlagen zu Siemens in den USA allgemein, 1978–1982

22546: Unterlagen zu Litronix, 1977–1979

22611.2: Unterlagen zu Siemens in den USA allgemein, 1953–1967

22619: Unterlagen zur Kooperation mit William Brand, 1960–1964

22658: Unterlagen zu Siemens in den USA, 1967–1974

22659: Unterlagen zur Stromberg-Carlson Corp., 1966–1968

22738: Unterlagen zur AMD, 1977–1984

22739: Unterlagen zur MacBeth Sales Corp., 1978–1981

22797.1–2: Verträge zur Allis-Chalmers Manufacturing Co., 1968–1971

22872: Verträge mit der RCA, 1964–1966

22903: Unterlagen zur Deutschen Grammophon, 1954–1969

22947: Auflösung der Unidata, 1974–1975

23518: Materialsammlung von und über Gerd Tacke, 1944–1991

23652: Protokolle der Pressekonferenzen der Siemens AG, 1986–1989

23666: Siemens at a glance. Information and Resource File, 1990

23669: Berichte von Studienreisen in die USA, 1962–1980

23672: Druckschriften der Siemens Corp., 1990–1992

23882: Vertrag von S&H und der AC Spark Plug Co., 1933

23908: Lizenzvertrag der Siemens AG mit der Western Electric, 1970

23911: Technologie- und Lizenzvertrag von Osram mit der General Electric, 1970

23984: Unterstützungsvertrag der Siemens AG mit Allis-Chalmers, 1970

24061: Lizenzvertrag der Siemens AG mit Allis-Chalmers, 1970

24068: Lizenzvertrag der Siemens AG mit IBM, 1963–1970

24222: Lizenz- und Know-how-Vertrag der Siemens AG mit RCA, 1964–1970

24386: Vertriebsvertrag der Deutschen Grammophon mit Decca Records, 1963

25062: Besprechungsunterlagen zwischen S&H und Philips, 1961

25301: Nachbau- und Lizenzvertrag von S&H mit RCA, 1961–1963

25334: Vertriebsvertrag der Deutschen Grammophon mit Decca Records, 1949

25390: Grundvertrag der Siemens AG mit Philips, 1949–1953

25406: Reden und Ansprachen der Siemens-Vorstände, 1981–1993

25422: Reden und Vorträge der Siemens-Vorstände, 1967–2000

25529: Vertriebsvertrag von S&H mit RCA, 1964–1967

25713: Vertragsaufhebung zwischen S&H, SSW und General Motors, 1933–1940

26520: Patentlizenzvertrag der Siemens AG mit Western Electric, 1966–1970

26556: Lizenzvertrag von Osram mit der General Telephone & Electronics, 1955–1963

26622: Kauf- und Liefervertrag der Siemens AG mit RCA, 1967

26698: Lizenzabkommen von S&H, SSW und IBM, 1963–1970

26814: Vertriebsvertrag der Deutschen Grammophon mit Metro-Goldwyn-Mayer, 1962

27356: Patentabkommen zwischen S&H Berlin und S&H Electric Co. of America, 1892

27360: Rechtsberatungsvertrag von S&H Berlin mit George Hillard Benjamin, 1892

27468: Geschäftsberichte der Siemens Corp. / Siemens Capital Corp., 1981–1997

28554: Lizenz- und Know-how-Vertrag von S&H mit der United States Instrument Corp., 1954

28774: Reisebericht USA, 1922

2/Li 552: Briefe von Werner von Siemens an Fremde, 1864–1892

2/Li 553 b: Briefe von Werner von Siemens an Fremde, 1883–1892

2/Li 596: Briefe von Werner von Siemens an seine Söhne, 1864–1892

2/Lk 398: Verhandlungen von Werner von Siemens mit Vertretern von Westinghouse, 1889

3/Li 600: Briefe von Werner von Siemens' Brüdern an seine Söhne, 1868–1906

4/Lf 598, Nachlass Carl Friedrich von Siemens: Schriftwechsel Karl Georg Frank, 1930–1933

4/Lf 706.1, Nachlass Carl Friedrich von Siemens: Unterlagen zu Klangfilm, 1928–1933

4/Lf 775.1, Nachlass Wilhelm von Siemens: Tagebücher und Kriegsnotizen, 1886–1919

4/Lh 588, Nachlass Carl Friedrich von Siemens: Kartothek mit Aussprüchen von und über Carl Friedrich von Siemens, 1890–1941

4/Lk 77, Nachlass Wilhelm von Siemens: Schriftwechsel zu General Electric Co. und Westinghouse, 1903–1913

4/Lk 178, Nachlass Wilhelm von Siemens: Berichte von Karl Georg Frank, 1913–1917

4/Ll 786, Nachlass Peter von Siemens: Vorträge von Peter von Siemens, 1884–1987

4/Lr 561, Nachlass Carl Friedrich von Siemens: Briefe der Siemens-Brüder, 1865–1892

4/Lr 562, Nachlass Carl Friedrich von Siemens: Briefe der Siemens-Brüder, 1868–1904

4/Lr 563, Nachlass Carl Friedrich von Siemens: Briefe der Siemens-Brüder, 1868–1916

4/Lr 567, Nachlass Carl Friedrich von Siemens: Verwandte an Wilhelm von Siemens, 1868–1916

11/Lb 359, Nachlass Max Haller: Schriftwechsel mit Karl Georg Frank, 1919–1927

11/Lb 374, Nachlass Max Haller: Schriftwechsel mit Karl Georg Frank, 1926–1933

11/Lb 747, Nachlass Alfred Berliner: Schriftstücke betreffend eine Filiale in den USA, 1907

11/Lb 752, Nachlass Alfred Berliner: Schriftstücke betreffend Adressen, Anlagen und Patente in den USA, 1906–1907

11/Lb 846, Nachlass Rudolf Tamm: Lizenzverträge mit Westinghouse, 1952–1953

11/Lc 839, Nachlass Günther Scharowsky: Auslandsgeschäft und Auslandsorganisation, 1951–1953

11/Le 830, Nachlass Fritz Jessen: Verträge zur Gründung der Osram KG, 1919–1934

11/Lf 55, Nachlass Bingel: Schriftwechsel betreffend die USA, 1933–1945

11/Lf 175–176, Nachlass Carl Köttgen: Schriftwechsel mit Karl Georg Frank, 1924–1929

11/Lf 179, Nachlass Carl Köttgen: Schriftwechsel betreffend Westinghouse, 1924–1927

11/Lf 309, Nachlass Carl Köttgen: Vortrag von Köttgen über eine Amerikareise, 1925

11/Lf 384, Nachlass Carl Köttgen: Vertrag mit Westinghouse, 1924

11/Lf 472, Nachlass Carl Köttgen: Aktennotizen und Schriftwechsel betreffend die USA, 1919–1924

11/Lg 650, Nachlass Adolf Franke: Berichte von Karl Georg Frank, 1930–1945

11/Lo 860, Nachlass Fritz Jessen: Schriftwechsel zur Siemens, Inc., New York, 1933–1941

12/Lm 910: Wolfram Eitel, Die historische Entwicklung des Überseegeschäfts des Hauses Siemens, 1957–1958

13/Lt 113: Personalakte Alfred Berliner, 1893–1943

15/Lc 70: Monatsberichte von Karl Georg Frank, 1913–1916

15/Lc 862: Jahresberichte der CVU, 1908–1917

15/Le 44: Berichte über Westinghouse, 1926

15/Ll 998: Reisebericht USA, 1953

15/Lm 349: Vortrag von Alfred Berliner über seine Weltumsegelung, 1907

15/Lm 870: Bericht über die USA-Reise von Maximilian Anderlohr und Joseph-Wilhelm Freiherr von Bissing, 1948

20/Lt 393: Unterlagen zu Finanzangelegenheiten, 1893–1998

21/La 826: Vertrag von SSW mit Westinghouse, 1934

21/Lg 645: Vertrag mit Westinghouse, 1934

21/Lg 889: Vertrag von S&H mit der Power GmbH, 1938–1943

21/Lh 718: Unterlagen zu diversen Anleihen, 1925–1930

21/Lk 702: Vertrag zwischen den Siemens-Brüdern und Ludwig Löffler, 1888

23/Lk 676: Korrespondenz zwischen S&H und Henry Villard, 1886–1888

23/Lk 677: Korrespondenz zwischen S&H und Henry Villard, 1888–1890

23/Lk 712: Schriftwechsel der Edison General Electric Co. mit Henry Villard, 1890–1892

26/Ll 884: Vertretungsabkommen zwischen der Adlanco und S&H, 1923

27/La 827: Verhandlungen und Schriftwechsel der CVU mit General Electric, 1920–1921

29/Lp 355: Statistik zur Elektroausfuhr, 1935–1970

29/Lp 563: Statistik zu Auslandsumsätzen, 1855–1895

30/Lm 257: Originalbriefe Ludwig Löfflers an Werner von Siemens, 1882–1890

33/Ld 603: Unterlagen zur Organisationsentwicklung der Siemens AG, 1966–1969
35/Ls 403: Presseinformationen der Siemens AG, 1970er bis 1990er Jahre
37/Ld 811: Presseinformation der Siemens AG, 1970–1991
37/Lh 994: ZVW-Public, Werbung und Design im Hause Siemens, 1970–1989
37/Lp 863: Ausstellungskatalog Chicago, 1893
37/Lr 606: Berichte der Werbeforschung, 1957–1972
49/Lp 262: Bericht von S&H an Decartelization Branch des Bipartite Control Office, 1948
49/Lr 349: ZVA-/ZVO-Monatsberichte, 1951–1981
52/Lo 750: Manuskript von Hans Pieper zum Wiederaufbau des Hauses Siemens, 1947–1970
54/Lb 2: Geschichte von Westinghouse, 1886–1980
54/Li 319: Unterlagen zur KWU, 1875–1992
60/Lh 303: Entwicklung der Auslandsorganisation des Hauses Siemens, 1816–1970
60/Lh 308: Chronik zur Organisationsentwicklung des Hauses Siemens, 1847–1947
60/Lh 751: Vertretungen und Technische Büros von S&H und Schuckert & Co., 1850–1904
68/Li 13: Geschichte von Siemens in Kanada, 1912–1989
68/Li 77: Geschichte der Deutschen Grammophon, 1905–1985
68/Li 194: Länderdokumentationen von Dr. Joachim Wegner, 1860–1981
68/Li 200: Unterlagen zu SRW bzw. dem Unternehmensbereich Med, 1886–1997
68/Li 219: Geschichte von Siemens in Großbritannien, 1850–1989
68/Li 262: Geschichte von Siemens in den USA, 1854–1992
68/Li 280: Entwicklung und Übernahme der Klangfilm GmbH, 1928–1960
68/Lr 488.1–2: Organisation der Auslandsorganisation und der Übersee-Abteilungen 1891–1977

ER 9: Heinrich von Pierer, Wir stehen zu unseren Zielen – Wir tun, was wir sagen. Ansprache zur Siemens Business Conference 2001 vom 21. Juni 2001.
ER 26: Vortrag von Heinrich von Pierer anlässlich der Halbjahres-Pressekonferenz der Siemens AG vom 27. April 2000.
E 27.1-5: Jörg Berkner, Kurze Geschichte des Bereichs Halbleiter der Siemens AG. Standorte, Technologien, Bauelemente, 1948–1979
ER 76: Vortrag von Heinrich von Pierer anlässlich der Siemens-Hauptversammlung vom 18. Februar 1999
ER 87: Siemens im globalen Wettbewerb: Management des geordneten Wandels, Vortrag von Heinrich von Pierer vom 8. Juni 1999
E 811: Osram (Hg.), 100 Jahre Osram – Licht hat einen Namen, München 2006.
E 976: Almuth Bartels, Monetarisierung und Individualisierung betrieblicher Sozialpolitik bei Siemens. Historische Analyse ausgewählter Aspekte betrieblicher Sozialpolitik von 1945 bis 1989, Dissertation, Erlangen/Nürnberg 2011, unveröffentlichtes Manuskript.
ER 1076: Vortrag von Heinrich von Pierer anlässlich der Sommer-Pressekonferenz vom 16. Juli 1998

42.UB E EKL: UB E EKL-Rundschreiben, SG-Nummer: 227 vom 10. April 1974
42.Z: Z-Rundschreiben Nr. 12/2004 vom 23. Dezember 2003
K 8900: Gesammelte Zitate Karlheinz Kaske, 1980–1991
VVA Carl Köttgen: Veröffentlichungen von Carl Köttgen
VVA Fritz Lueschen: Veröffentlichungen von Fritz Lueschen

WP Alfred Berliner: Biographische Dokumente zu Alfred Berliner
WP Paul Dax: Biographische Dokumente zu Paul Dax
WP Thomas A. Edison: Biographische Dokumente zu Thomas A. Edison
WP Bodo-Joachim von dem Knesebeck: Biographische Dokumente zu Bodo-Joachim von dem Knesebeck
WP Gerd Tacke: Biographische Dokumente zu Gerd Tacke

16/Lh 262:

Aufsichtsratssitzung der S&H AG vom 21. November 1911.

Aufsichtsratssitzung der S&H AG und der SSW AG vom 16. Mai 1929.

Aufsichtsratssitzung der S&H AG und der SSW AG vom 29. Oktober 1963.

Aufsichtsratssitzung von S&H und SSW vom 30. Januar 1964.

Aufsichtsratssitzung der S&H AG und der SSW AG vom 2. Februar 1965.

Aufsichtsratssitzung der S&H AG und der SSW AG vom 8. Juli 1965.

Aufsichtsratssitzung der Siemens AG vom 2. Juli 1968.

Aufsichtsratssitzung der Siemens AG vom 1. Juli 1969.

Referat von Bernhard Plettner anlässlich der Aufsichtsratssitzung der Siemens AG vom 29. Oktober 1970.

Aufsichtsratssitzung der Siemens AG vom 29. Januar 1970.

Aufsichtsratssitzung der Siemens AG vom 2. Juli 1973.

Vortrag von Bernhard Plettner anlässlich der Aufsichtsratssitzung der Siemens AG vom 9. November 1973.

Vortrag von Bernhard Plettner anlässlich der Aufsichtsratssitzung der Siemens AG vom 8. November 1974.

Vortrag von Bernhard Plettner anlässlich der Aufsichtsratssitzung der Siemens AG vom 5. Juli 1976.

Vortrag von Bernhard Plettner anlässlich der Aufsichtsratssitzung der Siemens AG vom 8. November 1977.

Vortrag von Bernhard Plettner anlässlich der Aufsichtsratssitzung der Siemens AG vom 7. Juli 1978.

Vortrag von Hans Günter Vogelsang anlässlich der Vorstandssitzung der Siemens AG vom 25. Juni 1979.

Aufsichtsratssitzung der Siemens AG vom 13. November 1979.

Vortrag von Bernhard Plettner anlässlich der Aufsichtsratssitzung der Siemens AG vom 13. November 1979.

Vortrag von Bernhard Plettner anlässlich der Aufsichtsratssitzung der Siemens AG vom 31. Januar 1980.

Vortrag von Bernhard Plettner anlässlich der Aufsichtsratssitzung der Siemens AG vom Juli 1980.

Vortrag von Karlheinz Kaske anlässlich der Aufsichtsratssitzung der Siemens AG vom 27. Januar 1982.

Vortrag von Karlheinz Kaske anlässlich der Aufsichtsratssitzung der Siemens AG vom 20. November 1984.

16/Lh 263:

Protokoll über die L-Besprechung vom 30. Januar 1953.

Protokoll über die L-Besprechung vom 10. Dezember 1953.

Vorstandsbesprechung von S&H und SSW vom 7. Juli/10. August 1953.

Vorstandssitzung der S&H AG und der SSW AG vom 23. Oktober 1958.

Vorstandssitzung der S&H AG und der SSW AG vom 26. Juni 1963.

Vorstandssitzung der S&H AG und der SSW AG vom 30. Juni/1. Juli 1964.

Vorstandssitzung der S&H AG und der SSW AG vom 26. Oktober 1964.

Vorstandssitzung der S&H AG vom 25. Oktober 1965.

Vortrag von Werner Schulze über den Jahresabschluss der Siemens AG 1979/80 vom 23. Dezember 1980.

Vortrag von Heribald Närger anlässlich der Vorstandssitzung der Siemens AG vom 23. Juni 1981.

Vortrag von Friedrich Kuhrt anlässlich der Vorstandssitzung der Siemens AG vom 21. Juni 1983.

Vortrag von Hans Günter Vogelsang anlässlich der Vorstandssitzung der Siemens AG vom 21. Juni 1983.

16/Lh 266:

Vorstandssitzung der SSW AG vom 30. November 1948.

16/Le 409:
Niederschrift über die Sitzung des Wirtschaftsausschusses der Siemens AG vom 11. September 1973.
Niederschrift über die Sitzung des Wirtschaftsausschusses der Siemens AG vom 9. Mai 1978
Niederschrift über die Sitzung des Wirtschaftsausschusses der Siemens AG vom 21. September 1978.
Niederschrift über die Sitzung des Wirtschaftsausschusses der Siemens AG vom 8. Mai 1980.
Niederschrift über die Sitzung des Wirtschaftsausschusses der Siemens AG vom 25. September 1981.

16/Le 906:
Protokoll der zukünftigen Aufsichtsräte der Kraftwerk Union AG und der Transformatoren Union AG vom 23. Dezember 1968.
Besprechung der Gesellschafterdelegation vom 6. Mai 1970.
Besprechung der Gesellschafterdelegation vom 20. November 1970.

16/Ll 405:
59. Sitzung der Firmenleitung mit den Wirtschaftsausschüssen S&H, SSW und SE, ohne Datum.
Sitzung der Firmenleitung mit den Wirtschaftsausschüssen von S&H, SSW und SE vom 23. August 1961.
Niederschrift über die Besprechung der Firmenleitung mit dem Verhandlungsausschuss des Gesamtbetriebsrates vom 4. Oktober 1971.

16/Ll 409:
Protokoll der 67. Sitzung der Firmenleitung am 2. Februar 1970.
Firmenleitungssitzung mit den Wirtschaftsausschüssen der Siemens AG und der SE GmbH vom 2. Februar 1970.
Wirtschaftsausschusssitzung der Siemens AG vom 9. November 1973.
Niederschrift über die Sitzung des Wirtschaftsausschusses der Siemens AG vom 8. Mai 1980.
Protokoll der Wirtschaftsausschusssitzung der Siemens AG vom 17. September 1986.
Protokoll der Wirtschaftsausschusssitzung der Siemens AG vom 17. November 1988.

16/Ll 736:
Protokoll der Z-Besprechung am 14. Mai 1952 in Erlangen (1. Teil).
Niederschrift über die Z-Besprechung am 13. Februar 1952 vom 10. März 1952.
Protokoll der Zentral-Besprechung am 10. September 1952.

16/Ll 737:
Anhang zum Zwischenbericht über das USA-Konzept vor dem Zentralausschuss vom 23./24. Juli 1973.

16/Lm 31:
Vorstandsessen von S&H, SSW und der Siemens AG, 1961–1980

16/Lo 752:
Protokoll der DG-Delegationssitzung vom 10. März 1951.
Aufsichtsratssitzung der Deutschen Grammophon GmbH vom 15. März 1956.
Protokoll der DG-Besprechung vom 23. Oktober 1959.
Aufsichtsratssitzung der Deutschen Grammophon GmbH vom 23. Oktober 1959.
Grundsätze für die Führung der Schallplattengruppe DG/PPI vom 9. Dezember 1964.
Protokoll der Sitzung der Gesellschafterdelegation Philips/Siemens vom 10. März 1971.
Protokoll der Sitzung der Gesellschafterdelegation Philips/Siemens vom 29. Oktober 1971.
Protokoll der Sitzung der Gesellschafterdelegation Philips/Siemens vom 28. November 1974.

33/Lf 963:
Basis-Dokumentation zur Siemens-Organisation, 1966–1989

64/Lb 439:
Manager des Jahres: Karlheinz Kaske, in: Industriemagazin, Nr. 12 vom 15. Dezember 1982.
Vortrag von Karlheinz Kaske anlässlich der Pressekonferenz der Siemens AG vom 3. Februar 1986.
Vortrag von Karlheinz Kaske anlässlich der Sommerpressekonferenz der Siemens AG vom 5./19.
    Juli 1991.

64/Lm 204:
Vortrag von Bernhard Plettner anlässlich der Winterpressekonferenz der Siemens AG am 29. Januar
    1974.
Vortrag von Bernhard Plettner anlässlich der Pressekonferenz der Siemens AG vom 11. Juli 1977.
Vortrag von Bernhard Plettner anlässlich der Sommerpressekonferenz der Siemens AG vom 11. Juli
    1978.
Vortrag von Karlheinz Kaske anlässlich der Pressekonferenz der Siemens AG vom 31. Januar 1983.
Karlheinz Kaske auf der Pressekonferenz der Siemens AG vom 4. Februar 1985.

64/Lm 604:
Vortrag von Bernhard Plettner anlässlich der Pressekonferenz der Siemens AG vom 10. Juli 1973.
Vortrag von Bernhard Plettner anlässlich der Pressekonferenz der Siemens AG vom 11. Juli 1977.

S 1:
Vortrag von Joachim Wegner zum Thema „Die SSW-Stammhaus-Organisation für das Auslandsge-
    schäft und Gedanken zum Neuaufbau einer Vertretungsorganisation im Ausland", vom 4. Fe-
    bruar 1952.
Vortrag von Paul Dax anlässlich der Vorstandssitzung der Siemens AG vom 28./29. Juni 1976, An-
    lage 1.
Vorstandssitzung der Siemens AG vom 21. Juni 1983.
Vortrag von Heribald Närger anlässlich der Vorstandssitzung der Siemens AG vom 24. Juni 1986.
Manuskript zum Jahresabschluss 1992/93 auf der Vorstandssitzung der Siemens AG vom 13. De-
    zember 1993.

S 2:
Vortrag von Bernhard Plettner anlässlich der Aufsichtsratssitzung der Siemens AG vom 2. Juli 1973.
Vortrag von Heribald Närger anlässlich der Aufsichtsratssitzung der Siemens AG vom 29. Juni 1981.
Vortrag von Karlheinz Kaske anlässlich der Aufsichtsratssitzung der Siemens AG vom Juni 1981.
Max Günther zur Geschäftslage des Unternehmens vom Juli 1985.
Karlheinz Kaske zur Lage des Unternehmens vom Januar 1985.
Karlheinz Kaske zur Lage des Unternehmens vom 15. November 1985.
Vortrag von Friedrich Kuhrt, Das USA-Geschäft als Innovationsmotor für Medizinische Technik,
    anlässlich der Aufsichtsratssitzung der Siemens AG vom 19. November 1985.
Karlheinz Kaske zur Lage des Unternehmens vom November 1986.
Max Günther zur Lage der Gesellschaft vom Januar 1987.
Heribald Närger zur Lage des Unternehmens vom Januar 1988.
Aufsichtsratssitzung der Siemens AG vom 13. Januar 1993.
Aufsichtsratssitzung der Siemens AG vom 12. Januar 1994.
Vortrag von Heinrich von Pierer anlässlich der Aufsichtsratssitzung vom 5. November 1997, zweiter
    Entwurf.
Vortrag von Peter Pribilla zu „Siemens in den USA" anlässlich der Aufsichtsratssitzung der Siemens
    AG vom 25. Juli 2001.

S 10:

Protokoll Nr. 26 über die Sitzung des Zentralausschusses vom 9. April 1968.
Protokoll Nr. 28 über die Sitzung des Zentralausschusses vom 24. Juni 1968.
Protokoll Nr. 50 über die Sitzung des Zentralausschusses vom 19. Januar 1970.
Protokoll Nr. 72 über die Sitzung des Zentralausschusses vom 13. September 1971.
Protokoll Nr. 83 über die Sitzung des Zentralausschusses vom 21. August 1972.
Protokoll Nr. 88 über die Sitzung des Zentralausschusses vom 18. Dezember 1972.
Protokoll Nr. 91 über die Sitzung des Zentralausschusses vom 26. März 1973.
Protokoll Nr. 97 über die Sitzung des Zentralausschusses vom 22. Oktober 1973.
Protokoll Nr. 98 über die Sitzung des Zentralausschusses vom 26. November 1973.
Protokoll Nr. 100 über die Sitzung des Zentralausschusses vom 21. Januar 1974.
Protokoll Nr. 102 über die Sitzung des Zentralausschusses vom 25. März 1974.
Protokoll Nr. 104 über die Sitzung des Zentralausschusses vom 20. Mai 1974.
Protokoll Nr. 112 über die Sitzung des Zentralausschusses vom 24. Februar 1975.
Protokoll Nr. 114 über die Sitzung des Zentralausschusses vom 21. April 1975.
Protokoll Nr. 115 über die Sitzung des Zentralausschusses vom 29. Mai 1975.
Protokoll Nr. 118 über die Sitzung des Zentralausschusses vom 23. September 1975.
Protokoll Nr. 121 über die Sitzung des Zentralausschusses vom 16. Dezember 1975.
Protokoll Nr. 122 über die Sitzung des Zentralausschusses vom 26. Januar 1976.
Protokoll Nr. 123 über die Sitzung des Zentralausschusses vom 23. Februar 1976.
Protokoll Nr. 125 über die Sitzung des Zentralausschusses vom 10. Mai 1976.
Protokoll Nr. 131 über die Sitzung des Zentralausschusses vom 22. November 1976.
Protokoll Nr. 135 über die Sitzung des Zentralausschusses vom 21. März 1977.
Protokoll Nr. 136 über die Sitzung des Zentralausschusses vom 2. Mai 1977.
Protokoll Nr. 138 über die Sitzung des Zentralausschusses vom 27. Juni 1977.
Protokoll Nr. 140 über die Sitzung des Zentralausschusses vom 26. September 1977.
Protokoll Nr. 144 über die Sitzung des Zentralausschusses vom 23. Januar 1978.
Protokoll Nr. 152 über die Sitzung des Zentralausschusses vom 23. Oktober 1978.
Protokoll Nr. 155 über die Sitzung des Zentralausschusses vom 22. Januar 1979.
Protokoll Nr. 159 über die Sitzung des Zentralausschusses vom 21. Mai 1979.
Protokoll Nr. 162 über die Sitzung des Zentralausschusses vom 24. September 1979.
Protokoll Nr. 165 über die Sitzung des Zentralausschusses vom 10. Dezember 1979.
Protokoll Nr. 168 über die Sitzung des Zentralausschusses vom 24. März 1980.
Protokoll Nr. 169 über die Sitzung des Zentralausschusses vom 21. April 1980.
Protokoll Nr. 182 über die Sitzung des Zentralausschusses vom 22. Juni 1981.
Protokoll Nr. 187 über die Sitzung des Zentralausschusses vom 14. Dezember 1981.
Protokoll Nr. 190 über die Sitzung des Zentralausschusses vom 22. März 1982.
Protokoll Nr. 191 über die Sitzung des Zentralausschusses vom 26. April 1982.
Protokoll Nr. 193 über die Sitzung des Zentralausschusses vom 21. Juni 1982.
Protokoll Nr. 202 über die Sitzung des Zentralausschusses vom 25. April 1983.
Protokoll Nr. 208 über die Sitzung des Zentralausschusses vom 21. November 1983.
Protokoll Nr. 211 über die Sitzung des Zentralausschusses vom 26. März 1984.
Protokoll Nr. 213 über die Sitzung des Zentralausschusses vom 21. Mai 1984.
Protokoll Nr. 219 über die Sitzung des Zentralausschusses vom 10. Januar 1985.
Protokoll Nr. 220 über die Sitzung des Zentralausschusses vom 21. Januar 1985.
Protokoll Nr. 221 über die Sitzung des Zentralausschusses vom 18. Februar 1985.
Protokoll Nr. 224 über die Sitzung des Zentralausschusses vom 20. Mai 1985.
Protokoll Nr. 226 über die Sitzung des Zentralausschusses vom 22. Juli 1985.
Protokoll Nr. 227 über die Sitzung des Zentralausschusses vom 30. September 1985.
Protokoll Nr. 229 über die Sitzung des Zentralausschusses vom 25. November 1985.
Protokoll Nr. 230 über die Sitzung des Zentralausschusses vom 20. Januar 1986.
Protokoll Nr. 233 über die Sitzung des Zentralausschusses vom 21. April 1986.
Protokoll Nr. 236 über die Sitzung des Zentralausschusses vom 21. Juli 1986.

Protokoll Nr. 237 über die Sitzung des Zentralausschusses vom 22. September 1986.
Protokoll Nr. 238 über die Sitzung des Zentralausschusses vom 20. Oktober 1986.
Protokoll Nr. 239 über die Sitzung des Zentralausschusses vom 24. November 1986.
Protokoll Nr. 240 über die Sitzung des Zentralausschusses vom 19. Januar 1987.
Protokoll Nr. 245 über die Sitzung des Zentralausschusses vom 25. Mai 1987.
Protokoll Nr. 246 über die Sitzung des Zentralausschusses vom 22. Juni 1987.
Protokoll Nr. 248 über die Sitzung des Zentralausschusses vom 21. September 1987.
Protokoll Nr. 250 über die Sitzung des Zentralausschusses vom 23. November 1987.
Protokoll Nr. 251 über die Sitzung des Zentralausschusses vom 25. Januar 1988.
Protokoll Nr. 257 über die Sitzung des Zentralausschusses vom 25. Juli 1988.
Protokoll Nr. 259 über die Sitzung des Zentralausschusses vom 14. Oktober 1988.
Nicht nummeriertes Protokoll über die Sitzung des Zentralausschusses vom 26. Juni 1989.

S 12:
Bernhard Plettner anlässlich der Siemens-Tagung vom 26. bis 28. Februar 1980.
Heinz Gumin, Die Datenverarbeitung und das Haus Siemens, Vortrag auf der Siemens-Tagung vom
     1. Februar 1973.
Vortrag von Karlheinz Kaske anlässlich der Siemens-Tagung vom 26. bis 28. Februar 1980.

S 113:
Vortrag von Gerd Tacke anlässlich der Aufsichtsratsitzung der Siemens AG vom 27. Oktober 1971.

Unverzeichnete Aktenbestände

Investitionsvorlage Ultraschall vom 23. April 1990 zur ZV-Sitzung vom 23. April 1990, in: ZV-S-
     Sitzungen (13) vom 23. April 1990, Tagesordnungspunkt 4, S. 1, in: SAA, unverzeichneter
     Aktenbestand.
ZV-Sitzung vom 9. Oktober 1992, in: ZV-S-Sitzungen (66) vom 9. Oktober 1992, Tagesordnungs-
     punkt 4, S. 1, in: SAA, unverzeichneter Aktenbestand.
Aktennotiz zum Project Empros, Erwerb der Empros System Division von Ceridian/USA vom 30.
     November 1992, S. 1, in: ZV-S-Sitzungen, Sitzung des Zentralvorstands (71) vom 11. Dezem-
     ber 1992, in: SAA unverzeichneter Aktenbestand.
Aktennotiz der ZFG, Beteiligungen Ausland zur ZV-Sitzung vom 11. Dezember 1992 – Kommentar
     ZFG 2 zu TOP 1: EV USA: Erwerb der Empros System Division von Ceridian Corp., Minne-
     apolis, datiert vom 8. Dezember 1992, in: ZV-S-Sitzungen, Sitzung des Zentralvorstands (71)
     vom 11. Dezember 1992, in: SAA unverzeichneter Aktenbestand
Aktennotiz zur Zentralvorstandssitzung vom 24. Februar 1999 zu ICN USA: Erwerb 100 % Castle
     Networks, Westford, Massachusetts vom 19. Februar 1999, in: ZV-S-Sitzungen, Sitzung des
     Zentralvorstands (216) vom 24. Februar 1999, in: SAA, unverzeichneter Aktenbestand.
Aktennotiz zur Zentralvorstandssitzung vom 24. Februar 1999 zu ICN USA: Beteiligung (19,9 %)
     an Accelerated Networks, Moorpark, Kalifornien vom 19. Februar 1999, in: ZV-S-Sitzungen,
     Sitzung des Zentralvorstands (216) vom 24. Februar 1999, in: SAA, unverzeichneter Aktenbe-
     stand.
Aktennotiz zur Zentralvorstandssitzung vom 24. Februar 1999 zu ICN USA: Erwerb 100 % Reds-
     tone Communications, Westford, Massachusetts vom 19. Februar 1999, in: ZV-S-Sitzungen,
     Sitzung des Zentralvorstands (216) vom 24. Februar 1999, in: SAA, unverzeichneter Aktenbe-
     stand.
Geschichte des USA-Forschungszentrums in Princeton – Dokumentation 1976 bis 1988, 3 Bände,
     in: SAA unverzeichneter Bestand.
Ordner 40, in: Siemens Beteiligungen Inland GmbH (CF R 6 SBI), in: SAA unverzeichneter Be-
     stand.

Ordner 41, in: Siemens Beteiligungen Inland GmbH (CF R 6 SBI), in: SAA unverzeichneter Bestand.

Ordner 572, in: Siemens Beteiligungen Inland GmbH (CF R 6 SBI), in: SAA unverzeichneter Bestand.

Ordner 2161, in: Siemens Beteiligungen Inland GmbH (CF R 6 SBI), in: SAA unverzeichneter Bestand.

Ordner 2171, in: Siemens Beteiligungen Inland GmbH (CF R 6 SBI), in: SAA unverzeichneter Bestand.

Ordner 2257, in: Siemens Beteiligungen Inland GmbH (CF R 6 SBI), in: SAA unverzeichneter Bestand.

USA-Ordner 1, Nachlass Tacke, in: SAA unverzeichneter Bestand.

USA-Ordner 2, Nachlass Tacke, in: SAA unverzeichneter Bestand.

Presseinformationen der Siemens AG

Presseinformation der Siemens AG zum integrierten Kommunikationsnetz ISDN vom 21. Mai 1984, S. 1 und 4, in: SAA N XX 0584.913 d.

Presseinformation der Siemens AG zur Gründung eines neuen Unternehmens für die Industrieautomation vom 11. Oktober 1991, S. 1, in: AUT X 1091.201 d.

Presseinformation der Siemens AG zu ersten Labormustern des 64-Mbit-Speichers vom Dezember 1991, S. 1, in: SAA HL IS 1291.012 d.

Presseinformation der Siemens AG zur Entwicklung von elektronischen Dieseleinspritzungen vom März 1992, in: SAA AT 0392.001 d.

Presseinformation der Siemens AG zum US-Kraftwerksmarkt vom 5. Mai 1992, S. 1, in: SAA KWU 0592.070 d.

Presseinformation der Siemens AG zur Kooperation mit Apple in der Kommunikationstechnik vom März 1993, in: SAA PN 0393.018 d.

Presseinformation der Siemens AG zu Linearbeschleunigern vom April 1994, in: MED T 0494.010 d.

Presseinformation der Siemens AG zum kleinsten Herzschrittmacher von Siemens-Pacesetter, Mai 1994, in: SAA MED C 0594.012 d.

Presseinformation der Siemens AG über den Verkauf der Herzschrittmacheraktivitäten an St. Jude Medical vom 28. Juni 1994, S. 1f., in: SAA AXX 0694.21 d.

Presseinformation der Siemens AG zum Überschreiten des Weltumsatzes von 3 Mrd. DM durch den Siemens-Halbleiterbereich vom November 1994, S. 3, in: SAA HL40 1194.018 d.

Presseinformation der Siemens AG zur Soundstudio-Technologie vom Dezember 1994, S. 1, in: SAA AV 1294.001 d.

Presseinformation der Siemens AG zum weltweit kleinsten 16-Ampere-Relais vom Februar 1995, S. 1, in: SAA EC 0295.005 d.

Presseinformation der Siemens AG zum Einsatz des ersten 64-Megabit-Speichers vom Mai 1995, S. 1, in: SAA HL20 0595.049 d.

Presseinformation der Siemens AG zur Übernahme des Halbleiterrelais-Geschäfts von AT&T vom Juni 1995, in: SAA HL30 0695.055 e.

Presseinformation der Siemens AG zur Halbleiter-Entwicklungskooperation vom 25. Oktober 1995, in: SAA HL20 1095.003 d.

Presseinformation der Siemens AG zur Übernahme des Hochleistungsdruckergeschäfts durch Océ vom 26. Februar 1996, S. 1, in: SAA AXX0296013.

Presseinformation der Siemens AG zum Durchbruch im amerikanischen Telekommunikationsmarkt vom 14. April 1997, in: SAA ÖN MN 0497.023 d.

Presseinformation der Siemens AG zur Abgabe der Dentaltechnik vom 21. April 1997, S. 1, in: SAA MED MD 0497.031.

Presseinformation der Siemens AG zur Vereinbarung einer strategischen Allianz mit der 3Com Corporation vom 10. Juli 1997, S. 1f., in: SAA PN WP 0797.033 d.

Presseinformation der Siemens AG zum Verkauf des Dentalgeschäfts von Siemens vom 3. November 1997, in: SAA MED MD 1197.001 d.

Presseinformation der Siemens AG zum Durchbruch bei Mobiltelefonen vom 9. Dezember 1997, in: SAA PN 1297.014 d.

Presseinformation der Siemens AG zur Zusammenführung des Telefonnetzes und Internet mit 3Com vom 21. Januar 1998, S. 1, in: SAA ÖN SN 0198.029 d.

Presseinformation der Siemens AG vom 2. Februar 1998, S. 1, in: SAA VT 6 0198.005 d.

Presseinformation der Siemens AG und Motorola vom 28. April 1998, S. 1, in: SAA HL0498036.

Presseinformation der Siemens AG zur Übernahme des fossilen Kraftwerksgeschäfts von Westinghouse vom 20. August 1998, S. 1, in: SAA KWU0898079.

Presseinformation der Siemens AG zum Kraftwerksauftrag in den USA vom 2. Dezember 1998, S. 1, in: SAA KWU 1298.017 d.

Presseinformation der Siemens AG zum Joint Venture mit 3Com vom 9. Dezember 1998, S. 1ff., in: SAA ICN 1298.026 d.

Presseinformation der Siemens AG zum Ausbau der Prozessanalytik vom 18. Mai 1999, S. 1, in: SAA ADPA 0599.023 d.

Presseinformation der Siemens AG zum Joint Venture mit Omnipoint Technologies vom 3. August 1999, in: SAA ICN08999128d.

Presseinformation der Siemens AG zur Siemens ElectroCom vom 22. August 1999, S. 1, in: SAA PL08990061d.

Presseinformation der Siemens AG zu einem 480-Mio.-Auftrag der US-Post vom November 1999, S. 1, in: SAA PL1098037.

Presseinformation der Siemens AG zur Verstärkung im US-amerikanischen Industriegeschäft vom 30. Dezember 1999, S. 1, in: SAA AD MC 199912.520 d.

Presseinformation der Siemens AG zur Verstärkung in der Prozessautomatisierung vom 17. Januar 2000, S. 1, in: SAA AD PA 200001.312 d.

Presseinformation der Siemens AG zur Übernahme des IT-Service-Unternehmens Entex vom 14. März 2000, S. 1f., in: SAA AXX200003.55 d.

Presseinformation der Siemens AG zu Übernahmeangeboten für Prozessautomatisierungs-Unternehmen vom 14. März 2000, S. 2, in: SAA AD BV 200003.331 d.

Presseinformation der Siemens AG über einen Automatisierungsauftrag für DHL Airways Inc. vom 21. März 2000, S. 1, in: SAA PL 0300.110 d.

Presseinformation der Siemens AG zu Aufträgen über 25 Gasturbinen und Serviceleistungen vom 31. März 2000, S. 1, in: SAA KWU 200003.034 d.

Presseinformation der Siemens AG zur führenden Stellung bei Stadt- und Straßenbahnen vom 4. April 2000, in: SAA VT W7 0300.09 d.

Presseinformation der Siemens AG zur Eröffnung des Entwicklungszentrums für Speicherchips in Durham, USA vom 4. April 2000, S. 2, in: SAA INFXX200004.054 d.

Presseinformation der Siemens AG zur Verstärkung des Dienstleistungs- und IT-Angebots für das Gesundheitswesen vom 1. Mai 2000, S. 1f., in: SAA Med BV 200005.038. d.

Presseinformation der Siemens AG zur Übernahme der Shared Medical Systems Corp. vom 3. Juli 2000, S. 1, in: SAA MedBV062000045d.

Presseinformation der Siemens AG zum Übernahmeangebot an Acuson vom 27. September 2000, S. 1, in: SAA MedBV200009064d.

Presseinformation der Siemens AG zur Übernahme des Ultraschall-Herstellers Acuson vom 10. November 2000, S. 1f., in: SAA Med BV 200010.001 d.

Presseinformation der Siemens AG zu Übernahmeplänen des DSL-Unternehmens Efficient Networks, Inc. vom 22. Februar 2001, S. 1f., in: SAA ICN200102043d.

Presseinformation der Siemens AG zum Börsengang in New York vom 12. März 2001, S. 1, in: SAA AXX200103015d.

Presseinformation der Siemens AG zur Übernahme von Efficient Networks vom 4. April 2001, in: SAA ICN200104068d.

Periodika des Hauses Siemens

Siemens-Zeitschrift

Dax, Paul, Siemens – weltweite Geschäftsbeziehungen, in: Siemens-Zeitschrift 48/1974, Heft 12, S. 980–983.

Easterlin, Philip R. / Rossberg, Ehrhard A., Telex in Nordamerika, in: Siemens-Zeitschrift 34/1960, Heft 9, S. 510–514.

Franzreb, Benno / Steinke, Norbert, Siemens-Bauelemente in aller Welt, in: Siemens-Zeitschrift 43/1969, Heft 4, S. 223ff.

Knesebeck, Bodo-Joachim von dem, Siemens in den USA, in: Siemens-Zeitschrift 43/1969, Heft 4, S. 255–257.

Kuhrt, Friedrich, Das US-Geschäft als Innovationsmotor, in: Siemens-Zeitschrift 60/1986, Heft 4, S. 31–34.

O. V., Linearbeschleuniger: Harte Strahlung zerstört Krebszellen, Interview mit Volker W. Stieber, in: Siemens-Zeitschrift 65/1991, Heft 5, S. 16–20.

O. V., Siemens bekräftigt US-Präsenz, in: Siemens-Zeitschrift 65/1991, Heft 6, S. 2.

O. V., High-Tech aus den USA. Interview mit Knut Merten, in: Siemens-Zeitschrift 66/1992, Heft 6, S. 30–33.

Tacke, Gerd, Das Haus Siemens in der Welt, in: Siemens-Zeitschrift 40/1966, Heft 12, S. 946ff.

SiemensWelt

Aschenbrenner, Norbert, Ohne Information ist alles nichts, in: SiemensWelt. Die Mitarbeiterzeitschrift des Hauses 6/2002, S. 20ff.

Brown, Shelley, Siemens in den USA, in: SiemensWelt. Die Mitarbeiterzeitschrift des Hauses 3/2001, S. 16–19.

Brown, Shelley, Fit für den größten Siemens-Markt, in: Siemens-Welt. Die Mitarbeiterzeitschrift des Hauses 3/2002, S. 36f.

O. V., Medizintechnik: Ausdauer hat sich gelohnt, in: SiemensWelt. Die Mitarbeiterzeitschrift des Hauses 6/1992, S. 8f.

O. V., Siemens-Pacesetter: Inspiriert von Weltraumtechnik, in: SiemensWelt. Die Mitarbeiterzeitschrift des Hauses 6/1992, S. 9.

O. V., Menschen im Unternehmen, in: SiemensWelt. Die Mitarbeiterzeitschrift des Hauses 8–9/1999, S. 18f.

O. V., Unisphere, in: SiemensWelt. Die Mitarbeiterzeitschrift des Hauses 8–9/1999, S. 20.

O. V., Auf allen Feldern aktiv, in: SiemensWelt. Die Mitarbeiterzeitschrift des Hauses 3/2001, S. 19.

O. V., Blick in die Zukunft. Interview mit Gerhard Hans Schulmeyer und Klaus Kleinfeld, in: SiemensWelt. Die Mitarbeiterzeitschrift des Hauses 3/2001, S. 15f.

Pease, Arthur F., ICP Austin, in: SiemensWelt. Die Mitarbeiterzeitschrift des Hauses 8–9/1999, S. 21.

Preiß, Bernd, Kraftwerksmarkt boomt, in: SiemensWelt. Die Mitarbeiterzeitschrift des Hauses 8–9/1999, S. 22.

Suna, Elizabeth, Siemens in den USA, in: SiemensWelt. Die Mitarbeiterzeitschrift des Hauses 8–9/1999, S. 11–15.

Vilsmeier, Gerhard, Die richtigen Verbindungen, in: SiemensWelt. Die Mitarbeiterzeitschrift des Hauses 4/1997, S. 11.

Siemens-Mitteilungen

Köttgen, Carl, Facharbeiter und Fordsche Fabrikationsmethoden, in: Siemens-Mitteilungen 59/1924, S. 4ff.
O.V., ohne Titel, in: Siemens-Mitteilungen 1971, Heft 6, S. 12.
O.V., Großauftrag in den USA, in: Siemens-Mitteilungen 1972, Heft 2, S. 2.
O.V., Schallplattengruppe verstärkt auf dem US-Markt, in: Siemens-Mitteilungen 1972, Heft 4, S. 2.
O.V., USA, in: Siemens-Mitteilungen 1972, Heft 10, S. 14.
O.V., ohne Titel, in: Siemens-Mitteilungen 1973, Heft 8–9, S. 16.
O.V., Zuletzt gemeldet, in: Siemens-Mitteilungen 1975, Heft 1, S. 12.
O.V., Ein neuer Anstoß für den US-Markt, in: Siemens-Mitteilungen 1975, Heft 9, S. 18.
O.V., Laserdrucker für die USA und Japan, in: Siemens-Mitteilungen 1977, Heft 10, S. 30.
O.V., ohne Titel, in: Siemens-Mitteilungen 1979, Heft 5, S. 7.
O.V., ohne Titel, in: Siemens-Mitteilungen 1982, Heft 5, S. 17.
O.V., ohne Titel, in: Siemens-Mitteilungen 1982, Heft 11, S. 7.
O.V., Zuwachs in den USA, in: Siemens-Mitteilungen 1983, Heft 2, S, 4.
O.V., Wohin steuert das Unternehmen? In: Siemens-Mitteilungen 1990, Heft 6, S. 4–8.
O.V., Med-Technik für Moskau, in: Siemens-Mitteilungen 1991, Heft 12, S. 15.
Plettner, Bernhard, Die gesellschaftspolitische Verantwortung des Unternehmens, in: Siemens-Mitteilungen 1973, Heft 10, S. 4–7 und 28f.

Sonstige Siemens-Zeitschriften:

Hasenbein, A., 50 Jahre OSRAM – die Geschichte eines Weltunternehmens, in: OSRAM 46/1969, S. 2–12.
O.V., Siemens-Allis. Interview mit Franz Drtil, in: Power Engineering & Automation, 5/1985, Heft 4, S. 4ff.
O.V., Siemens übernimmt Empros in den USA, in: EV Report 4/1993, Heft 1, S. 3.
O.V., Siemens-Automobiltechnik in den USA ausgezeichnet, in: Engineering & Automation 18/1996, Heft 1, S. 2.

1.2 Siemens MedArchiv, Erlangen

503: Auslandsvertrieb Schweden, 1917–1982
682: Kooperation mit Georg Schönander, 1932–1942
7610 3-4-10: Vertretungen des UB Med und seiner Vorgänger in USA bis 1936, Ordner 1.
7610 3-4-11: Vertretungen des UB Med und seiner Vorgänger in USA 1937–1947, Ordner 2.
7610 3-4-12: Vertretungen des UB Med und seiner Vorgänger in USA 1948–1952, Ordner 3.
7610 3-4-13: Vertretungen des UB Med und seiner Vorgänger in USA 1953–1969, Ordner 4.
7610 3-5-01: Vertretungen des UB Med und seiner Vorgänger in USA 1962–1967, Ordner 5.
7610 3-5-02: Vertretungen des UB Med und seiner Vorgänger in USA, ohne Zeitraum, Ordner 6.
SRW-Hauspost: Mitarbeiterzeitschrift von SRW, 1960er Jahre

1.3 Hagley Museum and Library, Wilmington, Delaware/USA

Imprints

„The Siemens' Patent – Regenerative Gas Lamp for Lighting and Ventilation", Januar 1884 Philadelphia.

Price List of Siemens Regenerative Gas Lamps with Fixtures Complete of The Siemens Regenerative Gas Lamp Company, Philadelphia, Pa bzw. ihrer Nachfolgefirma Siemens-Lungren Co., Philadelphia, Pa., April 1885.

James G. Biddle, Sole Distributor for U.S., 1211–13 Arch Street, Philadelphia, Catalog 770 for „Precision Electrical Maesuring Instruments, made by Siemens & Halske, A.G., 1912.

James G. Biddle, Catalog 780: „G-R" Laboratory Rheostats imported by James G. Biddle, 1211–13 Arch Street, Philadelphia, 1913.

James G. Biddle, Sole Agent for United States, 1211–13 Arch Street, Philadelphia, Bulletin 775 for Frahm Vibration Tachometers made by Siemens & Halske, for indicating speeds between 900 and 8000 r.p.m., 1913.

James G. Biddle Company, Report at Mid-Century. Entering our second fifty years, 1895–1945, Philadelphia 1945.

Western Union Corporation, From Wire to Westar, Upper Suddle River 1976.

RCA Corporation in: Lisa Mirabile (Hg.), International directory of comany histories, Band 2, Chicago 1990, S. 88–90.

Analogic Corporation, in: Tina Grant (Hg.), International directory of comany histories, Band 23, Detroit 1998, S. 13–16.

International Business Machines Corporation, in: Jay P. Pederson (Hg.), International directory of comany histories, Band 63, Farmington Hills 2004, S. 195–201.

General Motors Corporation, in: Tina Grant (Hg.), International directory of comany histories, Band 64, Farmington Hills 2005, S. 148–153.

Corning Inc., in: Tina Grant (Hg.), International directory of comany histories, Band 90, Farmington Hills 2008, S. 147–153.

Western Union Company, in: Derek Jacques / Paula Kepos (Hg.), International directory of comany histories, Band 112, Farmington Hills 2010, S. 492–496.

ITT Corporation, in: Drew Johnson (Hg.), International directory of comany histories, Band 116, Farmington Hills 2011, S. 307–312.

Intel Corporation, in: Jay P. Pederson (Hg.), International directory of comany histories, Band 75, Farmington Hills 2011, S. 196–201.

Soda House

European Trip Report from G.A. Morton, Radio Corporation of America, 9. Dezember 1955, in: Accession: 2069, Box: 47, Serial Number: PEM-627. Part of Radio Corporation of America Records, Princeton Laboratory Technical Reports.

Visit to some German laboratories by C.W. Muller and W.J. Merz, Laboratories RCA Ltd., Zürich, Schweiz vom 5. Februar 1962, S. 3, in: Accession: 2069, Box: 66, Serial Number: ZEM-127. Part of Radio Corporation of America Records, Zurich Technical Reports.

List of European visitors to RCA laboratories: 1. Juni 1961 bis 1. Juni 1966, S. 7f., in: David Sarnoff Library Collection, Accession 2464, Box 4, Folder 35: Visitors. Part of Jan A. Rajchman Papers.

Jan A. Rajchman, RCA an Dr. Manfred Lang, Siemens AG vom 15. Juni 1971, in: David Sarnoff Library Collection, Accession 2464, Box 3, Folder 14: Visitors. Part of Jan A. Rajchman Papers.

Aktennotiz von Jan A. Rajchman vom 18. März 1974, S. 1, in: David Sarnoff Library Collection, Accession 2464, Box 4, Folder 5: Visitors. Part of Jan A. Rajchman Papers.

Ernest Dichter, Gutachten über die internationale Siemens Anzeigenwerbung, Juli 1967, S. 8, in: Accession: 2407, Box: 98, Serial Number: 2221F. Part of Ernest Dichter Papers, Research Reports.

Ernest Dichter International, Ltd., Institute for Motivational Research, A motivational research study on Siemens' image and advertising (Motivpsychologischer Anzeigentest über Siemens Internationale Anzeigenwerbung), Croton-on-Hudson, New York, Oktober 1968. Ausgearbeitet für die Hauptwerbeabteilung der Siemens AG, München, in: Accession: 2407, Box: 95, Serial Number: 2161C. Part of Ernest Dichter Papers, Research Reports.

Ernest Dichter, Institute for Motivational Research, Inc., A Motivation Study on Siemens' Image and Advertising in the United States, Croton-on-Hudson, New York, Januar 1971, S. 9 und 50, in: Accession: 2407, Box: 103, Serial Number: 2394C. Part of Ernest Dichter Papers, Research Reports.

1.4 National Archives, College Park, Washington D.C./USA

Record Group 59, Box 3446, No. 300.115.4476: Korrespondenz Karl Georg Frank, 1915.

Record Group 59, Box 3628, No. 311.62.211: Inhaftierung Karl Georg Frank, 1917.

Office of Military Government for Germany (US), Economics Division, Decartelization Branch (Hg.), Report on Siemens & Halske vom 10. April 1946, in: NARA, Record Group 407, Records of the Office of the Adjutant General, Army, Entry NM-3 368B, Administrative Services Division, Operations Branch, Foreign Occupied Areas Reports, 1945–54, box 1047.

Darstellung, Handhabung und Auswirkung der Züricher Verträge, Bericht vom 31. Dezember 1945, in: NARA, Record Group 407, Records of the Office of the Adjutant General, Army, Entry NM-3 368B, Administrative Services Division, Operations Branch, Foreign Occupied Areas Reports, 1945–54, box 1048.

2 LITERATURVERZEICHNIS

2.1 Monographien und Aufsätze

Abelshauser, Werner (Hg.), Die BASF. Eine Unternehmensgeschichte, München 2002.

Acker, Kristin, Die US-Expansion des deutschen Discounters Aldi. Eine Fallstudie zur Internationalisierung im Einzelhandel (= Schriftenreihe des Arbeitskreises Geographische Handelsforschung in der Deutschen Gesellschaft für Geographie in Zusammenarbeit mit dem Institut für Humangeographie an der Johann Wolfgang Goethe-Universität Frankfurt am Main), Passau 2010.

Adams, Stephen B. / Butler, Orville R., Manufacturing the Future. A History of Western Electric, Cambridge 1999.

Adams, Willi Paul, Die USA im 20. Jahrhundert, 2. Auflage (= Oldenbourg Grundriss der Geschichte, Band 29), München 2008.

Adams, Willi Paul, Die USA vor 1900, 2. Auflage (= Oldenbourg Grundriss der Geschichte, Band 28), München 2009.

Arpan, Jeffrey S. / /Ricks, David A., Foreign direct investments in the U.S. and some attendant research problems, in: Journal of International Business Studies, 5/1974, Nummer 1, S. 1–7.

Banham, Russ, Bosch in the United States. The First 100 Years, Farmington Hills 2006.

Barnea, Amir / Haugen, Robert A. / Senbet, Lemma W., Agency Problems and Financial Contracting, Englewood Cliffs 1985.

Bähr, Johannes, Substanzverluste, Wiederaufbau und Strukturveränderungen in der deutschen Elektroindustrie 1945–1955, in: Wessel, Horst A. (Hg.), Demontage – Enteignung – Wiederaufbau. Teil 1: Die elektrotechnische Industrie nach 1945 (= Geschichte der Elektrotechnik 15), Berlin u. a. 1997, S. 61–81.

Becker, Susan, „Multinationalität hat verschiedene Gesichter". Formen internationaler Unternehmenstätigkeit der Société Anonyme des Mines et Fonderies de Zinc de la Vielle Montagne und der Metallgesellschaft vor 1914 (= Beiträge zur Unternehmensgeschichte, Band 14), Stuttgart 2002.

Berghahn, Volker, Industriegesellschaft und Kulturtransfer. Die deutsch-amerikanischen Beziehungen im 20. Jahrhundert (= Kritische Studien zur Geschichtswissenschaft, Band 182), Göttingen 2010.

Berghoff, Hartmut, Moderne Unternehmensgeschichte. Eine themen- und theorieorientierte Einführung, Paderborn 2004.

Borrmann, Christine / Scharrer, Hans-Eckart, Die Globalisierung der unternehmerischen Perspektive: Kapitalverflechtungen, Direkt- und Portfolioinvestitionen, multinationale Unternehmen in den USA und der Bundesrepublik, in: Junker, Detlef / Gassert, Philipp / Mausbach, Wilfried / Morris, David B. (Hg.), Die USA und Deutschland im Zeitalter des Kalten Krieges 1945–1990. Ein Handbuch, Band 2, 1968–1990, München 2001, S. 363–371.

Borsdorf, Götz Hanjo, Die Internationalisierung deutscher Unternehmen nach dem Zweiten Weltkrieg, Aachen 2007.

Breid, Volker, Aussagefähigkeit agencytheoretischer Ansätze im Hinblick auf die Verhaltenssteuerung von Entscheidungsträgern, in: Zeitschrift für betriebswirtschaftliche Forschung 47/1995, S. 821–854.

Buchheim, Christoph, Von der aufgeklärten Hegemonie zur Partnerschaft: Die USA und Westdeutschland in der Weltwirtschaft 1945–1968, in: Detlef Junker / Philipp Gassert / Wilfried Mausbach / David B. Morris (Hg.), Die USA und Deutschland im Zeitalter des Kalten Krieges 1945–1990. Ein Handbuch, Band I 1945–1968, München 2001, S. 401–423.

Dienel, Hans-Liudger, Die Linde AG. Geschichte eines Technologiekonzerns 1879–2004, München 2004.

Dietze, Isabelle, Wiederaufbau des Lateinamerikageschäfts von Siemens nach 1945, München 2008 (unveröffentlichte Magisterarbeit), in: SAA 23048.

Dórea, Alexandre, Siemens in Brazil. 100 years shaping the future, São Paulo 2005, in: SAA L 564.

Dunning, John H., International production and the multinational enterprise, London 1981.

Ebers, Mark / Gotsch, Wilfried, Institutionenökonomische Theorien der Organisation, in: Kieser, Alfred (Hg.), Organisationstheorien, 6., überarbeitete Auflage, Stuttgart 2006, S. 247–308.

Eggert, Jan A. / Gornall, John L., Handbuch USA-Geschäft, Wiesbaden 1989.

Eggert, Jan A., Erfahrung und Strategie deutscher Unternehmen in den USA, in: Eggert, Jan A. / Gornall, John L., Handbuch USA-Geschäft, Wiesbaden 1989, S. 113–131.

Eisenhardt, Kathleen M., Agency Theory: An Assessment and Review, in: Academy of Management Review 14/1989, Nummer 1, S. 57–74.

Elschen, Rainer, Gegenstand und Anwendungsmöglichkeiten der Agency-Theorie, in: Zeitschrift für betriebswirtschaftliche Forschung 43/1991, Heft 11, S. 1002–1012.

Erker, Paul, Wachsen im Wettbewerb. Eine Zeitgeschichte der Continental Aktiengesellschaft (1871–1996) anläßlich des 125jährigen Firmenjubiläums, Düsseldorf 1996.

Fagan, Geoff, Getting on top downunder – Siemens first 130 years in Australia and New Zealand, o. O. 2002, in: SAA 12213.

Feldenkirchen, Wilfried, Die Anfänge des Siemensgeschäfts in Amerika, in: Feldenkirchen, Wilfried / Schönert-Röhlik, Frauke / Schulz, Günther (Hg.), Wirtschaft, Gesellschaft, Unternehmen. Festschrift für Hans Pohl zum 60. Geburtstag (= Vierteljahrsschrift für Sozial- und Wirtschaftsgeschichte, Beihefte Nummer 120b), Stuttgart 1995, S. 876–900.

Feldenkirchen, Wilfried, Siemens 1918–1945, München 1995.

Feldenkirchen, Wilfried, Werner von Siemens. Erfinder und internationaler Unternehmer, erweiterte und veränderte Auflage, München 1996.

Feldenkirchen, Wilfried, Competition and cooperation in the German electrical industry in the home and world markets, in: Hans Pohl (Hg.), Competition and cooperation of enterprises on national and international markets (19ᵗʰ–20ᵗʰ century) (= Vierteljahrsschrift für Sozial- und Wirtschaftsgeschichte, Beihefte Nummer 136), Stuttgart 1997, S. 13–34.

Feldenkirchen, Wilfried, Die Finanzierung des Wiederaufbaus im Hause Siemens nach 1945, in: Wessel, Horst A. (Hg.), Demontage – Enteignung – Wiederaufbau. Teil 1: Die elektrotechnische Industrie nach 1945 (= Geschichte der Elektrotechnik 15), Berlin u.a. 1997, S. 105–134.

Feldenkirchen, Wilfried, Der Wiederaufbau des Hauses Siemens nach dem Zweiten Weltkrieg (1945 bis zum Beginn der 50er Jahre), in: Wessel, Horst A. (Hg.), Demontage – Enteignung – Wiederaufbau. Teil 1: Die elektrotechnische Industrie nach 1945 (= Geschichte der Elektrotechnik 15), Berlin u.a. 1997, S. 177–209.

Feldenkirchen, Wilfried, Die Firma Siemens im Russischen Reich vor 1914, in: Dahlmann, Dittmar / Scheide, Carmen (Hg.), „…das einzige Land in Europa, das eine große Zukunft vor sich hat". Deutsche Unternehmen und Unternehmer im Russischen Reich im 19. und frühen 20. Jahrhundert, (= Veröffentlichungen des Instituts für Kultur und Geschichte der Deutschen im östlichen Europa, Band 8), Essen 1998, S. 167–188.

Feldenkirchen, Wilfried, Krise und Konzentration in der deutschen Elektroindustrie am Ende des 19. Jahrhunderts, in: Henning, Friedrich-Wilhelm (Hg.), Krisen und Krisenbewältigung vom 19. Jahrhundert bis heute. In Zusammenarbeit mit der Gesellschaft für Unternehmensgeschichte e.V., Frankfurt am Main u.a. 1998, S. 92–139.

Feldenkirchen, Wilfried, Die Beziehungen zwischen Siemens und Westinghouse von den Anfängen bis in die Gegenwart, in: Wala, Michael (Hg.), Gesellschaft und Diplomatie im transatlantischen Kontext. Festschrift für Reinhard R. Doerries zum 65. Geburtstag (= USA-Studien, Band 11), Stuttgart 1999, S. 329–343.

Feldenkirchen, Wilfried, Productivity Missions and the German Electrical Industry, in: Barjot, Dominique (Hg.), Catching up with America. Productivity Missions and the Diffusion of American Economic and Technological Influence after the Second World War, Paris 2002, S. 285–300.

Feldenkirchen, Wilfried, Siemens in the US, in: Jones, Geoffrey / Gálvez-Muñoz, Lina (Hg.), Foreign multinationals in the United States, Management and performance (= Routhledge international studies in business history, Band 8), London 2002, S. 89–105.

Feldenkirchen, Wilfried, Siemens. Von der Werkstatt zum Weltunternehmen, 2. aktualisierte und erweiterte Auflage, München 2003.

Feldenkirchen, Wilfried (Hg.), Werner von Siemens. Lebenserinnerungen, 19. Auflage, München 2004.

Feldenkirchen, Wilfried, Industrieforschung in der deutschen Elektroindustrie. Das Beispiel Siemens (1919–1936), in: Bankhistorisches Archiv. Banking and Finance in Historical Perspective, 34/2008, Heft 2, S. 82–107.

Feldenkirchen, Wilfried / Hilger, Susanne, Menschen und Marken. 125 Jahre Henkel 1876–2001, Düsseldorf 2001.

Feldenkirchen, Wilfried / Posner, Eberhard, Die Siemens-Unternehmer. Kontinuität und Wandel 1847–2005. Zehn Portraits, München 2005.

Feldhaus, Stephan / Rokita, Norbert, Fusion Siemens/KWU – Westinghouse. Motive, operative Durchführung und Integrationsproblematik, in: Jansen, Stephan A. / Picot, Gerhard / Schiereck, Dirk (Hg.), Internationales Fusionsmanagement. Erfolgsfaktoren grenzüberschreitender Unternehmenszusammenschlüsse, Stuttgart 2001, S. 201–212.

Fiebig-von-Hase, Ragnhild, Die deutsch-amerikanischen Wirtschaftsbeziehungen, 1890–1914, im Zeichen von Protektionismus und internationaler Integration, in: Amerikastudien 33/1989, Heft 3, S. 329–357.

Forndran, Erhard, Kontinuitäten und Veränderungen in den transatlantischen Beziehungen seit 1918, in: Knapp, Manfred (Hg.), Transatlantische Beziehungen. Die USA und Europa zwischen gemeinsamen Interessen und Konflikt (= Internationale Beziehungen, Band 3), Stuttgart 1990, S. 9–36.

Fricke, Andreas, Markteintritt und -bearbeitung in der Automobilindustrie: Volkswagen in den USA. Eine empirische Untersuchung auf Basis von Dunnings eklektischem Paradigma, Frankfurt am Main u. a. 2007.

Fuchs, Daniela Berta, Der Aufbau des USA-Geschäfts von Siemens nach dem Zweiten Weltkrieg, Nürnberg 2005 (unveröffentlichte Diplomarbeit).

Glaser-Schmidt, Elisabeth, Verpaßte Gelegenheiten? (1918–1932), in: Larres, Klaus / Oppelland, Torsten (Hg.), Deutschland und die USA im 20. Jahrhundert. Geschichte der politischen Beziehungen, Darmstadt 1997, S. 31–61.

Gohm, Lilian, Technologietransfer deutscher Unternehmen in die USA 1870–1939 (= Studien zur Wirtschafts- und Sozialgeschichte, Band 20), St. Katharinen 2000.

Graham, Edward M. / Krugman, Paul R., Foreign Direct Investment in the United States, Washington D. C. 1989.

Gramer, Regina Ursula, Von der Entflechtung zur Rekonzentration: Das uneinheitliche Vermächtnis der wirtschaftlichen Umgestaltung, in: Junker, Detlef / Gassert, Philipp / Mausbach, Wilfried / Morris, David B. (Hg.), Die USA und Deutschland im Zeitalter des Kalten Krieges 1945–1990. Ein Handbuch, Band I 1945–1968, München 2001, S. 448–456.

Griset, Pascal, Entreprise, Technologie et Souveraineté: Les télécommunications transatlantiques de la France (XIXe–XXe siècles), Paris 1996.

Griset, Pascal / Headrick, Daniel R., Submarine Telegraph Cables: Business and Politics, 1838–1939, in: Business History Review 75/2001, Heft 3, S. 543–578.

Grunow-Osswald, Elfriede, Die Internationalisierung eines Konzerns. Daimler-Benz 1890–1997 (= Wissenschaftliche Schriftenreihe des DaimlerChrysler-Konzernarchivs, Band 10), Vaihingen 2006.

Guggisberg, Hans R., Geschichte der USA. 4. erweiterte und aktualisierte Auflage, Stuttgart 2002.

Hack, Lothar / Hack, Irmgard, Wie Globalisierung gemacht wird. Ein Vergleich der Organisationsformen und Konzernstrategien von General Electric und Thomson/Thales, Berlin 2007.

Hamilton, Daniel S. / Quinlan, Joseph P., U. S.-German Relations: Will the Ties that Bind Grow Stronger or Weaker? In: Lucks, Kai (Hg.), Transatlantic Mergers & Acquisitions. Opportunities and Pitfalls in German-American Partnerships, Erlangen 2005, S. 20–32.

Hanrieder, Wolfram F., Die deutsch-amerikanischen Beziehungen in den Nachkriegsjahrzehnten, in: Trommler, Frank (Hg.), Amerika und die Deutschen. Die Beziehungen im 20. Jahrhundert, Sonderausgabe ausgewählter Beiträge, Opladen 1986, S. 85–110.

Hausman, William J. / Hertner, Peter / Wilkins, Mira, Global Electrification. Multinational Enterprise and International Finance in the History of Light and Power, 1878–2007 (= Cambridge Studies in the Emergence of Global Enterprise), Cambridge 2008.

Headrick, Daniel R., The Invisible Weapon: Telecommunications and International Politics, 1851–1945, New York 1991.

Heideking, Jürgen, Geschichte der USA. 3., überarbeitete und erweiterte Auflage, bearbeitet von Christof Mauch, Tübingen 2003.

Helfferich, Karl, Georg von Siemens, 3 Bände, Berlin 1921.

Hertner, Peter, Financial strategies and adaptation to foreign markets: the German electro-technical industry and its multinational activities: 1890s to 1939, in: Teichova, Alice / Lévy-Leboyer, Maurice / Nussbaum, Helga (Hg.), Multinational enterprise in historical perspective, Cambridge u. a. 1986, S. 145–159.

Hertner, Peter, German Multinational Enterprise before 1914: Some Case Studies, in: Hertner, Peter / Jones, Geoffrey (Hg.), Multinationals: Theory and History, Aldershot 1986, S. 113–134.

Hilger, Susanne, „Der Zwang zur Größe" – Internationalisierungsstrategien Deutscher Unternehmen nach 1945 am Beispiel des USA-Geschäfts, in: Schneider, Jürgen (Hg.), Natürliche und politische Grenzen als soziale und wirtschaftliche Herausforderung. Referate der 19. Arbeitstagung der Gesellschaft für Sozial- und Wirtschaftsgeschichte vom 18. bis 20. April 2001 in Aachen (= VSWG-Beiheft 166), Stuttgart 2003, S. 215–238.

Hilger, Susanne, „Amerikanisierung" deutscher Unternehmen. Wettbewerbsstrategien und Unternehmenspolitik bei Henkel, Siemens und Daimler-Benz (1945/49–1975) (= Vierteljahrsschrift für Sozial- und Wirtschaftsgeschichte, Beihefte Nummer 173), Stuttgart 2004.

Hilger, Susanne, The European Enterprise as a „Fortress" – The Rise and Fall of Unidata Between Common European Market and International Competition in the Early 1970s, in: Schröter, Harm G., The European Enterprise. Historical Investigation into a Future Species, Berlin u.a. 2008, S. 141–154.

Homburg, Heidrun, Die Neuordnung des Marktes nach der Inflation. Probleme und Widerstände am Beispiel der Zusammenschlußprojekte von AEG und Siemens von 1924–1933 oder: „Wer hat den längeren Atem?" In: Feldman, Gerald D. / Müller-Luckner, Elisabeth (Hg.), Die Nachwirkungen der Inflation auf die deutsche Geschichte 1924–1933 (= Schriften des Historischen Kollegs, Kolloquien 6), München 1985, S. 117–156.

Hosmann, Horst, Darstellung des Unternehmens in der institutionellen Werbung im Ausland, in: Rost, Dankwart (Hg.), So wirbt Siemens, Düsseldorf u.a. 1971, S. 61–74.

Hönicke, Michaela, Das nationalsozialistische Deutschland und die Vereinigten Staaten von Amerika (1933–1945), in: Larres, Klaus / Oppelland, Torsten (Hg.), Deutschland und die USA im 20. Jahrhundert. Geschichte der politischen Beziehungen, Darmstadt 1997, S. 62–94.

Hugill, Peter J., Global communications since 1844: Geopolitics and Technology, Baltimore 1999.

Israel, Paul, Edison. A Life of Invention, New York 1998.

Itter-Eggert, Lucia von, Die deutsch-amerikanischen Wirtschaftsbeziehungen, in: Eggert, Jan A. / Gornall, John L., Handbuch USA-Geschäft, Wiesbaden 1989, S. 97–111.

Janisch, Heinz, 30 Jahre Siemens-Datenverarbeitung. Geschichte des Bereichs Datenverarbeitung 1954–1984, München 1988.

Javidan, Mansour, Interview: Siemens CEO Heinrich von Pierer on cross-border acquisitions, in: Academy of Management Executive 16/2002, Nummer 1, S. 13ff.

Jensen, Michael C. / Meckling, William H., Theory of the Firm: Managerial Behavior, Agency Costs, and Ownership Structure, in: Jensen, Michael C., A Theory of the Firm. Governance, Residual Claims, and Organizational Forms, Cambridge 2000, S. 83–135.

Jones, Geoffrey, Multinationals from the 1930s to the 1980s, in: Chandler Jr., Alfred D. / Mazlish, Bruce (Hg.), Leviathans. Multinational Corporations and the New Global History, Cambridge 2005, S. 81–103.

Jones, Geoffrey / Gálvez-Muñoz, Lina, American dreams, in: dies. (Hg.), Foreign multinationals in the United States, Management and performance (= Routhledge international studies in business history, Band 8), London 2002, S. 1–17.

Jones, Geoffrey / Schröter, Harm G., Continental European multinationals, 1850–1992, in: dies., The rise of multinationals in continental Europe, Aldershot 1993, S. 3–27.

Jost, Peter-J., Die Prinzipal-Agenten-Theorie im Unternehmenskontext, in: ders., (Hg.), Die Prinzipal-Agenten-Theorie in der Betriebswirtschaftslehre, Stuttgart 2001, S. 11–43.

Junker, Detlef / Gassert, Philipp / Mausbach, Wilfried / Morris, David B. (Hg.), Die USA und Deutschland im Zeitalter des Kalten Krieges 1945–1990. Ein Handbuch, 2 Bände, München 2001.

Karnitschnig, Matthew, Identity Question: For Siemens, Move Into U.S. Causes Waves Back Home, in: The Wall Street Journal vom 8. September 2003, S. A1.

Kaufmann, Lutz / Panhans, Dirk / Aulbur, Thomas / Kurch, Markus, American Allstars. Success Strategies of German Companies in the U.S., Frankfurt am Main 2006.

Kirchberg, Dennis, Analyse der internationalen Unternehmenstätigkeit des Hauses Siemens in Ostasien vor dem Zweiten Weltkrieg, Erlangen/Nürnberg 2010, in: SAA E 863 (Dissertation).

Kleedehn, Patrick, Die Rückkehr auf den Weltmarkt. Die Internationalisierung der Bayer AG Leverkusen nach dem Zweiten Weltkrieg bis zum Jahre 1961 (= Beiträge zur Unternehmensgeschichte, Band 26), Stuttgart 2007.

Kleindinst, Julia, Siemens in Österreich. Der Zukunft auf der Spur. Eine Unternehmensbiographie, München 2004.

Kleinschmidt, Christian, Der produktive Blick. Wahrnehmung amerikanischer und japanischer Management- und Produktionsmethoden durch deutsche Unternehmern 1950–1985 (= Jahrbuch für Wirtschaftsgeschichte, Beiheft 1), Berlin 2002.

Kleinschmidt, Christian, „Vom ‚Land der unbegrenzten Möglichkeiten' ins Land der ‚Nachahmer und Billiganbieter'" – Reisen deutscher Unternehmer in die USA und nach Japan in den 1950er und 1960er Jahren, in: Berkemeier, Christian / Callsen, Katrin / Probst, Ingmar (Hg.), Begegnung und Verhandlung. Möglichkeiten eines Kulturwandels durch Reise (= Reiseliteratur und Kulturanthropologie, Band 2) Münster 2004, S. 85–105.

Kobrak, Christopher, Die Deutsche Bank und die USA. Geschäft und Politik von 1870 bis heute, München 2008.

Kölmel, Thorsten C., Das Auslandsgeschäft deutscher Versicherungsunternehmen in den USA (= Europäische Hochschulschriften, Reihe V: Volks- und Betriebswirtschaft, Band 2552), Frankfurt am Main 2000.

Krug, Hans-Heinrich, Siemens und Kernenergie. Über 40 Jahre innovative Technologie-Entwicklung für eine zukunftssichere Energieversorgung, Duisburg 1998.

Kumar, Brij N., Personalpolitische Herausforderungen für im Ausland tätige Unternehmen, in: Dichtl, Erwin / Issing, Otmar (Hg.), Exportnation Deutschland, 2. völlig neu bearbeitete Auflage, München 1992, S. 305–336.

Kümmel, Gerhard, Transnationale Wirtschaftskooperation und der Nationalstaat. Deutsch-amerikanische Unternehmensbeziehungen in den dreißiger Jahren (= Zeitschrift für Unternehmensgeschichte, Beiheft 89), Stuttgart 1995.

Lappenküper, Ulrich, Die Außenpolitik der Bundesrepublik Deutschland 1949 bis 1990 (= Enzyklopädie deutscher Geschichte, Band 83), München 2008.

Larres, Klaus / Oppelland, Torsten (Hg.), Deutschland und die USA im 20. Jahrhundert. Geschichte der politischen Beziehungen, Darmstadt 1997.

Leistl, Mathias, Der amerikanische Markt der deutschen Elektroindustrie. Eine Untersuchung unter besonderer Berücksichtigung von Strategie und Organisation (= Europäische Hochschulschriften, Reihe V: Volks- und Betriebswirtschaft, Band 1927), Berlin u. a. 1996.

Lipsey, Robert E., Foreign Direct Investment in the United States: Changes over Three Decades, in: Froot, Kenneth A. (Hg.), Foreign Direct Investment, Chicago u. a. 1993, S. 113–172.

Lucks, Kai, Siemens Power Generation – Transatlantic M&A in a Consolidating Industry, in: Lucks, Kai (Hg.), Transatlantic Mergers & Acquisitions. Opportunities and Pitfalls in German-American Partnerships, Erlangen 2005, S. 144–154.

Lutz, Martin, Siemens im Sowjetgeschäft. Eine Institutionengeschichte der deutsch-sowjetischen Beziehungen 1917–1933 (= Perspektiven der Wirtschaftsgeschichte, Band 1), Stuttgart 2011.

Luxbacher, Günther, Massenproduktion im globalen Kartell. Glühlampen, Radioröhren und die Rationalisierung der Elektroindustrie bis 1945 (= Aachener Beiträge zur Wissenschafts- und Technikgeschichte des 20. Jahrhunderts, Band 4), Berlin 2003.

Matschoß, Conrad, Werner Siemens. Ein kurzgefaßtes Lebensbild nebst einer Auswahl seiner Briefe. Aus Anlaß der 100. Wiederkehr seines Geburtstages, 2 Bände, Berlin 1916.

Mehnert, Siegfried / Richelmann, Richard, Auch ein gerüttelt Maß an Dummheiten, Interview mit Bernhard Plettner, in: Der Spiegel, 39/1973, S. 38–44.

Metz, Rainer, Expansion und Kontraktion. Das Wachstum der deutschen Wirtschaft im 20. Jahrhundert, in: Spree, Reinhard (Hg.), Geschichte der deutschen Wirtschaft im 20. Jahrhundert, München 2001, S. 70–89.

Meyer-Larsen, Werner, Griff über den großen Teich. Deutsche Unternehmen als Herausforderer amerikanischer Konzerne, Frankfurt am Main u. a. 1999.

Mueller-Maerki, Fortunat F., Personalpolitik und Menschenführung in US-Unternehmen, in: Eggert, Jan A. / Gornall, John L., Handbuch USA-Geschäft, Wiesbaden 1989, S. 185–201.

Mutz, Mathias, „Der Sohn, der durch das West-Tor kam" – Siemens und die wirtschaftliche Internationalisierung Chinas, 1904–1949, in: Periplus. Jahrbuch für außereuropäische Geschichte 15/2005, S. 4–40.

Neebe, Reinhard, Technologietransfer und Außenhandel in den Anfangsjahren der Bundesrepublik

Deutschland, in: Vierteljahrschrift für Sozial- und Wirtschaftsgeschichte, 76/1989, Heft 1, S. 49–75.

Nolen, George, Investing Locally to Grow Globally: Siemens M&A Strategy in the U.S. Market, in: Lucks, Kai (Hg.), Transatlantic Mergers & Acquisitions. Opportunities and Pitfalls in German-American Partnerships, Erlangen 2005, S. 135–143.

Novak, George, Planung und Errichtung einer Betriebsstätte in den USA, in: Eggert, Jan A. / Gornall, John L., Handbuch USA-Geschäft, Wiesbaden 1989, S. 163–183.

O. V., Interview mit Bernhard Plettner, in: Industriemagazin, Juli 1974, S. 16f.

O. V., Einzug ins Mekka von Geld und Technik, in: Der Spiegel, 41/1977, S. 119–124.

O. V., Etwas Mysteriöses, gar nicht Faßbares, in: Der Spiegel, 42/1977, S. 199–212.

O. V., Ein bißchen schnell, in: Der Spiegel, 49/1982, S. 91–97.

O. V., Man soll seine Kunden nicht kaufen, Interview mit Karlheinz Kaske, in: Der Spiegel, 16/1986, S. 70–80.

O. V., Deutsche Multis: Aufstieg in die Weltliga, in: Der Spiegel, 29/1987, S. 104–115.

O. V., In die Höhle des Löwen, Interview mit Hans Decker, in: Wirtschaftswoche, Nummer 15 vom 3. April 1987.

O. V., Lehrgeld in Amerika: Teure Versäumnisse auf dem größten Elektronikmarkt der Welt, in: Manager Magazin vom 1. April 1988, Nummer 4, S. 38f.

O. V., Where it all began. 75 Years Innovating in Ireland. Siemens 75th Anniversary Celebration, o. O. 2000, in: SAA 16131.

Pausenberger, Ehrenfried, Internationalisierungsstrategien industrieller Unternehmungen, in: Dichtl, Erwin / Issing, Otmar (Hg.), Exportnation Deutschland, 2. völlig neu bearbeitete Auflage, München 1992, S. 199–220.

Perrow, Charles, Economic theories of organization, in: Theory and Society 15/1986, Nummer 1/2, Special Double Issue: Structures of Capital, S. 11–45.

Peschke, Hans-Peter von, Elektroindustrie und Staatsverwaltung am Beispiel Siemens 1847–1914 (= Europäische Hochschulschriften, Reihe III: Geschichte und ihre Hilfswissenschaften, Band 154), Frankfurt am Main 1981.

Peterson, Walter F., An Industrial Heritage. Allis-Chalmers Corporation, Milwaukee 1978.

Petzina, Dietmar, Isolation und Öffnung. Zwischen National- und Weltwirtschaft, in: Spree, Reinhard (Hg.), Geschichte der deutschen Wirtschaft im 20. Jahrhundert, München 2001, S. 90–116.

Picot, Arnold / Dietl, Helmut / Franck, Egon, Organisation. Eine ökonomische Perspektive. 5., aktualisierte und überarbeitete Auflage, Stuttgart 2008.

Picot, Arnold / Reichwald, Ralf / Wigand, Rolf T., Die grenzenlose Unternehmung. Information, Organisation und Management. Lehrbuch zur Unternehmensführung im Informationszeitalter, 4. vollständig überarbeitete und erweiterte Auflage, Wiesbaden 2001.

Pierer, Heinrich von, Gipfel-Stürme. Die Autobiographie. Berlin 2011.

Plettner, Bernhard, Abenteuer Elektrotechnik. Siemens und die Entwicklung der Elektrotechnik seit 1945, München 1994.

Rau, Jes, Die deutsche Herausforderung, in: Die Zeit vom 5. Januar 1979, Nummer 2, S. 19.

Rawls, James J. / Orsi, Richard (Hg.), A Golden State. Mining and Economic Development in Gold Rush California, Berkeley 1999.

Reich, Leonard S., General Electric and the World Cartelization of Electric Lamps, in: Kudō, Akira / Hara, Terushi (Hg.), International Cartels in Business History. The International Conference on Business History 18. Proceedings of the Fuji Conference, Tokio 1992, S. 213–228.

Reisach, Ulrike, Deutsch-chinesische Wirtschaftszusammenarbeit – das Beispiel Siemens, in: Schüller, Margot (Hg.), Strukturwandel in den deutsch-chinesischen Beziehungen. Analysen und Praxisberichte (= Mitteilungen des Instituts für Asienkunde Hamburg, Nr. 370), Hamburg 2003, S. 130–146.

Rennicke, Stefan, Siemens in Argentinien – Die Unternehmensentwicklung vom Markteintritt bis zur Enteignung 1945, Berlin 2004.

Rennie, Michael W., Global competitiveness: born global, in: McKinsey Quarterly, 4/1993, S. 45–52.

Ripperger, Tanja, Ökonomik des Vertrauens. Analyse eines Organisationsprinzips, Tübingen 1998.

Robert Bosch GmbH (Hg.), Der Weg zum Global Player. Die Internationalisierung der Bosch-Gruppe (= Magazin zur Bosch-Geschichte, Sonderheft 3), Stuttgart 2008.

Sautter, Udo, Geschichte der Vereinigten Staaten von Amerika, 7. Auflage, Stuttgart 2006.

Schanz, Günther, Wissenschaftsprogramme der Betriebswirtschaftslehre, in: Bea, Franz Xaver / Schweitzer, Marcell (Hg.), Allgemeine Betriebswirtschaftslehre, Band 1: Grundfragen, 10. Auflage, Stuttgart 2009, S. 81–159.

Scharrer, Hans-Eckart / Müller-Neuhof, Kerstin, Von der staatlichen Wiederaufbauhilfe zur privaten Kapitalverflechtung: Direkt- und Portfolioinvestitionen, in: Junker, Detlef / Gassert, Philipp / Mausbach, Wilfried / Morris, David B. (Hg.), Die USA und Deutschland im Zeitalter des Kalten Krieges 1945–1990. Ein Handbuch, Band I 1945–1968, München 2001, S. 524–534.

Schneider, Dieter, Allgemeine Betriebswirtschaftslehre, 3., neu bearbeitete und erweiterte Auflage (= Oldenbourgs Lehr- und Handbücher der Wirtschafts- und Sozialwissenschaften), München u. a. 1987.

Schröder, Wiebke, Zwischen den USA und der Volksrepublik China. Interessen und Präferenzen deutscher Unternehmen, Wiesbaden 2010.

Schröter, Harm G., A typical factor of German international market strategy: agreements between the US and German electrotechnical industries up to 1939, in: Teichova, Alice / Lévy-Leboyer, Maurice / Nussbaum, Helga (Hg.), Multinational enterprise in historical perspective, Cambridge u. a. 1986, S. 160–170.

Schröter, Harm G., Außenwirtschaft im Boom: Direktinvestitionen bundesdeutscher Unternehmen im Ausland 1950–1975, in: Kaelble, Hartmut (Hg.), Der Boom 1948–1973. Gesellschaftliche und wirtschaftliche Folgen in der Bundesrepublik Deutschland und in Europa (= Schriften des Zentralinstituts für sozialwissenschaftliche Forschung an der Freien Universität Berlin, Band 64), Opladen 1992, S. 82–106.

Schröter, Harm G., Continuity and change: German multinationals since 1850, in: Jones, Geoffrey / Schröter, Harm G. (Hg.), The Rise of Multinationals in Continental Europe, Aldershot 1993, S. 28–48.

Schwab, Helmut, Siemens in den USA, 2. verbesserte Auflage (= ungedrucktes, unveröffentlichtes Manuskript in Siemens Historical Institute), o. O., 1993.

Siemens, Georg, Der Weg der Elektrotechnik. Geschichte des Hauses Siemens, 2 Bände, Freiburg u. a. 1961.

Stewart, Thomas A. / O'Brien, Louise, Transforming an Industrial Giant. An Interview with Heinrich von Pierer, in: Harvard Business Review, Februar 2005, S. 114–122.

Stokes, Raymond G., Technologie und Bündnisbildung: Technologietransfer im Kalten Krieg, in: Junker, Detlef / Gassert, Philipp / Mausbach, Wilfried / B. Morris, David (Hg.), Die USA und Deutschland im Zeitalter des Kalten Krieges 1945–1990. Ein Handbuch, Band I 1945–1968, München 2001, S. 503–513.

Strunk, Peter, Die AEG. Aufstieg und Niedergang einer Industrielegende, 2. Auflage, Berlin 2000.

Tacke, Gerd, Ein Beitrag zur Geschichte der Siemens AG (= gedrucktes, unveröffentlichtes Manuskript im Siemens Historical Institute), München 1977.

Takenaka, Toru, Siemens in Japan. Von der Landesöffnung bis zum Ersten Weltkrieg (= Zeitschrift für Unternehmensgeschichte, Beihefte, Band 91), Stuttgart 1996.

Torp, Cornelius, Die Herausforderung der Globalisierung. Wirtschaft und Politik in Deutschland 1860–1914 (= Kritische Studien zur Geschichtswissenschaft, Band 168), Göttingen 2005.

Trommler, Frank (Hg.), Amerika und die Deutschen. Die Beziehungen im 20. Jahrhundert, Sonderausgabe ausgewählter Beiträge, Opladen 1986.

Weiher, Sigfrid von, Werner von Siemens. Ein Leben für die Wissenschaft, Technik und Wirtschaft, 2. Auflage (= Persönlichkeit und Geschichte, Band 56), Göttingen u. a. 1974.

Weiher, Sigfrid von, Die englischen Siemens-Werke und das Siemens-Überseegeschäft in der zweiten Hälfte des 19. Jahrhunderts (= Schriften zur Wirtschafts- und Sozialgeschichte, Band 98), Berlin 1990 (Dissertation, Freiburg im Breisgau 1959).

Weinberg, Gerhard L., Von der Konfrontation zur Kooperation. Deutschland und die Vereinigten Staaten 1933–1949, in: Trommler, Frank (Hg.), Amerika und die Deutschen. Die Beziehungen im 20. Jahrhundert, Sonderausgabe ausgewählter Beiträge, Opladen 1986, S. 41–53.

Welge, Martin K. / Holtbrügge, Dirk, Internationales Management. Theorien, Funktionen, Fallstudien. 4. überarbeitete Auflage, Stuttgart 2006.

Wendel, Charles H., The Allis-Chalmers Story, Iola 2004.

Wilderer, Mirka C., Transnationale Unternehmen zwischen heterogenen Umwelten und interner Flexibilisierung. Zur Rolle polykontextueller Netzwerke in der Siemens AG, Frankfurt am Main 2010 (Dissertation).

Wilkins, Mira, European multinationals in the United States: 1875–1914, in: Teichova, Alice / Lévy-Leboyer, Maurice / Nussbaum, Helga (Hg.), Multinational enterprise in historical perspective, Cambridge u. a. 1986, S. 55–64.

Wilkins, Mira, The History of Foreign Investment in the United States to 1914 (= Harvard Studies in Business History 41), Cambridge u. a. 1989.

Wilkins, Mira, An overview of foreign companies in the United States 1945–2000, in: Jones, Geoffrey / Gálvez-Muñoz, Lina (Hg.), Foreign multinationals in the United States, Management and performance (= Routhledge international studies in business history, Band 8), London 2002, S. 18–49.

Wilkins, Mira, The History of Foreign Investment in the United States, 1914–1945 (= Harvard Studies in Business History 43), Cambridge u. a. 2004.

Wilkins, Mira, Multinational Enterprise to 1930. Discontinuities and Continuities, in: Chandler Jr., Alfred D. /Mazlish, Bruce (Hg.), Leviathans. Multinational Corporations and the New Global History, Cambridge 2005, S. 45–79.

Wilkins, Mira, The History of the Multinational Enterprise, in: Rugman, Alan M. (Hg.), The Oxford Handbook of International Business, 2. Auflage, Oxford 2009, S. 3–38.

Winterfeld, Ludwig von, Entwicklung und Tätigkeit der Firma Siemens & Halske in den Jahren 1847–1897, Potsdam 1913.

Zimmermann, Andreas, Spezifische Risiken des Auslandsgeschäfts, in: Dichtl, Erwin / Issing, Otmar (Hg.), Exportnation Deutschland, 2. völlig neu bearbeitete Auflage, München 1992, S. 71–100.

2.2 Internetquellen

Advanced Micro Devices Inc. Notable Corporate Chronologies. Online Edition. Gale, 2011. Reproduced in Business and Company Resource Center. Farmington Hills, Mich. Gale Group 2012, zu finden unter: http://galenet.galegroup.com/servlet/BCRC, zuletzt eingesehen am 10. Februar 2012.

Altschul, Kurt J., Admiral einer beweglichen Flotte. Interview mit Albert Hoser, in: Absatzwirtschaft Nr. 10 vom 1. Oktober 1992, S. 14, zu finden unter: http://www.absatzwirtschaft.de/content/_p=1004040,sst=%252biYfWPXYHysSgx4cKaMYB4l4kxkNQ%252fH790P68TW6sTs%253d zuletzt abgerufen am 10. Juli 2012.

Deutsch-Amerikanischen Handelskammern (Hg.), Top 50 Ranking of German Firms in the U.S, zu finden unter: http://www.gaccny.com/fileadmin/ahk_usa/publikationen/Top50_2012/Top50 Ranking2011.pdf, zuletzt eingesehen am 6. August 2012.

Devisenkurse US-Dollar/DM, in: http://www.bundesbank.de/Navigation/DE/Statistiken/Zeitreihen _Datenbanken/Makrooekonomsche_Zeitreihen/its_details_value_node.html?listId=www_ s331_b01011_1&tsId=BBK01.WJ5009, zuletzt eingesehen am 13. August 2012.

Geschichte der Osram AG, zu finden unter: http://www.osram.de/osram_de/Presse/Wirtschaftspresse/2006/Geschichte_OSRAM.pdf, zuletzt abgerufen am 8. November 2011.

Geschichte von Universal Music Deutschland, zu finden unter: http://www.universal-music.de/company/historie/, zuletzt abgerufen am 7. November 2011.

Holtbrügge, Dirk/Enßlinger, Birgit, Initialkräfte und Erfolgsfaktoren von Born Global Firms. Working Paper 2/2005, zu finden unter: http://www.im.wiso.uni-erlangen.de/download/Working_Papers/working-paper-02-05-born%20global%20firms.pdf, zuletzt abgerufen am 5. Januar 2011.

Jahresansprache „State of the Union Adress" von Barack Obama, zu finden unter: http://www.washingtonpost.com/politics/state-of-the-union-2012-obama-speech-excerpts/2012/01/24/gIQA9D3 QOQ_story_3.html, zuletzt eingesehen am 23. März 2012.

Kiuntke, Florian, Mit Röntgen auf Kurs – Das Röntgenröhrenwerk der Siemens AG in Rudolstadt 1919–1939, zu finden unter: http://www.opus.ub.uni-erlangen.de/opus/volltexte /2010/1629/, zuletzt eingesehen am 25. Mai 2011.

Kleinschmidt, Christian, Lernprozesse mit Hindernissen. Berichte über deutsche Unternehmerreisen in die USA und nach Japan 1945–1970, zu finden unter: http://www.zeithistorische-forschungen.de/site/40208938/default.aspx, zuletzt eingesehen am 18. November 2011.

Länderprofile, zu finden unter: http://www.siemens.com/history/de/laender.htm, zuletzt abgerufen am 25. Januar 2011.

Marktdaten zu den USA, zu finden unter: http://de.statista.com/statistik/kategorien /kategorie/19/themen/179/branche/usa/, zuletzt abgerufen am 21. August 2012.

O.V., Abschied vom Glasfaser-Geschäft, in: Manager Magazin vom 6. Oktober 1999, zu finden unter: http://www.manager-magazin.de/finanzen/artikel/a-45464.html, zuletzt eingesehen am 17. März 2012.

O.V., Die Chip-Branche brummt, in: Manager Magazin vom 22. Februar 2001, zu finden unter: http://www.manager-magazin.de/finanzen/artikel/0,2828,108778,00.html, zuletzt abgerufen am 25. April 2012.

O.V., Eine Milliarde für US-Netzwerktochter, in: Manager Magazin vom 8. März 1999, zu finden unter: http://www.manager-magazin.de/finanzen/artikel/0,2828,12980,00.html, zuletzt eingesehen am 17. März 2012.

O.V., Einkaufen in Amerika, in: Manager Magazin vom 22. Februar 2001, zu finden unter: http://www.manager-magazin.de/unternehmen/artikel/a-119066.html, zuletzt abgerufen am 25. April 2012.

O.V., Eintrittskarte für den US-Markt, in: Manager Magazin vom 1. November 2001, zu finden unter: http://www.manager-magazin.de/unternehmen/artikel/0,2828,165449,00.html, zuletzt abgerufen am 25. April 2012.

Presseinformation zum Besuch von US-Präsident Obama der Siemens-Rotorblattfertigung im US-Bundesstaat Iowa, zu finden unter: http://www.siemens.com/press/de/events /corporate/2010-04-obama.php, zuletzt eingesehen am 23. März 2012.

Remarks of President Barack Obama at Siemens Wind Turbine Blade Manufacturing Plant in Fort Madison, Iowa, zu finden unter: http://www.whitehouse.gov/the-press-office/remarks-president-barack-obama-siemens-wind-turbine-blade-manufacturing-plant-fort-, zuletzt eingesehen am 23. März 2012.

USA, zu finden unter: http://www.auswaertiges-amt.de/DE/Aussenpolitik/Laender /Laenderinfos/01-Nodes_Uebersichtsseiten/UsaVereinigte Staaten_node.html, zuletzt abgerufen am 21. August 2012.

Wirtschaft der USA, zu finden unter: http://de.statista.com/statistik/faktenbuch/331/a/laender/usa--vereinigte-staaten-von-amerika/wirtschaft-der-usa/, zuletzt abgerufen am 21. August 2012.

3 INTERVIEWS

Interview mit Dr. Hermann Franz vom 22. Juni 2012 in München, Büro der
Siemens AG, Wittelsbacherplatz 2
- Auszüge aus dem Originalgespräch -

UK: „Herr Dr. Franz, herzlichen Dank, dass Sie sich Zeit genommen haben für ein
persönliches Gespräch über das USA-Geschäft von Siemens. 1973 läutete die
Siemens AG mit dem Kauf von Computest eine umfangreiche Übernahmewelle ein. Wie beurteilen Sie die Aktivitäten des Unternehmens in den Jahren
zuvor?"

HF: „In der Zeit nach 1945 hatten wir alle Hände voll zu tun, um überhaupt wieder
Boden unter den Füßen zu kriegen. […]. Wir hatten zu der Zeit weder die Ka-
pazität noch die Möglichkeit, überhaupt daran zu denken, in diesem riesigen
Markt der USA etwas anzufangen. Hinzu kam ein weiterer Gesichtspunkt. Wir
hatten ja traditionell ein enges Verhältnis mit Westinghouse. […] Wir haben
einen Vertrag über Patentaustausch gehabt, und haben viele Patente übernommen und die haben Patente von uns übernommen. Es ging mehr in der Richtung von den USA nach Deutschland. Also Kernkraftwerke zum Beispiel, da
haben wir das Westinghouse-Modell übernommen und weiterentwickelt. Die
Hoch- und Mittelspannungsschalter mit dem Löschmittel FS6 zum Beispiel
haben wir von Westinghouse übernommen. Also, insofern, es gab eine Verbindung nach USA hin, aber die ging über Westinghouse. Unsere Ingenieure gingen zu Westinghouse und wurden ausgebildet und mit der amerikanischen
Technik vertraut gemacht. Also, es war ein relativ enges und freundschaftli-
ches Verhältnis. […] Das waren die Gründe, warum wir relativ zögerlich an
die Dinge herangegangen sind.

Dann kamen wir aber in einem Zustand der Konsolidierung. Und in der Zeit,
als ich die ZVA übernommen habe, war es so weit. Herr Plettner, unser dama-
liger Vorstandsvorsitzende, hatte den Anstoß gegeben. Er hatte gesagt: ‚Wir
können auf Dauer einen solchen Markt wie die USA nicht links liegen lassen.
Außerdem sind wir inzwischen technisch in der Lage, mit amerikanischen Firmen konkurrieren zu können, wir tun es ja auch, wenn amerikanische Unternehmen hier nach Europa kommen.' Er ermunterte die Unternehmensbereiche, ihr Aktivitätsspektrum nach USA auszudehnen. […] Wir hatten ja nach
dem Krieg, in den 50er Jahren schon, ein Liaison Office. Hans Decker war
zum Schluss der Chef des Liaison Office. Das ist dann erst in den 70er Jahren
in eine Landesgesellschaft bzw. in die Siemens Corporation umgewandelt
worden. Das zeigt, dass das was Besonderes war. Und der Aufruf von Plettner
hat natürlich enorme Aktivitäten ausgelöst, weil sich jeder Unternehmensbereich berufen fühlte, jetzt in Amerika etwas zu machen. Computest kam als
Erstes. […] Die Amerikaner fühlten sich als gleichberechtigte Partner von Siemens, auch dann, wenn es kleine Firmen waren. Und was wir seinerzeit gemacht haben, das war ein ganzer Blumenstrauß an Aktivitäten, die wir begonnen haben. Die meisten der Firmen, die wir übernommen haben, sind heute

nicht mehr existent. Die Firmen sind eingegangen wie ein Kaktus in der Sonne. Das waren praktisch Fehlinvestitionen par excellence. Man kann sich das nicht vorstellen. 20, 25 Firmen hatten wir in den USA, die alle selbständig agierten und nicht geführt wurden. Weder vom Stammhaus noch von der Siemens Corporation. Die Siemens Corporation [...] hat sich nicht dagegen wehren können. Sie hat gesagt: ,Gut, wenn die Siemens AG vorhat, hier die Firma XY zu kaufen, dann wird sie schon wissen, was sie tut.' Und dann kam das dicke Ende. Wir haben Verluste gemacht auf Teufel komm raus. [...] Wir haben Amerika in der ZVA seinerzeit immer noch mitgeführt als ein Land und haben Verluste von 50 Millionen DM ausgewiesen. In Wirklichkeit war es viel mehr, weil die Unternehmensbereiche alles getan haben, um das zu schönen. Um die vielen Reinfälle, die es gab, gar nicht sichtbar werden zu lassen. Es war eine katastrophale Situation.

Seinerzeit bin ich in den Zentralvorstand gekommen und habe gesagt: ,Das geht so nicht weiter. Wir müssen jemanden haben, der Ordnung schafft in den USA und der auch genügend Rückhalt hat vom Stammhaus. Also, wir schicken den Dr. Langer rüber nach Amerika als Mitglied des Vorstandes.' Er hatte dann das USA-Geschäft zu betreuen. Da waren meine Kollegen alle dagegen. Weil sie ihre Spielwiesen in den USA erstens halten wollten und zweitens auch verstecken wollten, was sie da alles angerichtet hatten. [...] Er hat in New York die Siemens Corporation als Führungsorganisation aufgebaut. Das ist nicht einfach gewesen. [...] Ich hatte immer ein gebrochenes Verhältnis zu der Art und Weise des Vorgehens in den USA. Es war unternehmerisch unmöglich, was wir gemacht haben. Wir haben Geld versenkt, das war sagenhaft. [...] Herr Langer hat das dann in Ordnung gebracht. Alle Investitionsanträge gingen nun auch über Herrn Langer."

UK: „Herr Dr. Franz, darf ich da kurz einhaken. Sie haben sehr plastisch über die ersten Investitionen in den USA erzählt und beschreiben diese Phase als problematisch. Natürlich ist es schwer, pauschal, ohne auf einzelne Investitionen einzugehen, zu urteilen [...]. Aber es ist ja sehr interessant, dass von einer fehlgeschlagenen Strategie der einzelnen Unternehmensbereiche gesprochen werden kann. Sie benennen die Dinge ja auch so klar und sagen: es war keine Erfolgsgeschichte in den anfänglichen Jahren. Können Sie Gründe nennen, woran das gelegen hat?"

HF: „Es fehlte das Know-how des amerikanischen Marktes. [...] Es ist ein altes Leiden von Siemens, das wir hatten und auch immer noch haben: Man glaubt also, wir kommen da hin, als Siemens, und wir sind der Herr. Und sagen denen, was sie machen müssen. Das geht nicht in einem Markt wie den USA. [...] Das fängt mit dem Rechnungswesen an. [...] Das waren kleinere Firmen, [...] die wurden von irgendwelchen Leute geführt. Ganz plötzlich gehörten sie zu einem internationalen Konzern, der feste Regeln hat. Als unsere Kaufleute herangingen und das in Ordnung brachten, stellten wir fest: da ist gar nichts Positives zu verzeichnen, das ist alles negativ, was man hier findet. [...] Der zweite Punkt war, dass wir den Markt verloren haben. Das amerikanische Management ist in vielen Fällen weggegangen. Die hatten keine Lust, unter Sie-

mens zu arbeiten. Seinerzeit hatte Siemens in den USA noch gar keinen Ruf.
Heute ist das anders. Heute kann man anders agieren. Das heißt also, wir hatten gar keine Möglichkeit, überhaupt qualifiziertes Managementpersonal – für
die kleinen Firmen sowieso nicht – zu finden. Es blieb uns nichts Anderes üb-
rig, als mit deutschen Mitarbeitern zu arbeiten. Die gingen nach der Siemens-
Methode vor, erst einmal die Fertigung in Ordnung bringen und wenn es soweit war, dann blieben die Aufträge weg. Der dritte Punkt war, dass es sich bei
den Zukäufen in der Regel um Ergänzungsprodukte handelte und nicht um
Kernprodukte. Das heißt, es fehlte das Wissen, um die Produkte weiter zu entwickeln. Wir leben nun einmal in einer Branche, in der Innovation groß geschrieben wird. Ein halbes Jahr Stillstand bringt das System zum Wackeln.
Eines der Hauptprobleme war es seinerzeit, gute Leute zu kriegen. […] Wenn
einer Chef einer Einheit von hunderten von Million Dollar ist, dann will er der
Chef sein. Er will keine Siemens Corporation und kein Stammhaus und keine
Unternehmensbereiche. […] Die Problematik haben wir dann langsam in den
Griff gekriegt durch die Aktivitäten von Herrn Langer."

UK: Welche Rolle spielten Veränderungen in der Organisationsstruktur der Siemens AG in Deutschland für die US-Aktivitäten?

HF: „[…] Unsere Umorganisation hier [1989] hatte natürlich Auswirkungen für das
USA-Geschäft. Wir hatten plötzlich einen Vorstand, der frei war, während wir
vorher Vorstände hatten, die einen Bereich leiteten. Dadurch, dass sie frei waren, waren sie leidenschaftsloser und nicht so ängstlich besorgt, irgendetwas
zu vertuschen und von hier zu subventionieren. Das kam hinzu und hat Herrn
Langer sehr geholfen."

UK: „Bereits 1982 betonten Sie, dass die enorme Produktdiversifizierung und die
Abkehr vom eigenen, organischen Wachstum strategische Fehler waren. Wie
stehen Sie heute zu dieser Einschätzung?"

HF: „Wir sind in Amerika, wie auch generell in der Siemens AG, zu sehr in die
Breite gegangen. Es war nicht so, dass wir da hingegangen sind und irgendetwas aus unseren Kerngebieten akquiriert haben. Es waren vielmehr Produkte,
die wir selbst gar nicht hatten. Das heißt, es fehlte uns das Know-how und es
fehlte der Markt dazu. […] In der nächsten Phase haben wir Einheiten zusammengefasst. Siemens-Automotive, dann im Industriebereich. Dann kam als
großer Wurf, dass wir die Kraftwerkstechnik von Westinghouse übernommen
haben, das war seinerzeit eine sehr gute Maßnahme und damit waren wir im
eigentlichen Kerngebiet von Siemens. Dann hatten wir große Einheiten, mit
denen man auch etwas machen konnte. […] Wir hatten bei allen diesen Aktivitäten eine Einheit, die von Beginn an in Amerika sehr erfolgreich war: die
Medizintechnik. […] Was da geschehen ist [Fabrikaufbau in Cheshire, Con-
necticut] war ja eigentlich ein logischer Schritt, weil wir seinerzeit in der Medizintechnik in Amerika einen Marktanteil hatten, der zweistellig war. Unabhängig von den Aktivitäten der Siemens AG insgesamt […] hatte die Medizintechnik immer schon ein sehr stabiles USA-Geschäft. Bis auf den heutigen Tag
ist das auch so geblieben. Ein ausgesprochen lukratives Geschäft. […] Der
Bereich hat zwar auch viel akquiriert, aber das passte eben. […]."

UK: „Eine Schwierigkeit für Siemens in den USA stellte auch lange Zeit die fehlende Bekanntheit unter potenziellen Kunden dar. Wie schätzen Sie die Bedeutung eines schwachen Images für den Geschäftserfolg in den USA ein?"

HF: „Sehr hoch. Ich beneide immer die GE, die mit ihren Slogans die Menschen trotz der Breite des Geschäfts erreicht, z.B. ‚Imagination at work', oder ‚GE for a better life'. Das haben wir nicht. So etwas fehlte uns, wo wir die Breite der Siemens AG erklären können. Jetzt sind wir schmaler geworden. Es müsste also einfacher sein, etwas zu finden. Ich sehe den Bedarf, dass man Siemens bekannter macht. Wir müssten einen Slogan entwickeln, den man groß vorstellen könnte. Der eingängig wäre, der jedem über die Lippen geht. Wir vertrauen auf unseren Namen, der steht für Solidität, Seriosität und Zuverlässigkeit."

UK: „Herr Dr. Franz, was wären aus Ihrer Sicht alternative Methoden der Markterschließung in den USA gewesen?"

HF: „Wir hätten etwas Größeres machen sollen. Also nicht diese Kleinkleckerei mit vielen kleinen Firmen, sondern uns irgendwo auf irgendein Gebiet fokussieren und konzentrieren müssen, und dieses ausbauen. […]."

UK: „Wäre es sinnvoll gewesen, der Siemens Corporation – wie es später unter Herrn Langer passiert ist – mehr Eigenständigkeit zu verleihen und die Einflüsse der sehr im eigenen Interesse handelnden Unternehmensbereiche schon früher etwas zu reduzieren?"

HF: „Also, wissen Sie, die Antwort auf diese Frage ist sehr vielschichtig. […] Sie brauchten seinerzeit die Unternehmensbereiche, um überhaupt etwas von der Materie zu verstehen. Sie konnten nichts machen ohne die Unternehmensbereiche. Die waren also diejenigen, die die Hand auf den Produkten und auf der Entwicklung hatten. […] Und wir hatten außerdem eine Konstellation im Vorstand, die für solche gemeinsamen Aktivitäten kontraproduktiv war. Weil jeder praktisch nur an seinen Bereich dachte. An nichts Anderes. Und das hat sich dann alles aufgelöst. Wenn wir jemanden früher hingesetzt hätten, er wäre hoffnungslos daneben gewesen. Da hätten wir sagen können, was wir wollen, der wäre abhängig gewesen von den Unternehmensbereichen. Und wenn die gesagt hätten: ‚Komm, lass mal sein, das machen wir', dann hätte er nichts machen können. Die Unternehmensbereiche waren sehr autark."

UK: „Sehen Sie die Entwicklung im Ganzen aus heutiger Sicht als Erfolgsgeschichte oder wie würden Sie diese charakterisieren?"

HF: „Nach dem Schnitt, den wir hier intern gemacht haben [Reorganisation 1989] und nachdem wir Ordnung geschaffen haben […], ist es eine Erfolgsgeschichte. Nur hätte man das von Vorneherein machen sollen. Aber das konnten wir nicht. Zu dieser Zeit nicht. Mit dieser Organisation nicht."

UK: „Das heißt, im Endeffekt ist die Entwicklung des USA-Geschäfts auch eine Art großer Lernprozess gewesen?"

HF: „Ja. Die Leute haben das sicherlich als Lernprozess empfunden, das muss man sagen. Ja, jetzt kann man sagen, es war ein Lernprozess. Aber ein sehr teurer, ein sehr kostspieliger Lernprozess."

UK: „Noch eine letzte Frage. Wir hatten uns über die Schwierigkeiten der personellen Besetzung in den USA unterhalten. Wie sehen Sie die Situation heute?"

HF: „Es ist auch heute noch schwierig, geeignetes Personal zu finden. Weil die Amerikaner eine andere Denkweise haben als wir, insbesondere, wenn sie in den Managementfunktionen sind. [...] Auch wenn es um Einheiten geht, die schon Milliardenumsätze machen, ist das immer noch nicht die Nummer Eins. Sondern die Nummer X. Das können sie auch nicht mit viel Geld in Ordnung bringen. Einiges ja, aber nicht alles."

UK: „Aber was ist der Grund dafür? Dass es sich nicht um ein explizit amerikanisches, sondern ein deutsches Unternehmen handelt?"

HF: „Nein. Der Status. Der Status, den man hat. [...] Als Amerikaner im Markt. Nehmen wir das Med-Geschäft. Das ist doch ein ausgesprochen lukratives Geschäft. Trotzdem ist es schwierig, an First-Class-People heranzukommen? Weil die abhängig sind von dem, was man hier beschließt. Und die Amerikaner, die guten Amerikaner wollen ihr Geschäft führen."

UK: „Selbständig."

HF: „Selbständig. So ist es. Sie wollen darüber bestimmen, welche Produkte, in welche Märkte und wollen über das Geld verfügen. [...] Das geht übrigens den Amerikanern genauso, wenn sie hier sind. GE hat lange experimentiert. Immer wieder neue Leute hergebracht, hat aber das gleiche Problem. Auch die Deutschen sind da nicht viel anders. [...]."

UK: „Herr Dr. Franz, herzlichen Dank für dieses Gespräch."

Interview mit Prof. Dr. Hans Decker vom 24. Februar 2012 in New York
Büro der Siemens Corporation, 527 Madison Avenue, New York 10022, USA
- Auszüge aus dem Originalgespräch -

UK: „Herr Decker, herzlichen Dank für Ihre Bereitschaft, für dieses Interview zur Verfügung zu stehen. Ich möchte mich mit Ihnen über die Aktivitäten von Siemens in den USA unterhalten, eine ganz besondere Geschichte."

HD: „Ja. [...] In einem Land, was früher für Siemens als Terra Incognita galt, wagte man sich nicht so gerne in die Höhle des Löwen. [...] Denn es war nicht so einfach, bei Null beginnen, in einem Land, wo es GE gab, und viele andere. Damals gab es noch Allis-Chalmers und viele, viele andere. [...] Wir haben am Anfang unendliche Fehler gemacht. Und wir haben im Grunde alles versucht, was es überhaupt gibt [...]."

UK: „Es gab verschiedene Möglichkeiten für Siemens, sich in den USA zu etablieren. Mit dem Erwerb der amerikanischen Firma Computest gelang der Startschuss für eine große Welle an Übernahmen, an Joint Ventures, an Beteiligungen und an eigenen Gesellschaftsgründungen. Diese Übernahmewelle war sehr kostenintensiv. Hätte es andere Strategien gegeben?"

HD: „Also, Sie wissen ja: Wenn man aus dem Rathaus herauskommt, ist man immer schlauer. Und das gilt auch für uns und das gilt auch für Siemens. Das ist auch hier so. Es wäre natürlich auch anders, ganz anders gegangen. [...] Es gibt ja mehrere Gründe. Erst hing es mit der damaligen Siemens-Unternehmensverfassung zusammen. Die Unternehmensbereiche waren ja im Grunde

genommen autonom. Die konnten beinahe machen, was sie wollten. Und sie taten das auch. [...] Der Vorstand war zwar hier [in Deutschland], aber der einzelne Vorstand war immer für einen Bereich zuständig. Das heißt, er dachte – und das war ihm auch nicht übel zu nehmen, das liegt in der Natur der Sache – er dachte im Grunde genommen immer nur für seinen Bereich. Es gab zwar einen Vorstandsvorsitzenden, aber, wollen wir uns doch nichts vormachen: nach deutschem Recht und nach deutscher Praxis hat der Vorstandsvorsitzende keine direktive Macht den anderen [den Unternehmensbereichen] gegenüber. Das ist diametral anders in Amerika. Der CEO hat unmittelbare Direktivgewalt gegenüber allen. Er ist die Nummer Eins Period. [...]
Computest war ein reines Spiel! [...] Der Unternehmensbereich, [...] wollte unbedingt mal in Amerika was machen. Und dann hat irgendeiner gesagt: Computest, die machen diese Testgeräte, das können wir doch mal versuchen. Sie hatten keine Ahnung, wie man in Amerika eine Firma führt. [...] Jetzt springe ich mal kurz: ich habe viel Zeit jeden Tag damit verbracht, am Telefon den Leuten in Erlangen oder in München zu erklären, dass Amerika eben Amerika ist und nicht Japan und Südamerika, Südafrika oder nicht Brasilien, sondern Amerika. Amerika hat andere Regeln, andere Spielregeln. Das wollten die Leute nicht glauben. Die dachten immer: ‚Wir wissen es doch! Wir haben doch tolle Geräte und wieso sind die Amerikaner so blöd und wollen nicht kaufen, was wir machen?‘ Das war so ein bisschen der Gedankengang. Leicht verkürzt ausgedrückt.“

UK: „Wir sind an einem sehr spannenden Punkt. Sie sprechen bei der Entscheidung, Computest zu kaufen, von einem Spiel zwischen den Ablegern in den USA und den Unternehmensbereichen in Deutschland. Vielleicht können Sie kurz rekapitulieren, wie das Machtverhältnis tatsächlich war [...]?“

HD: „Das kann ich Ihnen sagen. Ich sage es verkürzt – aber es ist ein großer Kern Wahrheit darin: im Grunde genommen war 100 Prozent Sagen hier [bei der Siemens AG in Deutschland]. Und wir hatten Null. Ich übertreibe ein bisschen. [...] Es hatte ja sogar eine gewisse Begründung und eine gewisse Rechtfertigung. Die waren also Chefs, die hatten die Weltverantwortung. Damals wurde das noch nicht so genannt, aber es war ja so. Und hier war so ein kleiner Ableger, der kein Geld hatte. Wir waren doch total auf die Leute hier [in Deutschland] angewiesen. Heute ist die Sache schon einmal ganz anders. Wenn heute hier in den USA Geld verdient wird, dann reden die mit [die Führung der Siemens Corp.] und heute haben die USA mehr Geschäftsvolumen als jeder Einzelmarkt [...]. Und jetzt muss man sich mal diese Kombination vorstellen. Die hatten im Grunde genommen alle Macht inklusive Geldmacht. Und auch die technologische Macht. Und sie hatten auch noch die übergreifende Vorstellung, sie wüssten alles besser. Diese Paarung ist sehr kompliziert um nicht zu sagen: kann tödlich werden. [...] Und wir haben mit denen [den Verantwortlichen der deutschen Unternehmensbereiche] mit Engelszungen geredet und haben gesagt: ‚Kinder, also, das müssen wir so machen und das ist in Amerika so und so.‘ Naja, also im Grunde wollten sie es auf ihre Weise machen. So simpel ist die Geschichte. [...] Das hat sich heute natürlich nicht umgekehrt, das nicht. Das wird es auch nie können. Aber wenn Sie mich fragen würden, um mal einen riesen Sprung zu machen, 40 Jahre, wo die Machtverteilung heute ist, da würde ich eher auf 50-50 tippen, vielleicht noch ein bisschen sauberer formuliert: Im Operationalen würde ich sagen, ist es fast 100 Prozent USA, und im Corporate Level, da ist es vielleicht immer noch so um die 50. So würde ich es sagen. Und das ist der Weg über 40 Jahre."

UK: „Könnten Sie zu einem Interview Stellung nehmen, das Sie in den 1970er Jahren gegeben haben, und in dem Sie von Mentalitätsschwierigkeiten gesprochen haben. Also dem fehlenden Verständnis der deutschen Geschäftsbereiche für die Gegebenheiten in den USA?"

HD: „Ja, das war ein Kardinalthema, was ja mit dem, was ich schon immer sagte, eng zusammenhängt. Mentalität. […] Die hier [Siemens AG], die waren natürlich, was die Mentalität angeht, verwöhnt. Sie hatten gute Technologien und gute Produkte, sonst wäre Siemens ja nicht gewesen, was es war. Gar kein Zweifel. Und darauf konnten sie auch stolz sein. Und, sie hatten im Grunde genommen seit dem Zweiten Weltkrieg auf ihrem home territory […] gut funktioniert. […] Aber hier [in die USA] brachten Sie mit die Vorstellung: „Wir wissen ja, wie es geht! Wir machen gute Produkte und all sowas. Wir wissen auch, wie ein Markt funktioniert. So, verflucht nochmal: warum soll das in Amerika nicht genauso gehen?!" Das war so die Vorstellung. Das ist der eine Punkt. Der zweite Punkt, mindestens genauso wichtig: In keinem anderen Land traf Siemens eigentlich auf große Konkurrenz. […] Und Amerika ist gerade ein Konkurrenzland, das darf man auch nicht vergessen. Und hier trafen wir plötzlich auf Konkurrenz. GE, Westinghouse, Allis-Chalmers und wie sie alle hießen. Das machte die Sache noch zusätzlich kompliziert. […] Und, jetzt sage ich noch was drittes, ganz Wichtiges: Mitarbeiter. Die amerikanischen Mitarbeiter, die wir haben wollten und zum Teil auch bekamen, die wollten bei Siemens arbeiten. Die fanden das ganz interessant, eine europäische Gesellschaft, gute Produkte, das wussten sie alles schon. Das war ja alles in Ordnung. Aber das Verhalten, die Mentalität, die war immer kompliziert. Und dadurch war noch ein weiterer Punkt des Aufeinandertreffens da. […] Das ist alles Mentalität und das hat alles sehr, sehr, sehr viel komplizierter gemacht, als es hätte sein müssen. Und wie gesagt, springen wir nochmal: Von heute aus kann man sich fragen: Warum haben die Siemens-Leute das nicht doch ein bisschen besser gemacht? Wir haben ja unendlich viel Geld hier rein gesteckt und Verluste gemacht. Das hätte man alles besser machen können, natürlich, gar keine Frage! Aber, ich muss zurückkommen darauf: So, wie die Siemens-Verfassung damals war, und der Siemens-Denkapparat funktionierte, war es vielleicht gar nicht einmal möglich, es soviel anders zu machen. Es war vielleicht einfach Lehrgeld zahlen und, wie man hier sagen würde: trial and error. Man versucht es immer wieder und irrt dabei und manchmal klappt es auch. […] Die Frage, die sich im Grunde stellt, die auch hinter ihrer Frage ist: vierzig Jahre vergangen, jetzt zum Erfolg geführt vor fünf oder soviel Jahren – hätte man das verkürzen können? Ich bin mir nicht ganz sicher. Aber die

Tatsache, dass es jetzt nach vierzig Jahren nun doch zu einem ansehnlichen Erfolg ist, ist ja auch schon was."

UK: „Vielleicht können Sie die Mentalitätsunterschiede zwischen amerikanischen und deutschen Mitarbeitern konkretisieren. Wo waren denn die tatsächlichen Probleme, die Sie ja auch als President in der Mitarbeiterführung erlebt haben? Sind amerikanische Mitarbeiter anders zu führen als deutsche Kollegen?"

HD: „Ja. Und zwar zum Teil massiv. Ich habe oft Gespräche in Deutschland gehabt zu diesem Thema, wo ich dann immer gesagt habe: Ihr müsst ein bisschen mehr Leine lassen, wir müssen den Leuten mehr Ziele geben und sie dann aber machen lassen. Dann haben die Deutschen immer gesagt: Du redest dummes Zeug. Der CEO in den USA ist doch noch da. Da antworte ich: Nein, das stimmt nicht. Der amerikanische CEO ist zwar der letzte Entscheidende. Aber er lässt die Leute erst einmal reden und hört zu. Und nachher, wenn es soweit ist, dann trifft er eine Entscheidung. Aber erst einmal so: Entscheidung von unten nach oben. In Deutschland ging es fast immer nur so [von oben nach unten]. Das ist ein kardinaler Unterschied. Und das ist auch ein kardinaler Unterschied in der allgemeinen Denkstruktur der beiden Länder, jetzt generalisiere ich mal ein bisschen. [...] Es kamen oft Mitarbeiter zu mir ins Büro und haben gesagt: „What are my marching orders?" Die wollten eigentlich nur wissen: wo soll es hingehen? Wie ich dahin komme, das überlasse ihnen. Also, Ziele stecken: perfect! [...] Und deshalb haben wir auch einige sehr gute Leute verloren. Einige sehr gute Leute verloren, weil die diesen Zinober nicht so mitmachen wollten. Die haben versucht, mit den Deutschen ins Gespräch zu kommen und zu argumentieren, und das hatten die nicht so gerne. Auch in Erlangen, bei Med. Die haben mal zugehört und dann haben sie gesagt: Nein, nein, das ist so. Warum soll das in Amerika so sein, das machen wir doch so, wie wir es für uns gewöhnt sind. Das ist eigentlich die Hauptunterschiedlichkeit in der Denkstruktur."

UK: „Das Charakteristikum, dass amerikanische Mitarbeiter mehr Freiheit in ihrer täglichen Arbeit brauchen, als deutsche Angestellte, wurde dann dadurch verschärft, dass die Vorgaben allesamt aus Deutschland kamen?"

HD: „So ist es. [...] Wir haben geredet, wir haben alles Mögliche versucht. Aber im Grunde konnten wir uns nicht durchsetzen gegenüber dem Willen der Muttergesellschaft. Ja, speziell der Unternehmensbereiche [...]."

UK: „Aus heutiger Sicht stellt sich die Frage: Könnte es ein Fehler gewesen sein, [...] dass man am Anfang eine sehr, sehr diversifizierte Unternehmensstruktur aufgekauft hat, sprich: auf sehr vielen unterschiedlichen Produktmärkten aktiv sein wollte. Wäre es sinnvoller gewesen, sich auf einzelne Gebiete schon früher zu konzentrieren oder nicht?"

HD: „Ja. Die Antwort ist ein bisschen dazwischen. Also, wir haben relativ bald einen großen Fokus gehabt und das war Allis-Chalmers und damit das ganze Erlanger Gebiet, [...] also Energie, Übertragung und Automatisierung. [...] Zuerst haben wir eine Minorität gehabt, dann hatten wir fivty-fivty, dann waren es 80 Prozent und dann 100 Prozent. Und das ist etwas Gutes geworden, das ist heute noch eine der tragenden Säulen des Geschäfts. Insofern haben wir da was richtig gemacht. Die Einzelheiten gingen auch nicht sehr gut und da hätten wir manches anders und besser machen können. Aber im Grunde war das ja schon so ein Fokus. […]"

UK: „Welche Rolle spielte, gerade auch bei dem positiven Beispiel Allis-Chalmers, die Fertigung vor Ort für eine erfolgreiche Markterschließung?"

HD: „Also ich bin heute der festen Meinung, dass die Wertschöpfungskette mit das Wichtigste in der ganzen Sache ist. Sie müssen Wertschöpfung da haben, wo sie Geschäft machen. Nur verkaufen, das können sie mit ein paar exotischen Einzeldingen machen. Aber wenn sie wirklich ein Faktor sein wollen, dann müssen sie die Wertschöpfungskette da haben. […], wo der Kunde ist."

UK: Mit Direktinvestitionen und der Verlegung der Wertschöpfungsketten kann sich auch die Identität einer Firma ändern. Welche Identität hatte die Siemens Corp.?

HD: „Also, am Anfang wurden wir nur als Ableger einer deutschen Firma gesehen, geht ja gar nicht anders. Aber das ist ein evolutionärer Prozess. […] Siemens ist eine deutschstämmige Gesellschaft, die in über 180 Ländern der Welt operiert. Deutschstämmig, das ist sie und das bleibt sie. […] Operational ist Siemens in den USA heute zu 98 Prozent eine US-Gesellschaft. Operational. Sie wird geführt wie eine amerikanische Gesellschaft, sonst geht es gar nicht mehr. Überoperational, auf dem Corporate Level, da ist immer noch deutscher Einfluss. Wird auch so lange bleiben, bis die Lichter ausgehen […]."

UK: „Herr Dr. Decker, eine letzte Frage. War die Entwicklung von Siemens in den USA aus Ihrer Sicht eine Erfolgsgeschichte?"

HD: „Also, wenn ich es von heute betrachte, […] und schaue, wie Siemens Corp. heute dasteht, würde ich es eine Erfolgsgeschichte nennen. Die zwei Fragen bleiben, ob es hätte vierzig Jahre sein müssen oder vielleicht nur dreißig und ob man die holprigen Dinge und größere, vermutlich nicht notwendige Dinge hätte vermeiden können. Die Antwort ist da eher ja. […] Vielleicht hätte das Geld etwas besser und rentierlicher angelegt sein können, und vielleicht hätte die Zeitspanne etwas verkürzt sein können."

UK: „Herzlichen Dank Herr Decker für das interessante Gespräch."

Interview mit Helmut Schwab vom 19. Februar 2012 in Princeton
Schwabs Privathaus, Princeton, New Jersey, USA
- Auszüge aus dem Originalgespräch -

UK: „Herr Schwab, haben Sie vielen Dank, dass Sie für ein Gespräch zu den US-Aktivitäten von Siemens zur Verfügung stehen. Sie selbst haben bereits viele Jahre in den Vereinigten Staaten gelebt, ehe Sie bei Siemens in den USA zu arbeiten begannen. Wie entstand die Verbindung zu Siemens, wo Sie bereits in früheren Jahren in Deutschland tätig waren?"

HS: „Ich wollte 1957 ein Jahr in die USA, um Amerika zu erleben, den Geist Amerikas, warum dort so viele Innovationen entstehen. Damals hat Siemens gesagt: wir haben nichts in Amerika. [Nach mehreren Jahren unternehmerischer

Tätigkeit u.a. dem Aufbau von zwei Unternehmen in den USA und einer leitenden Position in Europa, fragte die Siemens AG Helmut Schwab 1976, ob er erneut in die USA gehen würde]. Und damals hat, dank meiner guten Verbindungen aus früheren Zeiten, Siemens zu mir gesagt: Kommen Sie, wir brauchen jemanden für das Management in den USA, wir wollen da stärker voran. [...] Ein Jahr einarbeiten bei Siemens, überall durch alle Abteilungen durch. Jetzt kommt eine Verrücktheit raus. [...] Vorstandsmitglied Paul Dax hatte mich eingestellt und gesagt: Herr Schwab, Sie werden der Siemens Corporation Chef da drüben. Wir brauchen dort einen Nachfolger. [...] Damit hat er mich reingeholt. Wie ich in den USA ankam, das hatte ich ja schon Monate vorher rausgekriegt, war bereits Herr Zieler eingesetzt als neuer Chef der Siemens Corp. USA, also auf den mir zugesagten Stuhl, war aber ein paar Monate vorher schon da. Und gleichzeitig hatte Siemens-Schuckert einen Manager auch hergeschickt, mit dem gleichen Versprechen, er würde die Siemens Corporation leiten. Stellen Sie sich vor: so desorganisiert war Siemens damals. Da saßen wir drei, Zieler hatte den Job bereits, mir haben sie dann das Management der Siemens Components gegeben. Der andere Manager, der hatte dann ein Büro gehabt als technischer Leiter von Siemens USA, wenig definiert. [...] Nun habe ich festgestellt, dass Siemens einige Firmen in den USA gekauft hatte, die marode waren. Ich habe in den ersten zwei Jahren, glaube ich, 5.000 Leute entlassen müssen. Weil einfach nichts für sie zu tun war. [...] Und dann kam ein gewisser leitender Mitarbeiter des UB B, Unternehmensbereich Bauelemente in München [Dr. Alfred Prommer, Vertriebsleiter der Siemens AG für Bauelemente mit wesentlichen Verdiensten beim Aufbau der Hannover Messe] rüber und erklärte, dass UB B ein Unternehmen für Galliumarsenid-Halbleiter kaufen wolle. Wir haben festgestellt, das kann interessant sein. Der ist dann alleine herumgereist und hat auch wirklich eine Firma gekauft. Auch nicht mit mir abgestimmt. Ich hatte schon Jahre vorher dem damaligen UB-B-Chef, Vorstandsmitglied Dr. Baur [Friedrich Baur, Leiter des UB Bauelemente] einen Vortrag gehalten [...]. Herr Baur, Sie machen etwas falsch. Sie kaufen Kleinfirmen von den Gründern, die in Schwierigkeiten geraten sind. Mit dem Verkauf seiner Firma erst: wenn er ausgezahlt ist, geht der weg, weil der Kleinunternehmer nicht gerne bei der Großfirma Siemens arbeitet, nimmt womöglich noch zwei seiner besten Leute mit. Und zweitens stehen Sie dann vor einer Firma, die Probleme hat. Was Sie eigentlich tun müssen ist, von US-Großfirmen Divisions abkaufen, die diese aus strategischen Gründen nicht weiterführen wollen. Dort sind Leute, die gewohnt sind, in einer Großfirma zu arbeiten und die sind nicht unbedingt ganz schlecht."

UK: „Sie haben selbst Anfang der 1990er Jahre eine Arbeit zur Geschichte der Siemens-Aktivitäten in den Vereinigten Staaten verfasst. Zu Ihren wesentlichen Erkenntnissen gehören die Schwierigkeiten, die Sie als ‚Transatlantik-Management-Probleme' beschreiben. Können Sie die wesentlichen Punkte nochmals erläutern?"

HS: „Worunter wir in den USA unter anderem gelitten hatten, war, dass auf Betreiben der deutschen führenden Stellen ohne unser Mitwirken Leute ausgesucht und delegiert wurden nach Amerika […]. Gelegentlich waren darunter aber auch Abgeschobene, die einfach totale Versager waren, mit denen wir dann hier leben mussten und die wir nicht wieder los wurden. Ein reiner Wahnsinn. Und da hatten wir keinen Einfluss drauf. […] Siemens wollte eigentlich keine echte innovative Produktentwicklung abgeben in die gekauften amerikanischen Subsidiaries. Und wenn die Subsidiaries gute Ideen hatten, waren die zu schnell von denen zurück nach Deutschland genommen um damit ihre eigene Zukunft abzusichern. Und damit war die Zukunft in den US-Werken ausgetrocknet. […] Ein anderer, nicht gerade kleiner Fehler war […]: Wir haben eine Firma gekauft, in Arizona, und sind mit den Preisen, gegen die Konkurrenz nicht gegen angekommen. Die haben immer niedrigere Preise gehabt. […] Aber, wir haben die Preise nicht hingekriegt, die Kosten nicht. Und dann habe ich zu spät festgestellt, wie wir die dem Altbesitzer abgekauft haben, für einen wesentlich überhöhten Preis. Den Preis hat man den buchmäßigen Sachwerten, also Maschinen, Einrichtungen, Gebäude, zugeschrieben oder als Goodwill verbucht. Alles das musste dann über einige Jahre verteilt wieder abgeschrieben werden, erhöhte also beträchtlich die Kosten der Produkte. […] Der Konkurrent arbeitete mit alten, abgeschriebenen Maschinen in alten Gebäuden, war also automatisch bereits erfolgreich, wenn er zu viel niedrigeren Kosten verkauft hat."

UK: „Sie sprechen eine wichtige Problematik an. Welche Firmen kaufte Siemens nach welchen Kriterien. Wer spielte die entscheidende Rolle bei solchen Käufen, die Siemens AG oder die Siemens Corp. vor Ort?"

HS: „Das war […] eindeutig nur München. Gesagt: die kaufen wir. Gekauft. […] Also, was haben wir jetzt gerade als Transatlantik-Themen? Das eine ist der Einkauf von Firmen. Das zweite ist dann, wie der Einkauf kostenmäßig strukturiert wurde […]. Das Dritte ist das Rüberschicken von oft geeigneten, jedoch manchmal auch ungeeigneten Leuten. Dann das Führen, inwieweit von Deutschland, inwieweit hier. Das Vierte ist, neue Produkte nach München ziehen und nicht die amerikanischen Firmen wirklich aufblühen lassen, weil sie kein gesamtes Geschäftsfeld gekriegt haben. Also, wir haben da eine ganze Reihe von Transatlantik-Problemen jetzt schon gehabt."

UK: „Hätte man sich aus Ihrer Sicht auf einzelne Geschäftszweige wie zum Beispiel Halbleitertechnik oder Dampfturbinen konzentrieren sollen anstatt auf sehr, sehr vielen Feldern gleichzeitig aktiv zu sein?"

HS: „[…] Der Kapitalbedarf, hier groß einzusteigen, ist so enorm. Erinnern Sie sich, wie bei der Gründung der General Electric vor weit über hundert Jahren da mit eingestiegen wurde, durch Vermittlung von Villard, und dann nach einem Jahr bereits wieder ausgestiegen ist, weil Werner von Siemens sagte, das kriegen wir kapitalmäßig nicht hin. Und also dann alles Geld auf eine große Sache setzen, und die womöglich nicht hinkriegen, das wäre ein Loch im Boden geworden. Die Alternative war billig, Ramsch zu kaufen. […] Die Alternative, kleine Ramschfirmen für Siemens zu kaufen, und dann einen Siemens-Kaufmann hineinzusetzen und ein Rechtswesen und die Verbindung München, das geht auch nicht. Und eine Großfirma, also, Intel, war nicht zu kaufen. […]

[Zu der Schwierigkeit, mit Ratschlägen beim UB B in Deutschland nicht erhört zu werden und Kaufentscheidungen aus Deutschland vorgeschrieben zu bekommen] Siehe Vorschlag: Größere und interessante Divisions von amerikanischen Großfirmen zu kaufen, die jene aus strategischen Gründen nicht weiter behalten wollen. Irgendwann wird man auch müde, dagegen anzukämpfen, und dann wieder herzufahren und Feinde zu hinterlassen. Das bringt ja auch nichts. Man muss ja mit seinen deutschen Kollegen konstruktiv zusammenarbeiten. Da zuckt man die Achseln und die eigene Firma, das eigene Haus Siemens sieht man, wie es leider manchmal daneben geht [...]."

UK: „Eine spannende Frage ist auch, ob Siemens in den 1980er Jahren seine US-Fabrikationsstätten hätte nach Fernost verlagern sollen, wie es die amerikanische Konkurrenz aus Kostengründen zunehmend getan hat."

HS: „Naja, also da muss ich sagen, gehen ja zwei Überlegungen gegeneinander. Sehen Sie: die Japaner waren, wie jetzt die Chinesen, Künstler im Abkupfern, wie man auf Hochdeutsch sagt. Und der Gedanke, die Gefahr, dass immer, wenn wir da was hinlegen, dann lernen die, wie man es macht und kommen mit einer billigen Konkurrenz. Die Chinesen tun das ja in großem Maß. [...] Andererseits haben wir von USA aus eine sehr tüchtige und kostengünstige Fabrikation in Penang, Malaysia, mit dort ansässigen Mitarbeitern auch im Management aufgebaut."

UK: „Herr Schwab, noch eine Frage zum Abschluss. Was wäre eine Alternative gewesen zu der Markterschließung durch Akquisitionen von Klein- und Mittelbetrieben?"

HS: [...] Der UB B hat nie aus den Falschkäufen einen Ansatz gelernt, richtig zu kaufen. Denn mein Vorschlag an Baur war total abgelehnt, kauft Euch eine Division von jemandem. Schon eine größere. Da kann es was geben, muss man sich ein bisschen umgucken, eine, die eine größere Firma nicht mehr braucht oder nicht mehr haben will und da einsteigen. Irgendwie in die Elektronik. Jetzt rückwärts zu sagen, welche das gewesen wäre, fällt mir ein bisschen schwer. Liegt ein bisschen zurück. Aber wäre meines Erachtens der richtige Weg gewesen [...]."

UK: „Herr Schwab, haben Sie vielen Dank für das Gespräch!"

REGISTER

PERSONEN

Anderlohr, Franz Maximilian 127, 336
Babo, Alexander von 79, 81, 300
Baehr, Alexander G. 120
Bartleswki, Franz Josef 126, 127, 128, 129, 134, 138, 139, 141, 149, 222, 305
Bartlett, John 87, 88
Baumann, Karl-Hermann 235, 236, 237, 254, 308
Bauer, Friedrich 132, 304, 313
Baur, Friedrich 179, 367, 369
Benjamin, George Hillard 81, 83, 86, 335
Berliner, Alfred 79, 80, 81, 84, 88, 89, 90, 91
Biddle, James G. 94, 95, 347
Bissing, Joseph-Wilhelm Freiherr von 127, 336
Bohn, Hans-Joachim 140
Brand, William 156, 157, 335
Budde, Emil Arnold 84
Bunnell, C. Sterling 168, 169
Buol, Heinrich von 106, 107
Charubin, R. 86
Dax, Otto 169, 179, 188, 189, 193, 306
Dax, Paul 21, 60, 139, 146, 147, 169, 177, 178, 179, 180, 182, 196, 203, 204, 223, 311, 322, 325, 326, 327, 337, 340, 345, 367
Decker, Hans 5, 7, 21, 35, 168, 168, 177, 180, 182, 231, 234, 236, 237, 307, 354, 358, 362, 363, 364, 365, 366
Diener, John 149, 188, 246
Dichter, Ernest 223, 224, 348
Dreyer, Hans-Erich 141, 148
Flir, Desiderius 104, 106
Edison, Thomas A. 73, 76, 77, 78. 79, 121, 337, 352
Eisenberg, Ernest 132, 133, 134, 303
Feichtinger, Arne 169
Finkelnburg, Wolfgang 137
Frank, Karl Georg 30, 89, 91, 92, 93, 94, 95, 96, 97, 98, 99, 100, 101, 102, 103, 104, 105, 106, 107, 108, 109, 117, 118, 122, 123, 222, 296, 301, 302, 303, 306, 310, 313, 314, 333, 335, 336, 348
Franz, Hermann 7, 230, 236, 237, 239, 243, 315, 316, 323, 324, 358, 359, 360, 361, 362
Goeschel, Heinz 132, 134, 153, 306, 310
Gottfried, Henry William 104, 106, 107, 117, 119
Günther, Max 179, 251, 258, 259, 340
Halske, Johann Georg 49, 50, 51
Hebebrand, Karl 146, 148, 149,
Henrich, Otto 101, 102, 108, 109, 222
Hoser, Alfred 237, 308, 356
Kaske, Karlheinz 21, 179, 183, 184, 186, 191, 202, 206, 207, 214, 225, 228, 229, 230, 231, 232, 234, 235, 236, 237, 238, 239, 244, 252, 253, 254, 257, 258, 263, 264, 267, 268, 269, 270, 271, 273, 274, 278, 282, 283, 285, 286, 290, 307, 315, 322, 323, 326, 334, 337, 338, 340, 342, 354
Kerlin, Gilbert 169, 179
Kleinfeld, Klaus Christian 239, 242, 290, 316, 334, 345
Knesebeck, Bodo-Joachim von dem 134, 140, 142, 154, 166, 168, 169, 291, 303, 304, 306, 333, 337, 345
Köttgen, Carl 100, 101, 102, 104, 105, 108, 111, 222, 336, 337, 346
Kuhrt, Friedrich 179, 188, 189, 195, 244, 245, 246, 248, 255, 338, 340, 345
Langer, Horst 236, 237, 293, 308, 359, 360, 361
Löffler, Johann Carl Ludwig 74, 75, 76, 336
Lucks, Kai 21, 172, 260, 261, 351, 353, 354
Lueschen, Fritz 105, 337
Mackinnon, Robert J. 246
Mayer, Bernhard 168
McLaughlin, Daniel 168
Meysenburg, Otto W. 79, 80, 81, 82, 83, 84, 85, 86, 87, 92, 102, 121, 122, 300, 301, 303, 310
Mühlbauer, Eduard 156
Müller, Werner 169
Närger, Heribald 179, 186, 213, 217, 218, 232, 235, 238, 273, 338, 340
Neglein, Hans-Gerd 179, 207, 236, 304, 311, 314, 316, 323, 324

Nolen, George 21, 247, 311, 354
Obama, Barack 20, 357
Oberley, Paul E. 140, 149
Pearson, Frederick Stark 90
Pierer, Heinrich von 21, 241, 242, 243, 254, 261, 275, 282, 316, 325, 337, 340, 352, 354, 355,
Plettner, Bernhard 32, 61, 140, 150, 151, 157, 159, 160, 167, 170, 172, 174, 175, 176, 177, 179, 180, 182, 184, 185, 186, 191, 192, 195, 196, 198, 199, 200, 201, 203, 204, 205, 206, 210, 211, 212, 213, 214, 216, 217, 219, 220, 231, 306, 307, 314, 315, 325, 326, 338, 340, 342, 346, 353, 354, 358
Pribilla, Peter 242, 340
Raps, August 91, 93
Reindel, Harold 137, 306
Reyss, Hermann 99, 100, 102, 104, 107, 109, 132, 133, 304, 313, 334
Rollins, G. Dayton 126, 127, 128, 138, 303
Röntgen, Wilhelm Conrad 112
Sanden, Dieter von 179
Scharowsky, Günther 132, 313, 336
Scheu, Carl 114
Schniedermann, Josef 134, 306, 310
Schulmeyer, Gerhard 239, 242, 345
Schwab, Helmut 7, 268, 301, 311, 315, 334, 355, 366, 367, 368, 369
Schwieger, Heinrich 91
Sehmer, Theodor 114, 115, 126, 128
Siemens, Arnold von 29, 78, 79, 80, 81, 82, 85, 86, 87, 300, 310
Siemens, Carl 17, 29, 39, 49, 50, 52, 66, 67, 68, 69, 70, 71, 72, 73, 74, 75, 76, 77, 78, 80, 81, 82, 83, 85, 86, 87, 120, 312
Siemens, Carl-Friedrich 17, 29, 32, 104, 105, 106, 108, 111, 118, 335, 336
Siemens, Ernst von 146, 310

Siemens, Friedrich 29, 34, 66, 67, 68, 69, 74, 77, 112, 120
Siemens, Peter von 190, 336
Siemens, Werner von 17, 19, 20, 29, 30, 39, 47, 49,50, 51, 52, 54, 65, 66, 67, 68, 69, 70, 71, 72, 73, 74, 75, 76, 77, 78, 79, 80, 81, 82, 84, 85, 112, 120, 299, 304, 310, 312, 335, 336, 349, 350, 353, 355, 368
Siemens, Wilhelm von 17, 29, 30, 74, 78, 79, 80, 81, 82, 83, 84, 85, 86, 87, 88, 92, 300, 301, 310, 333, 336
Siemens, William 17, 19, 20, 29, 34, 47, 50, 51, 52, 63, 65, 66, 67, 68, 70, 72, 73, 74, 75, 104, 120, 312
Spiecker, Friedrich Albert 91
Swope, Gerard 108, 109
Tacke, Gerd 32, 57, 58, 60, 125, 129, 131, 132, 133, 134, 143, 146, 149, 153, 154, 157, 159, 166, 167, 168, 170, 217, 306, 310, 313, 335, 337, 342, 343, 345, 355
Tucker, Francis J. 147, 148
Twible, Harlan 168, 188
Verlohr, Wolfgang J. 168, 169
Villard, Henry 76, 77, 78, 79, 80, 121, 122, 299, 300, 303, 310, 334, 336, 368
Vogel, Carl 80, 81
Vogelsang, Hans Günter 206, 258, 338
Waldhausen, Max H. 106, 107, 117, 118, 119, 133, 303, 306, 314
Wegner, Joachim 23, 30, 57, 59, 71, 73, 84, 86, 106, 118, 129, 131, 132, 301, 333, 337, 340
Wilhelms, Helmut 179, 191
Winterfeld, Ludwig von 73, 89, 107, 356
Wright, Augustine W. 81, 82, 83, 86, 87, 300
Zieler, Werner F. 175, 176, 179, 306, 367
Zimmermann, Andreas 31, 84, 130, 174, 178, 187, 311, 313, 316, 323, 326, 356

FIRMEN

3Com Corp. 271, 344
Accelerated Networks, Inc. 277, 342
A-C Equipment Services 260
AC Spark Plug Co. 118, 335
Acuson Corp. 240, 250, 251, 344
ADB Alnaco, Inc. 286, 287
ADB S.A. 286
Adlanco Industrial Products Corp. 102, 103, 104, 106, 107, 113, 114, 115, 119, 122, 303, 336
Adlanco X-Ray Corporation 107, 115, 118, 119, 125
Advanced Micro Computer 187, 199, 334
Advanced Micro Devices 187, 198, 199, 226, 227, 263, 264, 334, 335, 356
Aerotron, Inc. 182, 211, 226, 227, 229
AES Ironwood, Inc. 261

Allgemeine Elektricitäts-Gesellschaft 78, 89, 92, 104, 105, 108, 109, 110, 111, 112, 115, 122, 151, 152, 165, 204, 213, 219, 320, 334, 352, 355
Allied Signal, Inc. 282
Allis-Chalmers Manufacturing Company 92, 98, 149, 150, 151, 152, 153, 167, 180, 187, 202, 203, 204, 205, 206, 207, 224, 226, 227, 255, 256, 257, 278, 291, 317, 334, 335, 354, 356, 362, 364, 365, 366
Allis-Chalmers Power Systems Inc. 151, 152, 187, 204, 205, 334
American Precision Works 99, 100
American Telephone & Telegraph Corp. 116, 157, 209, 266, 267, 268, 272, 343,
AMS Industries 287
Analogic Corp. 188, 189, 194, 252, 253, 347
Apple Computer Inc. 274, 343
Applied Automation, Inc. 188, 278
Applied Radiation Corp. 188, 189, 248, 249
Arco Solar, Inc. 262
Argon Networks, Inc. 277
Automatic Electric Company of Chicago 116
BASF SE 19, 26, 133, 167, 177, 348
Bayer AG 167, 177, 298, 352
Bayerische Motorenwerke AG 26, 298
Bendix Electronics 282
Bloxcom Corp. 235, 282
Robert Bosch GmbH 26, 133, 142, 173, 174, 348, 355
Burdick Corp. 253
Castle Networks 276, 277, 342
Ceridian Corp. 279, 342
Chile Exploration Co. 96
Columbia Broadcasting Systems Corp. 260
Compagnie Générale de Radiologie 189
Compagnie Internationale pour l'Informatique 213, 214
Computest Corp. 175, 196, 292, 297, 320, 324, 358, 362, 363
Computer Technology and Imaging, Inc. 249
Corning Glass Works 209, 210
Corning, Inc. 270, 347
Crystal Technology, Inc. 187, 201, 226, 227, 229, 266
Daimler AG 19, 22, 26, 182, 298, 351, 352
Databit, Inc. 182, 187, 269, 270
Decca Records Inc. 162, 163, 335
Deutsch-Luxemburgische Bergwerks- und Hütten AG 102, 103
Deutsche Grammophon 162, 163, 164, 217, 339
Deutsche Telekom 19

DHL Airways, Inc. 279, 280, 344
Dickson Electronics Corporation 177, 178, 182, 195, 196, 197, 221
Digiph PCS Inc. 271, 272
Dillon, Read & Co. 111
Duffco International Corp. 136
Dynegy Inc. 262
Efficient Networks, Inc. 240, 277, 293, 344, 345
ElectroCom L.P. 279, 280, 344
Elema-Schönander AB 147
Elema-Schonander of America, Inc. 147, 187, 192, 195, 226, 227, 251
Entex Information Services 275, 344
EO Systems Holding Corp. 266
Eureka X-Ray Tube Co. 248
Food Machinery Corp. 182, 201
General Electric 55, 72, 78, 79, 80, 86, 88, 89, 90, 92, 98, 100, 101, 104, 105, 108, 109, 110, 111, 112, 121, 122, 138, 148, 150, 152, 164, 165, 166, 189, 203, 204, 212, 213, 219, 244, 285, 320, 334, 335, 336, 351, 354, 361, 362, 368
General Electric X-Ray Co. 114,
General Mills Chemical Inc. 174,
General Motors Company 118, 202, 220, 281, 284, 335, 347
General Numeric Corp. 187, 207, 226, 227, 285
General Systems International, Inc. 201
General Telephone & Electronics International Inc. 165, 335
Gould, Inc. 256
Gramophon-Philips-Group 164, 216, 217
GTE Communications Systems, Inc. 270, 284
Hell-Color-Metal Corp. 166, 187, 221, 226, 229, 285
Hell GmbH 166, 221, 285, 286, 333
Hell Graphic Systems, Inc. 187, 221, 226, 227, 229, 230, 235, 238, 285, 286
Heidelberger Druckmaschinen AG 286
Heimann Systems Company 267
Henkel AG 22, 26, 105, 129, 167, 173, 174, 175, 350, 352
Hoechst 167, 177, 257
Hoffman Motor Car Corp. 298
Honeywell 200, 213, 214
I.G. Farben 105, 142
Infineon Technologies AG 243, 265, 266
Infineon Technologies North America Corp. 265, 266
Information and Communication Networks, Inc. 276, 277, 342

Intel Corp. 197, 198, 199, 275, 347, 368
International Business Machines Corp. 160, 161, 212, 213, 215, 264, 273, 335, 347
International Invention Corp. of Chicago 117
International Telephone & Telegraph Corp. of Chicago 116, 117, 347
International Western Electric Company of New York 116
Institute for Motivational Research, Inc. 223, 224, 348
Itel Data Products Corp. 215
IVAC 254
Järnhs Elektriska Aktiebolag 119
Kraftwerk Union AG 62, 151, 152, 153, 172, 203, 204, 205, 226, 227, 259, 260, 261, 262, 337, 339, 343, 344, 350
Küchenmeister-Tobis-Klangfilm-Gruppe 116
Linotype AG 286
Linotype-Hell AG 286
Litronix, Inc. 181, 182, 187, 199, 200, 226, 227, 266, 335
Litton Industries, Inc. 189
MacBeth Sales Corp. 220, 226, 227, 283, 335
MCI Communications Corp. 270
Metro-Goldwyn-Mayer Inc. 163, 217, 335
Metropolitan Vickers 112
Microwave Semiconductor Corp. 182, 187, 200, 201, 226, 227, 229, 263, 264
Moore Products Corp. 278
Motorola Inc. 264, 265, 344
Motorola Lighting 285
Muralt & Co. 93
Neve Electronics International Ltd. 287
Nixdorf Computer AG 275
Northern Pacific Railway 76, 77, 80
Ohio Nuclear Corp. 190, 191
Osram Corp. 235, 283, 284, 337, 356
Osram GmbH Kommanditgesellschaft 110, 164, 165, 166, 219, 220, 226, 227, 333, 334, 335, 336, 337, 346, 356
Osram Sales Corp. 187, 220, 226, 227, 230, 337, 346, 356
Osram Sylvania 284, 285, 337, 356
Pacesetter Systems, Inc. 251, 252, 343, 345
Pennsylvania Iron Works Company 87, 88
Pelton & Crane 254, 255
Philips 154, 163, 164, 189, 213, 214, 216, 217, 218, 335, 339
Phönix-Röntgenröhrenfabriken AG 113, 114
Picker X-Ray 138, 189
Polygram GmbH 216, 217, 218, 229, 334
Polygram Corp. 217
Potter & Brumfield 267, 268, 270, 271, 282

Powers Accounting Machine Co. 118
Powertel Inc. 272
N. V. Philips' Phonographische Industrie 163, 164, 217, 339
Quantum Medical Systems, Inc. 250
Radio Corporation of America 34, 130, 131, 142, 154, 156, 157, 161, 162, 166, 167, 179, 212, 213, 214, 291, 334, 335, 347
Radio Receptor Company, Inc. 136
Reiniger, Gebbert & Schall AG 33, 112, 113, 114
Ricoh Corporation's Image Data Group 286
Rupert Neve, Inc. 287
G. D. Searle & Co. 191, 192, 249
Shared Medical Systems Corp. 240, 247, 293, 344
Siecor Corp. 187, 210, 268, 270
Siecor Gesellschaft für Lichtwellenleiter mbH 209, 334
Siecor Optical Cables, Inc. 210, 226, 227
Siemens-Allis, Inc. 186, 187, 205, 206, 207, 224, 226, 227, 228, 229, 230, 255, 256, 257, 258, 278, 291, 346
Siemens-Allis Automation, Inc. 257, 277,
Siemens America, Inc. 141, 145, 146, 148, 149, 150, 155, 157, 164, 166, 167, 168, 169, 170, 292, 305, 306,
Siemens Audio, Inc. 287
Siemens Brothers 51, 55, 62, 70, 71, 73, 74, 75, 91, 92, 116, 120, 121, 334
Siemens Capital Corp. 35, 36, 168, 186, 187, 198, 220, 226, 227, 228, 234, 235, 236, 246, 254, 256, 257, 258, 259, 263, 266, 268, 270, 273, 274, 277, 282, 284, 285, 288, 292, 293, 307, 311, 334, 335
Siemens Communication Systems, Inc. 186, 187, 228, 229, 238, 267, 268, 269, 270
Siemens Components, Inc. 35, 186, 187, 202, 228, 229, 238, 263, 266, 267, 367
Siemens Corp. 21, 35, 36, 61, 62, 148, 166, 168, 169, 170, 171, 172, 175, 176, 180, 181, 182, 184, 185, 186, 187, 190, 192, 195, 202, 205, 224, 230, 359, 367
Siemens Corporate Research, Inc. 288
Siemens Corporate Research and Support, Inc. 186, 187, 222, 235, 288, 289
Siemens Duewag Corp. 280, 281
Siemens ElectroCom L.P. 279, 280, 344
Siemens Energy & Automation, Inc. 258
Siemens Gammasonics, Inc. 187, 191, 195, 226, 227, 229, 249, 250
Siemens & Halske 17, 19, 29, 30, 31, 33, 34, 38, 49, 50, 51, 52, 53, 54, 55, 56, 57, 58,

59, 60, 62, 63, 64, 66, 67, 68, 69, 70, 71,
72, 73, 74, 75, 76, 77, 78, 79, 80, 81, 82,
83, 84, 85, 86, 87, 88, 89, 90, 91, 93, 94,
95, 96, 97, 98, 99, 100, 101, 102, 103,
104, 105, 106, 07, 108, 109, 110, 111,
112, 113, 114, 115, 116, 117, 118, 119,
120, 121, 122, 123, 124, 126, 129, 130,
131, 132, 133, 134, 135, 136, 137, 138,
140, 141, 142, 143, 144, 145, 146, 154,
155, 156, 157, 158, 159, 160, 161, 162,
164, 165, 166, 171, 222, 223, 291, 296,
299, 300, 301, 302, 303, 304, 306, 308,
310, 311, 313, 314, 317, 318, 319, 320,
323, 328, 331, 333, 334, 335, 336, 337,
338, 339, 347, 348, 356

Siemens, Halske & Co. 50, 74
Siemens & Halske Electric Co. of America 30,
81, 83, 84, 87, 121, 300, 313, 318, 328
Siemens Hearing Instruments, Inc. 187, 193,
195, 226, 227, 229, 255
Siemens, Inc. 117, 118, 119, 120, 123, 336
Siemens Industrial Automation, Inc. 278
Siemens Information and Communication
Products 271
Siemens Information Systems, Inc. 238, 267,
268, 272, 273, 274
Siemens Infusion Systems, Inc. 253
Siemens KWU, Inc. 238, 259, 261, 350
Siemens Medical Corporation 244, 246, 247
Siemens Medical Electronics, Inc. 253
Siemens Medical Laboratories, Inc. 187, 189,
226, 227, 229, 248, 250
Siemens Medical of America, Inc. 146, 147,
148, 149, 168, 169, 170, 192, 195, 305
Siemens Medical Systems, Inc. 186, 187, 195,
228, 229, 238, 244, 245, 246, 249, 250
Siemens New York, Inc. 132, 133, 134, 135,
136, 140, 142, 143, 144, 145, 154, 155,
291, 292, 296, 303, 305, 306, 313, 318
Siemens Nixdorf Informationssysteme
AG 276
Siemens Nixdorf Information Systems,
Inc. 276
Siemens Nixdorf Printing Systems, L.P. 274,
276
Siemens Nuclear Power 260
Siemens Nuclear Power Services 260
Siemens Power Corp. 260
Siemens-Reiniger-Veifa-Gesellschaft für
medizinische Technik mbH 113, 114
Siemens-Reiniger-Werke AG 33, 57, 59, 60,
63, 103, 107, 113, 114, 115, 118, 119,
123, 125, 126, 127, 128, 129, 132, 133,

134, 136, 137, 138, 139, 140, 141, 144,
145, 146, 147, 148, 149, 154, 166, 171,
222, 291, 292, 296, 303, 305, 306, 311,
314, 317, 324, 331, 337, 346
Siemens Research & Technology Laboratories 222, 288
Siemens-Schuckertwerke 30, 54, 88, 89, 91,
99, 102, 134, 135, 136, 137, 138, 140,
141, 142, 143, 144, 145, 146, 149, 150,
153, 154, 155, 157, 158, 159, 160, 161,
162, 163, 164, 166, 171, 222, 223, 291,
296, 301, 302, 303, 304, 306, 310, 311,
313, 314, 317, 324, 331, 333, 335, 336,
338, 339, 340, 367
Siemens Solar Industries 262
Siemens Transportation Systems 280
Siemens Ultrasound, Inc. 250
Siemens Westinghouse Power Corp. 261
Sitronix, Inc. 187, 201, 226, 227, 229
Sperry Univac 213, 215
Stanadyne Automotive Corp. 283
Standard Oil of New Jersey 105
Storage Technology Corp. 276
Stromberg-Carlson 158, 159, 208, 269
Stromberg-Carlson Corporation 158, 335
Superior Cable Corp. 210, 226, 227
Sylvania Electric Products Inc. 165
Sylvania North American Lighting 284
Sylwest Electronics, Inc. 155, 157
Techno Service Corporation 100
Telecom Plus International, Inc. 272
Tel Plus Communications, Inc. 272, 273
Terminal Communication, Inc. 192, 193
Texas Instruments, Inc. 278
Threshold Technology, Inc. 187, 216, 287
Toshiba Corp. 264
Transcontrol Corp. 187, 211, 226, 227, 229
Transformatoren Union AG 150, 151, 152,
339
Unisphere Solutions, Inc. 241, 276, 277, 345
United States Instrument Corporation 158,
334, 335
Universal Testing Laboratories Inc. 259
Utility Power Corporation 187, 205, 226, 227,
230, 258, 259
Varian Associates 189, 248, 250
Vereinigte Physikalisch-Mechanische
Werkstätten Reiniger, Gebbert &
Schall 113
Vickers Electronic Systems 278
Volkswagen AG 19, 26, 204, 298, 299, 351
Western Electric Company, Inc. 92, 115, 116,

130, 158, 159, 167, 208, 210, 268, 291, 320, 335, 348

Western Union 114, 159, 160, 167, 209, 320, 347

Westinghouse Electric Corp. 21, 22, 55, 79, 90, 98, 102, 104, 106, 108, 111, 112, 114, 115, 119, 122, 123, 128, 132, 136, 137, 138, 139, 142, 144, 149, 150, 152, 153,

157, 165, 167, 179, 202, 203, 241, 245, 260, 261, 293, 303, 317, 320, 333, 334, 335, 336, 337, 344, 350, 358, 360, 364

Westinghouse X-Ray Co. 114

William Brand Electronic Components Inc. 156, 157, 335

Xerox Corp. 212

Zilog, Inc. 199